북한은 왜
경제개혁에
실패하는가?

-북한의 경제개혁과 관료정치-

한기범

선인

북한은 왜 경제개혁에 실패하는가?

초판 1쇄 발행 2023년 11월 28일
초판 2쇄 발행 2023년 12월 28일

지은이 | **한기범**
펴낸이 | **윤관백**
펴낸곳 | **선인**

등 록 | **제5-77호(1998.11.4)**
주 소 | **서울시 양천구 남부순환로 48길 1, 1층**
전 화 | **02) 718-6252/6257**
팩 스 | **02) 718-6253**
E-mail | **suninbook@naver.com**

정 가 | **39,000**

ISBN **979-11-6068-844-3 93300**

필자는 대학에서 역사를 전공했고, 졸업하고는 한동안 중·고등학교에서 역사를 가르쳤다. 그때, 대한민국은 분단되었으나 역사의 관점에서 볼 때 반드시 다시 합쳐질 것(分久必合)이며 그것이 가능하기 위해서는 뚜렷한 목표 의식과 끊임없는 노력, 기회를 낚아채는 통찰력이 있어야 가능할 것으로 생각했다. 배우고 가르치면서, 동해안으로 길게 뻗은 7번 국도를 통해 금강산·백두산을 거쳐, 설악산·한라산으로 우리의 산과 바다를 만끽할 수 있는 날이 올 것이라는 희망을 키웠다.

그런 생각이 북한 분석관으로 직업을 바꾸도록 이끌었다. 1980년대 중반 구소련과 동유럽 사회주의 체제가 흔들리기 시작할 무렵이었다. 폴란드·헝가리 등의 변화 경로를 파악해 북한은 어디로 갈 것인지를 추적·판단하는 일이 초임 시절의 과제였다. 그때 북한은 겉으로는 호기로웠으나 속으로는 체제 불안에 휩싸였다. 외부의 변화 조류에 대응한 방어기제가 발동해 김일성은 '사회주의 완전 승리' 테제를, 김정일은 '우리식 사회주의' 테제를 발표했으며, 내부적으로는 '경제 종파의 등장과 정치 종파로의 변질 가능성'을 걱정했다. 이때의 분석 경험을 토대로 석사논문 "사회주의 체제변화에 대한 북한의 인식 및 대응 방식 연구"(고려대 대학원, 1994.6)를 썼다.

북한은 1990년대 전반까지는 대외공세로 체제의 취약점을 은폐했다. 남북기본합의서 호응, 핵 개발 의혹 제기와 NPT 탈퇴, 남북정상회담 추진 등 공세적인 태도를 보였다. 그러나 1994년 김일성이 사망하자 총체적인 위기에 처한 모습이 고스란히 노출되었다. 탈상(脫喪)을 100일, 1년, 3년 상(喪)으로 늦추면서 김정일의 공식 권력승계도 지연되었다. '고난의 행군'이라는 북한의 정중동(靜中動) 상황을 추적하는 일은 분석관들에게 더 큰 스트레스를 주었다. 필자도 부정맥이 생겨 1997년 이후 한동안 분석 데스크를 벗어날 수 있었다. DJ정부 시기에는 아내의 건강마저 나빠져 시간적 여유가 있는 상황처리 근무를 자청했다. 그때 박사과정을 수료했고, 이따금 마라톤도 뛰었다.

노무현 정부 때는 다시 바쁜 일을 맡았다. 2003년 청와대 파견 근무를 하고 남북장관급 회담 대표를 거쳐, 2006년 초여름 북한 분석부서로 복귀해 분석총괄 책임을 맡았다. 이때의 핵심 북한 분석 과제는 HEU 개발 문제, 불법 자금 세탁 및 위폐 제조, 대포동 미사일 발사 및 최초의 핵 실험 등 북한의 불량국가(Rogue-State) 행태였다. 김정일 정권의 정책양상은 새 밀레니엄 초기 실용·실리 노선을 추구하다가, 2000년대 중후반 들어 선군 노선과 핵 개발 의도를 더욱 노골적으로 드러냈다.

2008년 MB정부 출범과 더불어 정무직(3차장, 북한 담당)을 맡았다. 그해 주요한 북한정세로 영변 원자로 냉각탑 폭파, 금강산 관광객 피격, 김정일 뇌졸중 발명, 장마당 통제가 있었다. 북한정세의 퇴행과 남북관계의 급변을 목격하면서, 대북정책의 일관성이 중요함을 다시금 한번 깨달았다. 그야말로 정신없이 일하다가 2009년 2월 말 은퇴했다.

아무런 준비 없이 50대 초반의 나이에 직장을 그만두니 막막했다. 한 달 동안 방안에 칩거하면서 무엇을 할 것인가를 고민했다. 일단, 접어둔 박사 논문을 쓰기로 했다. 주제는 초임 분석관 시절의 관심사였던 '북한 정책결정론'으로 정했다. 대다수의 북한 관찰자들이 '수령결정론'에 매몰되어 북한을 분석하는데, 수령결정론의 한계를 규명할 필요가 있었다. 그러나 소재가 문제였다. 내부 정치와 핵미사일 문제는 자료의 제한성·보안성으로 적절하지 않았다. 경제 정책결정과정을 소재로 하는 것이 현실적이라는 생각이 들었다. 여타 사회주의 체제의 변화와는 달리 북한은 왜 개혁·개방에 완고한지도 필자의 오랜 관심사였기 때문에 북한의 정책결정과 경제개혁을 연결하는 연구를 하기로 했다.

2009년 한 해 동안은 오로지 박사 논문 작성에 집중했다. 그 결과 "북한 정책결정과정의 조직행태와 관료정치: 경제개혁 확대 및 후퇴를 중심으로 2000~09.(The Organizational Behavior and Bureaucratic Politics in North Korea's Decision-making Process: Expansion and Retreat of Economic Reform, 2000~09)"(경남대 대학원)을 엮어냈다. 논문의 1차적인 목표는 김일성·김정일 시기 경제개혁 추진 과정을 정확히 기술하는 것이고, 그다음은 북한의 경제개혁 선택 혹은 후퇴를 누가 결정한다고 보아야 하는지를 판단하는 일이었다. 분석의 핵심은 북한의 정치·경제에서 '수령결정론의 한계'와 '관료정치의 발현'의 검증이었다. 이 연구에서 필자의 역할은 구슬을 꿰는 일에 불과하며, 동료·후배들의 도움이 없었다면 연구는 불가능했다. 정보 분석을 넘어 학문적 소요와 사초(史草)의 중요성을 인정해 필자의 연구에 동의하고 도와준 직장 및 동료들에게 다시 한번 감사드린다.

박사학위를 받고 논문 평판도 좋아 계속 연구를 이어갈 기회가 생겼다. 2010년 봄 통일연구원에서 객원 연구위원 자리를 마련해 주어 훌륭한 학자들과의 교류는 물론 북한산 자락의 눈부신 사계(四季)를 만끽할 수 있었다. 2011년 9월 이후 2년 동안은 고려대학교 북한학과 초빙교수를 겸직해 다시 젊은이들에게 통일의 꿈을 심어줄 수 있었다.

2013년 4월에는 박근혜 정부에서 국가정보원 차장(1차장, 북한 및 해외 담당)을 다시 맡아 34개월 일하다가 2016년 2월 초 물러났다. 이듬해 통일연구원 석좌 연구위원을 하다가 이젠 북한 연구도 접을 때가 되었다고 생각하던 차에 또 다른 기회가 주어졌다. 2018년 봄 북한연구소가 연구실(장한재)과 함께 책 집필을 제의해 왔다. 북한연구소의 도움이 없었다면 박사 논문을 책으로 낼 생각은 엄두도 못 냈을 것이다.

2018년 책 집필 작업은 기존 박사 논문에서 '북한의 수령제와 정책결정구조'를 제외하고, '김정은의 경제개혁과 정치적 절충(2010~18)'을 추가하면서, 전체적인 내용을 다시 가다듬었다. 15개월 동안 김일성·김정일·김정은 시기의 경제개혁 확대 및 후퇴 과정을 정리하고, 각 시기 개혁 진퇴 과정에서 발현된 정책 결정의 특징, 특히 관료정치 현상을 분별하는 데 주력했다. 그 결과 2019년 7월 『북한의 경제개혁과 관료정치』(북한연구소 간행)를 출간했다. 다른 학자들과의 공저(共著)에는 여러 번 참여했지만 혼자 책 쓰기는 처음으로, 마라톤 풀 코스를 완주했을 때의 기쁨이 되살아났다.

2020~2021년에는 책 내용 일부를 김정은과 김정일 편으로 나누어 영역본으로도 발간했다. 일본 리츠메이칸대학교 평화협력연구소의 지원과 국민대학교에서 연구·강의하는 워드 피터(Ward Peter) 박사의 번역으로 두 권의 영문 책 *Kim Jong Un's economic reforms and the politics of retrenchment*와 *The Bureaucratic Politics of Economic Reform and Retrenchment in North Korea under Kim Jong Il*을 출간했다.

초판 출간 이후, 북한의 경제 사정과 경제정책이 급변했다. 대북 제재·국경봉쇄·코로나 확산으로 경제 규모가 3계단 크게 추락했고, 김정은 집권 초기 시장화·분권화의 경제정책은 '국가의 장악력 강화'를 위해 사경제 통제와 재 집권화로 회귀했다. 김정일 집권 말기와 유사한 역(逆) 개혁 상황이 재연되었다. 이러한 큰 상황 변화로 출간한 책 후반부에 김정은 정권 경제개혁 후퇴 과정을 보완하지 않을 수 없었다.

김정은 정권의 경제개혁 후퇴가 명확히 드러난 2022년 가을부터 수정·보완 작업을 시작했다. 보완 방향은 첫째, '김정은 시기 경제개혁의 정체 및 후퇴'과정을 추가하면서, 숙청과 공포통치 등 경제정책과 무관한 내용들을 덜어내 연구 주제의 일관성을 보강했다. 둘째, 3대 세습 정권별로 경제정책사 기술 관점을 차별화했다. 김일성 때는 권력투쟁 혹은 노선 갈등이라는 큰 관점에서, 김정일 때는 구체적인 정책 입안 및 집행과정에서 관여 그룹들의 이해관계 다툼과 정책변형을 식별해내는 미시적 관점에서, 김정은 때는 선군에서 선당정치, 핵미사일 고도화 추진, 급격한 경제난 등 정책충돌 관점에서 경제관리방식의 변화를 정리했다. 셋째, 전체적으로 문맥을 쉽게 고치고, 소제목을 추가로 많이 달았으며, 해석과 평가를 늘려 이해도를 높이기 위해 노력했다. 그리고 『북한의 경제개혁과 관료정치』는 부제로 두면서 책 제목을 『북한은 왜 경제개혁에 실패하는가?』로 바꾸었다. 그러나 필자의 능력 한계로 부족한 점이 허다하다. 독자 여러분의 격려와 질정(叱正)을 당부드린다. 미력하지만 북한정책사의 한 부분을 정리해 역사학도로서의 책무를 던다는 심정으로 책을 마무리했다.

북한의 경제개혁, 엄밀히 표현하자면 경제관리방식 개선 문제는 외부 관찰자들이 크게 주목하지 않는 주제이다. 북한의 변화가 미미하고 핵·미사일 위협, 수령체제, 주민 인권 등 더 중요한 문제가 당면해 있기 때문이다. 그러나 필자의 판단으로는 북한의 경제개혁, 나아가 개혁·개방 문제는 모든 북한 문제를 포괄적으로 해결할 수 있는 결정적인 이슈라고 생각한다.

북한이 개혁·개방을 해야 수령 독재의 이완, 북한 주민의 인권 개선과 북한 사회의 다원화 길이 열리고, 핵 문제의 해결도 가능하다. 그렇다고 북한의 세습 정권이 저절로 개혁·개방을 할 리는 만무하다. 북한 내부에 변화의 동력을 제공해 주어야 한다. 그리고 새로운 레짐이 구성되어 다시 변화를 추구할 때 과거의 시행착오가 반복되지 않고 제대로 된 길을 가도록 안내해 주어야 한다. 이 책이 미력하나마 그 안내서 역할을 할 것으로 기대한다.

끝으로 지병에도 불구하고 늘 명랑하고 사려가 깊으며, 남편이 공부에 전념할 수 있도록 도와준 아내 박사비나에게 이 책을 바친다. 오랜 기간 고치기 힘든 류머티즘 관절염을 앓은 아내를 위해서는 글쓰기보다는 함께 치유하는 시간을 더 많이 가져야 했는데, 남편의 과욕으로 고통만 더하게 만들었다.

남북이 분단된 지 100년이 다가오고 있다. 분단을 막지 못한 책임이 있는 필자의 세대들과 앞선 세대들이 비록 통일을 이루는 책무를 다하지는 못했으나, 대한민국의 저력으로 볼 때 언젠가 한반도의 평화를 위한 '분구필합(分久必合)'의 과제를 성취할 날이 반드시 올 것으로 믿는다.

2023년 11월
장한재에서

목차 | CONTENTS

3장   김정일의 경제개혁과 후퇴(2000~2010)

4장 김정일 시기 경제개혁의 조직행태와 관료정치

5장 　김정은의 경제개혁과 관료정치(2012~2023)

6장 결 론

표 목차

그림 목차

1

서 론

서 론

1장

01 문제의 제기

● 연구 소재 및 주제 : 북한의 경제개혁 진퇴 과정 분석을 통해서 북한
의 정책은 누가 결정하는가를 탐색

특정한 정책이 언제, 누가, 어떤 과정을 거쳐, 무슨 동기와 이해관계
로 선택되었는지 전모를 파악하기란 쉽지 않다. 케네디(J. F. Kennedy)
전 미국 대통령은 "궁극적인 결정의 엣센스를 제3자는 알 수 없다. 때로
는 결정하는 사람 자신도 모를 때가 있다 … 의사결정 과정에는 늘 어둡
고 꼬인 부분이 있게 마련이다. 그 부분은 결정 과정에 가장 깊숙이 관
여한 사람조차도 알 수 없다"고 했다.[1)]
특히 북한의 정책 결정 과정은 안개 속에 가려져 실체 파악이 어려

---

1) Graham Allison and Philip Zelikow 저, 김태현 역, 『결정의 엣센스: 쿠바 미사일
사태와 세계핵전쟁의 위기』(서울: 모음북스, 2005), p. 32.

우며, 예측이 곤란하다. 겉으로 드러나는 것은 수령의 '말씀' 뿐으로 최고지도자가 모든 것을 결정하는 형국이다. 그동안 오랜 외부 관찰자들의 노력으로 북한의 정책 결정 과정에서 정형화된 패턴을 찾아내는 성과가 있었다. 그러나 많은 경우 여전히 외관상 드러난 정책의 흐름을 분석하는 데 그치고 있다. 따라서 장기판의 행마(行馬)를 분석하는 데 그치지 말고 장기를 두는 경기자들 자체를 탐색해야 하고, 정보의 한계는 다양한 렌즈로 관찰해 극복해야 한다.

이 책은 북한의 정책 결정 과정에 대한 탐색을 목표로 한다. 연구 소재로는 북한의 경제개혁 진퇴 과정을 선택했다. 이 책의 연구 주제는 크게 볼 때 두 가지다. 정권 수립 이후 북한의 경제개혁 과정은 어떻게 진행되었는가, 개혁의 선택 혹은 후퇴는 누가 결정했는가이다. 왜 북한의 정책은 누가 결정하는지가 주제인가. 필자는 오랜 기간 분석관으로 북한을 연구하면서 많은 북한 관찰자들이 '북한의 정책이 정권의 이익 극대화를 위한 수령의 합리적 선택에 의해 결정된다'고 해석하는 경우를 보아왔다. 필자의 판단은, 이런 해석은 부분적으로만 옳을 뿐 정책 결정의 전모는 아니라는 것이다. 이글은 '수령결정론의 과잉' 현상을 극복하기 위해 쓰였다.

왜 북한의 경제개혁 진퇴 과정이 연구 소재인가. 두 가지 이유가 있다. 하나는 자료접근이 상대적으로 쉽기 때문이다. 북한 내부 정치나 핵 문제와는 달리 경제정책 관련 자료는 북한 당국이 집행을 위해 공개해야 하므로 상대적으로 풍부하다는 현실적인 이유 때문이다. 다른 하나는 북한의 개혁·개방 문제에 대한 필자의 관심 때문이다. 지구상의 사회주의 체제가 거의 체제 전환 내지는 개혁·개방을 했는데, 왜 유독 북한 체제만 개혁·개방에 완고성을 보이고 있는지, 북한 체제의 변화는 어떻게 해야 가능한 것인가?

• 북한 경제개혁 과정 연구의 유용성

이 연구는 북한의 경제개혁 선택 및 후퇴 결정 과정, 그리고 그 집행 과정에서 나타난 일련의 정책추진 양상을 분석한다. 구체적으로는 김일성·김정일·김정은 3대 세습 정권에 걸친 북한의 경제개혁사(經濟改革史)를 정리했다. 먼저 개략적으로 김일성 시기에 경제개혁 의제가 대두된 배경을 분석하여 북한 정권 초기부터 고착된 개혁 조치 선택의 제약조건에 대한 이해를 도모했다. 이어 김정일 집권 시기의 경제개혁 모색·착수·확대·정체·후퇴 과정(2000~2010)과 김정은 시기 경제개혁 의제 부활·시범 조치·완성·정체·후퇴 과정(2012~2023)을 분석했다.

정책은 한 번의 공식결정으로 끝나지 않는다. 당국의 공식결정은 행동으로 나아가는 길목에 있는 한 정거장에 불과하며, 그 실행과정에서 끊임없는 누수(漏水)와 변형이 생긴다. 이 책에서는 왜 그 같은 조치가 선택되고 변형되는지를 규명한다. 경제정책 결정의 배경으로 경제적 효용 극대화 등 경제적 요인에 대한 분석은 경제학자의 의견을 참고하면서, 여기서는 주로 권력관계 혹은 관료들의 행태 등 정책학적 혹은 정치적 맥락에서 정책결정과정을 해석했다.

연구 소재로 북한의 경제개혁 과정을 선택한 것은 앞에서도 밝혔지만, 경제정책은 북한의 비밀주의에도 불구하고 시행상의 필요로 자료가 많이 드러난 점을 고려했다.[2] 북한의 경제개혁은 착수 당시에는 최고지도자의 결단에 따른 불가피한 생존전략으로 인식되어 권력층 내부에서도 큰 의미가 부여되나, 막상 시행과정을 거치면서 이해관계가 다른 집단의 반발로 제동이 걸리고, 추가 조치 여부로 논란이 제기되는

---

[2] 우리(한국) 학계에서는 이미 1990년대 초반에 북한의 경제정책에 대한 사례 연구를 통해 김정일 체제의 정책 결정 과정을 이해하는 실마리를 찾을 필요가 있음을 제기하고 있다. 장달중, "북한의 정책결정구조와 과정,"『사회과학과 정책연구』, 제15권 제2호(1993.6), p. 18.

등 우여곡절을 겪는다. 따라서 경제개혁 추진과정의 종·단면에는 정책 결정 양태와 관련해 분석할 소재가 비교적 풍부하게 쌓여있다.

북한의 경제개혁이 실패한 실험으로 끝나거나 정책 자체의 한계나 제약조건으로 개혁이 지지부진해도, 북한 당국자들 뇌리에는 개혁 경험이 남기 마련이며 후배들에게 그 경험이 전수된다. 또 북한의 경제 개혁은 지그재그로나마 진전되어 왔고, 경제위기가 커질수록 개혁의 폭과 심도는 확대되었다. 따라서 미래의 북한 당국은 과거의 경험을 반면교사로 활용할 것이며, 언젠가는 북한도 대폭적인 개혁·개방을 할 때가 올 것이다. 이런 점을 고려한다면, 북한의 경제개혁 과정에 대한 재구성은 의미 있는 작업이 아닐 수가 없다.

● 정책결정과정에서 수령결정론의 한계

이 책의 분석 목표는 '수령결정론'의 한계 극복이다. 북한 정책결정 체계에서 상위(上位)에 있는 '수령'이라는 뚜껑을 벗기면, 그 암상자 (black box) 이면에는 다양한 역학관계가 작용하고 있다. 물론 암상자 내부의 정보를 충분히 확보하기란 쉽지 않다. 그래서 북한의 정책결정 과정을 여러 렌즈를 끼고 다른 각도에서 관찰하는 방법을 도입해 수령 제 이면의 역학관계를 검증하고자 한다.

북한에서 이른바 '수령의 유일적 영도체계'가 확립된 지 반세기가 지 났다. 김일성, 김정일 때가 지나 김정은 집권 시기에도 북한은 여전히 '수령의 유일적 결론의 절대성, 무오류성'을 주장하고 있다. 최고지도 자의 권력은 안정적인 모습이며, 정책은 '위대한 대원수님들'의 유훈으 로, '경애하는 원수님'의 방침과 명령으로 하달되고, 다른 정책 노선을 제기하는 대안적 정치세력이 부상했다는 징후는 찾아보기 어렵다.

그러나 책의 모든 내용에 밑줄을 다 그으면 긋지 않은 것과 같다. 북한 관료체계에서 범람하는 '말씀'을 전부 실질적인 '장군님이나 원수님의 지시'로 간주할 수는 없다. 지도자의 시간·정보·관심사의 제약이 아니더라도 수령제라는 제도 자체의 작동원리와 구조를 살펴보면 지도자의 영향력이 미치지 않는 공간은 충분하다. 지도자가 할 수 있는 일이란 자신이 가지고 있는 정치적 자산을 활용하여 부하들에게 한편으로는 탐욕을, 다른 한편으로는 두려움을 불러일으켜 자신의 의도대로 움직이도록 하는 일이다. 그렇지만 부하는 항상 주인에게만 충실할 수가 없다. 자기조직의 이익과 건강을 챙겨야 하고, 환경에서 살아남기 위해서 때로는 다른 부하들과 흥정하고 타협해야 한다.

이 같은 문제 인식에 기초하여, 이 책에서는 북한의 경제개혁 추진과정에서 수령제 '안'의 기제가 어떻게 작동하는지를 규명한다. 수령제란, 분화된 의사결정 구조 속에 다양한 부속품으로 구성된 복잡한 결정 체계를 덮고 있는 '외피'이다. 정책 결정이란, 여러 단계에서 국가, 조직 또는 개인이 각자의 목적을 위해 행하는 모순된 행동들의 합계이다. 경제개혁 추진과정을 재구성하여 수령제의 외피를 들춰내고 그 '안'을 다른 각도에서 관찰하면, 김정일과 김정은의 역할은 경제개혁의 입구와 출구를 관리하는 일에 그칠 뿐 지도자가 경제개혁 과정 전반을 세밀하게 관리하지 못하고 있음이 확인된다. 경제개혁 진퇴 과정은 지도자의 개혁 의제 상정, 내각의 경제개혁 입안 및 집행, 그 과정에서 이해관계가 충돌하는 권력기관 간의 밀고 당기기, 그리고 그 밀당 게임이 과열되었을 때 최고지도자의 관여와 선택에 따라 진행된다.

● 북한 정책결정의 조직행태와 관료정치 탐색

이 책은 앨리슨(G. Allison) 모델을 빌어 북한의 정책 결정 과정을 분석한다. 북한의 정책결정과정에서 수령제가 지닌 합리적 행위자 모델(rational actor model)의 특성 여부를 살펴보고, 수령제와는 다른 형태의 조직행태 모델(organizational behavior model)이나 관료정치 모델(bureaucratic politics model)의 적용 가능성을 ,탐색한다. 통상 정책 입안 단계에서는 정책 입안 기구의 과거 경험이나 업무처리 절차(SOP)에 따라 입안되는 조직행태의 특성이 발현되고, 정책추진과 정에서는 이해관계가 충돌하면서 갈등하고 타협하는 관료정치 현상이 나타날 것이라는 가정에서 이 연구는 출발한다.

사회적으로 파장이 큰 정책이 선택되는 과정에는 이해관계를 달리하는 조직 간의 다툼이 있기 마련이다. 최고지도자의 장악력이 느슨해진 때도 마찬가지다. 북한 세습 정권에서도 최고지도자가 바뀌면 권력층 내에서 새로운 줄서기가 있게 마련이고 이 과정에서 관료정치 현상은 활발해진다. 일례로 2013년 12월의 장성택 숙청사건은 김정은이 수령제를 굳히기 위해 제2인자인 고모부를 제거한 사건이다. 그러나 숙청 배경을 좀 더 추적해 보면, 장 숙청은 김정은이 이권 사업을 재조정하는 과정에서 당·군·보위부 등 권력기관 간의 치열한 이권 다툼이 장성택의 운명을 바꾼 사건이며, 이는 곧 관료정치의 산물이었다.

이 책을 쓰게 된 또 다른 문제의식은 앞으로 최고지도자의 권력 누수가 현저해지면 북한의 정책결정체계는 어떤 모습을 보일지, 미래 북한 정치체계 전망도 염두에 두었다. 앞으로 북한 엘리트들이 '수령의 유일적 결론'을 빌려 자신의 이해관계를 구현할 필요가 없게 되었을 때 그들은 어떤 형태로 정책을 선택할 것인가, 포스트 수령제 시대에 북한의 권력 집단들이 각각의 이해관계를 공통분모로 하는 새로운 정책 결정 틀을 만든다면 그때의 정책 틀은 어떤 모습이고, 색깔은 어떻게 조정될 것인가가 주요 관심사로 대두될 것이다. 이 책은 북한의 경제관리구조와 정책결정체계 분석을 통해, 미래 북한 권력 엘리트들의 정치 동학을 탐색하는 데에도 도움을 줄 수 있을 것이다.

• 중국 정책결정체계 연구의 시사점

어떤 전체주의 국가일지라도 정책은 진공상태에서 결정되지 않는다는 점이 중국의 정책결정과정 연구에서도 확인된다. '마오쩌둥 총사론(毛澤東 總司論)'의 한계가 확인되는 등 개혁·개방 시기 중국의 정책결정과정에 대한 연구 결과는 북한의 정책결정과정 연구에서 '수령결정론'의 한계를 극복해야 한다는 주장에 설득력을 더해 준다.3)

외부 관찰자들은 한때 중국 마오쩌둥 체제하에서 중요한 정책은 마오쩌둥이 직접 결정하며, 중국의 엘리트나 관료기구는 마오쩌둥의 결정을 보좌하거나 집행하는 것으로 이해하면서, 권력층 내의 정책경쟁이나 권력투쟁을 과소평가했다. 그러나 문화혁명(1966~1976) 과정에서 나타난 정책 갈등과 권력 대립은 '마오쩌둥 총사론'의 한계를 드러냈으며, 마오쩌둥 사후 파벌정치는 마오쩌둥이 살아있을 때 중국 엘리트들 간의 분열이 없었던 것이 아니라 노출되지 않았을 뿐이라는 사실을 입증해 주었다.

1970년대 말 개혁·개방기 중국의 경제정책결정 과정을 분석한 케네스 리버달(Kenneth Lieberthal)은 중국 관료체계가 수직적 위계보다 수평적 연계가 취약한 점에 착안해, '분절된 권위주의 모델(fragmented authoritarianism model)'이라는 일종의 변형된 조직행태 모델을 통해 중국의 정책결정 과정을 설명했다. 리버달은 자신의 "분절적 권위주의 모델은 앨리슨의 '결정의 엣센스'와 같은 문헌들의 반향(echoes)"이라고 했다.4)

3) 이홍영, "북한의 정책결정 과정속의 지방과 중앙의 역할," 『사회과학과 정책연구』, 제15권 제2호(1993.6), p. 195; 김흥규, 『중국의 정책결정과 중앙-지방관계』(서울: 폴리테이아, 2007), pp. 18-22; 중국 정책결정 연구에 대한 시기별 흐름에 대해서는 정재호, "중국의 정책과정 연구," 정재호 편, 『중국정치연구론: 영역, 쟁점, 방법 및 교류』(서울: 나남, 2000), pp. 134-135.
4) Kenneth Lieberthal and David Lampton, *Bureaucracy, Politics, and*

중국의 경제개혁을 연구한 수잔 셔크(Susan Shirk)의 '제도주의적 접근(institutional approach)'도 중국 관료제도의 분권적 특성과 유연성에 주목하여 원만한 협상이 이루어지는 과정에 주목했다. 셔크는 중국의 개혁정책은 권위주의적 관료제도라는 통로를 통과해야만 했으나, 중국의 관료제도는 소련과 달리 유연하고 분권화되어 정치개혁 없는 경제개혁을 성공시킬 수 있었다고 분석했다. 그녀는 중국의 1980년대 경제정책은 공산당 정치국을 대신해 국무원이 주도했으며, 국무원·산하 조직·지방정부가 위계적 권위구조를 형성해 누가 누구와 협상하고 누가 누구에게 명령하는지 정해져 있어, 이런 위계 구조와 서열에 따라 이권을 나누어 갖는 협상으로 경제정책이 무리 없이 합의를 이룬다고 했다.[5]

● 북한 정책결정체계의 특징 파악

이 연구를 하게 된 배경에는 북한 정책결정체계의 특징을 체계적으로 정리할 필요가 있다는 점도 고려되었다. 북한 정책결정체계의 특징은 최고지도자에게 집중된 정보와 결정 권한, 엄격한 수직적 위계 구조, 감시·통제기제의 치밀한 분포, 정치체제의 폐쇄성 등으로 요약된다. 이러한 특징이 북한 정치체제에 어떤 영향을 미치는지, 공식적으로 제도화된 정책결정기구와 실제 운용 양상은 어떻게 다른지, 지도자의 관행화된 리더십 특성을 부하들은 어떻게 활용해 정책결정체계에 어떠한 방법으로 영향을 끼치는지, 중앙에서 결정된 정책은 집행과정에서 어떻게 변형되는지를 다룬다. 특히 이 책은 김정일과 김정은 시기의

Decision Making in Post-Mao China (Oxford: University of California Press, 1992), p. 10.
5) Susan Shirk 지음, 최완규 옮김, 『중국경제개혁의 정치적 논리』(마산: 경남대학교출판부, 1993), pp. 150-151, p. 463, pp. 482-488.

정책결정체계는 그 구조와 과정이 어떻게 다른지 이해하는 데 도움을 제공할 것이다.

이 책에서는 북한 정책결정체계의 일반론적 특성에 대해서는 별도로 논하지는 않고,6) 경제개혁 정책결정과정에서 발현되는 현상들을 소개할 때 함께 살펴본다. 예컨대 북한의 정책결정체계의 특징으로 다음과 같은 현상들을 열거할 수 있다. 북한의 지도자는 자신이 내린 결론의 절대적인 규정력을 의식하여 '절충주의' 언술을 자주 구사한다. 북한의 제한된 자원은 각급 기관들로 하여금 정책집행 과정에서 자기조직의 이익을 우선하는 '본위주의' 현상을 불가피하게 만든다. 또 북한의 정책 가담자들 사이에는 경색된 위계적·하향적 소통구조로 인해 정보 왜곡 현상이 심각하게 나타난다.

북한이 정책순환 과정에서 정치 논리를 우선 고려하는 점도 두드러진 특징 중의 하나이다. '자주' 또는 '내부 결속 강화'를 의미하는 '주체의 강화'를 중시한 결과 정책이 정치 논리에 종속되어 문제점 시정이나 정책 전환의 적기를 놓치거나, 환류의 지체 현상이 누적되어 때로는 극단적인 처방이 불가피한 상황에 직면한다. '주체의 강화'와 경제 활성화를 위한 개혁 추진 사이의 고민, 사회주의 원칙 고수와 사회주의 과도기라는 현실 사이의 갈등, 정치 논리와 경제 논리의 충돌은 북한 체제의 변화를 정체시키는 가장 큰 요인이 된다.

---

6) 다만, 이 책의 기초자료인 필자의 박사논문에서는 "제2장 북한의 수령제와 정책결정구조" 단원을 편성하여 북한의 수령제 정착과정과 보장장치, 김정일 리더십의 특성과 정책관여 행태, 수령제 조직의 제도화와 정책결정기구 등을 담았다. 한기범, "북한 정책결정과정의 조직행태와 관료정치: 경제개혁 확대 및 후퇴를 중심으로(2000 -09)"(경남대학교 대학원, 2009.12), pp. 27-79.

02 구성, 개념 및 분석의 틀

가. 이 책의 구성

이 책의 연구는 먼저 북한의 경제개혁 추진과정을 전반적으로 살펴보고, 그 과정에서 지도자의 결론이나 입장이 적극적으로 반영된 영역과 그렇지 않은 영역을 분별해 내며, 수령제가 적극적으로 작동하지 않은 영역에서 부하들의 조직행태 또는 관료정치 현상의 발현 가능성을 검증하는 방식으로 진행된다.

이 책은 모두 6개 장(章)으로 구성되었다. 제1장은 서론이다. 제2장은 도입 부문으로 김일성 시기 경제개혁 의제 설정의 역사적 경험을 개략적으로 살펴본다. 제3~5장이 본론으로, 제3장에서는 김정일의 경제개혁과 후퇴(2000~2010) 과정을 정리하고, 제4장에서는 김정일 시기 경제개혁의 조직행태와 관료정치 현상을 분석한다. 제5장에서는 김정은 시기의 경제개혁(2012~2023)과 관료정치 현상을 통합해서 분석한다. 제6장은 결론이다. 북한이 개혁개방에 완고한 이유, 3대 세습 정권별 경제개혁 정책 비교, 북한의 개혁개방 가능성을 논한다. 각 장의 내용을 좀 더 구체적으로 요약하면 다음과 같다.

● 제2장 김일성 시대 경제개혁 의제 설정의 역사적 경험

2장에서는 1950~1960년대 구소련 등 사회주의권의 탈(脫) 스탈린 조류, 1970년대 후반 중국의 개혁·개방, 1980년대 후반 구소련·동구 사회주의 국가들의 체제 전환 등 외부로부터 경제개혁의 계기가 왔을 때 북한은 어떻게 대응했는지를 정리한다. 김일성의 대응 방식은 외부로부터 변화의 파장이 밀려오면 '주체의 강화(체제결속)'를 강조해 개혁 논란을 차단하다가, 외부 세계 변화의 충격에서 벗어나 안정을 도모하고 난 뒤에는 외부의 개혁 조치들 가운데 일부를 북한의 현실에 맞게 '적당히' 받아들이는 방식이 반복되곤 했다.

김일성 시기 경제개혁 결정 과정에는 다음과 같은 효과가 나타나 개혁 조치의 실효성을 제약한다. 첫째, 외부에서 개혁 조류가 밀려오면 초기에는 변화의 충격을 차단하는 '잠금 효과'가 발휘된다. 둘째, 정치적 안정을 도모한 후 뒤늦게 개혁안을 도입하는 '지체 효과'가 나타난다. 셋째, 그러나 여전히 부작용을 최소화하기 위해 정치적 필터링을 거친 개혁 조치를 적당히 받아들이는 '절충주의 효과'가 나타난다. 넷째, 결정적으로는 개혁 의제가 제기될 때마다 북한 권력층에서는 개혁 의제를 민감하게 받아들이는 '민감성 각인 효과'가 나타난다. 북한 정권에서 최초의 경제개혁 주장은 김일성 반대파에 의해 제기되었기 때문이다. 개혁을 제약하는 네 가지 효과들은 김일성 시대에 개혁 의제가 상정될 때마다 같은 양상으로 반복해서 나타나는 유형동상(類型同狀)이 된다. 김일성 시대 경제개혁의 역사적 경험으로 정착되어 권력이 세습될 때마다 그 '역사적 경험'도 전수된다.

• 제3장 김정일의 경제개혁과 후퇴(2000~2010)

3장에서는 김정일 집권 시기 경제개혁의 진퇴(進退) 과정을 정리한다. 1절 개혁 모색(주체에서 실용으로, 1998~2000), 2절 개혁 착수(7.1조치와 시장 장려, 2000~2003), 3절 개혁 확대(박봉주 총리 등용과 시장경제 요소 도입, 2004), 4절 개혁 정체 및 후퇴(당의 견제와 역개혁 조치, 2005~2010)로 나누어 분석한다.

구소련·동구 사회주의 체제 전환과 김일성 사망 등의 여파로 1990

년대에 총체적 체제 위기를 맞은 김정일은 2000년, 새로운 밀레니엄을 계기로 경제개혁을 모색한다. 그러나 당시 북한의 개혁은 철저한 경제 붕괴를 경험했으면서도 7.1 조치라는 부분적인 분권화와 시장화 수준에 머문다. 2004년 김정일의 '철저한 개혁' 주문에 따라 박봉주 내각은 '준(準) 시장경제'로의 개혁을 구상하나, 특권 축소를 우려한 노동당의 간섭으로 제동이 걸린다. 이후 당의 내각에 대한 공세가 강화되고, 김정일도 당의 정치 논리에 동조한다. 2009년에는 시장통제와 화폐개혁이 단행되나, 이듬해 주민들의 반발이 거세지면서 김정일 시기의 개혁실험 10년은 종결된다.

●제4장 김정일 시기 경제개혁의 조직행태와 관료정치

4장에서는 김정일 시기 경제개혁 추진과정에서 수령제의 작동 여부, 조직행태 또는 관료정치 현상의 발현 여부를 앨리슨(G. Allison) 모델이 제시한 렌즈를 끼고 관찰한다. 먼저, 수령의 유일적 결론이 정책결정과정 전반을 규정하지 않는다는 전제에서 출발해 '수령제의 규정력이 작동하는 공간'과 '그렇지 않은 공간'을 구분하고, 수령제 모델, 조직행태 모델, 관료정치 모델의 시각에서 경제개혁 과정을 분석한다. 정책 결정의 입구와 출구는 수령제가 작동하고, 정책대안 제시 및 집행과정에는 조직행태가 작동하며, 개혁정책이 심화·확대되어 판돈이 커지면서 참여자가 늘어나 관료정치가 발현된다.

김정일 시기 경제개혁 과정을 조직행태 렌즈로 살펴본 결과, 7.1 조치는 과거 개혁 경험을 모은 종합선물 세트 성격에 불과하고, 개혁 조치 집행과정에서의 본위주의 현상의 만연으로 정책변형이 빈번하며, 각급 조직이 추구하는 '국가이익'이란 한 꺼풀 벗겨보면 개별 조직이익에 불과하다는 점이 확인된다. 관료정치 현상은 더 다이내믹하게 발현된다. 내각의 특권경제 축소 실패, 박봉주 내각의 대담한 개혁 시도와 당의 반격, 김정일의 개혁에 대한 미련과 당의 '돈벌이 폐해' 사건 부각, 그리고 박봉주의 실권 과정을 분석한다. 핵심은 개혁 진퇴를 둘러싼 지도자·내각·노동당의 갈등과 타협 과정이다.

● 제5장 김정은의 경제개혁과 관료정치

김정은 시기의 경제는 김정일 시기와 세 가지 측면에서 다른 양상을 보였다. 첫째, 경제개혁 조치가 일종의 두괄식으로 진행되었다. 김정일의 경제개혁 과정은 개혁 모색 → 착수 → 확대 → 정체 → 후퇴라는 점진적이고도 긴 사이클 형태로 진행되었으나, 김정은의 개혁과정은 짧은 '개혁 지시 → 연구·완성' 단계를 거친 후 긴 개혁 속도 조절(정체)과 후퇴 과정으로 이어졌다. 둘째, 김정은 시기의 경제정책에는 김정일 때 보다 정치적 절충이 빈번했다. 개혁 논란 확산 통제(2012.9), 병진노선 선포(2013.3), 핵미사일 고도화 추진(2016~2017), 핵 협상과 경제건설 총력노선 선포(2018.4), 경제정면 돌파 선언(2019.12), 핵 고도화 재추진(2021~2025) 등 정치·군사 논리의 개입이 잦았다. 셋째, 북한경제 규모가 급격히 추락했다. 고강도 대북 제재(2017~), 코로나 팬데믹에 따른 국경봉쇄(2020), 북한 내부 코로나 발생(2022)으로 고난의 행군 시기에 버금가는 경제난에 직면했다. 김정일은 경제난을 극복하기 위해 경제개혁을 추진했으나, 김정은 때는 경제난 때문에 경제개혁이 후퇴한 측면이 있다.

김정은 시기의 개혁 진퇴 과정은 개혁 의제 부활과 시범개혁안 마련(2012), '우리식경제관리방법' 완성(2013~2014), 경제개혁의 정치적 절충과 정체(2015~2019), 경제개혁 후퇴(2020~2023) 순으로 진행된다. 김정은 시기에는 정치·군사 논리의 개재와 경제난이 빈번한 경제정책 조정을 초래했고, 그 정책조정의 하나로 경제개혁의 속도 조절과 후퇴가 뒤따랐다. 따라서 김정은 시기의 경제개혁 진퇴 과정을 파악하기 위해서는 경제정책 조정과정에 대한 이해가 요구되어, 개혁 후퇴 과정 기술에 앞서 경제정책 조정과정을 정리했다.

5장의 단원 구성은 1절에서는 김정은의 경제개혁 의제 부활과 초기 개혁 시안 마련 과정을, 2절에서는 경제개혁에 대한 김정은이 결론에 해당하는 '우리식경제관리방법'의 내용을 정리했다. 3절에서는 '경제개혁의 정치적 절충' 제목 아래 김정은 시기 경제정책 조정과정 전반을 기술했고, 4절에서는 김정은 시기 개혁 후퇴 과정(2019.12~)과 경제정책 결정 과정에서 나타난 수령제, 조직행태, 관료정치 현상 전반을 분석했다. 5절에서는 김정은 시기 경제개혁 과정 전반을 평가했다.

나. 경제개혁, 경제관리방법 개선의 의미

이 책의 탐색 소재인 북한의 '경제개혁'은 북한의 표현대로 하자면 '경제관리 개선'을 의미한다. 북한은 공식적으로는 '개혁·개방'에 대해 부정적 관념을 갖고 있다. 서방세계가 북한을 붕괴시키기 위한 '평화적 이행전략'이라며 개혁·개방을 거부하고 있다. 대외적으로는 '개혁'할 것이 없다면서 내부적으로 '개선'을 추구한다. 북한은 또 '개방'하지 않은 게 없다고 한다. 중국과 같은 특구 개방은 북한의 종심이 좁다는 이유로 회피하고 있다.

경제개혁이란 사회주의 경제체제의 속성 중 일부에 대한 본질적이고도 불가역적인 변화를 의미한다. 북한은 엄밀한 의미의 '경제개혁'을 추진했다고 보기 어렵다. 그러나 이 책에서는 북한의 '경제관리개선'과 엄밀한 의미의 '경제개혁' 개념을 구분하지 않으며, 북한이 경제관리개선을 통해 시장경제 요소 도입을 확충해 나간다는 취지에서 같은 개념으로 간주한다.

북한은 '경제관리'의 개념을 "수많은 생산 단위들과 공정들로 이루어진 생산 과정에 대한 지휘기능을 실현하여 경제를 발전시켜 나가는 것"으로 규정한다(아래 인용문 참고). 북한이 설명하는 경제관리 개념은 시기에 따라 약간의 뉘앙스 차이가 있다. 김일성은 "사회주의경제관리문제에 대하여"라는 제목의 시리즈로 된 책에서 경제관리의 구체적인 방법을 제시하고 있다. 김일성이 거론한 '경제관리'는 미시적인 생산관리 즉, 개별 생산단위 관리라는 의미가 강하다.

> 북한 경제사전의 '경제관리' 개념 : '경제관리'란 "사회적생산과정에 대한 지휘기능을 실현해 경제를 발전시켜나가는 것이다 … 현대적대규모생산은 복잡한 기술에 토대하여 서로 밀접히 련결되어있는 수많은 생산단위들과 공정들로 이루어지고 있다. 이러한 조건에서 생산의 성과는 생산에 요구되는 생산수단과 로동력을 제때에 보장하며 생산의 전반적과정을 다그치기 위한 지휘, 경제관리에 더욱더 의존하게 된다 … 경제관리는 그 포괄대상의 범위에 따라 공업관리·농업관리 등으로, 관리대상의 단위에 따라 부문관리·공장관리·기업관리로, 관리대상의 경제적 내용에 따라 기계설비관리·자재관리·로동관리·재정관리 등으로 갈라진다."[7]

김정일 시대 들어 계획경제의 문제점이 누적되어 발전이 정체되자 '경제관리방식 개선'은 더욱 절실한 문제로 대두되었다. 따라서 경제개혁 담론은 확대되었고, '개선' 대상도 생산 현장 관리방식의 개혁을 넘어 경제 전반에 대한 지휘·관리 방법의 개혁 즉, 거시적인 분권화와 시장화 문제로 확장되었다. 이와 관련한 김정일의 대표적인 문헌은

---

7) 북한 사회과학원 경제연구소, 『경제사전 1』(평양: 사회과학출판사, 1970), p. 74.

2001년 '10.3 담화'인 "강성대국건설의 요구에 맞게 사회주의경제관리를 개선 강화할 데 대하여"이다. 김정은도 2011년 김정일의 장례식을 치른 당일에 '혁신적인 경제관리 방법 연구'를 지시해 경제개혁 문제가 절실함을 드러냈다.8) 김정은의 경제관리에 관한 대표적인 문헌은 2014년 '5.30 담화'로 발표한 "현실발전의 요구에 맞게 우리식 경제관리 방법을 확립할 데 대하여"이다.

김정일과 김정은이 추구한 '경제관리개선 조치'는 중국·베트남 등 여타 사회주의 체제변화 과정에서 보여준 경제개혁 수준에 미치지 못한다. 시장경제를 지향한 본질적인, 불가역적인 개혁이 아니라 정치논리와 경제 논리의 절충이 심하고, 시장과 계획을 왔다 갔다 하는 '경제관리 방법의 조정'인 경우가 일반적이다. 그러나 북한의 '경제관리방법 개선' 문제는 김일성 시기의 생산 현장 관리방식 개선 문제에서, 김정일 시기 거시 경제관리 전반의 분권화·시장화 문제로 확대되고, 김정은 시기 경제난이 가중되자 다시 복고적인 통제경제로 회귀하는 등 갈지(之)자 형태로 진퇴가 반복되고 있다. 이 글은 당장은 답보 상황이기는 하지만 언젠가는 북한도 시장경제로의 변화가 불가피하다고 보고, 북한이 우여곡절을 동반하는 경제개혁추진 과정에 있다는 큰 맥락에서 기술하였다.

---

8) "경애하는 김정은동지께서 주체100(2011)년 12월 28일 당중앙위원회 책임일군들에게 하신 말씀."

다. 분석의 틀 : 앨리슨 모델

그래함 앨리슨은 그의 저서 '결정의 엣센스'('Essence of Decision: Explaining the Cuban Missile Crisis')에서 합리적 행위자 모델(rational actor model), 조직행태 모델(organizational behavior model), 관료정치 모델(bureaucratic politics model)'이라는 정책결정 모델을 제시했다. 이 모델들은 쿠바 미사일 사태에 대한 미국 정부의 대응 과정을 설명한 모형이다. 1962년 10월 소련이 미국을 공격할 수 있는 미사일을 쿠바에 배치하려 했을 때, 케네디 대통령을 비롯한 미국의 최고정책결정자들이 여러 대안을 논의한 끝에 소련에서 출발한 미사일을 실은 배가 쿠바로 입항하지 못하도록 해상봉쇄를 결정한다. 앨리슨은 미국 행정부가 왜 이러한 결정을 하게 되었는지 합리적 행위자모델로 설명해 보았으나 설명되지 않는 부분이 많았고, 다시 조직행태 모델을 적용하였으나 충분한 설명이 되지 않아 관료정치 모델을 적용한다. 이렇게 세 개의 렌즈를 번갈아 끼고 상황을 보았을 때 비로소 정책결정과정에 대한 만족할 만한 이해에 도달할 수 있었다고 한다.9)

● 합리적 행위자 모델, 조직행태 모델, 관료정치 모델

앨리슨의 정책결정모델의 제1모델은 '합리적 행위자 모델'이다. 이 모델은 정부는 '잘 조직된 유기체'이고, 전 구성원은 최고지도자를 중심으로 모든 국가 행위를 일사불란하게, 철저한 계산에 따라 가장 효율이 높은 쪽으로, 그리고 합리적으로 기획·결정하고 실행에 옮긴다고

---

9) Graham Allison and Philip Zelikow 저, 김태현 역,『결정의 엣센스: 쿠바 미사일 사태와 세계핵전쟁의 위기』(서울: 모음북스, 2005) 참고.

40 _북한은 왜 경제개혁에 실패하는가?

가정한다. 따라서 정책 결정 과정은 '단일한 행위자로서 정부의 합리적 선택 과정'으로 규정되며, 분석단위는 통일된 목적을 보유한 '단일한 행위자로서의 정부'가 된다.10) 이 모델은 정치체계가 하나의 인격체처럼 결합되어 있다고 전제하며, 개인이 효용 극대화를 추구하듯 정치체계는 국가의 이익 극대화를 추구하여 합리적으로 행동하게 된다고 가정한다. 여기서 제시된 '합리성'은 '다양한 제약요인이 존재하는 주어진 환경 속에서 일관되게 가치를 극대화하는 선택'을 의미한다.

제2모델은 '조직행태 모델'로서, 정부는 느슨하게 연결된 여러 조직들의 연합체이며, 정책이란 '어느 한 조직이 자체의 목적과 관행에 의해 산출한 결과물'로 규정된다.11) 이 모델은 정치체계 내부 구성요소 간의 연계가 느슨하고, 각 구성요소는 자체 논리에 의해 움직인다고 가정한다. 각 조직은 고유 임무가 규정된 규범과 조직 내부 문화에 따라 움직인다고 간주한다. 그 결과 정책 결정은 각 조직들의 표준적 행위절차(SOP : Standard Operation Procedure)의 총합으로 규정된다. 정부의 행위는 SOP에 근거한 내부 조직 행위들의 상호작용 결과로 나타나기 때문에, 정책 결정의 분석단위는 '정부 내부 조직 행위들'이 된다. 합리 모델이 바둑에 비유된다면 이 모델은 장기에 비유되는데, 바둑과는 달리 장기의 규칙은 졸은 졸이 움직이는 규칙에 따르고, 차는 차가 갈 수 있는 길로만 가야 한다는 점을 고려한 것이다.

제3모델은 '관료정치 모델'로, 일반적으로 앨리슨 모델을 지칭하면 제3모델을 일컫는다. 이 모델에서 정책이란 '경쟁하는 이익구조를 가진 많은 행위자의 치열한 협상 게임의 결과'로 정의되며, 정치체계는 독립적인 개별 행위자들의 집합체로 간주된다.12) 정책결정 분석단위는

---

10) 위의 책, p. 65.
11) 위의 책, pp. 217-219.
12) 위의 책, p. 317.

정부 내 개별 행위자들인 관료조직의 수장들이며, 각 조직의 수장들은 각자가 생각하는 국가·조직·개인 이익에 근거하여 다른 조직 수장들과 끊임없는 이합집산을 하며, 그 과정에서 지배적 연합이 형성되면 정책이 생산된다. 최고지도자는 공식적으로는 '최고 결정권자'이나 실제로는 재량권이 제한된 '명목상의 1인자'에 불과하다. 이 모델에 따르면 정책결정과정에는 타협과 흥정이 이루어지고 정치가 난무하기 마련이며, 정부를 분해하면 할수록 "내부 정치는 엉망"이고 "정치하지 않고 정부에서 일하겠다는 것은 마치 결혼하지 않고 아기를 갖겠다는 것과 같다"[13]고 한다.

세 가지 모델을 구별하는 기준은 정책결정 참여자들의 응집성으로, 합리적 행위자 모델, 조직행태 모델, 관료정치 모델로 갈수록 조직통제·목표공유·정책의 일관성 면에서 응집성이 약해진다([표 1-1]).

표 1-1 **앨리슨의 세 가지 정책결정 모델과 그 특징**

구 분	합리적 행위자 모델	조직행태 모델	관료정치 모델
조직관	조정통제가 잘된 유기체	느슨하게 연결된 하위조직들의 연합체	독립적인 개인적 행위자들의 집합체
권력 소재	조직의 두뇌인 최고지도자가 보유	반독립적인 하위조직이 분산 소유	개인적 행위자들의 정치석 자원에 의존
행위자 목표	조직 전체의 목표	조직+하위조직의 목표	조직+하위조직+개별 행위자 목표
목표 공유	매우 강함	약함	매우 약함
결정 양태	최고지도자가 두뇌와 같이 명령하고 지시	SOP 프로그램 목록에서 대안 추출	정치 게임 규칙에 따라 타협과 흥정이 지배
결정 일관성	매우 강함, 항상 일관	약함, 자주 바뀜	매우 약함, 거의 일치 않음

* 자료: 앨리슨 『결정의 엣센스』; 정정길 『정책학원론』 참고.

---

13) 위의 책, pp. 320-321.

• 북한 경제개혁 결정 과정에 앨리슨 모델 적용의 적실성

북한의 정책결정과정을 분석하는데 앨리슨 모델을 적용하는 것이 적절한가 논란이 있을 수 있다. 첫째, 북한의 유일지배 특성상 합리적 행위자 모델이 북한 분석에 가장 적합한 모델로 보인다는 점이다. 북한 체제가 하나의 유기체처럼 전 구성원의 결속을 중시한다는 점, 지도자가 사심 없이 '국가이익'을 위하여 일하는 것으로 묘사된다는 점, 실질적으로 최고지도자에게 정보와 권력이 집중되고, 수령의 절대성·무오류성이 강조되고 있다는 점에서 그렇다.

그러나 북한의 '국가이익'에는 독재자의 개인적 이해관계나 편견이 크게 작용하며, 특히 정책은 이데올로기 종속성이 강하여 합리적 계산에 의하기보다는 지도자의 충동이나 이데올로기적 정당화의 결과로 나타나 '합리성의 위기'가 자주 지적된다.14) 최고지도자의 '충분한 정보 보유'도 의심스럽다. 통상 최고지도자의 건강을 고려해 정보는 선별 보고되고, 정보가 충분하더라도 전체주의의 맹점인 과중 정보 현상이 발생하며, 신격화된 수령일지라도 중요 정치집단의 이해와 집행조직의 능력을 고려하여 정보와 정책을 관리하지 않을 수 없다.

둘째, 조직행태 모델의 가설을 무시할 수 있을 정도로 북한의 지도자에게는 권력이 집중되어 있다고 주장할 수 있다. 이에 대해 반론하면, 북한의 지도자가 모든 관료기관의 행동규범을 무시할 수는 있으나 그도 각 기관에서 올라오는 정보에 의존해 판단할 수밖에 없으며, 정보의 수집·처리 과정에서 각 조직의 이익이나 편견이 반영된 왜곡된 정보가 지도자의 정책결정의 기초가 된다. 그리고 정치적으로 민감한 문제나 지도자 자신의 관심 분야에 관해서는 지도자가 관료조직들의

---

14) 포스터-카터(Aidan Foster-Carter), "북한사회를 어떻게 볼 것인가," 민족통일연구원 편, 『북한체제의 변화』(서울: 민족통일연구원, 1991), p. 120.

규범을 무시할 수 있으나, 상례화된 업무는 조직모델에 따라 처리된다. 이 점은 사회주의 국가의 관료체계가 경직되어 협조나 조정이 취약한 점을 감안하면 더욱 분명해진다. 특히, 각 조직은 지도자의 지시만 수행하는 것이 아니라, 조직 자체의 발전과 건강을 우선하는 '본위주의' 현상과, 자기 조직의 예산·인력·업무 영역을 끊임없이 확장하는 '제국주의' 경향을 보인다는 점에서 제2모델의 적용 여지는 충분하다.

셋째, 북한 권력층 내 감시체계와 공포통치는 관료정치 현상의 발현을 제어할 수 있다는 주장이 있을 수 있다. 그 주장대로 북한의 지도자는 관료조직 간의 흥정과 타협을 무시할 수 있으며, 간부사회에는 '유일영도체계'를 위반한다거나 '종파주의'로도 오해받을 수 있는 위험한 행위를 극히 경계하는 기류가 조성되어 있다.

그러나 다음과 같은 점에서 관료정치 모델의 유용성을 부정할 수 없다. 우선, 지도자가 모든 정책을 관리할 수 없으며, 권력층 내 제반 조직 간에 이해관계가 일치하지 않는 경우가 비일비재하다. 지도자의 권력이란 자신이 원하는 일이 부하들의 필요와 부합하는 것으로 믿게 만들어 그들을 움직이게 하는 힘이다. 그러나 각 조직은 넓은 의미의 국가이익 개념에는 생각을 같이하나, 구체적인 운영 목표에서는 서로 다른 정도가 아니라 경쟁적인 입장에 서게 된다. 지도자를 포함하여 각 조직은 자신의 위치에 따라 문제의 우선순위와 성격을 다르게 규정하며, 조직들 사이에는 지도자도 '모르게' 이권을 흥정할 공간이 충분히 존재한다. 특히 권력승계의 과도기에 지도자가 문제 상황을 충분히 파악하지 못하고, 관료사회 내 새로운 줄서기가 시도될 때 관료정치의 작동 여지는 증대된다.

지도자는 항상 바쁜 일정으로 전략적인 문제에 집중하기보다는 오늘내일 내려야 할 결정에 초점을 두며, 통상 시한이 임박하거나 사건이 터지면 입장을 정하곤 한다. 또한 지도자는 문제 상황이 발생하면 불확실성이 사라질 때까지 판단을 유보하고, 서로 다른 입장이 대두되면 양쪽을 감싸 안아야 하는 위치에 있으므로 모호한 태도를 취해야 하는 상황이 자주 대두된다. 문제 상황이 대두되어도 지도자가 즉시 처리 방향을 잡아가기가 어려우며, 지도자의 유보된 또는 애매한 입장은 부하들에게 자신의 입장을 반영할 공간을 제공하고, 나중에 내리는 지도자의 '결론'이란 사후 추인의 의미에 불과하게 된다.

북한 권력층 내에도 지도자의 총애를 다투기 위해 은밀하나 치열한 권력 암투가 존재한다. 지도자의 측근들 간에 권력 지분을 확대하기 위한 충성 경쟁과 모함으로 정책은 합리성과 먼 거리에서 결정되거나, 집행과정에서 다른 모습으로 변질된다. 북한의 권력구조가 엄격한 수직적 위계질서를 구축하고 있다고 해도, 조직 간에 이해관계의 상충 정도가 조직 발전이나 건강 유지의 범위를 넘어 조직의 존립 자체를 위협하는 수준에 이르면 생존을 위한 반발과 타협은 불가피해진다. 특히 사회주의 체제 내부에는 원만한 합의나 조정 기제가 취약해 갈등이 축적되기 마련이며, 북한 체제처럼 제한된 자원을 놓고 치열한 경쟁이 오랜 기간 지속되면 상부의 공식적인 일원적 결정 이면에서는 비공식적인 거래가 관행이 된다.

● 쿠바 미사일 위기 분석과 북한 경제개혁 과정 분석의 공통점

앨리슨 모델은 국제정치적 위기 사건에 대응해 소수 참여자가 급박하게 내린 결정 과정이라는 점에서, 북한의 경제개혁 결정과정과는 거리가 멀다는 주장이 있을 수 있다. 그러나, 앨리슨은 자신의 분석모델이 외교정책을 넘어, 정치체제의 특성과 무관하게 다양한 의사결정에 적용할 수 있다고 했다.15) 북한의 경제개혁 결정 과정과 미국의 쿠바

---

15) 앨리슨은 자신의 모델이 국내 정책은 물론 히틀러 체제 같은 독재국가에도 적용이

미사일 사태 대응 과정을 비교할 때, 전자는 경제정책이고 장기간의 결정 과정을 거치지만 후자는 외교정책이면서 한 달도 되지 않는 급박한 결정 과정을 거친 점에서 다르다. 그러나 위기관리를 위한 선택이라는 점, 소수의 참여자에 의한 결정이라는 점, 정책 결정 참여자 각자가 고유의 조직 이해관계를 보유했다는 점 등 결정의 조건과 '결정의 엣센스'는 같다.

첫째로, 북한 경제개혁 의제는 위기 관리적 성격이 다분하다. 김정일의 경제개혁은 1990년대 경제위기에 대한 생존 차원의 대응 전략으로 출발했다. 내각은 자기조직의 존립 위기로 2004년에 시장경제를 추진했고, 당은 시장경제를 하면 자기들 위상에 치명적 손상을 입게 되어 내각에 반격을 가하는 등 경제개혁 진퇴 과정에 위기 관리적 결정 요소가 내포되어 있다. 김정은이 집권하자마자 경제개혁 의제를 부활시킨 것은 경제 활성화를 위한 개혁이 세습지배의 정당성 확보를 위한 가장 시급한 과제로 대두되었기 때문이다.

둘째로, 북한의 경제개혁 연구 과정도 소수 참여자를 중심으로 배타적으로 입안되었다. 7.1조치는 경제정책임에도 사전 공론화 과정을 거치지 않고 '6.3 그루빠'라는 폐쇄적 참여자들을 중심으로 입안되었고, 박봉주 '내각 상무조'의 급진개혁안도 비밀리에 입안되어 김정일에게 보고되었다. 다만, 김정은은 집권 초 '온 동네에 소문을 내' 경제개혁 아이디어를 수렴하라고 지시했으나, 곧 그 정치적 파장을 알아채고 더 이상의 공론화를 철회했다. 그리고 경제개혁 입안 작업을 노두철 부총리를 중심으로 한 '1228호 상무조'로 하여금 소리 없이 추진하도록 했다.

셋째, 정책 결정 이면에는 이해관계의 충돌이 있었다. 지도자, 내각, 노동당이 각기 경제개혁 의제 개방 및 철회, 개혁 조치 입안 및 추진,

가능하다고 한다. Allison 외, 『결정의 엣센스』, p. 46.

개혁 제동장치 역할의 주도자가 되는데, 이들은 공통으로 경제 활성화라는 '국가이익'에 집중하기보다 각자의 이해관계를 우선하면서 각자 고유한 능력과 임무 범위 내에서 대안을 제시한 결과 개혁과정은 숱한 우여곡절을 겪게 된다. 특히 김정은 집권 초기 지도자의 상황 파악 미숙 및 장악력 부족과 새로운 줄서기, 정책 및 이권 조정에 따른 갈등으로 권력층 내 이해관계 충돌이 두드러져 관료정치의 토양은 더욱 풍부해진다. 앨리슨의 조직행태 모델과 관료정치 모델은 북한 현실로 볼 때 적실성을 더 하는데, 폐쇄 체제에다가 경제난 가중에 따른 생산 단위별 자력갱생 강조로 본위주의 현상이 만연되었기 때문이다.

다만 이 연구에서는 앨리슨 모델을 다음과 같이 수정해 적용한다. 우선, 이 연구는 수령제 규정력의 한계 즉, 정책 결정의 실질적인 주도자를 검증하는 데 초점을 두기 때문에 정책 결정의 '합리성'은 크게 평가하지 않는다. 수령이 추구하는 이익과 '국가이익'도 일치하는 개념으로 간주한다. 이런 전제하에서 '합리적 행위자 모델'을 '수령제 모델' 개념으로 대체한다. 앨리슨은 개정판(1999년)에서 '조직의 수장'으로서 뿐만 아니라 '개인의 정체성'의 차이에 따라 정책이 선택된다는 의미로 '관료정치'를 '정부정치 모델(governmental politics model)'로 바꾼다.16) 그러나 북한 체제의 특성으로 볼 때 조직 수장의 '개인적 정체성'이 정책 결정요인으로 작용할 여지가 크지 않기 때문에 이 연구는 초판(1971년)대로 '관료정치 모델' 명칭을 사용한다.

이 연구는 북한의 정책 결정 과정에서 어떤 모델이 가장 큰 지배력

---

16) 앨리슨의 '관료정치 모델'은 개정판(1999년)에서 '정부정치 모델'로 명칭이 바뀐다. 앨리슨은 명칭 변경의 이유로 조직의 장(長) 입장에서 자신의 견해를 밝힐 뿐 아니라, 개인적인 정체성과 다양한 사회적 정체성이 작용한다는 인식 때문에 '관료정치' 표현을 '정부정치'로 대체한다고 한다. 같은 국방부 장관이라도 사람이 달라지면 정책 입장이 달라질 수 있다는 이유로 '정부정치'로 표현을 바꾸었다는 것이다. Allison 외, 『결정의 엣센스』, p. 11.

을 발휘하는지도 판단하지 않는다. 김정일에 이은 김정은 체제에서도 수령제의 규정력은 외관상 여전히 막강한 것으로 추론된다. 그러나 표면적 현상을 일반화하는 오류를 경계할 필요가 있다. 외관상 관찰된 것 이상으로 북한 내부 정치가 '엉망'일 수 있기 때문이다. 그러나 이 연구에서는 북한의 정책결정과정에서 지도자의 결정이 아닌, 조직행태와 관료정치 현상이 충분히 존재함을 규명하는 일에 초점을 모은다.

다음으로, 3개 모델 적용 요령은 앨리슨이 제시한 방법에 따른다. 앨리슨은 각 모델은 상호 보완적이며, 서로 다른 렌즈를 통하여 찾아낸 요소들을 종합할 때 설명력이 높아진다면서 다음과 같은 적용순서를 제시한다. 먼저 제1모델(합리적 행위자 모델)의 핵심 논리에서 출발하여 분석의 큰 틀을 그리고, 제2모델(조직행태 모델)에서 문제 해결의 대안을 선택하는 특정 조직의 논리와 절차를 그리며, 제3모델(관료정치 모델)로 의사결정구조 속에 있는 서로 다른 입장을 찾아내고 이들이 최종적으로 종합·선택되는 과정을 기술한다.[17]

---

17) 위의 책, pp. 474-475.

03 북한의 경제관리체계

가. 북한 경제관리체계의 특징, 분절 경제적 특성

● 북한 경제관리체계가 시장경제와 다른 점

북한의 경제관리체계는 시장경제와는 다른 특징을 갖는다.[18] 시장경제에는 많은 기업이 자율적·분산적으로 경제 활동을 하는 데 비해, 북한경제는 중앙집권적 명령 경제체제로 중요한 결정권이 중앙계획기관에 집중되고 공장·기업소는 대체로 중앙계획기관의 계획명령에 따라 운영된다. 국가계획위원회 등 중앙의 계획기관에 중요한 정보와 자원이 집중되어 있으며, 중앙계획기관이 경제 부문별로 생산 목표를 설정하고 그 목표 실행에 필요한 자원을 배분한다. 생산된 성과물은 다시 중앙계획기관 주관하에 재분배된다.

또한 시장 경제체제에서는 사기업 등 경제주체와 국가 행정기구의 구분이 뚜렷하며, 정당이 경제 운영에 참여하지 않는다. 그러나 북한 경제관리 체계에서는 경제 관리기관과 일반 행정기관의 구분이 모호하고, 경제관리에 노동당 기구가 깊숙이 관여하며, 심지어는 모든 국가경제관리 위계에서 해당 당 위원회가 최고 상부 기관으로 기능한다. 시장경제의 기업은 주로 생산에 특화되어 있지만, 사회주의 경제기구는 생산기관이자, 배급 및 후생 복지의 주체, 즉 분배기관이다.

또한 북한기업의 최고 경영기구는 공장 당위원회이며, 기업이 구성원에 대한 사상교육도 담당하는 정치기구의 성격도 띠고 있다. 북한경제 관리체계에서 주요한 전략적 의사결정은 당중앙위원회와 내각에서

---

18) 박형중, 『북한의 경제관리체계』(서울: 도서출판 해남, 2002), p. 108.

하며, 경제실무의 주역은 국가계획위원회와 연합기업소가 맡는다. 북한의 경제 관리기구가 수행하는 가장 중요한 작업은 계획을 세우는 일이 아니라, 실행 도중에 변화하는 상황에 맞게 끊임없이 최초 계획을 변경하고 그에 따른 엄청난 조율작업을 하는 일이다. 이러한 작업은 중앙계획기관의 명령권을 통한 행정적 조율작업을 통해 이루어진다. 돌발적인 상황 변화에 대처한 임기응변과 조율작업이 각급 국가관리기구의 계획수행과 경제관리에서 핵심 임무가 된다.

● 국가경제, 군수경제, 당경제 등 분절 경제적 특성

북한경제는 경제 활동 혹은 수혜의 주체가 누구냐에 따라 국가경제, 군(軍)경제, 당 경제로 분리된다. 국가경제 혹은 인민경제는 주민들의 수요에 부응하는 민수경제 혹은 민생경제를 의미한다. 당의 지도 아래 내각 총리를 중심으로 국가계획위원회·농업위원회 등 기능별·부문별 성·위원회가 관장하기 때문에 내각경제라고도 한다.

군(軍) 경제는 당 군수공업부의 감독을 받는 제2경제위원회의 군수물자 생산, 인민무력부의 무기 및 유관 물자 수출입, 군부대의 생산 및 거래 활동 등 군의 경제활동을 의미한다. 당(黨) 경제에는 최고지도자의 통치자금 조성을 위해 별도로 관리되는 외화벌이 사업, 당 부서들이 최고지도자의 지침에 따라 수행하는 정책사업, 당 조직 자체적으로 필요한 자금 마련을 위한 이권 사업, 당원들의 당비 납부를 포괄한다. 그중 비자금 조성을 위한 39호실의 외화벌이 사업과 같은 이른바 궁정경제가 큰 비중을 차지하며, 39호실 사업은 당 경제 중에서도 특히 별도로 관리된다. 당 경제는 70년대 중반 김정일이 후계체제 구축에 필요한 자금 조달을 위해 별도의 이권 사업을 조직한 데서 시작되었고[19], 군 경제는 70년대 후반 군수공업 활성화를 위해 제2경제위원회를 신설한 데서 비롯되었다20).

인민경제와 여기서 분리된 군경제 및 당경제는 각각 별개의 주체에 의해 관리될 뿐만 아니라, 전체적인 생산활동 및 생산물 관리가 통합적으로 관리되지 않는다는 점에서 북한경제는 몇 개의 마디로 분리된 '분절(分節) 경제'의 특성을 띤다. 이들의 관계를 보면, 김일성 시대에는 당·군 경제의 존재에도 불구하고 내각을 중심으로 경제가 관리되다가, 1990년대 경제난으로 각급 기관별로 자력갱생이 불가피해지면서 당·군 경제 비중이 급속히 확장되었다. 김정일 시대에는 인민경제에서 당·군 경제로 자원·자본 이전은 일상화되었으나, 당·군 경제에서 인민경제로의 재투자는 극히 제한적인 모습을 보였다.21) 한편 북한 전체 경제에서 당·군 경제가 차지하는 비중이 '30-60% 수준'이라는 주장이 있으나 정확한 규모는 알 수 없다.22)

김정은 때도 경제난이 지속된 상황에서 권력 공고화를 위한 통치자금 소요와 핵·미사일 개발 자금 소요로 분절 경제의 특성은 크게 변하지 않았다. 김정은 집권 초기에는 특수단위의 외화벌이 사업이 활성화

---

19) 당 경제는 1970년대 중반 김정일이 후계자로 내정된 이후인 1970년대 중반 당 조직을 통하여 후계 기반을 확충하는 과정에서 측근들 선물, 연회 비용 등에 소요되는 자금 조달을 위해 평양상사(후에 대성총국의 모체)를 조직하여 송이버섯, 전복 채취 및 금광채굴 등 이권 사업에 개입한 데서 비롯되었다.

20) 군 경제는 1979년 제2경제위원회가 내각 제2기계공업부의 군수공업 관리기능을 인계받아 설립되면서 형성되었고, 내각 산하 공장·기업소들에 있는 일용직장(군수품 생산직장)도 군 경제에 포함된다.

21) 황장엽은 "김정일은 인민생활은 조금도 걱정하지 않았고, 총리를 비롯한 경제전문가들이 경제를 정상적으로 관리하는 것을 오히려 방해했다. 그는 당 경제와 군대 경제를 국가경제로부터 분리하여 개인 소유처럼 관리했으며, 국가경제도 권력기관들의 요구를 먼저 보장해주도록 간섭했다"고 했다. 황장엽, 『나는 역사의 진리를 보았다』 (서울: 한울, 1999), pp. 287-288.

22) 주로 탈북민들의 증언이다. 황장엽은 "군수공장 노동자는 50만 명이며, 기계공장의 절반이 군수공장"이라고 했다. 경제학자 출신 탈북민은 "1989년 무렵 군경제는 GDP 대비 25-30%," 제2자연과학원 출신 기자는 "민수와 군수의 비율은 4:6 정도이며, 노동자의 60%가 군수공장," 또 다른 탈북민은 "당 경제는 10-20%, 군 경제는 30-40% 정도"라고 증언하였다.

되고, 김정은이 핵 개발을 위한 '국방력 강화에 최우선 투자'를 빈번히 강조하여 당·군경제의 비중이 증대되는 모습을 보였다. 그러다가 경제난이 극심해진 2021년 이후 김정은의 특권경제 통제와 내각의 일원적 경제관리 강조로 분절 경제의 특성은 다소 완화되었다.

김정은 시대 분절 경제와 관련해서 다음과 같은 특기사항이 있다. 첫째, 전체 탄광 3,500여 개 가운데 내각 소속 탄광이 400여 개로 11%에 불과하다는 사실이 2016년 5월 수립된 '5개년 경제발전 전략'에서 확인되었다. 둘째, 북한은 2021년 1월 8차 당대회 '당 중앙검사위원회 사업총화' 보고(1.9)를 이례적으로 공개해 당 재정수지 항목을 개략적으로 파악되었다. 당 재정이 '당 살림살이뿐 아니라 인민생활에도 이바지하도록 쓰였다'고 선전했다(아래 인용문 참고). 셋째, 재정난이 극심해지면서 김정은이 2021년 이후 '단위 특수화 현상과의 투쟁'을 선언해 분절 경제의 특성이 다소 완화되었다(책 5장-4절-4-라. 단위 특수화 현상과의 투쟁 참고).

> 2021.1.9. 제8차 당대회에서 당 중앙검사위원회 사업총화 보고 : "당비수입 증대하고, 당이 운영하는 기관·기업소의 생산이 늘어 예산 수입이 빨리 증대했음, 당 출판인쇄부문에서도 예산납부금을 늘려 당 살림살이 지출을 증대하고도 많은 예비를 조성했음." 당 지출 활동으로는 "김일성김정일주의연구실과 조선혁명박물관 운영, 당역사수록사업, 혁명역사와 업적연구 고증사업, 당원과 주민들에 대한 선전교양비 증가, 전원회의와 정치국 회의를 보장하는데 지출이 늘었고, 김정은의 대외활동이 늘어 국제사업비가 증가되었으며, 삼지연시 등 중요대상건설과 함경도 자연재해에 시멘트 보장 등 인민복리 증진에도 이바지했음."[23]

---

23) "조선로동당 제8차대회에서 조선로동당 중앙검사위원회 사업총화보고," 『노동신문』, 2021.1.10.

나. 당 전문부서의 경제관리 관여

● 경제관리에서 당 전문부서와 내각의 관계

북한은 당·정관계를 '당은 키잡이, 정권기관은 노 젓는 이'로 비유한다. 이 관계는 북한의 경제정책 추진에도 적용되어, 당이 경제정책을 수립하고, 내각은 경제사업을 구체적으로 집행·관리하며, 그 과정에서 당의 지도·감독이 이루어지는 것이 일반적이다. 그러나 북한 정권 수립 이후 국·공유제와 계획경제라는 사회주의 경제제도가 어느 정도 정착되고 경제사업의 분화와 전문화에 대한 요구가 증대되자, 북한 지도부는 당의 구체적인 경제정책 입안과 내각의 경제사업 집행·관리에 대한 과도한 당적 지도는 경제관리의 전문성을 손상하고 '행정 대행의 폐해'를 유발한다며 당의 경제 관여를 통제해 왔다.

북한 당국은 당의 전문성 없는 경제관리 간섭을 우려하여 당 중앙위원회 경제 전문부서의 기능을 전반적인 정책 노선의 설정과 사후 정책 집행 결과 점검으로 역할을 축소·조정했다. 북한의 중앙당 경제 전문부서는 초기에 산업 부문별로 세밀하게 편제된 형태에서, 점차 경제계획 지도 또는 정책검열에 국한된 단순 구조로 바뀌었다. 중앙당 경제 전문부서의 설·폐는 시기별 상황적 필요에 따라 이루어졌다.

> 탈북민의 '당 전문부서 설폐 배경' 증언 : "김일성 때는 경제정책이 (내각 중심으로) 비교적 원만했다. 그때는 당이 모든 걸 안지 않았다. 김일성 교시로 '내각에 일임하고 당은 행정 대응하지 마라'는 지시가 나갔다. 내각을 밀어주라는 구도였다. 1990년대 고난의 행군 시기를 거치면서 당 경제부서가 편법적으로 운영되기도 했다. 예컨대 당시 당 경제정책검열부, 농업부 등이 나왔다가 없어졌다 했다. 왜 없앴나, 잘 안돼서 없앴다. '야, 왜 그걸 당에서 다 안고 있나, 넘기라.' 일종의 책임회피였다. 경제사업은 안 되

는데 다 안고 있으면 책임이 당 쪽으로 오니 없앴다."

"김정은 시대에 당 농업부를 다시 환원했다. 그건 또 다른 이유에서였다. 일이 잘 안되니까 당이 안고 하라는 거다. 말기에 김정일은 농사가 잘 안되고 인민들의 영양부족 상태는 심각하니까 '군대에서 콩 농사를 많이 하라, 사회적으로도 콩 농사 많이 하라'고 지시했다. 그걸 추진하는데 내각이 감당을 못한다. 그래서 당 조직지도부에게 책임지고 하라고 했다. 그래서 지금도 있는지는 모르겠으나 콩 농사를 전임으로 보는 '24과'가 조직지도부에 신설되었다. 어떤 경우는 돈이 모이는 사업에 당 기구를 내기도 한다. 예를 들어 건설 사업은 당 행정부의 기능이 될 수 없다. 그러나 돈이 모이기 때문에 장성택의 당 행정부에 국토과와 건설과가 생겼다."[24]

큰 흐름으로 볼 때 북한에서 경제문제에 대한 당의 역할은 축소되고 내각의 역할은 증대되었다. 그 흐름 속에서도 당과 내각 간에는 주고받기식 주도권 다툼이 있었다. 예컨대 북한의 경제정책이 크게 바뀐 1993년 12월 당 경제부서의 개편을 사례로 들 수 있다. 그때까지는 중앙당 비서국 내 비교적 세분화된 경제 전문부서들을 두고 경제정책 수립과 내각의 경제관리를 감독했다. 국가(민수) 경제를 지도하는 당 전문부서들로 경제계획부, 농업부, 경공업부, 건설운수부, 기계공업부, 중공업부 등 여러 부서를 두었다. 물론 당 경제를 관리하는 재정경리부와 군수공업을 관리하는 군수공업부는 별개이다. 1993년 12월 이후 민수경제를 지도하는 당 전문부서가 크게 줄어들었다. 주민 생활난으로 농업부와 경공업부는 남겨놓고, 경제 전반과 광공업을 지도·감독하는 부서들을 계획재정부로 통합해 당 계획재정부, 당 농업부, 당 경공업부만 남게 되었다.

---

24) 탈북민 증언, 박영자·이교덕·한기범·윤철기, 『김정은 시대 북한의 국가기구와 국가성』,(서울: 통일연구원, 2018), pp. 108~109 재인용.

• 김정일·김정은 시기 당 경제 전문부서와 당정관계 변화

내각의 경제관리에 대한 당의 지도·감독 권한은 경제 사정 및 지도자의 방침에 따라 편차를 보였고, 당 경제 전문부서의 변천도 같은 흐름을 보였다. 당의 내각 경제지도·감독 권한은 ① 1993.12~2005.7 위축 → ② 2005.7~2011.12 강화 → ③ 2012.1~2015.2 다소 위축 (당·정 협력관계) → ④ 2015.2 이후 강화되는 경향을 보였다.

① 1993.12~2005.7 기간을 보자. 1993년 12월 북한은 여러 개의 당 경제부서들을 경제정책검열부와 농업정책검열부로 압축하면서 당은 거시경제와 식량정책 관리에 집중했다. 이는 사회주의 시장 축소와 더불어 북한 경제 규모가 위축된 현실을 반영한 것이다. 이후 '고난의 행군' 때는 경제관리 대상 자체가 없어졌다고 할 정도로 상황이 악화되고, 노동당은 김정일이 '노쇠당', '송장당'이라고 질책(1996.12)할 정도로 무기력해졌다. 반면 2000년대 들어 김정일의 경제개혁에 관한 관심이 커지면서 내각의 자율성은 확대되었다. 2004년 말에 당 경제정책검열부와 농업정책검열부마저 폐지되어 당 경공업부를 제외하고 일시적으로 당 경제부서가 폐지되는 상황이 발생했으며, 한때 내각 총리에게 경제정책 검열권, 인사권도 부여되었다.

② 2005.7~2011.12 기간은 당 전문부서의 권한 강화 시기이다. 2005년 들어 경제개혁 문제를 둘러싼 당과 내각 간의 대립이 노골화된다. 당의 사주를 받은 김정일은 점차 개혁을 철회하면서 '당의 영도'를 두둔한다. 2005년 7월 당 계획재정부를 복원하면서 부장으로 박남기를 임명했다. 당 계획재정부는 내각이 주도하는 경제 관리권을 다시 회수하고 시장에 대한 통제를 강화했으며, 2009년 11월 말 화폐개혁 카드마저 꺼내 들었다. 그러나 화폐개혁은 실패로 끝났다. 북한은 그 후유증에 대한 책임을 물어 박남기 당 계획재정부장을 처형(2010.3)하

고 총리를 경질(2010.6 김영일 → 최영림)했다. 하지만 당의 주도권은 유지되었다. 후임 총리(최영림)와 부총리들을 당료 출신 위주로 임명하였고, 당 농업부도 부활했다.

③ 2012.1~2015.2 기간은 내각이 경제관리를 주도하면서 당의 감독 기능이 다소 약화된 시기이다. 그러나 당·정이 갈등하지는 않았고 협력관계가 유지된 점이 특징이다. 김정은은 집권 초기 경제관리를 대체로 내각의 자율성에 맡겼다. 2012년 연초 내각 중심의 경제개혁 상무조를 구성했고, 김정은이 '내각책임제·중심제'를 강조했으며, 내각 총리로 박봉주를 재등용(2013.4)했다. 그러나 김정은은 집권할수록 내각의 전문성보다는 당의 정치적 역할을 중시하는 경향을 보였다. 박봉주·노두철 등 내각의 전문 경제 관료들에게 당직을 겸직시켜 경제관리에 정치적 고려를 하도록 부담을 주었다.

④ 2015.2 이후 당의 감독 권한은 다시 강화되었다. 김정은은 당 창건 70돌을 앞두고 민생부진이 여전하자 내각의 추진력을 비판하면서 당의 역할을 독려했다. 이후 당의 역할은 강화되고 내각은 위축된다. 특히 경제난이 극심해지면서 동원체제 방식의 경제관리가 불가피해지자 당의 주도권은 강화된다. 당·정간 주도권 변화는 본론에서 다시 논의된다(5장-4절-4-다). 2023년 현재 민수경제를 관리하는 당 부서로는 경제부, 경공업부, 농업부가 있다.25) 여기에는 물론 재정경리부, 39호실, 군수공업부 등 당 및 군수경제 관리부서를 제외한 것이다.

---

25) 당 계획재정부가 당 경제부로 바뀌어 농업과 경공업부문을 제외한 내각의 국가 경제 관리 업무를 지도한다. 명칭 변경 시점은 2013년 8월의 북한 문건에서 "당 경제부"가 거론된다는 점에서 김정은 집권 초반(2012.4 경)인 것으로 추정된다. 2021년 1월 8차 당대회에서는 '당 경제정책실(실장 전현철)'이 공개된다. 당 경제부와는 달리 경제정책 연구기능에 특화된 기구로 추정되는데, 2012년 중앙당에 설치된 '경제관리 개선 연구 전문기구'인 당 16호실과 같은 기구일 수도 있다. 전현철은 2022년 6월 당 전원회의에서 당 경제비서 겸 경제부장으로 승진하는데 '경제정책실'도 당경제부에 통합되었을 가능성이 있다.

다. 내각책임제 · 중심제와 내각의 구성

● 내각책임제·중심제의 의미

북한이 주장하는 국가경제관리의 '내각책임제·중심제'는 민생경제 관리에 내각이 책임지고 중심적 역할을 하라는 것이다. 명분은 당의 행정 대행을 방지하고, 내각의 전문성을 중시하면서 계획경제의 일원적 관리를 통한 효율성을 도모하겠다는 것이다. 내각책임제·중심제의 엄격한 의미는 당의 역할은 정책적 지도에만 국한되고, 내각이 국가경제의 각 부문을 통일적으로 장악하여 책임지고 관리하라는 데 있다. 당의 정책지도 기능과 내각의 정책집행 책임을 구분한 개념이지만, 때로는 내각에 경제부진 책임을 부담시키는 취지로 활용된다.

북한은 1972년 헌법개정을 통해 종래 내각의 경제정책 결정권을 중앙인민위원회에 넘기고 정무원(前 내각)은 정책 집행권만 넘겨받아 정무원(내각)은 국가 경제사업을 전반적으로 책임지고 관리하는 기관으로 재량권이 축소되었다. 그러다가 1980년대에 인민생활의 향상을 중시하면서 인민정권기관의 기능 강화를 다시 강조하여, 이를 계기로 정무원의 경제정책 수립 권한은 보강되고 당의 경제 관여는 줄어들기 시작했다. 여기에는 북한의 경제 규모가 커지고 경제관리에 전문화가 요구된 점도 작용했다.[26]

---

26) 1970년대까지 북한의 정책결정은 '당·정 협의체적 정책결정구조'였으나, 자원의 갈등적 요구 내지 경제 관리의 혼선이 빈발하자 1980년대에 '국가행정 주도적 정책결정구조'로 전환 조짐을 보였다는 분석이 있다. 그 정황으로 김정일이 1984년 2월 16일 '인민생활을 더욱 높일데 대하여'라는 연설로 먹는 문제와 경공업 혁명을 강조한 이래, 1984년 8월 3일 '8.3 인민소비품 직매점'의 전국적 설치 지시, 1984년 행정경제문제를 토의하는 당 회의를 행정책임 간부가 지도하도록 한 지시, 1985년 연합기업소 조직에서 당 비서의 등급을 지배인보다 반 등급 밑에 위치하도록 지시한 사례를 들고 있다. 장달중, "북한의 정책결정구조와 과정," 『사회과학과 정책연구』, 제 15권 제2호(1993.6), pp. 20-21.

1990년대 들어 내부적으로 '경제사업에 대한 당적 지도'라는 말 자체가 줄어들고 '경제는 경제일꾼들의 몫'이라는 관념이 확산되었다. 이는 김정일이 1991년 1월 당 일꾼들의 경제사업 대행을 비판하면서 "경제사업은 경제일꾼들에게 전적으로 맡기라"는 취지의 발언을 한 데 이어,27) 1992년 2월에 김정일이 '정무원 중심제'를 다시 강조한 데 따른 것이었다.28) 1994년 4월 최고인민회의에서 정무원 총리 강성산은 '혁명적 경제전략 관철'과 함께 '경제사업에서 정무원 책임제·중심제를 강화할 것임'을 강조했고, 1996년 4월에는 김정일이 "정무원 중심제 역할을 높여 사회주의 경제전략을 관철할데 대하여"를 발표했다.

김정일은 1998년 권력승계 이후에도 국가경제 관리에서 내각책임제를 강조하여 중앙인민위원회를 폐지하고 정무원을 다시 내각으로 환원시켰다. 김일성이 '아랫 단위에서 총리의 지시를 잘 듣지 않는 경우'를 지적한 것처럼,29) 김정일도 이따금 당과 군의 자체 경제사업 운영에 관해서도 "내각의 사전 검토를 받으라"는 지시를 하달했다.30) 김정은

---

27) 김정일은 당일꾼들이 경제사업을 대행하는 것은 당사업과 경제사업을 '다 말아먹는 백해무익한 행동'이라고 비판하였다. 또한 도당위원회 안에 있는 경제비서 직제와 경제부서들이 당을 '경제주의당'으로 몰아간다고 질책하면서, 경제사업의 주인은 경제일꾼이기 때문에 그들에게 선석으로 책임지도록 해야 한다고 주장하였다. 김정일, "당사업을 더욱 강화하며 사회주의건설을 힘있게 다그치자"(당중앙위원회, 정무원책임일군들 앞에서 한 연설, 1991.1.5), 『김정일선집 11』(평양: 조선로동당출판사, 1997), pp. 3-4.

28) 김정일은 1992년 11월 "경제사업은 정무원을 강화하여 정무원에서 전적으로 책임지고 풀어나가게 하여야 한다"고 강조하였다. 김정일, "당, 국가, 경제사업에서 나서는 몇가지 문제에 대하여"(1992.11.12), 『김정일선집 13』(평양: 조선로동당출판사, 1998), p. 209.

29) 김일성은 경제사업의 문제점 중의 하나로, 정무원의 각 부처와 아래 단위들에서 총리의 지시를 듣지 않는 경우와 규율이 없는 현상을 지적하였다. 이는 과거부터 총리의 위상이 약했음을 보여준다. 김일성, "주체의 경제관리 체계와 방법을 철저히 관철하자"(1984.12.5), 『김일성저작집 38』(평양: 조선로동당출판사, 1992), pp. 363-388.

30) 이를테면, 김정일은 1990년 1월 "경제문제는 당 조직도 반드시 정무원의 검토를 받아 총리가 직접 보고할 것", 2004년 11월 "경제사업에 관련해서는 그 어떤 단위

도 내각책임제·중심제를 주기적으로 강조했다. 그러나 내각책임제 강조의 의미가 집권 초기에는 내각의 전문성을 존중하라는 취지에서 2015년 이후 내각의 경제 활성화 부진 책임을 지칭하는 의미로 바뀌었다(5장-4절-4-나 참조).

● **내각의 구성과 경제부처 편제**

북한 헌법은 내각의 위상을 "국가주권의 행정적 집행기관이며 전반적 국가관리기관이다"라고 규정했다(2019.8.29 개정헌법 123조). 북한 헌법(125조)이 규정한 내각의 기능은 ①일반 행정관리, ②경제관리, ③국토·도시 및 환경관리, ④사회·교육·문화·보건·체육 관리, ⑤대외사업관리 기능으로 나뉜다. 그중에서 내각의 핵심 기능은 국가경제관리이며, 북한은 내각 총리를 '경제 사령관'으로, 국가계획위원회를 '경제 참모부'로 호칭한다.

북한의 내각은 "총리, 부총리, 위원장, 상과 그밖에 필요한 성원들로 구성"된다(헌법 124조). 김정은 때 내각총리는 최영림(2010.6~2013. 4), 박봉주(2013.4~2019.4), 김재룡(2019.4~2021.1), 김덕훈(2021.1~)으로 이어졌다. 북한의 총리는 국가경제관리에 전문성이 요구되고, 부담과 책임만 막중해서인지 군부 책임자들과 비교하면 상당히 장수하는 자리이다. 부총리는 7~9명으로 해당 시기에 중시하는 국가 과제에 따라 인원수가 달라진다. 내각 지휘부에는 당원인 내각 구성원들의 당 생활을 지도하는 내각 당 위원회와 그 관리 조직으로 내각 정치국이 있고, 총리, 부총리들의 업무를 보좌하고 내각 행정사무를 총괄하는 내각사무국

그 누구를 막론하고 내각 총리의 지시를 무조건 받아 물도록 해야한다"고 강조했다. 탈북민의 증언에 의하면 김정일은 2007년 11월에 "군(軍)도 정경분리에 따라 경제 사업은 내각의 사전 심사받으라"고 지시했다. 이는 김영일 총리가 '군이 선군을 이유로 지나치게 경제에 개입하는 현상'을 거론한 데 따른 것으로 알려졌다.

이 있다.

 통일부가 작성한 2023년 10월 기준 북한 권력기구도를 보면 내각 산하 부처조직은. 내각사무국을 포함하고 조국평화통일위원회를 제외하면, 45개이다.[31] 그중 합의제 기구인 '위원회' 조직은 국가계획위원회, 국가가격위원회, 국가과학기술위원회, 국가검열위원회, 국가비상재해위원회, 품질감독위원회, 농업위원회, 평양건설위원회, 교육위원회 등 9개이다. 독임제(獨任制) 기관인 성(省) 조직은 30개로서 경제부처 25개, 비경제 부처가 5개이다. 기타 국·원·은행 조직으로 내각사무국, 국가설계총국, 중앙통계국, 국가우주개발국, 국가과학원, 중앙은행 등 6개가 있다.

 성(省) 조직인 경제부처(25개)로는 재정성, 노동성, 전력공업성, 국가재원개발성, 석탄공업성, 채취공업성, 금속공업성, 기계공업성, 화학공업성, 정보산업성, 선박공업성, 원자력공업성, 임업성, 국가건설감독성, 건설건재공업성, 수매양정성[32], 수산성, 경공업성, 지방공업성, 도시경영성, 국토환경보호성, 상업성, 대외경제성, 철도성, 육해운성이 있다. 성(省) 조직인 비경제부처로 고등교육성, 문화성, 보건성, 체육성, 외무성 등 5개가 있다.

---

31) 44개 부처가 내각 총리 산하라고 해서 총리가 이들을 전부 장악하고 있다고 보기는 어렵다. 대체로 총리가 경제부처들과 교육·보건·체육·사회·문화 등 사회 부처들을 대상으로는 지휘체계를 유지하나, 외무성 등 일부 부처는 최고지도자에게 개별적으로 '제의서'를 올릴 수 있어 실질적인 통제가 어렵다. 사회안전성은 내각에 속해 있다가 국무위원회가 신설되면서 그 산하로 넘어갔다.

32) 수매양정성은 2019년 7월 이후 북한 매체에서 사라져 농업위원회에 통합된 것으로 추정되었다가, 4년만인 2023년 7월에 다시 등장하였고 2023년 9월 최고인민회의에서 수매양정상에 김광진을 임명해 부활된 것으로 확인되었다.

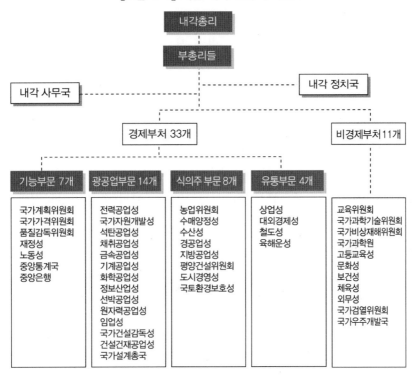

【그림 1-1】 북한 내각 산하 부처조직

```
                              내각총리
                                 │
                              부총리들
                                 │
   내각 사무국 ┄┄┄┄┄┄┄┄┄┼┄┄┄┄┄┄┄┄┄ 내각 정치국
                                 │
                    ┌────────────┴────────────┐
               경제부처 33개                비경제부처 11개
                    │                           │
   ┌──────────┬──────────┬──────────┐          │
기능부문 7개  광공업부문 14개  식의주 부문 8개  유통부문 4개
```

기능부문 7개	광공업부문 14개	식의주 부문 8개	유통부문 4개	비경제부처 11개
국가계획위원회	전력공업성	농업위원회	상업성	교육위원회
국가가격위원회	국가자원개발성	수매양정성	대외경제성	국가과학기술위원회
품질감독위원회	석탄공업성	수산성	철도성	국가비상재해위원회
재정성	채취공업성	경공업성	육해운성	국가과학원
노동성	금속공업성	지방공업성		고등교육성
중앙통계국	기계공업성	평양건설위원회		문화성
중앙은행	화학공업성	도시경영성		보건성
	정보산업성	국토환경보호성		체육성
	선박공업성			외무성
	원자력공업성			국가검열위원회
	임업성			국가우주개발국
	국가건설감독성			
	건설건재공업성			
	국가설계총국			

* 2023.10 통일부 권력기구도를 참고로 필자가 보완

이들 45개 내각 부처 중에서 경제부처들을 구분하면, 앞서 언급했듯이 북한에서는 국가기구에 경제 관리기구와 일반 행정기구의 기능이 혼재되어 있어 명확히 구분되지 않는 부처들이 있다. 국가과학기술위원회, 국가검열위원회도 기능 단위 경제부처로 분류될 수 있는 요소가 있다. 생산활동의 과학기술적 측면 지원, 생산활동 검열·평가라는 요소를 고려하면 경제부처로 볼 수도 있다. 그러나 여기서는 과학기술은 교육, 사회, 문화 부문처럼 경제와 병렬적인 행정영역을 관리하는 기구로 보고 제외하기로 한다. 국가검열도 경제와 사회문화를 포괄하는 통제행정이라는 점을 고려해 경제부처에서 제외한다.

우선 북한 내각의 기능(참모) 단위 경제부처로는 국가계획위원회, 국가가격위원회, 품질감독위원회, 재정성, 노동성, 중앙통계국, 중앙은행 등 7개이다. 다음은 생산 부문 단위 부처들을 편의상 ① 광공업 부문 ② 식의주 부문 ③ 유통운송 부문으로 대분류할 수 있다. ① 광공업 부문 부처로는 전력공업성, 국가자원개발성, 석탄공업성, 채취공업성, 금속공업성, 기계공업성, 화학공업성, 정보산업성, 선박공업성, 원자력공업성, 임업성, 국가건설감독성, 건설건재공업성, 국가설계총국 등 14개가 있다. ② 식의주 부문 부처로는 농업위원회, 수매양정성, 수산성, 경공업성, 지방공업성(식료일용공업성), 평양(수도)건설위원회, 도시경영성, 국토환경보호성 등 8개가 있다. ③ 유통 부문은 상업성, 대외경제성, 철도성, 육해운성 등 4개가 있다. 따라서 내각의 경제부처로는 참모(기능) 단위 7개, 광공업 부문 14개, 식의주 부문 8개, 유통 부문 4개 부처 등 33개이다.

비경제부처로는 내각사무국을 별도로 하고 국가검열위원회, 국가과학기술위원회, 국가비상재해위원회, 교육위원회, 고등교육성, 문화성, 보건성, 체육성, 외무성, 국가과학원, 국가우주개발국 등 11개가 있다.

● 북한의 경제관리기구 편제 및 산업분류 방식

사회주의 경제관리체계에서 지배적인 경제관리기구 형성 방식은 중공업·경공업 등 공업 부문을 중심으로 하면서 기능적 기구를 보완하는 방식이다.33) 북한의 경제관리기구도 수평적으로는 산업 부문 단위 중심의 관리체계에, 수직적으로는 내각(그중에서도 국가계획위원회)-성·위원회-연합기업소-기업소의 4단계 위계 체계를 갖추었다.

수직적 4단계 경제관리기구에서 각 단계는 다시 기능 단위와 부문별

---

33) 박형중, 『북한의 경제관리체계』, p. 114.

계선 단위 부서들로 구성된다. 예컨대, 내각에는 국가계획위원회·재정성 등 기능단위와 석탄공업성·금속공업성 등 부문단위가 있고, 석탄공업성은 다시 석탄기술국 등의 기능 단위와 석탄생산국 등 부문별 계선 단위로 구성된다. 계선 단위는 생산활동 자체를 관리하며, 기능 단위는 생산활동을 직접 관리하지는 않고 생산활동에 관련한 자문을 하면서 경제관리의 규칙(예컨대 임금 지불, 자본 배분, 이윤율 목표 등)을 만든다. 내각 안에 개별 부처로서 성(省) 역시 참모 단위와 계선 단위로 이루어지는데, 성의 재정국·기술국 같은 기능 단위는 성 산하 재정관리 혹은 자본투자계획을 총괄하고, 성의 총국 및 연합기업소 같은 계선 단위는 산하 여러 기업소를 관리한다.[34]

다음은 북한의 산업분류 방식이다. 북한의 산업분류 개념은 남한과 상당한 차이가 있다. 북한이 그들의 산업을 총체적으로 어떻게 분류하고 있는가에 관하여 명시적으로 밝힌 것은 없다. 다만 북한이 표방하고 있는 전통적인 산업발전 정책의 기조가 '중공업을 우선적으로 발전시키고 경공업과 농업을 발전시키는 것'임을 고려할 때 북한은 산업을 크게 중공업, 경공업, 농업으로 분류하고 있다.

중공업이란 생산수단을 주로 생산하는 공업부문의 총체로서 여기에는 전력공업, 석탄공업, 광업, 금속공업, 기계제작공업, 화학공업, 건재공업 등 기간공업 부문과 임업이 포함된다. 북한은 이들 공업부문 중에 석탄공업, 광업, 어업, 임업을 채취공업으로 분류하고 있으며, 나머지 공업 부문을 가공공업이라고 부른다.

한편 경공업은 소비재를 주로 생산하는 공업 부문으로서 방직공업, 신발공업, 식료공업, 일용품공업, 제지공업 등이 포함되며, 생산되는 재화가 주로 소비재라는 점에서 생산수단을 주로 생산하는 중공업과 구분된다. 농업은 토지를 기본 생산수단으로 하는 산업 분야로서 농산

---

34) 위의 책, p. 114~115.

업, 축산업, 과수업, 잠업 등이 포함된다. 북한은 수산업을 '어업, 천해 양식업, 물고기 기르기, 수산물가공업'으로 세분하고, 어업은 채취공업 범주에, 수산물가공업은 경공업 범주에, 천해 양식업과 물고기 기르기 는 농업에 포함한다.35)

---

35) 북한연구소, 『북한대사전』(서울: 동명사, 1999), p. 555.

2

김일성 시대 경제개혁 의제
설정의 역사적 경험

2장

김일성 시대 경제개혁 의제
설정의 역사적 경험

김일성은 어떤 목적과 논리로 경제개혁 의제를 개방 또는 단속했고, 당시의 북한 간부들은 지도자의 정책결정 행태로부터 어떤 행동 논리를 익혔을까. 김정일·김정은 집권 시기 경제개혁 과정을 본격적으로 분석하기에 앞서 김일성 시기 북한의 경제개혁 의제 설정 과정을 예비적으로 고찰한다.

역사적으로 볼 때, 북한에서 상품·화폐 관계, 가치법칙 등 시장경제 요소 도입과 관련된 경제개혁 의제는 국제 사회주의권의 변화 여파와 맞물리면서 정치적으로 항상 민감한 논쟁거리였다. 국제 사회주의권에서는 크게 세 차례의 경제개혁 움직임이 있었다. ① 1950~1960년대 탈(脫) 스탈린주의 흐름에 따른 경제개혁, ② 1970년대 후반 이후 중국의 경제개혁, ③ 1980년대 중반 소련의 페레스트로이카 이래 구소련·동구권의 체제전환이 그것이다.

이 단원에서는 국제 사회주의권의 경제개혁 조류에 대한 김일성 집권 시기 북한 지도부의 전략적인 대응 과정을 검토한다.[1] 여기서는 대응 전략의 공과(功過) 평가보다는, 북한의 지도자 또는 경제 간부들 차원에서 그때의 대응 경험이 2000년 이후 경제개혁 선택과정에서 어떤 영향을 미쳤고, 어떻게 적용될 것인지, 정책 결정 과정에 주는 시사점 도출에 초점을 맞춘다.

01 1950~1960년대 탈(脫) 스탈린주의 조류에 대한 대응

가. 개혁 논란 : 8월 종파사건과 갑산파의 '가(假)화폐 도입' 주장

제2차 세계대전 이후 사회주의권의 경제개혁 움직임은 1950년대 중반부터 개인숭배 비판과 평화공존론 등 탈 스탈린주의 물결과 함께 시작되었다. 소련에서는 흐루시초프의 분권화 정책과 리베르만의 이윤 도입 방식[2]에 기초한 코시킨의 개혁정책으로 나타났고, 동유럽에서는

---

1) 북한은 국제 사회주의권의 경제개혁을 흐름을 '현대 수정주의'라고 규정하여 비판한다. "사회주의가 일부 나라들에서 좌절되게 된 것은 국제공산주의운동 안에 대두한 현대수정주의자들의 책동에 기인된다. 로동계급의 당의 지도부에 기회주의자들이 기어들어 수정주의를 정책화한 나라들과 수정주의로선을 교조적으로 받아들인 나라들에서 사회주의가 좌절된 것이다." 고정웅 편, 『조선로동당의 반수정주의 투쟁경험』(평양: 조선로동당출판사, 1995), p. 6.

2) 우크라이나공화국 동부에 소재한 하리코프대학 리베르만(Evsey Grigorievich Liberman) 교수는 1962년에 프라우다(pravda)에 『계획·이윤·장려금』이라는 논문을 발표했다. 그의 논문은 몇 년 후 논쟁을 촉발하였고 흐루시초프 실각 이후 현장에 도입되었다. 리베르만 방식은 기업의 효과적인 생산활동 방식과 기업의 이익이 합치되도록 국가계획위원회(Gosplan)의 계획방법과 체계를 수정할 필요가 있으며 물질

'사회주의 시장제도'를 중심 개념으로 하는 신경제정책으로 가시화되었다. 당시 소련·동유럽 사회주의국가들이 새로 도입한 경제개혁 정책은 공장·기업소 등 기층 생산 현장 노동자들의 물질적 인센티브를 제고하기 위해 이윤·가격 공간(槓杆)3)을 이용하거나, 주민들의 생활 향상을 목적으로 경공업 부문에 더 많은 자원을 투입하는 정책이었다.

1950~1960년대 사회주의권을 휩쓴 탈 스탈린주의 개혁 조류는 곧바로 신생 사회주의 국가인 북한에도 밀려왔다. 북한 지도부는 경제개혁 의제를 포함한 탈 스탈린주의 조류를 '수정주의의 침습'이라고 규정하고, 체제위협 요인으로 간주하여 이에 대한 전략적 대응에 착수했다.4) 당시 김일성의 대응 입장은 1955년 12월 28일 당 선전선동 부문 간부들에게 "사상사업에서 교조주의와 형식주의를 퇴치하고 주체를

적인 인센티브를 기업의 근로자들에게 제공하여 기업경영의 틀을 전환시킨다는 것이다. 조우찬, "1960년대 중반 북한 경제위기 양상과 혁명전통의 유일성 확립: 개혁의 배격과 갑산파 숙청의 배경을 중심으로," 『현대 북한연구』, 2018년 봄호(제21권 1호), pp. 175~176.

3) '공간(槓杆)'은 지레(leverage)를 의미한다. "일정한 활동이나 사업을 추진시키는데 작용을 하게되는 수단이나 힘을 비겨 이르는 말"이다. 『조선말 대사전』(평양: 사회과학출판사, 1992).

4) "일부 작가들 속에서 (문학예술에 대한 노동당의 영도를 거부하는) 자유주의, 수정주의적 경향이 나타나는 것은 반당종파 분자들이 다른 나라에서 밀수입해온 자본주의, 수정주의의 영향 때문입니다." 김일성, "현실을 반영하는 문학예술 작품을 많이 창작하자"(1956.12.25), 『김일성저작집 10권』(평양: 조선로동당출판사, 1980), p. 460; 또한 "지금 수정주의자들은 사회주의 건설에서 맑스-레닌주의의 일반적 원칙을 거부하고 있습니다. 그러므로 수정주의를 반대하는 투쟁도 강하게 벌려야 합니다." 김일성, "조국통일문제와 인민군대 앞에 나서는 몇가지 과업"(1957. 11.27), 『김일성저작집 11권』(평양: 조선로동당출판사, 1981), p. 390; "최근년간 사회주의 진영과 각국 당들은 심각한 시련을 겪었습니다. 제국주의자들의 반쏘반공의 각종 도발적 책동에 발맞추어 수정주의자들은 프로레타리아 국제주의를 훼방하고 쏘련을 비방하며 사회주의 국가들과 형제당들의 단결을 파괴하려고 갖은 책동을 다하였습니다." 김일성, "사회주의 진영의 통일과 국제공산주의 운동의 새로운 단계"(1957.12.5), 『김일성저작집 11권』, pp. 409-410; 그리고 '경제관리분야에서의 수정주의'에 대한 비판은 국사편찬위원회, 『위대한 수령 김일성동지의 불멸의 혁명업적 15권: 사회주의 경제관리문제의 빛나는 해결』(평양: 조선로동당출판사, 1999), pp. 176-190.

확립할데 대하여"라는 제목의 연설에서 드러났다.5) 김일성의 대응 전략은 한마디로 '주체의 확립·강화 전략'이었다. 북한 내부의 정치적 통일·단결을 강화하면서, 민족적 독자성을 부각하는 방식이었다.6)

김일성이 추진한 정치적 통일 단결 전략은 지도부를 계파별 연합체제에서 김일성파 단일 권력 블록(1956~1961)으로, 다시 김일성파 단일 권력 블록에서 김일성 유일지배체제(1967~1969)로 전환해 권력을 김일성에게 집중시키고 응집력을 강화하는 데 목적을 두었다.7) 김일성의 통치전략은 주민들에게 공산주의·집단주의 교양과 김일성 항일 혁명 전통을 주입하여 사상적 통일을 도모하면서, 모든 주민을 근로단체 조직에 빠짐없이 가입시키고 이들 근로단체들을 노동당에 완전히 종속시킴으로써 전 사회에 대한 장악력을 높여 나가는 방식을 추구했다. 그리하여 북한의 정치·사회를 김일성-노동당-근로단체-주민의 체계로 조직적 전일화가 완성된 이른바 '조직사회'로 변모시켰다.8)

---

5) 김일성, "사상사업에서 교조주의와 형식주의를 퇴치하고 주체를 확립할데 대하여"(1955.12.28), 『김일성저작집 18권』(평양: 조선로동당출판사, 1982), pp. 467-495. 이 연설에서 김일성은 당내 소련식과 중국식 정치사업 도입 행태를 모두 비판했다. 그리고 북한의 당 사상사업의 주체는 바로 '조선'이라면서 '우리식' 정치사업 방법을 창조하기 위해 주체를 확립할 것을 촉구했다.

6) 이태섭, 『북한의 집단주의적 발전전략과 수령체계의 확립』(서울대 박사학위논문, 2001), pp. 309-310; 서동만, "1950년대 북한의 정치 갈등과 이데올로기 상황," 역사문제연구소 편, 『1950년대 남북한의 선택과 굴절』(서울: 역사비평사, 1998), pp. 321-324.

7) 이종석, 『조선로동당연구』(서울: 역사비평사, 1995), p. 284, pp. 315-323; 서동만, 『북조선 사회주의체제 성립사』(서울: 선인, 2005), pp. 765-800.

8) 김정일은 북한의 통일단결에 대해 1950-60년대에는 '조직적 단결'을 달성하였고, 1970년대에는 '사상적 단결'을, 1980년대에는 도덕·의리 등 윤리적·심리적 단결 즉, '일심단결'이 추구되었다고 주장하였다. 김정일, "조선로동당은 영광스러운 'ㅌ·ㄷ'의 전통을 계승한 주체형의 혁명적 당이다"(1982.10.17), 『김정일선집 7권』(평양: 조선로동당출판사, 1996), pp. 252-284; 김정일, "일심단결의 기치를 높이들고 나가자"(1985.1.26), 『김정일선집 8권』(평양: 조선로동당출판사, 1998), pp. 165-169; 한편 사회주의 국가체제의 본질을 '조직사회'로 이해하는 주장은 T. Rigby, "Traditional Market and Organizational Societies and USSR," World Politics, Vol. XVI, No.4 (July 1964) 참고.

이와 같은 김일성의 통일단결 전략 추진상황에서 경제개혁 의제가 대두되었다. 이때의 개혁 논란은 북한에서 가장 중대한 권력투쟁 및 숙청사건과 맞물리는데 1956년 '8월 종파사건'과 1967년 5월의 '갑산 파 숙청사건'이 그것이다. 1956년 '8월 종파사건'에서, 중공업 우선 노선을 주장한 김일성파는 인민생활향상·경공업 우선 노선을 주장한 박창옥 등의 소련파와 최창익 등의 연안파를 '현대 수정주의의 영향을 받은 반혁명분자'로 비판해 숙청했다.9)

그리고 1967년 '갑산파 숙청사건'에서는 소련의 리베르만·코시킨 개혁정책 추진 와중에서 상품·화폐 관계 및 가치법칙을 적극적으로 활용하고자 '가(假)화폐' 도입을 시도한 박금철·김도만 등 갑산파를 '수정 주의자의 이론의 영향을 받아 자본주의 기업관리 방법을 퍼뜨린 부르 조아 분자'로 몰아 숙청했다.10) 특히 김정일은 갑산파 숙청을 주도하 며,11) 경제 분권화와 가치법칙, 그리고 물질적 이윤 동기를 경제관리 에 적극적으로 활용해야 한다는 주장을 '사회주의 혁명에 반하는 자본 주의 경제관리 방법'으로 규정했다. 이는 갑산파 숙청 직후 김정일이 당 간부들에게 한 담화에서 확인된다.12)

---

9) "박창옥을 비롯한 일부 종파분자들(과) … 최창익 종파도당은 여러 종파의 산여분사들 이 결탁한 련합도당이였으며 외부세력을 등에 업은 사대주의자들, 국제수정주의에 호응하여 나선 수정주의 분자들의 집단이였다 … 8월 전원회의를 계기로 폭로분쇄된 반당반혁명 종파분자들은 모두가 외세를 등에 업은 사대주의자, 교조주의들이였으며 현대 수정주의를 밀수입한 수정주의자들이였다." 사회과학원 력사연구소, 『조선전사 28권』(평양: 과학백과사전출판사, 1981), pp. 290-295; "종파분자들은 수정주의자 들을 등에 업고 그들이 들고 나온 수정주의 이론을 가지고 당과 혁명에 반대하고 나섰다 … 종파분자들은 … 인민생활이 어려운데 중공업에 치우친다느니, 기계에서 밥이 나오지 않는다느니 하면서 우리 당의 독창적인 경제건설의 기본 노선과 생산관계 의 사회주의적 개조방침을 비방하고 시비하였다." 고정웅 편, 『조선로동당의 반수정주 의 투쟁경험』, pp. 70-73.
10) 고정웅 편, 위의 책, pp. 76-79; 조선로동당출판사, 『조선로동당력사』(평양: 조선로 동당출판사, 2004), pp. 346-349.
11) 정영철, 『김정일 체제 형성의 정치사회적 기원 1967-1982』(서울대 박사학위논문, 2001), pp. 104-109.

김정일의 갑산파 비판(1967) : "로임을 올리고 상금을 주는 것과 같은 방법으로 생산의 끊임없는 장성을 이룩할 수 있다고 생각한다면 큰 잘못입니다. 사회주의사회에서 돈으로 사람을 움직이려하는 것은 … 인민대중에 대한 모독입니다 … 한때 우리나라에서도 수정주의에 물젖은 경제일군들이 가치법칙을 이용한다고 하면서 황해제철소에 나가 가화폐를 만들어가지고 로동자들이 일한 결과를 매일 돈으로 평가하는 놀음을 벌린 일이 있습니다. 그때 황해제철소 로동계급들은 우리는 돈을 위해서 일하는 것이 아니라 조국과 인민을 위해 일한다. 가치법칙이고 까마귀 법칙이고 다 집어치우고 당장 돌아가라고 했습니다. 사람들을 돈에 얽매여 일을 하게 하는 것은 자본주의 방법이며 그렇게 해서는 절대로 사회주의, 공산주의를 건설할 수 없습니다."13)

"반당반혁명분자들은 자본주의에 대한 환상을 가지고 경제관리에 자본주의적 방법을 받아들이려고 획책하였습니다. 반당반혁명분자들은 평안북도의 어느 한 공장에 내려가 생산은 사회주의적으로 하고, 관리는 자본주의적으로 하여야 한다고 떠벌렸는가 하면 황해제철소에 나가서는 가치법칙을 운운하면서 가화폐라는 것을 만들어 가지고 물질적자극으로 로동자들을 우롱하려하였습니다. 지어 그들은 자본주의 나라의 신문에도 본받을 것이 있다고 하면서 그것을 가지고 방식상학을 하는 놀음까지도 벌렸습니다. 이러한 행위들은 자본주의를 끌어들이고 우리 혁명을 다른 길로 이끌어 가려는 반혁명적 책동인 것입니다."14)

---

12) 그 당시 김정일 주변 상황과 김정일의 인식 배경에 대해서는 권정웅, 『불멸의 향도: 전환』(평양: 문학예술종합출판사, 1999)을 보면 많은 시사점을 얻을 수 있다. 1965-1969년 김정일의 정치활동을 담은 이 책 속에서는 당시 김정일이 "소련이 브레즈네프 등장 이후에도 흐루시초프 시기의 정책을 비난하고 있지만 본질적으로 수정주의 정책을 계속하고 있다"고 비난했다. 또한 소련에서 추진되고 있는 리베르만 방식의 정책에 영향을 받은 북한 내 가화폐 도입을 통한 경제관리 방식 대신 '대안의 사업체계'의 강화를 강조했다.

13) 김정일, "정치도덕적 자극과 물질적 자극에 대한 올바른 리해를 가질데 대하여" (1967.6.13), 『김정일선집 1권』(평양: 조선로동당출판사, 1992), p. 224.

14) 김정일, "반당반혁명분자들의 사상여독을 뿌리빼고 당의 유일사상체계를 세울데 대하여"(1967.6.15), 『김정일선집 1권』, p. 235.

● 초기 개혁 논란의 정치적 성격과 잠금 효과

이처럼 1950~1960년대 북한 내에서 물질적 자극과 가치법칙 도입 문제를 둘러싼 경제개혁 논란은 국제 사회주의의 움직임과 관련된 정책 논쟁이나 계파 갈등과 연관되었으며, 특히 경제개혁 의제가 '8월 종파사건' 및 '갑산파 숙청사건'과 같은 권력투쟁을 거쳐 특정 정치세력의 몰락을 초래한 역사적 경험으로 남아있다는 사실이 중요하다. 이러한 역사적 경험은 김정일을 비롯한 북한 간부들에게, 경제개혁 의제의 성격을 단순한 정책 실무적인 사안으로 간주하거나 자유로운 토론 대상으로 인식하기보다는, 정치적으로 극히 민감한 '폭발적 성격'을 가진 의제인 것으로 각인시켰다. 이로써 경제개혁 의제는 최고지도자가 적극적으로 의제를 설정하지 않는 한, 간부들이 주도적으로 의제를 설정하지 못하게 되었으며, 결과적으로 '8월 종파사건' 및 '갑산파 숙청사건'은 향후 북한 내부에서 경제개혁 문제를 정책 의제로 상정하는 것을 어렵게 만든 일종의 '잠금효과'(locked effect)를 발휘했다.15)

나. 경제개혁보다 '주체 역량 강화 우선' 주장

1950~1960년대에 외부로부터 변화의 압박이 가해지자 이에 대응하여 북한 당국이 추구한 '주체의 전략'은 경제개혁 의제를 '통일단결'이라는 정치적 의제에 종속시키는 계기가 되었다. 이후 북한은 외부의 개혁 압력에 대해, '주체 역량 강화'를 우선 강조함으로써 경제개혁 의제를 정치적 단결에 종속된 부차적인 의제로 간주하게 되었다. 다음의 김정일 주장에서처럼 북한 지도부는 어떤 상황에서든 '주체의 강화'를

---

15) 이영훈, "경제발전 전략," 세종연구소 북한연구센터 엮음, 『북한의 국가전략』(서울: 한울, 2003), pp. 290-291.

기본전략의 문제로 강조하였고, 위기 상황이 조성되어도 정책을 조정하여 변화에 적응하기보다는 '주체의 역량 강화'를 우선하게 되었다.

김정일의 '주체의 강화' 강조(1987, 1991) : "사회주의 경제관리방법을 개선해 나가는 것도 중요하지만 보다 더 중요한 것은 혁명의 주체를 강화하는 것입니다. 경제와 기술을 발전시키는 것도 중요하지만 사회주의 제도를 관리운영하는 것도 사람인만큼 혁명의 주체를 강화하지 않고서는 사회주의 제도의 우월성을 발양시킬수 없습니다."[16]

"우리는 정세가 복잡하고 경제건설에서 애로와 난관이 겹쌓일수록 혁명의 주체를 강화하기 위한 사업에 큰 힘을 넣어 조성된 난관을 타개하고 혁명과 건설을 힘있게 전진시켜야 합니다 … 수령님께서는 당에서 경제사업에 말려들지 말고 당사업에 계속 큰 힘을 넣어야 한다고 교시하시였습니다."[17]

● 외부 조류와 '민족적 독창성'과의 절충 및 창조적 변형

북한이 추구한 '주체의 강화전략'의 또 다른 특징은 외부의 수정주의 침습에 대해 '민족적 독자성'을 부각하여 외부 조류와 북한의 독자성을 절충하는 '창조적 변형' 방식이란 점이다. 주로 사회주의 건설 노선에서 드러나는데, 앞서 거론된 김일성의 1955년 12월 연설에서처럼 사회주의 건설 노선에서 북한은 스탈린주의적 사회주의 건설 노선을 도입하되, 북한의 실정에 맞게 '창조적'으로 변형시키는 문제를 강조했다. 예컨대, 스탈린의 중공업 우선 발전노선과 탈 스탈린 시기의 소비재 생산 우선 노선을 절충한 '중공업 우선 발전하 경공업·농업 동시 발

---

16) 김정일, "반제투쟁의 기치를 더욱 높이 들고 사회주의, 공산주의 길로 힘차게 나아가자" (1987.9.25), 『김정일선집 9권』(평양: 조선로동당출판사, 1997), pp. 41-42.
17) 김정일, "당사업을 강화하여 사회주의 건설을 힘있게 다그치자,"(1991.1.5), 『김정일선집 11권』(평양: 조선로동당출판사, 1998), pp. 2-3.

전노선'의 확립,18) 광범위한 소농 체제하에서도 다른 사회주의 나라에 서보다도 빠른 속도로 완료된(4년 6개월 소요) 농업 협동화 정책,19) 물질적 자극보다 정치·도덕적 자극을 중시한 사회주의 건설 총노선으로서의 천리마 운동 등은 북한 당국의 이른바 '창조적 변형'에 따른 조치들이다. 또 당 위원회의 집체적 지도를 강조한 대안의 사업체계, 계획의 일원화·세부화 원칙,20) 사회주의 국제분업체제로의 편입을 제한한 자립적 민족경제건설노선,21) 쿠바의 미사일 위기 등 대외정세 악화를 고려한 국방·경제 병진노선도 창조적 변형 사례이다.22) 이 같은 '민

---

18) 6.25 전쟁 직후 1953년 8월 5일~9일간 당중앙위원회 제6차 전원회의에서 전후 인민 경제 복구를 위해 '중공업 우선' 대(對) '경공업·인민생활 우선' 논쟁이 벌어졌다. 이 논쟁 결과 김일성의 중공업 우선 노선이 승리함에도 공식적인 정책은 사회주의 경제건설 추진을 위해 '중공업 우선 발전을 보장하면서도 경공업·농업을 동시에 발전시킨다'는 절충주의적인 것으로 결론 내렸다. 이 같은 절충적 정책 노선이 확정된 후에도 실제 경제정책 추진과정에서 반발과 갈등이 지속되자 김일성은 1955년 4월 1일 당전원회의에서 다시 한번 정책 노선을 "중공업의 우선적 발전에 기초한 급속한 공업화 정책과 (이를 지원·보장하려는) 농업 협동화 등 생산관계의 사회주의적 개조로 명백히 규정하였다." 이태섭, 『북한의 집단주의적 발전 전략과 수령체계의 확립』, pp. 38-39; 김연철, "북한 산업화 과정의 정치경제," 북한연구학회 편, 『북한경제』(서울: 경인문화사, 2006), p. 60; 김성보, "1950년대 북한의 사회주의 이행논의의 귀결: 경제학계를 중심으로," 역사문제연구소 편, 『1950년대 남북한의 선택과 굴절』, pp. 351-386; 『조선로동당력사』(2004), pp. 248-251.

19) "농촌에서 낡은 생산관계를 사회주의적으로 개조하는 데서 우리는 기성리론에 구애되지 않고 우리나라 실정에 맞게 했습니다. 기성리론에는 나라의 공업화를 한 다음에 농촌경리를 사회주의적으로 개조하는 것이 움직일 수 없는 법칙으로 되어있습니다," 김일성, "조국의 사회주의 건설 형편에 대하여"(1975.9.26), 『김일성저작집 30권』(평양: 조선로동당출판사, 1985), p. 485.

20) "국가계획위원회 일부 일군들은 비폰드 물자는 어느 나라에서 계획화하는 데가 없다고 하는데 다른 나라에서 하지 않는다고 하여 우리도 하지 말아야 할 까닭이 없다고 생각합니다. 우리는 혁명과 건설에서 나서는 모든 문제를 우리의 실정에 맞게 우리 혁명의 리익에맞게 풀어나가야 하며 이 원칙은 계획화에서도 지켜 나가야 합니다." 김일성, "인민경제 계획의 일원화, 세부화의 위대한 생활력을 남김없이 발휘하기 위하여"(1965.9.23), 『김일성저작집 19권』(평양: 조선로동당출판사, 1982), p. 464.

21) 김근식, 『북한 발전전략의 형성과 변화에 관한 연구: 1950년대와 1990년대를 중심으로』(서울대 박사학위 논문, 1999), pp. 84-103.

22) "경제건설과 국방건설을 병진시킬데 대한 우리 당의 방침은 국내외 정세를 과학적으

족적 독자성'을 내세우는 전략이 제도화된 사회주의제도를 김정일은 '우리식 사회주의'라고 규정하면서 그 다양한 독자성을 과시했다.[23]

다. 경제개혁 선택의 절충주의와 지각 효과

이상에서 살펴본 대로 북한이 정책을 적용하는 방식의 특징은 그때그때마다의 대응 과정에서 '중공업 우선하 경공업·농업 동시 발전' 등의 방식으로 절충이 현저하다는 점이다. 이러한 절충주의로 동일 노선에서도 실제 정책이 추진되는 양상은 시기 또는 정세별로 북한 지도부의 결심에 따라 양단을 왔다 갔다 하는 모습을 띠게 된다.[24]

북한 지도부는 정치적으로 명백히 비판받은 분권화·시장화 등의 경제개혁 의제를 완벽히 거부하지는 않았다. 권력투쟁이 마무리된 후 시간이 지남에 따라 경제 운영에 도움이 되는 합리적인 요소는 '뒷문을 통해' 받아들였다. 권력적 변수가 개입되지 않는 한 실무정책 수준에서도 절충주의를 보인 것이다. 김일성은 1960년대 초반에 "가치법칙이 지나치게 강조되고 물질적 자극 문제가 많이" 언급된 공장 경영관리에 대한 서적을 집단주의 정신 함양의 관점으로 개편할 것을 주문하면서도[25] 가치법칙의 이용에 대해 연구·검토할 필요성을 제기했다.[26] 그는

로 분석한데 기초하여 내놓은 독창적인 방침이며 군사를 강화하여 미제의 침략책동을 철저히 짓부시고 사회주의를 성과적으로 건설해 나갈수 있게 하는 혁명적인 방침이었다." 『조선로동당력사』(2004), p. 320.

23) 김정일, "우리나라 사회주의는 주체사상을 구현한 우리식 사회주의이다"(1990. 12.27), 『김정일선집 10권』(평양: 조선로동당출판사, 1997), pp. 471-510.

24) 북한은 같은 노선하에서도 1950년대에는 중공업을 위한 경공업·농업 정책을 추진하다가, 소비재 생산부족과 인민생활의 질적 저하에 따라 1961년부터 시작된 7개년 계획에서는 농업과 경공업을 위한 중공업 정책으로 전환한다. 이태섭, "북한의 집단주의적 발전전략과 수령체계의 확립," pp. 162-164.

25) 김일성, "중심군당위원회 과업에 대하여"(1963.4.27), 『김일성저작집 17권』(평양:

"사회주의 사회에서도 상품 생산에 있어 가치법칙이 작용하며, 따라서 돈이 있고 돈을 가져야 상품을 살 수 있다"는 관점을 제시하기도 했다.[27] 그러다가, 1967년 5월 갑산파 사건 이후 김일성은 앞서 살펴본 김정일 입장처럼 가치법칙을 '까마귀 법칙'으로 깎아내렸다.

> 김일성의 가치법칙 비판(1968) : "오늘 우리나라 절대다수의 노동계급은 돈을 위하여 일을 하지 않으며 그 어떤 물질적 자극도 요구하지 않습니다 … 한때 일부 지도일군들이 사회주의 사회에서 가치법칙을 옳게 리용할데 대한 문제를 똑똑히 깨닫지 못하고 황해제철소에 나가 잘못 적용하려다가 과오를 범한 일이 있습니다. 그 때 지도일군들이 가치법칙 문제를 망탕(되는대로 마구) 이러쿵 저러쿵하자 용해공들은 가치법칙이고 까마귀법칙이고 다 걷어치우라, 우리에게는 물질적자극이 필요없다, 생활이 보장되는 한 조국과 인민을 위하여 몸바쳐 일할테니 여기와서 시시하게 굴지 말고 가라고 하였습니다."[28]

갑산파 숙청이 종료되고 일정 시점이 지나자 김일성의 입장은 또다시 바뀌었다. 김일성은 1969년 3월 일부 학자들과 경제지도일꾼들이 가치법칙의 의의를 지나치게 평가하는 '우경주의'에 있다거나, 상품 생산과 가치법칙의 역할을 전혀 인정하지 않는 극단적 '좌경 오류'를 범하고 있다고 비판하면서, "이 문제에 대해 일률적으로 보아서는 안 된다"고 주장했다. 그는 공산주의로 가는 과도기에 해당하는 사회주의 사회의 성격을 고려할 때 '가치법칙의 형태적' 활용은 충분히 가능하고

조선로동당출판사, 1982), p. 268.
26) 김일성, "당사업을 강화하며 나라의 살림살이를 알뜰하게 꾸릴데 대하여"(1965. 11.15-17), 『김일성저작집 20권』(평양: 조선로동당출판사, 1982), p. 107.
27) 김일성, "농촌에 여러 가지 상품을 더 많이 보내주기 위하여"(1967.1.11), 『김일성저작집 21권』(평양: 조선로동당출판사, 1983), p. 30.
28) 김일성, "로동행정사업에 대한 몇가지 문제"(1968.11.16), 『김일성저작집 23권』(평양: 조선로동당출판사, 1983), pp. 207-208.

또 활용해야 한다고 절충적인 입장을 취했다.29)

이처럼 북한의 경제개혁 의제는 정치 상황이 안정되고 '창조적 변형'에 필요한 시간이 흐른 후에 북한 지도부에 의해 부분적으로 받아들여지곤 했다. 이는 북한의 정책 결정 과정에는 경제개혁 의제의 뒤늦은 수용이라는 '지각 효과(지체 효과)'가 나타나고 있음을 보여준다.

● '잠금 효과'와 '지각 효과' 결합의 결과 : 복지부동, 기회주의

다음은 북한의 정책 선택 과정에서 경제개혁 의제의 '잠금효과'와 '지각 효과'가 결합할 때 나타나는 양상을 살펴본다. 김일성이 독립채산제, 임금가격·재정 등 '가치법칙을 형태적으로 이용하라'는 주문은 북한 현실에 발을 붙이고 구체적인 조치로 적용하라는 것이다. 그러나 김일성의 다음과 같은 언급 내용을 보면 북한의 경제 실무자들은 지도자의 절충주의적 요구가 어떻게 하라는 것인지 이해를 못 하고 있거나, 지도자의 요구를 선뜻 받아들이지 않고 있음을 보여준다.

> 김일성의 '가치법칙 이용' 주장(1969) : "지난 기간 적지 않은 경제지도 일군들이 가치법칙을 이용하는데서 이러저러한 편향을 나타내였습니다. 경제지도 일군들이 한때에는 사회주의 사회에서 가치법칙의 작용을 무시하고 그것을 리용하지 않았으며 당에서 이것을 비판하자 그 다음에는 가치법칙을 망탕 적용하여 경제관리운영에서 도리여 나쁜 결과를 가져왔습니다. 경제지도 일군들이 가치법칙을 망탕 적용하자 황해제철소의 로동계급들은 가치법칙이고 까마귀 법칙이고 다 걷어치우라 우리는 먹여만 주면 국가와 인민을 위하여 얼마든지 일하겠다고 하였습니다. 경제지도 일군들이 가치법칙을 잘못 적용한데 대하여 당에서 비판하였더니 그 다음부터는 또다시 가

---

29) 김일성, "사회주의 경제의 몇가지 리론적문제에 대하여"(1969.3.1), 『김일성 전집 43권』(평양: 조선로동당출판사, 2002), pp. 10-22.

치법칙을 리용하지 않는 방향으로 나갔습니다. 그 결과 공장·기업소들에서 독립채산제가 잘 실시되지 않고 있으며 로동에 대한 물질적 자극이 거의 없어졌습니다.

경제지도 일군들이 좌우경적 편향을 범하면서 가치법칙을 옳게 리용하지 못하기 때문에 우리는 1969년 3월에 발표한 논문 "사회주의 경제의 몇가지 리론적 문제에 대하여"에서 사회주의 사회에서의 생산수단의 상품적 형태와 가치법칙의 리용에 대한 문제들을 중요하게 취급했습니다 … 그런데 일군들은 … 론문에서 제시된 문제들을 실천에 옮기기 위한 노력도 적극적으로 하지 않고 있습니다 … 론문이 발표된지 4년이 되지만 오늘까지 그에 따르는 실제적인 조치가 취해진 것이 거의 없습니다. 그러다 보니 경제관리에서 걸리고 있는 문제들이 여전히 풀리지 않고 있습니다."30)

이와 같은 김일성의 언급을, 지도자와 정책 실무자들 간의 역학관계와 연결해 해석하면, 결국 실무자들은 '가치법칙'의 정치적 민감성을 간파하고 있음을 말해준다. 이들은 문제가 잘못되면 정치적 숙청의 사유가 된다는 개혁 의제의 위험성을 알고 있으므로, 지도부의 분위기를 십분 살펴보면서 지도자의 주동적인 정책 의제 설정에 편승할 뿐 적극적으로 대응할 수는 없는 위치에 있는 것이다. 반면 김일성의 입장은 경제개혁 의제가 권력투쟁 문제와 연계되면 철저히 반대하였지만, 권력이 공고화되고 정치적으로 안정된 상황에서는 '가치법칙을 옳게, 적당히 이용하라'는 것이었다. 결국 북한 지도부는 경제건설을 위해 끊임없이 가치법칙을 '적당히 이용할 것'을 요구해도, '엄청난 경험'을 한 실무자들은 좀처럼 움직이지 않게 되었다.31)

---

30) 김일성, "사회주의 경제관리를 개선하기 위한 몇가지 문제에 대하여"(1973. 2.1), 『김일성저작집 28권』(평양: 조선로동당출판사, 1984), pp. 120-121.

31) 경제개혁에 대한 이 같은 정치적·경제정책적 입장의 비대칭성과 절충성으로 북한 지도부 내에서는 경제정책에 대한 '현물동학적 입장'(계획경제 강조)과 '가격동학적 입장'(경제개혁 의제상정)이 교대하여 나타난다. 이러한 교차 출현에 대해서 이정철, 『사회

이상의 논의를 종합해 볼 때, 1950~1960년대 외부로부터의 경제 개혁 압력에 대해 북한 지도부가 통일단결 및 민족적 독자성을 우선 강조하는 '주체의 전략'으로 대응해 온 결과 북한의 경제개혁 선택 문제는 다음과 같은 특징을 보였다.

첫째, 북한 간부들에게는 경제개혁 의제는 정치적 의제에 종속된 문제로 각인되었다. 둘째, 경제개혁 의제는 지도자가 적극적으로 개방해 주어야 논의가 가능한 '잠금 효과'가 반영된 결과를 초래했다. 셋째, 북한의 경제정책 결정과정에는 정치적 고려를 우선하는 행태로 '절충주의' 선택이 빈발하게 되었다. 넷째, 북한의 경제정책 결정과정에는 경제개혁 의제를 받아들이더라도 뒤늦게 뒷문으로 수용하는 '지각 효과'를 보이게 되었다. 이러한 북한의 대응 경험은 1970년대 중국의 개혁·개방이나 1990년대 사회주의 체제변화 와중에 북한 당국이 변화의 압력에 대응하는 전범(典範)으로 활용되었다.

주의 북한의 경제동학과 정치체제 : 현물동학과 가격동학의 긴장이 정치체제에 미치는 영향을 중심으로』(서울대 박사학위 논문, 2002) 참고.

02 1970년대 후반 중국의 개혁·개방에 대한 대응

가. "우리식대로 살아 나가자" (잠금 효과)

1970년대 후반 이후 중국의 개혁·개방에 대한 북한의 대응도 '주체의 전략'의 연장선상에 이해될 수 있다. 김정일은 1978년 12월 중국 공산 당 제11기 3중전회의 '개혁·개방' 정책 결정[32] 직후 "국제공산주의 형편 이 복잡하다"면서 "우리식대로 살아 나가자"고 주장했다.

> 김정일의 '우리식대로 살자' 주장(1978) : "오늘 조성된 정세는 매우 복잡하며 우리 앞에는 여러 가지 난관과 시련이 가로 놓여 있습니다 … 국제공산주의 운동의 내부 형편도 매우 복잡합니다. 조성된 정세는 … 혁명과 건설의 모든 분야에서 그 어느 때 보다도 주체를 튼튼히 세우고 우리식대로 살아나갈 것을 절실히 요구하고 있습니다. '우리식대로 살아나가자' 바로 이것이 오늘 우리 당이 중요하게 내세우고 있는 전략적 구호입니다. 우리식대로 살아나간다는 것은 주체사상의 요구대로 제 정신을 가지고 사고하고 행동하며 모든 것을 우리 혁명과 우리 인민의 리익에 맞게 사체의 힘으로 풀어 나간다는 것을 말합니다. 우리는 지난 시기에도 남의 본을 따고 남의 뒤를 따르거나 남의 덕에 살아 온 것이 아니라 우리식대로 살아왔습니다 … 우리는 앞으로도 남이야 어떻든 우리식대로 살아 나가야 합니다."[33]

---

32) 1978년 12월 18일 중국 공산당 11기 3중전회에서는 '경제발전을 위한 사회주의 현대화 노선'을 채택했다. 덩샤오핑은 "빈곤은 곧 사회주의가 아니다"라며 '사상해 방'과 '실사구시'를 바탕으로 한 개혁·개방 만이 살길이라고 외쳤다. 미국은 중국의 변화를 반기며 국교회복으로 화답했다. 1980년 광둥성 선전 등 동남부 연안 도시 4곳에 첫 경제특구를 설립을 시작으로 개혁개방을 확대한 지 40여 년이 지난 결과 중국은 G2로 성장하는 성취를 거뒀다.
33) 김정일, "당의 전투력을 높여 사회주의 건설에서 새로운 전환을 일으키자" (1978.12.25), 『김정일선집 6권』(평양: 조선로동당출판사, 1995), pp. 203-204.

이처럼 북한은 '우리식대로 살자'는 주체의 전략으로 복잡한 외부의 정세에 대응하기 위해 '정치적 통일단결'을 최우선 순위로 강조했다.34) 당시의 통일단결 전략의 중심에는 김정일 후계체제를 내부적으로 공고화하고 대외적으로도 가시화하는 과제가 있었다. 북한은 노동당 내 지도 간부들을 김정일 후계체제에 '충실한 일군'으로 교체하는 '당의 기초 축성사업 완성'(1974.3-1984.3)에 매진하고 있었다. 김정일은 1980년 10월 제6차 당대회를 통해 당 정치국위원 및 정치국 상무위원, 당비서 및 당 중앙군사위원회 위원에 선임됨으로써 대내외적으로 김일성의 후계자임을 공인받았다.

이후 김정일은 "주체사상에 대하여"(1982.3.31)를 발표하는 등 이념 해석권을 장악하였고, 군권 장악도 당적 지도 방식에서 직접적 장악 방식으로 전환하는 등 후계체제 공고화에 주력했다. 당시 김정일이 당내 "종파·분파는 없다"고 주장했음에도 불구하고,35) 경제개혁 의제에 대한 '잠금효과'가 발휘되었다.

● '중국식 가족 영농 도급제' 주장(박철 사건)

'잠금 효과'는 1985년 중국식 가족 도급제와 농가 책임 생산제 도입을 주장하다 숙청된 농업연구사 '박철 사건'에서 드러났다. 당시 박철의 주장을 제때 저지하지 못했다는 이유로 당 경제담당 비서였던 김환

---

34) "국제공산주의 내부형편도 복잡하였다. 기회주의자들이 비굴한 대미 추종정책과 민족이기주의적인 책동으로 하여 국제적인 계급적 련대성은 심히 약화되고 있었다. 이런 정세속에서 주체를 튼튼히 세우지 못하면 사회주의에 대한 신심을 잃고 동요하는 현상과 남의 장단에 춤을 추는 현상이 나타나 수정주의가 침습할수 있었다." 고정웅 편, 앞의 책, p. 68.

35) 김정일은 1985년 1월 1일 당간부들과의 담화에서 "종전에는 우리 당의 통일단결을 론할 때 주로 종파가 없는 당, 분파가 없는 당, 다시 말해 조직적 전일체로서의 면모를 갖추는 문제에 대해서 강조되었다. 지금 우리 당에는 종파도 분파도 없다. 우리는 앞으로 조직적 전일체로서의 면모를 완전무결하게 갖춘 당을 하나의 사상으로 숨 쉬고 하나의 사상으로 움직이는 사상적 전일체로서의 면모를 갖춰 혁명대오의 일심단결을 실현하려 한다"고 했다. 조선로동당출판사, 『백두산의 아들 3권』(평양: 조선로동당출판사, 2005), pp. 182-183.

은 정무원 부장으로 강등되었고, 김환과 비슷한 견해를 밝힌 '216호실' 담당 당 부부장도 호된 비판을 받고 전보되었다.36) 이 사건에 대해 북한 문헌은 박철 등의 도급제 도입 주장을 사회주의 나라의 "개혁·개편에 동조"한 것으로 해석했다. 아래 인용문은 당시 경제개혁 의제가 단순히 효율성과 생산성 등 경제 실무적 수준에서만 검토할 수 없는 정치적 문제임을 시사하며, 사회주의를 고수하기 위해 중국발(發) 경제개혁 의제가 여전히 정치적 통일·단결 의제에 종속되었음을 의미한다.

김정일의 '가족 영농 도급제' 비판(1986) : "1980년대 중엽 일부 사회주의나라들에서는 … 경제분야에서부터 개혁·개편하는 길로 나갔다. 농촌경리부분에서는 가족을 단위로 하여 생산수단을 나누어 주고 세대도급제를 실시(하였다) … 우리의 일부 일군들속에서도 다른 나라에서 실시하는 경제개혁에 대한 올바른 견해를 세우지 못하고 그에 동조하는 현상이 나타나고 있었다. 주체의 사회주의 경제관리방법을 옹호관철하는 문제는 단순한 경제실무적 문제가 아니라 사회주의제도를 고수하는가(하는) … 심각한 정치적 문제였다. 김정일 동지께서는 1986년 7월 15일 당중앙위원회 책임일군들과 하신 력사적인 담화에서 … 가족단위로 생산수단을 나누어 주고 도급제를 실시하게 되면 그것이 자본주의적 요소를 낳게되리라는 것은 의심할 바 없다고 확언하시였다 … 농촌기술혁명이 진척되여 농업생산력이 높아진 우리나라에서 가족을 단위로 도급제를 실시하려는 것은 … 봉건말기의 분산적인 소농경리에로 되돌아 가게 하려는 것과 다름없다고 하시며 우리는 사회주의적 농업협동경리로부터 소규모적인 개인경리로 뒷걸음 칠 것이 아니라 농촌경리를 집단주의적 경리에로 전진시켜 나가야 한다고 강조하시였다."37)

---

36) 황장엽, 『나는 역사의 진리를 보았다』(서울: 한울, 1999), p. 232.
37) 조선로동당출판사, 『김정일동지 전기 2권』(평양: 조선로동당출판사, 2003), pp. 468-469.

나. 경제발전 노선의 절충, 합영법 제정(절충주의)

그러나 다른 한편으로 볼 때, 중국발 경제개혁 의제에 대한 '우리식 대로 살자'는 주체의 대응 전략은 이전과 유사하게, 발전노선과 경제정책 측면에서 다음과 같은 '절충주의'와 '지각 효과'를 보였다. 먼저 발전노선 측면에서의 절충주의는 1977년 말부터 제기된 '인민경제의 주체화·현대화·과학화'에서,38) 자립적 민족경제 건설이라는 경제의 '주체화'와 외부로부터의 기술·설비 도입을 통한 경제의 '현대화·과학화' 간에 절충이 있었다. 그리고 또 다른 절충은 중공업 부문의 성과 거양에 중심을 둔 1980년대 10대 전망 목표39) 달성과 경공업·인민생활 향상에 더 큰 노력을 기울여야 한다는 주장 사이에서 발생했다.

1950~1960년대를 거쳐 경제의 양적, 외연적 성장을 달성한 북한은 1970년대 초 서방으로부터 설비·자재를 도입해 경제의 질적, 내포적 성장을 달성하고자 했으나 세계 경제의 오일쇼크, 이에 따른 서방 채무 불이행으로 성과를 거두지 못했다. 북한은 재차 경제의 내포적 성장을 위해 '인민경제의 주체화·현대화·과학화' 기치 아래 제2차 7개년계획 (1978-1984)을 추진했다. 그러나 주체화에 강조점을 두고 '자력갱생의 원칙을 더 철저히 관철하자'는 원칙에서 추진된 그 계획은 처음부터 2년의 조정기를 두는 등 한계를 드러냈다. 이에 북한은 서방 국가들로부터 '경제의 현대화·과학화'를 위해 기술·설비를 들여오는 다른 방법으로 1984년 9월 합영법 제정을 통해 외국과의 교류를 모색했다. 이 같은 자립적 민족경제 건설(주체화)과 외부로부터의 현대적 기술 설비 도

---

38) 김일성, "인민정권을 더욱 강화하자"(1977.12.15), 『김일성저작집 32권』(평양: 조선로동당출판사, 1986), p. 542.
39) 조선로동당출판사, 『조선로동당경제정책 해설』(평양: 조선로동당출판사, 1981), pp. 7-13.

입(현대화, 과학화)의 절충은 다음과 같은 김일성 언급에서 확인된다.

김일성의 '자력갱생과 외부 기술도입'의 절충(1987) : "자력갱생 원칙에서 사회주의를 건설한다는 것은 결코 국제적 교류와 협조를 배제하고 필요한 모든 것을 다 자체로 해결한다는 것을 의미하는 것은 아닙니다. 어느 나라도 필요한 모든 것을 다 자체로 소유하고 있는 나라는 없습니다. 우리나라의 경우도 마찬가지입니다 … 그런데도 일부 일군들은 다른 나라에서 물자를 사들여 오거나 앞선 기술을 받아들이면 주체성이 없고 자력갱생, 간고분투 정신이 없는 것으로 생각하고 있습니다. 우리가 우리나라에 없거나 적은 원료를 다른 나라에서 제때에 사들여 오지 않으며 다른 나라의 앞선 과학기술을 받아들이지 않고 자체로 연구한다고 하면서 시간을 끌면 사회주의 경제건설의 과업들을 성과적으로 수행할 수 없습니다. 우리는 자체의 자원과 기술로 경제를 건설하고 발전시키는 것을 기본으로 하면서 우리나라에 없거나 적은 물건, 뒤떨어진 기술은 다른 나라들과의 경제 기술적 교류와 협조를 통하여 해결하여야 합니다."[40]

● 중공업과 경공업의 균형 추구

당시 북한이 동요와 절충을 보인 또 다른 문제는 1980년대 10대 전망 목표 달성과 인민 생활 향상 간의 문제, 다시 말하면 중공업에 대한 경공업의 균형을 회복하는 문제였다. 1980년대 북한은 국방·경제 병진노선 하에 중공업 우선 정책추진으로 전반적인 공급부족의 문제를 드러냈다. 이에 김일성은 1982년 4월 당 중앙위원회·최고인민회의 합동회의에서 먹는 문제 해결과 인민소비품 생산증대를 지시했고,[41] 김

---

40) 김일성, "자력갱생의 혁명정신을 높이 발휘하여 사회주의 경제건설을 다그치자"(1987.1.3), 『김일성저작집 40권』(평양: 조선로동당출판사, 1994).
41) 조선로동당력사연구소, 『조선로동당력사』(평양: 조선로동당출판사, 1991), pp. 578-579.

정일도 1984년 2월 "인민생활을 높일데 대하여"에서 "배고픈 것과는 타협할 수 없다"며 '의식주'를 '식의주' 문제로 강조하면서 농업생산 확대를 강조하는 동시에 "인민생활을 높이기 위한 경공업 혁명"을 주창했다. 김정일은 이를 위해 1984년 8월 3일 '8.3 인민소비품생산 운동'을 발기하였고, 1989년 6월에는 '경공업 발전 3개년 계획'을 추진하였다. 이 같은 대응은 1993~1996년 '경공업·농업·무역 3대 제일주의' 정책을 추진할 때까지 계속되었다. 다음은 김일성이 '경공업 혁명'을 강조하는 내용이다.

> 김일성의 '경공업 혁명' 강조(1985) : "최근에 사회주의 경제건설의 10대 전망목표를 실현하는데 힘을 집중하겠는가, 경공업 혁명을 수행하는데 힘을 집중하겠는가 하는 문제를 여러모로 생각해 보았는데 10대 전망목표를 실현하는데만 힘을 넣어서는 안될 것 같습니다 … 경공업 혁명에 힘을 넣지 않으면 … 근로자들이 생산의욕도 높일수 없습니다 … 중공업이 발전하여도 인민소비품이 많지 못하면 인민들이 중공업이 얼마나 발전하였는가 하는 것을 잘 알수 없습니다 … 제3차 7개년 계획의 첫 3년 동안은 사회주의 경제건설의 10대 전망 목표에 제시된 주요 고지를 점령하는데 치우치지 말고 경공업 혁명에 선차적으로 힘을 넣어야 하겠습니다."[42]

다. 연합기업소 체제 도입(1985, 지각 효과)

중국발 경제개혁에 대해 '우리식으로 살자'는 주체적 대응 이후 북한은 경제정책 면에서 종래 사회주의 국가들의 분권화 조치와 가치법칙

---

42) 김일성, "연합기업소를 조직하며 정무원의 사업체계와 방법을 개선할데 대하여" (1985. 11.19), 김일성, 『사회주의 경제관리문제에 대하여 7권』(평양: 조선로동당출판사, 1997), pp. 458-459.

활용·물질적 자극 강화 등의 경험을 뒤늦게 도입하는 '지각 효과'를 보였다.43) 대표적 사례가 1985년 2중 독립채산제에 입각한 연합기업소 체제의 도입이었다. 소련에서 1970년대 초에 입안되고 1975년에 이르러 전면적으로 실시된 연합기업소 체제를 북한은 1985년부터 주요 경제지도 관리체제로 전면 도입했다. 김일성은 1984년 11월 정무원 상무회의에서, '경제 규모가 큰 조건에서 지도 단위가 너무 많아' 공장·기업소들에 대한 현실적인 지도가 곤란하다는 이유로, 지역적·부문별로 다수의 공장·기업소들을 관리국과 연합기업소로 재조직한다는 방침을 결정하였고, 1985년 11월 정무원 결정으로 동 사업을 본격화하여 1986년에는 120여 개의 연합기업소가 운영되었다.

연합기업소는 경영상의 독자성 부여 의미보다, 원가계산·가격 합리화 등 가치법칙의 활용을 주요 내용으로 하는 '독립채산제를 바로 실시하는' 수단으로서 자리 매긴 데 의미가 있다.44) 김일성은 1984년 11월 정무원 상무회의에서 공장·기업소 단위의 독립채산제와 함께 공장·기업소를 묶은 연합기업소 수준의 독립채산제도 도입하는 '2중 독립채산제'를 실시할 것을 지시하였다. 그는 2중 독립채산제를 통해 생산적 연계를 강화하고, 정무원 간부들에게 독립채산제에 대해 흥미를

---

43) 1984~1986년 시기는 "1960년대 개혁사회주의 논의에 뒤이은 브레즈네프의 안정과 정체기를 거친 후, 이웃한 중국의 1978년 개혁을 필두로 시장사회주의 논의가 전 사회주의 체제로 확산되었던 시기였다. 북한은 우리식 구호에서 알 수 있듯이 이 같은 국제 사회주의 진영의 흐름을 추종한 것은 아니었지만, 그 같은 대세로부터 완전히 고립된 것은 아니었다. 북한에서는 여타 사회주의 진영에서처럼 시장과 개혁론이 표면화되지 않았으며 또 개혁 분파가 형성되거나 그에 대한 자유로운 논의가 허용되지도 않았다. 그렇지만 실제 1984~1986년은 인민소비품 생산에 대한 강조, 합영법 채택, 연합기업소 체제의 도입, 2년간 경제 조정기 선포 등 북한 체제의 경제 운영의 형식상 변화 즉, 경제 분권화 개념의 도입이 가시화되어 나타나는 시기였다." 이정철, 『사회주의 북한의 경제동학과 정치체제』(서울대 박사학위논문, 2002), p. 133, pp. 139-140.
44) 김일성, "연합기업소를 조직하며 정무원의 사업체계와 방법을 개선할데 대하여"(1985.11.19), 『사회주의 경제관리문제에 대하여 7권』, p. 426.

갖도록 하면서, 가격·화폐거래 수단을 활용하는 정책의 도입을 '사회주의 과도적 특성론'으로 정당화했다.

● 일부 경제 간부들, 개혁 의제 개방을 과도하게 해석

그런데 2중 독립채산제와 연합기업소 체제로의 재편과정에서도 경제개혁 의제에 대한 '잠금 효과'와 '지각 효과' 간에 나타난 상충성으로 일부 북한경제 실무자들은 지도자의 의도와 어긋난 행태를 보였다. 일부 경제 간부들은 '잠금 효과'를 풀어준 지도자의 경제개혁에 대한 의지를 다음과 같이 '과도하게' 해석하기도 하였다.

> 김정일, '연합기업소 체계 ≠ 지배인 책임제' 강조 : "인민경제 여러 부문에서 련합기업소를 내오는 문제가 일정에 오르고 그 준비사업이 다그쳐 지고 있을 때 일부 경제일군들 속에서는 대안의 사업체계와 련합기업소체계를 별개의 것으로 보는 견해가 나타났다. 특히 련합기업소가 다른 기업소와 계약을 맺고 그에 따라 자재를 보장받게 되는 문제와 관련하여 일부 사람들은 사회주의 경제관리에서 무엇이 좀 달라지는 것처럼 생각하였다. 김정일동지께서는 이러한 때인 1985년 10월 당 중앙위원회 책임일군들에게 우리나라에서 련합기업소를 새로 조직하는 것은 다른 나라에서 하는 것처럼 지배인 유일관리제나 지배인 책임제로 넘어가는 것도 아니고 대안의 사업체계를 부정하는 것도 아니며 그것을 더 잘 관철하는 것이라는 데 대해 일깨워주며 … 대안의 사업체계에서 기본은 당위원회의 집체적 지도를 보장하는 것이라고 … 가르쳤다."[45]

북한 문헌에 따르면 이 같은 편향을 범한 일부 일꾼들은 "혁명의 시련을 겪어보지 못하여 사회주의 신념이 투철하지 못하고 주체의 경제

---

45) 『김정일동지 전기 2권』, pp. 471-472.

관리 이론으로 무장하지 못한 새 세대 일군들" 속에서 나타났으며, 이들 사이에는 "자본주의적 경제관리 방법을 끌어들이고 있는 다른 사회주의 나라들을 넘겨다보는 현상"이 나타났다.46) 이들 '편향된' 경제일꾼들은 "가치법칙을 이용하는 문제가 중요하나, 전적으로 적용해서는 안 된다"는 취지의 김일성의 가치법칙 방정식에 대한 '해법'을 습득하는 데 실패했다. 경제 실무자들 입장에서는 가치법칙을 '옳게 적당히 리용'하라는 김일성의 절충주의를 현장에 적용하기란 매우 난해했다.

이처럼 1970년대 후반 중국의 개혁·개방 여파에 대한 북한의 대응 과정에서도, 1950~1960년대 사회주의 경제개혁에 대한 태도와 마찬가지로 정도의 차이는 있으나 경제개혁 의제에 대한 정치적 제약, '잠금효과'와 '지각 효과', 경제정책의 절충주의적 특성이 나타났다.

03 1980년대 후반 구소련 · 동구 사회주의 변화에 대한 대응

가. '사회주의 완전승리' 테제로 대응(잠금 효과)

북한이 중국의 개혁·개방 영향으로 1980년대 초반부터 지체된 경제개혁을 '절충적'으로 추진하고 있을 무렵에 소련과 동유럽 정세가 급변함으로써 북한은 정권 수립 이후 다시 경제개혁 의제 수용 여부의 갈림길에서 고민하게 되었다. 그러나 북한은 이번에도 개혁·개방을 거부하는 '주체의 전략'을 고수하며 경제개혁 의제를 정치적 '주체

---

46) 『조선로동당력사』(1991), pp. 283-284, pp. 286-287.

강화' 전략에 종속시켰다. 북한의 지도자는 소련의 페레스트로이카에 대응해서 사회주의 노선 고수를 강조하면서 노동계급과 농민의 계급적 차이를 소멸시킨다는 '사회주의 완전 승리' 테제를 발표(1986.3 김일성)하였다. 동유럽·소련의 붕괴에 직면해서는 북한식 사회주의의 독자성과 우월성을 부각하는 '우리식 사회주의' 테제(1990.12 김정일)로 대응했다.

> 김정일의 '우리식 사회주의론'(1990) : "수령님께서는 1986년 3월 최고인민회의 제8기 1차회의가 소집되기 전날 일군들에게 이번 회의에서는 사회주의 완전승리를 위한 강령을 내놓으려 한다고 하시면서 지금 사회주의 나라들 가운데 사회주의의 길로 끝까지 나가지 않고 중도에서 개량주의로 나가는 나라들이 적지 않은데 사회주의 원칙과 근본적으로 배치되게 나가는 현상들은 다 수정주의, 개량주의라고 말하였다 … 김일성 동지는 최고인민회의 제8기 1차회의에서 한 시정연설 '사회주의의 완전한 승리를 위하여'에서 주체의 혁명적 기치를 높이 들고 나갈데 대한 원칙과 방도를 엄숙히 천명하시였다."[47]
>
> "지금 각양각색의 기회주의 사조에 의해 사회주의 리념이 외곡되고 있으니 사회주의의 우월성에 대한 선전은 일반적으로 하지 말고 우리나라 사회주의의 구체적 현실을 가지고 하여야 합니다 … 당원들과 근로자들에게 우리식 사회주의의 본질적 특성과 우월성을 깊이 있게 인식시킴으로써 사회주의에 대한 확고한 신념을 가지(도록) … 하여야 합니다."[48]

당시 북한 지도자의 '주체의 전략'은 주민들의 동요를 방지하고 통일·단결을 유지하는데 목표를 두었다. 1980년대 중반 이래 1990년대

---

47) 조선로동당력사연구소, 『위대한 수령 김일성동지혁명력사』(평양: 김일성종합대학출판사, 2006), p. 678.
48) 김정일, "우리나라 사회주의는 주체사상을 구현한 우리식 사회주의이다" (1990. 12.27), 『김정일선집 10권』(평양: 조선로동당출판사, 1997), p. 472.

초반의 위기 정세에서 북한이 내부의 통일·단결을 유지하는 핵심적인 방법은 '전 사회적 사상 무장'이었다. 주민들에 대한 사상 무장은 '혁명적 당풍 확립을 위한 사상전'(1987.9-1988.5), 외부 자유 사조 유입 차단을 위한 모기장론(1989.6), '조선민족제일주의' 고취(1989.12), 김정일의 '우리식 사회주의 우월성' 노작 발표와 잇단 주민학습 및 사상통제(1990-1994)로 추진되었다.49) 소련에서 페레스트로이카의 진척에 직면한 이래 북한의 지도자들은 외부의 사상조류에 대한 추종을 '사대주의'로 비판하면서, 종래 '당내 종파도, 분파도 없다'는 호언장담에서 후퇴하여 '경제 종파의 등장과 정치 종파로의 변질' 가능성을 경계했다. 이런 상황에서 북한은 '주체의 강화전략' 하에서 새로운 경제개혁 의제가 부상하지 못하도록 잠금장치를 유지할 수밖에 없었다.

김일성, '사대주의 경향성' 지적(1987) : "우리내부에 사상조류로서 사대주의는 없지만 우리 일군들속에 사대주의의 경향성은 남아 있습니다. 일군들이 사대주의에 물젖으면 큰 나라, 발전된 나라만 쳐다보면서 우리 당이 내놓은 로선과 정책을 믿지 않고 잘 집행하려 하지 않습니다."50)

김정일, '경제종파' 우려(1988) : "이러한 시기에 대오 안에서 동요분자, 패배주의자도 나올수 있고 반당분자, 종파분자도 나올수 있다는 것을 잊지 말아야 합니다. 수령님께서는 정세가 복잡하고 경제사업이 잘되지 않을 때 경제일군들 속에서 종파가 나올수 있다고 하시면서 경제종파가 정치종파로 된다고 하시였습니다. 우리당의 반종파투쟁 경험을 놓고 보아도 지금과 같은 시기에 종파가 나올수 있습니다. 일군들은 경각성과 높은 혁명성을 가지고 사업을 책임적으로 하여야 합니다."51)

---

49) 한기범, "사회주의 체제변화에 대한 북한의 인식 및 대응방식 연구"(고려대 석사학위 논문, 1994) 참고.
50) 김일성, "자력갱생의 혁명정신을 높이 발양하여 사회주의 경제건설을 다그치자"(1987.1.3), 『김일성저작집 40권』(평양: 조선로동당출판사, 1994), pp. 257 -258.

나. 나선특구 개방, 농업 · 경공업 · 무역 제일주의(절충주의)

북한은 소·동구의 개혁을 비판하면서도 1980년대 초반에 보였던 발전노선과 경제정책 측면에서의 절충주의를 지속하였다. 발전노선과 관련해서는 1980년대 중반 이후 김일성이 자립적 민족 노선과 기술 교류·해외 합영·합작을 절충한 점진적이고 제한적인 개방정책을 추진했다. 외부의 개혁·개방 사조가 유입되지 못하도록 '모기장'을 치면서 나진·선봉 자유무역지대를 설치(1991.12)했다. 경제정책 면에서 북한은 중공업에 대한 경공업·농업의 균형적 발전을 도모할 목적으로 농업·경공업·무역 제일주의를 주장(1993.12)했다. 무역 제일주의는 사회주의 시장이 붕괴되어 경화 결제에 직면하자 제시한 자구책이었다. 북한은 1992년부터 '새로운 무역체계'를 시행하는데, 종래 무역부로 일원화되었던 무역 권한을 정무원 다른 부처와 지방 행정기관에도 일부 이관했다. 개별 기관들이 독자적으로 수출 원천을 개발해 교역을 가능하게 함으로써 필요한 자재와 원료를 자체로 조달하도록 했다.

경제관리 문제와 관련하여, 북한은 1990년대 들어서 가격·화폐개혁을 통해 가치법칙을 경제관리 수단으로 적극 이용하려는 움직임도 보였다. 1990년 1월 '사회주의 재산 총실사 사업'을 실시하고, 같은 해 4월에는 경제학과 경영학을 전공한 간부들을 모아 경제관리 개선 문제에 대한 토론도 있었다.[52] 1990년 9월 김정일은 "재정은행 사업을 개선 강화할데 대하여"란 서한에서 "원가, 가격, 수익성과 같은 경제적 공간을 옳게 이용"할 것을 강조해 가격·화폐 기능 강화를 시사했

---

51) 김정일, "일군들은 혁명성을 발휘하여 일을 책임적으로 하여야 합니다"(1988. 10.10), 『김정일선집 9권』(평양: 조선로동당출판사, 1997), p. 284.
52) 김일성, "사회주의경제의 본성에 맞게 경제관리를 잘할데 대하여"(1990.4.4.) 『김일성저작집 42권』(평양: 조선로동당출판사, 1995), pp. 276-292.

다. 이어 임금인상(1992.3.1)과 대폭적인 물가 인상(1992.3.20), 화폐교환 조치(1992.7.14)가 뒤따랐다. 일부 경제관리 개선 조치도 이어졌는데, 소비재뿐 아니라 생산수단 거래에도 거래수익금을 부과해 생산수단 생산에도 가치법칙을 활용하는 방향으로 도매가격 체계를 개편했다(1994).[53]

- ● 선(先) 전통적 정책수단 소진, 후(後) 개혁의제 개방(지각 효과)

북한의 이런 모습은 1985년 페레스트로이카가 불러온 여파와 구사회주의권 시장의 붕괴로 경제관리 방법을 달리해야 한다는 위기감에서 비롯되었다. 그러나 이런 위기 대응도 정치적 통일·단결 전략을 추진하고 나서, 그리고 다음과 같은 대내외 조치가 있고 난 뒤에 경제개혁 의제를 설정했다는 점에서 과거와 마찬가지로 지각 효과를 보였다. 먼저 북한은 페레스트로이카에 반대하면서 1987년 1월부터 노력 동원 강화 방식의 경제건설을 도모했다. 1988~1989년에는 당면한 경제건설과 평양 학생 축전을 빌미로 '200일 전투'를 두 차례나 전개했다.

북한은 전형적인 대중동원식 경제정책 수단을 모두 소진하고 난 뒤에야 경제사업 토의 기능을 종래 당 정치국에서 중앙인민위원회 경제정책위원회로 이관했다.[54] 1990년 들어 김일성은 재차 '자력갱생의 혁명 대고조'를 강조하면서도 같은 해 4월에는 앞에서 언급한 경제·경영 일군들을 모아 새로운 경제정책 수단을 모색하기도 했다. 이처럼 전통적인 정책 수단을 다 소진하고 성과가 미흡하다는 판단이 들 때까지 경제개혁 의제 설정이 지체되는 완고한 모습을 보였다.

---

53) 이정철, 『사회주의 북한의 경제동학과 정치체제』, pp. 170-176.
54) 김일성, "인민생활을 높이기 위한 경제과업들을 관철할데 대하여"(1989.5.11., 13), 『김일성저작집 41권』(평양: 조선로동당출판사, 1995), p. 408.

다. 소결: 김일성 시대 개혁 의제 설정 경험의 특징

이상에서, 북한 정권 수립 이래 2000년대 이전까지 사회주의 체제의 변화 물결이 북한 체제에 미치는 과정에서 적어도 세 차례의 경제개혁 계기가 있었음을 살펴보았다.55) 그 세 번의 계기마다 개혁·개방 내지는 체제 전환에 대한 북한 지도부의 대응 전략을 검토했다. 북한 당국이 경제개혁 의제를 선택하는 양상에는 다음과 같은 특징이 나타났다.

첫째, 잠금 효과이다. 북한은 외부로부터 경제개혁 계기를 맞이할 때마다 먼저 '주체의 강화전략'을 우선 추구하는 유사한 행동 논리를 보였다. 이 과정에서 경제개혁 의제는 지도자의 '통일·단결' 및 '독자성 고수'라는 정치적 의제에 갇히곤 했다. 특히 정권 초기 김일성의 반대파에 의해 경제개혁 의제가 제기된 점은 북한경제 간부들에게 경제개혁 의제를 정치적으로 민감한 의제로 각인시켜 '잠금 효과'를 가중시켰다.

둘째, 지각 효과이다. 북한에서 경제개혁 의제 수용은 정치 상황이 안정되고 '창조적 변형'이 필요한 시간이 흐른 후에 북한 지도부에 의해 부분적으로 받아들여졌다. 이로써 북한 정책결정체계에 경제개혁 의제의 뒤늦은 수용이라는 '지각(지체) 효과'가 나타나고 있음을 보여준다.

셋째, 절충주의 현상이다. 북한은 정치적으로 명백히 비판받은 개혁 의

---

55) 1960년대 리베르만 방식 도입, 1970년대 중국의 개혁·개방, 1980년대 구소련·동구 변화의 파급영향에 따른 정책 선택 갈림길을 의미한다. 1950년대 탈 스탈린 조류에 따라 박창옥 등의 소련파와 최창익 등의 연안파가 인민생활향상·경공업 우선 노선을 주장해 중공업 우선 노선을 주장한 김일성파와 대립한 1956년 '8월 종파 사건'을 포함하면 경제개혁을 둘러싼 첫 번째의 정책 갈등이다. 그러나 필자는 '8월 종파 사건'은 경제정책 갈등 보다는 권력투쟁 성격이 강하다는 점에서 경제정책 '갈림길 고민' 경우의 수에서 제외하기도 했다.

제일지라도 처음부터 완벽하게 거부하지 않는다. 노선투쟁이 마무리된 후 시간이 지나면 경제 운영에 도움이 되는 합리적인 요소를 수용한다. 개혁적 요소를 뒷문으로 받아들이면서도 정치적 요소가 가미된 변형된 형태로 받아들인다. 그 결과 중공업과 경공업의 절충, 사상적 자극과 물질적 자극의 절충 등 개혁 의제는 철저하지 못한 양상으로 전개된다.

계기별 개혁 조치 추진 사례를 보면, 1950~1960년대 탈(脫) 스탈린 조류를 계기로 갑산파가 '가(假) 화폐' 사용을 주장했고, 1970년대 후반 중국의 개혁·개방을 계기로 합영법 제정과 연합기업소 제도의 도입이 있었으며, 1980년대 후반 구소련·동구 사회주의 체제변화를 계기로 나진·선봉 자유무역지대 설치(1991.12)와 농업·경공업·무역 제일주의 채택(1993.12)이 있었다.

김일성 시기 북한 지도부가 경제개혁의 계기마다 보인 유사한 행동 논리는 이후 경제개혁 계기에도 같은 논리를 답습하는 일종의 관행화된 제도 수준으로 정착되었으며, 경제개혁 조치의 선택을 규율하는 요인이 되었다. [그림 2-1]은 김일성 시대 경제개혁 의제 설정 경험의 특징을 정리한 것이다.

【그림 2-1】 김일성 시대 경제개혁 의제 설정 경험의 특징

▲ 국제 사회주의 체제의 변화(외부의 경제개혁)에 대한 김일성의 대응 전략

- 1950~60년대 탈(脫) 스탈린 조류
- 1970년대 후반 중국의 개혁 · 개방
- 1980년대 후반 구소련 · 동유럽의 체제 전환

공통적 대응 전략

- 1. **잠금효과** : 먼저 '주체의 강화'(통일단결 · 독자성 고수) 강조로 변화 물결 차단
- 2. **지체(지각) 효과** : 뒤늦게 경제개혁 의제 상정
- 3. **절충주의** : 정치 논리와 경제 논리가 혼재하여 철저하지 못한 경제개혁 추진

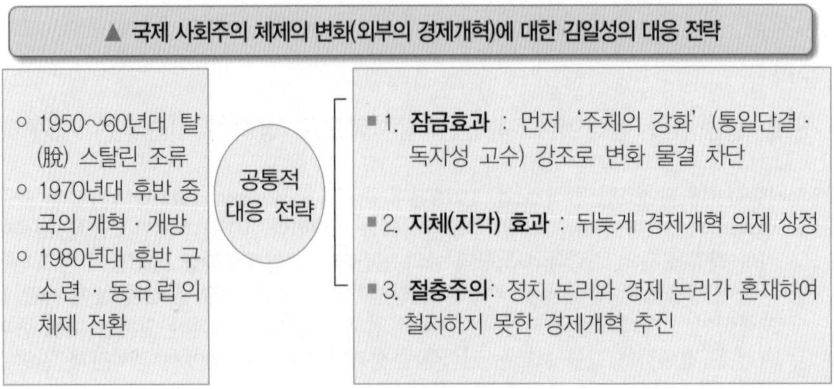

3

김정일의 경제개혁과 후퇴 (2000~2010)

3장

김정일의 경제개혁과 후퇴(2000~2010)

| 제1절 | 개혁 모색: '주체'에서 '실용'으로(1998~2000)

01 김정일의 권력승계와 경제관리에 대한 부담

　　김정일의 '경제관리에 대한 부담' 피력(1996) : "지금처럼 정세가 복잡한 때에 내가 경제 실무사업까지 맡아보면서 걸린 문제들을 다 풀어줄 수는 없다. 내가 당과 군대를 비롯한 중요부문을 틀어쥐어야지 경제 실무사업까지 맡아보면 혁명과 건설에서 돌이킬 수 없는 후과를 미칠 수 있다. 수령님께서는 생전에 나에게 절대로 경제사업에 말려 들어가서는 안된다고 했다. 경제사업에 말려들면 당사업도 못하고 군대사업도 할 수 없다고 여러 번 당부하셨다. 오늘의 복잡한 정세에서는 군대를 강화하는 것이 무엇보다도 중요하기 때문에 나는 자주 인민군 군부대를 현지지도하고 있다. 경제사업은 당 일군들과 행정경제 일군들이 책임지고 하여야 한다."[1]

위 인용문은 1996년 12월 김정일이 김일성 대학을 방문하여 당 간부들 앞에서 한 말이다. 김정일은 자신이 경제문제에 매달릴 수 없는 이유로, "복잡한 정세에 당 사업과 군대 사업을 우선해야 하기 때문"이라고 해명하고 있다. 김일성도 한때 당 사업에 집중을 명분으로 경제를 총리에게 전적으로 위임한 적이 있다.2)

대체로 김정일은 관심사와 역량 면에서 경제 분야는 후 순위로 평가된다.3) '고난의 행군' 시기 극심한 경제난을 극복할 뾰족한 방법이 없어 경제를 직접 관장하고 싶지도 않았을 것이다. 그는 당시 '복잡한 정세'의 사례로 당 조직이 무기력하여 "노쇠당, 송장당"이 되었고, 어디를 가나 식량을 구하러 다니는 사람들로 "무정부 상태"가 조성된 점을 들면서, 이런 난관으로 "동요 분자가 나올 수 있고, 불평분자가 나올 수 있으며 … 신의주학생사건과 같은 사건이 다시 일어나지 않는다고 담보할 수 없다"라고 했다.4)

김정일은 '3년 상(喪)'을 마치고 1997년 10월 총비서와 당 중앙군사위원장에 추대되었고, 이듬해 9월 5일 최고인민회의 제10기 1차 회의에서는 국방위원회 위원장에 추대되었다. 그런데 추대 절차 진행 이전에 '국가주권체계 개편을 위한 헌법개정 문제'로 권력층 내부에서 논란이 있었다.5) 김정일은 김일성 장례식 당일(1994. 7.19) 최고인민

1) 김정일 담화자료, "친애하는 지도자 김정일동지께서 1996년 12월 7일 당중앙위원회 책임일군들에게 하신 말씀"(1996.12.7).
2) 김일성은 1972년 헌법을 개정하여 정무원을 신설하면서 자신이 당 총비서와 내각수상을 겸임하면서 경제 사업에 치중하다 보니 '불건전한 자'들이 당 안에 '잡사상'을 끌어들여 이제 경제실무는 전적으로 정무원 총리에게 위임한다고 하였다. 김일성, "정무원 사업을 개선하며 경제사업에서 5대과업을 틀어쥐고 나갈데 대하여" (1988.1.1), 『김일성저작집 41』(평양: 조선로동당출판사, 1995), p. 16.
3) 김정일은 후계자 시기 문화예술 부문, 당무(黨務), 군(軍) 사업 순서로 업무를 맡아왔다. 탈북한 북한 간부는 "김정일은 다른 분야에 비해 경제문제에 대한 지식과 이해가 부족한 편이며, 경제문제를 소홀히 하고 내각에 떠맡기려 한다"고 증언했다.
4) 김정일 담화자료, "친애하는 지도자 김정일동지께서 1996년 12월 7일 당중앙위원회 책임일군들에게 하신 말씀"(1996.12.7).

회의 상설회의 의장 양형섭의 '주석직 승계' 권유에 '김일성을 영원한 주석으로 모신다'는 명분으로 거절하고 국방위원장 승계를 고집했다고 한다.

1998년에 헌법개정 문제가 다시 논의되었을 때(1998.5.15) 양형섭은 국방위원장의 권한에 '국가 주권에 대한 대표권'과 '인민정권에 대한 전반적 지도권'을 추가할 것을 권유했다. 김정일은 이에 다시 반대하면서, "우리는 앞으로 군대를 가지고 혁명해야 한다 … 국가기구에서 국가방위 기능과 국가관리 기능을 가르되 국방을 최우선시해야 한다"라고 주장하였다.6) 김정일은 부(父)에 대한 효심과 '국방 전념'을 명분으로 민생경제에 대한 부담과 책임을 피한 셈이다.

그러나 추대 형식을 떠나서 사실상 모든 업무를 책임진 김정일은 1997년 1월 "우리에게서 가장 중요하고 절박한 문제는 경제건설과 인민생활에서 전환을 일으키는 것"임을 강조한다.7) 1999년 6월에는 당 경제정책검열부에 "경제문제를 내각책임제·중심제8)로 관리할 것이니, 내각이 경제를 통일적으로 장악하는 데 따른 제반 문제점을 파악·보고하라"고 지시했다. 후술하겠지만, 이 지시가 7.1 경제관리개선 조치 연구의 발단이 되었다. 김정일은 주민들에게 자신이 '직접 경제문제를 책임지는 자리에 있지 않다'는 인식을 심어주거나, 누군가에 경제문제를

---

5) 양형섭 연속실담, "공화국의 영원한 주석으로 높이 모시어," 『조선중앙방송』, 2003. 9.1-2, 9.4-6; "김일성헌법을 가진 민족의 긍지와 영광," 『로동신문』, 2003.12.27.

6) "연속실담," 『조선중앙방송』, 2003.9.6. '연속 실담'에서 양형섭은 "그이께서는 '국방위원회는 국가주권의 최고지도기관이다'에 '전반적 국방관리기관'이라는 내용을 보충하시어 '일체 무력에 대한 지휘 통솔권'뿐 아니라 '군수공업을 비롯한 나라의 방위사업 전반에 대한 조직 지도권'까지 행사하도록 규정하심으로써 그(국방위원회) 법적 지위를 더욱 높이시었다"고 주장했다.

7) 김정일, "올해를 사회주의경제건설에서 혁명적 전환의 해로 되게하자"(전당 당일군회의 참가자들에게 보낸 서한, 1997.1.24), 『김정일선집 14권』(평양: 조선로동당출판사, 2000), p. 277.

8) 북한은 1998년 9월 개정된 헌법에 '내각책임제, 중심제'를 명문화했다.

떠맡기려는 모습을 보이기도 했다. 그러나 당 총비서는 모든 정책을 총괄하는 자리이고, 국방위원장은 사실상 '국사 전반을 다루는' 자리이다.9) 김정일은 공식 권력승계를 함으로써 승계 전인 1990년대 중반 때처럼 경제를 방치해 놓을 수는 없는 처지가 되었다.

공식적으로 최고지도자가 된 김정일의 급선무는 내부 체제를 정비하는 일이었다. 김일성 때처럼 다시 전 사회를 일원적으로 장악하여 자신의 권위를 세우는 일이 시급했다. 김정일은 권력층의 기강을 잡는 일부터 서둘렀다. '근신'(3년 喪)을 이유로 미루어 왔던10) '혁명성이 약화된 간부들'을 대상으로 한 숙정 작업에 착수했다.11) 그리고 각자 제 살길을 찾아 헤매며 '당국의 지시를 귀담아듣지 않는 주민들'을 지배기구에 다시 복속시키는 일을 진행했다.12)

지난 9년(1990년 → 1998년) 사이에 1/3 가량으로 줄어든 국가재정을 확충하는 일도 시급했다.13) 북한의 어느 경제학자는 '고난의 행

---

9) "국방위원장은 정치·군사·경제를 지휘하는 국가의 최고 직위임," 최고인민회의 제10기 1차 회의에서 최고인민회의 상임위원장 김영남의 추대 연설, 1998.9.5.

10) 김정일은 1996년 12월 당간부들에게 "내가 지금 일군들이 어떻게 일하는가 하는 것을 검열해 보고 있는데 식량문제를 비롯하여 우리 앞에 조성된 난관을 뚫고 나가기 위하여 애써 일하는 일군들이 많지 못합니다. 그렇다고 하여 수령님 3년 상도 치르기 전에 간부들을 뗐다 붙였다 하기도 곤란합니다. 그러나 오늘처럼 엄혹한 시련의 시기에 애써 일하지 않고 팔장만 끼고 앉아있는 일군들은 앞으로 계산하여야 합니다"라고 했다. 김정일, 앞의 담화(1996.12.7).

11) 당시 권력층에 대한 숙정 작업은 ①'3년 상' 기간 중의 정책 과오에 대한 책임규명, ②각종 비리 자행 및 외부 세계와의 연계 혐의 조사, ③그리고 광범위하게는 '6.25 당시 행적조사'를 명분으로 한 '혁명성 점검' 등 3가지 차원에서, 1997년 10월 김정일의 당 총비서 추대 전 6개월, 1998년 9월 국방위원장 취임 후 6개월간 두 차례 진행되었다.

12) 북한은 1998년 초 '공민증 교체 사업'을 통한 유동 인구 통제, 1999년 2월 '장마당 폐쇄와 유랑민들에 대한 직장 복귀 명령' 등 사회통제를 강화했다.

13) 북한 예산(북한발표)은 1998년에 202억원으로 1990년(356억원)과 비교할 때 43.2% 감소했다(북한은 1995~1997년간 예산 미발표). 한국은행이 추계한 북한 GDP는 1990~1998년간 연평균 -3.8% 마이너스 성장해, 1998년 (126억달러)은 1990년(231억달러) 대비 45.5% 축소되었다. 참고로 1970년대 북한의 연평균 성장률은 7%, 1980년대는 2.5%였다.

군, 강행군 시기(1995- 2000)'에 북한의 경제적손실은 "옹근 한 개의
전쟁을 치른 것보다 더 큰 것"이었다고 실토했다.14) 1990년대가 끝날
무렵 북한은 국제사회의 지원으로 최악의 식량난을 넘겼고, 외부로부
터의 '위협'도 줄어들었다.15) 이런 점은 김정일의 낙관적인 정세 인식
도 확인되었다.16) 김정일은 경제관리체계 정비도 추구했다. 1998년에
'개혁·개방은 망국의 길'이라면서17)'자립적 민족경제 건설 노선'18)을
표방하고 전통적인 방식대로 '자력갱생, 내부 예비 최대 동원'을 촉구
하면서 '사회주의 강행군'을 선언했다.19)

  김정일은 다음과 같은 이유로 자신의 정권을 공식 출범시키면서도
체제 쇄신을 도모하지 못하고 주체의 강화에 집중하면서 개혁 의제의

---

14) "고난의 행군, 강행군 시기 우리의 경제적손실은 옹근 한 개의 전쟁을 치른것보다
   더 큰것이였으며 그것을 전면적으로 계산하기는 어렵다. 손실정도를 국가예산실태
   를 통하여 일정하게 가늠할수 있다. 고난의 행군이 시작되기 전해인 1994년 국가예
   산은 415억 2519천만원(당시 화폐가치로)이였는데, 마지막 해인 2000년 국가예산
   은 204억 0532천만원으로서 6년전에 비해 절반도 안되는 형편이었다." 사회과학원
   경제연구소 실장 리기성, "사회주의경제강국건설목표와 전략적원칙" (2005).
15) 미국과는 1994년 제네바 합의에 이어 1997년 금창리 위기를 넘겼고, 한국은 1998
   년 김대중 정부가 들어서 햇볕정책을 구사했다. 북한이 1995년 '구걸 외교'를 시작
   한 이래 우리와 국제사회로부터 식량을 대규모로 지원받았다.
16) 김정일은 1998년 5월에 "최고인민회의 대의원 선거는 인민들의 정서 상태를 보고
   나서 시기를 정해야 하는데, 그동안은 인민들이 식량 사정으로 곤란을 겪어 선거를
   할수 없었으나, 지금은 전반적인 분위기가 좋아져 선거일을 5월 21일에 공포하여,
   7월 26일에 하면 좋다"며 대의원 선거 일자를 정해주었다. 북한방송, 2002.9.
17) 김정일은 "어떤 바람이 불어오든 우리 당과 인민은 결코 ≪개혁≫≪개방≫의 길로
   나아가지 않을 것이다"라고 하거나(1998.5), "≪개혁≫≪개방≫은 망국의 길이므로
   절대 허용할 수 없으며 우리의 강성대국은 자력갱생의 강성대국이다"라고 언급했다
   (1999.1).
18) "자립적 민족경제건설 로선을 끝까지 견지하자," 『로동신문』·『근로자』 공동논설,
   1998.9.17.
19) 북한은 1998년을 '사회주의 강행군의 해'로 정했다. "최후의 승리를 위한 강행군
   앞으로," 『로동신문』, 1998.1.8; 북한은 경제가 어려웠던 시기를 "≪고난의 행군≫,
   강행군 시기"로 표현했다. 그 기간은 1994~1997년 고난의 행군 시기와
   1998~2000년간 강행군 시기를 포괄하며, 2000년 10월 당 창건 55돌 열병식 연설
   을 통해 '사회주의 강행군의 공식 종료'를 선언하였다.

잠금장치를 풀 수가 없었던 것으로 보인다. 첫째, 세습 정권이라는 태생적 한계가 작용했다. '유훈통치'를 강조해온 마당에 탈상(脫喪)했다고 해서 바로 '간판'을 바꿀 수는 없었다.[20] 둘째, 앞에서 거론된 '복잡한 정세'가 해소되지 않았다는 인식이 작용했다. 적극적인 정책변화를 꾀하기에는 내부 여건이 열악하다고 판단했을 것이다. 셋째로, 체제를 다잡는 것이 급선무인 그로서는 내부 정치·사상적 통제 즉, '주체의 강화' 전략에 집중하지 않을 수 없었다. 황장엽(1997.2 망명) 같은 고위 인물들의 추가 망명이 이어질 수도 있었다. 내부에 경종을 울리기 위해 김일성이 총애한 김정우와 김달현도 숙청했다.[21]

김정일이 전통적인 경제관리 방식의 성과에 대해 내심 '회의적'인 시각을 표출하기도 했으나,[22] 공식 수권 절차를 막 완료한 자신으로서는 경제(민생경제)는 후순위였다. 열심히 일하는 모습을 보여주고, 앞으로 주민들의 형편이 다소 나아지면 되었다. 1990년대 후반 김정일의 권력세습 초기에는, 위기 때마다 강조되며 체제결속을 중시하는 '주체의 강화' 전략에 의해서 북한의 경제개혁 의제에는 여전히 잠금장치가 채워졌다.

---

20) 북한은 당시 김일성 시대를 마무리하는 의미에서, 사회주의 헌법을 '김일성 헌법'으로 명명하고 김일성 출생 연도(1912년)를 기준으로 '주체 연호'를 사용하는 등 김일성에 대한 우상화 사업을 강화했다.
21) 김정일은 1998년 9월 국방위원장 취임 직전에 대외 경협과 무역을 주도한 간부들을 숙청했다. 무역성 부상 김문성, 나선특구 개발을 관장한 대외경제협력추진위원장 김정우, 국제무역촉진위원장 이성록 등을 뇌물수수 혐의로 숙청했다. 부총리 김달현은 2000년 3월 '개혁·개방 주장' 혐의로 숙청되었다.
22) 김정일은 1992년 4월에 '실력 있는 사람들로 합리적인 경제관리 방법의 연구' 필요성을 제기했다. 다시 2000년 들어서 '실리·실적·근본적 변화'등 혁신적 담론을 제기했다. 2000년 6월 정주영 현대 회장 면담에서는 "사회주의는 일을 적극적으로 하지 않는 것이 약점"이라고 속내를 드러내기도 했다.

02 경제재건의 한계와 새로운 회생 전략 모색

공식 권력승계 이후 김정일의 경제 활성화를 위한 노력을 살펴보자. 김정일의 공개적인 산업현장 방문은 1997년에는 단 한 차례였으나, 1998년에는 9회로 늘었다. 그는 북한 북부 지역의 기계·제강 공장, 중소형 발전소, 협동농장 등 가장 어려운 지역 혹은 중요한 단위에서 '모범'을 창조함으로써 전반적인 생산 정상화를 유도하는 방법을 구사했다. '자강도의 모범 따라 배우기' 운동(1998.1)을 전개하고, '성강의 봉화'와 '강계 정신'을 강조했고(1998.3), '제2의 천리마 대진군 운동'(1998.11) 등 노력 동원 구호를 잇달아 제기했다. '고난의 행군'은 끝났고 '강성대국 건설'23)을 선언하는 등 기대감도 부여했다.

1998~2000년 기간 중 북한의 경제재건 방향은 ①계획기제 복원을 통한 중앙의 장악 능력 회복, ②회생 가능성을 기준으로 한 공장·기업소 구조조정, ③기간산업 중점 투자를 통한 공장 가동률 제고였다. 선택과 집중을 통한 경제 정상화 전략이었다. 계획경제 시스템 복원을 위해 내각의 권한 강화(1998.9), 인민경제계획법 채택(1999.4), 나선 지역의 토지 임대권 및 기업설립 승인권의 중앙이관(1999.2)이 있었다. 농민 시장의 불법 거래 단속도 강화했다.24)

산업 구조조정은 중·소규모 공장 4,700여 개 중에서 설비 노후 또는 중복 투자된 1,800여 개의 공장을 정리하고, 무역상사는 400여 개 중 부실한 상사 80여 개가 정리 대상이었다. 110여 개의 연합기업소도

---

23) "강성대국," 『로동신문』, 1998.8.22; "위대한 당의 령도따라 사회주의 강성대국을 건설해 나가자," 『로동신문』, 1998.9.9.
24) 장마당에서 공산품, 기업소 유출상품, 외부 원조상품의 유통을 집중적으로 단속하면서, 대규모 상거래의 전주(錢主)와 축재자들을 공개 처형하였다.

개별 공장·기업소로 해체(1999.12)했다가 필수 부문 30여개로 다시 복원했다(2000.9). 이 무렵 전력·금속·기계공업 부문에 대한 우선 투자와 함께 고속도로 건설·토지정리·수로 공사도 전개했다.25) 농업 부문은 감자 농사 및 2모작 확대, 경지정리와 물길공사, 비료와 영농 기자재·기술 도입 노력을 강화했다. 이 같은 집중적인 경제재건 노력의 결과 일정한 성과가 나타났다. 공장 가동률이 증가했고,26) 무역은 14.4억불에서 22.7억불로, 예산은 92억불 규모에서 98억불로, 곡물생산량은 389만톤에서 395만톤으로 늘었다. 그 결과 경제성장률은 1990~1998년간 마이너스 성장에서 1999년부터는 플러스 성장으로 전환했다.

그러나 한계가 있었다. 김정일이 '개미가 뼈다귀를 뜯어 먹는 방식'27)의 경제 활성화를 추진해도 형편은 크게 개선되지 않았다. 식량 배급은 평양지역과 간부·군인들 대상으로만 정상화되었을 뿐 아동들의

---

25) 1998~2000년 중 중요 산업시설 재건으로는, 태천·안변청년(금강산) 발전소 확충, 동평양화력 보수, 승리정유공장·김책제철소·승리자동차공장·희천공작기계공장 설비투자가 있었고, 평양-남포간 제2고속도로(청년영웅도로) 건설, 강원·평북·황남 토지정리 사업, 개천-태성호 물길공사 등이 있었다.

26) 홍성남 총리는 1999년 9월 베트남 공산당 기관지와의 인터뷰에서 "금년(1999) 상반기 산업생산이 전년 동기보다 20% 증가하였고, 4,000여개의 공장들이 조업을 재개했다"고 밝혔다. 북한 내부 학습 제강(2000.6)도 "지난 시기 일시 멎었던 공장, 기업소들이 활성화되기 시작해서 주체 88년에 이르러서는 전국적으로 돌아가는 공장, 기업소가 수천 개에 달했다"고 했다. 학습제강(당원 및 근로자용), "나라의 경제사정에 대한 인식을 바로 가지고 부닥치는 애로와 난관을 자체의 힘으로 뚫고 나갈데 대하여"(2000.6).

27) "장군님께서는 자강도에 대한 력사적인 현지지도에서 개미가 뼈다귀를 야금야금 뜯어먹는 전술로 우리 경제를 활성화할데 대하여 가르쳐 주시였다. 개미가 뼈다귀를 뜯어먹는 전술이란 중심고리를 옳게 설정하고 방대하고 어려운 과제를 하나씩하나씩 착실하게 해결해 나가는 전술이다. 이 전술이야말로 무에서 유를 창조하는 자력갱생의 전법, 섬멸전의 방법이다." 『로동신문』, 1998.5.19; '개미가 뼈다귀를 뜯어먹는 전술'은 "자립적 민족경제 건설로선을 끝까지 견지하자," 『로동신문』, 1998.9.17; "위대한 장군님의 혁명적 사업방법을 철저히 구현하자,"『로동신문』, 1999.6.5.

60%가 영양부족이었고,[28] 지방에서는 '인육 취식설'마저 퍼졌다.[29] 특권계층에만 배급하는 '양정사업소를 폐지하라'는 항의 사건(1998.11)이 발생하는 등 악성 유언비어가 나돌고 민심은 진정되지 않았다. 군대를 투입해 열차 여행 질서를 확립하라는 김정일 지시(1997.5)에도 불구하고 이듬해에도 유랑인구가 20여만 명 수준으로, 줄어들지 않았다. 주민들 사이에는 막 공식 권력승계를 한 김정일 리더십에 대해 부정적인 인식도 유포되었다.[30]

2000년 6월 당 창건 55돌(2000.10)을 앞둔 시점에 김정일은 '경제 사정이 전후(戰後) 시기와 같이 어려운 배경'을 전 주민들에게 학습시킬 것을 지시했다. 아래 인용문은 이에 따른 북한 당국의 경제난 설명문을 발췌한 것이다. 주장 요지는 ①"사회주의 시장이 없어져서", ②"미제와 반동 세력들의 고립·압살 책동이 악랄해져서", ③"최근 몇 해 동안 자연재해를 계속 입게 되어서" 등 외부요인 때문에 경제가 어려워졌다는 것이다.[31] 김정일은 일단 주민들에게 경제가 어려운 사정을 설명하여 민심을 수습하려고 했다. 주민들에게 마냥 '고난의 행군, 강행군'을 요구할 수만은 없어, 2000년 10월 당 창건 55돌을 계기로 고

---

28) UNICEF는 "1998년 9~10월간 북한 아동들의 영향실태 조사 결과 60%의 아동들이 심각한 영양부족이고, 16%가 극심한 영양실조 상태"라고 발표했다(1998.12).

29) 한 탈북민은 1998년 8월 "함북 온성군에서 탄광노동자가 1년 동안 마을 아이 6명을 잡아 먹었다가 사회안전부에 체포되었다는 소문이 있다"고 증언했다. 황장엽도 1990년대 중반 북한 내 '인육 취식' 사례에 대해 언급했다. "지방에서는 예사고, 평양의 시장에서도 사람고기를 파는 일이 적발되었다. 병원에 근무하는 한 의사가 평양의 시장에서 돼지갈비를 사 왔는데, 고기가 이상하여 자세히 살펴보았더니 틀림없는 사람 갈비여서 다음날 사회안전원을 데리고 나가 범인을 붙잡았다고 한다," 황장엽, 『나는 역사의 진리를 보았다』, p. 292.

30) 김정일이 공식 권력승계를 한 직후 북한 사회 분위기에 대해 탈북민들은 "김일성 시대에는 당장은 못 살아도 내일은 잘 살 수 있다는 희망이 있었는데, 김정일 시대에는 이런 희망도 없다"고 증언했다.

31) 학습제강(당원 및 근로자용), "나라의 경제사정에 대한 인식을 바로 가지고 부닥치는 애로와 난관을 자체의 힘으로 뚫고 나갈데 대하여"(2000.6).

난의 강행군이 '끝났다'고 선언했다. 그리고 다른 방법을 모색했다.

'나라의 경제가 어려워진 이유' 설명 학습 제강(2000.6) : "장군님께서는 최근 여러차례에 걸쳐 모든 사람들이 나라의 경제사정을 똑바로 인식할데 대해 강조하시였다 ⋯ 우리 나라의 경제건설의 전 력사에서 오늘처럼 형편이 간고한 때는 일찍이 없었다. 그러면 왜 우리가 오늘과 같은 엄혹한 경제적 곤란을 겪게 됐는가

① 여러 나라에서 사회주의가 무너지고 사회주의 시장이 없어졌기 때문이다 ⋯ 우리나라에 없거나 부족한 원유, 콕스탄, 면솜과 같은 중요 전략물자들을 (90년대 이전에는) 사회주의시장을 통해서 물물교환의 방법으로, 그것도 국제시장 가격보다 눅은 값으로 들여다 썼다. 특히 중국과 같은 나라들로부터는 로세대 지도간부들 사이의 동지적 우의가 깊었기 때문에 이런 중요 전략물자들을 눅은 우의(友誼)가격으로 받았다. 그래서 자립적 민족경제를 건설하고 관리하는데 애로를 느끼지 않았고 인민소비품도 많이 생산할수 있었다. 중국으로부터 우의가격으로 원유와 콕스탄, 솜, 소금, 콩 같은 전략물자들을 한 20년동안 받아 썼는데 해마다 콩은 4만-5만톤, 솜은 2만-3만톤씩 들여왔다. 수입한 솜으로는 천을 4억-5억 메터씩 짰고 콩으로는 먹는 기름도 짜고 집짐승 먹이로도 리용해서 고기와 알을 많이 생산했다.

그러나 정세는 변하고 우리나라의 경제사정도 달라졌다 ⋯ 우리나라에 없는 중요 전략물자들을 경제제재를 당할 수도 있는 자본주의 시장을 대상으로 해결하지 않으면 안되었고 ⋯ 딸라나 파운드 같은 전환성 화폐를 주고 사들여야 했으며 ⋯ 지난 시기의 사회주의 시장가격보다 엄청나게 비싼 값으로 사오고 ⋯ 중국이나 쏘련과 같은 가까운 나라에서가 아니라 멀리 이 나라, 저 나라에서 술한 수송비를 물며 실어오지 않으면 안됐다 ⋯ 70년대에는 마그네샤크링카 1톤을 주고 원유 3톤을 사회주의시장에서 들여왔다면 지금은 자본주의시장에서 마그네샤크링카 2톤을 판 돈으로 원유 1톤을 사올수 있다. 원유를 사는데 지난 시기보다 6배나 되는 돈을 주어야 한다.

② 우리 공화국에 대한 미제와 반동세력들의 고립압살책동이 날로 악랄

해지고 있기 때문이다 … 우리는 국가와 혁명의 최고리익으로부터 출발하여 경제건설과 인민생활을 희생하면서라도 나라의 국방력을 강화하지 않으면 안됐다. 인민군대를 강화하고 국방공업에 큰 힘을 넣어야 했다. 이것은 경제적으로 우리에게 큰 부담으로 되지 않을수 없었다.

③ 최근 몇해동안 자연재해를 계속 입게 됐기 때문이다 … 알곡생산량이 줄어들었고 알곡을 사오는데만도 많은 외화를 들이지 않을 수 없었다. 전력사정도 마찬가지로 긴장해졌다. 장마로 해서 탄광의 갱들에 물이 차 석탄을 제대로 생산하지 못해 화력발전소들을 만부하로 돌릴수 없게 됐다. 지난해와 같이 가물이 들어 수력발전소의 저수지들이 물이 말라 전력생산이 줄어들게 되었다.

그런데 지금 일부 사람들은 나라의 이런 경제사정은 알지 못하고 아무 말이나 망탕하고 있다. 어떤 사람들은 그래도 한때는 상품이 많았는데 지금은 그렇지 못하다느니, 뭐니 하면서 당정책에 무슨 문제가 있는듯이 말하고 있다 … 일부 사람들은 오늘의 난관을 놓고 꽤 뚫고 나갈수 있겠는가, 어떻겠는가 하고 마음속으로 저울질 하거나 막연하게 생각하며 비판하고 있다. … 또 어떤 사람들은 쩍하면 우는소리를 하고 조건타발을 하는가 하면 어디서 도와주지 않겠는가 하고 남만 쳐다보고 있다 … 우리는 높은 정치적자각을 가지고 패배주의 경향을 철저히 배격해야 한다."

03 실리 · 실적 강조와 경제개혁 분위기 조성

2000년 들어 김정일은 경제 회생을 위해 보다 적극적인 방법을 모색했다. 그는 경제사업에서 실리주의를 강조하면서,[32] 경제구조 개선,

---

32) 김정일의 '실리'에 대한 언급은 1999년에도 있었다. 『로동신문』, 1999.6.14; 그러나 2000년에는 더욱 빈번히 경제사업에서 '실리'가 강조되었고, 2001년에는 '실리'가

투자 효과성 증대, 기업경영 개선과 품질향상, 기계설비와 생산 공정 갱신을 촉구했다. 동시에 산업 전반에 걸친 '개건 사업'에 착수했다.[33] 1998년 이래의 경제재건 방법이 부실 공장·기업소들을 통합하고 노후화된 설비를 재활용하는 수준이었다면, 2000년에 시작된 산업 '개건 사업'은 산업시설을 철거 대상, 개보수 대상, 신축 대상으로 구분하여 현대화를 도모한다는 것이다. 2001년에는 '경제관리방식의 개선'을 강조하여 이후 '개건 및 개선'은 경제 회생을 위한 새로운 슬로건이 되었다.[34] 아래 인용문은 '실리'를 강조한 학습 강연자료이다.

'실리 강조' 강연자료(2000) : "김정일 동지께서는 다음과 같이 지적하시였다. '우리는 경제사업에서 실리주의로 나가야 합니다'. 실리주의란 우리의 경제건설의 궁극적 목적을 실현하는데 가장 리롭게 경제를 합리적으로 조직하고 효율적으로 관리 운영해 나가는 관점과 태도를 말한다 … 다시 말해서 최소한의 지출로 최대한의 경제적효과를 내도록 하는 것이다 … 그러면 현 시기 경제사업에서 실리를 철저히 보장해 나가는데서 중요한 문제들은 무엇인가. ①나라의 경제구조를 고치는 것이다 … 공업부문은 절실한 부문을 우선 강화하는 방향에서, 자체의 원료와 자재를 쓰고 전기를 적게쓰는 방향에서 구조를 고치는 것이다. ②생산을 전문화하는 것이다. 농업구조는 부침땅 면적이 제한된 조건에서 지대조건에 맞게 자강도는 잠업도, 함북도는 약초도, 량강도는 감자도 등 다양한 구조를 갖추는 것이다. ③투자의 경제적효과성을 높이는 것이다 … 가장 중요하고 긴요한 대상에 력량을 집중

모든 경제활동의 기준이 되었다.
33) 2000년에 노후 산업 설비 철거로 시작된 개건 사업은, 2001년 국가계획위원회 주관으로 전 공장·기업소 실태조사, 재정성의 예산 뒷받침(2001.4.5 최고인민회의, 재정상 문일봉 언급)으로 본격화되어, 핵심산업·IT산업은 물론 식료·축산·생필품 공장으로 확대되었다. 북한 사회과학원 사회주의경제관리연구소 공업경영연구실장 민경춘은 개건 사업에 대해 "지난 시기의 답습이 아니라 완전한 기술 갱신"이라고 주장했다. 『조선신보』, 2001.1.24.
34) 정영철, 『북한의 개혁·개방, 이중전략과 실리사회주의』, pp. 73-85.

하여 하나씩 경제를 활성화해야 한다. 다음으로 리익이 가장 많이 날수 있는 부문과 대상에 투자해야한다. ④경영활동을 깐지게 짜고 들며 제품의 질을 높이는 것이다… 원가와 소비기준을 낮추고, 원에 의한 통제를 강화하며, 제품의 질을 높이는 것이다. ⑤기계설비와 생산공정을 하루 빨리 갱신하는 것이다 … 실리를 보장할 수 없는 낡고 뒤떨어진 기계설비와 불비한 생산 공정을 대담하게 갱신해야한다. 이 과정에서 과학기술적 성과들을 적극 받아들여야 한다."[35]

2001년에는 김정일의 '혁신'에 대한 언술이 대폭 증가했다.[36] 그는 연초부터 "사고방식, 업무 자세, 생활 기풍에서 낡은 관념을 탈피하고, 새로운 관점에서 근본적으로 혁신할 것"을 촉구했다.[37] 김정일은 2001년 1월 상해를 방문한 후 '종자', '신(新) 자력갱생', '단번 도약' 등 변화를 촉구하면서, 선진 과학기술의 습득을 독려했다.

특히 관료조직에 대한 쇄신을 도모하여 2000년에 '경제사업에서의 실리'와 함께 '간부 사업에서의 실력 중시' 방침을 제시한 데 이어,[38] 2001년에는 내각을 중심으로 전문 관료의 등용을 대폭 확대했다.[39] 2002년에는 30대 수재들을 적극 육성하는 '새 형의 간부들 양성사업'을 추진하면서[40] 중앙 및 지방 당·정 간부들을 대거 동원하여 모범 산

---

35) 간부, 당원 및 근로자 학습강연자료, "실리를 보장할데 대한 당의 방침에 대하여"(조선로동당출판사, 2000).
36) 서방과는 달리 북한은 2001년 1월 1일을 새 밀레니엄의 시작이라고 주장했다.
37) 『로동신문』, 2001.1.9.
38) "마음으로 아무리 충성해도 실적이 없으면 당의 기대에 부응할 수 없다," 『민주조선』, 2000.6; 김정일은 2000년부터 수시로 '실적이 충성심을 검증하는 척도'임을 강조하였고, 관료충원·조직정비 과정에도 전문성과 효율성을 기준으로 함으로써 평양 내 실용 기술·전문지식을 익히려는 분위기가 조성되었다.
39) 북한은 2001년에 내각 책임자들을 경공업상 이주오, 농업상 김창식, 무역상 부상 이용남 등 젊은 40~50대 인물로 교체하고, 이어 국·과장급들도 전문성 있는 젊은 층으로 대폭 교체했다.
40) 북한은 2002년부터 출신배경과 사상, 지적 능력이 좋은 30대 초반의 수재들을 전국에서 추천받아 김일성간부대학, 당중앙간부대학, 인민경제대학에서 매년 60여 명씩

업현장 참관 학습을 시켰다.[41] 이 같은 조치들은 전 사회적으로 일하는 분위기를 바꿔 보겠다는 계산으로, 김정일은 당시 "현시기 경제건설이 잘 진척되지 못하는 것은 간부들의 실력이 낮고, 변화·발전하는 현실을 따라잡지 못하기 때문"이라고 지적했다.

이렇게 1990년대 중·후반과 2000년대 초반을 비교할 때 김정일의 사고방식과 관점은 크게 바뀌었다. 김일성 사망 직후 '나에게 그 어떤 변화를 기대하지 마라'[42]는 김정일의 입장은 2000년에는 조심스럽게, 2001년에는 명확하게 바뀌었다. 김정일은 간부들에게도 주변 정세변화와 현실적 조건에 맞추어 문제를 보는 관점과 일하는 방식을 바꾸라고 독려하였다. 사물에 대한 관점과 사업방식의 변화는 정책 수단의 변화를, 나아가 정책목표의 조정을 가져올 수 있다는 점에서 의미가 있었고, 당시에는 북한의 변화가 기대되었다.

2000년대 들어 북한의 대내외 정책의 큰 변화가 이를 실증해 주었다. 김정일은 변화를 촉구함으로써 개혁 분위기를 조성한 데 이어 '새로운 경제전략을 짜라', '내각책임제 강화방안을 마련하라'는 등 정책 쇄신을 지시했다. 1990년대 북한경제의 대실패를 경험한 김정일은 한동안 옛날 방식으로 '오물쪼물'해보려고 했다가, 공식 권력승계 이후 2년여가 지나서야 '주체' 강조에서 '실용' 중시 전략으로 생각을 바꾸었다.[43]

양성하는 계획을 세웠다. 선발된 수재들은 1~2년의 교육과정을 거쳐 일부는 외국 유학을 보내고 일부는 생산 단위의 부지배인, 군 인민위 부위원장, 군당 조직비서로 배치되어 간부 단련을 받게 함으로써 새 시대의 주력군으로 양성한다는 것이다.

41) 2002년 6~11월 중에 북한 당국은 간부들을 지방 당 간부, 공장·기업소 간부, 중앙 간부들로 구분하여 경공업 공장·감자농장·식료공장 등 모범 생산 단위에 집결시켜 7회에 걸쳐 '참관 학습'을 시켰다.

42) 이런 취지의 김정일 언급으로는 "나에게서 변화를 기대하지 마라"(1994.10), "나에게서 그 어떤 변화를 바라지 말라는 것은 나의 확고한 결심이다"(1997. 7), "수령의 사고와 정책을 0.001mm 틀림없이 계승할 것이다" (1998.8) 등이 있다.

43) 김정일은 2001년 7월 7일 토지정리가 완료된 황남 재령군 재천협동농장을 현지지도

01 7.1조치 결정과 시행 이전 논란

가. '6.3 그루빠'의 개혁 입안 과정과 김정일의 관여

김정일은 1999년 6월 당 경제정책검열부에 "내각 책임제·중심제 시행을 위한 문제점을 파악하고, 내각이 경제를 통일적으로 장악할 수 있도록 '구체적인 방법론'을 강구 하라"고 지시했다. 이 지시 배경에는 경제관리 방법의 개선 방향을 심층적으로 연구하고,[44] 내각책임제·중심제를 구현함으로써 경제사업에서 실리를 거두겠다는 의도가 반영된 것으로 평가되었다. 이 무렵부터 북한 내부 매체들도 '실적'과 '내각책임제·중심제'에 대한 강조가 늘었다.[45]

하여 "내일은 수령님이 돌아가신 7돌이 되는 날이다. 세상 사람들은 우리가 다 굶어 죽는다고 하였지만 7년 동안 뻗치고 견디어 냈다. 앞으로 한 3년 기초를 더 쌓아시 경제발전과 인민생활에 전환을 가져오자"고 언급하였다. 『조선중앙방송』, 2003. 1.13.

44) 김정일은 1992년에도 전문적인 경제관리운영방법의 연구 필요성을 강조하였다. "지금 중앙인민위원회에 경제정책위원회가 있지만 대부분 나이 많은 사람들로 꾸려지다보니 거기에서 경제관리운영사업을 개선하기 위한 안을 내놓는 것이 얼마 없습니다 … 경제문제를 전문적으로 연구하는 경제연구소를 내오고 실력 있는 사람들로 잘 꾸리며 거기에서 합리적인 경제관리운영방법을 연구하여 경제관리운영에서 나서는 문제들을 풀어나가도록 해야 합니다." 김정일, "경공업을 발전시키여 경제관리연구사업을 잘할데 대하여"(1992.4.4.), 『김정일선집 13권』(평양: 조선로동당출판사: 1998), pp. 17-26.

45) 북한의 경제학자는 "우리 당은 말 잘하는 일군보다 일 잘하는 일군, 실적을 올리는 일군을 요구합니다"라고 말하였다. 리민철, "위대한 당의 부름에 따라 사회주의 경제건설에서 새로운 진격로를 열어나가는 실적있는 일군이 되자," 『경제연구』, 1998년 2호, p. 10; 곽범기, "내각책임제, 내각중심제를 강화하는 것은 강성대국 건설의

김정일의 '내각 중심의 경제관리방식 개선' 지시를 이행하기 위해 1999년 6월에 신설된 조직이 '6.3 그루빠'이다. '6.3 그루빠'는 당 경제정책검열부(책임자 김히택 부부장)46)가 주관한 '정책 상무조', 이를 구체화하기 위해 국가계획위원회(위원장 박남기)가 주관한 '실무 상무조'로 나뉜다. '6.3 그루빠'의 활동과 관련한 여러 증언 및 자료들을 종합해 보면 다음과 같다.

6.3 그루빠의 '경제관리개선 방안' 입안 과정(증언 자료) :

중앙당 경제정책검열부는 김정일의 "경제문제의 내각 책임제, 중심제 시행을 위한 제반 문제점을 종합 보고하라"는 지시를 이행하기 위해 관련분야에 전문성이 있고 실질적인 영향력이 있는 경제 간부 및 학자들로 1999년 6월 '김정일 친필지시 이행을 위한 상무조'를 구성한다. 이 조직은 내각 총리 홍성남을 형식상 책임자로 하고 중앙당 및 내각의 연관 부처 간부들로서 2개조로 구성된다. 1개조는 중앙당 경제정책검열부 대외경제정책과장을 조장으로 중앙당 지도원 2명, 무역성 간부 등 12명으로 구성되어 주로 자료조사를 담당하고, 다른 1개조는 중앙당 경제정책검열부 검열과장을 조장으로 하여 당 지도원 2명, 국가계획위원회 부위원장, 재정상47), 농업성·무역성 및 내각 사무국 간부, 김일성대 경제학부 교수 등 13~18명으로 구성되어 구체적인 대책안을 연구한다. 이 상무조는 김정일의 지시 날짜에 근거하여 '6.3 그루빠'로 명명된다.

6.3 그루빠는 2년 6개월 동안 전국의 협동농장, 공장·기업소, 농민시장 실태 조사와 함께 경제관리개선 방향을 연구하면서 중국·베트남 등의 개혁·개방 정책도 검토하였고, 수시로 대책안을 김정일에게 보고하였다.48)

필수적 요구," 『근로자』, 2000년 2호, pp. 52-53.
46) 당시 당 경제비서 겸 경제정책검열부장은 한성룡이다. 그러나 연로한 한성룡보다 김히택 경제정책검열부 부부장이 사실상 책임자이다. 그는 2001년에 1부부장으로 승진하였다.
47) 그중 재정상이 직접 참여한 것은 '가격결정' 문제가 중요하기 때문이라고 한다.
48) 대책 안은 서기실 팩스를 통하여 김정일이 수시 검토하였으며, 김정일은 검토과정에

상무조는 2001년 12월 김정일에게 대책안을 종합 보고하였다. 핵심 내용은 다음 5개 항이다. ① 내각책임제 경제를 운영하기 위해 특수부문을 줄이고, 내각이 경제 전반을 직접 통제한다. ② 가격 현실화 정책을 실시해 이중 가격제를 없애고, 임금과 물가를 현실화한다. ③ 협동농장에 분조제를 도입하여 운영한다. ④ 전략물자와 관련된 계획만 국가계획위원회에서 수립하고, 일반 기업소의 생산계획은 자체 수립한 후에 국가계획위원회의 비준을 받아 시행한다. ⑤ 모든 생산 활동을 정상화하기 위해 기업소별 폰드에 상관없이 무역을 허용한다. 김정일은 이 대책안을 보고 받고 '특수부문 축소'에 대해서만 거부하고 비준해준다.**49)** 김정일의 비준에 따라 '정책 상무조'는 2001년 12월에 해산되고, 국가계획위원회와 내각 사무국을 중심으로 각 성·위원회 간부들로 시행을 위한 '실무 상무조'가 구성되어 2002년 6월까지 구체적인 시행계획을 수립한다.

이와 같은 증언과 자료로 볼 때 '6.3 그루빠'의 7.1조치 입안 과정은 1999년 6월부터 '정책 상무조'의 개혁 방향 연구, 2001년 12월 김정일에 개혁방향 종합 보고, 2001년 12월부터 '실무 상무조'의 시행계획 수립, 2002년 6월경 김정일에 집행계획(물가·임금 현실화 계획 등)

【그림 3-1】 '6.3 그루빠'의 7.1조치 입안 과정

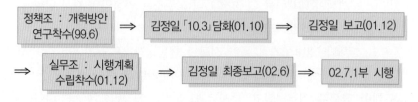

서 정리된 의견을 토대로 "강성대국건설의 요구에 맞게 사회주의경제관리를 개선강화할데 대하여"제하 담화(2001.10.3)를 발표한다.
49) 김정일은 "우리가 그나마 유지되는 것은 당·군 등 특수조직의 역할 덕분"이라며 특수부문 구조조정을 비준에서 제외했다. 김정일은 당초에 '내각책임제·중심제 시행의 문제점 검토'를 지시(1999.6)하면서 최대 걸림돌인 특수부문의 축소도 수용할 듯하다가 후퇴했다.

보고, 2002년 7월 1일부 시행이라는 3년의 입안 과정을 거쳤다.

'6.3 그루빠'는 당 경제정책검열부가 주관하는 형태를 취했으나, 당과 군의 간섭으로부터 내각의 경제관할권 외연을 확대하는 역할을 제외하고는 당 경제정책검열부 간부들보다는 내각 간부들과 경제학자들, 특히 국가계획위원회가 주도적 역할을 했다. 북한 경제실태와 경제관리 실무에 정통해야 했고 개혁 작업에 필요한 전문성 구비가 요구되었기 때문이다. 당시 국가계획위원장 박남기는[50] 경제계획·예산 전문가로서 한 때 김정일로부터 질책도 받았으나,[51] '6.3 그루빠'의 실무 상무조 운영과 7·1조치 확정 이후 1년여간 집행 책임을 맡았다.

- 경제개혁 관련 김정일의 2001년 '10.3 담화'

김정일은 2001년 10월 3일 중앙당과 내각 간부들을 모아 놓고 "강성대국 건설의 요구에 맞게 사회주의경제관리를 개선 강화할데 대하여"라는 제목으로 '10.3 담화'를 발표했다. 이 담화는 '6.3 그루빠'의 경제개혁안을 토대로 작성된 것으로 추정되며, '6.3 그루빠'의 중간 보고에 대한 개혁 방향 제시와 간부 사회에 개혁 공감대 조성을 목적으로 했다.

담화 내용은 사회주의 원칙 고수 하에 최대한 실리 확보, 계획 권한 분산, 원가에 의한 생산관리, '사회주의 물자교류 시장' 운영, 과학기술의 생산 현장 접목, 가격 현실화 및 임금 조정으로 요약된다. 요컨대 '계획사업을 웃기관과 아랫단위 사이에 분담하라', '생산관리를 원가·번수입에 의해 통제하라', '로동 규율에서 남는 로력·건달풍을 없애라',

---

50) 박남기(1934.2 생)는 1970년대부터 1980년대까지는 국가계획위원회 부위원장, 당 경공업비서, 국가계획위원장, 당 경제비서를 역임하다가, 다시 1998년 9월부터 2003년 9월까지 국가계획위원장, 2003년 9월 최고인민회의 예산위원장, 2005년 7월에 당 계획재정부장에 임명되었고, 2010년 3월 처형되었다.
51) 김정일은 "국가계획기관들에서 기술경제적 지표계획, 돈 계산과 재정계획을 심히 홀시하고 있다"고 했다. 김정일, 앞의 담화자료(2001.10.3).

'로동 보수에서 평균주의·공짜를 없애라'는 것이다. 아래 인용문은 그 담화를 발췌한 것이다.

김정일의 '경제관리개선' 담화(2001.10.3.) : "우리 일군들은 변화 발전하는 현실의 요구에 맞게 경제관리에서 고칠 것은 대담하게 고치고 새롭게 창조할 것은 적극적으로 창조하여 사회주의 경제관리 방법을 우리식으로 독특하게 개척해 나가야 합니다 … 가장 큰 실리를 보장하는 것을 기본으로 틀어쥐고 모든 문제를 풀어가야 합니다.

지금 나라의 경제가 좀처럼 추서지 못하고 랑비가 많은 것은 내각과 국가계획위원회가 계획사업을 바로 못하는 것과 관련되어 있습니다 … 집행하지 못하는 계획은 빈 종이장이나 다름 없습니다 …. 억지로 수자를 맞추어 놓거나 없는 것도 있는 것처럼 문건으로 꾸며대는 놀음을 절대로 하지 말아야 합니다 … 계획지표들을 중앙과 지방, 웃기관과 아랫단위사이에 합리적으로 분담하도록 하여야 합니다. 계획경제라 하여 모든 부문, 모든 단위의 생산경영활동을 다 중앙에서 계획화하여야 한다는 법은 없습니다.

경제부문 일군들은 로력, 물자, 자금을 랑비하든 말든 상관하지 않고 생산과 건설만 하면된다는 식으로 경제관리를 하는 것이 최대 결함인데 … 원가, 리윤, 재정계획을 현실성있게 바로 세우고 그 집행에 대한 총화평가사업을 엄격히 하여 경세적 효과싱을 높여야 합니다.

많은 공장, 기업소들이 제대로 돌아가지 못하여 생산은 얼마 하지도 못하면서 로력은 그대로 틀어쥐고 있으니 (일감이 없는) 일부 종업원들이 직장을 리탈해 장사하는 현상이 없어지지 않고 있습니다. 남는 로력을 다른 작업에 동원해 … 건달을 부리고 놀고 먹는 사람이 없도록 해야 합니다.

사회주의분배원칙을 실시하는데서 평균주의를 없애는 것이 중요합니다 … 일한 것만큼, 번 것만큼 차례지게 해야 합니다. 무상 공급이요, 국가보상이요 공짜가 많은데 이런 것도 정리해야 합니다 … 앞으로 식량과 소비상품 문제가 풀리면 근로자들이 자기 수입으로 제값으로 사 먹도록 해야 …. 그러자면 상품가격과 생활비를 전반적으로 고쳐야 합니다."[52]

● 김정은의 7.1조치 관여와 '사회주의 한계' 인식

다음은 김정일이 7.1조치 입안에 관여한 정도를 알아보자. 북한 당국은 7.1조치 확정 9개월 후(2003.4) 간부들에게 그 내용을 전파하면서, 김정일이 당시 '강력한 력량'으로 연구 상무조를 구성해주고, 수시 '강령적 말씀'을 전달했다고 선전했다.

> 2003.4 강연자료: "장군님께서는 최근년간에 나라의 경제관리를 개선할데 대하여 무려 수십여 차례의 강령적인 말씀을 주시었다. 그리고 우리식의 독특한 경제관리방법을 하루 빨리 연구 완성할 수 있도록 강력한 력량을 몸소 무어 주시고 필요한 사업 조건을 다 마련해 주시었다 … 그리고 그와 관련한 대책안들을 하나하나 다 보아주시었다. 이처럼 새로운 경제적 조치들은 위대한 장군님의 세심한 지도와 정력적인 령도 밑에 마련되었다."[53]

7.1조치 입안 과정에서 김정일의 역할은 우선, '6.3 그루빠'가 경제개혁 의제의 정치적 성격을 의식하여 주저하거나 눈치를 보지 않고, 발상의 전환을 할 수 있도록 연구 여건을 보장해 주는 일이었다. 앞에서 살펴본 대로 김정일은 이미 2000~2001년 사이에 관료사회에 실리주의와 실적주의를 강조하였고, 전 사회적으로 '낡은 관념 탈피, 근본적 혁신'을 주문함으로써 개혁 여건을 적극적으로 조성해 주었다. 그러나 분위기 조성만으로는 개혁을 추진할 경제 간부들이 움직이지 않았다. 과거 경제개혁 문제 논쟁 과정에서 선배들의 숙청을 지켜본 이들을 움직이려면 추가 조치가 필요했다. 김정일은 '사회주의 원칙' 중시에서 후퇴하여, '사회주의 과도적 성격'이 북한의 현실적 조건임을 인정함으

---

52) 김정일, "강성대국건설의 요구에 맞게 사회주의경제관리를 개선강화할데 대하여"(2001.10.3).
53) 간부 강연자료, "새로운 경제적 조치의 요구에 맞게 경제관리에서 결정적 전환을 일으키자"(2003.4).

로써 이들에게 사상적 잠금장치를 풀어주었다. 나아가 전문성과 실적에 의한 인사상 우대를 약속하여 이들의 발상의 전환을 유인하였다.

위 인용문에서 '강령적 말씀'과 '세심한 지도'라고 표현된 김정일의 활동 내용이 무엇인지 알아본다. 김정일의 경제개혁 문제에 관한 의중은 방북 자본주의권 인사들 면담, 두 차례의 방중(2000.5, 2001.1), 다수의 '경제정책, 시장경제, 과학기술' 연구조직 구성을 통해 확인된다.

김정일은 2000년부터 외부 인사 접견 빈도가 증가하고 대화 주제도 경제문제로 모여 당시 그의 관심사가 경제개혁 문제에 집중되었음을 보여주었다. 김정일은 2000년 6월 정주영 전(前) 현대 회장 면담에서 "사회주의는 일을 적극적으로 하지 않는 것이 약점이다. 자본주의 방식과 현대의 경영기법을 배우고 싶다"고 했다. 그해 10월 올브라이트 미국 국무장관을 접견(2000.10.23.-24)해서는 "경제개방 얘기를 많이 하는데 그 정의가 무엇이냐"고 물었고, 올브라이트는 "국가의 정체성을 지키면서 세계화하는 것"이라 응답했다. 김정일은 다시 스웨덴식 경제개방을 거론해 사회주의와 자본주의 접목 가능성을 탐색하는 듯했다.[54]

특히 두 차례(2000.5, 2001.1)에 걸친 중국 개혁·개방 현장 방문은 김정일이 경제개혁과 특구 개방을 결심하게 된 계기가 된 것으로 추정된다. 당시 세간의 평가는 중국의 개혁·개방을 매우 긍정적으로 평가한 점에서 김정일이 '지도자의 영도와 권위를 훼손하지 않으면서, 경제발전과 인민 생활 향상이 가능'함을 깨달은 것으로 평가했다.[55] 2001

---

54) 올브라이트는 "스웨덴식은 선진경제를 바탕으로 해서 북한 적용에는 문제(한계)가 있을 것"이라고 했다.
55) 김정일은 2000년 5월 방중 시에는 북경의 실리콘 밸리인 중관촌 등을 시찰하고 강택민에게, "중국은 개혁·개방으로 국력이 증대되었다. 덩샤오핑의 노선이 옳았다"고 했다. 2001년 1월(1.17-20)에는 주용기 총리에게 상해(포동지구 증권거래소, 정보통신, 기간 산업시설) 참관 소감으로 '천지개벽, 상상 초월'을 거론하면서(1.17), 강택민에게는 "중국의 엄청난 변화는 중국 공산당이 실행한 개혁·개방 정책이 옳았

년 1월의 상해 방문은 탐색 수준을 넘어서, 김정일이 변화 선택을 굳힌 상태에서 권력층과 실무관료들에게 공감대를 조성할 목적으로 이루어졌다. 김정일은 상해 방문에 핵심 간부들은 물론 경제실무 관료들을 대거 대동했다.56) 일선 간부들을 대상으로 '상해의 비약적 발전 경험'을 강연하도록 하였으며, 주민들에게도 방중 결과를 대대적으로 홍보했다. '6.3 그루빠'에 대한 김정일의 '강령적 말씀'과 '세심한 지도'도 2001년 1월 이후에 집중되었을 가능성이 크며, 이후 김정일은 7.1조치의 입안을 서둘러 완성할 것을 독려했다는 증언도 있다.57)

한편, 2000~2001년 기간에 북한의 여러 조직에 '경제정책연구실',58) '자본주의제도 연구원',59) 중국의 개혁·개방을 연구하는 '방혁팀(개방개혁팀),'60) '과학기술정책연구실'과 '교육개선추진위원회' 등 실체가 명확하게 드러나지는 않으나 경제정책·시장경제·과학교육과 관련된 다양한 연구조직이 만들어졌고, 이와 관련한 정보수집 활동도

다는 것을 증명해준다"고 언급했다. 2001년 1월 김정일이 강택민에게 언급한 내용은 신화사 통신만 보도하였다.

56) 2000년 5월 방중 시에는 소규모 인원이 김정일을 수행했으나, 2001년 1월 방중 시에는 수십 명의 간부와 20여 명의 경제실무 간부들까지 대동했다.

57) 김정일은 2001년 1월 중국에 이어 8월에는 러시아를 방문하였다. 그 직후 박남기에게 "중국, 러시아를 돌아보니 우리 민족만큼 못사는 데가 없다. 경제개혁 조치를 이른 시일 내에 시행할 수 있도록 준비하라"고 했다는 증언도 있다.

58) 2002년 10월 북한의 경제시찰단의 일원으로 방한한 조선보험총회사 부총장 박순철은 "내각 직속으로 박사·행정 인원들 50여 명으로 경제정책연구실이 설립되어 남측의 KDI처럼 경제정책 자문 또는 경제개발계획 수립에 관한 연구를 한다"고 언급했다.

59) 2001년경 "자본주의 생존방식과 대기업의 관리능력을 습득할 필요가 있다"는 김정일 지시에 따라 내각 무역성 산하에 '자본주의제도 연구원'이라는 기구를 신설, 자본주의 및 시장경제에 대한 정보수집과 접목방안을 연구하는 것으로 알려졌다. 정영철, 『북한의 개혁·개방, 이중전략과 실리사회주의』, p. 76.

60) 북한의 해외 근무자들은 중국의 농업·국영기업 개혁·개방 관련 자료를 활발히 수집하고, 북한 내부에는 유학 경험자들로 '방혁팀'(개방개혁팀)이 구성되어 중국 모델을 연구했다고 한다. 김정일도 2002년 9월 러시아 극동 방문시 대통령 전권대표 풀리콥스키에게 "조선 내에는 특별히 중국의 개혁정책을 연구하는 전문가 집단이 있다"고 언급하였다.

활발했다. 이들 연구조직의 동시다발적 증설은 '실리, 실적, 쇄신' 등 김정일의 주문에 의한 당시 관료사회의 변화 모습을 보여주었다. 이들의 연구 결과가 '6.3 그루빠'의 활동에도 영향을 미쳤을 것이며, 신의주 등 특구 개방 추진(2002.9), 내부 시장경제 및 자본주의 연수 확대를 촉진했다.

나. 경제관리개선 조치 내용 및 시행과정

'6.3 그루빠'의 정책 상무조는 2001년 12월 김정일의 '특수부문 구조조정 제외'라는 수정 비준안을 내각에 넘기고 해체되었다. 이어 내각은 세부 시행계획을 마련하기 위해 내각사무국 지도아래 국가계획위원회, 재정성, 노동성, 농업성, 무역성 등 관련 부처별로 '실무 상무조'를 구성했다. 내각 각 부처는 물가 및 생활비 조정 문제, 번 수입에 의한 기업관리 문제, 계획지표 조정 문제 등 세부 시행계획을 마련하고, 내각사무국이 이들을 취합하여 총리에게 보고했으며, 2002년 6월 김정일의 재가를 받음으로써 '경제관리개선 조치'가 완성되었다.

북한이 2002년 7월 확정 시행한 '새로운 경제적 조치'는 ① 상품가격 및 생활비의 현실화(그 대신 식량·생필품 저가 배급제 폐지), ② 전략지표 외 국가계획 수립 권한 하부 이관, ③ 기업 자율권 확대 및 번수입에 의한 기업 독립채산제 평가, ④ 협동농장의 분조 단위 축소로 요약된다. 이를 일괄 해서 '7.1 경제관리개선 조치' 혹은 '7.1조치'라고 일컫는다. 그중 주민들에게 파급효과가 큰 가장 중요한 조치는 '상품가격(물가)과 생활비(임금) 조정'이다. 이 조치만 7월 1일부로 시행될 뿐 다른 조치들은 중앙과 지방기관 또는 생산 단위 간 업무조정으로 처리될 수 있는 사안이라서 실제로는 7월 1일 이전에 이미 사안별로 하달·시행되었다.

7.1조치의 시행과정은 다음과 같다. 먼저 노동성은 김정일의 "로동보수에서 평균주의·공짜를 없애라"는 지시에 따라, 2002년 2월 '로동보수규정'을 개정했다.61) 종전 중앙당국의 산업·직종·기능별 '유일생활비 등급제'(670여 개) 대신, 중앙에서 큰 기준만 정하고 개별 공장·기업소의 생활비 조정 권한을 확대했다. 같은 직종·기능이라도 일의 난이도에 따라, 해당 직종에 실제 종사 여부에 따라 차등을 두었다.62) 김정일의 "로동규율에서 남는 로력·건달풍을 없애라"는 지시에 대해서는 이미 2002년 1월에 지방 노동부에 "공장·기업소 출근율을 98% 이상 높일 것, 졸업생·제대군인들이 배치지에 가지 않는 현상을 료해 장악할 것, 작업량 수행 결과와 생활비 지불이 적절한지 조사할 것"을 지시했고,63) 2월에는 '로력배치규정세칙'을 개정해64) '로력보충조절계획'을 엄격히 규제했다.65)

---

61) 로동성 지시 제9호(2002.2.20), "근로자들의 로동보수를 정확히 계산지불할데 대하여." 이 지시는 내각결정 제12호(2002.2.18) "사회적로동을 합리적으로 조정하고 근로자들속에서 사회주의로동생활기풍을 확립할데 대하여"에 근거하여 하달되었다. 『로동성 강습제강』(2002.2).

62) 로동성은 같은 기능 급수의 전공이라도 힘들게 전주대를 세우는 전공과 사무실에서 전기시설을 담당하는 전공은 생활비를 달리할 것, 기술·자격 급수를 받은 전문가들이 일반 사무원으로 일하는 경우는 사무원 생활비를 주라고 했다.

63) 이 지시는 내각 통보 "로동행정규율을 강화할데 대한 당의 방침관철에서 나타난 결함에서 교훈을 찾고 빨리 고칠데 대하여"에 근거한다. 이에 따라 노동성은 '로동규율규정집행정형판정사업'을 더욱 강화했다.

64) 로동성지시 제11호, "≪로력배치규정세칙≫의 일부 내용을 고침에 대하여" (2002. 2.22).

65) 고급인력은 중앙에서 저급인력은 시·군에서 배치하는 식이다. 예컨대 제대군인의 경우 만기제대·생활 제대군인은 도에, 감정제대·개별제대·녀성제대자는 시·군에서 배치했다. 이외에 시군 배치인력은 집에서 놀고 있는 가정부인, 사회보장 및 경로동 직장 회복자, 다른 나라에서 일하다 돌아온 사람, 교화소 및 로동교양소 출소자, 무직 방랑자들이다. 한편 노동성은 2002년 2월 종합강의 자료 "사회주의로동생활기풍을 확립하는데서 제기되는 몇가지 문제에 대하여"를 통하여 해당부문 일꾼들을 대상으로 집중적인 강습회를 조직했다.

김정일의 "계획사업을 웃기관과 아랫단위 사이에 분담하라"는 지시에 따라 국가계획위원회는 '새로운 계획지표 분담체계'를 내놓았다. 그 시점은 2002년 1월경으로 추정된다.66) 계획지표는 국가계획위원회지표, 성·중앙기관(관리국)·연합기업소·도 지표, 시·군·개별 기업소 계획지표로 구분된다.67) "생산관리를 원가·번수입에 의거 통제하라"는 지시도 마찬가지다. 재정성은 각 성과 시도에 '독립채산제 운영강화'와 '장려금 지급 확대'를 내용으로 하는 재정 규정을 하달했다.

한편 가장 사회적 파급영향이 큰 '물가·생활비 현실화' 조치는 가장 늦게 시행되었다. 내각은 2002년 6월 14일 "전반적 가격과 생활비 개정사업을 정확히 실시할데 대하여"(내각결정 제36호)를 각급 성·위원회에 하달하였다. 노동성은 이어 6월 28일 중앙기관 노동행정부서와 지방 노동행정기관들에 "근로자들에게 개정된 로동 보수를 정확히 계산지불할데 대하여"(로동성 지시 제27호)를 전파했다.68) 마찬가지로 국가가격제정국의 '새 가격제정' 지시가 하달되었다.69)

---

66) 국가계획위원회의 '새로운 계획지표분담체계'에 따라, 노동성은 '로동정량등록승인체계'를 변경해야 되는데, 노동성 지시 "새로운 계획지표분담체계에 맞게 로동정량등록승인체계를 바로 세울데 대하여"는 2002년 2월에 하달되었다.

67) 예컨대, 석탄생산량을 계획화하는 데서 국가계획위원회는 유연탄 및 무연탄 총생산량(칼로리별)만 계획화하여 성·중앙기관·연합기업소에 시달하고, 연합기업소·도 농촌경리위원회는 주민용 구멍탄·착화탄·땔나무 생산계획을 자체로 계획화하는 방식이다.

68) 구체적으로는, '로동보수규정집'을 하달하면서 기관·기업소들로 하여금 업종·직종별, 작업내용별로 생활비 지급기준을 정할 것, 자체 실정에 맞는 '내부세칙'을 구체적으로 만들어 개별 종업원들의 로동 보수를 7.1부터 계산해 줄 것, 달라진 생활비에 맞게 로동 도급단가를 새로 정할 것, 행정기관들은 7월 중으로 기관·기업소 일군들을 대상으로 실무강습을 진행할 것 등이다.

69) 가격제정업무는 '국가계획위원회 가격제정국'에서 담당하다가 가격조정 업무의 폭주로 가격제정국이 2001년 10월 '국가가격제정국'이라는 중앙기관으로 독립되면서 인원도 40여명에서 150-200명 수준으로 증원되었다. 국가가격제정국은 2002년 10월 시·군 가격일군대상 강습회를 뒤늦게 개최했는데, 이는 7.1조치 시행 준비가 충분하지 못했음을 보여주었다. 한편 국가가격제정국은 2004년 '국가가격제정위원회' → 2005년 다시 국가가격제정국으로 축소·환원→ 2011년 1월 국가가격제정위

【그림 3-2】 물가 · 임금 개정 및 하달 과정

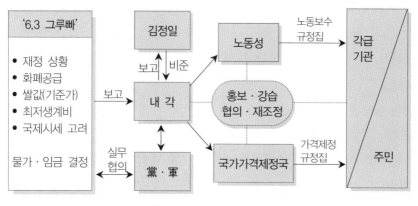

* 자료: '6.3 그루빠' 내부 논의, 내각 지시 문건.

다. 시행 이전 논란 및 졸속 시행 징후

물가·생활비 현실화 조치가 늦게 시행된 것은 전체 주민들에게 미치는 파급영향을 고려하여 신중히 추진되었기 때문이다. 그리고 ① 상품가격 결정의 기준(시초 가격) 문제, ② 권력기관 간부들의 생활비 지급수준 결정, ③ 화폐 유통량 평가 및 화폐교환 추진 여부, ④ 시행 시점 선택 문제로 인한 논란도 시행을 늦춘 요인이 되었다. 김정일은 사전에 "식량가격 문제, 상품가격 문제, 생활비 문제는 인민 생활에 직접 영향을 주는 심중한 문제이므로 경제생활의 전반적인 련관 속에서 면밀하게 분석하고 타산해 옳게 풀어나가야 한다"는 지침을 주었다.[70]

상품가격 결정의 기준인 '시초 가격' 문제와 관련해서 '6.3 그루빠'

원회로 확대 → 2013년 3월 국가가격위원회로 변경되었다. 이는 '가격'에 대한 북한 당국의 인식변화를 보여준다.

70) 김정일, "강성대국건설의 요구에 맞게 사회주의경제관리를 개선강화할데 대하여"(2001.10.3).

내부에서는 쉽게 합의를 보지 못했다. 결국은 김정일이 "쌀값을 가격 제정의 출발점으로 할데 대한" 지침을 주자 진척되는데, 당국자들은 7.1조치 홍보 과정에서 김정일의 아이디어를 "현명한 가르치심", "일 군들도 미처 생각하지 못한 문제"라고 선전했다.[71] 한편 내각으로서는 권력층의 생활비 수준을 정하는 문제도 쉽지 않은 문제였다. 당을 포함한 제2경제위원회 등 특수부문은 여러 가지 방식으로 우대해 주었고,[72] 군(軍) 지휘부는 김정일에게 별도로 군인 생활비 지급기준을 재가받았다.[73] 군 내부 강연자료는 '최고사령관의 배려'로 좌관급은 내각 상(相)급 수준으로(월 4,000~5,000여원), 장령급(우리의 장군)은 내각 총리 수준(월, 6,000여원)으로 생활비를 올려놓았다고 자랑했다.

'6.3 그루빠'는 한 때 화폐교환을 적극 검토했다.[74] 북한 주민들이

---

71) "지난 시기 가격사업에서는 남의 본을 따다니니 주로 석탄과 전력가격 같은 시초원료를 가격제정의 출발점으로 삼았다. 최고사령관동지께서는 사람들의 물질생활에서 가장 선차적이며 필수적인 것이 식량인 만큼 그 가격부터 바로 정하고 그것을 모든 가격제정의 출발점으로 삼을데 대한 현명한 가르치심을 주시였다. 이것은 지금까지 가격사업을 전문한다고 하는 일군들도 미처 생각하지 못한 문제였다." 군(軍) 강연자료, "가격과 생활비를 전반적으로 다시 제정한 국가적조치에 대한 리해를 바로 가질데 대하여"(2002.7).
72) "특수기관과 제2경제위원회를 비롯한 특수부문 기업소의 사회보험과 사회보장 사업비 예산은 따로 정한다." 재성성 지시, "국가사회보험 및 사회보장에 관한 세칙"(2002.6.23).
73) 軍 강연자료는 "최고사령관의 크나큰 배려로 군사복무에 대한 영예감을 높여 주기 위해 군사칭호비를 새로 제정 실시하게 되었다. 그리고 지난 기간 군관복무년한가급금으로 3-30% 주던것을 군사복무년한가급금으로 1년당 40원씩 최고 40년까지 주는 것으로 하였다. 이렇게 새로 개정한 군인생활비는 평균총액(직무생활비, 군사복무년한가급금,군사칭호비)이 소위 2,970원, 중위 3,240원, 상위 3,510원, 대위 3,780원, 소좌 4,130원, 중좌 4,610원, 상좌 5,270원, 대좌 5,830원, 소장 6,670원"이라고 했다. 군 강연자료, "가격과 생활비를 전반적으로 다시 제정한 국가적조치에 대한 리해를 바로 가질데 대하여(2002.7)."
74) 북한은 당시까지 1959년 2월 화폐개혁(100:1) 한 차례, 화폐교환은 1979년 4월과 1992년 7월에 2차례 했다. 북한의 화폐는 1992년 7월 화폐교환이후 지폐 5종류(1,5,10,50,100원)와 주화 5종(1,5,10,50전,1원) 등 10종이 유통되다가, 1998년 초부터 500원권 지폐를 발행하였다. 2002년 9월 이후에는 5,000원, 1,000원, 200원, 2,000원권 지폐와 100원짜리 주화를 추가로 발행했다.

외화나 현물을 선호하는 화폐 대체 현상이 일반적임에도 불구하고, 당시에 화폐량은 부족한 실정이었다. 특히 신흥 재력가나 화교 등 전주(錢主)들이 북한 원화마저 대량 보유하여 화폐유통 속도가 느렸다. 이런 이유로 화폐교환을 검토하였으나, 신용의 악화와 7.1조치 자체의 실효성을 떨어뜨릴 수 있다는 판단으로 보류되었다.[75] 실제로 7.1조치가 발표되자 화폐 교환설이 널리 퍼졌고, 달러나 위안화를 사재기하는 현상도 나타났다. 주민들의 환전수요가 늘어남에 따라 달러의 경우 7.1조치 당시 공식 환율을 그 이전 1달러당 북한화 2.2원(암시장 가격은 220원)에서 153원으로 70배나 인상했음에도 암시장 환율은 320원으로 급등했다.

7.1조치가 졸속으로 시행된 징후도 있었다. 시행 시점 선택 문제와 관련 '6.3 그루빠' 내부적으로는 서둘러 추진하기보다는 식량과 생활필수품 등 물자공급 상황, 직장 출근율 증가와 공장·기업소 정상화, 화폐유통 상황과 인민공채 발행 문제 검토[76] 등 좀 더 시간 여유를 두고 시행하자는 의견이 우세했다. 신중한 시행이 우세한 의견임에도 불구하고 서둘러 시행되었다. 그 증거는 다음과 같다. 첫째, 당초에 '6.3 그루빠' 정책상무조의 안은 "식량과 소비상품 문제가 풀리면,"[77] 다시 말해 '쌀과 생필품 부족 현상이 어느 정도 풀린 이후에' 물가와 임금을 현실화한다는 것이었다. 그러나 공급 문제가 충분히 고려되지 않고 시행되었다. 둘째, 노동성은 2002년 2월에 인상되지 않은 종전 기준 '로

---

75) 북한이 2002년에 화폐교환을 준비하였다가 보류한 사실은 2009년 11월 30일 다시 화폐교환을 하면서 '2002년'으로 인쇄된 새 화폐를 사용한 점에서도 확인되었다. "北 새 돈, 알고 보니 7년전 것," 『조선일보』, 2009.12.5.
76) 북한은 7.1조치로 인플레이션 현상이 심화되자 2003년 3월 내각결정으로 "조선민주주의 인민공화국 인민생활공채를 발행함에 대하여"를 발표했다. 『로동신문』, 2003.3.29. 인민생활공채는 2003년 5월 1일부터 2013년 4월 말까지를 유효기간으로 정하고 500원권, 1,000원권, 5,000원권을 발행했다.
77) 김정일, "강성대국건설의 요구에 맞게 사회주의경제관리를 개선강화할데 대하여"(2001.10.3).

동보수규정집'을 내보냈다가78) 4개월 만에 7.1조치에 따라 전면 개정된 보수 규정을 다시 하달하여 졸속으로 시행되었음을 보여주었다. 특히 상품가격 및 생활비 재조정의 파급영향에 따른 신중함과 사전 정책 홍보가 부족했다.

셋째, 생활비 적용 문제는 모든 주민의 이해관계가 걸린 문제인 만큼 각급 기관·기업소에서 중앙당국에 생활비 문제와 관련 빗발치는 질문이 제기되었고, 어떤 기관은 '제멋대로' 지급해 주는 현상도 생겼다. 넷째, 물가는 7월 1일부로 인상되었으나 임금은 '번 것만큼' 지급한다는 새로운 규정에 따라 7월 말 내지는 8월 중에 지급되는 점을 고려하지 못하는 시행착오가 있었다.79) 그리고 7.1조치 시행과 더불어 일부 경제 간부들이 '물자 부족에 따른 정책의 실효성 한계' 문제를 중점적으로 지적한 사실도 7.1조치가 서둘러 추진되었음을 입증해 주었다. 서두른 데에는 지도자의 의견이 반영되었다고 볼 수밖에 없었다.

---

78) 로동성 지시 제9호, "근로자들의 로동보수를 정확히 계산지불할데 대하여" (2002. 2.20).

79) 북한 당국도 이를 인정하였다. "일군들이 방법론을 옳게 세워가지고 집행하지 못해서 초기에 로동자, 사무원들에게 불편을 주었다. 7월 생활비를 8월에 가서야 받게된다는 것을 고려하지 않고 7월부터 모든 상품가격을 올렸기 때문에 돈이 없어 상품을 살수 없게 만든 것이 그 하나의 실례다." 군중 강연자료, "가격과 생활비를 개정한 국가적 조치를 잘 알고 더 큰 은이 나게하자"(2002.9).

02 7.1조치 초기 시행착오 및 내부 반발

가. 7.1조치에 대한 내부 반응

북한의 정책 집행과정은 '선(先) 시행, 후(後) 설득·보완'이 일반적이다. 시행에 앞선 철저한 문제점 점검과 주민들에 대한 홍보, 이해 당사자들에 대한 설득 노력이 부족하다. 7.1조치도 예외는 아니었다. 북한당국은 2002년 7월부터 2003년 4월까지 10개월 동안 간부들·군(軍) 내부·주민들을 대상으로 한 설명회, 실무 관료들에 대한 강습회, 정책 집행 모범 단위에 대한 현장 참관 학습 등 7.1조치가 조기에, 안정적으로 정착되도록 노력했다.

그러나 북한은 대외홍보에는 그다지 적극적이지 않았다. 북한은 로동신문 등 보도 매체를 통하여 7.1조치의 구체적인 내용을 소개하지 않았다. 평양 체류 외교단,[80] 방북 해외 인사들에게 이따금 설명하였고, 김용술 무역성 부상의 일본 방문 중의 설명회,[81] 조선신보 등을 통해 일부 내용과 성과를 전파하는 정도였다. 북한이 7.1조치 대외홍보에 소극적인 까닭은 개혁·개방에 대한 북한 지도자의 부정적 관념 때문으로 추정된다. 그들이 자랑하는 '고르럽게(평등하게) 사는 사회'에서 부분적이나마 자본주의식 궤도수정을 하는 것을 크게 자랑할 게 못된다는 생각이 작용했을 것이다.

비록 시행 이후이기는 하나 7.1조치에 대한 내부 설명회는 여러 차례 실시했다. 가격(물가) 및 생활비(임금) 조정이 전 주민의 이해관계와

---

80) 북한 외무성은 2002년 7월 25일 평양주재 외교관들에게 7.1조치를 설명했다.
81) 김용술은 2002년 8월 방일(8.24-9.3), 일본 기업인 50명을 대상으로 7.1조치 설명회를 30분간 가졌다. 설명회 내용은 『KDI 북한경제리뷰』, 2002.10 참고.

관련된 문제이기 때문에 적극적 홍보는 불가피했다. 홍보자료로 2002년 7월~2003년 4월 사이에 ①강연 및 해설 담화자료(2002.7), ②군(軍) 강연자료(2022.7), ③군중 강연자료(2002.9), ④학습제강(당원 및 근로자용, 2002.10), ⑤간부 및 군중 강연자료(2002.12), ⑥간부 강연자료(2003.4) 등 6건의 내부 설명자료가 확인되었다.[82]

7.1조치와 관련된 북한 내부 문건들이 밝힌 '편향된 사례들'을 종합해 볼 때, 집행 초기에 대두된 주요 문제점들은 ①간부들의 비판적 태도와 실무 관료들의 소극적 자세, ②주민들의 물가와 생활비 적정성에 대한 불만 제기, ③지속적인 물가 불안에 따른 가격결정 기준에 관한 논쟁으로 요약된다. 홍보자료에는 북한 주민들의 반응도 실렸는데, 먼저 북한 내부에서 '반신반의하는 현상들'을 살펴보자.

7.1조치 내부 설명자료 : "지금 일부 사람들속에서 새로운 국가적조치에 대해 제멋대로 해석하고 좋지 못한 여론을 돌리는 현상들이 나타나고 있다 … 식량도 부족하고 상품도 없는데 물건값과 생활비를 높인다고 경제문제가 풀리는가, 국가에서 값을 올리면 시장가격이 더 올라간다고 하면서 반신반의하고 있다."(이상 내부 자료①)

"지어 금액본위요, 무슨 (자본주의)방법이요 하는데 인민의 힘을 믿고 인민의 힘을 발동하여 경제문제를 푸는 것이 그 어떤 '개혁개방'이나, 자본주의적인 방법으로 될 수 없다."(내부 자료②)

---

82) '가격·생활비 조정'에 대한 북한 내부 설명 자료로는 다음과 같은 것들이 있다. ① 강연 및 해설담화자료, "가격과 생활비를 전반적으로 개정한 국가적조치를 잘알고 강성대국건설을 힘있게 다그치자"(2002.7), ② 군(軍) 강연자료, "가격과 생활비를 전반적으로 다시 제정한 국가적조치에 대한 리해를 바로 가질데 대하여"(2002.7), ③ 군중강연자료, "가격과 생활비를 개정한 국가적 조치를 잘 알고 더 큰 은이 나게하자"(2002.9), ④ 학습제강(당원 및 근로자용), "전반적 가격과 생활비를 새로 제정한 국가적 조치에 대한 옳은 인식을 가지고 그에 맞게 일하며 생활할데 대하여"(2002.10), ⑤ 간부 및 군중강연자료, "상품가격과 생활비를 개정한 국가적조치에 맞게 경제관리와 생산에서 혁신을 일으키자"(2002.12), ⑥ 간부 강연자료, "새로운 경제적조치의 요구에 맞게 경제관리에서 결정적 전환을 일으키자"(2003.4).

"새로운 국가적조치가 바로 집행되자면 일군들부터 그것을 사상적으로 옳게 접수하고 받아들여야 한다. 그런데 새로운 조치들이 실시되어 해를 넘긴 오늘날까지도 그것을 대하는 우리 일군들의 자세와 립장은 매우 저조하다. 거기에 담겨진 당과 국가의 의도조차 제대로 알지 못하는 일군들이 적지 않다 … 다 아는바와 같이 번 수입에 의한 독립채산제에서는 돈을 실리기준으로 틀어쥐고 기업관리를 해나가게 되어 있다. 그런데 적지않은 일군들은 이에 대해 몹시 경계하고 소심하게 대하고 있다 … 장군님께서는 최근에 우리 일군들이 무슨 일이나, 책임지려 하지 않고 일을 대담하게 통이 크게 내밀지 않아 나라의 경제형편과 인민생활이 좀처럼 펴이지 못하고 있다고 엄하게 지적하시였다."(내부 자료⑥)

북한 내부 반응에서 보듯이 공급부족 문제를 고려하지 않고 가격을 일방적으로 조정한 데 따른 현실적인 문제 제기가 있었고, 금액 본위·물질적 자극에 치우친 경제관리는 '자본주의식'이라는 노골적인 정치적 비판도 있었다. 기존 관행에 익숙한 북한 관료사회에서 7.1조치에 따른 SOP를 다시 익혀야 한다는 반발도 있었고, 새로운 경쟁에 참여해야 한다는 부담감도 표출되었다. 그러나 정책 당국은 '장군님의 결심'임을 적극적으로 빌어 이 같은 문제 제기와 비판에 쐐기를 박았다. "모든 대책은 다 위대한 장군님(김정일)의 세심한 지도와 정력적인 령도 밑에 마련되었다"라고 주장하면서, "어떤 경우에도 이 역사적인 노정에서 물러설 수 없으며 과거로 되돌아갈 수는 더욱 없다. 이것은 위대한 장군님의 확고한 의지이고 결심이다"라고 선언했다(위 2003.4 간부 강연자료).

내각은 7.1조치를 추진하게 된 배경이 김정일의 의지에 있음을 강조했을 뿐 아니라 '강성대국'을 건설하기 위해서는 국가에 돈이 있어야 한다는 논리도 전개했다. 다음은 '국가도 적극적으로 돈벌이를 해야한다'는 취지의 내각 주장이다.

"지금 국가가격이 농민시장 가격보다 눅은데로부터 장사행위가 성행해 국가에는 상품이 부족하나 개인들에게는 상품이 쌓여있는 현상이 초래되고 있다. 농민시장에 가보면 쌀을 비롯한 식료품으로부터 공업품 … 심지어 차 부속품과 국가적인 원자재들까지 거래된다. 대부분이 눅은 가격공간을 리용하여 국가 물자들을 뭉텅이로 빼내여 비싸게 팔고 있는 것들이다. 생산은 국가가 하는데 상품이나 돈은 거의 다 개인들의 손에 들어간다. 개인들이 국가 돈주머니를 털어 낼수 있는 공간이 조성되였다. 솔직히 말해 지금 국가에는 돈이 없지만 개인에게는 국가의 2년분 예산액이 넘는 돈이 깔려있다."(내부 자료②)

"돈 문제만 놓고 보자. … 돈은 원래 경제사업에서 모든 생산물과 상품의 가치를 표시해 주는 자막대기이다. 어떤 사업이든지 오직 돈에 의해서만 그 결과를 질량적으로 가장 정확히 계산하고 평가할 수 있다. 문제는 누구를 위해 돈을 중시하고 마련하며 쓰는가에 있다 … 개인의 향락과 치부를 위해 돈을 긁어모은 것은 나쁘지만 나라의 부강 발전과 인민들의 복리증진을 위해 돈을 중시하고 마련하여 쓰는 것은 사회주의 원칙에 맞는다. 이것은 나라와 민족의 자주권을 지키는 총대는 정의의 보검으로 되지만 침략과 략탈을 목적으로 하는 총대는 살인 흉기로 되는 것과 같은 리치이다."(내부 자료⑥).

북한 당국으로서는 상품가격 및 생활비의 적정성에 대한 주민들의 불만을 무마하는 것도 중요한 과제였다. 종전과 다른 기준에 의한 상품가격과 생활비의 차별적 인상은 북한 주민 전체가 동요할 만큼 충격적인 조치였다. 과거 1992년 가격정책의 실패[83]를 경험한 북한 당국

---

83) 북한은 1992년 3월 1일을 기해 노동자, 기술자, 사무원들의 생활비는 평균 43.4%, 사회보장연금은 평균 50.7%를 높이고, 벼 26.2% 등 농산물에 대한 국가 수매가격을 인상하는 소득정책을 발표하였다. 이어 3월 20일 계란 1개 값을 1원에서 3원 50전, 식빵은 1원에서 2원, 철도 요금은 2배 인상하는 등 쌀을 제외한 농·공산품의 가격을 300~400% 인상하는 가격정책을 단행하였다. 그러나 당시의 임금·가격 현실화 조치는 시장 시스템에 익숙하지 않던 주민들의 저항을 초래하였고, 곧 이은 중국의 원조

으로서는 당연히 이 부분에 가장 큰 비중을 두고 설득 작업을 전개했고, 주민들의 반응을 보아가며 발 빠르게 대응하였다.

"인민대중의 리익을 우선시하는 원칙에서 개정된 상품가격이 현실조건에 맞지 않는것을 정확히 장악하고 바로 잡고 있다 … 개정된 생활비를 적용하는데서 나타난 불합리한 점들도 바로잡고 있다 … 앞으로 생산이 늘어나 나라의 재부가 많아지면 근로자들의 생활비를 올려 주는 조치를 취하게 될 것이다."(내부 자료⑤).

일례로 일부 생필품과 어린이용 식료품 가격이 높다는 의견을 참작하여 유치원에 공급되는 빵·우유, 소학교에 공급되는 과자 가격을 낮추고, 스프링·운동화 등 생필품 가격도 낮게 다시 조정했다. 감자와 콩 가격이 높다는 의견에 대해서는 이들 가격을 낮추면 대홍단군 감자 농장의 생산비를 보장하지 못하고, 농민들이 콩을 많이 생산하는 것과 이해관계가 있으니 그대로 둔다고 해명했다. 토지사용료가 높다는 일부 농장의 의견에 대해서는 곡물 수매가를 대폭 인상한 조건에서 이치에 맞지 않다고 반박하고, 부업지를 가지고 있는 기관·기업소들이 토지사용료를 면제해 달라는 요구에는 '국가적 조치에 흥정한다'고 비판했다(내부 자료⑤).

중단으로 참담한 실패로 끝났다. 홍익표·동용승·이정철, 『최근 북한의 가격·유통체제 변화 및 향후 개혁과제-중국과의 비교연구』(서울: 대외경제정책연구원, 2004), p. 70; 황의각·함택영 외, 『북한사회주의경제의 침체와 대응』(서울: 경남대극동문제연구소, 1995), p. 24.

나. 7.1조치의 시행착오와 성과

북한 당국은 7.1조치 시행 초기에 "일군들이 방법론을 잘못 적용하여 인민들의 생활에 불편을 준" 시행착오도 있었음을 인정했다. 예컨대, "근로자들이 7월 생활비를 8월에 가서야 받게 된다는 것을 고려하지 않고, 7월부터 모든 상품가격을 올렸기 때문에 돈이 없어 상품을 살 수 없게 만들었다"든가, "국가 기준으로 정한 해당 상품의 질은 고려하지 않고 높은 가격으로 파는 현상"이 나타났으며, "번 만큼 생활비를 준다고 하니까, 생산액을 늘리려고 필요한 물자들을 국가 기준가격보다 망탕 비싸게 거래하여 장사행위를 조장"시키기도 했다. 그리고 "새로 제정한 '번 수입 규정'에 의하면 공장·기업소가 번 수입금은 국가납부금을 규정대로 먼저 바친 다음 그 나머지로 분배해야 하는데 이를 어기고 망탕 나누어 먹은"[84] 현상도 발생했다.

한편 당국은 "일부 사람들은 쥐꼬리만 한 지식을 가지고 이번 국가적 조치에 대해 이러쿵저러쿵 시비하거나 의문시하고 있으며, 국가의 형편은 안중에 두지 않고 '가격이 높소, 생활비가 낮소'하면서 이해관계만 따지고 못마땅해하고 있다"라고 하거나 "다시 이전의 상태로 돌아간다는 유언비어도 돌았다"라고 시중의 '잘못된 인식'을 지적하기도 했다(내부 자료③).

물론 7.1조치에 따른 성과도 있었다. 북한 내부 자료가 밝히고 있는 7.1조치 평가를 보면, 3개월 경과 시점에는 주민들의 '생활 향상에 대한 기대감이 고조'되는 것으로 소개하면서, 직장 복귀율과 함께 생산성

---

84) "어느 한 탄광에서는 7월에 석탄을 많이 생산하여 수입을 크게 늘렸는데, 그중 국가에는 계획에 비해 불과 9.4%만 들여놓고 나머지는 다 생활비로 주었다. 그래서 한 달 생활비로 무려 7만여 원을 받은 사람도 있다"고 지적하였다. 앞의 군중 강연자료 ③(2002.9).

이 높아지고 원자재를 절약하는 분위기가 조성되고 있다고 긍정적으로 평가했다. 6개월 경과 시점에는 공장·기업소·협동농장들의 내부 예비 적극 동원, 생산노력(勞力) 적극 활용, 원자재 절약 사례 등을 소개하면서 '일본새(일하는 모양새)에 커다란 전환'이 일어났다며 여전히 생산 활성화에 기대를 걸었다. 그러나 10개월이 지나서는 일정한 경제적 성과를 거론하면서도 "전반적으로 나라의 경제사업이 새로운 조치의 요구에 맞게 원만히 진행되지 못하고 있다"고 평가했고, 실무관료들의 소극성을 비판하는 가운데 기업관리 전반을 "혁명적으로 짜고 들 것"을 촉구했다.

(7.1조치 시행 3개월 경과, 2002.9) "이번 국가적 조치로 누구나 잘 살 수 있게 되었다고 일치되게 말하고 있다. 특히 농민들은 이번 조치는 토지개혁과 같은 력사적 의의를 가지는 혁명적 사변이며 농장 포전을 실지로 나의 포전으로 가꿀 수 있게 하는 가장 정당한 조치라고 말하고 있다 … 비록 길지 않은 기간이지만 이번 조치로 사회경제생활 전반에 말 그대로 획기적인 전환을 가져왔다고 볼 수 있다. … 우선 사람들 속에서 생산을 많이 해야겠다는 의욕이 비상히 높아지고 있다. … 개인 부업, 장사하던 사람들이 탄광, 발전소, 방직공장과 같은 곳으로 돌아오고 있다 … 어느 공장, 기업소, 협동농장에 가보니 7월 이전에 비해 출근율이 훨씬 높아졌다. 보통 93% 이상 높아지고 있다. … 7월 중 로동 생산능률이 6월에 비해 1.2-1.5배 높아지고, 8월에는 더 높아졌다. … 제품의 질을 높이며 절약하는 기풍이 높이 발휘되고 있다. … 얼마 전까지만 해도 국가 물자나 소비품 가격이 너무 눅다보니 원료나 자재를 망탕 써버리는 현상이 많았다. 그러나 이제는 값이 높아지고 모든 것을 돈으로 엄격히 계산하기 때문에 적은 원료, 자재로 더 질 좋게 만들기 위해 애쓰고 있다. 상품을 사가는 사람들도 이제는 꼭 필요한 량 만큼 사가고 있다."(이상 내부 자료③)

(6개월 경과, 2002.12) "이번 조치가 취해진 후 나라의 경제생활과 사람

들의 일본새에 말 그대로 커다란 전환이 일어났다. … 대동강축전지공장에서는 파연 정제방법을 기술적으로 완성하여 지난 시기 수명이 다돼서 버리던 축전지들에서 연을 모두 회수·리용하는 방법으로 연료 문제를 풀었다. … 농업 부문에서는 농장마다 분조 관리제를 강화하고 분배 방법을 개선하기 위한 대책을 바로 세움으로써 몇 달 사이에 전국적으로 농장관리 및 비생산부문 로력을 대폭 줄여 생산 부문으로 돌렸다. … 북창화력발전련합기업소에서는 올해 상반년 기간까지만 해도 매달 중유를 수백t 정도 초과 소비하던 것이 7월부터는 이런 현상이 없어졌을뿐 아니라 오히려 많은 자금을 절약했다."(이상 내부 자료⑤)

(10개월 경과, 2003.4) "새로운 경제적 조치들이 취해진 이후 나라의 경제사업에서 그 정당성과 생활력이 적지 않게 나타나고 있다. 지난해 하반년에 공업총 생산액이 그 전해 같은 기간에 비해 11%나 늘어났다. … 농업 부문에서도 적지 않은 협동농장들이 알곡 생산계획을 넘쳐 수행했다. 근로자들이 생활비를 한달에 4,000-5,000원 이상 받는 데가 많으며 1만원 이상 받는 로동자들도 있다. 협동농장들에서도 농장원 한사람 당 8만-10만원 이상 분배받은 단위들이 적지 않다. … 하지만 전반적으로 놓고 볼 때 나라의 경제사업이 새로운 조치의 요구에 맞게 원만히 진행되지 못하고 있다. 그것은 지금 사회적으로 물건값이 계속 오르고 있는 데서 집중적으로 나타난다. … 새로운 경제적 조치들이 제대로 은을 내지 못하고 있는 기본책임은 우리 일군들이 이 조치에 맞게 기업관리 전반을 혁명적으로 짜고 들지 못하고 있는 데 있다."(이상 내부 자료⑥)

● 7.1조치 이후 물가 급등과 대응조치

북한 당국이 7.1조치 시행 초기 단계부터 가장 우려한 문제는 물가 불안이었다. 일부 간부들이 '만성적인 공급부족 상황에서의 상품 가격 인상은 인플레이션만을 유발한다'라고 지적했으며, 그 지적은 현실로 드러났다. 북한 당국이 기대한 가격·임금 현실화 → 유효수요 억제와 인센티브 제고 및 증산유도 → 가격안정의 선순환은 작동하지 않았다. 당시 국가가 정한 쌀 판매 가격은 550배 인상한 44원(1kg)이었으나, 곧바로 농민 시장에서는 60원(2002년 2/4분기) → 68원(3/4분기) → 90원(4/4분기) → 120원(2003년 1/4분기)으로 급등했다. 달러의 국정 환율도[85] 70배 올린 153원(종전에는 1$ 당 2.2원)이었다. 그러나 암시장에서는 260원(2002년 2/4분기) → 320원 → 370원 → 600원 (2003년 1/4분기)으로 폭등했다. 북한의 쌀값은 모든 상품가격 결정의 기준으로 화폐나 다름없었다. 7.1조치 시행 직후(2002년 2/4분기)와 1년 지난 시점(2003년 1/4분기)을 비교하면 쌀값(kg)/환율(1$)의 비율이 60원/260원에서 120/600원으로 변화하는 등 상품의 실질적인 가격은 2~3배 급등했다.

물가 폭등에 대해 북한 당국의 대응조치는 엄격한 국정 가격 유지 및 암시장의 이중가격 단속, 국영 공급망 활성화 유도, 국영상점 상품 시장 유출 및 사재기 단속, 적극적인 상품 및 곡물의 증산 독려로 나타났다. 북한 내부 자료를 보면 북한 당국의 물가 급등에 대한 대처방식은 처음에는 7.1조치로 증산 의욕에 기대를 걸고 생산 독려에 무게를 두었으나, 기대와는 달리 물가가 지속 오르자 이를 우려하면서 물가 단속에 집중하는 방식으로 변화했다.

"식량과 상품생산을 늘이기 위한 투쟁을 힘있게 벌려야 한다. 가격과 생활비를 개정한 국가적 조치는 상품과 식량이 많아서 취한 조치가 아니다. 생산 열의를 불러일으켜 생산을 늘리며 부족되는 상품과 식량문제를 풀자는데 주되는 목적이 있다. 그 누구도 우리가 잘 살라고 식량과 상품을 거저 가져다주지 않는다. 오직 자기 힘과 기술로 상품생산도 늘이고 식량문제도

---

85) 북한 당국의 가격안정화 정책의 초점은 외화에 있었다. 군수품·산업설비·김정일 소요물자 수입을 위해 달러 가치의 안정은 매우 중요했다. 위에서 제시된 쌀값과 환율은 시기·지역 등을 종합한 평균치이다.

풀어야 잘 살 수 있다 … 국가에서는 어떻게 하나 제 땅에서 생산한 알곡으로 나라의 식량문제를 풀기 위해 수매가격도 높이 정하고 농민들을 우대하도록 했다 … 이제 탈곡도 끝났다. 귀중한 낟알을 한알도 허실하지 말고 농장원들은 여유 량곡을 철저히 국가에 수매하여 나라의 쌀독을 채우는데 이바지해야 한다."(내부 자료⑤, 2002.12)

"전반적으로 놓고 볼 때 나라의 경제사업이 새로운 조치의 요구에 맞게 원만히 진행되지 못하고 있다. 그것은 지금 사회적으로 물건값이 계속 오르고 있는 데서 집중적으로 나타나고 있다 … 당면해서는 인민생활에 절실히 필요한 식량과 소비품 문제부터 먼저 풀어야 물가를 하루빨리 안정시켜 인민들이 신심을 가지고 생산과 건설에 적극 떨쳐나서게 할 수 있다."(내부 자료⑥, 2003.4)

다. 7.1조치의 경제적 평가

북한의 7.1조치는 국가 계획경제의 테두리 안에서 실리 보장의 원칙을 접목하는 것으로, 그 원칙은 세 가지 방향에서 적용되었다. 첫째, 모든 생산물을 '제 가치대로 계산'해야 실리를 보장할 수 있다는 전제하에 상품가격과 생활비(임금)를 현실화했다. 둘째, 공장·기업소들에서 시행하고 있는 독립채산제에 대한 평가를 '번 수입에 의한 평가'라는 실적 위주의 방식으로 전환하는 것이었다. 셋째, 분배에 있어서는 '일한 만큼, 번 것만큼 분배'한다는 성과분배의 원칙을 적용하는 것이었다.

이런 원칙에서 시행되는 경제관리 개선 조치는 국영 부문과 사경제 부문 간의 가격 격차를 줄여 암시장으로의 자원, 재화 및 노동력의 유출을 막는 데 일차적인 목적을 두었다. 새로운 경제적 조치를 통해 내부적으로 퇴장된 자본을 공식부문으로 동원하는 한편 노동 인센티브를 강화해 노동력의 추가적인 동원 효과를 거두자는 것이다. 결국 7.1조치는 계획경제 시스템의 정상화를 최종목적으로 하고 있으며, 중간과정에서 제한적으로 시장경제 요소를 도입하여 경제체제의 체질 개선을 도모함으로써 계획경제의 비효율성을 제거하는 효과를 노렸다.

북한이 의도한 계획경제 복원이라는 최종적인 목적을 차치하고 본다면, 가격 현실화를 통한 암시장의 공적 흡수, 배급제의 축소와 기업의 책임 경영제 실시, 성과급 제도의 도입, 농업 분조제의 확대 조치 등은 분명히 기존의 경제관리 방식과 구별되는 차별적인 조치들이었다. 그 자체만으로도 충실히 시행되었다면 당국의 의도를 넘어 계획경제의 근간을 흔들 수 있는 요소들을 담고 있다고 볼 수 있다.

7.1조치의 핵심은 가격개혁에 있다. 생산자의 이윤 동기 강조로 생산의 효율성을 높여 국가보조금 등 재정 부담을 줄이자는 것이었다.86) 또한 7.1조치는 비고용 노동종사자 및 암시장 종사자들을 적대시하는 정책이다. 공장·기업소에 정상 출근하는 노동자들의 임금을 물가수준에 맞춰 동시에 인상함으로써 불법시장 종사자들보다 유리한 생활 조건을 만들자는 것이었다. 결국 7.1조치는 북한 당국의 암시장청산(black market clearing) 프로그램이었다. 만성적인 공급부족 상황에서 가격과 임금인상, 즉 인플레이션을 유발해 구매력을 줄이려는 전략이며, 수요 측면을 적극적으로 고려해 부족의 경제문제를 해결하기보다는 낭비의 문제 해결에 주안을 둔 접근법이었다.87)

---

86) 북한은 과거 가격정책의 문제점을 다음과 같이 설명하였다. "전에는 소비자만 보고 상품가격을 눅은 가격으로 정하다 보니 생산을 추동하는 게 아니라 오히려 억제하는 제동기적 역할을 했다. 가격에 국가보상이 너무 많아 그 돈만 해도 한 해에 무려 수십억 원이나 되었다. 농민들은 농산물값(쌀 수매값 82전)이 눅으니 농장일보다 개인 부업이나 장사에 더 신경을 썼다. 석탄도 국가적으로 중요한 전략물자이지만 1t값이 발열량이 제일 높은 경우라야 34원 정도에 불과했다. 청량음료 값보다 더 눅었다. 탄부들이 깊은 갱 속에서 아무리 힘들게 탄을 캐내도 그 덕을 별로 볼 수 없게 되어있다." 앞의 군중 강연자료(2002.9).

경제정책 집행을 관장하는 북한 내각으로서 7.1조치가 성과를 거두려면 가격 기재가 제대로 작동해야 했다. 수요와 공급, 물질적 자극을 강조하지 않을 수 없었다. 내각으로서는, 시장 공격기제가 '통제'가 아닌 '가격'이라는 경제적 수단을 동원한 마당에, 생산과 분배에도 '물질적 자극'이라는 경제 논리를 보강하지 않을 수 없었다. 내각은 다음 인용문과 같이 과거 정책 당국의 정치 논리를 비판했다. 노동 평가 방법에서 "물질적 평가와 정치적 평가를 인위적으로 대치시켰다"라고 주장하며 과거의 정치 논리에 따른 경제관리방식을 적극적으로 비판했다. 김정일이 경제개혁 의제의 사상적 잠금장치를 풀어준 수준 이상의 '효과'가 나타나고 있었다.

> "생산자 대중이 발동되자면 사상사업을 앞세우는 것과 함께 사회와 집단을 위해 일을 많이 한 사람에게 정치적 평가도 해주고 물질적 보수도 더 많이 차례지게 해야 한다 … 자기가 일한 것만큼, 번 것만큼의 보수가 차례지게 하는 것을 단순히 물질적 관심성을 높이는 것으로만 보아서는 안된다. 지난 시기 우리는 사회주의분배원칙에 대한 인식이 바로 서 있지 못한 데로부터 물질적 평가 문제를 정치적 평가 문제와 인위적으로 대치시켜놓고 그것을 사회주의사회의 본성적 요구에 맞게 옳게 구현하지 못했다."(내부자료 ①과 ②, 2002.7)

---

87) 홍익표 외, 『최근 북한의 가격·유통체제 변화 및 향후 개혁과제』, pp. 90-97.

표 3-1 북한 시장의 쌀가격 및 환율 변화(2000~2009)

연도별, 분기	쌀갑(원/kg)	환율(원/$)	연도별, 분기	쌀값(원/kg)	환율(원/$)
2000, 1/4	53	208	2005, 1/4	700	2,430
2/4	62	210	2/4	800	2,600
3/4	43	220	3/4	810 ①	2,500
4/4	54	190	4/4	830	2,550
2001, 1/4	57	200	2006, 1/4	850	2,950
2/4	53	220	2/4	880	3,300
3/4	55	220	3/4	850	2,800
4/4	53	225	4/4	930 ②	3,150
2002, 1/4	57	220	2007, 1/4	800	2,900
2/4	60	260	2/4	790	2,840
3/4	68	320	3/4	1,200 ③	3,100
4/4	90	370	4/4	1,250	3,200
2003, 1/4	120	600	2008, 1/4	1,530	3,200
2/4	230 ④	850	2/4	2,450 ⑥	3,200
3/4	210 ⑤	960	3/4	2,500	3,190
4/4	220	970	4/4	2,100	3,400
2004, 1/4	220	1,200	2009, 1/4	1,900	3,620
2/4	310 ⑦	1,200	2/4	1,950	3,850
3/4	640	1,600	3/4	2,200	3,840 ⑩
4/4	690 ⑧	2,000 ⑨			

* 출처: 대북 지원 NGO, 탈북민 진술 등을 종합하여 분기별로 평균한 가격.

① 7.1조치 이후 통화 증발 효과소멸, 우리 쌀 50만톤 지원, 당창건 60돌 계기 양곡 전매제로 안정세를 유지했다.

② 핵실험 이후 대북 지원 감소, 비축미 확대, 사재기 현상으로 쌀값이 급등했다. 외화 유입도 줄었다.

③ 2007년 8월 수해로 급등했다가, 9월 이후 우리와 국제사회 지원으로 상승세가 약해졌다.

④ 7.1조치 초기 인플레 통제가 한계를 보이면서 물가 인상에 따른 통화 증발, 임금인상에 따른 가계 명목소득 증가, 시장 장려(2003.3) 이후 상거래 증가로 이후 2년간 잇달아 급등했다.

⑤ 2003년 7월 우리의 대북 쌀 40만톤 지원으로 쌀값 폭등이 둔화되었다.

⑥ 전년 작황 부진, 춘궁기, 국제곡물가 급등, 대북 지원 감소 등이 복합작용 사상 최고로 급등하였다. 미국의 대북 지원 발표(50만톤, 5.17)와 추곡 생산으로 다시 안정세로 돌아섰다.

⑦ 인플레 기대심리로 인한 사재기 현상이 발생, 2004년 2/4분기 직후 인플레가

가중되었다.

⑧ 2004년 3/4분기 직후 우리의 쌀 40만톤 지원으로 가격 폭등이 둔화되었다.

⑨ 2004년 7월 이후 화폐 교환설, 국정 환율 인상, 고액권 신규 발행 등 소문으로 불안해졌다.

⑩ 2009년 환율은 남북경협 위축·대북 제재 강화에 따른 외화 사정 악화 및 달러 사재기로 2/4분기에 최고치, 쌀값은 핵실험에도 불구하고 전년 작황 호조와 국제곡물가 하락으로 안정적이었다

03 종합시장 장려와 시장 물가 통제 실패

가. 시장 장려 조치 : 시행과정 및 배경

김정일은 2003년 3월 '시장 장려' 조치를 비준했다. 그 이전에 김정일의 장마당에 대한 인식은 적대적이었다.[88] 김정일은 1996년 12월 "식량문제로 무정부 상태가 조성되고 … 농민시장과 장사꾼만 번성"한다고 했다.[89] 1999년 2월에는 '장마당 통제와 주민들의 직장 복귀'를 명령함에 따라 시장은 '묵인'에서 다시 '통제' 대상이 되었다. 김정일은 1999년 4월 '흥성거리는 장마당 통제 미흡'을 이유로 사회안전상을 비판하기도 했으나,[90] 법령으로 장마당을 폐쇄하는 등 철저한 규제를

---

88) 북한은 재래식 시장을 통상 장마당으로 부른다. 1990년대 배급제가 중단되어 기존의 농민시장이 크게 발달하자 이를 장마당으로 불렀다. 북한은 2003년 이후 일정한 공간에서의 거래를 합법화해주면서 이를 종합시장이라고 명명했다. 따라서 장마당은 종합시장 합법화 이전의 시장을 의미하기도 하고, 종합시장을 포함해 메뚜기 시장 등 시장 거래가 이뤄지는 전 공간을 의미하기도 한다.

89) "친애하는 지도자 김정일동지께서 1996년 12월 7일 당중앙위원회 책임일군들에게 하신 말씀"(1996.12.7).

90) 김정일은 1999년 4월 백학림 사회안전상에게 "자본주의가 판을 치는데 사법·안전기관들이 맥을 추지못하고 있다. … 장마당과 개인 장사가 흥성거리고 있다는 것은

취하지는 않았다. 과거 김일성이 거론한 '농민 시장 존재의 불가피성'을91) 의식한 듯했다.

북한 당국의 7.1조치 실시 배경 설명 과정에서도 적대적인 시장관이 드러난다. 7.1조치는 시장의 '비사회주의 현상을 없애기 위한' 조치라며, 시장이 "이제 더는 가격 공간을 리용하여 롱간질을 하면서 국가 물자를 가지고 돈벌이를 할 수 없게"하여 "건달꾼, 거간꾼, 장사꾼들이 더 잘살게 되는 비정상적인 현상을 없애는 데 목적"이 있다고 했다.92) 북한 당국은 한때 물가와 생활비를 현실화하고 국영 유통망이 활성화되면, 장마당은 자연스럽게 위축될 것으로 판단했으나 그 예측은 빗나갔다.

북한의 종합시장 공인 과정은 2003년 3월 김정일의 '시장 장려' 조치 → 5월 내각의 '국가적 조치' 전파 및 관련 규정 제정 → 7월 시장 관리·이용 강습회 개최 → 연말 무렵부터 종합시장 건립 순으로 진행되었다. '시장 장려 조치'를 해설한 북한 내부 문건에 따르면,93) 김정일은 2003년 3월 "농민시장을 인민들의 생활과 사회주의경제관리에 도움을 주는 시장으로 리용하도록 하여야 하겠습니다"라는 방침을 내렸고, 평양 통일거리에 시범적으로 시장을 꾸려보라고도 지시했다.94)

사회안전성의 존재 자체를 연구해 보아야 할 문제이다"라고 했다.
91) 김일성은 "사회주의 사회에서는 협동경리와 개인 부업생산이 존재하므로 농민시장이 존재할 수밖에 없다. 부업생산물까지 국가가 수매하여 계획적으로 공급해야 한다는 생각은 잘못된 것이다. 우리가 아직도 인민생활에 필요한 모든 물건들을 국가에서 넉넉히 공급하지 못하는 조건에서 그것들을 개인들이 부업을 통해 생산하여 시장에 파는 것이 무엇이 나쁘겠는가. 그럼에도 불구하고 법령으로 농민시장을 없앤다면 장마당은 없어지지만 암시장은 의연히 남아있게 될 것이다. 따라서 농민시장을 강제로 없애서 해결될 것은 아무것도 없으며 오히려 인민생활에 불편을 주고 숱한 사람들을 쓸데없이 죄인으로 만들 수 있다"고 했다. 김일성, "사회주의 경제의 몇 가지 이론 문제에 대하여"(1969.3.1).
92) 강연 및 해설담화 자료 "전반적 가격과 생활비를 새로 제정한 국가적조치에 대한 옳은 인식을 가지고 그에 맞게 일하며 생활할데 대하여"(2002.10).
93) 강연 및 해설담화자료, "국가적조치의 요구에 맞게 시장관리운영과 리용을 잘해나가자"(2003.7).
94) "장군님께서는 우리 일군들이 농민시장이라고 하면 농민들이 자기 집에서 생산한

김정일의 이와 같은 지시는 자신의 적극적인 발상에서 비롯되기보다는 내각의 건의를 수용한 것일 가능성이 크다. 평소 그의 시장에 대한 부정적인 인식, 시장 장려 조치에 대한 김정일의 언급이 간결하다는 점, '시장 장려' 방침 인용 빈도와 선전 활동이 활발하지 않은 점은 김정일의 '소극적인 수용' 가능성을 뒷받침해 준다.95) 만약 김정일이 적극적으로 '장려'했다면 북한 당국의 홍보 방법이 달라졌을 것이고, 종합시장의 건립(건물 형태로는 대부분 2004년 이후 건립되었다)도 지체되지 않고 2003년 중에 일제히 훌륭한 건물로 건립되었을 것이다.

내각은 2003년 5월 5일 내각결정 27호에 의해 '시장관리운영규정'을 하달했다. 시장의 설치와 폐지는 상업성이 승인하고, 시장 관리책임은 도·시·군 인민위원회가 담당한다. 한도 가격을 설정해 그 범위 내에서 거래하고 점포 면적·위치에 따라 시장이용료를 국가에 납부할 것을 규정했다. 이어 상업성은 '시장관리운영규정세칙'을 하달(2003.5.12)하여,96) 지방마다 지정된 시장 내에서만 팔고 그 밖에서는 일체 물건 거래를 하지 못하도록 할 것, 시장 안에서도 국가통제품,97) 거래나 폭

<hr />

농산물을 광주리에 담아 와서 먼지가 풀썩풀썩 나는 땅바닥에 쭈그리고 앉아 파는 것으로만 생각하는데 그것은 잘못된 생각이라고 가르쳐주시고 나라의 형편이 가장 어려웠던 시기에 통일거리에 시범적으로 시장을 꾸리도록 하시였다." 조선로동당 중앙위원회 군중강연자료, "시장에 대한 올바른 인식을 가지고 인민의 리익을 침해하는 비사회주의적인 행위를 하지 말자"(2007.10).

95) 김정일의 시장에 대한 긍정적 인식은 2003년 3월 '시장 장려' 언급 외 다른 시기에는 찾아보기 어렵다. 그의 '10.3 담화' 문건에도 거론되지 않았으며, 시장 장려 조치 이후 300개나 되는 종합시장 어느 곳을 방문했다는 기록도 없다. 반면, '시장 물가 통제'(2004) 또는 '시장 = 무질서, 비사회주의 온상'(2007) 등 부정적인 인식은 빈번히 확인된다. 그리고 7.1조치에 대한 해설 담화자료는 6회에 걸쳐 장황하게 (15면 분량) 설명하고 있는 반면에 시장 장려 조치는 한 차례 간단한(5면) 해설에 그쳤다.

96) 북한은 '시장관리운영규정세칙'을 여러차례 개정했다. 당시 '세칙'은 기존의 '농민시장관리운영세칙'을 개정한 것으로 그 내용은 주로 '…하지 마라'는 통제 방식으로 규정되었다.

97) 거래 금지 품목으로 "1. 군품과 연유, 생고무, 귀금속, 유색금속, 화공품, 비료, 2. 기계설비를 비롯한 생산수단, 자재, 부속품, 공구(가정생활과 직접 관련된 것은 제

리를 목적으로 하는 상품, 무더기 거래 및 한도가격 이상의 거래를 금지할 것, 식료품은 방역기관의 검역확인을 받고 판매할 것, 공장·기업소와 협동농장은 자체 생산한 상품들 중에서 계획초과분과 생산 정상화 몫[98]으로 규정된 양에 국한하여 판매할 것을 지시했다. 재정성도 재정성 지시(2003.5.17)로 '시장관리소재정관리세칙'을 시·군 인민위원회에 내려보내 시장관리소의 독립채산제 운영, 시장사용료와 국가납부금 징수 절차와 방법, 집금소와 시장관리소에 대한 재정적 지도통제 강화 등과 관련한 실무적 지침을 전파했다.

【그림 3-3】 북한의 종합시장 제도화 과정(2003.3~5)

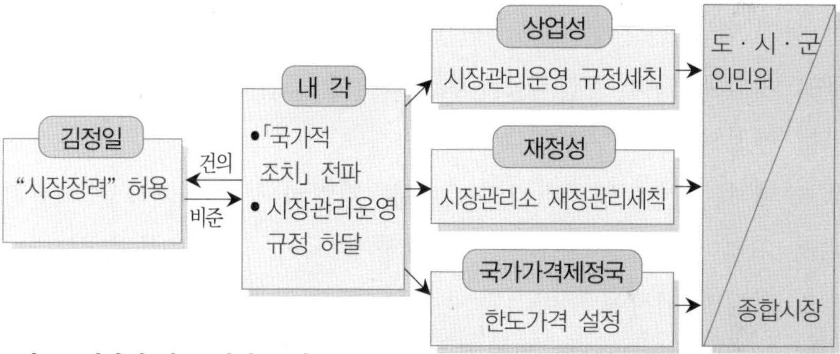

* 자료: 내각의 각종 지시 문건.

외), 3. 각종 출판물, 4. 록음, 록화물을 편집한 전자매체, 주파수를 고정시키지 않은 반도체 라지오가 달린 일용품, 5. 각종의약품, 인삼, 다른 나라에서 들여온 껌, 6. 훈장과 메달, 7. 다른 나라에서 중고품으로 들여온 옷, 8. 우리 인민의 기호와 사상 감정에 맞지 않거나 부정적 영향을 줄 수 있는 상표와 그림을 붙인 상품(남조선 상표가 붙은 상품포함), 9. 국제기구에서 들여온 협조물자"를 열거했다. 상업성 지시, "시장관리운영규정세칙"(2004.8.12).

98) 북한은 국영기업소와 협동단체들이 국가계획생산과정에서 나오는 부산물로 생필품을 만들어 그중 30%를 시장에 직접 내다 팔게 했다. 이 30%는 기업 자체의 생산유지비 명목으로 국가납부에서 제외되었다. "검증되는 개선조치의 생활력," 『조선신보』, 2003.12.22.

● 당국의 '시장 공인 배경' 설명 논리

시장에 대해 적대적이었던 내각이 시장공인을 건의한 까닭은 무엇일까. 국영 유통망은 활성화되지 않는 대신 "지금 시장 신세를 지지 않는 주민 세대는 거의 없다"[99]는 현실을 고려해 장마당을 공식 허용함으로써 경제관리에 도움이 되도록 하자는 의도로 보인다. 북한 당국이 '시장장려 조치'의 구체적 목적에 대해 주민들에게 설명하는 논리는 ①지속 상승하고 있는 상품가격의 조속한 안정, ②공장·기업소 및 협동농장의 기업관리 지원, ③지방예산수입 확충을 거론하고 있다.[100]

시장이 번창하고 있는 현실을 인정하면서 시장에 많은 상품이 거래되게 함으로써 물가를 안정시키겠다는 것이 첫 번째 목적이다. 7.1조치에 의한 물가·임금 인상 등 수요측면을 고려한 가격안정화 정책이 성과를 거두지 못함에 따라 농민시장을 제도화하여 공급측면을 관리함으로써 물가를 안정시키겠다는 것이다.

두 번째 목적인 기업관리 지원측면은, 기업의 시장 직거래를 허용함으로써 기업이 수요자의 입장을 고려하게 되어 상품의 품질개선이나 가격의 합리적 제정에 이바지할 뿐 아니라 경영 자금도 확보할 수 있게 한다는 계산이나. 물론 간접적으로는, 판매 수량 초과 계획분 또는 부산물로 만든 생필품의 30%로 시장판매분을 제한함으로써 국가계획의 초과 달성을 유도했다.

세 번째, 지방 예산 수입 확충 측면은 시·군 인민위원회가 매대 운영자들을 대상으로 자릿세(장세) 명목으로 '시장사용료'(시장허용 초기에는 대략 50원-1,500원/일)를 징수하도록 해 지방 수입을 확충하겠다는

---

99) 강연 및 해설담화자료, "국가적조치의 요구에 맞게 시장관리운영과 리용을 잘해 나가자"(2003.7).
100) 강연 및 해설담화자료, "국가적조치의 요구에 맞게 시장관리운영과 리용을 잘해 나가자"(2003.7).

것이다. 이와는 별도로 일종의 소득세 형태인 국가납부금을 내도록 했
다. 중앙당국이 정해 준 기준에 따라101) 시, 군별로 정하게 했다. 국가
납부금은 매대를 운영하는 개인들이 소득에 따라 내는 국가납부금(600
원-6,000원/월)과 시장관리소의 총수입102) 비율103)에 따라 관리소 자
체가 내는 국가기업리득금 납부 몫이 있다. 지방 수입 보다는 국가 수
입에 대한 엄격한 재정통제로 사실상 국가납부 몫 확대를 도모했다.

　　시장 운영 해설 자료(2003.7) : "시장을 장려하는 것은 주민들이 많이 리
용하고 있는 시장에 상품원천을 최대한 많이 조성해서 사회적으로 물건값
을 하루빨리 안정시키며 공장, 기업소와 협동농장들에서 새로운 경제적조
치의 요구에 맞게 기업관리를 바로하도록 일정하게 도움을 주자는데 그 목
적이 있다. 또한 공장, 기업소와 협동농장들에서 시장을 통해 상품들을 판
매하는 과정에 기업관리를 실리가 나게 적극 짜고 들 수 있다. 지난 시기에
는 공장, 기업소와 협동농장들에서 생산한 상품들은 직매점을 비롯한 상업
봉사기관들을 통해서만 판매하게 되어 있었다. 때문에 생산되는 상품들이
주민들의 수요와 기호에 잘 맞지 않은 것도 있고 가격제정과 판매에서 불
합리한 점들도 있었다. 그래서 상점들에 상품이 몇 달씩 팔리지 않고 그냥
체화되는 경우가 적지 않았다.
　　그러나 이제부터는 상품생산자와 구매자가 시장에서 직접 마주 서기 때

---

101) 2004년 6월 1일부터 적용한 개정 '시장관리소재정관리세칙'에 의하면, 매대당
　　판매 품목별로 하루에 흰쌀, 밀가루, 식료품, 수산물 등은 각각 80원, 내의류, 피복
　　직물, 가정용품, 화장품은 각각 100원, 전자제품, 고기류 등은 120원씩 납부토록
　　하고 있다. 같은 품목도 수입상품에 대해서는 2배를 징수토록 하는데, 가죽구두의
　　경우 국내산은 100원, 수입산은 200원으로 정했다.
102) 시장관리소의 총수입은 시장사용료 수입, 시장관리소 직영식당, 야외봉사매대 등
　　자체 보충봉사시설 운영을 통해 더 번 수입, 시장질서위반행위에 대해 더 받은
　　사용료의 20% 등을 엄격히 포함시키도록 하고 있다. 위의 '시장관리소재정관리세
　　칙' 제 31조.
103) 평양시 중심구역과 도소재지안의 시장관리소는 번수입의 85%, 평양시 주변구역과
　　시·군의 시장관리소는 번수입의 76%가 국가기업리득금 납부비율이었다.

문에 이런 편향을 극복할 수 있다. 또 공장, 기업소와 협동농장들에서 시장을 통하여 상품거래를 하는 과정에서 경영활동에 필요한 자금도 적지 않게 마련할 수 있다. 이밖에도 시장을 장려하면 지방예산수입도 지금보다 훨씬 늘여 시, 군, 구역들에서 지방건설과 주민생활에 필요한 자금을 더 많이 보충할 수 있다.…

모든 시, 군, 구역들에서 자기 지방의 특성에 맞게 시장위치와 규모를 바로 정하고 현대적으로 잘 꾸리며 개별적 주민들뿐만 아니라 공장, 기업소, 협동농장들에서도 자기 단위에서 생산한 상품들을 시장에 내놓고 봉사활동을 하게 했다. 또한 시장에서 농토산물은 물론 인민생활에 필요한 식료품과 공업품들을 다 내놓고 팔게 하고 시장에서 거래되는 상품종류와 리용 대상 범위가 달라지는데 맞게 시장명칭도 해당 지방의 이름을 붙여 부르게 했다. 그리고 근로자들이 퇴근 후에도 장을 볼 수 있게 저녁에도 일정한 시간 시장운영을 계속하게 하였다."**104)**

● 당국과 시장의 타협으로 공급부족 문제 보완 추구

북한 당국이 장마당 통제에서 시장 장려 조치로 전환한 근본적인 배경은 물가·임금 동시 인상이라는 가격정책과 소득정책(7.1조치)으로 장마당의 역할을 위축시킨다는 전략이 실패한 데 따른 것이다. 북한은 1999년 한때 장마당 통제를 시도했으나 물리적 통제로는 단속에 한계가 있음을 경험했다. 국영 유통망에 공급량을 확대해 장마당을 흡수하는 방법이 있으나 만성적인 공급부족 상태로 불가능했다.

북한의 7.1조치는 수요 측면을 겨냥하여 가격정책과 소득정책을 동시에 구사한 인플레이션 전략으로 사적영역을 공적영역으로 흡수하자는 것이었다. 국정 가격을 암시장 가격에 근접시키면 전체 주민들의 구매력에 변화가 생겨 2개의 가격 격차가 줄어들게 되고, 다시 가격이

---

104) 강연 및 해설담화자료, "국가적조치의 요구에 맞게 시장관리운영과 리용을 잘해 나가자"(2003.7).

나 소득을 적절히 조절하여 일정한 소비수준을 유지한다는 것이다. 그러면 국영 유통망이 살아날 것이고, 동시에 인상한 생활비를 받지 못하는 비고용 노동자, 암시장 장사꾼들이 직장으로 복귀하여 장마당만 흥성하는 무정부성을 극복할 것이라고 계산했다.105)

그러나 초기부터 당국이 의도한 가격안정 효과는 나타나지 않았다. 쌀값(1kg)의 경우, 2002년 7.1조치 시행 당시 농민시장(장마당) 가격 60원을 고려하여 국정가격을 44원으로 정했으나, 이후 암시장 가격은 68원(3/4분기) → 90원(4/4분기) → 120원(2003년 1/4분기)으로 2배나 폭등했다. 그러자 북한 당국은 7.1조치 시행과정에서 가장 심각한 문제점이 "물건값이 계속 오르면서 국정 가격과 시장가격의 차이가 좁혀지고 있지 않다"라는 사실을 인정했다.106)

북한 주민들의 국정 가격 시스템에 대한 불신, 화폐개혁을 단행할 것이라는 소문, 가격 인상(18배)에 따른 통화 증발, 임금인상(25배)에 의한 가계 명목소득의 증가가 복합적으로 작용하여 가격안정화 효과는 나타나지 않았다. 북한 당국의 끊임없는 규정 가격 엄수와 사재기 금지 계도, 암시장 유출 방지를 위한 국영상점 재고 조사 등 가격안정을 위한 노력에도 불구하고 성과를 거두지 못했다.

결국, 절대수요에 못 미치는 공급부족 상황에서 수요만을 고려한 장마당 공략은 한계가 있었다. 북한이 공급을 활성화하는 방법은 세 가지가 있다. 노동 인센티브를 대폭 높여 자체 생산을 늘리는 방법, 외부로부터의 대규모 자본 유입을 통한 설비투자 확대 또는 무역 확충을

---

105) 홍익표 외, 『최근 북한의 가격·유통체제변화 및 향후 개혁과제』, pp. 84~ 118.
106) "전반적으로 볼 때 나라의 경제사업이 새로운 조치의 요구에 맞게 원만히 진행되지 못하고 있다. 그것은 지금 사회적으로 물건값이 계속 오르고 있는데서 집중적으로 나타나고 있다. 한마디로 사회적으로 또 다시 국정가격과 시장가격의 차이가 적지 않게 생기고 있다." 간부 강연자료, "새로운 경제적조치의 요구에 맞게 경제관리에서 결정적 전환을 일으키자"(2003.4).

통한 상품공급 확대, 사회 총생산 자체를 늘리는 방법은 아니나 국가가 모든 유통망을 독점적으로 장악해 사실상 공급증대 효과를 거두는 방법이 있다. 북한은 세 번째 방법인 장마당을 국가의 공식 유통망으로 흡수, 조절·통제하겠다는 공급 측면의 전략을 선택한 것이다.

북한은 1990년대 식량난으로 국가배급망을 통한 배급이 중단되자, 기관·기업소별 자력갱생 또는 주민들 각자 제 살길을 찾는 방식으로 생존을 허용하는 것이 불가피해졌다. 그리하여 농민시장은 기본적인 생존 공간으로 등장했고, 그동안 불법으로 치부되던 각종 거래가 반합법적으로 묵인되었다. 경제위기가 다소 완화되자 시장 확장을 막으려는 당국과 시장교환에 익숙해진 주민들 간에 밀고 당기기가 지속되었다. 그러나 시장이 불법적인 경제활동 공간이기는 하지만 이를 통해 전체 주민들이 생존을 영위하는 상황에서 과거 농민시장 허용과 관련한 김일성의 말대로 대다수의 주민을 범죄자로 단죄할 수는 없는 일이었다.[107] 당국이 시장과 타협하게 된 배경이다.

나. 종합시장 확대와 물가안정화 실패

북한은 2004년 봄부터 노천에 있던 기존의 농민시장[108]에 벽을 쌓고 매대(賣臺)[109]를 설치하며, 지붕을 덮는 등 종합시장 개축 작업을 진행했다. 종합시장은 2007년 말에 다시 통제되기 시작했는데, 그때까지 계속 증가해 많을 때는 300개쯤 개설되었다. 2006~2007년 당시

---

107) 김일성, "사회주의 경제의 몇 가지 이론 문제에 대하여"(1969.3.1).
108) 과거 농민시장은 평양에 구역별로 1개, 시단위에 3-5개, 군단위에 2-3개 개설되어 전국 170여개 시군에 400~600여 개 있었던 것으로 추산된다.
109) 매대 수는 시, 군, 구역의 인구수와 면적으로 고려하여 시장마다 대략 600- 2,000석 규모였다.

종합시장에서 합법적으로 장사하는 인원은 수천에서 수만 명 규모이다.110) 시장 입구나 인근 아파트 뒷골목 등 이른바 '메뚜기 시장'을111) 을 포함하면 수십만 명에 이르며, 주민들의 생필품에 대한 시장 의존도는 80%를 넘는 것으로 알려졌다.112) 대표적인 종합시장으로는 김정일의 지시로 '본보기 시장'으로 꾸려진 평양의 통일거리 시장이 있고,113) 최대 규모의 시장은 신의주·나선과 평양이 연결되는 점에 위치하여 주로 도매시장으로 이용되는 평남의 평성 종합시장으로 많을 때는 하루에 10여만 명이 이용했다.

종합시장이 늘어나고 시장거래가 활성화되는 과정에서 북한 당국이 중점적으로 관리한 문제는 시장 상품가격 안정화 문제와 시장의 무질서한 확장을 막는 문제였다. 북한 당국은 시장허용 직후 '시장 밖에서 거래하는 현상', '폭리 목적으로 상품을 무더기로 거래하는 현상', '시장 한도 가격 이상으로 비싸게 파는 현상'을 단속했으나,114) 전반적인

---

110) "시장에 나와 장사를 하겠다는 주민들은 많고 매대는 제한되어 있으므로 2-3일에 한번 교대하면서 자리를 차지하고 장사를 하므로 시장을 리용하여 합법적으로 장사하는 주민이 수만여명에 달한다." 군중강연자료, "시장에 대한 올바른 인식을 가지고 인민의 리익을 침해하는 비사회주의적인 행위를 하지 말자"(2007.10).

111) '시장관리운영규정세칙'(2004.8.12)에 의하면, 시장에서 물건을 고정적으로 팔려는 주민들은 해당 지역 시장관리소의 판매 승인 → 시·군 인민위원회 등록 → 시장판매 표식 발급 → 상품 부류별 판매 매대 지정의 절차를 거쳐야 한다. 그러나 매대 수의 제한과 판매 물품의 중복으로 매대를 배정받는 사람들은 제한적이었다. '메뚜기 시장'이란, 당국의 승인 없이 시장 입구나, 인근 아파트 건물 등에 형성된 불법시장을 지칭한다. 단속하면 불법 상인이 튄다는 의미에서 '메뚜기 시장'이다.

112) 탈북민 증언(2007.5)에 의하면, 북한 주민들은 한 가구당 1명꼴로 장사하고 있고, 주민들의 80-90%가 생필품을 시장에서 구입하는 것으로 파악되었다.

113) 평양 통일거리 시장의 경우, 짐 보관실, 판매도구 대여실, 식당(점심시간에는 판매원들이 밀차로 상인들에게 식사를 판매)이 있고, 1,500여명의 여성들이 판매원(상인)으로 종사한다. 가격은 판매자와 구매자 간에 자유로운 합의가격에 의하여 결정되나 신발·비누·식용유 등에는 한도가격이 정해져 있다. 1500개의 매대 중에 공장·기업소 직판매대는 80개(5%) 정도였다. "통일거리시장을 찾아서," 『조선신보』, 2004.10.19; "현재 통일거리시장을 찾는 시민은 하루 10만-15만명이다." 『조선신보』, 2004.9.7.

114) 당시에 국가가격제정국은 '시장 한도 가격통제' 지시(2003.5.7)로, 상업성은 '시장

분위기는 김정일의 '시장 장려'(2003.3) 방침에 따라 궁극적으로는 각종 시장 규제 조치가 철폐될 것이라는 기대로, 단속은 제대로 이행되지 않았다. 그리고 그 당시에도 시장가격 대비 국영 유통망 상품가격의 경직성으로 '국가 돈주머니'가 시장으로 빠져나갈 공간은 여전히 열려 있었다.

김정일은 한동안 종합시장 운영 상황을 지켜보다가, 2004년 상반기에 '시장 상품가격을 안정시키라'는 지시를 3회에 걸쳐 반복했다. 그때마다 가격제정 당국이 발 빠르게 대응했으나 물가는 잡히지 않았다.115) 아래 [표 3-2]에서 보듯이 김정일의 지시에서 주목되는 점은, 2004년 1월에는 물가 안정화의 방법으로 '국영 상업망 활성화'를 강조하였고, 3월에는 '시장가격 통제'를 지시했으며, 6월에는 "계획경제를 시장가격에 접근시키라"는 지시를 하는 등 대책이 바뀐 점이다.

표 3-2 김정일의 '시장 상품가격 안정화' 지시(2004)

지시 일자	지시 내용
2004.1.7	"상품 생산을 늘리고 국영상업망들을 활성화하여 시장관리 운영을 개선하며 시장상품가격을 안정시키기 위한 대책을 세울 것" → (조치시항) 2004.1.26 국가가격제정국, 시장가격 통제
2004.3.10	"시장가격을 안정시킬 것" → 2004.4.1 국가가격제정국, 시장가격 통제
2004.6.1	"계획경제를 시장가격에 접근시킬 것" : 내각, 가격제정 신축성 문제로 해석

관리운영규정세칙'(2003.5.12) 하달을 통해 단속했다.
115) 당시 쌀값(kg당) 추세를 보면, 2003년 3/4분기 210원→ 4/4분기 220원 →2004년 1/4분기 220원 → 2/4분기 310원 → 3/4분기 640원 → 4/4분기 690원으로 지속 상승하였다.

2004년 6월 김정일의 '계획경제와 시장가격 접근'이라는 지시는 그 의미가 애매모호하여 나중에 논란이 된다. 내각은 가격제정에서 신축성을 부여하라는 지시로 해석하고 과감한 개혁을 추진하는 계기로 삼는다. 당은 이후 내각의 개혁 속도 가속화에 제동을 걸면서 김정일에게 문제를 제기하는데, 김정일은 2005년 2월 "내각이 시장 이용과 시장경제 도입을 '오해'했다"고 언급함으로써 논란이 촉발되었다. 김정일은 시장을 잘 이용하라고 했더니 내각이 시장경제 도입으로 착각하고 있다며 자신이 오해 소지를 제공한 측면보다는 내각의 해석에 오류가 있다는 듯이 해명했다. 이 논란은 뒤에서 다시 설명한다.

• 시장 물가 관리 실패와 시장관리권 다툼

북한 당국은 시장 장려 초기에는 한도가격 설정을 통해 물가 통제를 시도하나, 2004년경부터 사실상 자유가격으로 거래하는 동향이 확인되었고, 2005년경부터 시장 물가는 사실상 통제 불능의 상태에 이르게 된다. 단속 당국이 시장 상인들로부터 뇌물을 받으려는 '불순한 의도'로 가끔 한도 가격이 문제 될 뿐이었다. 어쨌든 시장 활성화 초기에 국가가격제정국은 도·시·군 인민위원회에 다음 [표 3-4]와 같은 '시장 한도 가격 기준표'를 정해주면서 "자체 실정에 맞게 시장 한도 가격을 10%까지의 범위에서 조절하여 10일에 한 번씩 제정·공시하고 그 적용에 대하여 장악 통제할 것"을 요구하였다.116) 시장 한도 가격을 위반하여 판매했을 경우 시장사용료의 2배 부과, 판매 물건 압수, 반복해서 위반하면 시장 판매 권한 박탈 등의 규제 조치도 마련했다 ([표 3-3]).117) 그러다가 2005년경부터 '시장 한도 가격 기준표'가 시

---

116) 국가가격제정국 지시(2004.4.1.). 2004년 4월 1일 국가가격제정국이 하달한 '기준 시장한도가격'에 의하면, 흰쌀(1kg) 250원, 닭알(1개) 30원, 돼지고기(1kg) 700원, 국내산 세수비누(1개) 70원 등이다.

장 입구에 제대로 붙어 있는 경우가 드물고, 한도 가격의 주기적인 제
정도 유명무실해졌다.

표 3-3 '시장관리운영규정세칙'의 한도가격 규정(2004.8.12)

제13조. 시장에서는 가격제정기관이 정해주는 중요지표들에 대하여 제정된 한도가
격 범위에서만 팔아야 한다.

1. 시장 한도가격은 시, 군(구역) 인민위원회 상업부서와 시장관리소가 안을 제기하
는데 따라 가격부서에서 검토하고 비상설가격제정위원회의 승인을 받아 시세
에 맞게 정하여야 한다.

2. 시장 한도가격은 국가가격제정국에서 정해주는 시장한도가격에 준하여 10%까
지 범위에서 시, 군들의 실정에 맞게 높이거나 낮추어 제정하며 시장가격 변동
에 따라 신축성있게 조절하여 시장가격을 안정시켜야한다.

3. 한도가격은 시장입구를 비롯한 편리한 장소에 정상적으로 공시하여야 한다.

4. 시장에서 물건을 파는 사람들은 시, 군 인민위원회 상업부서와 가격부서가 합
의하여 정해주는 중요 지표들에 한하여 가격표를 써 붙이고 팔아야 한다.

제43조 2. 시장관리소는 시장판매원들이 한도가격을 어기고 물건을 비싸게 팔며 상
품가격을 지나치게 올렸을 때에는 사용료를 2배 이상 받거나 엄중할 때
는 물건을 회수하며 위반행위가 반복될 때는 시장 판매 권한을 박탈한다.

다음으로 물가안정을 위해, 국영백화점·시군 도매소 및 상업관리소
에 시장보다 낮은 가격으로 상품공급을 늘려 국영상업망을 활성화하는
방법을 강구했다. 상업성은 국영 도·소매소에 신발·치약·비누 등 13가
지 기초 소비품을 '필수상품 공급' 대상으로 정해 집중 확보할 것, 놀
고 있거나 상품이 없는 전문상점(수산물상점, 남새상점, 가정용품 상점
등)은 허가받아 무역회사 또는 유관 기관·기업소에 이관할 것, 신의주
중앙출하도매소는 중국 보따리상의 상품을 적극 구매해 도·소매점에

---

117) 상업성·국가가격제정국 등 공동지시, '시장관리운영규정세칙'(2004.8.12), 제43
조 2항.

공급할 것을 지시했다.118) 이어 국영 수매상점119)과 도매시장120)을 활성화할 것, 종합시장 내 시장관리소가 직영하는 수매 매대(일종의 도매반)를 설치하여 싼 값에 상품을 공급할 것, 무역회사들이 개인 장사꾼들에게 상품을 팔지 않도록 할 것121)을 연이어 지시했다. 그러나 공급

표 3-4 국가가격제정국이 제정한 시장 한도가격(2004.4.1)

지표	한도가격	지표	한도가격	지표	한도가격
흰쌀(kg)	250원	닭고기	650원	운동화(컬레)	450원
강냉이	120원	닭알(개)	30원	수입운동화	500원
콩	250원	명태(kg)	900원	치약 55g	25원
밀가루	260원	사탕가루	280원	학습장	15원
감자	50원	콩기름(봉지)	950원	연필	5원
고구마	70원	빨래비누(개)	50원	수입스프링	300원
돼지고기	600원	세수비누	120원	세수수건	200원

* 국가가격제정국 지시(2004.4.1.)

118) 상업성 지시, "위대한 령도자 김정일동지께서 시장상품가격을 안정시키기 위한 대책을 세울데 대하여 주신 방침(2004.1.7)을 관철할데 대한 내각지시(2004.2.2)를 정확히 집행할데 대하여"(2004.2.12).
119) 상업성 지시, "수매상점관리운영규정을 내려보냄에 대하여"(2004.3.16). 이 지시에 의하면, 시장 인근 건물에 공업용품수매상점, 식료품수매상점, 수산물수매상점 등을 개설하여 주민들이 생산한 각종 상품을 수매하여 되거래하거나 위탁판매하도록 하였다. 동시에 주민 생산품을 수매 받으면서 신분을 확인하지 말 것과 인민보안기관에서 몰수한 물건도 판매할 수 있도록 하였다.
120) '시장관리운영규정세칙'(2004.4.19)은 "도매시장은 국영기업소, 협동단체에서 생산하여 시장에 내보내는 상품, 무역회사들의 수입상품, 개인들이 만들었거나 여유로 가지고 있던 상품, 외국사사(私事) 려행자들이 들여온 상품을 직접 현금 또는 무현금표를 주고 넘겨받아 소매 상업망에 팔아주어야 한다"고 했다(21조). 그러나 국영 도매 시장 활성화 여부는 확인되지 않는다.
121) 국가가격제정국 지시, "위대한 령도자 김정일동지께서 2005년 4월 20일 무역회사들이 수입상품을 모두 국영상점에 넣고 국가가격기관에서 정한 가격으로 팔아줄데 대하여 주신 지시를 철저히 관철할데 대하여"(2005.7.30).

이 여전히 부족해 인위적으로 시장가격의 흐름을 제어하는 데는 한계가 있었다.

한편 시장이 활성화되면서 주민들에게 시장이 주요 돈벌이 장소가 됨은 물론 각 기관·기업소들에게도 중요한 수입 원천으로 부상하자, 시장 참여 및 관리 문제를 둘러싸고 실무 기관들 사이에 많은 이해관계 다툼이 있었다. '시장관리운영규정세칙'은 2003년 5월부터 2004년 8월 사이에 4차례 개정된 사실이 확인된다. 처음 3번은 상업성이 단독으로 제정하였다가(2003.5.12 전면 개정, 2004.2.6과 2004. 4.19에는 부분 개정), 2004년 8월 12일에는 상업성, 국가계획위원회, 재정성, 로동성, 국가가격제정국, 중앙통계국, 중앙은행 등 7개 부처의 공동 지시 형태로 다시 개정되어 9월 1일부터 뒤늦게 시행되었다.

'공동세칙'(2004.8) 내용이 상업성 세칙(2004.4)과 다른 점을 보면, '시장관리소의 재정처리'를 별도의 장으로 편성하여 시장사용료와 국가납부금 규정절차를 강화하고, 분시장 개설 및 야간 매대 설치 조항을 추가하였으며, 노동 적령기 남자·직장이탈자·학생들의 판매활동을 금지하였다. 영예군인·공상자들과 협동 농장원들에 대해서는 쉬는 날 (10일에 한 번)에 국한하여 매대를 우선 보장해 주고, 화공품·비료를 판매통제품에 추가하였으며, 상업성 외에 다른 기관들이 '제멋대로 거래 제한 품목을 정하지 말 것'을 규정하였다.

한편 국가가격제정국은 상업성과는 별도로 '시장 한도가격 위반 현상에 대한 통제' 지시를 수시로(2003.5.7, 2004.1.26, 2004.4.1) 내려보냈다. 이런 점들은, 시장사용료와 국가납부금 징수 문제, 시장 판매대 우선 보장 문제, 시장 판매상품 통제 및 가격 조절 문제 등으로 기관들 사이에 상당한 이해관계 다툼이 있었고, 시장관리 문제를 놓고 기관들 간에 원활한 협조가 이루어지지 않고 있음을 말해준다.

다. 시장의 범람과 불법 거래 확산

북한 당국의 시장에 대한 문제 인식은 가격통제 문제 → 무질서한 시장 난립 문제 → 시장 내 비사회주의 현상 문제로 바뀌어 갔다. 이를테면 경제문제에서, 사회문제로 다시 정치문제로 발전했다. 첫 번째는 내각의 문제 인식이고, 후자 2개의 문제는 당이 제기하여 후에 시장통제 논리로 활용한 문제점이었다.

2007년경 북한 내 종합시장은 300여 개 정도 개설된 것으로 추정된다. 시·군·구역 단위로 "한 개 또는 그 이상, 필요에 따라 분(分) 시장"을 설치하고,122) 종합시장이 설차되지 않은 지역에는 종래의 장마당을 이용할 수 있게 하였다. 북한 당국은 시장의 물리적 공간을 제한해 "웃썰미를 씌우고, 바닥을 포장하여, 그 공간 내에 설치한 매대들"에서만 판매를 원칙으로 했다.

다만 예외적으로 "집짐승과 가구류, 부피가 큰 상품"과 "냄새가 나는 식료품들을 파는 매대"는 시장 밖에 따로 꾸릴 수 있게 하였다. 그리고 "시장관리소가 운영하는 식당과 야외 봉사 매대"에 한하여 시장 주변에 설치할 수 있고, 개별 주민들은 시장 안과 주변에서 국수, 국밥, 불고기 등의 요리를 팔 수 없도록 규제했다.123) 일종의 금란전권(禁亂廛權)인 셈이다. 다음 [표 3-5]는 2007년 무렵 북한의 대표적인 종합시장을 정리한 것이다.

---

122) '시장관리운영규정세칙'(2004.8.12) 제4조는 "시장은 시, 군(구역) 인민위원회의 승인 밑에 시, 군(구역)의 주민수와 지역적 특성을 고려하여 주민들이 리용하기 편리한 곳에 한 개 또는 그 이상 내오며 필요에 따라 분시장을 내올 수 있다"고 되어있다.
123) '시장관리운영규정세칙'(2004.8.12) 제6조, 제7조, 제18조.

표 3-5 북한의 대표적인 종합시장(2007년 기준)

시장명칭	위치 및 개설시기	특징 및 규모
통일거리 시장	평양 낙랑구역 2003년 8월	− 본보기 시장으로 개설, 북한의 대표적 시장 − 규모 : 길이 1000여m, 너비 60여m, 건평 2,100여 평, 매대동수 3개(매대 1,400여 개), 주차장 150~200대, 1일 방문 인원 1~2만 명
중앙시장	평양 중구역 2004년	− 평양 제2의 종합시장 − 건물 면적 1,000여 평(돔형 단일건물)
덕산시장 (평성시장)	평남 평성시 덕산동 2005년	− 나선·신의주·원산 등지의 물류가 집결하는 북한 최대의 도·소매시장 − 건물면적 7,000~8,000평, 매대동수 50~60개, 유동 인구 1일 5~10만 명.
강서시장	평남 강서군 강서읍 2004년	− 강서군은 북한내 개인 수공업이 발달한 지역 − 규모: 건물면적 2,000여 평
청남시장 (수남시장)	함북 청진 수남구역 2004년	− 물자·자금 유통이 원활하여 상인들이 선호 − 규모 : 부지면적 4,000여 평 − 2007.12 관리소장과 도간부들 결탁, 장세 횡령 − 2008.3 시장통제에 대해 1만여 명 주민 항의설
사리원시장	황북 사리원 구천동 2004년	− 2003.3부터 급격히 확대, 곡물·식료품·의류 대량 유통. 시장 건물 면적 : 1,500여 평
산성시장 (해주시장)	황남 해주 산성동 2004년	− 2008.10 공산품·수입상품 등 판매금지 포고문 부착 − 건물규모 2,000여 평
채하시장 (신의주시장)	평북 신의주 채하동 2006년	− 주로 수입상품이 도매로 거래 − 건물규모 1,000여 평
회령시장 (국제시장)	함북 회령 두만강변 2005년	− 재정확보 및 수입상품 거래 제한 목적으로 설립함. 중국 상인들에게도 매대 운영 허용. 규모 : 길이 90m, 넓이 45m, 매대 동수 6개 (매대 총 300여 개)

● 메뚜기 시장 등 시장의 범람과 종합시장 내 불법 거래 확산

그러나 규제와는 달리, 매대를 확보하지 못한 일반 주민들이 장사에 참여하는 형태는 다양했다. 북한 당국의 지적에 의하면,[124] 앞에서 거론한 '메뚜기장' 외에, 물건을 날라 시장에 넘겨주는 '뜀뛰기군' 또는 '달리기군', 이들을 아파트 뒷골목의 '벌이뻐스'에 연결해 주는 '몰이군', 무역회사와 짜고 수입상품을 통째로 들여와 파는 '차판 장사군'이 있었다. 이들을 매대와 연결해주거나 흥정판을 벌리는 '거간군'과 '흥정군', 시장앞 살림집에서 통제품을 파는 '살림집 밀매군'이 있으며, 시장앞 아파트 단지 내에 기성양복을 전문으로 만들어 파는 지역인 '옷촌,' 가방을 만들어 파는 '가방촌,' 그리고 '술촌'과 '담배촌'이 형성되었다. 시장 주변 살림집들에서는 장사꾼들 상품을 보관해주고, 식당을 차려놓거나 음식을 만들어 시장에 내다 팔았으며, 심지어 기관·기업소에서도 각종 주문제작소를 만들어 놓고 공개적으로 돈벌이했다.

북한은 시장허용 초기에는 여성만이 매대를 운영할 수 있었다. "로력 적령자로서 일할 수 있는 나이의 남자들과 직장 이탈자, 학생들, 환자들은 시장에서 물건을 파는 일을 할 수가 없다"고 정해 놓았다.[125] 시장이 번성하면서 "일할 녀성들의 대부분이 시장에 나와서 장사를 하는" 현상이 발생하자, 2006년 말 또는 2007년 초에 노동 적령기 여성들은 시장에서 장사할 수 없도록 시장관리규정을 개정했다.[126] 그러나 여전히 "당의 배려로 대학을 졸업하고 교원, 의사 등을 하다가 살림이 어렵다고 하여 퇴직하고 장사를 하는" 현상이 지속되자 당국은 "당의 혜택을 받아 고등교육까지 받은 녀성들이 자기 초소를 버리고 장사행

---

124) 군중강연자료, "시장에 대한 올바른 인식을 가지고 인민의 리익을 침해하는 비사회주의적인 행위를 하지 말자"(2007.10).
125) '시장관리운영규정세칙'(2004.8.12) 제15조 4항.
126) "얼마전 국가에서는 로동할 나이에 있는 녀성들은 시장에 나와 장사할 수 없다는 규정을 내려보내였다." 앞의 군중강연자료(2007.10).

위를 하는 것은 초보적인 량심과 의리가 없는 행위"라고 비판했다.127)

　2007년경 북한 당국은 시장 내에서 한도가격이 지켜지지 않는 현상
보다 시장 안팎에서 벌어지는 '불법거래' 현상을 문제 삼기 시작했다.
당과 시장 감독기관은 자본주의식 흥정판, 돈주들이 대규모로 공장·기
업소 생산품을 구입해 시세차익을 노리는 현상, 무역회사가 수입 상품
을 통째로 받아 되거래 하는 현상, 가짜상품 거래나 외제상표를 위조
해 붙여 거래하는 현상이 증가하고 있음을 제기했다. 그리고 국가 규
정에 따라 '60여 종의 상품'128)은 거래할 수 없게 했음에도 "돈만 있으
면 아무것이나 다 살 수 있게" 되어있고, 장사꾼들은 "눈썹 하나 까닥
하지 않고 팔고" 있으며, 통제품은 오히려 비싸게 팔리고 있다고 비판
했다. 당국은 시장에서 "폭리를 얻기 위해 수단과 방법을 가리지 않고
있다. 국가의 법질서를 위반하는 행위를 서슴없이 하고 있다"면서 다
음과 같이 주민들을 대상으로 사상 교양을 전개했다.129)

　'시장의 무질서 현상'에 대한 주민 강연자료(2007.10) : "사회가 무질서하
고 규률이 없으면 어떤 도깨비가 나올지 모른다. 지금 ≪메뚜기장≫에서는 사
람들은 술에 만취되어 집에도 가지 못하고 잔디밭이나 버스정류소 주변에 엎
어져 죽었는지 살았는지 볼품없이 놀고 있다. 술을 먹으면 별의별 말을 다하
다가 나중에는 싸움질까지 하여 사회적 물의를 일으킨다. 적들은 바로 이런
것들을 노리고 우리를 헐뜯는 악선전에 리용한다. 주민들은 자본주의사회에
서처럼 등치고 간빼는 식으로 사람들을 속이지 말아야 한다. … 지금 장사군
들은 공업품 한 개에 5-6천원 더 불구어 파는 것도 성차지 않아 적어도 만단

---

127) 앞의 강연자료(2007.10).
128) 거래 통제품으로 "남조선 상표가 붙은 상품과 군품, 전략물자, 생산수단, 자재,
　　부속품, 공구, 지구, 각종 출판물, 의약품, 국제기구의 협조물자, 다른 나라에서
　　들여온 중고품 옷, 전열제품, 수입가구, 꽃류, 수입산 과일, 우리나라에서 생산하는
　　일부 경공업상품" 등을 열거하였다. 앞의 강연자료(2007.10).
129) 앞의 강연자료(2007.10).

위 이상으로 팔아야 시원해 한다. 이런 그릇된 사고방식은 버려야 한다. 나라에서는 돈을 써야 할데가 많다. 나라의 경제형편이 어려운 조건에서 애국자들이 많이 나와야 되지 않겠는가."

04 7.1조치와 선군로선 및 특구개발과의 관계

가. 김정일의 '선군경제건설로선' 표방

김정일은 2002년 9월 5일 "국방공업을 우선 발전시키면서 경공업과 농업을 동시에 발전시키라"는 지침을 제시했다. 이 지침은 점차 이론적으로 '선군시대 경제건설로선'으로 정립되었으며,[130] 1년 만인 2003년 김정일의 '8.28 담화'[131]로 이론화 작업이 완성·발표되었다. 김정일의 '8.28 담화'는, 다음 달 9월 김정일 정권 2기 출범을 앞두고 일종의 '시정연설' 성격으로 발표된 담화였다. 아래 인용문은 그 담화 중에서 '선군 노선'과 관련된 언급을 발췌한 것이다.

　　김정일의 '선군 노선' 강조(2003.8.28) : "우리 시대, 우리 혁명에서는 군

---

130) 2002년 9월이라는 발표 시점은 『조선신보』(2003.4.11) 등을 통해 확인되었다. 이 노선이 이론적으로 정립되어 가는 과정은 "국방공업에 선차적 힘을 넣을 것," 『로동신문』『청년동맹』『조선인민군』 신년 공동사설, 2003.1.1; "국방공업 우선, 경공업·농업 동시발전은 선군시대 사회주의경제건설의 중요한 요구," 『로동신문』, 2003.2.5; 리기성, "위대한 령도자 김정일동지께서 새롭게 정립하신 선군시대 사회주의경제건설로선," 『경제연구』, 2003년 2호 참고.
131) 김정일, "당이 제시한 선군시대의 경제건설로선을 철저히 관철하자"(당, 국가, 경제기관 책임일군들과 한 담화, 2003.8.28).

사가 첫째이고 국방공업이 선차이며, 국방공업을 강화발전시키는것은 우리에게 사활적인 문제로 나섭니다 … 사탕이 없이는 살수 있어도 총알이 없이는 살수 없는것이 오늘의 우리 현실입니다 … 우리는 어떤 대가를 치르더라도 나라의 군사력을 강화하며 국방공업을 발전시켜야 합니다 … 최근에 미제는 또다시 핵소동을 벌리면서 조선반도와 그 주변에 침략을 증강하고 우리나라의 정세를 전쟁접경으로 몰아가고 있습니다 … 이 조건에서 군사력을 강화하며 국방공업을 더욱 발전시키는 것은 혁명과 건설에서 제1차적인 전략적 과업으로 나섭니다 … 전당, 전국, 전민이 국방공업을 강력히 지원하여야 합니다 … 어느 부문에서나 군수생산에 필요한 것이라면 무엇이든지 아낌없이 대주는 원칙을 지켜야 하며 국가적으로 국방공업부문에 기계설비와 자재, 연료와 동력을 무조건 최우선적으로 보장해 주는 강한 규률을 세워야 합니다."

2004년 이후 북한의 경제 관련 공간(公刊)자료들은 '국방공업 우선 투자'의 필요성을 집중적으로 강조했다. 그 이전의 '실리, 타산, 과학·기술적 방법, 경제관리 개선' 등 개혁 담론들은 이제 '국방공업 우선' 주장에 압도되었다. 북한의 '경제연구'에 나타난 '국방공업 우선' 주장의 주요 논리를 보면 다음과 같다.132)

첫째, 민생 우선에서 군수 우선으로의 경제구조 전환을 주장했다.

---

132) 박명혁, "사회주의기본경제법칙과 선군시대경제건설에서의 구현," 『경제연구』, 2003년 3호; 길춘호, "선군시대 사회주의경제발전의 원동력," 『경제연구』, 2003년 4호; 박홍규, "선군시대 경제건설로선의 정당성," 『경제연구』, 2004년 1호; 김재서, "선군원칙을 구현한 사회주의경제관리," 『경제연구』, 2004년 1호; 심은심, "선군시대 재생산의 몇가지 리론문제," 『경제연구』, 2004년 2호; 김형석, "위대한 령도자 김정일동지께서 밝혀주신 선군시대 경제건설로선의 독창성," 『경제연구』, 2004년 4호; 한성기, "위대한 령도자 김정일동지께서 밝혀주신 우리 식 경제구조와 그 위대한 생활력," 『경제연구』, 2005년 1호; 조웅주, "선군시대 경제건설로선을 철저히 관철하는 것은 우리 식 사회주의를 고수하기 위한 확고한 담보," 『경제연구』, 2005년 1호; 김원국, "선군시대 경제건설로선을 철저히 관철하는것은 인민생활향상의 확고한 담보," 『경제연구』, 2005년 3호 등 참고.

선군경제건설노선이 제시됨으로써 북한의 경제구조는 "국방공업이 중요한 자리를 차지하고, 련관부문들이 국방공업에 우선 복무하는 특수한 구조"의 특징을 가지게 된다면서, 경제활동의 목적도 "인민생활을 높이는데 필요한 물질적 수요 보다, 조국보위를 위한 물질적 수요를 선차적으로 충족시켜야 하며 … 생산수단 생산을 소비재 생산보다 우선적으로 발전시켜야한다"고 주장했다.133)

둘째, 계획·예산·재정 관리에서도 '군수 우선'을 강조했다. "선군의 원칙은 계획지표선정에서 군수 생산지표와 민수 생산지표를 구분하고 군수 생산지표를 중시할 것을 요구한다. 국가예산지출에서 나라의 방위력을 강화하기 위한 예산지출에 선차적 의의를 부여하면서 … 재정·은행 부문에서는 자금공급과 은행대부를 제공하는데서 국방력 강화에 최우선권을 부여하는 원칙을 관철해야 한다"고 강조했다.134)

셋째, '축적'개념을 '국방력 강화'를 포함하는 새로운 개념으로 정립할 것을 주장했다. "지금까지 축적은 인민들의 장래행복을 위하여 국민소득을 리용하는 형태로, 소비는 당면한 수요충족을 위하여 국민소득을 리용하는 형태로 보아왔다"면서, 이제는 축적을 "나라의 방위력을 강화하고 인민들의 장래 행복을 위하여 국민소득을 리용하는 형태로 그 개념을 새롭게 정의"하고 군수품을 "축적의 현물형태"로 포함시키자고 했다. 그리고 "지난기간 우리 당은 국민소득가운데서 약 1/4을 축적 몫으로, 약 3/4을 소비 몫으로 돌렸으나 … 국방공업의 우선적 장성을 보장하기 위해 … 더 높은 축적률을 보장"할 것을 강조했다.135)

이처럼 북한의 경제학자들은 국방공업 발전을 '사활적 문제'라면서 국방공업 우선 투자의 필요성을 "미제의 핵 소동", "전쟁 접경의 조선

---

133) 박명혁, "사회주의기본경제법칙과 선군시대경제건설에서의 구현"(2003).
134) 김재서, "선군원칙을 구현한 사회주의경제관리"(2004).
135) 심은심, "선군시대 재생산의 몇가지 리론문제"(2004).

반도 정세", "제국주의자들과의 가장 치렬한 힘의 대결전을 벌이고 있
는 우리나라의 조건"과 연계하여 강조했다.

● 선군경제건설로선과 핵 개발 추진의 관계

7.1조치 추진으로 제한적이나마 '경제개혁'에 발동이 걸린 상황에서
느닷없이 대외정세를 이유로 국방공업 우선을 공식노선으로 선언한 배
경이 당시에는 명확하게 드러나지 않았다. 물론 그 이전에도 김정일이
국방공업, 군수산업의 우선 발전을 강조했다.136) 1990년대 경제 사정
이 최악이었던 때에도 민수공장은 멈추어도 군수공장에는 원자재를 최
우선으로 공급해 주는 원칙을 유지했다.137) 그러나 2003년 8월 '공식
노선'으로까지 선언한 데는 어떤 배경이 있었다. 5년여 기간이 지난 후
북한은 이런 결정을 내린 김정일의 심정을 다음과 같이 묘사했다.

'김정일이 핵 개발을 결심할 때의 심정' 선전자료(2008.3) : "어느 해인가
장군님께서는 국방력강화를 위해 중대한 결심을 내리셔야 했던 일이 있었
다 … 어려운 시련속에서도 장군님을 믿고 사회주의 본태를 지켜 굴함 없이
싸우는 인민들을 위해서라면 무엇이든 아낌없이 돌려주고 싶으신 것이 우
리 장군님의 심정이었다. 하지만 조국의 무궁한 번영과 인민의 영원한 행복

---

136) 김정일은 1994년에 "나라의 경제형편이 아무리 어려워도 군수생산을 소홀히 하지
말아야한다"고 했다. 김정일, "당사업을 잘하여 사회주의혁명진지를 더욱 튼튼히
다지자"(당중앙위 책임일군들과의 담화, 1994.1.1), 『김정일선집 13권』(평양: 조
선로동당출판사, 1998), pp. 295-396; "나라의 형편이 아무리 어렵다 해도 국방
력을 강화하는데서 추호의 양보도 있어서는 안된다는 것이 김정일의 의지," 『로동
신문』, 1998.9.9; 김정일은 2001년 정초에도 "군수공업 중심의 경제근간 유지"를
강조하였다.
137) 국내 한 연구에 의하면, 1990년대 10년의 경제위기를 거치면서 북한경제 전체의
규모는 45% 수준으로 감축된 반면, 궁정부문과 군사경제 등 우선부문의 경제규모
는 약 74%수준으로 밖에 하락하지 않았고, 이 중 군사경제는 36%가 감소한 64%
수준을 유지했다고 한다. 성채기, "군비증강 능력측면에서 본 북한 경제위기 10
년," 『국방정책연구』, 2003년 가을, p. 195.

을 위해서는 무엇보다 국방력부터 강화해야 하였고 여기에 선차적 힘을 넣어야 하였기에 위대한 장군님께서는 단호한 결심을 내리시어 문건에 수표를 하시였다 … 오늘에 와서야 우리 인민은 그때 장군님께서 왜 그리도 갈리신 음성으로 '인민들이 매우 어려운 형편에 있는 때에 이런 결심을 내리자니 정말 가슴이 아파 견딜 수 없다'고 하시였는지, '이제 우리가 승리의 통장훈을 부르게 될 때에는 인민들이 왜 허리띠를 조이지 않으면 안되였는지를 리해하게 될것이다'라고 하신 말씀의 뜻을 똑똑히 알게되였다."[138]

2002년 북한 동향을 보면 '군사를 중시'하는 움직임이 두드러졌다. 노농적위대 열병식 등 '창군' 70돌(4.25) 행사, 원군(援軍) 분위기 재강조,[139] 당 중앙군사위원회의 '전민 군사복무제' 발표(5.8)가 있었다.[140] 북한은 2001년에 중국·러시아 등으로부터 군용트럭·전차 엔진을 대량으로 도입하기도 했다.[141] '선군경제건설' 방침을 표방한 2002년 9월 이전 북한의 대외정세도 김정일이 과거부터 가졌던 '피(被) 포위' 인식[142]을 상기시키는 사건들이 이어졌다. 부시 미국 행정부의 '북한 악의 축' 규정(1.29), 미국과 IAEA의 과거 핵 이력 규명 요구에 따른 대

---

138) 강습제강(간부, 당원 및 근로자), "경애하는 김정일동지는 독창적인 선군정치로 공화국의 존엄과 위력을 온 세상에 높이 떨쳐주신 위대한 령도자이시다"(2008.3).

139) 2002년에 평양시 고등중학교 졸업생들의 '입대탄원모임'(3.10)과 최초로 '전국 원군미풍 열성자대회'(11.5-6)가 있었고, 해외 주재원들은 원군 물품·생활비 기부 운동을 전개하였다.

140) 전민군사복무제란 "선군정치의 요구에 따라 이 땅에 사는 공민이라면 누구나 다 반드시 인민군대에 복무하는 것을 법적의무로 여기고 무조건 집행하도록 제도화한다"는 것으로, 2003년 1월 1일부터 시행되었다. "전민군사복무제 강연자료"(2002.6).

141) 2001년 9월 국방부가 국회에 제출한 국감자료에 의하면, 북한은 2001년에 중·러·카자흐스탄 등으로부터 MIG기 부품·장갑차 등을 전년보다 늘려 도입했다.

142) "우리는 여러 나라들에서 사회주의가 좌절된 것으로 하여 더욱 오만무례해진 세계 제국주의자들의 이중 삼중의 포위속에서 누구의 도움도 없이 사회주의를 건설하지 않으면 안되게 되었다." 김정일, "우리식 사회주의를 견결히 옹호보위하는 참다운 사회안전일군들을 키워내자"(1992.11.20), 『김정일선집 제13권』(평양: 조선로동당출판사, 1998), p. 241.

북 조기 핵사찰 압박, 한·미 전시증원연습(RSOI)과 독수리연습(FE)의 통합훈련 시작(3월 말), 제2차 연평해전 발발(6.29)이 있었다.

　결론부터 말하자면, 김정일의 2002년 9월 '국방공업 우선' 주장은 '핵 개발에 박차를 가하겠다'는 의지의 표현이었다. 김정일은 김일성 사망 이래 수시로 '군사를 틀어쥐고 정치하겠다'며 선군정치를 주장했다. 군대를 잘 통제하고 체제관리에 활용하겠다는 의미와 함께 '적대적인 외부 세계의 도전'에 적극적으로 대응하겠다는 의미이며, 핵 개발을 노골적으로, 공개적으로 추진하기로 결론을 내린 셈이다. 2002년 10월 켈리 미국 특사 방북(10.3~5) 때 강석주가 "핵무기는 물론 그보다 더한 것도 가지게 되어 있다"고 대응한 것도 이미 내부적으로 '핵 개발 박차' 노선 방침이 확정된 데 따른 것이었다.

　북한은 핵미사일 능력을 제고하기 시작하면서 나서 국방공업 우선의 궁극적 목적이 핵 개발에 있었음을 숨기지 않았다. 2006년 7월 4일 대포동-2호 발사와 10월 9일 최초의 핵실험을 전후하여 "핵무기 제조 등 강위력한 국방공업으로 발전하였다"고 주장했고,[143] "장군님의 선군 장정의 배경을 똑똑히 알게 되었다"고 했으며,[144] "이제야 우리가 승리의 통장훈[145]을 부르며 왜 허리띠를 조이지 않으면 안 되었는지를

143) "국방공업의 발전을 혁명과 건설에서 제1차적인 전략적 과업으로 내세우고 실현함으로써 오늘 우리의 국방공업은 핵무기를 포함한 현대적인 공격수단과 방어수단, 우리 식의 위력한 군사장비와 전투 기술·기재들을 마음 먹은대로 만들어 내는 강위력한 국방공업으로 발전하였다." 리기성, "사회주의경제강국건설목표와 전략적 원칙"(2005).
144) 북한은 김정일이 선군시대 경제건설노선을 제시하여 "허리띠를 졸라매는 시련속에서도 전당, 전국, 전민이 국방공업에 필요한 모든 것을 최우선적으로 보장하도록 하시였다"면서, "우리 인민은 인공지구위성 ≪광명성1호≫발사와 미싸일발사, 핵시험이 성과적으로 진행되여 강력한 전쟁억지력을 가지려는 우리 민족의 세기적 숙망이 실현되였을 때에야 비로소 어이하여 장군님께서 공장과 농촌 길보다 먼저 선군 장정의 길에 오르시였는지를 눈시울을 적시며 똑똑히 알게되였다"고 주장했다. 학습제강(당원 및 근로자), "사회주의에 대한 신념을 확고히 간직할데 대하여"(2008.2).

이해하게 되었다"고 했다.146) 실현 여부를 떠나서 1차 핵실험(2006. 10) 직후 북한 내부에서는 '강성대국의 여명이 밝아 온다'면서 '민생 투자 확대'가 거론되기도 했다.

나. 선군 노선과 7.1조치의 관계 : 분절 경제의 심화

선군경제건설노선은 2002년 9월에 제시되었다. 7.1 경제개혁이 시행된 지 2개월 뒤의 일이었다. 김정일은 적극적인 경제관리개선을 주장한 2001년 '10.3 담화'에서도 내각에 "경제건설에 선후차와 경중을 옳게 가릴 것"을 강조하면서 "군수공업을 선차로 내세울 것"을 요구했다. 따라서 김정일은 '국방공업 우선'과 민수부문의 '경제관리 개선'을 동시에 묶어서 구상했다고 볼 수 있다.

이 두 개의 정책 병행에는 다음과 같은 의도가 있다고 해석된다. 첫째, 경제의 이원적 관리이다. 군수는 계획에 의해 김정일 자신이 철저히 관리하고, 민수는 내각에 맡기되 부분적인 시장 요소 채택을 허용해 주는 것이다. 둘째, 국방공업의 최단기간 내 발전을 추구하는 것이다. 기존노선인 '중공업 우선' 범주에서 국방공업을 분리해 선차성(先次性)을 부여하는 것이다. 그 결과 국방공업발전, 경제토대축성, 인민생활향상이라는 북한의 경제발전 목표에서 인민생활을 위한 경공업·농업은 투자 우선순위에서 더욱 멀어지는 결과를 초래했다.

셋째, 민수부문 잉여를 적극적으로 군수부문으로 전환한다는 것이

---

145) 장기에서, 궁이 아무 데로도 빠질 수 없게 만드는 장훈(장군), 외통장훈. 누구도 인정하지 않을 수 없는 성과를 이룩하고 그것을 보란 듯이 큰 소리로 공포하는 것.
146) 강습제강(간부, 당원 및 근로자), "경애하는 김정일동지는 독창적인 선군정치로 공화국의 존엄과 위력을 온 세상에 높이 떨쳐주신 위대한 령도자이시다"(2008.3).

다. 김정일은 군수부문에 '아낌없이 대주는 원칙'을 내각에 강조했다. 반면 '국가경제'(민수)는 자력갱생하도록 한다는 복안으로, 국가경제 관리에는 당(김정일)의 권위를 훼손하지 않는 범위 내에서 어느 정도 자율권을 주면서, "재정을 축내지 마라, 다른 곳에 쓸데가 많다. 앞으로는 최대한 시장의 돈주머니를 털어서 국가재정에 보태라"라는 주문이 김정일의 복안이었을 것이다.

표 3-6 '선군경제건설로선'과 자원배분 우선순위 변화

경제노선	1958년, 중공업우선 발전노선	2002년, 국방공업우선 발전노선
투자 우선 순위	1. 선행부문(전력 · 석탄 · 금속 · 수송) 2. 여타 중공업 부문(기계 · 화학) 3. 경공업 · 농업	1. 국방공업 → 2. 선행 부문 → 3. 여타 중공업 부문 4. 첨단산업 → 5. 경공업 · 농업

북한 내각으로서는 선군경제건설노선은 경제개혁 추진에 걸림돌이다. 국방공업 우선으로 민수부문의 재투자가 제약받아 공급부족 문제 해결이 더욱 어려워지기 때문이다. 이에 따라 북한경제 간부들 뿐 아니라 일반 주민들 사이에 지나친 군수 우선 정책에 대한 불만이 제기될 소지가 있었다. 한때 이러한 불만의 여지를 완화해 보려는 시도가 있었다. 2006년 10월 핵실험 직후 북한 당국이 핵실험에 '성공'한 사실을 주민들에게 강연한 내용이나,[147] 방북 인사들의 증언을 보면[148] 북한 당국이 "민수에 투자 확대, 민생 향상에 집중" 또는 "재래식 무기

---

147) 간부 및 군중강연자료, "우리나라에서의 핵시험성공은 반만년민족사와 세계 정치사에 특기할 사변이다"(2006.10).

148) 이찬복 판문점대표부 대표는 방북(2006.10.31-11.4)한 프리차드 미 한미경제연구소(KEI) 소장에게 "그동안 핵개발에 많은 투자를 했으나 이제 핵무기가 있으니 재래식 병력을 감소시켜도 될 것이다"라고 언급했다; 조선신보는 북한 내에서 "핵실험 후 경제부흥에 매진할 수 있는 환경과 여건이 조성되었다는 기운이 높아가고 있"다고 보도했다. 『조선신보』, 2006.12.5.

감축, 군수공장의 민수전환"149) 등을 선전 차원이나마 거론한 점이 확인된다.

1차 핵실험 직후 군중 강연자료(2006.10) : 북한은 1차 핵실험 직후 대대적인 군중 강연을 통해 '핵시험이 가지는 의의'를 선전했다. "첫째, 김일성조선, 김일성민족의 무궁번영을 위한 강위력한 무기를 마련한 민족적사변이다. 둘째로, 핵시험은 강성대국의 려명을 불러오는 민족번영의 일대 사변이다. 셋째로, 핵 시험은 조선반도주변과 세계평화와 안전을 도모하고 세계자주화위업을 힘있게 고무추동한 인류사적사변이다"라고 선전하였다. 그리고 한때 북한 사람들 사이에 "가장 큰 화제거리가 되었던 강성대국의 려명은 어디서 오는가"는 '원유가 터진다'도 아니고 '지하자원 문제'도 아니라 '핵섬광에서 밝아온다'는 게 답이라면서, 그간 '생존위협'을 막기위해 '막대한 인적, 물적, 지적자원이 집중'되었으나, 이제 생존위협을 제거함으로써 "경제발전과 국민생활향상에 총력을 기울이겠다"고 주장했다.

그러나 핵실험 이후에도 여전히 군수산업 비중의 완화는 확인되지 않는다. 오히려 2007년 중반부터 방직공업·발전소·탄광·시멘트·제철·제강 등 군수산업과 연관된 주요 공장·기업소에 나이가 든 대좌급 군 간부들을 감독으로 파견하여 군수용으로 제대로 공급하는 지를 감시하기 시작하자 현장 지배인과 충돌을 빚기도 했다. 2009년부터는 이를 확대하여 국방위원회가 각도에 책임지도원을 파견하여 군사 부문 사업 전반을 지도 감독한다는 주장도 있다.150)

---

149) 북한이 군수공장을 민영화하는 경우는 매우 드물다. 새 군수공장을 건립하고 낡은 공장을 일반 기업소에 매각하거나, 외국과의 합영을 위해 군수공장을 명부상으로만 민수로 등록하는 경우가 있다. 그리고 화약공장에서 화학제품을, 무기공장에서 농기계를 생산하는 형태의 민수 지원은 가능하며, 김정은 시기에 식량난이 극심해지자 군수공장에서 트랙터를 생산해 황해도에 공급한 사례가 있다.

150) 탈북민 증언, 2009.4. 일선에서는 도에 파견된 군(軍) 지도원을 도당 간부급으로 대우했다.

다. 특구 개방과 공급부족 해결의 모색

　북한은 2002년 9월 신의주 특별행정구, 10월 금강산관광 특구, 11월 개성공업지구를 잇달아 특구로 지정했다. 1991년 12월 라진·선봉 자유무역지대 설정 이후 10년 만의 지역개방이었다. 금강산과 개성 개방은 관광 수입이나 노동자 임금 및 토지 임대료 수입 등 외화벌이 차원의 개방이나, 신의주 특별행정 구역 지정은 '국가 속의 국가'를 지정하여 홍콩을 모방한 '개방 실험' 시도였다.[151]

　북한이 2002년 9월 20일 발표한 '신의주 특별행정구기본법'에 따르면 신의주 특구 제도의 특징은 특별행정구에 입법·행정·사법 등 3권을 부여함으로써 독자적인 관리가 가능하게 하였고, 자본주의 시장경제원리에 바탕을 둔 경제개방구 개발방식을 적용했다. 또한 북한은 신의주 특구에 50년간의 토지 이용권, 개인의 재산권과 상속권을 보장하고, 특구 내에서는 자체적인 화폐 정책을 추진하는 등의 투자 촉진을 통해 신의주를 국제적인 금융, 무역, 상공업, 관광지구로 개발하려 했다.

　　신의주특별행정구기본법(2002.9) : 6장 101조로 구성된 '신의주 특별행정구기본법'에 따르면, 신의주 행정구는 중앙정부 직할의 특수 행정단위로서, 주권(외교·국방권)은 없으나, 입법·사법·행정 등 자치권을 보유한 홍콩식 일국양제(一國兩制)와 유사하다. 국적, 정견, 신앙에 따른 차별을 금지하

---

151) 2002년 9월 12일 최고인민회의 상임위원회는 신의주를 특별행정구로 지정하는 정령을 발표하였다. "공화국 신의주특별행정구를 내온다. 신의주 특별행정구는 평안북도 신의주시(49개의 동들 중에서 43개 동)와 의주군(3개리), 염주군(2개리), 철산군(2개리) 등을 관할한다. 신의주특별행정구는 조선민주주의인민공화국 특수 행정단위로서 중앙에 직할시킨다"고 했다. 『조선중앙통신』, 2002.9.19; 신의주 특구의 면적은 총 132㎢로서(홍콩의 1/8, 중국 심천특구의 1/3, 나선지대의 1/5 규모) 신의주시 일대와 남서쪽의 염주 철산군 해안 일부를 편입시켜 2개 지구로 분리하여 지정하였다. 염주군 해안을 포함시킨 것은 그곳의 다사항을 특구 전용 항구로 개발하려는 목적으로 보였다.

는 등 기본권을 보장하고, 행정구의 법률제도를 50년간 변동 없이 유지토록 하며, 50년간 토지 임대 등 외국 투자자들에게 안정감과 신뢰감을 부여하였다. 특구에 독자적인 여권발급 권한을 부여하고, 통관절차를 간소화함으로써 외화와 화물의 자유로운 반출입을 허용하였으며, 행정구 자체로 구기(區旗)와 구장을 사용하고, 통용화폐는 미화 달러화, 공용어는 한국어를 사용하되 영어·중국어도 공문서에 사용하도록 하였다. 행정구의 입법기관으로 입법회의(의원 15명)를 운영하고, 사법기관으로는 구 재판소와 지구 재판소가 있었다. 한편 북한 당국은 특구 운영에 대한 조정 통제를 위한 제도적 장치를 마련하여, 중앙정부가 필요에 따라 군부대를 파견하고 전쟁이나 무장 반란 발생시 선전포고를 하며, 특구 행정장관의 임기 및 해임사유를 규정하지 않음으로써 교체가 가능하고, 특구 입법회의가 채택한 결정에 대해 필요한 경우 최고인민회의가 수정할 수 있도록 규정했다.

북한이 신의주 개방을 추진한 배경에는 이미 시행되고 있는 7.1조치의 연장선상에서, 공급부족의 문제를 해결하려는데 목적이 있었던 것으로 보인다. 북한 내부적으로 자본조달이 어려운 상황에서, 밖으로부터의 외화 획득을 통하여 상품 생산을 증대시킴으로써 공급부족 상황을 개선한다는 계산이다. 과거 차관 도입이나 합영법 제정, 라진·선봉 경제특구 설정 등의 대외개방 조치를 통해 외화를 조달하려는 정책이 실패함에 따라 종래와는 질적으로 다른, 보다 과감한 조치를 시도했다. 북한은 신의주의 지정학적 위치를 활용하여, 신의주를 중국 단둥의 배후 생산기지 및 동북아 물류기지로 개발하고, 외부로부터 기술도입과 외화 획득을 도모하면서, 자본주의 시장경제를 이용하는 훈련장으로 활용한다는 포석이 있었던 것으로 알려졌다.[152]

그러나 신의주 특구 개발은 중국의 비협조로 좌절되었다. 중국은 신의주에 특구가 조성되면 단둥과 경쟁 관계에 놓이고, 관광지구로 개발

---

152) 김영윤, 『북한 경제개혁의 실태와 전망에 관한 연구』, p. 113.

되면 중국 자본의 북한 유입과 중국인들의 신의주 내 오락·도박장 활용 등 부정적인 측면을 우려했다. 중국 정부는 북한이 초대 행정장관으로 임명한 네덜란드 국적의 중국계 사업가 양빈(楊斌)을 2002년 10월 탈세 혐의로 재산몰수와 함께 구속하였으며, 북한은 2004년 8월 신의주 특구 추진을 중단했다.

신의주, 금강산, 개성공단이 2002년 하반기에 특구로 지정되는 일종의 '대외 개방' 결정 과정을 보면, '특별한 계기'로 인한 개별 사업들이 경제난을 타개하기 위한 정책변화 의지와 연결되면서 개방정책으로 확장되고 있음을 보여주었다. 금강산 관광 사업과 개성공단 사업은 1998년부터 정주영 전 현대 회장의 적극적인 제안, 요시다 신일본산업 회장의 중재, 김용순 아태평화위원회 위원장의 건의, 김정일의 수용 과정으로 진행되었다. 신의주 특구 지정과정에서 제안은 양빈 어우야(歐亞) 그룹 총재가, 중재 및 건의는 김용술 무역성 국장과 장성택 당 조직지도부 1부부장이, 최종 결정은 김정일이 한 것으로 알려졌다.153)

김정일이 2002년 9월 북·일 정상회담에서 일본인 납치 문제와 관련한 '고백 외교'154)를 하면서 적극적인 대일 관계 정상화를 통해 청구권

---

153) 양빈이 신의주 특구 행정장관에 임명된 과정은 다음과 같다. 김일성 사망이후 북한 내 생화(生花) 수요가 급증함에 따라 1997년경 당시 무역성 경제협조국장 김용술은 양빈과 원예사업의 대북 투자 문제를 논의했다. 협의 과정에서 대규모 투자 유치 가능성이 보이자 김용술은 이를 장성택에게 보고하여 북한 원예총회사가 설립되었다. 장성택은 이후 방북한 양빈을 접촉하는 과정에서 '신의주 개발' 문제를 우연히 거론하였으며, 양빈이 이에 적극적인 태도를 보이자, 장성택이 이를 김정일에게 보고하여 2000년경 '신의주 특구 신설 연구를 위한 그루빠'가 구성되었다. 신의주 개발 문제는 한동안 잠잠하다가, 김정일이 2001년 1월 상해 경제특구 현장을 방문하고 나서 7.1조치 추진 문제와 함께 급진전 되었다. 김용순은 2002년 5월 "신의주를 홍콩과 같은 국제도시로 개발하는 문제를 추진하고 있다"고 언급했다.

154) 김정일은 2002년 9월 17일 고이즈미 일본 총리와의 평양 정상회담에서 행불·납치자 문제와 관련해 "일부 망동주의·영웅주의자가 일으킨 일로서 솔직히 사과하며, 이런 사실을 알고 난 뒤 책임자를 처벌했으며, 앞으로 절대로 재발하지 않도록 하겠다"고 언급했다.

자금의 확보를 추진했다. 대일 외교도 의주 특구 개발도 공급 문제 해결의 장기적인 포석이었다. 그러나 둘 다 사업의 진전을 지나치게 낙관하는 전략적 실수로 실패했다.

| 제3절 | 개혁 확대: 박봉주의 시장경제 요소 도입(2004)

2000년대 김정일 말기 10년(2000~2010) 동안 진행된 경제개혁 과정에는 북한의 여러 계층의 생존 투쟁 논리들이 농축되어 있다. 지도자의 경제개혁 성과 독려와 자신들의 개혁역량의 한계 사이에서 고민하는 내각 경제 간부들, 내각의 경제 논리 전개에 '당의 영도'와 '선군 노선'을 들어 맞대응하는 당·군 엘리트들의 기득권 수호 투쟁, 근본적인 경제개혁을 주문해 놓고도 독재 권력의 훼손을 우려해 개혁 확대를 주저하는 김정일의 우유부단함, 시장관리 정책의 우여곡절 속에서 생존의 기회를 포착하려는 민초(民草)들의 몸부림이 담겨있다.

무엇보다도 김정일 시기 경제개혁 실험에는 자신들의 정치적 입지의 한계를 자각하고 그 제약조건에서 경제개혁을 추진하려는 내각 간부들의 경제개혁에 대한 고민과 우여곡절이 담겨있으며, 그 중심에 박봉주 총리가 있다. 결론부터 밝히자면, 내각은 김정일의 '철저한 개혁' 주문에 자신들의 능력과 한계를 돌파하는 시장경제 요소 도입 확대를 추진하나 결국은 당의 일격으로 주저앉고 만다.

박봉주는 김정일 집권 시기 3년여 기간(2003.9~2007.4) 동안 총리를 역임했으며, 김정은 때는 총리 6년(2013.4~2019.4)과 경제담당 당 부위원장(비서) 1년 9개월(2019.4~2021.1)을 역임했다. 합치면 거의 11년 6개월간 북한경제의 사령탑 역할을 했다. 시기별로 박봉주의 역할을 기술할 것이지만 먼저 한 가지 사실을 밝혀둔다면 김정일 때 박봉주의 경제개혁은 경제 논리에 충실했으나 김정은 때는 경제관리를 하면서 정치 논리에 대한 고려가 늘어, 관료정치를 익혔음이 드러났다.

이 단원에서는 김정일 집권 시기 박봉주가 총리에 취임한 이래 취한 경제개혁 확대 조치(1단계 개혁)와 시장경제 요소 도입 확대 모색(2단계 개혁추진) 동향을 살펴본다. 박봉주 내각은 2004년 연초에 가족영농제와 기업소 부업농(副業農) 제도 도입, 기업경영 자율화, 노동행정 체계 개혁이라는 추가 개혁 조치를 추진했다. 그런데도 경제 활성화가 부진해지자 2004년 6월 이후에는 경제관리구조 개선은 물론 상품유통관리·가격관리·금융구조·곡물가격 관리방식 개혁에 이르는 광범위한 시장경제 요소 도입을 시도했다. 김정일이 최종적으로 이를 수용하지는 않았으나, 이를 통해 북한 엘리트들의 '북한경제 현실에 대한 인식과 해법'을 파악할 수 있었다.

01 박봉주 총리 등용과 재량권 부여

2003년 9월 김정일은 2기 정권을 출범시키면서 내각 총리를 홍성남[155)에서 박봉주(1939년생)로 교체했다. 최고인민회의 제11기 제1차 회의에서 총리를 공식 선출하기 직전에, 김정일(8.28 담화)은 총리로 내정된 박봉주를 비롯한 당·정 간부들을 모아 놓고 박봉주에게 "높은 신임과 기대"를 표명하면서, 내각이 경제사령부로서 "나라의 경제를 통일적으로 틀어쥐고 지도 관리할 것"과 "경제관리사업에서 반드시 새로운 전환을 가져올 것"을 주문했다. 김정일은 특히 박봉주에게 "(경제 사업을) 땜때(우)기식으로 하지 마라", "대담하게 혁신하라"고 주문했다. 박봉주도 "경제관리 개선 조치 적극 이행"을 다짐했다.[156)

> 김정일의 박봉주 내각 출범에 대한 당부(2003.8) : "이번 최고인민회의에서 내각도 새로 조직되는 것만큼 내각과 위원회, 성, 중앙기관들의 경제관리지도사업에서 반드시 새로운 전환을 가져와야 합니다. 내각은 당의 로선과 정책에 기초하여 경제사업을 주동적으로 작전하고 경제조직사업을 면밀하게 짜고들며 경제지도관리체계를 정연하게 세우고 아랫단위들에 대한 장악과 지도통제를 강화하여야 합니다. 경제지도기관들과 일군들은 수시로 제기되는 문제들에만 매달려 땜때기식으로 일할 것이 아니라 경제사업을 깊은 연구와 구체적인 타산밑에 전망성있게 설계하고 힘 있게 전개하여야 합니다 … 내각은 사업을 대담하게 혁신하고 나라의 경제건설에서 혁명적

---

155) 전임 홍성남 총리(1929년생)는 "건강 이상" 혹은 "김정일로부터 7.1조치 부진으로 질책"설이 있다. 그는 함남도당 책임비서로 전출(2003.10)되었다가 2009년 3월 31일 사망하였다.
156) 박봉주는 2003년 9월 3일 제11기 최고인민회의 개막식에서 "내각은 사회주의 원칙과 실리보장의 원칙에서 사회주의 경제관리방법을 끊임없이 완성해 나감으로써 경제관리를 개선하기위한 국가적 조치를 적극 이행할 것입니다"라고 선서하였다. 『조선중앙통신』, 2003.9.3.

앙양을 일으키는 것으로 당의 높은 신임과 기대에 보답해야 합니다."157)

위와 같은 김정일의 언급으로 볼 때, 그가 총리를 교체한 배경은 실물 경제에 밝고 추진력 있는 인물을 총리로 발탁해 보다더 근본적인 경제개혁을 추진하고 경제를 확고하게 장악하게 함으로써 경제 활성화를 도모하겠다는 의도로 보였다. 특히 김정일은 '경제관리사업에 대한 새로운 전환'을 반복적으로 거론해 7.1조치 시행 1년이 지났으나 짜임새 없이 겉돌기만 하는 경제관리 개선 조치의 확실한 정착을 기대했다. 박봉주는 지방 공장·기업소 책임자로 있다가158) 1990년대 중앙으로 진출해 중앙당 경공업부와 경제정책검열부 부부장을 역임했고, 1998년 9월부터 내각 화학공업상을 맡고 있다가 총리로 등용되었다.

김정일은 박봉주를 총리로 등용할 무렵에 내각이 주도적으로 국가 경제를 관리할 수 있도록 몇 가지 측면 지원 조치를 취했다. ①각급 기관의 유급 당원 등 사무인력 감축, ②당과 군의 경제사업 축소, ③ 내각 간부들의 전문화·연소화 조치를 했고, 특히 ④총리에게 경제관리 문제에 대한 재량권과 함께 경제 간부인사권 및 경제사업 검열권을 부여했다.

첫째, 2003년의 사무인력 감축이다. 각급 기관의 조직·인력에 대한 주기적인 일정 비율 축소 조치는 북한이 상부 기관, 사무·관리직 인력 비대화 현상에 따라 이른바 '책상 놀음, 놀고먹는 노력' 감축 차원에서 주기적으로 취하는 전통적인 조치였다. 그러나 2003년의 20~30% 사무인력 축소 조치는 생산활동 노력(勞力) 증대 외에 두 가지 의도가 더

---

157) 김정일, "당이 제시한 선군시대의 경제건설로선을 철저히 관철하자"(당, 국가, 경제 기관 책임일군들과 한 담화, 2003.8.28).
158) 1980년대 말 북한 중앙TV에서는 "군당 책임비서"라는 영화가 주민들 사이에 인기가 있었다고 한다. 이 영화는 평남 남흥청년화학연합기업소 당책임비서 시절 박봉주의 활동을 소재로 한 것으로 알려졌다.

포함되었다. 먼저, '유급 당원의 대대적 감축'에 의미가 있었다.159)
2002년 7.1조치로 공장 당위원회에 집중되어 있던 기업 경영권을 지
배인에게 이양한 데 이어, 2003년 4월부터 각급 단위 및 지방당 조직
의 과도한 유급 당원들을 축소함으로써 당의 '행정 대행 현상' 방지를
도모했다. 지방당 인력감축은 그해 10월에도 진행 중이었다.160) 다른
하나는 생활비가 인상되고 생활비 지급체계가 변경됨에 따라, 사무인
력 축소로 국가재정 부담을 줄이는 효과도 고려되었다. 당·정 기관의
고정 배급제 인원과 재정으로 관리되는 예산제 기관 인원을 줄이는 대
신, 자체로 생활비를 해결하는 독립채산제 기관·기업소 인원을 늘린다
는 계산이었다.161)

둘째, 2004년의 당과 군의 경제사업 축소 조치다. 이 조치로 인민무
력부 산하 원유공업총국을 원유공업성으로 승격시켜 내각으로 이관하
였고(2004.1),162) 당 산하 가금총국과 육류가공공장을 내각 산하로 편
입시켰다(2004.2). 당·군 산하 무역회사 사업 중에 특수기관 외화벌이
사업을 제외한 무역 권한을 내각 무역성으로 일원화(2004.3)하였
고,163) 내각 산하에 '민경협'을 신설해 남북경협 실무사업을 전담

---

159) "북한은 중앙 및 지방당 일부 조직의 직급을 하향 조정하고, 유급당원들을 대대적
   (20-30%)으로 축소하여 산업현장으로 재배치하였다." 통일연구원, 『북한의 경제
   개혁 동향』(2005.3), p. 12; 이대근, "조선로동당의 조직체계"(2005년도 통일·북
   한분과위원회 기획 학술회의, 2005.5.27), 한국국제정치학회 엮음, 『북한의 당·국
   가기구·군대: 지속성과 변화』, p. 59
160) 김정일은 2003년 10월 "도당의 놀고먹는 인력을 없애라"고 지시했다.
161) 2004년 8월 북한은 박봉주의 건의에 따라 '노동행정체계 개편'을 추진하는데, 거기
   에는 예산제 기관·기업소 일부를 독립채산제 또는 반독립채산제로 넘기는 작업이
   포함되었다.
162) 원유공업성은 국제사회의 대북제재로 원유 반입이 어려워지자 2020년에 다시 국으
   로 축소되었다.
163) 당시 북한의 무역회사는 340여개였다. 내각이 절반을, 당과 군이 각각 50-60여
   개의 회사를 운영했으나, 당과 군 무역일꾼들의 전문성 부족이 문제가 되었고,
   특히 군 무역회사의 경우 외화벌이 생산기지와의 갈등이 빈발해 내각으로 이관되었
   다. 물론, 내각으로의 무역 일원화 대상에서 39호실 및 38호실 산하 또는 군 제2경

(2004.7)토록 했다.[164] 박봉주는 2004년 3월 당·군의 무역 업무를 무역성으로 일원화하면서 시·군과 공장·기업소에도 무역사업을 할 수 있는 권한을 부여하였다. 김정일의 측면 지원으로 박봉주는 부실 무역회사를 정비하면서[165] 해외 상사원들의 생활비도 인상해주었다. 투자유치를 위해 해외교포가 경제특구 이외 지역에서 기업·은행을 설립하거나 광산개발에 대한 직접투자를 할 수 있게 했다. 박봉주는 내수(內需)와 수출에 따른 수익률을 비교하여 무역 품목을 통제하였으며, 2006년 초에는 발전소에 공급하기 위해 무연탄 수출을 통제하다가 군과 갈등을 겪기도 하였다.[166]

셋째, 내각의 연소화는 2000년 이후 '간부 사업에서의 전문성 중시'와 같은 맥락에서 취해진 조치였다. 김정일은 총리를 상대적으로 젊은 박봉주로 교체한 데 이어, 7.1조치의 실무책임을 맡은 국가계획위원장 박남기(1934년생)를[167] 김광린(1949년생)으로 교체했다. 경제사령관(총리)과 경제작전국장(국가계획위원장)을 각각 10년, 15년 젊은 사람으로 교체한 것이다.[168] 김정일은 박봉주 내각 출범(2003.9) 당시 상

제위 산하 기관들의 외화벌이 사업 등 당 자금 마련이나 군수 조달을 위한 무역사업은 제외되었다.

164) 김정일은 2004년 8월 "아태위원회 등 당에서는 북남경협 정책은 제시하되, 경협실무 사업은 내각이 맡도록 하라"고 지시했다.

165) 박봉주는 2004년에 340여 개의 무역회사 중에 60여 개의 부실 회사 정비를 추진하였다.

166) 박봉주는 2006년 초 평남 순천화력발전소 지배인으로부터 순천석탄연합기업소에서 생산되는 무연탄이 공급되지 않아 발전소를 가동하지 못한다는 보고를 받는다. 점검 결과 그 무연탄은 군이 군복 수입을 위해 중국 수출용으로 돌려졌다는 사실을 확인한다. 박봉주는 6개월간 무연탄 수출 중지 명령을 내린다. 군이 반발하여 김정일에게 군복 수입에 따른 무연탄 수출 필요성을 보고하였으나 박봉주는 수출 통제를 철회하지 않는다.

167) 박남기는 2003년 9월 최고인민회의 예산위원장으로 자리를 옮겼다.

168) 김정일은 내각책임제·중심제를 강조하면서 내각을 경제사령부, 국가계획위원회를 작전국으로 호칭하곤 했다. "인민경제계획법을 철저히 관철하자," 『로동신문』, 1999.4.21.

(相)급 이상 37명 중 22명(60%)을 이공계 출신으로 임명했고, 이들의 연령도 40, 50대가 1998년 8월 이전 6명에서 이후 8명으로, 다시 2003년 9월에는 10명으로 증가하는 등 젊은 전문관료의 등용을 확대했다. 박봉주도 내각 사무국장(정문산, 70세)을 측근(김영호 부국장, 53세)으로 교체하는 등 부여된 인사권을 적극적으로 행사했다.

넷째, 김정일은 박봉주에게 내각 기구조정권과 간부인사권, 그리고 경제사업 검열권을 부여했다. 김정일은 '당 비서국 비준 대상'을 제외한 내각 위원회·성·중앙기관 성원들에 대한 인사권을 당에서 내각으로 이관해 주었으며, 비서국 비준 대상에 대해서도 총리의 의견을 적극적으로 반영하라는 지시를 당에 하달했다. 그리고 총리에게 경제정책 결정권을 대폭 위임하면서 유관기관에 '경제문제 보고서는 나에게 올리기 전에 총리의 사전 심의를 받도록 하라'고 지시했고, 당·군을 포함한 전반적인 경제사업을 점검할 수 있도록 했다.

김정일은 2004년 초 박봉주가 "개선책을 너무 많이 내놓아 개혁파로 몰릴 것 같다"고 염려하자 "내가 개혁파의 우두머리이니 나를 믿고 밀어 붙이라"고 했고, 박봉주가 다시 당과 권력기관이 국가경제 관리권을 침해하고 있다고 보고하자 "내각에 권한을 주었으면 써먹을 줄 알아야 한다"고 고무해주어 총리가 적극적으로 경제 관리권을 행사할 수 있도록 했다.[169] 김정일은 이따금 박봉주에게 독대 보고할 기회를 주고 북한의 경제 사정에 대한 그의 솔직한 설명을 경청했으며, 박봉주의 개혁 건의에 대해서 '대담하다'고 생각하면서도 대체로 수용한 것으로 알려졌다. 김정일은 2004년 총리에게 전용 열차를 제공하여 생산 현장을 직접 점검하도록 했으며, 자신의 현지지도에 총리를 수시로 대동했고,[170] 2005년에는 중국의 발전 경험을 다시 배우고 오도록 했

---

169) 김정일이 비슷한 시점에 박봉주에게 "주변의 눈치를 보지 말고 한번 마음대로 경제를 움직여 봐라"는 언급을 했다는 증언도 있다. 탈북민 증언, 2005.6.

다.171) 이처럼 김정일이 내각 총리에게 여러 재량권을 부여해주면서 자주 신임을 표시한 결과 박봉주는 적어도 2005년 상반기까지는 '실세 총리'였으며,172) '내각책임제·중심제'도 종전보다는 내실화되었다.

김정일의 신임에 부응해 박봉주도 경제사업을 적극적으로 관리하면서 경제개혁의 성과를 거두기 위해 최선을 다하는 모습을 보였다. 전용 열차를 타고 무산탄광·김책제철소 등 생산현장을 방문하고, 걸린 문제를 "지도자에게 보고하여 책임지고 해결해주겠다"고 하면서, 당·군에도 적극 협조를 구했다. 김정일처럼 '쪽잠에 줴기밥'도 마다하지 않았다. 총리는 일선 생산 책임자들은 물론 내각 상(相)들에 대해서도 실적이 낮고 소극적인 간부들에 대해서는 엄하게 질책했다. 일례로, 2004년 2월 수도건설위원장 신일남이 장성택과의 관계를 믿고 총리의 지휘에 소극적인 일종의 항명 파동이 발생하자 박봉주의 보고를 받은 김정일은 신일남을 해임하고 지방으로 추방했다.173) 이 사건을 계기로 내각 간부들은 박봉주의 대담성과 추진력에 찬사를 보냈고, 당·군 간부들도 한동안 실세 총리를 무시할 수 없게 되었다.

박봉주는 내각 간부들의 기관 할거주의를 극복하고 전문성 제고를 위한 노력도 병행했다. 그는 국가 차원에서 종합적으로 경제관리 실태

---

170) 박봉주는 2004년에는 6회, 2005년 37회, 2006년에는 6회 김정일의 현지지도를 수행하였다.

171) 김정일은 2004년 4월과 2006년 1월 중국을 방문할 때 박봉주를 대동하였다. 박봉주는 2004년 4월 방중시 김정일과는 별도로 베이징 내의 모범 농촌마을인 팡산구 한춘허를 방문했다. 『연합뉴스』, 2005.10.2. 한편 박봉주는 김정일의 "중국의 발전 경험을 배우고 오라"는 지시에 따라 2005년 3월에는 국가계획위원장·농업상·무역상과 함께 상해·심양을 방문하였다.

172) 박봉주는 한때 북한의 역대 총리들 중에서 가장 영향력 있는 '실세 총리'였다. 동시에 헌법개정(1998.9)으로 '총리 임기 5년 보장' 규정에도 불구하고 임기를 채우지 못한 총리(3년 7개월 재직)로 기록되었다. 박봉주가 '실질적'으로 총리 권한을 행사한 것은 2006년 5월까지 2년 9개월에 불과했다.

173) "북한의 권력투쟁 내막-김정일, 2인자 장성택을 가택연금," 『월간조선』, 2004년 7월호.

를 점검한 결과 경제 간부들의 본위주의와 낮은 실무능력에 문제가 많음을 확인했다. 재정성·로동성·국가가격제정국 등 각급 기관들이 경제관리 문제를 총체적인 연관 속에서 파악하지 않고 각기 자기 기관 본위주의적으로 처리하는 경향이 있음을 지적했다. 2004년 들어 경제부처와 도 단위에 '경제관리분석국(처)'이 신설되었고,[174] 경제관리 문제와 관련한 지시를 '공동 지시'로 하달하는 빈도도 늘어났다. 같은 해 9월에는 내각 전 부처 간부들을 대상으로 새로운 기업경영 방식에 대한 강연회도 개최했다. 특히 총리 직속으로 각급 기관에서 차출된 전문인력으로 구성된 '시장경제 요해 상무조'를 설치해 경제 현안을 종합 검토했다.

02 박봉주 내각의 1차 개혁: 농업, 기업관리, 노동행정

박봉주는 2004년 들어 김정일이 자신을 총리로 등용하면서 내린 "과감하게 혁신하라"거나 "땜때기 식으로 하지마라"는 지시에 충실했다. 박봉주 내각의 경제개혁안은 2004년 연초 및 연말에 2차례 제시되었다.

박봉주는 2004년 1월 1차 개혁안으로 거시경제 전반에 대해 '실리, 가격, 시장'을 기준으로 개선하는 '공장·기업소 관리운영방법 개선 대책안'을 김정일로부터 비준받았다.'[175] 그중 농업·기업에 대한 혁신적

---

174) 내각은 경제 간부들의 본위주의적 행태를 극복하기 위해 2004년 2월부터 성(省), 중앙기관, 도 인민위원회에 경제실무 능력이 큰 일군들로 경제관리 실태를 종합 분석하는 것을 기본 직능으로 하는 국(처) 조직을 내왔다.

175) 2004년 1월 '대책안'에는 계획화 방법 개선, 재정관리 개선, 로력관리 방법 개선,

인 시범 개혁, 기관·기업소의 부업농제 실시, 노무 관리권을 대폭 하부로 이관하는 노동행정체계 개혁 작업은 구체적으로 추진되는 움직임이 확인되었다. 박봉주는 2004년 연말쯤 김정일에게 2차 개혁안을 보고했다. 그는 2004년 연초 단편적인 개혁 조치들에도 불구하고 생산 정상화가 이루어지지 않자 추가개혁을 위해 2004년 6월 '내각 개혁 상무조'를 구성했다. 이들은 시장경제 요소 도입을 확대하는 과감한 개혁안을 연구하여 2004년 연말경 김정일에게 보고한다. 그러나 결론부터 밝히자면 김정일은 박봉주 내각의 급진 개혁안을 선뜻 수용하지 않는다.

1차 개혁안부터 구체적으로 살펴본다. 박봉주는 2004년 1월 경제관리방법 개선 대책을 전반적으로 보고하고, 개별 개혁안에 대해서는 별도로 비준받아 시행하는 방식을 취한다. 농업·기업 개혁, 부업농 실시안은 2004년 1월에 비준받고, 노무관리 개선안은 독립채산제 확대 방안과 함께 뒤늦게 2004년 8월에 비준받는다. 다만 이상과 같은 개혁 조치들은 2005년 들어 당의 간섭으로 다시 후퇴한다.

가. 포전담당제 시범 도입

박봉주는 2003년 11월 협동농장과 공장·기업소에 재량권을 대폭 위임하는 개혁안을 건의했다. 우선, 농업 부문에서는 포전담당제 실시와 전문농장의 독립채산제로의 전환을 건의했다. 김정일은 후자는 쉽게 승인했으나, 포전담당제는 '시범' 실시라는 조건부로 승인했다.

포전 담당제는 협동농장 경영에서 집단 영농 방식을 완화해 종래의 분조 단위에서 몇 개 가족(2~5 가구) 단위로 농사를 짓도록 하자는 사

자재관리 개선, 은행거래 개선 대책 등이 포함된 것으로 알려졌다.

실상 가족농의 도입을 의미한다. 포전 담당제는 농민들에게 '나의 포전'[176]이라는 인식을 강화해 책임 영농을 도모하자는데 목적을 두었다. 박봉주 내각은 7.1조치의 농업개혁에도 불구하고 농업생산량에 큰 변화가 없자 중국식으로 개인 영농에 더욱 접근시키는 방법으로 적극적인 영농의식 고취를 도모했다.

2002년 7.1조치 당시에도 농민들의 증산 의욕 고취를 위해 분배 및 생산 측면의 개혁을 통한 세심한 배려가 있었다. 수매가 인상(82전 → 40원/쌀 1kg), 국가수매량 축소(70- 80% → 50-60%)[177] 등 '분배 측면'의 개혁이 있었다. 이와 함께 1990년대 말에 시도했다가 보류한 협동농장의 분조관리제 중심 운영의 제도화,[178] 사경지 확대(종래 텃밭 30평 + 떼기밭 400평) 등 '생산 측면'의 개혁이 병행되었다. 그러나 농가 생산에 큰 변화가 없어 국가에서 요구하는 생산목표량에는 여전히 미달했다.[179]

박봉주는 포전담당제와 전문농장 독립채산제 실시라는 본질적인 개혁을 건의했다. 김정일은 잠업전문농장, 고치생산사업소, 과수전문농장들을 독립채산제로 전환시키겠다는 건의는 2003년 말 승인해 주어

---

176) 포전(圃田)은 "논·밭갈이, 씨뿌리기, 물 대기, 가을걷이와 같은 농사일을 편리하게 짓기 위해 여러 개로 나누어 놓은 논과 밭"을 의미한다.

177) 협동농장은 토지사용료와 수도·전기·비료·영농자재 등 생산비용 명목으로 수확량의 50~60%를 국가에 납부한다.

178) 북한 당국은 1996년 3월에 분조 인원을 절반으로 축소, 농경지와 노력·생산도구를 나누어 주고 연말에 결산 분배하는 분조관리제를 일부 도입했었다. 그러나 여전히 국가에서 요구하는 생산목표량이 높아 농민들이 초과생산을 통한 인센티브를 확보할 여력이 없었고, 결과적으로 증산 효과가 없어 보류했다. 그러다가 북한은 2002년 6월 농업법을 개정해 작업반(80-120명) 우대제를 폐지하고 분조관리제 중심의 협동농장 운영으로 전환했다. 당시 분조 인원을 종래 10~25명에서 5~13명으로 축소했다는 주장도 있으나, 특정 시점에 분조 인원을 일괄 축소했는지는 불분명하다.

179) 북한은 1990년대부터 국가 전체의 연간 곡물 생산목표량을 700~800만톤으로 과도하게 정했다가 2006년경부터는 연간 600만톤으로 조정했다.

2004년 초부터 시행에 들어갔다.180) 그러나 포전담당제 실시안에 대해선 '일부 지역에서 시범 실시해 보고 그 결과를 점검해 보라'는 지시를 내려, 과거 김일성처럼 농업개혁에 신중한 태도를 보인다.181)

이에 따라 내각은 2004년 3월부터 황해·함경도 일부 지역 30여 개의 협동농장을 시범 단위로 선정했다. 시범 협동농장의 분조를 가족 단위로 재편해 농지를 할당해 주고, 토지사용료·생산비용 등 명목의 국가 납부 몫을 제외한 수확량은 자율 처분을 허용해 주었다. 2004년 9월부터는 농민들의 증산 의욕 고취를 위해 협동농장에 상품 판매권도 부여했다. 농장원이 열흘에 한 번씩 쉬는 날에 시장에서 장사할 수 있도록, 시장관리소가 농장원들에게는 시장판매원 봉사표식 없이 물건을 팔 수 있도록 판매 자리를 우선 보장해주었다.182)

2004년 가을, 시범 단위의 알곡 생산량은 '전년 대비 150~200% 증산'이라는 성과를 거두었다. 자본주의식 경쟁 원리를 실험적으로 도입한 '농업 가족 청부제'가 북한에도 성공 가능성을 보인 것이다. 박봉주의 '농업 시범 개혁성과' 보고에 김정일은 '내년부터 전국적인 확대 실시를 검토하라'고 지시한다. 그러나 이듬해 '전면 실시' 정황이 확인되지 않았다. 당이 제동을 건 것이다. 당은 자신들이 별도로 조사한 결과 '시범 단위의 증산' 이면에는 해당 농촌경리지도기관에서 실적을 내기

---

180) 전문농장에 대한 '독립채산제 규정' 적용 건의는 김정일이 2003년 말에 쉽게 승인해 준다. 재정성 지시 제7호, "일부 농업부문 기업소들을 독립채산제로 관리 운영할데 대하여," 2004.1.14.

181) 김일성은 1958년 11월 중국·베트남 방문 과정에서 중국이 심경밀식(深耕密植)으로 엄청난 수확을 거두었다는 소식을 들었다. 귀국 후에 이종옥 국가계획위원장 등이 '우리도 중국식 경작을 하자'고 건의하자 "남의 경험을 기계적으로 도입하는 것은 위험한 일이오. 정 해보고 싶으면 중앙당에서부터 시험적으로 해보고 좋은 결과가 나오면 전국에 적용하도록 하는 게 좋을 것 같다"고 했다. 황장엽, 『나는 역사의 진리를 보았다』(서울: 한울, 1999), p. 125.

182) 상업성·국가계획위원회·재정성·노동성 등 공동지시문, "시장관리 운영세칙," 2004.8.12.

위해 영농자재 등 측면 지원이 있었다고 문제를 제기했다. 근본적인 이유는 따로 있었다. 당의 '영도 약화' 우려와 군부의 '체제 변질' 우려 때문에 제동이 걸렸다.[183]

나. 기업경영 자율화 시범 도입

북한 당국은 7.1조치에 따라 공장·기업소에 일부 경영자율권을 보강해 주었으나 당시 일선 생산 현장 관리자 입장에서는 다음과 같은 애로사항이 확인되었다. 계획부담은 여전한데 생산원자재 지원은 빈약하고, 번 수입에 따라 공장·기업소를 관리하라고 하나 수입이 늘어나면 국가납부금이 늘어 임금에 반영 여지가 없으며, 종업원 생활비 인상도 물가 인상을 쫓아가지 못해 근로의욕 고취에 도움이 안 된다는 것이다.

7.1조치 직후 '기업 애로사항'(2003년, 탈북민 증언·자료) : 계획 분담과 자재 교류 문제: "여전히 중앙에서 세부 지표까지 숫자로 찍어 주면서 설비와 원료 자재들은 맞물려 주지 않는다. 생산된 제품을 국정 가격으로 팔라고 하니 원가도 안 나와 한두 번 생산하고는 주저앉는다. 결국 계획수행율이 적어 생활비도 못 받는다."

번 수입에 의한 관리 문제: "말은 그럴듯하나 많이 벌면 국가 납부금이 많고 적게 벌면 적게 내게 되어있다. 기업소 수입의 많고 적음은 종업원들의 생활비 책정에 별로 영향이 없다. 납부금을 번만큼의 비율이 아니라 절

---

183) 대북 소식통은 "김정일 위원장은 내부 경제개혁 추진과정에서 내각이 제시한 방안을 승인했다가도 군부 측근들이 체제 고수 등을 내세워 반대의견을 올리면 다시 번복하는 경우가 적지 않다. 이로인해 경제 간부들이 정책 집행과정에서 혼란스러워한다"라고 했다. 『연합뉴스』, 2006.5.24.

대액으로 낮게 정해주어야 한다."

노동 보수 문제: "7월 1일 인상된 임금으로 당시에는 그런대로 먹고 살았다. 1년여 지난 지금은 상품이 부족해 시장 물가가 4~5배 오른 상태라서 규정대로 임금을 주면 종업원들의 생활이 안된다. 일선 공장·기업소에 근로자 수를 조절하고 임금을 결정하는 권한도 주어야 한다."[184]

박봉주 내각은 이런 문제점의 해결방안을 찾기 위해 일부 생산 단위를 대상으로 시범적으로 기업경영 자율화 조치를 도입했다. 2004년 1월 앞에서 언급한 농업개혁안과 동시에 '공장·기업소 관리운영 개선안'을 김정일에게 건의해 '1월 21일 방침'으로 비준받았다. '1월 21일 방침'에는 생산계획 수립·임금 결정·노무관리 등에 대한 일선 현장의 권한을 대폭 강화해 주는 조치를 담았다.[185] 다음 [표 3-7]에서처럼, 생산 물자를 구체적으로 지정하는 대신 금액상 지표만 하달하여 경영 융통성을 부여하고, 시장에서의 기업자금 조달을 허용했다. 임금 상한선을 폐지하고 기업이윤에 대한 자체 처분을 허용해 주었다.

공장·기업소 관리 개선안은 농업개혁과 마찬가지로 시범적으로 도입되어 15개의 단위를 시범 대상으로 선정했다.[186] 박봉주는 내각 내에 '기업관리 시범 지도소조'를 구성했고, 시범 공장·기업소 별로 후원기

184) 이상은 기업개혁안이 실시되기 이전(2003년 중·하반기)에 공장·기업소의 경영 애로 사항에 대해 여러 증언·자료 등을 통해 확인된 내용을 종합한 것이다.
185) 통일연구원, 『북한의 경제개혁 동향』(2005.3), pp. 24-28.
186) 재정성 승인 165호 "2004년도 상반년도 독립채산제 사업 방향을 보냄에 대하여"(2004.1.28) 중에 "현실발전의 요구에 맞게 기업관리를 개선하기 위해 다음의 단위들을 시범 단위로 꾸리고, 그 경험을 전국에 도입하여 일반화할 수 있도록 도와줄 것이다"는 내용과 함께 15개의 시범 단위와 지원기관 리스트가 확인되었다. 시범 단위는 북창화력발전연합기업소, 11월8일광산, 천리마제강연합기업소, 2.8비날론련합기업소, 평양방직공장, 순천지구탄광련합기업소, 순천세멘트련합기업소, 대안중기계련합기업소, 강계포도술공장, 제남탄광, 3월26일공장, 평양일용품공장, 삭주군 지방공업부 공장들, 평양신발공장, 라선시직매점이다. 지원기관은 북창화력은 전기석탄공업성이 맡는 등 해당 공장·기업소를 관리하는 중앙기관이 주로 지원역할을 맡았다.

관을 정해주면서, 매월 기업관리 실태를 보고토록 하는 등 정성을 들였다.187) 그러나 2005년에 시범 기업개혁안이 확대 시행된 정황이 확인되지 않았다. 그 이유는 유관기관들의 과도한 측면 지원으로 '자율관리'의 의미가 퇴색되었다는 점을 명분으로 당이 과도한 기업개혁에 제동을 건 것으로 판단된다. 앞에서 설명한 가족영농제의 확대 실시가 중단된 것과 같은 맥락이다.

표 3-7 2002년과 2004년의 기업경영 자율화 조치 비교

구 분	2002년	2004년
생산관리	중요지표 외에 세부계획 수립권을 지방·기업에 이관 계획초과 생산품 및 자체 조달 생산품의 시장 판매를 허용	전략·중요지표만 현물계획 하달하고, 그 외는 금액계획으로 하달해 융통성 부여188) 물자교류시장에서의 기업간 직접 자재거래를 허용(현금거래)
재무관리	국가납부금 외에 감가 상각금을 기업에 유보, 재투자 가능	기업수익 납부방식을 기존 정률방식에 정액방식을 병행. 기업 경영자금의 은행대출189) 또는 시장조달 허용. 국가 납부금 외 기업이윤 자체 처분을 허용
노무관리	임금을 국가가 정한 상·하한선 내에서 기업이 자율 결정	임금 상한선 폐지, 기업 수입 범위에서 자율 결정.190) 지배인에게 유휴노력 배치권 부여

---

187) 재정성 승인 제 1398호, "내각비준에 따라 기업관리운영을 시범적으로 실시하는 단위들의 기업관리 실태 월보를 낼데 대하여"(2004.5.27).
188) 김용술은 2004년 12월 "국가계획위원회는 전략적 물자와 기타 중요한 물자에 대한 생산지표만 주고 이 물자를 생산하지 않는 공장·기업소들에게는 금액상 지표만 준다"고 했다.
189) "빌려온 은행자금에 대해 원금과 이자를 함께 상환해야 하므로 경영능력이 부족하여 적자를 내는 지배인들은 아예 지배인 자리를 내놓고 있다"고 한다. 탈북민 증언, 2004.7.
190) "평양신발공장은 임금을 1만원으로 정했고, 선교편직공장도 4,000원에서 3-5배 인상할 계획," 『조국』, 2004년 6월호.

다. 기업소 부업농제(1.12 방침) 실시

박봉주는 2004년 연초 김정일로부터 '기관·기업소에 부침땅 분담을 통한 식량 자체 해결방안'을 비준받아(1.12) 시행한다. 이 건의는 김정일의 '1월 12일 방침'으로 명명되어, 내각결정(1.31) 및 국가계획위원회·로동성·농업성 등의 공동지시(2.6)로 각급 공장·기업소와 협동농장에 하달되었다.191) 농사를 지을 수 있는 땅을 기관·기업소에 분담해 주어 노동자와 사무원들의 식량을 자체로 해결하라는 것이며, 북한은 이를 시행하기 위해 각급 행정 및 생산 단위에 '1월 12일 지휘부'를 설치했다.

협동농장이 기관·기업소에 제공(계약)하는 땅으로는 주로 두벌 농사192) 경작지 중에서 낮은 수확지, 일손이 모자라 노는 농지이며, 기관·기업소는 자체로 노동력과 영농자재를 조달해 농사를 짓는다. '1월 12일 지휘부'는 농지였다가 유실된 토지, 야산의 개간지, 퇴화된 과수원, 임농 이중경작지를 부침 땅으로 기관·기업소에 분담해 주었으나 실효성이 적어 오래 지속되지는 않았다. 이후 3~4년 북한 당국이 '기관·기업소 자체 식량 조달'을 독려한 점에서 부업농 제도가 수년간은 시행된 것으로 보이나, 얼마나 성과가 있었는지는 확인되지 않는다.

부업농 경작자가 '농민도 아니고 노동자도 아니다'라는 반응과 더불어 농지를 제공하는 측이나, 받는 측 모두 호응도가 낮아 유명무실해

---

191) 로동성 등 공동지시, "내각지시 제9호 《위대한 령도자 김정일동지께서 부침땅을 효과적으로 리용하여 기관,기업소들의 모자라는 종업원식량을 자체로 해결할데 대하여 주신 방침을 철저히 관철할데 대하여》를 정확히 집행할데 대하여," 2004.2.6.

192) 북한의 두벌 농사(이모작)는 앞그루 작물로 밀, 보리, 감자, 땅콩 등을, 뒷그루 작물로는 벼, 강냉이, 감자, 콩, 고구마, 수수, 조 등을 재배한다. 이 조치로 기관·기업소가 주로 두벌 농사의 한 쪽을 맡게 되어, 일부에서는 '1월 12일 방침'을 '6개월 농사' 또는 '6월 농사'(뒷그루 파종 시점)로 부르기도 한다.

진 것으로 보인다. 2008년경부터는 기업소 대신에 군부대가 협동농장의 유휴지를 넘겨받았다는 소식도 있다.

라. 노동행정체계 개선과 독립채산제 확대

김정일은 2004년 4월 "'지금 로동행정규률이 문란해져 직장에 출근하지 않고 여기저기 떠돌아다니는 사람들이 많은데 공장, 기업소들과 사회기관에서는 그들이 어디에 가서 무엇을 하며 돌아다니는지 알아보려고도 하지 않고 있다"라고 질책했다.193) 김정일의 질책에 대한 대책으로 박봉주 총리는 2004년 8월 11일 '로동행정사업 개선 대책안'을 비준받는다. 골자는 ① 멎어있는 공장·기업소 가동 방안 혹은 노력 활용 방안, ② 사회적 노력 동원 금지 및 노동력 관리권 분산화 방안, ③ 생활비 규정에 대한 상급 기관의 간섭 축소 및 주급·일급 등 노동보수 지불 방법 개선 방안, ④ 기업소 자체 기능공 양성 방안 등이다. 아래는 '비준안'의 구체적인 내용이다.

'노동행정사업 개선 대책'(2004.8.11) : ① 공장·기업소의 놀고 있는 생산 잠재력을 동원하여 국가계획 외 수요가 있는 상품을 생산·판매할 수 있도록 한다. 모자라는 원료·자재는 시장에서 구입하고 생산품은 합의가격 또는 시장가격으로 판매한다. 전망이 없는 공장은 다른 업종으로 바꾼다. 멎어있는 공장·기업소들에는 당분간 저리자로 대부해 주거나, 국가납부를 조절해 준다.
② 앞으로 당의 사회적 로력 동원을 없앤다. 로력동원체계는 중요대상은

193) 내부자료, "위대한 령도자 김정일동지께서 로동행정규률을 강하게 세울데 대하여 주신 말씀(2004.4.11)을 철저히 관철할데 대하여"(2004.7).

로동성에서, 지방은 도시군에서 장악한다. 시도에 남는 로력으로 독립채산제 기업소를 조직할 권한을 준다. 기업소가 생산책임을 지는데 맞게 로력관리 권한도 부여한다. 예산제 기업소들에 대해서는 예산몫을 정확히 규정해주고 그에 맞게 예산을 지출한 다음 절약된 자금원천 범위 안에서 자체 실정에 맞게 번 것만큼 제한 없이 지불하도록 한다. 이와 관련 성·도·시·군급 기관과 시·군의 부문별 예산제 기관·기업소들 가운데 1-2개 단위를 시범단위로 정하고 방법론을 완성하여 일반화한다. 보건·교육·체육·문화·예술 부분의 필요한 단위들만 제외하고 수입이 이루어지는 단위들은 독립채산제, 반독립채산제로 넘기기 위한 대책을 세운다.

③ 현재 생활비 기준(2002.7 기준)은 경제타산 지표로 리용하고, (별도로) 기관·기업소들이 조성한 원천 안에서 일한 것만큼 보수가 차려지게 한다. 생활비 지불과 관련한 규정들을 웃기관의 간섭을 줄이는 방향에서 수정한다. 보수 지불은 지금같이 월·년으로만 하지 말고 필요에 따라 일·주·순또는 즉시 지불하는 방법도 실시한다. 재정 은행기관들은 이에 맞게 현금보장 사업체계를 세운다. 소질이 있으나 일감이 없는 사람들 위해 시군에서일감 주문·알선 사업을 한다. 사회보장은 국가보장에서 점차 사회보장으로넘기고 이를 위해 국가 보조로 사회보장기금을 설립한다.

④ 지금처럼 중학교 졸업생을 곧장 기능공학교(1-2년)에 추천하는 방법대신 기업소에서 종업원을 선발하여 기능공학교에 보내고 비용도 기업소가부담한다. 기관·기업소에 필요한 기술자·전문가를 국가부담으로 양성하는한편 기업소 자체부담으로 위탁양성도 한다. 이밖에 직업교육을 강화하는문제를 당 중앙위 과학교육부와 더 협의한다.[194]

위와 같은 내각의 노동 행정체계 개선안은 직장 배치·보수 결정·인력 양성면에서 노동관리권의 대폭적인 하부기관 이관을 특징으로 한다. 북한이 2002년 초에 '남는 노력'과 '건달풍'을 없애기 위해 규제강

---

194) 내부자료, "현실발전의 요구에 맞게 로동행정 사업을 개선하기 위한 대책"
(2004.8.11).

화 위주의 노동정책을 쓴 것과는 달리, 이번에는 발상을 전환하여 노무관리 권한 이관을 통한 자율화에 초점을 두었다. 개별 기업소에 노무 관리권·임금 결정권 부여, 주급·일급·시급제 도입, 시군에 노무 알선 사업 장려는 일선 현장에서의 노동력 수요에 탄력적으로 대응할 수 있도록 하겠다는 것이며, '노동시장'까지 염두에 두었다고 할 수 있다.

특히 주목되는 것은 독립채산제의 광범위한 추진이었다. 지방 경제 관리기관에 잉여 노동력을 활용하여 독립채산제 기업을 설립할 수 있는 권한을 부여하고, 예산제 기관도 점진적으로 독립 혹은 반독립채산제 기관으로 전환한다는 것이다.[195] 이는 기업관리 및 기업 설·폐의 자율화를 확대하여 기관·기업소에 경쟁 개념을 도입하면서 국가재정 부담을 줄이려는 의도였다. 박봉주 내각은 '8월 11일 방침'이 비준됨에 따라 2005년부터 시행한다는 구상으로 2004년 9월부터 연말까지 공장·기업소에 대한 실태조사와 노력 조정 작업을 진행했다.

그러나 김정일의 비준과 관련자들의 긍정 평가[196]에도 불구하고 노동행정체계 개선 조치는 이듬해 전면적으로 시행되지 않았다. 최고지도자의 결정이라고 다 시행되는 것이 아니라는 사실이 다시 확인되었

---

195) 북한은 '예산제 기관'을 "자체로 돈을 벌지 못하고 국가 예산에서 자금을 받아쓰기만 하는 기관, 국가행정기관을 비롯한 과학, 교육, 문화, 체육, 예술, 보건 등 사무기관들과 그 밖의 비생산기관들"이라고 설명하고, '독립채산제 기관'은 "국가의 중앙집중적 지도 밑에 경영상 상대적 독자성을 가지고 경영활동을 하면서 자체의 수입으로 지출을 보상하고 국가에 일정한 리익을 주는 원칙에서 계획적으로 관리 운영되는 전인민적 소유의 경영단위"로, '반독립채산제 기관'은 "경영활동에 필요한 자금을 독립채산제 원칙에 따라 충당하고 부족되는 몫은 국가 예산에서 받아쓰는 기관으로, 주로 비생산부문을 기본으로 하면서 일정한 수입을 얻을 수 있는 부문들에서 실시"한다고 설명한다. 사회과학원 사회주의경제관리연구소, 『재정금융사전』(평양: 사회과학출판사, 1995), p. 383, 526, 1419.
196) 박봉주 내각은 "최근 내각에서 비준받은 8월 11일 방침은 로동행정사업에서의 커다란 진전을 보여준 것으로써 많은 일군들과 근로자들 속에서 긍정적으로 평가된다"고 했다. "경제관리방식개혁 연구자료," 『2004.6 내각상무조 개혁안 자료집』(2005).

다. '사회적 로력 동원 중단'에 대해서는 당이 불만을 제기하였고, 독립채산 또는 반독립채산제로 전환하는 데 대해서는 해당 예산제 기관·기업소 측이 반발했으며, 주급·시급제 도입은 '자본주의식'이라는 비판도 받았다.197) 내각의 지속적인 개혁추진 노력에도 불구하고 당국의 통제력을 약화하는 조치들은 당의 간섭으로 보류되었다.

03 박봉주 내각의 7.1조치 비판과 급진 개혁 모색

가. 급진 개혁(2차 개혁) 추진 배경

앞에서 언급한 대로 김정일은 2004년 6월 1일 "계획경제를 시장가격에 접근시키라"라고 지시했다. 그런데 지시받는 처지에서는 시장 상품가격을 안정시키기 위한 지시이긴 한데, 국영 상품가격을 시장가격 수준으로 인상하라는 것인지, 시장가격처럼 탄력적으로 관리하라는 것인지 애매모호했다. 내각은 이를 후자 즉, 국정 가격의 탄력성을 높여 수요와 공급이라는 시장 신호를 적극적으로 반영하라는 지시로 받아들였다.198) 일종의 시장 지향적 개혁을 김정일이 허락해 준 것으로

---

197) 마이니치 신문(2007.5.13)에 의하면, 박봉주가 2007년 2월 내각 전원회의 확대회의에서 '노동의욕 고취를 위한 주급제·시급제 등의 도입'을 제안했는데, 중앙당 간부로부터 '미국과 같은 자본주의 제도이며 지출이 늘어 재정을 약화시킬 수 있다'는 혹독한 비판을 200여 명의 간부들 앞에서 공개적으로 받았다고 한다. 『연합뉴스』, 2007.5.14 재인용. 그러나 2007년 2월 내각 전원회의는 박봉주가 사실상 '실권'된 상태에서 퇴진 직전에 개최된 회의였으며, 당 간부들은 참석 대상도 아니다. 중앙당 간부들의 박봉주에 대한 공개적인 비판(일종의 사상투쟁 회의) 시점은 2006년 7월경인 것으로 추정된다.

보았다.

박봉주 내각은 김정일이 '6월 1일 지시'에 이어 '8월 11일 방침'으로 다소 급진적인 노무 개혁안도 비준해주자 크게 고무되었다. 내각은 2004년 초 농업·기업 개혁안에 대해서도 비록 '시범' 실시로 조건을 달았으나 김정일이 비교적 급진적인 개혁안에 대해서도 수용적인 자세를 취하고 있다고 판단했다. 그러나 이러한 내각의 판단에 대해 김정일은 이듬해 2005년 2월부터 '내각이 오해했다. 내각이 사상과 지식의 빈곤에 빠졌다'는 취지로 부정하게 된다. 이 부분과 관련해서는 뒤에서 구체적으로 기술한다.

박봉주는 김정일의 '6월 1일 지시' 이행을 위해 즉시 내각 실무 간부들과 경제학자들로 구성된 경제개혁 연구조직을 구성했다. 북한 내에서는 이 조직을 '6.2 그루빠'라고 불렀으나 여기서는 '2004년 6월 내각상무조'(약칭 내각상무조)라고 호칭하기로 한다. 내각상무조는 7.1조치 시행 2년의 문제점에 대한 재검토를 기초로 ① 기업관리, ② 상업유통, ③ 재정금융에 걸친 추가 개혁안을 완성했고('경제관리방식개혁 연구자료'), ④ 곡물 가격을 시장가격에 접근시키기 위한 농정 개혁안('농정개혁 연구자료')을 마련했다. 이들은 5개월의 검토과정을 거쳐 마련한 개혁안들을 2004년 10월경부터 몇 건으로 나누어 김정일에게 보고했다.[199] 박봉주 내각의 '개혁안'(2차 급진개혁안)'은 북한 내부 문건 등을 통해 대체적인 윤곽이 확인된다.[200]

---

198) 시장화 개혁의 뇌관에 해당하는 것이 가격 자유화이다. 중국에서도 1984~1986년까지 가격 자유화에 따른 통화팽창, 공급부족, 물가 폭등의 문제가 집중적으로 나타났다. 이런 현상이 발생했을 때 경제체제 전반의 개혁 조치를 심화하는 정치적 결단을 내릴 수 있는 능력 보유 여부가 경제개혁의 소프트랜딩을 좌우한다고 볼 수 있다. 吳敬璉 ,『當代中國經濟改革』(上海遠東出版社, 2004), pp. 73-75.

199) 김정일이 2005년 이후 현지지도를 하면서 내각상무조의 개혁안에 있는 경제실태의 문제점과 개혁 방향을 단편적으로 언급하고 있다는 점에서 그가 보고내용을 인지하고 있다는 점이 확인되었다.

200) 2004년 6월 이후 박봉주 내각의 추가 경제개혁 연구 방향은 내부 문건·탈북자

그러나 김정일은 박봉주 내각상무조가 마련한 '개혁안'을 곧바로 비준하지 않고 한동안 보류했다. 그러다가 김정일은 2005년 2월 "일부 일군들이 시장을 이용하자는 것을 시장경제로 전환하자는 것으로 오해하고 있다"고 발언했다.201) 당의 사주를 받은 것으로 추정되는 이 발언이 있고 난 뒤부터 김정일 시기의 경제개혁은 내리막길에 접어든다. 김정일은 2006년 6월 "내각이 머리에는 사회주의 모자를 쓰고 자본주의 척후병 노릇을 하고 있다"고 비판했다.202)

경제 간부들은 북한 정치 현실에서 시장경제 도입이 불가능하다는 사실을 익히 알고 있었다. 다만 지도자가 권한을 주며 '제대로 된 개혁'을 주문함에 따라 일부 '시장경제 요소'를 도입하자는 것이었다. 그러나 김정일은 한동안 머뭇거리다가 박봉주의 개혁안을 '시장경제'를 하자는 것으로 해석했다. 당의 관료정치가 주효했고 박봉주 내각은 민감한 개혁 의제의 덫에 걸려들었다.

나. 내각상무조의 7.1조치 비판

7.1 조치의 핵심은 계획의 하부단위 이관, 물가·임금 현실화, 화폐유통에 의한 경제관리 및 번 수입에 의한 기업경영으로 요약된다. 7.1조치에 대한 평가는 7.1조치 자체의 구현 정도와 경제 활성화 정도로 판단할 수 있다. 7.1조치에도 불구하고 경제 활성화가 부진하자 김정일이 박봉주를 새 경제사령탑으로 등용했다는 점은 앞에서 밝혔다. 7.1

증언 등을 통해 확인되는데 이를 종합한 것이 『2004.6 내각상무조 개혁안 자료집』(2005)이다. 이 자료집은 크게 ① "경제관리방식개혁 연구자료"와 ②"농정개혁 연구자료"로 분류된다.

201) 김정일, "당 중앙위원회 책임일군들에게 하신 말씀," 2005.2.26.
202) 김정일, "당 중앙위원회 책임일군들에게 하신 말씀," 2006.6.

조치에 대한 박봉주 내각상무조는 다음과 같이 평가했다.[203]

첫째, 하부 경제단위에 계획 권한 이관을 통한 상대적 독자성 부여와 이로 인한 창발성 제고 효과에 대해서 부정적으로 평가했다. 1990년대 경제위기로 이미 공장·기업소들은 국가계획위원회의 계획과는 무관하게 자체 사정에 맞춰 주관적으로 생산계획을 꾸려 왔으며, 7.1조치는 그것을 합법화해 준 것에 불과하다는 것이다.[204]

내각상무조는 또한 하부단위가 자체 계획을 세워 현실화할 수 있는 경우는 원자재 보장부터 생산품 처리까지 전 생산 과정의 조건을 갖춰야 가능하나 현실은 그렇지 못하다고 주장했다. 다른 기업과 계약을 맺는 경우 상급 기관과 '합의가 필요하나,'[205] 중층의 결재단계와 상급 기관의 몰이해로 많은 시간·노력·자금(뇌물)이 소요되며, 결국 경제관리구조의 비대와 복잡성으로 합법적인 계획권 행사는 불가능한 상황이 된다는 것이다. 게다가 계획권 '독자성'의 범위와 한계가 불명확하여, 이전보다 더 빈번하게 감독기관이 '불순한 목적'으로 검열하는 공간만을 제공한 결과를 초래했다고 평가했다.

둘째, 물가 현실화를 했다고 하나 그것은 물가의 재(再)제정이지 물가 자율화가 아니라고 비판했다. 물가 현실화의 목적은, 가격보조금 축소 등 국가 재정적 효과는 별도로 하더라도, 인플레이션 억제와 북한 화폐가치의 안정, 이를 통해 일정한 생활비로 주민들의 실질적인 구매

---

203) "경제관리방식개혁 연구자료," 『2004.6 내각상무조 개혁안 자료집』(2005).
204) 우리 학계도 비슷한 평가를 했다. 7.1조치 이전에 이미 계획은 "빈 종이장이나 다름없는" 상황이었고(김정일의 10.3 담화) 7.1조치에 의한 계획지표의 축소 역시 현실 수용에 불과하며, 이러한 사실은 7.1조치라는 '위로부터의' 시장지향적 분권화 개혁이 '아래로부터의' 자생적 시장화에 의해 '강제'된 결과라는 점을 보여 준다고 한다. 임수호, "김정일 정권 10년의 대내 경제정책 평가: '선군(先軍)경제노선'을 중심으로," 『수은 북한경제』, 2009년 여름, p. 32.
205) 내각상무조는 '웃 기관과의 합의'란 사실상 '허가'와 동의어이며, 규정이 없거나 애매할 때 상급 기관의 이해관계와 저촉되면 그 어떤 '합의'도 불가능하다. 결국 계획 절차상 간소화된 것은 없다고 비판했다.

력을 보장하는 데 두어야 한다고 내각상무조는 주장했다. 가격 현실화의 목적이 달성되었다는 것은 경제 활성화라는 7.1조치의 기본목표가 달성되었음을 의미한다고도 했다.

내각상무조의 비판은 다음과 같이 이어졌다. 7.1조치 직전과 2004년을 비교하면, 시장가격 기준으로 북한 원화와 미화달러의 비율이 130원/1달러에서 2000원/1달러로 변해 원화 가치는 더욱 떨어졌다. 평균임금과 쌀값을 비교하면, 130원(1인당 평균임금)/50원(쌀1kg)에서 2000원/750원으로 양자의 비율은 2.6 → 2.66로 큰 변화가 없다.[206] 이는 7.1조치에 따른 임금·물가의 현실화에도 불구하고 구매력은 7.1조치 이전과 다름이 없다는 의미이다. 가격이란 경제 현상에서 모든 사회현상에 민감하게 반응하여, 가격을 통제한다는 것은 물가지수를 이용하여 거시적으로 조정할 때도 어려운 문제라고 했다.[207]

셋째, 현물지표 중심의 경제관리에 화폐유통의 경제관리 방법을 결합한 목적은 계획화의 부담을 줄이고 경영을 보다 현실화하여, 실리를 보장하면서 부실 요인을 적극적으로 찾아내자는 것이다. 그러나 계획화의 부담은 다소 줄었으나 실리 보장, 부실 경영 축소, 화폐유통의 문제는 개선되지 않았다. 가장 근본적인 원인은 은행의 역할에 변화가 없다는 데 있다. 화폐유통 구조가 개선되지 않아 화폐가 실지로 움직이는 내용상의 변화가 없다. 그리고 화폐도 하나의 상품으로 가치가 변화하는데 계산은 고정된 방식으로 이루어져 그 손실을 국가가 고스란히 부담하게 되었다고 비판했다.

다음으로, 개별 기업의 보유 자산액에 대한 평가가 고려되지 않고

---

206) 북한은 물가 점검 방법으로 '평균 생활비와 쌀값의 배리율(비율)'을 사용한다.
207) 이들은 가격안정을 위해서는 쌀값 등 중요 상품에 대해서는 가격보조금을 축적하여 시장원리에 맞추어 주동적으로 조정하되 다른 상품가격은 시장에 맡겨야 하고, 국가재정에 의해 운영되는 예산제 기관을 축소해 그 예비로 생활비를 인상해야 한다고 주장했다. 이점은 후술하는 "곡물 가격안정화 대책"에서 다시 논의된다.

번 수입을 계산한다는 것은 애당초부터 방법론상의 모순이라고 주장했다.208) 기초 운영자금이 부족한 기업에 대부해 주고 비효율적인 설비는 처분할 수 있는 권한을 주는, 실리를 추구하거나 부실을 제거할 수 있는 법적·제도적 장치도 마련되지 않았다고 비판했다. 내각상무조는 7.1조치는 '계획구조와 시장이 아닌 시장구조의 엉성한 조합'이라고 결론을 맺었다(이 책 4장-2절-1-나, 추가 상론).

내각상무조의 7.1조치에 대한 긍정 평가도 있었다. 박봉주 내각은 이상과 같이 7.1조치가 추구한 목표는 달성되지 않았으나, 7.1조치로 경제일꾼들에게 경제관리방식 개선에 큰 관심을 기울이도록 충격 효과가 있었고, 행정명령식 방법으로는 더 이상 아래를 지도할 수 없다는 자극을 주었다고 평가했다. 그리고 전 사회에 공짜가 없다는 인식과 함께 일한 것만큼 번다는 의식을 확산시켰고, 생산 단위에는 경제는 주관적 욕망에 따라 움직이지 않고 자기의 고유한 원리에 의해 움직인다는 점을 각성시킨 성과가 있었다고 했다. 이들은 7.1조치로 경제지도일꾼들이 경제원리에 대해 각성하는 계기가 되었고, 경제관리 방법상 무엇이 문제인지, 무엇을 더 해결해야 하는지를 찾는 계기가 되었다고 평가했다.

---

208) 이들은 기업소의 국가납부금이 국가계획에 따른 노력 배정 및 물자공급량에 의해 정해지는데, 설비·재산 등 보유한 모든 인적·물적 자산의 규모에 따라 정해야 한다고 했다. 그러나 현실은 공동소유인 국가재산에 대해서는 고려하지 않는다고 한다. 예컨대, 1,000원 자산규모의 기업가 200원 번 것보다 10,000원 보유 회사가 500원 번 것을 더 평가하는데 후자는 감가상각비를 계산하면 부실기업이나 다름없다. 건물 사용료 계산도 평균주의로 할 게 아니라, 예산에 포함시키고 기회비용을 고려해야 한다고 했다. 그래야 놀고 있는 건물이 많은데도 힘내기한다며 건물부터 짓는 현상이 없어진다고 했다.

다. 내각상무조의 급진 개혁구상

1) 경제관리구조 개혁안

이상과 같은 7.1조치에 대한 비판적 시각에 기초하여 박봉주 내각은 경제관리 구조, 상품유통 및 가격정책, 화폐유통 구조에서보다 더 근본적인 개혁 방향을 제시했다. 먼저 경제관리구조 개선안이다. 박봉주 내각은 7.1조치(2002.7)와 시장 공인(2003.3)에 의해 개선된 경제관리 구조는 다음과 같은 3가지 점에서 불충분한 구조라고 주장했다.

첫째, 공급과 분배 사이에 명백한 경계선이 없다는 점이다. 사회주의 물자교류시장과 지역시장에서는 현실가격(시장가격)에 의해 물자가 교류되나, 국가로부터 공급받은 물자는 국가가 유일하게 제정한 가격(국정가격)에 의해 계산된다. 그래서 기업소는 상대적 독자성을 이용하여 원자재의 공급은 낮은 가격으로, 생산된 상품의 교환은 자기가 실질적으로 생산한 가치 이상의 높은 가격으로 계산하는, 거래 구조상 불균형적인 관계가 형성된다고 한다.

둘째로, 국가납부금 책정 방법도 시장이 끼어든 조건에서 잘못 정해졌다면서, 모든 형태의 국가납부금은 경제원리에 입각해서 재검토하여 시장원리, 원가 보상의 원리에 따라 다시 책정되어야 한다고 주장한다.

셋째, 생산과 소비의 현실화를 위해 지역시장을 허용했으나, 종합시장은 말 그대로 개인들의 물품을 교환하는 장마당이지 시장이 아니라는 인식이다. 개인들과는 달리 기업소에서 생산된 상품은 원칙적으로, 시장에서의 판매가 아닌, 국영망을 통해 분배하도록 규정되어 있다. 그 가격은 고정가격이라 원가를 회수할 수 없게 되어, 결국은 규정과는 달리 기업소 상품도 장마당에서 유통되고, 때로는 국가가 다시 가격 손해를 보충해야 했다.

이 밖에 이들은 7.1조치에는 화폐의 흐름을 가능하게 하는 화폐유통 구조가 반영되어 있지 않으며, 특히 가격의 작동원리를 충분히 고려하지 않고 경제관리구조가 설계되는 치명적인 약점이 있다고 분석했다. 결론적으로 7.1조치에 의해 설계된 경제관리구조는 계획구조와 '시장이 아닌 시장구조'가 어수룩하게 엉킨, 경제학적으로 설명할 수 없는 구조라면서, 아래와 같이 과감한 경제관리구조 개선안을 제시한다.

경제관리구조 개선안(2004.6) : 1)군수공업 관련 지표, 국가전략물자에 한해 국가가 공급한다. 2)노동력은 기업소 요구에 따라 공급하며, 남는 노력은 여러 형태로 경영 허가를 내주는 방식으로 일자리를 창출한다. 3)예산제, 채산제, 은행, 상업 봉사망 등 모든 형태의 기업에 상대적 독자성을 부여하며, 기업 간 거래는 중앙의 승인 하 이루어지는 간접 거래에서 직접거래로 전환한다. 4)내각의 성·중앙기관은 투자 문제, 하부단위의 분쟁 해결, 기업소의 당 정책적 요구의 집행에 대한 감독 업무만 수행한다. 5)군수공업 관련 회사 외에, 성·중앙기관 직속 무역회사를 없애고 모두 동등한 경영권을 가진 독립회사로 전환한다. 6)개별 기업소도 해당 당위원회의 합의와 상급 성의 비준을 거쳐 무역성과 직접 거래해 대외무역을 할 수 있다. 7)독립채산제·반독립채산제 규정을 재검토하여 기업소의 자산규모에 따르는 국가납부금 납부 방법으로 개정한다. 8)상업 부문을 없애고, 설비구입 등 생산수단 구입은 기업소간 직접거래로, 소비재는 독자 기업인 도매시장을 통해 거래가 이루어지도록 한다. 9)국가는 각종 도매시장을 통해 공급과 수요를 장악·조정한다.**209)** 10)기업소는 국가계획하에 기업소 자체 자금으로 확장이 가능하다. 국가납부금을 낸 다음의 기업소 자금은 전적으로 기업소에 처분 권한을 준다. 11)기업 검열은 특별한 경우 외에는 상급 기관만이 할 수 있다.**210)**

---

209) 북한은 상품의 원활한 공급을 유도하기 위해 2005년 4월 무역성 산하에 '중앙수출입물자교류시장'을 설립하고, 평양 시내에는 물자교류센터를 설치했다.
210) "경제관리방식개혁 연구자료," 『2004.6 내각상무조 개혁안 자료집』(2005).

박봉주 내각은 실제로 2004년 8월 김정일의 '8월 11일 방침' 또는 '8월 18일 방침'에 따라 독립채산제와 반독립채산제의 광범위한 도입을 추진했다. 재정 부담을 줄이고 기업소들의 창발성과 경쟁력을 높이기 위해서였다. 내각상무조는 독립채산제의 확대만으로는 기업의 경쟁력을 높일 수 없고, 기업의 거래비용을 줄이기 위한 대폭적인 기업경영 절차 간소화의 필요성을 제기하였다.

이들은 내각 부처도 개편되어야 한다고 혁신적인 주장도 했다. 첫째, 산업 부문별로 편제된 화학공업성, 금속공업성 등을 공업성으로 통합한다. 부문별 성 조직은 본위주의만 조장하고 연관 산업의 종합적 관리에 장애만 초래할 뿐이다. 실제로 금속공장에서도 화학제품이나 건설물이 만들어진다는 것이다.

둘째, 내각의 계획 기능을 수행하는 부처를 자문기구로 전환한다. 국가계획위원회를 내각의 경제전략을 자문해 주는 정책자문기구로 바꾸고, 통계처리, 경제와 정치사회 현상과의 연계 연구 등 내각 옆에 정책자문기구를 늘린다. 셋째, 독립채산제 기관은 어느 특별한 하나의 성에 소속되는 형태가 아니라, 현실적으로 제기되는 문제의 성격에 따라 해당성이 관여한다. 각성은 소관 업무와 관련된 사항에 국한해 개별 기업들을 조사·감독한다.211)

2) 유통체계 및 가격관리체계 개혁안

박봉주 내각은 7.1조치에 의해 상품가격 현실화가 있었으나 그에 맞춘 유통구조는 개선되지 않아 수요와 공급이 부정합 상태에 있으며, 이를 분석할 수 있는 통계자료도 구할 수 없는 실정이라고 비판했다. 이들은 생산이란 상품의 유통과정이며,212) 그 과정에서 창조되는 부

---

211) "경제관리방식개혁 연구자료," 『2004.6 내각상무조 개혁안 자료집』(2005).

가가치는 상품의 가격에 의해 측정된다는 일반론에서 출발하여, 상품의 원활한 유통을 보장하면서 국가적 조정도 가능한 상품유통 구조를 구축할 것을 주장했다. 가격체계도 가격이 실물 경제를 현실적으로 반영하여 실질적인 조정 수단으로 활용할 수 있도록 개혁하자고 했다.

상품유통 구조는 상품이 흐르는 통로를 전망하여, 그 전망치보다 큰 관(管)을 설치하고 그 관의 요소요소에 밸브와 유량계를 설치한다. 주요 지표는 여전히 계획에 의해 관리해야 하는 것이 북한의 현실이므로, 생산요소라는 상품이 유통되는 관으로서 '물자교류시장'과 소비재가 유통되는 '상품도매시장'이라는 2개의 유통구조를 설정한다. 교류시장이나 도매시장에서 상품은 생산자가 정한 자유가격으로 흐르게 하되, 통제품은 흐를 수 없게, 덜 중요한 상품은 적게 흐르게 밸브를 설치한다. 밸브란 곧 상품세이다. 상품 유통단계마다 세금이라는 부과금이 붙게 되며, 정부는 이를 다시 재분배한다.

유량계의 역할은 은행이 하는데, 화폐의 흐름을 측정하여 계산한다. 은행은 모든 시장들에 설치되고 화폐라는 상품으로 전환되는 시점에 측정된다. 기업소와 기업소 간 거래되는 유통 길목에도 은행을 설치하여 밸브(대부 규모)와 유량계 역할을 하도록 한다. 은행이 유량계 역할을 제대로 하기 위해서는 전제조건이 있다. 신용관계를 확실히 보장하는 은행제도의 개혁이 필요하고, 기업소도 명목상의 계좌가 아닌, 자기출자에 의해 자기 책임으로 관리되는 금융제도가 정착되어야 한다. 이상과 같은 유통구조가 확립되어야 정부는 가격정책을 구사할 수 있는 공간을 파악하여 해당한 처방을 할 수 있게 된다.213)

가격은 모든 경제계산의 기초자료로서 제반 경제개혁에서 가장 중요

---

212) 상품유통 과정은 자재(상품)에 노동력(상품)이 투하되어 생산물(상품)이 만들어지며, 그것이 판매(봉사: 상품적 가치)되어 다시 화폐(상품)로 전환되고 다시 자재(상품)으로 전환되는 순환과정이라고 설명했다.

213) "경제관리방식개혁 연구자료," 『2004.6 내각상무조 개혁안 자료집』(2005).

한 과제이나, 동시에 가격에 작용하는 인자가 너무 많아 주관적으로 통제할 수 없는 가장 다루기 힘든 것이 가격정책이다. 따라서 이들은 가격정책 재조정을 통해 추구해야 할 목표를 명확히 할 필요가 있다고 하면서 다음의 5가지를 그 목표로 제시한다. ①가격체계의 불합리성으로 초래되는 사회경제적 불안과 경제계산의 부정확성을 없앤다. ②정확한 가격으로 최저생계비를 재계산하여 인민들의 합리적인 생활비정책을 실현한다. ③기업소들에 실리경영의 기초를 제공한다. ④정부가 가격정책을 통하여 가격불안 요인을 방지하는 등 거시경제 관리에 활용한다. ⑤불합리한 가격 공간으로 인한 부패 공간을 없앤다.

이들은 이러한 목표를 달성하기 위해 아래와 같은 가격체계 개혁안을 제시한다. 아래 개혁안도 물가안정을 도모할 수 있는 초보적인 조치에 불과하며, 확실한 물가안정이나 하락은 생산량 증대나 보충적인 외화구축 없이는 불가능하다고 판단한다.214)

가격관리체계 개선안(2004.6, 박봉주 내각상무조) : 1) 정부가 계획화하는 가격과 시장에 맡기는 가격을 명확히 구분한다(석탄·전기·강철·원유 같은 공업제품, 쌀·물 같은 농업제품, 주민용 석유와 가스 등의 소비제품을 계획화 가격으로 예를 든다). 2) 국정가격으로 정해지는 상품의 거래는 철저히 정부가 통제하여, 이를 통해 시장의 가격을 조정하는 수단으로 삼는다. 3) 주택, 려관 등 부동산 가격을 현실적으로 재평가한다. 4) 기업소들의 보유 재산규모에 따른 기업소 가격을 정하고 은행에 등록한다. 기업의 성장에 따라 가격을 재평가하고 기업경영 성과를 평가한다. 5) 도매시장과 소매시장이라는 상품유통 구조를 확립한다. 기업소가 소비시장이나 물자교류시장과 직접 거래하는 조건에서 상업성, 인민위원회 상업부 같은 비효율적이고 사명이 불투명한 기구는 없앤다. 6) 공업물가지수, 식품물가지수, 가정소비물가 지수 등 가격변동을 계량하는 물가지수 체계를 도입한다. 7) 경제

214) "경제관리방식개혁 연구자료," 『2004.6 내각상무조 개혁안 자료집』(2005).

자문기관은 주요 물가지수 변화와 그에 따르는 경제조정안을 월보로 작성하여 내각에 제공한다. 8) 세무부를 신설해 상품거래에 관세, 상품세 등을 부과한다. 낭비를 없애기 위해 합의제 봉사소에 대한 납부금을 대폭 올린다. 9) 가격정책을 뒷받침할 수 있는 화폐유통 구조를 구축한다(금융개혁). 무현금 행표 제도를 폐지하고 현금거래를 하거나 증권 제도를 도입한다. 10) 환율을 현실화하여 2중 환율이 존재하는 경우라도 5% 이상의 격차를 두지 않는다. 11) 기업소마다 법인제를 내오고 은행 구좌 관리 권한을 전적으로 법인에 부여한다. 12) 대외무역 절차를 간소화하여 거래비용을 줄이고, 원자재는 가능한 기업이 직접 거래하도록 한다. 13) 물가와 생활비 격차로 인민생활 부담을 줄이기 위해 최저생계비를 계산하여 보조금을 주든가, 재정이 허락지 않으면 독립채산제 기업에 그 부담을 지운다.215)

3) 금융제도 개혁안

내각상무조는 북한의 중앙은행이 발권·출납·대부 업무를 하고 있으나, 7.1조치 이후 계획화의 범위가 축소되는 대신 시장을 통한 경영이 가능하기 위해서는 통화량·환율·이자율 같은 거시 금융정책의 중요성이 증가함에 따라, 중앙은행의 역할을 재검토하고 다양한 은행제도를 정립할 필요가 있다고 보았다. 또한 국가계획에 의한 대규모 투자와 그 효과성을 높이는 사업을 지원하기 위해 산업 부문별 국책은행을, 각 분야의 기업에 발전자금을 대부해 주는 상업은행을, 외화는 무역 부문에만 사용하는 관례를 감안하고 해외자본 유치를 위해 무역은행 등을 신설할 것을 주장했다. 그리고 은행이 금융기관으로서 제구실을 할 수 있도록 은행의 독립 및 신용창조 제도 보장, 비밀주의 등이 제도화될 필요가 있음을 제기했다. 이들이 주장한 은행구조 개혁구상과 금융제도 현대화 방안은 아래와 같다.

---

215) "경제관리방식개혁 연구자료," 『2004.6 내각상무조 개혁안 자료집』(2005).

【그림 3-4】 내각 상무조의 은행구조 개혁안

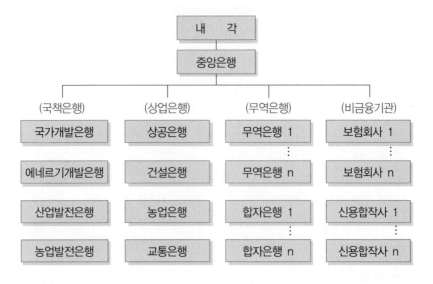

금융제도 개선안(2004.6, 박봉주 내각상무조) : 1)은행계좌 설정에 기업, 개인, 단체별 차등을 폐지하고, 거래 비밀 철저히 보장한다. 2)기업, 단체 등에 계좌관리를 위한 법인제을 도입하고, 대출 약속이나 대출금 상환 미 이행시 손해보상 장치를 마련한다. 3)외화로 예금시 그 금액 만큼은 반드시 외화로 출금해 준다. 4)은행 결제방식을 간소화하고, 무현금돈표제도를 폐지하며, 거액 거래시 증표제를 도입한다. 5)예금자 사망시 상속인이 출금 가능하도록 제도화한다(재산상속법 제정). 6)은행을 재정성에서 독립하여 내각 직속화하고, 지점 설립권을 부여한다. 7)무리한 화폐교환을 지양하며, 이러저러한 행정조치로 금융제도에 대한 불신 조장을 금지한다. 8)독자 기업 설립시 일정액의 설립금 은행예치를 의무화하고, 예치 금액중 70% 정도는 다시 은행대부가 가능하도록 제도화한다. 9)기업소가 보유한 국가설비는 은행에 그 재산액을 등록하고 은행에 감가 상각비를 납부하며, 설비를 거래할 때는 은행절차를 활용하도록 한다.216)

---

216) "경제관리방식개혁 연구자료," 『2004.6 내각상무조 개혁안 자료집』(2005).

4) 곡물 가격안정화 대책

김정일의 2004년 6월 1일 '계획경제를 시장가격에 접근시키라'라는 지시와 관련해 내각상무조는 이 지시를 국정 가격조정이 1차 과제로 부여된 것으로 판단했다.[217] 북한의 국정 가격은 2002년 7월 1일 인상된 이후 고정된 상태에서 시장가격은 지속 상승해 상품의 이중가격 격차가 심화되었다. 내각은 이를 시정하기 위해 국정 가격을 시장가격에 근접하게 조정하라는 의미로 받아들인 것이다.

북한은 7.1조치 이후 2년간 공급 측면 해결이 요원한 상황에서 시장가격 통제 위주의 정책을 써왔다. 내각은 이제 국정 가격조정으로 정책 전환을 시도했다. 정책 전환의 배경은 공식경제가 위축된 데다가 통제 불능의 시장가격, 시장 장려(2003.3)로 인한 시장 상거래 급증, 다시 화폐 교환설 대두 등 인플레이션 심리 고조에 기인한 것으로 평가되었다.[218] 7.1조치를 시행한 지 2년이 지난 시점에서 국정 가격을 재조정할 시점도 되었고, 다음 해 노동당창건 60돌(2005.10)을 앞두고 국가적 주민 시혜 조치도 준비가 필요한 상황에서[219] 제 기능을 하

---

217) 당시 북한 경제전문가는 다음과 같이 토로했다. "당면 과제는 일시적으로 현실화(7.1조치)한 국정 가격의 탄력성을 높여야 한다. 국정 가격이 수요와 공급이라는 시장 신호를 반영하지 못하면 다시 소비품 유통의 주도권은 암시장으로 넘어간다. 만성적인 재정적자로 지난 시기처럼 식량과 신발·교복 같은 소비품 가격안정을 위해 가격보조금 정책을 쓰기도 어렵다. 신축적인 가격정책을 통해 암시장의 상품 유통을 공적영역으로 흡수해야 한다." "농정개혁 연구자료," 『2004.6 내각상무조 개혁안 자료집』(2005).

218) 2004년 9월 시점 시장 물가는 2002년 7월 시점 대비 곡물 8-15배, 육류 4-7배, 의류·가전제품은 2-7배 급등하였다. 특히 2004년 중반부터 화폐 교환설·국정 환율 인상설·고액권 발행설이 유포되면서, 2004년 2/4분기와 3/4분기 사이에 쌀값은 310원 → 640원, 환율은 1200원 → 1600원으로 급등했다.

219) 북한은 2005년에 '먹는 문제' 해결에 주력했다. 연초에 "농업이 경제건설의 주공 전선"이라면서, 곡물 600만톤(전년 목표 800만톤을 조정) 생산을 목표로 설정하고, 내각 직속으로 국가영농위원회를 구성하여 "영농물자 최우선 보장"을 독려했다. 김정일은 2005년 7월 "간장 된장 등 기초식품 혁명"을 강조하면서 식품공장 현대화 및 추가 건설을 지원하였다. 남한으로부터는 식량 50만 톤을 지원받았고,

지 못하는 국영 공급망의 '체면'이 말이 아니라는 판단도 고려되었다.

국정가격 조정 작업은 곡물가격 안정화 조치부터 착수했다. 박봉주는 김정일이 부여한 중요 과제인 '쌀값 안정화 대책'을 2004년 6월경 내각상무조와 논의했다. 그 결과 내각 내부에서는 시장에서의 양곡 거래를 불허하고 국가가 일괄 수매하고 판매한다는 방향은 정했으나, 다음 [표 3-8]에서와 같이 쌀 수매가와 판매가 결정 방법을 놓고 ①수매가만 인상하는 방안, ②수매가와 판매가를 동시 인상하는 방안을 놓고 논란이 전개된다.220)

표 3-8 2004년 하반기 북한 내부 쌀값 조정안

구 분	쌀 판매가 (1kg당)		쌀 수매가	배급표없이 구매자	문제점
	직장인	비근무자			
1. 수매가인상안	44원	600원	180원	800원	대량 재정적자 발생
2. 동시 인상안	250원	500원	250원	800원	임금인상 불가피

주목되는 점은 최종 해법보다 논의 과정에 드러낸 내각상무조의 쌀값 불안 원인과 해법에 대한 급진적 인식이다. 상무조 구성원들 사이에는 단순한 쌀값 조정 문제를 넘어서 농정 개혁 전반에 대해 논란을 벌였다. 이들은 김정일이 한때 강조했던 '과감한 혁신, 근본적인 처방'을 실제로 거론했다. 이들의 논의 내용을 정리하면 아래와 같다.

곡물 가격안정화 대책(2004.6) : "쌀값이 오르는 것은 절대량이 부족하기

남북 간 "유무상통 원칙하에 경공업·지하자원 개발 협력"에 합의했다(2005.5 남북 경제협력추진위원회).

220) 박봉주 내각의 쌀값 안정 대책은 결론이 나지 않고 해를 넘기며, 2005년 7월 노동당으로 경제지도권이 넘어가고 난 뒤에 ①수매가만 인상하는 방안이 시행(2005.10)되었다. 다만, 배급표 없이 구매하는 사람들에 대해서도 일괄적으로 600원으로 판매하는 것으로 정했다.

때문이나 그것은 어쩔 수 없다고 하자. 국가가 배급을 못 주는 것은 우선 낭비가 많아서이다. 농민으로부터 수매가 제대로 안 되고 많은 식량이 암시장으로 빠져나가기 때문이다. 농민들은 당국의 증산을 위한 사탕발림을 믿지 않는다. 협동농장 농사는 대충하면서 거두어 들일 때에는 필사적으로 자기 몫을 지키려고 한다. 군대가 보초서서 감시하게 하면 그것은 군대 몫이 된다. 흘러나가기는 마찬가지다. 배급소로 운반하는데도 돈이 든다. 그 과정에서 유실도 대단하다. 비용을 전부 합치면 장마당 쌀값과 맞먹는다.

다음으로 (쌀값이 오르는 이유는) 달러 값이 계속 오르기 때문이다. 곡물 수입을 막지 않는 한 장마당 쌀값은 국제 시세를 크게 뛰어넘지 못한다. 달러에 비해 북한 돈의 가치는 계속 떨어지고 있다. 7.1조치 때 쌀값은 60원이고 달러 값은 260원이었다.221) 당시 60/260의 비율이 2년 뒤에는 310/1200이 되었다. 쌀값이 달러 값에 맞춰 계속 올라갔다. 국가가 달러를 풀어 화폐를 안정시켜야 하는데 이것도 어려운 일이다.

국가가 현실적으로 할 수 있는 일은 쌀 낭비를 줄이고 제대로 수매하는 방법이다. 감시·감독이나 오그랑 수를 쓰지 말고 경제원리에 따라 점진적으로 해결해야 한다. 첫째, 농민과의 약속을 지켜야 한다. 씨 뿌릴 때는 어떻게 한다 해놓고 걷을 때는 나라의 사정이 어쩌니 하면서 국가가 다 거두어 가면 농민들이 마음을 바쳐 농사를 짓지 않는다. 국가는 약속을 지키려 했다면 중간 간부들에게 문제가 있는 것이다. 농업 간부들은 농민들이 쌀 처분 권한을 많이 갖고 자기들의 처분 몫이 줄어드는 것을 좋아하지 않는다. 국가는 장마당의 쌀 장사꾼들과 투쟁할 것이 아니라 이들 중간 간부들과 투쟁해야 한다.

둘째, 쌀 공급과 관련된 특수가 너무 많다. 전부 없앨 수 없다면 내각과 합의 하에 엄격한 기준을 만들어야 한다. 권력 기관들에 의해 그 기준이 흐지부지되는 일이 없어야 한다. 수매양정성도 없애야 한다. 농업성은 생산만 책임지고 처분은 수매양정성에서 하니 책임도 불분명하고 허위 보고가 생

---

221) 북한은 7.1조치 당시 국정 가격으로 쌀값은 44원, 환율은 153원으로 정했다. 그러나 당시 장마당 가격은 쌀은 60원, 달러는 260원 정도였다. 국정 가격을 현실화한다고 했으나 시장가격의 절반이 조금 넘는 수준에서 정해졌다.

긴다.

셋째, 유통관리체계를 바꾸어야 한다. 당분간 현 배급제도를 유지하면서도 수요공급이 맞을 때까지 내각이 통제하는 쌀 도매시장(회사)을 도시마다 만들어야 한다. 이 회사가 수매도 하고 수입도 하며, 판매도 한다. 이런 회사를 여러 개 만들어 경쟁하게 해야 한다. 영농자재를 파는 시장도 만든다. 이들 시장과 회사에서는 일정한 이득금을 국가에 납부한다. 내각이 엄격히 관리하는 농업은행이나 양곡 기금을 만들면 도매회사에 대부해 주거나 식량 위기에 대응할 수도 있다.

넷째, 쌀을 눅거리로 배급하는 인원을 줄여야 한다. 이 문제가 가장 힘든 문제다. 도매시장에서는 제대로 된 값으로 거래되나, 배급제 쌀은 지대(地代) 값 명목으로 낮은 가격으로 수매하고 낮은 가격으로 배급하고 있다. 이 배급소의 쌀 가격도 단계적으로 도매시장 가격에 접근시켜야 한다. 배급가격을 시장 쌀값의 50% 수준으로 올린다면 생활비도 동시에 올려야 하므로 재정이 텅 빌 수 있다. 배급제 인원을 줄일 수 없다면 예산제 기관이라도 대폭 줄여 채산제 기관으로 바꾸어야 한다."[222]

5) 급진 개혁구상의 특징

이상에서 살펴본 박봉주 내각의 경제개혁 구상은 분권화, 시장경제 요소 도입, 특권경제 축소라는 급진적인 사고를 기저에 깔고 있다.

첫째, 경제관리구조·상품 유통·가격관리 정책·금융관리 및 농업관리 정책에 이르기까지, 전반적인 경제관리 권한을 하부단위로 이관하여 자율화할 것을 주장했다. 이들은 분권과 자율을 제도화함으로써 경쟁을 도입해야 경제가 활성화될 수 있다고 판단했다.

둘째, 이들은 시장개념의 적극적인 도입을 거론하면서도, 궁극적으로는 국가재정의 확충, 재정 낭비 요소의 감축을 추구하고 있다. 이들의 관점의 한계는, 국가와 사회의 관계에서 국가 우선의 계급적 관점

---

222) "농정개혁 연구자료," 『2004.6 내각상무조 개혁안 자료집』(2005).

을 극복하여 민생 향상을 지향하지는 않았지만, 북한의 경제 활성화, 국가재정의 확충을 도모할 수 있는 현실적인 방안으로 시장경제 요소 도입의 필요성을 주장했다.

셋째, 내각상무조는 공식적으로는 정치적 조건은 주어진 것으로 보고, 그 한계 내에서 경제개혁 방향의 논의를 시작하다가도 결국은 최종적 장애요인은 특수기관 또는 권력기관의 존재로, 이들의 관장 영역이나 이해관계를 축소해야 한다는 의견으로 귀결되었다. 이들은 북한 경제의 활성화를 위해서는 경제 논리를 넘어서 정치적 해법 도입이 불가피하다고 보았다.

결론적으로 박봉주 내각상무조는 '국가 돈주머니의 확충'과 '국가 경제의 통일적 장악'이라는 김정일 지시에 충실했다. 다만 경제장악의 각론적 방법으로 최고지도자의 속내와는 달리 내각의 해법은 '강제·강압'보다 '시장·자율·분권'을 활용하려 한 점에 차이가 있었다. 그러나 김정은 시대 다시 등용된 박봉주는 '준(準) 시장경제' 수용에 이를 정도로 철저하지 못했다. 특히 2019년 12월 이후에 내각은 당의 방침에 동조하여 다시 반(反)개혁으로 회귀하는 모순적인 태도를 보였다.

표 3-9 박봉주 내각의 경제개혁안(2004) 종합

경제관리구조 개혁안
• 군수공업 관련 지표, 국가전략물자에 한해 국가가 공급한다. • 노동력은 기업소의 요구에 따라 공급하며, 남는 노력은 여러 형태의 경영 허가를 내주는 방식으로 일자리를 창출한다. • 예산제, 채산제, 은행, 상업, 봉사망 등 모든 형태의 기업에 상대적 독자성을 부여하며, 기업 간 거래는 중앙의 승인하에 이루어지는 간접거래 방식에서 직접거래로 전환한다. • 내각의 성·중앙기관은 투자문제, 하부단위의 분쟁해결, 기업소의 당 정책적·요구의 집행에 대한 감독 업무만 수행한다. • 군수공업 관련 회사 외에, 성·중앙기관 직속 무역회사를 없애고 모두 동등한 경영권을

가진 독립회사로 전환한다.

- 개별 기업소도 무역성과 직접 거래하여 대외무역을 할 수 있다. 이 경우 해당 당위원회의 합의와 상급 성의 비준을 거친다.
- 독립채산제·반독립채산제 규정을 재검토하여 기업소의 자산규모에 따르는 국가납부금 납부 방법으로 개정한다.
- 상업부문을 없애고, 설비구입 등 생산수단 구입은 기업소 간 직접거래로, 소비재는 독자 기업인 도매시장을 통해 거래가 이루어지도록 한다.
- 국가는 각종 도매시장을 통해 공급과 수요를 장악하고 조정한다.
- 기업소는 국가계획하에 기업소 자체 자금으로 확장이 가능하다. 국가납부금을 낸 다음의 기업소 자금은 전적으로 기업소에 처분 권한을 준다.
- 기업에 대한 검열은 특별한 경우외에는 상급 기관만이 할 수 있다.

가격관리체계 개혁안

- 정부가 계획화하는 가격과 시장에 맡기는 가격을 명확히 구분한다.(석탄·전기·강철· 원유 같은 공업제품, 쌀·물 같은 농업제품, 주민용 석유와 가스 등의 소비제품을 계획화 가격으로 예를 든다)
- 국정가격으로 정해지는 상품의 거래는 철저히 정부가 통제하여, 이를 통해 시장가격을 조정하는 수단으로 삼는다.
- 주택, 려관 등 부동산 가격을 현실적으로 재평가한다.
- 기업소들의 보유 재산규모에 따른 기업소 가격을 정하고 은행에 등록한다. 기업의 성장 에 따라 가격을 재평가하고 기업경영 성과를 평가한다.
- 도매시장과 소매시장이라는 상품유통구조를 확립한다. 기업소가 소비시장이나 물자교류 시장과 직접거래하는 조건에서 상업성, 인민위원회 상업부 같은 비효율적이고 사명이 불투명한 기구는 없앤다.
- 공업물가지수, 식품물가지수, 가정소비물가 지수 등 가격변동을 계량하는 물가지수체계 를 도입한다.
- 경제자문기관은 주요 물가지수 변화와 그에 따르는 경제조정안을 월보로 작성해 내각에 제공한다.
- 세무부를 신설하여 상품거래에 관세, 상품세 등을 부과한다. 낭비를 없애기 위해 합의제 봉사소에 대한 납부금을 대폭 올린다.
- 가격정책을 뒷받침할 수 있는 화폐유통구조를 구축한다.
- (금융개혁)무현금 행표제도를 폐지하고 현금거래를 하거나 증권제도를 도입한다.
- 환율을 현실화하여 2중환율이 존재하는 경우라도 5%이상의 격차를 두지 않는다.
- 기업소마다 법인제를 내오고 은행구좌관리권한을 전적으로 법인에 부여한다.
- 대외무역절차를 간소화하여 거래비용을 줄이고, 원자재는 가능한 기업소가 직접 거래하 도록 한다.

- 물가와 생활비 격차로 인민생활 부담을 줄이기 위해 최저생계비를 계산하여 보조금을 주든가, 재정이 허락지 않으면 독립채산제기업에 그 부담을 지운다.

금융제도 개혁안

- 은행계좌 설정에 기업, 개인, 단체별로 차등을 폐지하고, 거래비밀 철저히 보장한다.
- 기업, 단체 등에 계좌관리를 위한 법인제를 도입하며, 대출 약속이나 대출금 상환 미이행 시 손해보상 장치를 마련한다.
- 외화로 예금시 그 금액만큼은 반드시 외화로 출금해 준다.
- 은행결제방식을 간소화하고, 무현금돈표제도를 폐지하며, 거액 거래시 증표제를 도입한다.
- 예금자 사망시 상속인이 출금 가능하도록 제도화한다(재산상속법 제정).
- 은행기구를 재정성에서 독립하여 내각 직속 기구화하고, 지점 설립권을 부여한다.
- 무리한 화폐교환 지양하며, 이러저러한 행정조치로 금융제도 불신을 조장하지 않는다.
- 독자 기업 설립시 일정액의 설립금에 대한 은행예치를 의무화하며, 예치 금액중 70% 정도는 다시 은행대부가 가능하도록 제도화한다.
- 기업이 보유한 국가설비는 은행에 그 재산액을 등록하고 은행에 감가상각비를 납부하고, 설비를 거래할 때는 은행 절차를 활용한다.

곡물 가격안정화 대책

- 수매에 대한 농민과의 약속을 철저히 지킨다.
- 수매양정성을 없애고 농업성이 농정을 전체적으로 관리한다.
- 쌀 공급 관련한 특수 부분을 줄이며, 허용된 특수부분은 내각과 합의하에 엄격한 기준을 만든다.
- 쌀 눅거리 배급 인원을 축소하고 점차 쌀 배급제도를 폐지한다.
- 배급소의 쌀 가격도 단계적으로 도매 시장가격에 접근시켜야 한다.
- 배급제, 예산제 기관을 점차 줄인다.
- 쌀 도매시장을 신설해서 유통관리체계를 개선한다.
- 영농자재 거래 시장을 신설한다.
- 농업은행, 양곡 기금을 조성하여 곡물 가격을 관리한다.

| 제4절 | 개혁 정체·후퇴:
당의 견제와 역 개혁 조치(2005~2010)

2005년 이른 봄부터 북한 권력층 내부에서 이상 징후가 감지되었다. 최고인민회의가 연기되고, 여러 정책회의에서 당·정 간부들 간에 불협화음이 표출되는 가운데 '당의 영도'를 강조하는 보도매체의 논조가 두드러졌다. 내각의 추가 개혁안에 대한 김정일의 비준이 보류되고, 지난해에 도입된 시범적인 농업·공업 개혁 조치도 확대 시행되지 않았다. 내각의 급진 경제개혁에 대한 당의 반격에 이어, 시장에 대한 국가의 대대적인 공세가 시작된 것이다.

박봉주 총리는 점차 김정일의 신임으로부터 멀어졌다. 김정일은 '내각의 경제 개혁정책에 문제가 많다'는 당의 반복적인 보고로 총리에 대한 믿음을 예전처럼 가질 수 없게 되었다. 박봉주는 급기야 2006년 들어 사실상 실권(失權) 상태에 처하게 된다. 당의 주장에 따르면 시장은 범람하여 '무질서와 무규율의 온상'이 되었고, 김정일은 2007년 8월 시장을 '비사회주의의 서식지'로 규정하기에 이른다. 결국 2008년 6월 김정일은 '사회주의 원칙' 고수와 개혁으로부터의 전면적 '후퇴'를 선언하고, 북한 체제에서 다시 정치 논리가 압도하게 되었다.

이 단원에서는 2005~2010년 사이 경제개혁에 대한 당의 속도 조절(2005~2006 개혁 정체)과 계획경제 복원, 즉 개혁 후퇴 과정(2007~2010)을 재구성한다. 북한의 정책 과정을 보면 통상 결정 단계에서는 그 윤곽이 드러나지만, 집행단계에 들어서면 후속 상황이 어떻게 진행되었는지 잘 확인되지 않는다. 그러나 2005년부터 당과의 갈등으로 경제개혁이 정체 과정에 돌입했다는 점이 명확해졌다. 북한 당국은 2005~2010년 사이에 국가양곡전매제, 부동산조사사업, 개인 소상공업 통제, 종합시장 통제, 화폐교환 및 외화 사용 통제 조치를 단행했다. 그러나 2010년에는 시장의 국가에 대한 재반격으로 김정일 개혁실험 10년이 종결된다.

01 경제개혁과 '당의 영도' 간의 조화 문제 부상

가. 당의 '사회주의 원칙' 강조

북한은 2005년 3월 9일 개최 예정이었던 최고인민회의 제11기 3차 회의를 돌연히 연기한다고 발표했다가, 한 달쯤 지난 4월 11일 개최했다.[223] 북한 당국이 연기 배경을 공식적으로 밝히지는 않았다. 농촌 총동원이나 조류독감 확산 문제 때문이라는 설이 있었으나,[224] 경제개혁에 대한 권력층 내부 이견 때문으로 알려졌다. 나중에 한 내각 간부가 "중점 경제과제 선정과정에서 내부적으로 경제개혁 방향 및 농업예산 배분문제로 의견 차이가 있었기 때문"이라고 증언했다.[225] 그해 봄 경제문제와 관련한 당정회의에서 "박봉주 총리가 보수 원로들의 반대표

---

223) 북한은 2005년 2월 17일 "최고인민회의 제11기 3차회의를 3월 9일 개최한다"고 공고했다가, 3월 4일에는 다시 "사회주의 건설의 모든 전선에 있는 대의원들의 제의에 의해 최고인민회의를 연기한다"고 발표했다. 4월 1일에는 "연기했던 회의를 4월11일 개최한다"고 발표했다.
224) 최고인민회의 연기 배경과 관련, "건설의 모든 전선에 있는" 표현은 농촌 총동원을 연상시키는데 당시가 모내기 철(5-6월)은 아니었으며, 당시 조류독감 발생(2월)에도 불구하고 김일성경기장에서의 북한·이란 축구경기(3월, 10만명)는 예정대로 진행되었다.
225) 내각사무국 간부 증언, 2005.6.

명으로 회의 진행이 어렵게 되자, 김정일에게 전화를 걸어 더는 진행할 수 없게 되었다며 간접적으로 불만을 표출한 사건"도 발생했다.226) 논란 사항이 구체적으로 확인되지는 않으나, 당이 사회 전반에 '비사회주의 현상 만연'을 지적하면서 경제관리에서 '사회주의 원칙 고수'를 강조한 것과 연관된 것으로 알려졌다.

내각이 '급진적인 개혁'을 추진한다는 사실을 당은 쉽게 감지할 수 있었다. 내각이 추가 개혁안을 김정일에게 보고한 직후인 2004년 연말 무렵부터 당은 내각의 경제사업의 문제점과 '사회주의 원칙' 고수 필요성을 김정일에게 보고하기 시작했다. 내각이 김정일의 신임을 빌어 경제정책 주도권을 지나치게 확장하고, 당의 '지도' 권한을 위태롭게 하자 견제를 시작한 것이다. 김정일은 처음에는 당의 보고에도 불구하고 박봉주를 여전히 신임하면서 당의 견제 사실을 총리에게 알려주기까지 했다. 그러나 당의 문제 제기가 지속되자 김정일도 내각의 사업방식에 의구심을 품지 않을 수 없었다. 김정일은 다음과 같은 견해를 밝히면서 박봉주가 하는 일을 다시 챙겨보기 시작했다.

> 김정일의 '내각 급진개혁 견제' 발언(2005.1) : "올해 경제건설과 인민생활에서 획기적인 전환을 일으키는 것이 우리 당의 결심입니다 … (그러나) 경제관리에서 사회주의 원칙을 약화시키는 현상이 나타나지 않도록 각성을 높여야 합니다. 사회주의 경제를 관리 운영하는 데서 국영기업을 기본으로 하고 시장을 보조적인 공간으로 이용하여 공간을 메꾸는 방법으로 국영기업과 시장을 옳게 배합하여야 합니다 … 경제사업에 대한 당적 지도를 잘해야 합니다"(2005.1 김정일).227)
>
> "경제지도 일군들이 경제지도와 관련된 당의 의도를 잘알지 못하고 있는 것 같습니다. 일부 일군들은 시장을 나라의 경제를 운영하는 데서 보조적인

---

226) 탈북민 증언, 2006.7.
227) 김정일, "당 중앙위·내각 책임일군들과의 담화"(2005.1.9).

공간으로 리용하자는것을 시장경제로 전환한다는 것으로 이해하고 있는것 같습니다. 시장과 시장경제는 성격이 다릅니다. 경제지도 일군들이 시장과 시장경제에 대한 개념을 바로 인식하지 못하고 있는 것을 보면 사상의 빈곤, 지식의 빈곤에 빠져있다는 것을 알수 있습니다. 우리는 시장경제를 받아들이지 말아야 하며 그 무엇을 개혁하는 놀음을 하지 말아야 합니다"(2005.2 김정일).**228)**

2005년 상반기 중에 북한 권력층 내부에는 경제개혁 속도와 당의 영도 보장 문제를 둘러싸고 이견이 드러났으며, 젊은 층과 원로들 간에 경제개혁에 대한 견해차가 커졌다. 북한 보도 매체들과 공간자료들의 논조도 변화하여 "당의 령도는 사회주의 경제건설의 생명선," "경제관리에서 사회주의 원칙 고수," "비사회주의 현상 근절" 등을 강조하는 논조가 증가했다.**229)** 다음은 2005년 3~5월 경제개혁 문제에 대한 북한 권력층 내부의 분위기를 기술한 것이다.

2005년 봄 개혁문제에 대한 북한 권력층 내부 분위기(2005.7 증언) : "이런 속도로 경제개혁을 지속한다면 당의 령도적 지위가 저락된다는 상층부의 이견이 많다. 소장파들은 노장파들이 물러나야 나라가 발전한다고 공

---

228) 김정일, "당 중앙위원회 책임일군들에게 하신 말씀"(2005.2.26).
229) "당의 령도는 사회주의 경제건설을 좌우하는 생명선이며 당정책을 철저히 집행하는 계획경제는 생산의 빠른 발전을 보장하는 실리적인 경제체계," 『로동신문』 논설, 2005.5.12; "가치법칙의 맹목적 적용을 바탕으로 하는 시장경제와 달리 모든 경제사업에서 당의 령도를 보장하고 국가의 통일적인 계획에 따라 경제사업을 진행해야 한다. 경제관리에서 사회주의원칙을 지키는 문제는 미제가 조선의 경제체계를 허물기 위해 책동하고 경제건설의 객관적 환경이 달라진 오늘의 조건에서 더욱 중요한 문제이다." 『로동신문』, 2005.6.10; 당 내부문건, "당의 혁명사상과 어긋나는 이색적인 사상 요소들과 불건전한 현상을 반대하여 비타협적으로 투쟁해야 혁명대오의 조직 사상적 순결성을 철저히 보장할 수 있다" (2005.4); 한홍성, "비사회주의 현상을 없애는 것은 우리 혁명의 정치 사상적 진지를 튼튼히 하기위한 중요한 요구," 『근로자』, 2005년 제3호, pp. 29-31.

격하고, 노장파들은 개방은 당의 이념을 바탕으로 해야 하는데 지금의 개혁 추진은 그 수준을 넘어섰다. 일부에서는 경제개방, 외화벌이로 많은 돈을 번 자는 힘이 강해지고 있다. 그러나 일부에서는 돈벌이로 눈이 어두워진 자들이 당과 국가는 안중에도 없이 영악하게 돈만 빼돌리고 있다. 젊은이들과 대학생들은 박봉주 총리에 대해 기대가 큰데, 당과 군 간부들은 총리에 대해 부정적인 생각이 커져갔다. 내각 간부들 사이에서 저러다가 박봉주도 김달현처럼 나가떨어질 수 있다고 우려한다."

당은 김정일에게 보고하는 데 그치지 않고 당의 주도권을 강화하기 위한 작업을 다방면에 걸쳐 추진했다. 2005년 4월부터 당 창건 60돌 (2005.10) 행사 직전인 9월까지 업무과오·비리·뇌물수수 등 권력층의 '혁명성'을 내사했다. 지난해부터 인민보안성이 주관하던 사회 저변의 '비사회주의' 현상 단속을 2005년 4월부터는 당이 직접 주관하면서 평성시장 등 시장 주변의 '무질서한 현상'을 집중적으로 검열했다.[230] 2005년도의 핵심과제인 '농업주공(主攻) 전선' 방침에 따라 진행된 5~6월의 '농촌지원 총동원'과 당 창건 60돌을 앞두고 진행된 '충성의 100일 전투' 등 두 차례에 걸친 노력 동원 과정에서도 강도 높은 사상 투쟁을 병행했다.[231]

2005년 6월 무렵에 내각은 당의 압박에 눌려 사실상 '항복'했다. 내각 간부들은 '누구를 위한 경제개혁인데 이렇게 긴장시키는가'라고 내심 불만을 토로하면서도 공식적으로는 하나같이 "사회주의 원칙에는

---

230) 노동당은 2004년 말부터 인민보안성·검찰·보위부 '합동 단속반'을 구성해 '비사회주의 현상'을 단속했다. 한국 영상물 시청 단속반인 '109 타격대'도 이때 만들어졌다. 2005년 4월부터는 직접 '중앙당 검열 그루빠'를 구성해 평성·신의주 등 대도시 시장을 검열했다.

231) 사회적 노력 동원은 당이 주관한다. 증산 투쟁이 목표이나 노동 참여 과정에서 사상투쟁이 병행되곤 한다. 2005년의 총동원은 강도 높게 진행되었다. '술풍 금지'에 따라 모내기 기간에 음주한 간부를 조사하는 과정에서 정하철 당 선전비서가 2005년 6월 중앙방송위원회 직원들과 업무 중 음주 사건에 연루되어 처벌받았다.

추호의 양보가 없다"는 목소리를 냈다.232) 경제학자들도 "분권화는 기
회주의적 입장이며, 당의 영도 포기"라고 동조했다.233) 그리고 '혁명의
주체 강화' 논조가 다시 빈번해지면서 경제개혁 의제에 대한 '잠금 효
과'를 발휘했다.234)

나. 당 계획재정부(부장 박남기) 신설과 당·정 갈등

김정일은 2005년 7월경 당 계획재정부를 신설하고 최고인민회의
예산위원장인 박남기를 계획재정부장에 겸직시켰다. 중앙당 내 경제
전문부서가 전폐되었다가 계획재정부가 신설된 것이다. 그 전에 당의
경제사업 검열권을 총리에게 위임함에 따라 2004년 12월 당 경제정

---

232) "미제의 대조선 압살정책이 노골화되고 있는 시기에 사회주의 원칙 고수 문제를
   단순히 경제적 테두리 안에서만 논해서는 안된다는 주장이 성, 중앙기관 행정일군,
   공장·기업소 경영일군들 속에서 타오르고 있다. 조선의 경제 일군의 기본자세는
   실리를 추구하여도 사회주의 원칙에서는 양보가 없다는 것이며, 집단주의의 원칙
   을 고수하는 데서 가장 중요한 문제가 경제사업에서 당의 령도를 보장하는 것이라
   고 보고 있다."『조선신보』, 2005.6.15.
233) "오늘 사회주의 경제에 대한 국가의 중앙집권적, 통일적지도에 대하는 립장과 태도
   는 혁명적립장과 기회주의적립장, 사회주의와 반사회주의를 가르는 근본척도이다.
   력사적 사실이 보여주는바와 같이 국가경제에 대한 중앙집권적지도를 포기하는
   것은 곧 경제에 대한 당의 령도를 포기하는것이며 그렇게 되면 사회주의경제가
   점차 변질되어 자본주의착취제도가 복귀하는 엄중한 결과를 가져오게 된다." 김경
   일, "국가의 중앙집권적, 통일적지도는 사회주의경제관리의 생명선,"『경제연구』,
   2005년 제4호, p. 6.
234) "우리는 혁명이 높은 단계에 올라서고 정세가 복잡할수록 주체확립의 기치를 더
   높이들고 나가야 한다. 바로 여기에 혁명의 밝은 전도가 있다."『로동신문』,
   2005.12.28; "김일성은 혁명의 매단계 매시기마다 혁명의 주체를 강화하고 그
   위력으로 부닥치는 난관을 이겨냈다."『로동신문』, 2006.10.17; "혁명과 건설에서
   주체를 강화하고 그 역할을 높이는 것이 혁명승리의 근본담보이다."『로동신문』,
   2006.10.21; "조선에서는 수령·당·대중의 통일단결을 사회의 본질적 구조로 확립
   하고 혁명의 주체를 강화하는 사업을 확고히 앞세웠기 때문에 최근년간의 사나운
   세파도 이겨낼수 있었다."『로동신문』, 2007.6.27.

책검열부와 당 농업정책검열부가 폐지되어 중앙당에는 군수(군수공업부)와 당 재정 및 김정일 비자금을 관리하는 부서(재정경리부, 39호실)를 제외하고 경제정책을 관장하는 전문부서가 한동안 전면 폐지된 상태였다.

당의 경제지도 부서가 계획재정부로 일원화되는 과정은 다음과 같다. 2004년 10월경 김정일은 "당과 내각의 중앙기구를 대폭 축소하고 2005년에 새로 출발하라"는 지시를 내린다. 2003년 4월부터 진행된 기구 및 인력 구조조정 작업이 상부 기관을 대상으로는 제대로 시행되지 않았음을 시사하며, 박봉주 내각의 일관된 입장인 '비대한 상부 관리구조의 축소' 의지를 김정일이 수용했음을 의미한다. 내각으로서는 당의 간섭을 줄인다는데 더 큰 의미가 있었다. 2004년 12월에 축소된 2개의 당 검열부서의 인력 중에 일부는 내각 등으로 흡수되고, 최소 인력이 남아 새로운 단일 '당 경제부서' 편성 작업을 하게 된다.235) 2005년 초부터 당은 내각을 보다 견제하기 시작하는데 마침 이 과정에서 개편을 추진 중인 당 부서의 성격을 계획단계부터 내각을 지도·감독하는 부서 신설로 변질시켜 2005년 7월 '당 계획재정부'를 신설했고, 박봉주는 이 부서의 공격을 받게 된다.

박남기는 당 계획재정부장에 임명되기 직전인 2005년 5월부터 내각의 급진개혁안을 대체하는 경제관리 방안을 마련하기 위해 '5.4 그루빠'를 구성해 경제개혁 조정 작업에 착수한다. 김정일이 '일부 일군들

---

235) 2004년도 10월 김정일의 '중앙기구 축소' 지시는 내각의 건의에서 비롯된 것으로 추정된다. 박봉주 내각상무조는 '상부구조의 비대'로 인한 하부단위에 대한 지나친 간섭과 재정 부담을 지적해 왔다. 김정은의 지시에 따라 "박봉주 총리가 전 내각에 기구축소 방안을 내놓도록 요구했으며 김책공대와 같이 필요 이상으로 교원이 많은 대학도 함께 인력이 감축되었다"고 한다. "당경제정책검열부와 농업정책검열부에는 각각 50여 명의 인원이 쓸데없이 간섭이나 하며 놀고먹다가 하루아침에 당 아파트에서 쫓겨나 일부는 내각으로 일부는 국방위원회 경제국으로 흡수되었다"고 한다. 탈북자 증언, 2005.4.

이 시장이용을 시장경제 전환으로 오해하고 있다'는 취지의 발언 (2005.2)을 하고 난 직후였다. 박남기(1934년생)는 계획·예산 전문가로서, 1970년대 이후 중앙당 및 국가기구에서 번갈아 가며 경제 총괄 업무를 맡아왔다. 중앙에서만 30년 이상 근무하면서, 당비서와 국가계획위원장을 각각 2차례씩이나 역임했다. 박남기는 국가계획위원장 시절 김히택 당 경제정책검열부 제1부부장과 함께 2002년 7.1 경제관리 개선조치의 '세부시행 계획 입안'에 관여하였고, 2002년 10월 말 (10.26-11.3) 경제시찰단 단장으로 방한한 경력이 있다.[236]

• 박봉주와 박남기 세력 간의 정책 갈등(2005.5~2006.6)

박남기는 2005년 7월 당 계획재정부장이 된 이래 내각 경제부처에 대한 인사권을 총리로부터 회수하였고, 내각 산하 민경협을 검열하여 당 계획재정부 산하로 이관을 추진해 실현시켰다. 1차 핵실험 (2006.10) 직후 김정일이 '인민생활 향상을 위한 제도적 토대를 만들라'는 지시가 있자 박남기는 "내각이 자본주의 환상을 품고 망쳐놓은 경제 제도를 다시 고쳐 사회주의 원칙에 따른 경제관리제도를 확립하겠다"고 보고했다.

박남기는 박봉주가 추진해왔던 정책과는 반대로, 재정확충을 도모하고 중앙의 통제를 강화하는 정책을 도입했다. 재정확충을 위해 암달러상 단속을 강화하면서 각 기업소가 유사시에 대비해 자체로 비축한 외화를 은행을 통해 흡수하기 위해 기업소 간 거래시 현금지불을 금지하고 행표 거래를 원칙으로 했다. 박남기는 또한 공장·기업소들이 계획에 따른 자재·상품 공급보다는 외화를 소지한 장사꾼들에게 먼저 판매

---

236) 장성택 조직지도부 1부부장, 이광근 무역상, 박봉주 화학공업상 등 18명으로 구성되었다.

하는 현상을 단속했고, 수출입 업무 검열을 주도하여 지방 생산 단위까지 난립하고 있는 수출기구를 재정비했다.

2005년도 북한 경제정책 관리 과정에서는 정책 혼선과 갈등이 두드러졌다. 박봉주는 총리로서 내각에서,[237] 박남기는 계획재정부장으로 당에서 각각 지도해 정책 혼선을 빚었고, 점차 박남기에게로 정책 주도권이 넘어가는 과정에서도 경제 간부들 사이에 정책 갈등이 있었다. 김정일이 박남기를 중용(2005.5)한 이후 내각에 중요 경제정책은 박남기와 협의해 보고토록 함으로써 박봉주가 책벌을 받고 실권하는 2006년 6월까지 경제관리기관은 때로는 박봉주의 의견을, 때로는 박남기의 의견을 선택하는 상황이 발생했다.

박봉주 실권(2006.6) 이후 북한 관료사회에는 "이제 사회 분위기가 더욱 경직될 것이다. 개인적 신소가 횡행하고 기관들 사이에 불신 풍조가 퍼질 것이다", "장사 능력에 따른 빈부격차가 다시 권한에 따른 빈부격차로, 좋은 자리에 앉은 사람이 돈을 버는 형태로 바뀔 것이다"라는 인식이 확산되었다. 박봉주 총리가 경질(2007.4)되고 나서는 북한에서는 "무엇인가 해보려 하면 자본주의식이라고 비판하고, 가만히 있으면 무능하다고 자른다", "총리직을 맡는 것은 호박을 뒤집어쓰고 돼지우리에 들어가는 격이다", "앞으로 밀고 나가는 기관보다는 뒤에서 잡아당기는 기관이 더 많고 힘이 쎄다", "경제개혁에 앞장섰던 사람 중에서 잘된 사람은 없으므로 이제는 아무도 개혁을 주도하지 않을 것이다"라는 자조적인 인식도 퍼졌다.[238]

---

237) 박봉주는 2005년 들어 경제정책 방향에 관해서는 김정일에 의견 개진을 자제하였으나, 일선 생산 현장 지도는 더욱 활발히 전개했다.
238) 이상 북한 내부 문건 및 탈북민 증언, 2007.5.

• 박봉주(1939년생)와 박남기(1934년생) 경력 비교

두 사람은 김일성 가계와의 특별한 연고나 가정 배경 없이 실력과 성실로 출세한 경제전문가라는 점에서 같다. 다른 점은 박봉주는 오랫동안 생산 현장 책임자로 근무하다가 뒤늦게(1993.5, 50대 중반 나이) 중앙무대에 진출한 실물 경제 전문가이나, 박남기는 젊어서부터 당과 내각에 번갈아 근무하면서 당 비서(1984.10, 2005.7)와 국가계획위원장(1986.12, 1988.11, 1998.9)에 여러 차례 등용된 계획 전문가라는 점이 다르다. 박남기가 박봉주보다 상급자이자 연배였다.

박봉주는 대기만성형인 반면에 박남기는 고속출세형인 셈이다. 원래 두 사람 모두 솔직하고 직언을 잘하나 한때 좌절을 경험한 이후에는 권력층 내에서 모나지 않게 행동하려고 조심했다는 점에서도 같다. 박남기는 1980년대 중반에 북한 경제의 문제점에 대해 '직언'과 소비품 생산 부진 책임[239]으로 평양 행정·경제 책임자로 좌천되었다가 경제계획에 정통한 식견으로 곧 재기했다. 뒤에서 거론하겠지만 박봉주도 순천비날론연합기업소(→ 순천화학연합기업소) 지배인으로 숙청(2007.5) 당했다가, 김정은 집권 시기에 다시 총리로 등용(2013.4)된 이후 '사람이 바뀌었다'는 평을 받을 정도로 경제 논리 못지않게 정치 논리에도 귀를 기울이며 몸조심했다.

---

239) 1987년 김일성이 당 정치국 회의에 국가계획위원장인 박남기를 특별히 참석시켜 경제에 대한 솔직한 보고를 주문하자, 박남기는 "우리 경제는 인민생활보다 주석폰드(주석의 지시에 따라 쓸 자금이나 물건)와 혁명사적지 건설에 치중해 문제"라고 보고했다 한다. 이에 김일성은 "그 문제에 대해 3번째 비판받는다"라고 하면서도 솔직한 보고를 칭찬했으며, 김정일이 문제 삼으려 한 것을 김일성이 만류했다고 한다. 1980년대 말 경공업비서 당시 인민생활 문제로 자주 비판을 받았고, 당시 경공업부장인 김경희에게 잘못 보여 고충을 겪었다는 증언도 있다.

표 3-10 박봉주와 박남기의 주요 경력 비교

비교항목	박봉주(1939년생)	박남기(1934년생)
성장 배경	○ 1939.4.10. 함북 성진(김책) 출생, 덕천공업대학졸업 ○ 3,40대(1960~1970년대) : 1962. 평북 용천식료공장 지배인 등 생산 현장 책임자로 근무	○ 강원 회양 출생, 김책공과대학졸업, 50년대 후반 프라하공대 유학 ○ 3,40대(1960~1970년대) : 노동당 과장, 통계국부국장, 당부부장, 금속공업성 부상, 건설부 부총국장
주요 경력	1980.10 당 중앙위 후보위원 1983.7 남흥청년화학연합기업소 당책임비서 (장기근무) 1993.5 당 경공업부 부부장 1998.9 화학공업상 2003.9 내각 총리 2007.4 내각 총리 해임 2007.5 순천비날론연합기업소 지배인 2010.7 당 경공업부 제1부부장 2012.4 당 경공업부장 2013.3 당 정치국 위원 2013.4 내각 총리 2016.5 당 정치국 상무위원 겸 당 중앙군사위원 2016.6 국무위원회 부위원장 2019.4 총리해임→ 당 부위원장(비서) 2021.1 제8차 당대회 직후 은퇴	1976. 5 국가계획위원회 부위원장 1984. 7 당 중앙위원 1984.10 당 경공업 비서 1986.11 최고인민회의 대의원 1986.12 국가계획위원장 1988.11 당 경공업 비서 1990. 5 최고인민회의 예산위원장 1993.10 평양시 행정경제위원장 1998. 9 국가계획위원장 2003. 9 최고인민회의 예산위원장 2005. 7 당 계획재정부장 2010. 3 화폐개혁 실패 책임을 물어 공개처형 당함.

박봉주와 박남기의 관계는 서로 물고 물리는 관계였다. 박남기가 국가계획위원장일 때 7.1조치를 취했음에도 경제 활성화가 부진하고 물가 불안 등 부작용이 야기되자 박봉주가 총리(2003.9)가 되어 추가 개혁을 추진했으며, 박봉주의 급진 개혁이 문제가 되자 다시 박남기가 당 계획재정부장에 등용(2005.7)되어 복고적 경제관리로 회귀했다. 박남기가 화폐교환 책임으로 처형당한 직후 박봉주는 다시 중앙무대로 복귀(2010.7)했다가, 김정은에 의해 다시 총리(2013.4)로 발탁된다.

박남기는 관운이 나빴으며, 박봉주는 박남기가 한발 앞서 저지른 '실수'를 반면교사로 삼아 장수할 수 있었다. 화폐교환 책임을 물어 박남기를 처형한 직후 당 조직지도부 1부부장 리제강이 '반당 불순 이색분자들의 죄행'을 폭로한 글에서는 박남기에 대해 다음과 같이 적었다.

리제장의 박남기 비판(2011.12) : "박남기는 이미 2002년 7월에 상품가격과 생활비를 전반적으로 개정할 때 끼여들어 방해책동을 했다. 그때 실무일군들은 식량과 상품보장대책을 세워 화폐류통의 균형을 맞출수 있게 준비한 다음에 가격과 생활비를 개정해야 한다고 했다. 그러나 국가계획위원장인 박남기는 그 말을 들은척도 하지 않았다. 그래서 일군들은 협의회를 할 때 식량과 소비상품생산용 외화를 미리 준비해야한다는 의견을 다시 제기했다. 박남기는 이때에도 '일본에서 배상금을 받아내므로 상품과 외화보장은 걱정말고 상품가격과 생활비를 개정할 준비나 빨리하라'고 내리먹였다.… 결국 2002년 7월에 전반적인 상품가격과 생활비개정사업이 진행되었지만 로동자, 사무원들에게 7월분 생활비를 제때 지불하지 못했으며 일부 상품가격은 너무 비싸게 제정되여 인민생활에 적지 않은 불편을 주었다.… 그로부터 3년이 지난 어느 날이었다. 당시 계획재정부장이였던 박남기는 어중이떠중이들을 모여놓고(2005년 조직 '5.4 그루빠' 추정) '2002년에 우리가 상품적 담보가 없이 가격개정을 했는데 올해에는 외부에서 많은 경공업생산용 자재와 쌀이 들어올 것으로 예견된다(남한의 대북 지원추정). 그러니 가격개정을 할수있다'고 지껄이면서 가격개정과 관련한 '대책안'을 만들라고 내리먹였다… 이를 알게 된 내각 책임일군들은 정신이 있는가, 2002년에 가격과 생활비를 개정하고 얼마나 혼이 나고 무질서했는가, 그런데 또 가격을 올리고 계단식으로 생활비를 올리겠다니 그러면 신발 한 켤레를 사자고 돈을 한 배낭씩 지고 상점에 가야 한다는 소리가 나온다며 반발했다. 박남기는 하는 수 없이 또 손을 털고 나앉지 않으면 안되였다."[240]

240) 리제강, 『혁명대오의 순결성을 강화해나가시는 나날에』, 2011.12, pp. 249 ~251. 리제강이 비판한 박남기의 '화폐교환 책임'에 대해서는 후술한다.

다. 박봉주 총리의 실권(失權)

박봉주는 2005년 들어 당의 견제를 받기 시작했고, 2006년에는 자신과 주변 인물들에 대한 조사가 이어졌다. 당은 박봉주의 인사권·검열권을 회수했다. 박봉주는 점차 김정일의 신임에서 멀어져 2006년 6월 '경제관리에 문제가 많다'는 이유로 '40일간 직무 정지' 책벌을 받았고 김정일 수행에서 배제되었다. 대신 박남기가 그 역할을 했다.[241]

김정일은 2006년 10월 당간부들에게 "최근 몇 해 동안 경제사업이 당의 의도대로 잘되지 않았다. (내각) 일군들의 그릇된 사상관점과 일본새에 대하여 단단히 문제를 세워야 한다"고 했다.[242] 박봉주는 당 책벌 이후 경제사령관으로서의 역할이 정지되었고 외부 인사 접견 등 총리로서 의례적인 임무만을 수행하다가[243] 2007년 4월 해임되었고, 다음 달 5월에 순천비날론연합기업소 지배인으로 좌천되었다.

박봉주의 실권 과정을 구체적으로 살펴보면 다음과 같다. 김정일은 '박봉주의 경제관리에 문제가 있다'는 당의 보고를 2005년 초부터 받았다. 그러나 김정일은 2005년에 박봉주를 자신의 현지 지도에 빈번히 대동했다.[244] 당의 보고에도 불구하고 즉시 조치하지 않은 것은 박봉주

---

241) 박봉주는 매년 연말에 김정일이 당 부부장·내각 상급 이상들에게 주는 '위대한 영도자 김정일 동지께서 하사하신 선물'도 받지 못했다. 북한 간부들 사이에는 박남기가 박봉주의 잘못을 고해바쳤고 박남기가 이러한 자신의 '권세'를 자랑하고 있다는 소문도 돌았다.

242) 김정일, "당 중앙위원회 책임일군들에게 하신 말씀"(2006.10.31).

243) 박봉주의 2006년 6월 실권 직후 활동은 다음과 같다. 2006년 7월 김정일과 함께 후진타오 중국 국가주석 방북행사 참석, 8월 이임하는 주북 중국대사 접견, 9월 신임 주북 중국대사 접견, 10월 내각 전원회의 참석, 2007년 2월 내각 전원회의 확대회의 참석 (부총리 곽범기가 의제보고), 4월 최고인민회의 제11기 5차 회의 참석.

244) 박봉주 내각 총리의 김정일 현지 지도 수행 빈도는 2004년 6회, 2005년 37회, 2006년 6회로 2006년 5월 9일 평양음대 동행이 최종이다. 반면에 박남기 당 계획재정부장의 김정일 수행 빈도는 2005년 11회, 2006년 9회, 2007년 31회, 2008

에 대한 신임과 그간 추진해 온 경제개혁에 대한 미련, 과거 '심화조 사건'에서처럼 충직한 간부들을 모함으로 처형한 경험이 작용했다.[245]

당의 내각 견제는 박봉주가 추진한 여러 개혁정책을 중단시키는 일부터 시작되었다. 앞에서 설명한 대로 2004년에 시범 도입해 성과를 거둔 포전담당제(가족 분조제)와 기업경영 자율화 조치가 김정일의 긍정 평가에도 불구하고 2005년에는 시행되지 않았다. 포전담당제는 해당 시·군에서 '성공적 영농방법'으로 만들기 위해 경쟁적으로 비료 등 영농자재를 은밀히 지원했다는 이유로, 기업경영 자율화 조치는 후원기관이 시범 기업소에 대해 과도한 지원을 해주어 '자율 경영의 성과'가 조작되었다는 이유로 중단되었다. 2005년 5월에는 박봉주 내각의 추가 개혁안에 대한 논의가 중단되고 '내각상무조'도 해체되었다. 그 대신 경제관리 개선안 마련은 새로 꾸며진 박남기의 '5.4 그루빠'로 대체되었다.

박봉주에 대한 당의 집중 조사는 2006년 8월 말부터 9월 중순까지 진행되었다. 농업을 '주공(主攻) 전선'으로 정한 2005년에 "800만 달러 상당의 비료 구입 자금을 유류 구입에 전용했다"는 것이 조사의 명분이었다.[246] 당은 '자본주의적 개편 놀음, 돈벌이 폐해 조장, 재정 확충 실패' 등 박봉주의 경제개혁 정책 전반의 문제점을 김정일에게 미리 보고했다. 김정일은 이에 대해 "내각이 머리에는 사회주의 모자를 쓰고 실제로는 자본주의의 척후병 노릇을 했다. (박봉주) 총리 부임이

년 18회, 2009년 77회이다.

245) 김정일은 "아랫단위에서 무슨 문제가 제기되었다는 보고를 받게되면, 해당 부문 책임일군들을 만나 그 문제에 대해 다시 료해한 후 필요한 대책을 세우곤 한다"고 했다. 김정일, "조선인민군 지휘성원들에게 하신 말씀"(2004.4.3).

246) 『연합뉴스』, 2007.4.12; 다른 증언은, 박봉주가 2005년과 2006년 두 차례 중국산 비료 수입과정에서 사기당한 사건 때문에 경질되었다고 한다. 그가 2회에 걸쳐 각각 250만불 상당의 비료 5만톤 도입을 계약하고 중국 판매업자에 200만불 가까이 송금했으나 계약금만 떼이고 선적되지 않았다는 것이다.

후 사람들이 돈밖에 모르는 인간으로 변했다"는 반응을 보였다.247)

한편 당은 박봉주와 함께 개혁정책을 추진한 경제 간부들을 부정부패 혐의로 지방으로 좌천시키는 방법으로 개혁정책의 정당성을 훼손시켰다. 내각 간부들에 대한 당의 집중 검열은 2006년 내내 진행되었다. 그해에 해임된 내각의 상(相)들은 당의 검열로 해임되었을 가능성이 크다. 예컨대 주동일 전기석탄공업상은 '전력 사정이 좋지 않은데 장군님 초대소에 공급되는 전기를 (공장이나 주택에) 돌려서 사용하는 방안'을 거론한 혐의로 숙청되었다.

02 개혁 정체 : 당의 경제개혁 속도 조절

● 박봉주 '6.2 그루빠'에서 박남기 '5.4 그루빠'로 개혁팀 교체

2004년 6월부터 활동한 박봉주 내각의 개혁 상무조 '6.2 그루빠'가 김정일의 '계획경제와 시장가격의 접근'이라는 지시에 따라 혹은 그 지시를 '오해'하여 시장경제 요소를 대폭 도입하는 개혁구상을 건의했으나 보류되었다. 6.2 그루빠는 당 창건 60돌을 앞두고 당면한 '쌀값 안정' 문제를 다루던 도중인 2005년 5월에 해체되었다.

그 대신 박남기를 중심으로 새로운 경제 전문가들과 내각 관료들로 '5.4 그루빠'가 구성되어 '새로운 경제관리 개선 방안'을 연구하기 시작했다. '5.4 그루빠'는 2005년과 2006년에 두 차례에 걸쳐 '새로운 경제관리 방안'을 연구했다. 1차 개편안은 2005년 5월부터 연구한 곡

247) 김정일, "당 중앙위원회 책임일군들에게 하신 말씀," 2006.6.

물 가격 현실화 등 가격 재조정 문제로 그해 8월 '국가양곡전매제'로 발표되었다.

5.4 그루빠의 개혁방향에 대한 증언(2006.9) : "7.1조치 결과 일정한 인민 생활 개선이 있었으나 간부들 부패 현상이 엄중하고, 빈부 차이가 늘었으며, 사회질서도 문란해졌다. 이런 점을 고려해 2006년 6월부터 많은 전문가와 행정 인원들로 그루빠를 조직하여 중앙당(당 계획재정부장)의 통일적인 포치와 내각의 지휘 아래 새로운 조치를 강구하고 있다. 국가·생산 현장·개인 간의 분배원칙, 시장과 배급의 차이 (해소) 문제, 기업소의 권한 문제를 다루기 위해 농업, 공장·기업소, 무역, 고정재산, 금융관리 등 여러 분야로 나누어 새 조치를 연구 중이며, 확정되면 1년간의 시험단계를 거쳐 2008년부터는 방침으로 실행할 계획이다."

위 증언과 같이 '5.4 그루빠'의 개편 방향은 재정확충 및 계획강화를 목적으로 경제관리에 보수적인 정책 도입 확대가 예상되었다. 그러나 실제로 제시된 개편안은 개별농 도입을 통한 영농의욕 고취 및 개인 수공업·서비스업 양성화 등 일부 사경제 장려에 우호적이었다.

2차 개편안은 2006년 6월부터 보다 광범위한 전문가·실무자들을 포괄해 연말까지 연구가 진행되었으며 개혁안 골자는 ①농업생산 책임제 도입, ②개인 운영 가내수공업 및 서비스업 양성화, ③기업소득세 및 공장·기업소 부동산사용료 도입, ④상업은행 신설 및 은행 저축금리 인상, ⑤군(軍)에 대한 자원분배 축소 등이다.

그러나 '5.4 그루빠'의 개혁 지향적 정책은 또다시 견제받았다. '5.4 그루빠'의 의견과는 달리 당은 경제정책 주도권을 회복한 후에 역 개혁 조치로 일관했다. '국가 량곡 전매제'와 '전국 부동산 실사 사업'이 실시되었고, 개인 수공업·서비스업과 시장에 대한 통제가 강화되었다.

가. 국가양곡전매제 추진(2005.10)

북한은 2005년 8월 "노동당 창건 60돐(2005.10.10)을 맞으며 인민들의 생활을 안정·향상시키기 위해 량곡을 국가독점지표로 전매제를 실시하여 식량 공급을 정상화할 데대한 중대 조치"를 발표했다.[248] 10월 1일부터 시행을 목표로 한 '국가양곡전매제'는 곡물 국가 배급제의 변형으로 양곡의 시장 유통을 금지하고 국가가 직접 수매하여 판매를 전담한다는 것이다. 쌀 수매가를 kg당 40원에서 180원으로 인상하면서, 협동농장은 물론 개인 경작지나 공장·기업의 부업지에서 생산된 곡물 전량을 국가가 수매하는 것으로 정했다. 판매(분배)는 직장 출근자와 그 부양가족·학생·연로 보장자들에게는 44원/kg, 무직자와 규정량 초과 구입자들에게는 600원에 차등 판매하는 방식을 도입했다.[249]

내각결정에 따라 국가가격제정국은 8월 28일 각 곡물별 '수매보조금계산가격표'와 '로동 적령기에 있으면서 직장에 나가지 않는 대상들과 공급기준을 초과하여 세대들에게 팔아주는 식량소매가격표'를 하달하면서 10월 1일부터 집행할 것임을 알렸다.[250] 국가가격제정국의 지시에는 국정가격 기준을 어겼을 경우 50배에 해당하는 벌금을 부과하고 해당 곡물은 전량 몰수한다는 내용도 포함되었다. 한편 재정성은 2005년 9월 14일 협동농장, 부침 땅을 경작하는 공장·기업, 양정기관 등에 재정처리와 회계계산 방법을 통보한 데 이어, 10월 2일 양곡수매보조금[251]을 하달하면서 재정처리를 엄격히 하라고 했다.[252] 김

---

248) 내각결정, "조선로동당 창건 60돐을 맞으며 인민들에 대한 식량공급을 정상화 할데 대하여," 2005.8.20.
249) 신분별 판매량은 직장출근자는 300-700g, 부양가족 300g, 학생 400- 500g, 연로 보장자는 300g이다.
250) 곡물별로 가격(직장근무자/무직자, kg당)을 살펴보면, 흰쌀(8분도) 180원/600원, 강냉이 96원/350원, 콩 180원/600원, 감자 41원/146원 등이다. 국가가격제정국 지시, "량곡수매와 공급에서 국가가격규율을 엄격히 지킬데 대하여" (2005.8.28).

정일은 2005년 9월 29일 "국가 양곡전매제를 강하게 밀고 나가라"고 지시했다.

북한이 양곡전매제를 전격적으로 추진한 배경은, 우선, 양곡을 '국가 시혜 품목'으로 정해 당 창건 60돌에 즈음해 '경축 분위기'를 조성한다는 계산에서였다. 당시 시장 쌀값이 800원(kg)이라서 직장에 출근하지 않은 무직자일지라도 600원으로 정하면 큰 불만 없이 수용될 것으로 보았다. 국가계획 시스템을 복구하겠다는 계산도 깔렸다. 곡물 배급제는 계획경제 복원의 첫걸음이었다. 7.1조치 이후 국정 쌀값(44원) 대비 시장가격이 지속 상승(800원, 20배 근접)해 국가가 직접 곡물 거래를 통제함으로써 가격안정을 도모할 수 있다는 점,253) 직장 출근자와 비출근자를 차별함으로써 직장 출근율을 높일 수 있다는 점, 막대한 재정적 부담254)에도 불구하고 수매가 인상(40원 →180원)으로 농민들의 증산 의욕을 고취할 수 있다는 점을 고려했다.

2005년 가을 북한에서는 '알곡 전량 국가 수매'를 위한 농민과 당국 간의 숨바꼭질과 '곡물생산량 과장 보고'라는 해프닝이 벌어졌다. 그해 양정 당국은 협동농장에서 생산한 곡물은 물론, 개인이 뙈기밭에서 경작한 곡물, 기관·기업소가 자체 식량 조달용으로 부침땅에서 재배한 곡물도 거두어들인다고 전국을 누비고 다녔다. 영농당국은 2005년 곡물 생산량을 '알곡 520만톤이 생산된 대풍년'으로 추산해 중앙에 보고

---

251) 7.1조치 이전에는 '식량가격편차보상금'이었다. 이제 이름만 바꿔 부활했다.
252) 재정성 지시, "량곡전매제 실시에서 제기되는 재정문제를 바로 잡을데 대하여"(2005.10.2).
253) 2005년 중반부터 2007년 8월 수해 발생 때까지 2년간 북한의 쌀값은 790원~880원 사이를 오르내리며 안정세를 유지했다. 다만, 2006년 10월 핵실험 직후 그해 겨울에는 930원까지 급등했다.
254) 로두철 부총리는 최고인민회의(2006.4.11)에서 "지난해 예산에서 재정형편이 어려운 속에서도 농업근로자들의 생산 열의를 높여 인민들의 먹는 문제를 풀기 위하여 거액의 량곡수매보조금이 지출되었다"고 했다. 『로동신문』, 2006.4.12; 노두철은 2009.4~2019.12 부총리 겸 국가계획위원장을 장기 역임했다.

했으나, 막상 수매해 보니 과장된 것으로 판명되었다.[255] 2005년을 '농업 주공전선'으로 설정하였고 어느 때 보다 강도 높게 '전주민 농촌 지원 총동원 사업'을 전개한 마당에 지방당에서 '장군님께 기쁨을 드린 다'는 명분으로 곡물생산량을 과장 보고한 결과였다.

　김정일은 2006년 1월 간부들에게 "알곡을 빼돌리지 못하게 량정규율을 엄하게 확립할 것"과 "알곡 생산량을 사실대로 보고할 것"을 강조하면서 "뙈기밭 생산분을 농민 분배 몫에 포함한 것은 잘못"이라며 시정할 것을 지시했다. 그리고 "국가에서 농민들과의 약속은 지켜야 한다"면서 "양곡관리 업무를 수매양정성에서 농업성으로 넘기는 문제"도 거론했다. 이 주장은 박봉주 내각 상무조가 보고한 내용을 인용한 것이다. 그러나 김정일의 이 같은 발언에도 불구하고 이후 농민 분배 몫은 지켜지지 않았고, 농업생산 지도와 수매관리의 일원화를 위한 수매양정성의 '폐지'는 뒤늦게(2020년) 실현되었다가 다시 부활(2023년)하는 우여곡절을 겪는다.

　　김정일의 '양정정책' 언급(2006.1) : "국가에서 농민들과 약속한 것을 어겨서는 안됩니다. 농민들이 논두렁과 밭뚝에 콩을 심거나 비경지에 곡식을 심은 것을 그들의 분배 몫에 포함시키는 것은 사실상 수탈행위와 같습니다 … 국가적으로 량곡전매제를 실시하는 것은 농민들에게 리득을 주고 그들의 열의를 높여 알곡생산을 늘이자는데 중요한 목적이 있습니다."[256]
　　"량정규율을 엄격히 세워야 알곡을 다른 데로 빼돌리지 못하게 할 수 있으며 농업부문 일군들속에서 허풍을 치는 현상도 없앨 수 있습니다 … 누구도 국가의 알곡을 제마음대로 처리할 권한이 없습니다. 알곡생산에 대해서

---

255) 농촌진흥청은 2005년도 북한의 곡물생산량을 454만톤으로 추계했다. 2006년 초 북한 내에는 "전년에 곡물을 600만톤 생산했다는 허위 보고가 있었다"는 소문이 돌았다.
256) 김정일, "조선인민군 지휘성원들에게 하신 말씀"(2006.1.1).

는 더하지도 덜하지도 말고 사실대로 보고하여야 합니다 … 군량미는 무조건 전량 보장해야 합니다 … 이제는 모든 부침땅(관리업무)을 농업성에 넘겨야 할 때가 되었습니다."257)

양곡 전매제의 '2005년 10월 1일부 전국적 시행'은 이루어지지 않았다. 그해 가을 양곡이 확보된 일부 지역에서만 식량 배급(전매)이 이루어졌고, 다시 2006년 1월부터 전국적 시행을 도모하였으나 부양가족에 대한 저가 공급을 중단하는 등 차질을 빚었다.258) 암거래에 대한 집중적인 단속도 있었으나, 국가 확보량 부족으로 점차 평양을 제외하고는 국가양곡전매제가 무의미해졌다. 곡물 암거래는 묵인될 수밖에 없었고, 이 과정에서 관료들의 이권 개입 여지만 늘어나 곡물 가격은 인상되었고 주민들 부담은 가중되었다.

나. 전국 부동산 실사 사업(2006.4~8월)

북한은 2006년 4월~8월간 '전국 부동산 실사 사업'을 진행했다.259) 이와 관련해 김정일은 2005년 10월 4일 "공장·기업소 부지를 줄이고 땅 리용에 대한 통제를 잘하자면 국가에서 땅 같은 부동산가격을 바로 정하고 그 사용료도 받아야 한다"라고 했다. 이듬해 1월에는 "합영·합작 기업이 리용하는 부지에 대해서도 사용료를 받도록 하는 체계를 세

---

257) 김정일, "당·군대·국가책임일군들에게 하신 말씀"(2006.1.28).
258) 청진시의 경우 2005년 10월에 보름치 식량(1일 400g, 총 5.2kg)을 두 차례 배급받았을 뿐 이후 배급은 이루어지지 않았다. 탈북민 증언, 2006.4.
259) 노두철 부총리는 2006년 4월 11일 최고인민회의에서 "전국가적인 부동산 실사작업을 통해 부동산들을 빠짐없이 장악하고 사용료를 제정·적용할 것임"을 예고하였다.

울 것"과 "지하자원을 합리적으로 개발 리용하자면 지하자원에 대한 전면적인 조사사업을 진행해야 한다"고 지시했으며,260) "부침땅에서 건설한 경우 대토 복구"도 지시했다.261)

북한은 2006년 연초 내각 직속으로 '부동산실사위원회 중앙상무'를, 지방에는 '도·시·군 상무'를 조직했고, 그해 3월에는 각급 기관에 "부동산 실사 지도서"를 하달했다. 당, 무력, 군수, 특수단위는 자체로 부동산을 조사하여 중앙상무에 제출하도록 하였고, 부동산은 토지, 건물, 자원, 기타(도로, 항만, 공원)로 구분해 조사했다.262)

부동산 실사 직후에는 부동산사용료가 부과될 것임을 예고했다.263) 부과 목적은 부동산의 효율적 이용과 필요 이상의 과다 토지 보유 방지, 도로·강하천 등 사회간접자본의 운영·보수 자금 마련, 지하자원의 탐사비용 조달에 목적이 있다고 했다. 국가가격제정국은 2007년 3월 19일 '부동산가격과 사용료률'을 정하여 전파하면서 4월 1일부터 시행할 것을 지시했으나, 실제로는 이듬해 1월부터 징수한 것으로 확인되었다. 2009년 12월에는 '부동산관리법'을 제정하여 부동산의 등록과

---

260) 2006년 1월 19일 하달된 북한 내각결정 제3호 지시문의 제호가 '1월 4일 위대한 김정일동지께서 제시하신 부동산사용료를 제정할데 대한 방침을 철저히 관철하자'는 것이었다. 『동아일보』, 2006. 4. 21.

261) 『경제연구』(2006년 제4호)는 기관·기업소의 이용기준 초과 부동산, 농경지에서 전용된 건설부지에는 높은 사용료를 부과한다고 설명하였다. 한편 김정일은 2006년 1월 "국가적으로 부침땅을 리용하는 경우에는 철저히 대토복구를 하게 되어있는데 최근에는 대토복구라는 말자체가 없어진것 같다. 부침땅에 건설을 하고 지금까지 대토복구를 하지 않은 대상들을 전반적으로 료해장악하여 무조건 대토복구를 하도록 하겠다"고 언급하였다.

262) 북한은 부동산 실사 종합자료의 제출 시기를 공장·기업소는 2006년 5월 30일까지 시군상무에, 시군은 7월 15일까지 도 상무에, 도 상무는 8월 15일까지 중앙상무에 제출하도록 정하였다. 한편 지하자원 조사 일정으로, 4월 한 달은 기관·기업소 자체로 실사하고, 5월 중에는 도별로 종합하여, 6월부터 7월 20일까지 중앙상무의 종합 심의를 받도록 했다.

263) 리동구, "부동산가격과 사용료를 바로 제정·적용하는 것은 부동산의 효과적리용을 보장하기 위한 중요한 요구," 『경제연구』, 2006년 제4호.

실사, 이용, 사용료 납부에서 나서는 문제들을 규정했다.[264]

2008년부터의 부동산사용료 부과는 2002년 7월부터 시작된 주택사용료나 농지사용료(7.31 '토지사용료 납부규정' 제정)와는 달리 사실상 무상으로 제공된 공장·기업소 부지 등에 사용료를 부과해 재정을 확충하고 토지 이용의 효율성을 높이려는 의도였다. 이 과정에서 일부 기관·기업소가 사용료 부담 경감을 위해 유휴 토지를 반납하거나, 주택 신축 분양 등 편법적 부동산 개발을 통제하는 효과도 거두었다. 장차 부동산 사용권의 매매를 허용할 것이라는 소문도 돌았다.[265]

다. 개인 서비스업·수공업 통제(2007.2)

2004년의 박봉주 내각(상업성)은 시장 활성화와 더불어 독립채산제 장려와 국가재정확충을 위해 기관·기업소에서 식당 등 서비스업을 경영하는 것을 허용했다. 기관·기업소가 일부 자금력 있는 개인에게 경영을 위탁하는 것도 묵인했다. 이 같은 '합의제 식당'[266] 등 개인 서비스업 운영에 대해 당은 2005년 3월경부터 이익금이 국가로 환수되지 않고 빈부격차를 심화시키는 '자본주의의 싹'이라는 이유로 통제를 시도했다. 그러나 통제는 실효성을 발휘하지 못했다. 평양을 비롯한 주요 도심 아파트 1층 건물에 우후죽순처럼 개설되었던 개인 사업체들이 좀처럼 수그러들지 않았다. 개인 사업체의 운영자금은 고리대금업

264) 『조선중앙통신』, 2009.12.15.
265) 『연합뉴스』, 2006.8.10.
266) 박봉주 내각은 국영식당은 국가가, 합의제 식당은 기관·기업소가 경영하는 것이 원칙이나, 자금력 있는 개인도 수익금 제공 조건으로 식당을 인수하여 기업 명의로 운영하는 것을 허용해 주었다. '기업 : 개인'의 이익 분배방식에 따라 '2.8식당' '3.7식당' 등으로 불린다.

자로부터 대부받은 것이었고 거기에는 당 간부들의 출자도 있었다.

북한 당국은 2007년 초 "개인들 속에서 이루어지는 생산물과 봉사활동이 나라 살림살이와 인민 생활에 미치는 영향"을 파악하기 위해 지방 단위별로 개인 수공업과 개인 서비스업에 대한 일제 실태조사를 했다.267) 이어 김정일은 그해 2월 7일 중앙당으로부터 '109(비사회주의현상 타파)연합지휘부 사업정형'을 보고 받고는 "각급 당 조직과 기관·기업소들이 개인들에게 돈벌이 조건을 만들어 주어 사회적으로 돈밖에 모르는 나쁜 풍조를 퍼뜨리고 있다. 그 현상을 맹아 단계에서 짓뭉개 버리기 위한 사상투쟁을 강도 높게 벌리라"고 했다.268) 김정일의 '2월 7일 지시'로 개인 서비스업 및 수공업에 대한 통제가 재개되었다.

03 시장통제 등 개혁 후퇴

가. '시장＝비사회주의 서식장' 군중 교양(2007.10)

1차 핵실험이 있고 난 뒤 2006년 말 북한 내부에는 당국이 새로운 경제개혁을 모색한다는 소문이 돌았다. 7.1 조치가 시행된 지 4년여 지난 시점에서 경제관리개선 조치 자체의 한계는 물론 간부들의 부패, 빈부격차 심화, 비사회주의 현상 만연 등 정치·사회적 부작용까지 고

---

267) 중앙통계국은 시·군별로 떡·술 등 개인 수공업 29종, 이발·식당 등 14종에 대해 유통 규모·국가 및 주민 생활에 미치는 영향을 조사했다. 중앙통계국 지시, "개인들이 수공업적으로 생산하는 생산물과 봉사활동 보고," 2007.1.15.
268) 탈북민 증언, 2007.8.

려한 새로운 개혁구상을 한다는 것이다. 앞에서 밝혔듯이 박남기가 주도하는 '5.4 그루빠'의 새 개혁안 골자는 농업생산 책임제 도입, 개인 운영 가내수공업 및 서비스업 양성화, 기업 소득세 및 공장·기업소 부동산사용료 도입, 상업은행 신설 및 은행 저축금리 인상 등이었다.

그러나 경제개혁 재추진 분위기는 1차 핵실험(2006.10) '성공' 직후 일시적으로 조성되었을 뿐이었다. 2007년 들어 '5.4 그루빠'의 개혁 기조마저 꺾이면서 현실은 거꾸로 갔다. 개인 수공업이나 서비스업을 양성화해주지 않고 오히려 통제했다. 개인의 돈벌이 '폐해'에 대한 선전 활동이 강화되었고, '당의 영도' 및 '주체의 강화'가 강조되었다. 2007년 북한의 대외환경은 한국의 노무현 대통령과 남북정상회담이 이루어지고 각종 남북 경협이 합의되는 등 나쁜 편이 아니었다. 적(敵)은 내부에 있었다. '국가 대 시장의 대결'이 시작되었고, 주도권을 굳히려는 당이 통제를 강화해 정치 논리가 경제 논리를 압도했다.

2007년 10월 북한 당국은 군중 강연을 통해 그간 장려해 왔던 친(親)시장 정책을 철회했다. 북한의 시장은 4년 7개월 만에 다시 통제 대상으로 바뀌었다. 당국의 시장에 대한 '공격'은 3단계로 이루어졌다. 2007년 10월부터 불법·무질서 거래 통제, 2008년 10월부터 개장일·판매 품목 규제, 2009년 6월부터 물리적 시장 공간 자체에 대한 축소 순서로 진행되었다. 사회주의 경제생활의 보조공간으로서 주민들의 생활 편리를 도모한다는 명분으로 장려한 시장이 오히려 괴물처럼 커져 국영 유통망을 잠식하고, '비사회주의 현상269)의 서식장'으로 자리 잡

---

269) 북한은 비사회주의 현상을 "사회주의 원칙에 어긋나는 온갖 불건전한 것"(『조선말사전』(2004))이라고 하면서 "사람들의 건전한 사상의식을 마비시키고 당과 혁명대오의 일심단결을 좀먹는 위험한 요소"(김정일, "당중앙위 책임일군들과의 담화," 2001.1.3.)라고 규정하고, "가장 위험한 비사회주의 현상은 사회질서를 문란시키고 군중들에게 나쁜 영향을 주며 점차 자라나면 사회주의 제도를 위험에 빠뜨린다"(김정일, "전국인민정권기관 일군 강습회에 보낸 서한,"1992.12.21.)고 했다. 구체적으로 "자본주의의 사상·문화적 침투, 서구 날나리풍·남한풍·미신행위 등 온갖

으면서 체제를 위협한다는 판단으로 국가의 공세가 시작되었다.270)

북한은 2007년 10월 중앙당 차원에서 전 주민들을 대상으로 종합 시장의 문제점과 향후 통제 방향에 대해 군중 교양 사업을 전개했다. 평성 종합시장을 비롯한 주요 도시들의 시장들에 대한 실태를 조사한 결과 다음과 같은 심각한 문제점이 드러났다고 했다. ① "무엇보다도 시장들이 번창해지고, 장사가 시장 밖으로 확대되고 있다." ② "일할 나이의 여성들의 대부분이 (출근하지 않고) 시장에 나와 장사하고 있다."271) ③ "시장에서 장사하는 사람들이 폭리를 얻기 위해 수단과 방법을 가리지 않고 인민의 이익을 침해하고, 국가의 법질서를 위반하는 행위를 서슴없이 하고 있다."272) ④ "특히 엄중한 것은 장사꾼들이 남조선상품을 통해서 적들에 대한 환상을 유포시키고 있다." '적'들에 대한 환상은 '남조선에 대한 환상'뿐 아니라 '자본주의에 대한 환상'을 포함한다. 그 결과로 배금 풍조·부정부패·빈부의 격차 심화 현상을 초래했다는 것이다. 다음은 시장의 '폐해'에 대한 군중 교양 자료(2007. 10)의 요지이다.

이색적이고 불건전한 생활 풍조, 불순 녹화물·출판물 열람 유포행위는 물론 비법월경 및 밀수밀매 행위"를 망라했다. 2007년 10월에는 시장에서의 불법 장사가 가장 큰 비사회주의 현상이 된다.

270) "장군님께서는 지난 8월 26일 시장이 비사회주의의 서식장으로 된데 대하여 심각한 말씀을 주시였다 … '비사회주의적현상에 대하여 절대로 소홀히 대하지 말고 그것을 철저히 뿌리뽑기 위한 집중적인 공세를 들이대야 합니다'라고 지적하시였다." 당 중앙위원회 군중강연자료, "시장에 대한 올바른 인식을 가지고 인민의 리익을 침해하는 비사회주의적인 행위를 하지 말자"(2007.10).

271) "특히 가슴 아픈 것은 당의 배려로 대학을 졸업하고 교원, 의사를 하다가 살림이 어렵다고 하여 퇴직하고 장사하고 있다는 것이다. 당과 국가의 혜택을 받으며 고등교육까지 받은 여성들이 자기 초소를 버리고 장사행위를 하는 것은 초보적인 양심과 의리가 없는 행위이다"라고 했다. 위의 군중강연자료.

272) "국가 규정에 따라 시장에서는 한도 가격대로만 팔게 되어있고 남조선상표가 붙은 상품과 군품, 전략물자, 생산수단 … 등 60여 종의 상품들은 팔지 못하게 되어있다. 그러나 어느 시장에나 … 없는 상품이 없으며 돈만 있으면 아무것이나 다 살 수 있게 되어있다. 장사군들은 … 매대 밑에 감추어두고 눈썹 하나 까딱하지 않고 팔고 있다"고 한다. 위의 군중강연자료.

'시장=비사회주의 서식장 규정' 군중 교양자료(2007.10) : "일부 장사군들은 남조선상품을 팔아먹기 위하여 젊은 청년들이 물건을 사러 오면 '보라, 어디것인가 상표를 보라, 최고야, 다른 장판에는 없어, 후회하지 말고 사라'고 허튼소리를 하면서 그들에게 남조선상품에 대한 환상을 조성시키고 있다. 어떤 청년들은 남조선 것이라고 하면 덮어놓고 질이 좋다느니, 어떻다느니 하면서 보기도 흉하고 별로 좋지도 못한 옷을 입고 다니고 있다.

지금 일부 사람들이 돈맛을 들인 결과 사회에는 남을 등쳐먹는 현상, 뢰물행위 등 온갖 비사회주의적인 현상들이 나타나고 있으며 부정부패 행위가 도수를 넘어 매우 엄중한 단계에 이르고 있다. … 처음에(는) 얼음과자장사, 남새장사, 잡화장사와 같은 자그마한 장사로부터 시작하였으나 이제는 돈을 벌어 시장에는 나와 앉지 않고 뒤에서 돈 덩어리가 큰 상품들을 암거래하여 돈을 벌어가지고 흥청대고 있다. 그러다 보니 사회에 돈 많은 사람과 돈 없는 사람이 생겨나고 장사하는 사람과 직장에 출근하는 사람들의 생활 수준 차이가 점점 심해지고 있다.

사람들이 돈에 환장이 되면 온갖 비사회주의가 서식되어 사회가 썩고 병들게 되며 나중에는 국가와 사회주의를 위험에 빠뜨릴 수 있다. 지금 일부 사람들은 돈이 있어야 한다. 돈만 있으면 대학에도 갈 수 있고 병도 고칠 수 있으며 승급도 할 수 있다고 하면서 정실 안면 관계도 돈이 작용해야 효력을 볼 수 있다고 내놓고 말하고 있다 … 우리는 지금 심각한 계급투쟁을 벌리고 있다. 그런 것 만큼 이런 잡소리에 높은 각성을 가지고 대하여야 한다 … 지금 적들은 우리 내부를 와해시키기 위해 별의별 악랄한 수법을 다쓰고 있다. 사회가 무질서하고 규율이 없으면 어떤 도깨비가 나올지 모른다."

당국은 2007년 말부터 종합시장 건물 외에, 이른바 시장 입구 골목의 '메뚜기 시장'을 단속하고, 남한상품 등 통제품 거래에 대한 처벌을 강화하면서, '로동할 나이에 있는 녀성들'(50세 미만)[273]을 직장에 복

273) 북한 당국은 당초에 종합시장을 장려하면서 '로동적령기에 있는 남자'에 한하여

귀시키는 조치를 했다. 그러나 시장은 이미 파는 사람이나 사는 사람에게나 생존의 공간으로 정착되었으며, 일부 사람들에게는 '기회의 장(場)'이었다. 장사꾼들은 뇌물과 편법을 동원해 다시 시장 공간을 늘려나갔다. 단속하는 시장관리인들이 '눈을 감아 주는 현상'도 줄어들지 않았다. 국영상점에 상품이 없듯이, 국가가 제공한 일터에는 돈벌이가 되는 일감이 없었다. 김정일이 '노동 행정 규율에 된바람'을 재차 강조했으나,274) '노력 파견장'을 받은 여성들이 직장으로 복귀하는 대신 시장 주변에서 맴도는 현상은 반복되었다.

나. 김정일의 '경제개혁 후퇴' 선언(2008.6.18 담화)

시장에 대한 군중 교양이 있은 지 1년이 지난 후 이번에는 경제 간부들 대상 사상투쟁이 진행되었다. 2008년 10월 평양에서는 내각 전원회의 확대회의가 개최되었다. 내각 성원들은 물론 이례적으로 지방 경제기관 간부들과 중요 공장·기업소 책임자들이 망라해 참가했다.275) 회의에서 김영일 총리는 "김정일의 로작 '경제사업에서 사회주의원칙

장사를 금지했다(2004.8.12 시장관리운영규정세칙). 그러다가 젊은 여성들의 시장참여가 늘자 40세 미만의 상행위를 금지(2007년 초 추정)했다가 2007년 10월에는 50세 미만 여성의 상행위를 금지했다. '사회주의로동법'은 노동 적령기를 남자는 16~60세, 여자는 16~55세로 규정하고 있다.

274) 김정일은 수시로 "지금 로동행정규율이 문란해져 직장에 출근하지 않고 여기저기 떠돌아다니는 사람들이 많은데 로동성과 공장, 기업소의 로동행정부서들에서는 그들이 어디에 가서 무엇을 하며 돌아다니는지 알아보려고도 하지 않고 있다"고 질책했다. 북한 내부자료, "위대한 령도자 김정일동지께서 로동행정규률을 강하게 세울데 대하여 주신 말씀(2004.4.11)을 철저히 관철할데 대하여"(2004.7).

275) 북한은 "내각 전원회의에는 내각 직속기관과 성의 관리국, 도·시·군 인민위원회, 도 농촌경리위원회, 각 도 지구계획국·생산지도국·재정국·지방공업관리국, 중요 공장·기업소의 책임일군들이 방청으로 참가하였다"고 보도했다. 『조선중앙통신』, 2008.10.20.

을 고수하며 사회주의경제의 우월성을 높이 발양시킬데 대하여'(6월 18일 담화)에 제시된 과업을 철저히 관철할데 대한 문제"를 보고했다. 내각 및 지방 경제 간부들은 김정일의 '6월 18일 담화'가 "경제관리에서 나선 제반 문제들에 명백한 해답을 준 백과전서적인 교과서"라고 칭송하면서, "모든 경제사업을 정치사업을 앞세워 대중의 정신력을 발동시키며 집단주의의 위력에 의거해 수행해 나갈 것"을 결의했다. 다음은 김정일의 2008년 '6월 18일 담화'의 주요 내용이다.

김정일의 '경제개혁 철회' 선언(2008.6.18) : "내가 최근시기 여러 기회에 말하였지만 시장에 대한 인식을 바로 가져야 합니다. 우리가 경제관리에서 시장을 일정하게 리용하도록 하였더니 한때 일부 사람들은 사회주의원칙에서 벗어나 나라의 경제를 ≪개혁≫≪개방≫하며 시장경제로 넘어가는것처럼 리해한것 같은데 이것은 아주 잘못된 생각입니다. 경제지도일군들이 시장과 시장경제에 대한 그릇된 인식을 가지게 되는것은 사상의 빈곤, 지식의 빈곤에 빠져있다는것을 말해줍니다. 누구나 할것없이 경제사업과 관련한 당의 사상과 방침을 정확히, 깊이있게 인식하지 못하면 사회주의경제의 우월성에 대한 신념이 흔들리게 되어 제국주의자들이 떠벌이는 ≪개혁≫≪개방≫에 현혹될 수 있고 자본주의시장경제에 대한 환상에 사로잡힐수 있는 것입니다. 이에 대하여 일군들이 각성을 높여야 합니다. …

시장은 경제분야에서 나타나는 비사회주의적현상, 자본주의적요소의 본거지이며 온상입니다. 시장에 대하여 아무런 국가적대책도 세우지 않고 그대로 내버려두거나 시장을 더욱 조장하고 령역을 확대하는 방향으로 나간다면 불피코 나라의 경제가 시장경제로 넘어가게 됩니다. 그러나 현실적조건에 따라 국가적통제밑에 시장을 일정하게 리용하는것이 곧 시장경제로 가는것은 아닙니다. 시장과 시장경제는 같은 개념이 아닙니다, 문제는 시장을 어떻게 보고 대하며 그것을 어떤 원칙과 방향에서 어떻게 리용하는가 하는데 있습니다."[276]

'6.18 담화'에서 김정일이 시장을 국가의 적극적인 통제하에 이용하게는 하되 '비사회주의·현상'에 대해서는 특단의 조치를 하라는 지시는 이전 지시(2007.8.26) 내용과 같다. 그러나 이번에는 시장에 대해 "그릇된 인식"을 가진 간부들을 "사상의 빈곤"에 처해 있다며 간부들의 소극적인 시장통제를 비판한 점이 과거와 달랐다. "시장을 일정하게는 리용하라" 그러나 "지금의 비사회주의 현상은 그대로 두지 마라"는 김정일의 두 논점 사이의 절충에서 간부들은 무엇이 해답인지를 이제 확실히 알게 되었다.

'6.18 담화'는 사실상의 '경제개혁 후퇴' 선언이었다. 김정일은 시장에 대한 포섭에 실패하자 다시 통제로 전환할 것을 분명히 했다. 그는 보조적 경제 공간으로서 시장의 존재가치에 의미를 부여한 김일성의 '유훈'이 없었다면 시장을 완전히 철폐했을 것이다. 그러나 당시 북한 현실에서 시장에 대한 완전한 통제는 불가능했다. 시장 도입 자체가 국가공급 능력 부족에서 출발하였기 때문이다. 북한 당국입장에서 시장은 어쩌면 '계륵'의 위치에서 출발했으나,[277] 이제는 주민들의 유일한 경제 활로로 성장했기 때문에 당국의 시장 규제는 위험천만해 보였다.

다. 종합시장 철거 추진 및 뙈기밭 회수(2009)

북한 당국과 시장의 공방은 반복되었다. 2007년 말 당국의 시장에 대한 공세는 이미 '괴물'이 된 시장의 저항으로 후퇴하는 듯하다가 김

---

276) 김정일, "경제사업에서 사회주의원칙을 고수하며 사회주의경제의 우월성을 높이 발양시킬데 대하여"(당, 경제기관 책임일군들과 한 담화, 2008. 6.18).
277) 정영철, "북한에서 시장의 활용과 통제: 계륵의 시장," 『현대북한연구』, 제12권 2호(2009), pp. 128-129.

정일의 '6.18 담화' 직후인 2008년 10월에 보다 강력한 통제 조치가 발동되었다. 시장에 붙인 당국의 '포고문'에 의하면[278] 2009년 1월부터 상설 종합시장을 과거 농민시장 형태인 10일장으로 바꾸고, 주민들은 농산품이나 가내수공업에 의해 자체 생산한 기초 생필품만 팔 수 있으며, 공산품과 수입 상품은 국영상점에 위탁 판매해야 한다는 것이다. 10일장으로 변경한다는 것은 종합시장 내 고정 판매대를 철거하겠다는 것이며, 전문 장사꾼을 없애겠다는 것이다. 시장 개장일과 판매품목을 전면 통제하여 종합시장을 과거 농민시장으로 복귀시키는 조치는 경제개혁 '후퇴'를 선언한 김정일 '6.18 담화'의 이행이었다.

2009년에도 시장을 통제하려는 당국과 반발하는 주민들 간에 줄다리기가 계속되었다. 시장 상인들은 단속이 심해지면 물건을 내놓고 팔지 않고 집에 감춰 놓았다가, 시장에 가서 살 사람을 집으로 데리고 와 파는 불편을 겪으면서도 장사를 이어갔다. 주민들의 반발로 보류되는 듯한 시장폐쇄는 2009년 6월부터 재개되어 북한의 최대 시장인 평성시장이 먼저 철거되었다. 시장터가 '과거 김일성의 혁명유적지라서 시장을 철거하는 대신 다른 지역에 소규모 시장 수 개소를 신설할 것'이라고 상인들을 회유했다.[279]

2009년에 뙈기밭을 협동농장에 강제로 귀속시키는 조치도 단행되었

---

278) 황해남도 상업관리국이 해주시장에 붙인 포고문, "김정일도 못막는 북한 시장," 『조선일보』, 2009.1.14.

279) 『월스트리트저널』(2009.9.19)과 『열린 북한통신』제18호(2009.7) 등은 '평성시장' 폐쇄 과정을 다음과 같이 전했다. 6월 10일 중앙당 고위간부가 평성시장을 돌아보면서 "평성시가 돈벌이에만 눈이 어두워 도시 꾸미기를 등한시한다"고 지적하고 시장터는 과거 김일성이 시찰하면서 '유원지로 꾸미라'고 교시한 지역이라면서 폐쇄를 명령했다. 이어 평남도당은 평성시장을 폐쇄하는 대신 시내 다른 지역에 수 개의 소규모 시장을 건립할 것이라며 시장 상인들에게 1주일 기간을 주면서 장사를 마무리하라고 지시하고는 6월 말부터 시장을 폐쇄하고 건물을 뜯기 시작했다. 대신 도시 미관공사를 위해 인도를 파헤치고, 주민들에게는 성인 1인당 10만 원씩의 도시미화 지원금 납부를 할당했다.

다. 뙈기밭은 주민들이 개별적으로 야산이나 강하천 인근의 토지를 경작해 먹던 토지로, 2002년 7.1조치와 더불어 경작 면적을 400평까지 공식적으로 허용해 준 개인 경작지였다. 이미 2004년 3월 토지정리 과정에서 김정일이 "뙈기논들도 깨끗이 정리하라"고 지시280)함에 따라 토지정리 과정에서 많은 뙈기밭이 줄어든 상황에서, 텃밭·뙈기밭 등 개인이 부치는 토지 규모가 부동산 실사 과정에서 파악되자 다시 뙈기밭 회수 조치에 나섰다.281)

북한은 2008년에 개인이 경작하는 뙈기밭을 회수하려다가 반발에 부딪쳐 물러섰다가 2009년 봄부터 다시 협동농장에 강제 귀속시켰다. 뙈기밭 회수 명분으로 협동농장 자체의 생산성 저하, 농민들의 영농물자 훔쳐 가기, 농업의 자본주의화 현상 방지를 들었다. 주민들이 일궈낸 개인 경작지는 이렇게 주기적으로 국가에 의해 환수되었다. 그로부터 10여 년이 지난 2021년 봄 시장통제와 뙈기밭 회수조치는 김정은 정권에 의해 다시 반복되었다.

역사는 반복되었다. 김정일 정권의 경제개혁이 종결되는 2008년, 2009년의 경제관리 방식과 경제정책 추진 양상은 다시 10년 전과 흡사해졌다. 2008년에 김정일은 "내각이 사회주의 원칙에서 탈선하는 일이 없도록 특별히 예리한 당적 통제"를 주문해,282) 내각책임제는 허

---

280) "우리가 토지정리에 손을 댄바에는 사람들의 눈에 잘 보이지 않는 구석진 곳의 뙈기논들도 다 깨끗이 정리해야 한다." 김정일, "알곡생산을 결정적으로 늘여 토지정리의 위대한 생활력을 높이 발양시키자"(평안남도 토지정리사업을 현지지도하면서 일군들과 한 담화, 2004.3.16), 『근로자』, 2005년 제3호, p. 4.

281) 북한은 부동산 실사과정에서 "농업 토지는 지목별로 등록된 관리자별로 농업부문 경리, 기관·기업소 경리, 개인이 부치는 토지로 구분하여 실사"했고, "개인이 부치는 토지는 농촌주민세대가 부치는 터밭을 포함"하되, "울타리 안의 터밭은 주민지구토지에 포함"시켰다.. 『부동산실사지도서』(2006.3), 제13조.

282) 학습제강, "위대한 령도자 김정일동지의 로작 《경제사업에서 사회주의원칙을 고수하며 사회주의경제의 우월성을 높이 발양시킬데 대하여》의 기본내용에 대하여"(2008.6); 한편 노동신문에 "당조직의 행정경제사업에 대한 키잡이 역할" 표현이 2008년도에 20회나 출현하였다(2007년에는 2회 출현).

울만 남았다. 경제사업에서의 실리주의는 '본위주의 현상'으로, 하부단위의 창발성 보장은 '무질서, 무규율 현상'으로 비판받았다. 물질적 자극 강조는 '정치·도덕적 자극 중시'로 회귀했다. '계획화 사업의 결정적 개선 강화'가 강조되었으며, 화폐와 가격 등의 경제적 공간들은 계산과 통제의 수단으로 다시 평가 절하되었다.283)

2009년에 실리·가격·시장은 '사회주의 원칙에서의 탈선'으로 규정되어 경제개혁 의제에 다시 큼직한 잠금장치가 채워졌고, '150일 전투'(4.20-9.16)를 진행하면서 과거의 '개미가 뼈다귀 갉기식' 노력 동원과 자력갱생이 다시 강조되었다.284)

라. 화폐개혁 및 시장의 반격(2010)

북한 당국은 2009년 11월 30일 화폐교환을 단행했다. "지금까지 써오던 낡은 돈을 100:1의 교환 비율로 거주지에 조직된 화폐교환소에서 새 화폐로 교환해주며, 세대당 10만원(신권기준 1,000원) 한도로 11.30~12.6(1주일) 기간 동안 바꾸어 준다"고 전격 발표했다.285)

---

283) 앞의 학습제강(2008.6).
284) 김정일은 2009년 6월에 발표한 담화에서 "위에서 대주지 않아도 제힘으로 대고조의 불길을 지필 것"을 다시 강조하였다. 김정일, "김일성 민족의 위대한 정신력으로 강성대국 건설의 모든 전선에서 혁명적 대고조의 불길을 세차게 지펴올리자"(2009.6.25).
285) 북한은 화폐교환 사실을 2009년 11월 30일 인민반 조직과 '제3방송'을 통해 고지했다. 12월 1일에는 평양 주재 외국 대사관들에 통보했으며, 12월 4일이 되어서야 조선신보를 통해 우회적으로 외부 세계에 알리는 등 '속옷 빨래'하듯 진행했다; 12월 4일 조선신보는 "'새 돈을 발행함에 대하여' 제목의 최고인민회의 상임위원회 정령과 이를 집행하기 위한 내각결정도 있었다"고 보도했다. 『조선신보』, 2009.12.4; 화폐교환에 관한 내각결정 431-1호는 '인민생활 안정과 향상을 위하여'이고, 423-2호는 '경제관리체계와 질서를 바로잡기 위하여'였다.

북한의 이 조치는 1992년 7월의 화폐교환(교환비율 1:1)이래 17년만의 교환사업으로서 등가교환이 아니라는 점에서 사실상 '화폐개혁'에 해당한다. 특징은 ① 외부에 공표함이 없이 전격 단행한 점, ② 100:1로 큰 폭의 액면 절하(re-denomination) 조치를 한 점, ③ 교환 한도와 기간을 정해놓고 미(未)교환 화폐는 무효로 처리해 사실상 구권화폐를 몰수한 점이다.286) 과거에 화폐교환을 하려고 준비한 돈을 이번에 함께 활용한 점도 특징이었다. '6.3 그루빠'가 2002년에 7.1조치와 함께 화폐교환도 추진했으나 경제개혁 자체의 실효성과 신용 실추를 고려한 일각의 반대로 보류되었다는 증언이 사실로 입증되었다.287)

이번 화폐개혁은 박남기 당 계획재정부장이 경제정책의 주도권을 장악한 이후 2006년부터 구상된 것이었다. 김정일이 시장을 '비사회주의 서식장'으로 선포함에 따라 2007년 10월의 시장통제 조치 착수에 이어 2008년 '특단의 조치'로 화폐교환이 예정되었으나, 그해 김정일 와병으로 유예되었다가 2009년 연말에 단행되었다. 가장 큰 목적은 시장통제였다. 실질적인 물가와 임금을 2002년 7월 수준으로 조정함으로써 근로자의 직장 복귀와 국영 유통망 정상화를 도모하고, 시중 자금을 국가재정으로 환수하려 했다.288) 과거 박봉주 내각은 '시장이 빼

---

286) 북한은 과거 3차례(1959.2.12, 1979.4.6, 1992.7.14) 화폐교환을 내각결정 또는 중앙인민위원회 정령으로 내부에 고지하고, 교환이 시작한 다음 날에는 이를 외부에 공개했다. 1959년 2월 화폐교환은 100:1 교환이었으며(교환 한도는 미설정), 당시는 6.25 전쟁 이후 누적된 인플레이션을 해소하고 새로운 금융토대를 구축하려는 조치였다.

287) 새 화폐(지폐와 동전)의 발행 연도가 '주체91(2002)' 또는 '주체97(2008)'로 찍혀져 있었다. 『조선일보』, 2009.12.5.

288) 북한 중앙은행 책임부원은 화폐개혁과 관련한 조선신보와의 인터뷰에서 "향후 상품가격은 나라가 가격조정 조치를 취한 2002년 7월 수준이 될 것이다"라고 했다. 그 경우 국정 가격과 시장가격 격차가 해소되고, 근로자의 임금도 같은 방식으로 조정되면 상품가격은 실질 생활비 수준에 맞춰 일시적이나마 조정되는 셈이 된다. 또 "지난 시기 기업소의 생산활동에 필요한 물자를 계획한 만큼 보장해 주지 못해 일부 시장의 이용을 허용했다. (이제) 국가의 능력이 강화되어 보조적 공간의 기능

앗아 간 국가 돈주머니를 환수하라'는 김정일의 지시를 '오그랑수'가 아닌 시장경제 추진의 방법으로 점진적으로 해결하려 했다.[289] 반면에 박남기 당 계획재정부장은 2009년 연말에 시중 자금을 일시에 강제 회수하는 '손쉬운' 방법을 선택했다.

화폐개혁은 북한이 2000년대 중반 이후 견지해 온 시장통제 정책의 연장선상에서 이루어졌다. 인플레이션의 억제, 계획 부문의 복원, 재정 확충을 목적으로 한 시장통제 정책이 실효를 거두지 못하자 화폐개혁 카드를 꺼냈다. 그러나 공급부족 문제가 해결되지 않아 화폐개혁은 실패로 끝났고 많은 후유증을 남겼다. 화폐개혁 직후 북한 내에서는 시장 거래가 일체 중단된 '경제적 공황 상태'를 보였다.

화폐개혁으로 크게 타격을 많이 받은 계층은 상인들이었다. 그들은 북한 돈을 받고 물건을 팔거나 다시 팔 물건을 사들이기 위해 통상 큰 금액의 북한 돈을 보유해왔다. 상인들은 당국이 공인해준 시장에서 꼬박꼬박 세금을 내고 열심히 일해 쌓아온 재산을 하루아침에 날리게 되자 분노와 좌절을 느끼지 않을 수 없었다. 화폐교환 상한액이 가구당 구권 10만원에 불과한 점은 화폐개혁의 일차적인 목표가 시장 활동에 대한 통제임을 말해준다. 상인들의 자금력과 주민들의 구매력을 규제함으로써 시장 활동 위축을 노렸다.[290]

화폐개혁의 정치적 목적으로 김정은 후계 구도 공고화도 고려되었다.[291] 시장통제로 국가의 사회·경제적 장악력을 높이고, 재정확충으

을 수행하던 시장의 역할이 점차 약화될 것"이라며 시장통제가 목표임을 숨기지 않았다. 『조선신보』, 2009.12.5.

289) 이전 박봉주 '내각 상무조'는 '무리한 화폐교환'은 금융제도의 불신을 자초할 뿐이라며 반대하였으며, 실질적인 신용창조가 가능한 은행개혁을 주장했다.

290) 임강택, "경제적 관점에서 본 북한의 화폐개혁, 배경과 파급효과," (통일연구원 Online Series CO 09-47, 2009.12.04), pp. 1~2.

291) 태영호, "김정은 등장 직후 화폐개혁으로 후계 공고화 시도," 『태영호 증언: 3층 서기실의 암호』(서울: 기파랑, 2018) pp. 280~283.

로 '2012년 경제 강국 건설' 자금 및 김정은의 민심확보용 시혜 자금을 마련해 3대 세습체제 기반을 다진다는 계산이었다. 북한 당국은 화폐개혁 직후인 12월 중순부터 농민과 광부들에게 '국가 장려금' 명목으로, 인민군 장교들과 일반 가구주에는 '배려금' 명목으로 신권을 살포하여 민심 확보를 도모했다.[292]

그러나 화폐개혁은 실패로 끝났다. 모든 거래가 한꺼번에 중단되고, 극심한 인플레이션을 유발했으며, 임금 약탈로 노동자들의 공장 이탈을 초래했다. 특히 주민들의 공권력에 대한 도전으로 이어지는 등 시장의 '국가'에 대한 반격이 시작되었으며, 북한경제의 문제점 표출과 민심 이반은 김정은 집권 초기에 경제개혁 의제를 부활시켰다.

● 화폐개혁의 파급영향

파장은 컸다.[293] 우선 하이퍼인플레이션을 유발했다. 화폐개혁 직후인 2009년 12월 쌀값이 일시적으로 25원/kg, 미 달러환율은 38원/$로 조정되었으나 이후 쌀값과 미 달러 환율은 계속 급등해 2012년 말에는 각각 6,500원/kg, 6,450원/$을 기록했다. 근 3년 동안 쌀값과 달러 환율은 각각 260배, 170배 상승했다. 하이퍼인플레이션으로 거시경제 불안, 계층 간 생활의 양극화, 외화 사용 급증 등의 부작용이 나타났다.

노동자의 이탈을 초래했다. 화폐개혁 이후 근로자들의 명목임금은 3,000원/월로 변하지 않았다(2012년 9월 기준). 2002년 7.1조치 이후에 물가상승으로 임금 2,000원/월로는 쌀 1kg(2,399원/kg)을 구입할 수 있었다. 화폐개혁 이후에는(2012년 9월 기준) 임금 3,000원/

---

292) "북 파격적 금전 살포 … 돈 풀어 '민심' 사나," 『NK chosun』, 2009.12.23.
293) 이하 화폐개혁의 파장과 후유증은 이영훈, "북한의 하이퍼인플레이션과 개혁개방 전망," 『북한연구학회보』제16권 제2호(2012), pp. 57~61를 참조했다.

월로 쌀 0.5kg(6,533원/kg)을 구입할 수밖에 없었다. 결국 통화 공급 확대에 따른 화폐 구매력의 하락은 '노동에 따른 분배'의 적용을 어렵게 해 노동자의 직장 이탈을 초래했으며 결과적으로 생산활동을 악화시켰다. 화폐개혁의 정치·사회적 파장도 심각했다.

첫째, 화폐개혁은 주민 의식변화의 계기가 되었다. 북한 당국이 주민 의식주를 책임지지 못하는 상황에서 시장은 이들의 생존의 터전이었다. 시장에 대한 당국의 전격적이고 강제적인 개입은 주민들에게 집단 좌절감을 불러일으켰다. 화폐개혁의 최대 수혜자인 '국가'에 대한 배신감으로 민심은 급속히 냉각되었으며 지도자에 대한 신뢰감도 떨어졌다. 주민들이 아무런 말도 못 하고 그냥 굶어 죽었던 1990년대와는 달리 정권에 대한 불평을 털어놓았다.

둘째, 화폐개혁은 계층 간 갈등을 심화시켰다. '돈주'들은 환거래와 외환보유를 선호해 타격이 제한적이었다. 당 간부 등 권력층은 화폐개혁을 미리 감지하고 대응책을 찾을 수 있었다. 이들과 시장에 의존하는 주민들 간의 빈부격차는 더욱 커졌다.

셋째, 당국의 조치에 대한 불신감이 팽배해지면서 공권력에 대한 저항 현상이 늘어났다. 화폐개혁으로 인한 물가 폭등에 이어, 2010년 1월 1일부터 '외화 사용 금지' 조치를 단행해[294] 극심한 공급부족 현상이 발생했다. 2010년 연초 일부 주민들은 생계가 막막해지고 한파까지 겹치자 노골적으로 정권에 대한 불만을 털어놓기 시작했다.

그해 2월 북한의 경제 사정은 극도로 나빠졌고 민심은 흉흉해졌다. 북한이 계획경제 복원을 위해 2009년 말 잇달아 추진한 시장폐쇄·화폐개혁·외화사용금지 조치가 패착으로 작용했다. 3대 역(逆) 개혁 조치

---

294) 화폐개혁 직후 북한의 주요 도시에는 2010년 1월 1일부터 모든 기관의 외화 사용 금지, 필요한 외화는 국가은행 이용, 불법 외화사용자 엄벌, 생필품 정찰제 실시, 위반할 경우 물품 회수 등의 인민보안성 포고문이 내걸렸다.

로 시장과 식당이 거의 문을 닫았고, 국영 기업소는 물론 당 산하 기업소들도 배급이 안 되어 가동이 중단되었고, 군량미를 풀어 대규모 아사를 막을 정도로 경제가 나빠졌다. 민심도 급격히 악화되어 곳곳에서 화폐교환 조건에 반발하고 장세 납부를 거부하는 집단시위가 발생하였고, 공권력에 폭력적으로 저항하거나 지도자에 대해 노골적인 불만을 털어놓는 등 반체제 분위기로 옮겨붙는 듯했다.295)

● 당국의 내부 단속과 민심 이반 수습 동향

상황이 심상치 않자 당국은 발 빠른 단속과 사태 수습을 병행했다. 2010년 2월 인민보안성과 국가안전보위부가 이례적으로 연합성명을 내고 '불순세력을 쓸어버리기 위한 보복 성전'을 경고했다. 2010년 연말에는 각 도·시·군에 폭동진압을 위한 '특별 기동대'를 신설했고, 이듬해 4월에는 군 작전국장 출신 이명수 대장을 신임 인민보안부장에 발탁했으며, 6월경에는 중국에서 최루탄·헬멧·방패 등 시위 진압 장비를 대량으로 사들였다. 북한 당국이 중동의 재스민 혁명을 지켜본 데다가 주민들의 생계형 저항이 집단화된 데 따른 위기감도 작용했다.

사태 수습은 2010년 1월 중순 김정일이 소집한 '본부당 대논쟁'으로 부터 시작되었다. 중앙당 간부 및 도당 책임비서들이 참가한 '본부

---

295) 탈북민 등 북한 소식통이 전하는 북한 내부 저항 사례는 다음과 같다. △무산 시장에서 수백명의 상인들이 시장세 납부 거부 집단행동 △화폐교환 초기 교환조건에 대한 불만으로 시장 상인들이 폭동을 일으키고 주민들도 동조하는 등 도처에서 산발적인 폭동 발생 △함남 단천 주민들은 '굶겨 죽일 셈이냐'고 집단 항의 △황해도에서도 주민들의 집단 반발 움직임 △함흥시장 상인들의 폭동은 주동자 12명을 처형할 정도로 대규모로 확대 △청진에서는 12월에 시위참가자 2명이 처형되었고 이듬해(2010년) 7월에는 체제 불만 삐라 살포 혐의로 주민 2명 처형 및 3명 무기징역 처벌 △김정일을 비난하거나 존칭 생략하는 현상도 대두 △청진에서 보안원을 칼로 살해하거나 평성과 남포의 보안원집에 협박문 부착 △돌로 '악덕 시장 단속원' 유리창을 깨는 등 개인 테러 행위 증대.

당 대논쟁'에서는 박남기의 '범죄'가 폭로 단죄되었다.296) 2월 초에는 총리의 '3대 역(逆) 개혁 조치' 철회 및 '사과' 발표로 두 달 만에 당국은 백기를 들었다. 총리 김영일은 2010년 2월 5일 평양 시내 인민반장 수천 명을 모아놓고 "이번 화폐개혁에 대해 충분한 사전 준비 없이, 전후 사정을 고려하지 않고 무리하게 진행함으로써 인민들에게 큰 고통을 주게 된 점을 사과한다"고 했다. 또 잘못된 조치는 과감하게 해제하겠다며 화폐교환 제한 조치는 철폐되었고, 외화 사용을 다시 허용했으며, 한동안 공산품과 식량 판매를 금지해 사실상 기능이 마비됐던 종합시장 거래도 정상화하겠다는 뜻을 밝혔다.297) 북한 총리의 사과는 '공화국 역사상 큰 사건'이었다.

이제강 책 '혁명대오의 순결성을 강화해 나가시는 나날에'298) 의하면(아래 인용문), 박남기 계획재정부장이 2009년에 리태일 계획재정부부부장과 중앙은행 간부 등으로 '화폐교환준비 소조'를 조직해 충분한 사전 검토나 준비 없이 화폐교환을 밀어붙인 것으로 되어있다. 박남기와 리태일은 그 책임을 물어 3월에 공개 총살되었다.299) 민심 수습이

---

296) 2010년 1월 중순 김정일이 '민심 요해'를 위해 소집한 '본부당 대논쟁' 회의(중앙당 간부 및 도당 책임비서들 참석)에서 최룡해 황북도당 책임비서가 "화폐개혁으로 인한 사회·경제적 후과로 인민생활이 처참하다"고 바른말을 함에따라 화폐개혁을 주도한 박남기 당 계획재정부장이 호되게 비판받은 뒤 해임됨으로써 화폐개혁을 실패로 인정했다. 『NK chosun』, 2010.02.13.

297) 내각 총리는 다만 "국정 가격 기준은 지켜야 하며, 매점매석은 강력하게 단속하겠다"고 했다.

298) 이제강 당 조직지도부 1부부장은 김정일 집권 시절(1998~2011)에 일어난 대표적인 숙청사건들의 내막을 정리한 『혁명대오의 순결성을 강화해 나가시는 나날에』를 집필했다. 이 책에는 정하철 전 선전비서, 채문덕 전 사회안전부 정치국장, 리수길 전 양강도당 책임비서, 박남기 전 당 계획재정부장 등 고위인사 4명의 숙청 비사를 기록했다. 이제강이 집필도중 사망(2010.6)하자 김정일은 유고를 정리해 '당내 도서'로 출간(2011.12)하게 했다. 그 책은 2012년 11월 11일 조선중앙TV 기록영화 '빛난 삶의 품' 제25화로도 소개됐다.

299) 리제강의 책에 의하면, 박남기는 2010년 1월 김정일이 마련한 중앙당 본부당 대논쟁에서 "남조선식 경제 수용이 자본주의 제도로 복귀할 수 있는 가장 빠른 길이라 여겨 시장경제를 도입하려 했다"고 자백했다. 김정일은 2월 4일 당 간부들에게

미진했는지, 김정일이 추가로 내각 고위 간부들에 대한 문책을 지시해 그해 6월 긴급 소집된 최고인민회의에서 총리를 김영일에서 최영림(당시 81세, 평양시당 책임비서)으로 교체하는 등 내각 간부들을 대거 경질했다.300) 김정일의 실정은 전부 부하들에 책임이 전가되었다.

리제강의 박남기 비판(2011.12) : "2009년 들어 박남기는 중앙은행과 돈 공장에 분주히 나들며 화폐교환을 준비하라고 들볶아대였으며 '화폐교환준비소조'라는 것을 조직했다. 박남기는 이 소조에 식량공급과 1차 소비품 보장, 가격 및 생활비 개정을 같이 밀고나갈 수 있는 일군들은 한명도 망라시키지 않은 대신 그해 5월 중앙당 계획재정부 부부장으로 된 리태일을 끌어들였다. 박남기 놈은 올해 농사작황이 좋고 소비품 생산을 일정하게 높일수 있으므로 협동농장 결산분배 전까지 화폐교환을 끝내야 한다, 9월부터 새화폐 인쇄를 시작해 11월까지 끝내고 12월에는 화폐교환을 해야한다면서 중앙은행을 비롯한 해당 일군들을 밤낮으로 달구어댔다. 박남기는 이처럼 화폐교환 전에 선행시켜야 할 문제들을 모두 외면하고 2009년 11월말부터 12월초까지 한주일 사이에 끝끝내 화폐교환을 강행하였다.

화폐교환 직후인 12월에 박남기는 북한 돈의 유통량이 100분의 1로 줄었기 때문에 북한 돈의 임시환율도 100분의 1로 줄여 1US$:30원으로 하라

"박남기는 혁명대오 안에 기어든 간첩으로 앞으로 총리가 돼 자본주의 경제로 끌고 갈 흉심을 품고 있었다"고 말했고, 국가안전보위부 특별군사재판소는 3월 "만고역적 박남기를 간첩죄로 처형한다"고 선고했다. 이후 5월에 김정일은 "박남기의 죄행을 일군들이 똑바로 알아야 한다"며 리제강에게 "당 통보서를 작성해 하부단위에 전달하라"고 지시했다. '통보서'가 거의 완성될 무렵 김정일이 전화해 "화폐교환이 인민생활에 미친 후과는 박남기의 역적행위와 관련되었지만, 내각 경제일군들이 자기 책임 다하지 못한데도 있다고 지적하시면서 통보서의 한 체계의 내각 책임 일군들의 자료를 담아야 할 것 같다"라고 가르쳤다.

300) 2010년 4월에 이어 곧바로 소집된 6월 최고인민회의에서는 총리 경질과 함께 부총리 곽범기·오수용·박명선 3명, 상(相)급으로 경공업상, 식료일용공업상, 체육상을 교체했다. 대신 최영림 신임 총리를 포함해 지방당 책임자 3명이 총리·부총리로 진입했다. 후에 김정은 시기 경제개혁을 주도하는 노두철 부총리겸 국가계획위원장은 살아남았고, 박봉주도 그해 8월에 당 제1부부장으로 중앙무대에 복귀했다.

고 내려먹였다. 그때 재정성은 임시환율은 과학적인 계산기초가 없으므로 다시 검토해야 한다고 반박해 내각에서는 국가 환율을 1US$:100원으로 하도록 다시 대책을 세웠고 그 결과 12월말에는 환율이 2개로 적용되면서 혼란이 일어났다. 박남기는 화폐교환에 이어 외화류통을 단번에 금지조치까지 취하는 놀음을 벌려놓았다. 박남기는 그 대책안을 합의하는 과정에서 외화유통을 단번에 금지시키면 수입 물자를 원료로 이용하거나 생산물의 일부를 외화로 판매하는 공장·기업소들의 생산 정상화에 부정적인 영향을 준다는 의견 등을 모두 묵살했다.

박남기는 시장 운영도 가로막았다. 그는 상업성에 이번 화폐교환으로 돈의 가치가 100배로 올라갔기 때문에 시장에서 판매하는 상품의 가격도 종전의 100분의 1로 낮추라고 내리먹이면서, 연이어 공업품을 일체 팔지 못하게 하라고 강요했다. 그 결과 전국각지에서 시장운영이 삽시간에 중단되었다. 박남기가 감행한 화폐교환 강행, 림시환율 강제적용, 외화류통 금지, 시장운영 중지 책동으로 말미암아 혼란이 일어났다."[301]

그러나 북한 당국은 화폐개혁 실패에 따른 교훈을 학습하는 데도 실패했다. 화폐개혁의 부작용에도 불구하고 후계자를 띄우기 위해 화폐 남발은 지속되었다. 2010년 9월 당대표자 대회(9.28) 직후 김정은의 무상 배려금 지급 명목으로 통화 공급을 확대했다. 2011년 7월 들어 '평양시 10만호 건설' 공사가 시작되면서 인력·자재 동원을 위한 재정 지출 수요가 증대되었다. 2011년 8월 이례적으로 특수부대인 폭풍 군단을 동원해 비사회의주의 현상을 검열한 결과 '위안화 사용실태가 심각하다'는 보고가 있자 당국은 '위안화 사용' 단속을 다시 지시했다.

301) 리제강, 『혁명대오의 순결성을 강화해나가시는 나날에』, 2011.12, pp. 251~257.

04 소결: 김정일의 경제개혁 실험 10년(2000~2010)

김정일 집권 시기의 '경제개혁 실험 10년'(2000~2010)은 ① 개혁 입안(2000~2001), ② 개혁추진(2002~ 2003), ③ 개혁 확대(2004), ④ 개혁 속도 조절 혹은 정체(2005~2006), ⑤ 개혁 후퇴(2007~2010) 단계를 거쳤다. 그 과정을 요약하면 다음과 같다([표 3-11] 참고).

김정일은 권력승계(1998)와 동시에 경제개혁을 시도하지 않았다. '혁명 열의'가 식은 간부들 숙청, 자신의 리더십 확립, 주민 단속 등 체제 내부 정비가 급선무였다. 1990년대 경제 대실패를 경험했음에도 경제는 '개미가 뼈다귀를 갉는' 노력 동원방식으로 관리해 나갔다. 그러나 전통적인 관리 방법으로는 경제 회복이 어려웠고, 점차 자신의 리더십을 의심하는 상황에서 주민들에게 '고난의 행군'을 마냥 강요할 수는 없어, 새로운 길을 찾아야 했다.

2000년 들어 김정일의 '변화'에 대한 언술이 증가했다. 마침 새 밀레니엄(millennium)이 시작되는 시점이었다. '강성대국' 건설을 비전으로 제시하고 관료들에게 '경제사업에서의 실리', '간부 사업에서의 실적'을 강조하면서 '낡은 관념 탈피, 근본적 혁신'을 촉구했다. 사상적 결속을 통한 '주체의 강화'에서 '실리·실용'으로 혁신을 도모했다.

김정일은 2000년을 전후하여 경제관리방식에서의 '대담한 개혁'을 주문했다. '경제를 통일적으로 장악하라, 경제관리방식을 바꿔 경제를 활성화시키라'는 김정일의 지시를 이행하기 위해 내각은 개혁상무조를 구성해 개혁 방향을 연구했다. 그러나 북한 체제에서 개혁 의제가 실효성 있게 추진되려면 두 단계의 조건이 충족되어야 했다. 우선 '잠금 효과'(locked effect) 극복이 필요했다. 당적 지도를 우선하는 권력구조, 주체·선군사상 등의 이념적 제약, 보수적인 행정문화는 경제개혁

표 3-11 김정일의 경제개혁 선택과 후퇴 과정

단계	주요 조치사항
경제개혁 입안 (2000~2001년)	- 1999.06 김정일, "내각중심 경제관리 연구" 지시 → '6.3그루빠' 구성 - 2000년 초 김정일, 강성대국 건설 제시 → '실리, 실적, 혁신' 촉구 - 2001.10 김정일 '10.3 담화,' 경제관리 개선 조치 공론화
경제개혁 추진 (2002~2003년)	- 2002.07 7.1 경제관리 개선 조치 발표 - 2002.09 신의주 특구 개방 추진 * 9월 선군경제건설로선 표방 - 2003.05 김정일, 종합시장 공인, 2003.09 박봉주를 총리로 등용
경제개혁 확대 (2004년)	- 2004년 초 시범적인 가족영농제와 기업 경영 자율화 도입 - 2004.06 7.1조치 재평가 및 새 개편안 마련 위한 '6.2 그루빠' 구성 - 2004년 말 박봉주 내각, 시장경제 요소 도입 확대, 급진개혁 건의
경제개혁 정체 (2005~2006년)	- 2005년 초 당, '당의 영도 보장과 개혁속도 조화 문제' 제기 - 2005.07 당 계획재정부 신설, 내각의 정책 주도권 회수 시작 - 2005.10 국가 양곡전매제 실시(양곡의 시장거래 규제) - 2006.06 박봉주 총리 '직무 정지' 책벌 → 2007.04 총리해임
경제개혁 후퇴 (2007~2010년)	- 2007.08 김정일, "시장＝비사회주의 서식지" 규정 → 10월 시장통제 - 2008.06 김정일 '6.18담화' 개혁조치 철회 공식화 - 2009.11 화폐개혁 → 2010.3 박남기 처형, 시장통제 완화

의제의 상정과 활발한 논의를 제약했다. 이점을 간파한 김정일은 자신이 직접 개혁 의제를 상정해 주었다.

다음으로 지도자의 개혁 의지에 대한 믿음을 경제 간부들에게 심어 주어야 했다. 북한 간부들은 경제개혁 의제의 정치적 성격을 간파하고 있었다. 과거 지도자의 실용 정책 도입 주문에 순진하게 부응하다가 사상적으로 의심받은 사례, 정세가 나빠지면 다시 정치 논리를 강조하는 지도자의 변덕, 경제개혁을 추진하다가 숙청당한 전임자들 사례가 북한 관료사회에 널리 전파되어 있었다. 김정일은 부하들의 불신감을

해소해주기 위해 사상해방에 가까운 화법을 구사했다. '실적이 충성의 척도'라고 했고, 사회주의 경제관리는 역사가 짧고 경험도 부족하여 개인주의적 요소도 고려해야 한다는 '사회주의 과도기론'을 강조했으며, '땜 때우기식'이 아닌 과감한 경제개혁을 주문했다. 그 결과로 7.1 조치나마 가능했다.

김정일은 2002년 '6.3 그루빠'의 개혁안 중에 '특수부문 축소'를 제외하고, 계획 수립권 일부 하부기관 이관, 기업경영 자율 자율권 확대 및 '번 수입'에 의한 기업관리, 물가·임금 현실화 및 노동 인센티브 보강을 요지로 하는 7.1조치를 비준했다. 7.1조치 시행과정에서 저항도 있었다. 물가·임금 수준의 적정성에 대한 불만이 제기되었고, '번 수입'에 의한 기업관리는 '자본주의 방식'이라는 비판이 있었으며, 새 조치의 실효성에 대한 관료들의 소극적인 태도도 나타났다. 그러나 집행 책임을 진 내각은 '장군님 의지'라며 내부 불만과 비판을 제압했다.

문제는 물자공급 부족으로 국정 가격과 시장가격의 격차가 다시 벌어지고 생산증대 효과가 크게 나타나지 않는데 있었다. 공급부족 문제 해결의 한 방편으로 '신의주 특구 개방'을 추진(2002.9)했으나 중국과의 갈등으로 좌절되었다. 내각은 지도자가 시장(장마당, 농민시장)에 대해 부정적 관념을 갖고 있음에도 '시장 장려'를 건의해 승인을 받아냈다(2003.3). 시장을 공식 유통망으로 흡수해 물자 수급을 조절하고 물가안정을 도모하기 위해서였다. 한편 김정일은 7.1조치 시행과 거의 같은 시점에 '선군경제건설로선'을 표방(2002.9)했다. '국방공업 최우선 투자'를 주문함으로써 7.1조치 시행의 속내가 핵 개발과 연관되었음을 드러냈다.

7.1조치의 성과가 부진해지자 김정일은 내각 총리를 박봉주로 교체했다(2003.9). 그는 신임 총리에게 '경제관리사업에서 반드시 새로운 전환을 가져와 경제를 활성화할 것'을 주문했다. 동시에 당·군 산하 생

산 단위 및 무역 활동 일부를 내각으로 이관하고, 총리에게 내각 간부 인사권과 경제사업 검열권을 부여하는 등 뒤늦게나마 부하가 일할 수 있도록 역량을 보강해 주었다. 박봉주는 7.1 개혁의 제한성에 문제가 있다고 보고, 1단계로 2004년 초부터 시범적인 가족영농제와 기업경영 자율화를 도입하면서, 노무 관리권 일선 이관, 독립채산제 기업 증설 등 분권화를 확대했다.

2004년 6월 박봉주는 경제 전문가들로 다시 추가개혁을 위한 내각 상무조(6.2 그루빠)를 구성해 2002년에 취한 제반 개혁 조치를 재평가했다. 그들은 경제 활성화를 위해서는 통제나 강압과 같은 '오그랑수'로는 불가능하며 대폭적인 분권화와 시장 요소 도입으로만이 가능하다고 결론을 내렸다. 그리고 경제관리구조, 상품유통체계, 금융관리구조, 농정관리방안에 이르는 광범위한 개혁안을 마련해 김정일에게 건의했다(2004년 말).

내각상무조는 당·군의 비대한 상부 관리구조를 축소해야 재정이 감당할 수 있으며, 경제관리 부문 전반에 시장경제 요소를 대폭 도입해야 경제 회생이 가능하다고 판단했다. 박봉주 내각은 '경제를 장악하라, 경제를 활성화시켜라'라는 지도자의 요구를 전부 충족시킬 수가 없었다. '경제 활성화' 지시 이행을 위해 '경제를 장악하라'는 지시를 유보하는 방법을 선택했다. 그것은 지도자의 지시를 절충하면서 당과의 충돌도 감수하겠다는 것이며, '시장경제'로의 전진을 추구하겠다는 것을 의미했다.

당과 군은 경제개혁 초기 내각의 7.1조치나 시장 장려에 대해 방관자적 태도를 보였다. 이들로서는 내각의 개혁추진으로 별반 이해관계 충돌이 없었고, 오히려 이권 개입의 여지가 늘었을 뿐이었다. 그러나 박봉주가 총리로 등용되면서 총리에 대한 지도자의 신임이 증대되자 당은 내각의 영향력 확대를 경계하기 시작했다. 이런 상황에서 내각이

'시장경제 요소 도입 확대'를 추진하자 반격에 착수했다(2005). 당은 내각의 경제개혁과 당의 영도 간의 조화를 요구하면서 경제관리에 대한 간섭을 확대하고, 개혁정책의 문제점과 내각 간부들의 비리를 조사해 김정일에게 보고했다. 이후 개혁은 정체되었다.

김정일은 박봉주 총리를 신임은 하지만 그의 '과도한' 개혁 속도에 다소 의구심을 가진 상태였으며, 당이 내각의 '실정'을 잇달아 보고하자 박봉주에 대한 신임과 경제개혁에 대한 신념이 흔들리기 시작했다. 당은 지도자를 적극적으로 포섭해 당에 계획재정부를 설치하고 박남기를 부장에 앉혀 내각의 경제정책 주도권을 회수했다. 박남기는 국가양곡전매제를 실시하고, 개인 소상공업을 금지하는 등 개혁 속도를 조절했다. 이어 당은 내각을 집중적으로 검열해 개혁 성향의 경제 간부들을 퇴진시키고, 박봉주에 대한 총리 직무 정지를 유도해 냈다(2006).

당은 경제정책 주도권을 회복하고 나서도, 경제개혁에 대한 지도자의 '도박사'와 같은 미련을 떨쳐버리기 위해 '돈벌이의 폐해' 사건들을 부각하기 시작했다. 중국과의 '눅거리'(값싼) 상품 교역 사건, '구호 나무' 벌목 밀매사건, 간부들의 시장 장세 횡령 사건 등을 '비사회주의 사건'으로 폭로했다(2007년, 이 사건들은 후술함). 이어 당은 사회 전반이 돈벌이에만 급급한 나머지 '국가이익'은 안중에 없으며, 시장이 자본주의의 서식장이 되고 있다고 지도자에게 보고했다.

결국 김정일은 당을 편들었다. 시장통제를 지시한 데 이어, 경제 간부들이 '사상의 빈곤'에 빠졌다고 비판하면서 경제관리에 '사회주의 원칙'을 철저히 고수할 것을 주문했다(2008년 '6.18 담화'). 이로써 당은 '돈벌이 폐해'를 쟁점화해 개혁 의제를 퇴장시키는 데 성공했다. 2008년 하반기에 북한 경제 관료들은 내각으로부터 일선 현장에 이르기까지 '사상투쟁'으로 바빴고, 김정일의 와병(2008.8)으로 연기된 종합시장 단속, 뙈기밭 회수, 화폐개혁 등의 역 개혁 조치들은 이듬해(2009

년) 강행되었다.

김정일 시기 경제개혁의 반전 상황을 요약하면 다음과 같다. 2005년 하반기부터 북한경제의 주도권이 박봉주 내각 총리에서 박남기 당 계획재정부장으로 넘어가기 시작해 경제관리 방식은 개인 상공업 및 뙈기밭 회수, 시장통제, 화폐교환 등 보수적 정책으로 회귀했다. 좀 더 넓게 본다면, 2000년 '6.3 그루빠'에서, 2004년 6월 박봉주의 '내각 상무조(6.2 그루빠)'로, 다시 2005년 5월 박남기의 '5.4 그루빠'를 거치면서 경제개혁은 착수, 확대, 후퇴 과정을 거쳤다. 김정일은 2001년 '10.3 담화'를 발표하여 경제개혁 착수를 선포했고, 7년 경과 후인 2008년 '6.18 담화'로 경제개혁 철회를 선언했다. 정책의 입구와 출구의 열쇠는 지도자가 관리했다.

2000년 경제개혁 모색에서 시작해 2009년 시장통제 및 화폐교환 조치에 이르기까지 김정일 시대 '경제개혁 실험'은 10년을 주기로 종결되었다. 김일성 시기 경제개혁 의제가 미시경제 관리라는 좁은 주제로, 단기간에 여러 차례 설정된 양상과는 달리 김정일 정권의 경제개혁 의제는 거시 경제관리를 주제로 비교적 심도 있게, 큰 주기로 한 차례 실험 과정을 거쳤다가 다시 원위치로 복귀했다. 후술할 것이지만, 큰 폭의 긴 주기 경제개혁 진퇴 과정은 김정은 정권에서도 반복되어 '주체의 강화'를 명분으로 한 독재 권력의 경제개혁에 대한 완고성을 여실히 보여주었다.

그렇다고 김정일 정권의 경제개혁 실험 10년의 성적표가 전부 낙제점은 아니었다. 경제 각 부문의 자율성이 증대되어 산업생산성이 향상되었고,302) 한때나마 시장화 수준이 진전되어 변화를 촉진시켰다. 특

---

302) 2002~2006년간 북한의 연평균 경제성장률은 1.6%로, 이전 5년의 성장률(0.66%)보다 호전되었다. 도소매업(11.4%)과 농림어업(2.4%)은 더 높다. 물론 이 호전을 경제개혁 조치의 성과로만 볼 수는 없다.

히 주민들이나 경제 관료들에게 시장 마인드를 확산시켜 준 점, '제대로 된 개혁·개방 추진 필요성'을 인식시켜 놓은 점은 큰 성과였다. 세습 정권의 한계도 드러났다. 경제개혁 자체가 거시적인 구상 아래 체계적으로 추진되지 못하고 제한적·단편적으로 추진된 점, 당이 문제제기한 대로 빈부격차·부패·무질서 현상이 나타난 점, 특히 경제개혁 정책의 한계와 사회적 모순을 보다 큰 정치적 결단으로 해결하지 않고 통제 방식으로 회귀한 점은 독재정권의 한계였다.

개혁 후퇴 이후 북한 정치는 더욱 경직되면서 '좌경 기회주의'가 팽배해졌고, 주민들은 '은밀한 시장'에 의존해 살아야 하는 고통의 행군이 다시 시작되었다. 그러나 김정일 시기 10년의 경제개혁 '경험'이 북한 엘리트들에게 아무런 의미가 없는 것은 아니었다. 그들은 무엇이 북한경제의 한계였고, 무엇을 고쳐야 하는지, 무엇이 개혁의 발목을 잡고 있는지 알게 되었다. 언젠가 사정이 바뀐다면 그 경험들은 다시 활용될 수 있는 소중한 재산으로 간직되었을 것이다. 세습 정권이 존속되는 한 북한의 역사는 지그재그식으로 발전할 수밖에 없어 보였다.

4

김정일 시기 경제개혁의
조직행태와 관료정치

4장

김정일 시기 경제개혁의
조직행태와 관료정치

앞 장에서는 김정일 집권 시기 경제개혁 진퇴 과정을 외관상 드러난 지도자와 그 대리인들(내각, 당)이 취한 여러 조치들을 시계열별로 재구성했다. 이 장에서는 구체적인 경제개혁 조치의 실질적인 결정 주체가 누구인지를 검증한다. 이를테면 북한의 정책결정 상자 안으로 들어가 정책이 어떤 과정을 거쳐 어떤 배경으로 결정되었는지를 검토해 실질적인 결정자가 누구인지를 분별해 낸다. 북한 정책결정체계에서 '수령의 결론이 전일적으로 지배하지 않는다'는 가정에서 출발해 경제개혁 정책결정과정을 분석함으로써 과연 그 대리인 즉, 부하들이 수령의 결론과 의중에 충실했는지를 검증한다.

분석 방법은 앨리슨이 제시한 정책결정 모델의 적용 요령에 따라서 먼저 수령제의 규정력이 적극적으로 작동하는 공간과 그렇지 않은 공간을 구분하고, 정책결정 입구와 출구에서의 수령제 모델의 작동 여부를, 정책대안 제시 및 집행과정에서는 조직행태 모델의 작동 여부를, 정책 심화 또는 전환 과정에서는 관료정치 현상의 발현을 점검한다.

01 경제개혁 추진과정에서 지도자의 역할

가. 지도자의 '주도적 역할' 개관

북한의 경제개혁 추진과정에서 지도자가 적극적으로 주도한 역할은 경제개혁 의제의 관리 즉, 개혁정책의 입구와 출구를 관리하는 것이었다. 김정일 집권 시기에는 지도자의 1999년 6월 "내각 중심의 경제관리 방식 개선 강구"지시로 개혁 조치 연구가 시작되었고, 2008년 6월 지도자가 "경제지도일꾼들의 시장과 시장경제에 대한 그릇된 인식과 사상의 빈곤"을 지적함으로써 경제개혁 의제는 폐쇄되었다.

개혁의 선택과 후퇴 사이의 중간과정은 지도자가 전반적으로 주도했다고 보기 어렵다. '사회주의 과도기론' 거론을 통한 준(準) 사상해방, 박봉주 총리에게 파격적인 경제관리 권한 부여와 같은 적극적인 역할도 있으나, 대개는 지도자의 '바쁜 일정'으로 중간중간에 추진상황을 점검하고, 밑에서 일할 수 있도록 지원해 주는 수준이라고 볼 수 있다. 중간과정에서 김정일의 역할은 개혁 분위기 조성, 7.1조치 연구 지원 (2001년), 시행 초기 독려(2002년), 농민시장 제도화 승인(2003년) 등 부하들의 활동을 이따금 도와주면 될 뿐이었다.

개혁 후퇴 과정에서는 당의 건의에 따라 개혁 속도를 조절(2005년) 하였고, 박봉주 등 내각 간부들 비리 조사(2006년)와 '비사회주의 현상' 실태 파악 등 당의 조치 결과를 보고 받으면서, '시장 = 비사회주

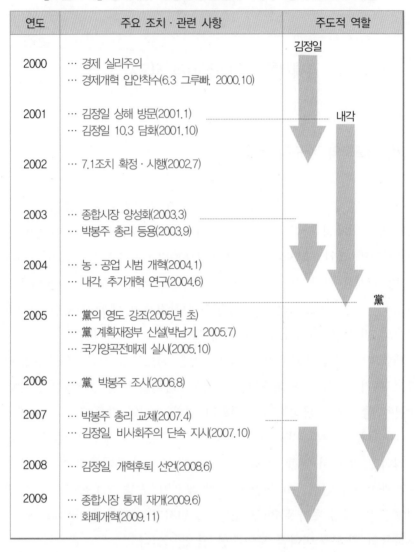

【그림 4-1】 경제개혁 과정에서 김정일·내각·당의 주도적 역할

연도	주요 조치·관련 사항	주도적 역할
2000	··· 경제 실리주의 ··· 경제개혁 입안착수(6.3 그루빠, 2000.10)	김정일
2001	··· 김정일 상해 방문(2001.1) ··· 김정일 10.3 담화(2001.10)	내각
2002	··· 7.1조치 확정·시행(2002.7)	
2003	··· 종합시장 양성화(2003.3) ··· 박봉주 총리 등용(2003.9)	
2004	··· 농·공업 시범 개혁(2004.1) ··· 내각, 추가개혁 연구(2004.6)	
2005	··· 黨의 영도 강조(2005년 초) ··· 黨 계획재정부 신설(박남기, 2005.7) ··· 국가양곡전매제 실시(2005.10)	黨
2006	··· 黨, 박봉주 조사(2006.8)	
2007	··· 박봉주 총리 교체(2007.4) ··· 김정일, 비사회주의 단속 지시(2007.10)	
2008	··· 김정일, 개혁후퇴 선언(2008.6)	
2009	··· 종합시장 통제 재개(2009.6) ··· 화폐개혁(2009.11)	

의 서식장' 선언(2007년), 전면적인 시장통제 지시, 개혁 후퇴 선언 (2008.6) 등 당의 조치를 재가해 주는 일이 지도자의 역할이었다. 지도자의 결단으로 볼 수도, 부하들의 결정을 사후적으로 승인한 조치로

도 볼 수 있는 복합적인 성격의 조치들도 있다. 예컨대, '개혁 후퇴' 선언은 수령의 결단으로도, 당이 주도한 조치로도 해석할 수 있다.

이 단원에서는 경제개혁 추진과정에서 김정일이 주도적 역할을 한 역할로 경제개혁 의제 개방, 박봉주 총리의 개혁 확대 지원, 개혁 조치의 전면적인 후퇴 선언이라고 보고, 지도자의 실질적인 역할 여부를 구체적으로 검증한다는 차원에서 ▲개혁 의제 개방을 위한 '사회주의 과도기론' 전개, ▲경제관리 재량권 위임 배경 및 권한위임 내용, ▲개혁 후퇴를 전면 선언한 '6.18 담화'의 논리구조를 살펴본다.

나. 개혁 의제 개방의 실효성 확보

북한 간부들에게서 경제개혁 문제는 정치적으로 민감한 의제였다. 권력층 내 압도적인 정치 논리는 허심탄회한 개혁 문제를 거론을 불가능하게 했고, 제한적인 개혁 방법론으로는 실패를 거듭할 수밖에 없었다. 1990년대 북한의 경제위기는 부분적인 수선이 아닌 대수술이 요구되는 상황이었다. 김정일이 공식 권력승계 직후 전통적 방식으로 경제복원을 도모했으나 한계가 있었다.

김정일은 1990년대 '고난의 행군' 시기에 주민들이 국가의 시혜가 없어도 각자 알아서 살아가면서, 당과 국가의 무능에도 불구하고 지도자의 권위에 그다지 도전하지 않음을 간파했다. 이런 이유로 김정일은 경제개혁 의제를 개방해도 체제를 위해(危害)하는 정치적인 도전은 없을 것이라는 생각과 함께 간부들의 발상 전환을 유인하기 위한 사상적 잠금장치를 풀어줄 필요가 있다고 판단했다. 김정일은 프롤레타리아 독재를 강조한 김일성1)과는 달리 '사회주의 과도적 성격'을 강조하여 사상적 잠금장치를 풀어주고, '실리, 실용, 혁신'이라는 가치를 중시하여 변화 분위기를 조성했다. 부하들이 여전히 정치적 '후과'를 염려할 것을 고려해 인사상의 전문성 유인 장치도 마련했다.

김정일은 먼저, 사회주의는 '과도적 성격'을 가짐으로 사회주의 경제관리 역시 과도적 성격을 고려해야 한다는 논리를 전개했다. 그는 "사회주의 경제관리는 사회주의 사회의 과도적 성격을 반영한 특징도 가집니다. 사회주의 사회의 과도적 성격이 사회주의 경제관리의 본질적 특징을 규정할 수는 없으나 그것을 고려하는 것은 경제관리에서 중요한 의의를 가집니다"라고 했다.2) 특히 2001년 '10.3 담화'에서는 "사회주의는 력사가 짧고 경제관리 경험이 부족하다 보니 사회주의 경제관리방법은 아직 미숙한 점이 많고 완성되었다고 볼 수는 없습니다 … 지난시기의 경제관리체계와 경제관리방법이 그때는 옳고 좋은 것이였다 하더라도 오늘에는 맞지 않을 수 있습니다"라고 했다.3)

김정일의 과도기론은 경제이론가에 의해 다음과 같이 확대 재생산된다. 사회주의 경제관리의 '본질적 특징'과 '과도적 특징'을 대칭시켜 놓고, 현 조건에서는 후자를 적극 고려해야 한다는 논리로 정리하면서,4)

---

1) 북한 내 '과도기와 프롤레타리아 독재에 관한 이론투쟁'은 김일성의 1967년 이른바 '5.25교시'에 의해 결론이 났다. 이에 대한 황장엽의 설명은 다음과 같다. 이때의 논쟁에서는 계급주의적인 입장에서 독재를 강화하고 개인숭배를 심화시키려는 통치집단의 요구와, 계급투쟁과 프롤레타리아 독재를 약화시키고 민주주의를 확대할 것을 갈망하는 인텔리층 사이에 대립이 있었으며, 김일성이 소련의 우경 수정주의와 중국의 좌경 모험주의를 모두 반대하고 중간입장을 취한다고 했으나, 실제로는 중국의 문화대혁명을 모방하여 인텔리를 반대하고 독재를 강화하여 북한 사회를 특이한 형태의 극좌로 몰아가는 전환점이 되었다고 했다. 황장엽, 『나는 역사의 진리를 보았다』(서울: 한울, 1999), pp. 148-149.
2) 김정일, "주체의 사회주의경제관리 리론으로 튼튼히 무장하자"(1991.7.1) 『김정일선집 11권』(평양: 조선로동당출판사, 1998), p. 344.
3) 김정일, "강성대국의 요구에 맞게 사회주의경제관리를 개선강화할데 대하여"(당, 내각 책임일군들과의 담화, 2001.10.3).
4) 최고인민회의 상임위원회 법무부, 사회과학원 법률연구소, 경제연구소, 사회과학출판사 공동편찬, "사회주의경제관리의 기본," 『조선민주주의인민공화국 경제관계법해설』(평양: 법률출판사, 2008), pp. 72-77.

전자를 고려한 경제관리 방식으로는 ① 당의 영도와 정치적 지도, ② 계획적 관리 운영, ③ 생산자 대중의 힘과 지혜를 발동하는 군중 노선 관철을, 후자와 관련해서는 ① 상대적 독자성을 가진 기업소들의 경영 활동이 필수적으로 요구된다는 점, ② 노동에 대한 물질적 자극을 경제 관리의 수단으로 이용하는 점, ③ 상품 화폐 관계와 가치법칙을 경제관 리의 수단으로 이용할 필요가 있다는 점을 열거했다([표 4-1] 참고).

표 4-1 사회주의 경제관리의 '과도기적' 특징

과도적 방법	경제 현실의 과도적 성격
기업 경영상의 상대적 독자성 보장	o 근로자들이 국가재산을 자기 것보다 소중히 여기지 않음, 재산관리 및 손익관계를 명확히 할 필요 o 공동노동에 대한 주인다운 관점과 태도가 부족, 노동의 지출과 그 결과를 정확히 계산할 필요
물질적 자극의 활용	o 생산력 발전의 미숙, 근로자의 사상의식 및 노동의 차이, 노동의 질과 양에 따른 분배 불가피(사회주의분배법칙) o 물질적 관심성 추동으로 증산 및 기업관리개선 효과, 남의 덕에 살아가려는 사상도 억제 가능
상품화폐관계 가치법칙 이용	o 소유의 분화와 분업으로 상품 또는 상품적형태의 생산과 유통·교환이 있게 되어 그 과정에 가치법칙 작용 o 원가, 가격, 이윤, 수익성과 같은 가치범주들로 경제 및 재정관리가 요구

* 자료: "사회주의경제관리의기본," 『조선민주주의인민공화국 경제관계법해설』

이로 볼 때 당시 김정일은 계획경제를 기본 틀로 하면서도,5) 노동에

---

5) 중국은 1980년대 경제개혁을 정당화하기 위해 사회주의 초급단계론을 제시하였다. 서진영, 『현대중국정치론: 변화와 개혁의 중국정치』(서울: 나남, 1997), pp. 307-322; 권영경은 계획경제공간과 시장경제공간의 관계에서, 중국의 초급단계론은 양자의 균형적·내적결합을 도모한 반면, 북한의 과도기론에 의한 7.1조치는 "시장조 절적 기능이 계획경제공간의 부수적 관계로 규정되어 있음으로써 개혁의 자기 재생산 적 확대논리를 이미 위로부터 제약하는 구도로 설정되어 있다"고 했다. 권영경, "북한 의 최근 경제개혁 진행동향에 대한 분석," 『수은 북한경제』, 2005년 겨울호, p. 7.

의한 분배법칙과 가치법칙, 노동 보수제, 원가, 가격, 이윤, 독립채산제 같은 과도적 성격을 반영한 경제적 공간을 이용할 것을 권장했다. 이를 홀시하면 사회주의 사회의 객관적 현실을 무시하게 된다며 명백히 후자에 '방점'을 찍었다고 볼 수 있다.6)

김정일은 실용주의 담론으로 변화 분위기를 조성했다. 경제사업에서의 실리주의, 간부 사업에서의 실적주의를 강조하였고, 경제관리 방법의 혁신을 요구하면서, 북한 사회 전반에 '낡은 관념 탈피, 근본적 혁신'을 주문했다. 그는 사업 및 간부 평가 기준으로 사회주의 원칙과 당성·충실성에다가, 실리와 실력·전문성을 추가했다. 김정일은 경제관리 방법의 '종자'로 '사회주의 원칙 준수'와 '가장 큰 실리 보장'을 동시에 강조하면서도 방점은 '실리·실력'에 있음을 수시로 암시했다.7)

다음으로, 김정일은 간부인사에 실력과 전문성을 적극 반영했다. 예컨대, 2000년 12월 무역상에 종합수출회사 사장 이광근(47세)을, 부상에는 무역성 지도원이었던 이용남(41세)을 전격 발탁했다. 당시 내부 증언에 의하면 무역성 부상 강정모 휘하의 간부들은 "이제는 물러나 아이들 뒤나 돌보아 주어야 한다"며 자조했고, 외무성 간부들은 "무역성에 인재가 그리 없었더냐"하며 냉소했다고 한다. 김정일은 북한 간부들이 당성 연마를 통해 점진적으로나 접근이 가능한 핵심 보직에

---

6) 조총련계 경제학자인 강일천도 북한의 7.1조치는 사회주의 원칙을 고수하는 것을 대전제로 하면서도 사회주의의 본질적 성격과 과도적 성격 중에 과도적 성격을 더 활용하는데 중점을 둔 시책이라고 했다. 강일천, "최근 우리나라에서 실시된 경제적 조치에 대한 잠정적 해석(1)," 『KDI 북한경제리뷰』, 2002년 10월호, pp. 41-42.

7) "경제지도 일군은 모든 부문·단위에서 실리를 보장하는 원칙에서 경제를 관리 운영해 나가야한다. … 당일군들은 실력가가 되어야한다. 높은 충실성에 실력이 안받침되지 않고는 잘해 나갈수 없다. 당일군들은 '실력으로 당을 받들다'라는 구호를 들어야 한다." 김정일, "사회주의강성대국건설에서 결정적 전진을 이룩할데 대하여"(2000. 1.1); "일군들은 실력이 있고 타산이 밝으면 손탁이 세야 한다 … 직권이나 열성만을 가지고 일하던 시대는 이미 지나갔다." 김정일, "황남 과일군 현지지도에서 하신 말씀"(2001.5.13).

전문성이 있으면 등용될 수 있음을 보여준 파격적인 인사를 단행했다. 당성이나 사상이 아니더라도 출세할 수 있다는 사회주의 체제 인사제도의 일주성(一柱性)을 흔드는 모습을 보여주었다. 김정일로서는 간부들이 여전히 눈치를 보고 개혁과제 제기와 실천에 망설이고 있음을 고려한 조치였다. 김정일은 간부 의식개혁 차원에서 2001년 1월 중국을 방문할 때 보수 성향 간부들을 대거 대동하기도 했다.

김정일은 2000년부터 2002년까지 사회주의 과도기론 제시, 실리·실적 강조, 간부 인사에서 전문성 중시 등 개혁 분위기 조성 노력을 그 어느 때보다도 집중적으로 전개했으며, 이는 경제개혁 의제 개방이 김정일의 주도적 노력의 산물임을 방증해주었다.

【그림 4-2】 김정일의 '개혁의제 개방' 담론 구조

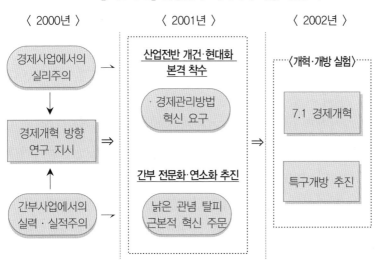

다. 총리에게 개혁 위임 및 전권 부여

개혁 의제 개방 이후 실제도 개혁 조치가 입안되고 적용되는 과정에서 지도자의 역할은 제한적이었다. 확인된 김정일의 역할은 개혁 입안 과정에서 경제개혁안을 "수십 차례 검토"해 준 점, '10.3 담화'를 통한 권력층 내 공감대 조성(2001. 10), 집행 초기 '금액지표에 의한 경제관리' 강조(2002.7), '경제관리 시범 단위 조성' 지시(2002.8) 등 정책 입안 및 집행 초기에 간헐적으로 확인되었다. 2003년에 김정일이 경제개혁에 대한 관여는 '시장 장려' 조치(2003.3)를 비준하고, 박봉주를 등용하면서 "경제관리사업의 적극적 전환"을 주문(2003.8)한 정도였다. 대부분의 국가 지도자가 그러하듯이 김정일도 나름대로 바쁜 일정으로 정책 의제가 크게 이슈화되지 않는 한 모든 일에 관심을 가질 수는 없었다.

그러나 2004년 들어 김정일의 개혁과제에 관한 관심과 관여는 다시 증가하는 경향을 보였다. 경제개혁 성과의 부진, 종합시장 양성화 이후 물가 폭등, 그리고 경제관리에 관한 총리의 각종 문제점 제기에서 비롯되었다. 김정일은 다시 부상한 경제개혁 이슈 처리를 박봉주에게 맡기면서 대리인인 총리가 제대로 처리할 수 있도록 여러 권한을 위임해 주었다. 김정일이 총리에게 많은 권한을 위임한 것은 경제는 기본적으로 전문가가 관리해야 하는 '복잡한' 문제라는 관념이 작용했다. 또 부족한 자원 속에서 경제관리를 직접 관장하지 않음으로써 '성공 가능성이 크지 않은' 과제에 대한 부담을 던다는 계산도 있었을 것이다. 국방경제와 일반경제를 구분해 민생경제는 대리인에게 맡긴 수령의 민생책임 방기(放棄)였다.

김정일의 총리에 대한 권한 위임시점은 경제개혁이 부진해지자 뒤늦게 이루어졌다. 김정일은 1990년대 초부터 '경제사업은 경제 일군들에게 맞기라'고 강조했다.8) 그는 당의 행정 대행을 경계하면서, 당과 군의 자체 경제사업에 관해서도 '사전에 정무원(내각)의 검토를 받으라'는 지시를 주기적으로 하달했다.9) 그러나 내각이 실질적인 능력을 발휘할 수 있도록 권력구조의 한계를 벗어나는 주도권을 부여한 사례는 찾아보기 어렵다. 일반적으로 지도자는 행정적 실행 가능성에 대한 고려를 무시해 자주 정책 실패를 초래한다.10) 김정일도 7.1조치가 지지 부진해지자 내각의 능력을 확장해줄 필요가 있음을 뒤늦게 깨닫는다.

종래에는 경제가 어려울 때 지도자가 당·군의 경제사업을 규제해 내각의 활동 범위를 확대해 준 사례는 있었다. 그러나 김정일은 박봉주에게 총리가 직접 경제사업 주도권을 행사할 수 있도록 권한을 부여했다. 구체적으로는 행정권·인사권·검열권을 부여했다. 김정일은 총리에게 수시로 보고할 기회를 부여하고 다른 기관에도 경제 보고 문건은 사전에 총리의 심의를 거치도록 했다. 내각 산하기관에 대한 조직 개편권 및 간부인사권에 대해서도 당 조직지도부로 하여금 총리의 의견을 존중하도록 했다. 경제실태를 조사·검열할 권한도 부여했다. 내각이 문제를 제기하는 경우로 국한되었으나 일부 당·군 소속의 경제기구와 사업체를 내각 산하로 이관해 주었다.

이처럼 김정일은 박봉주를 자신의 '개혁대행자'로 신임하면서 전권을

---

8) 김정일, "당사업을 더욱 강화하며 사회주의건설을 힘있게 다그치자"(당중앙위원회, 정무원 책임일군들 앞에서 한 연설, 1991.1.5.), 『김정일선집 11』(평양: 조선로동당출판사, 1997), pp. 3-4.

9) 김정일은 1990년 1월 "경제문제는 당 조직도 반드시 정무원의 검토를 받아 총리가 직접 보고할 것"을 지시했다. 2004년 11월에는 "경제사업에 관련해 그 어떤 단위, 그 누구를 막론하고 내각 총리의 지시를 무조건 받아 물도록 하라"고 강조했다. 2007년 11월에는 김정일이 "군(軍)도 정경분리에 따라 경제사업은 내각의 사전 심사를 받으라"고 했다. 이 지시는 당시 김영일 총리가 '군이 선군을 이유로 지나치게 경제관리에 개입한다'고 토로한 데 따른 것으로 알려졌다.

10) G. Allison and P. Zelikow 지음, 김태현 역, 『결정의 엣센스: 쿠바 미사일 사태와 세계핵전쟁의 위기』(서울: 모음북스, 2005), p. 234.

부여했고 '부여한 재량권도 쓸 줄 모른다'고 질책할 정도였다. 그 결과 짧은 기간이기만 박봉주는 그 어느 때보다 실효성 있는 내각책임제를 실천하는 실세 총리가 될 수 있었다. 따라서 박봉주가 통상적인 범주를 뛰어넘는 급진적인 개혁 조치 강구가 가능했던 것은 지도자의 측면 지원이 있었기 때문에 가능했다.

라. 김정일의 '개혁 후퇴' 선언

2000년 이후 경제관리 개선 문제와 연관된 '김정일 명의 문건'은 3건이 확인된다([표 4-2] 참고). 문건① 2001년 '10.3 담화'는 7.1조치 확정 전에 '6.3 그루빠'의 연구 결과를 중심으로 김정일이 권력층 내 개혁 방향에 대한 공감대 형성을 목적으로 작성한 문건이다. 문건② 2005년 '1월 9일 로작'은 일부 확인된 '절충주의적 언급'으로 볼 때 박봉주의 내각상무조가 급진적인 추가 개혁안을 건의한 데 대해 김정일이 당의 의견을 반영하여 급진 개혁을 경계한 문건으로 보인다. 문

표 4-2 김정일의 경제관리개선 관련 담화

발표일자, 대상	담화 제목	담화 기조
2001.10.3 당, 내각 책임 일군 들과의 담화 ①	"강성대국건설의 요구에 맞게 사회주의경제관리 를 개선 강화할데 대하여"	경제개혁 방침 제시
2005.1.9 당, 내각 책임 일군 들과의 담화 ②	"1월9일 로작" 요지 : 경제관리에서 사회주의 원 칙이 약화되지 않도록 각성, 국영기업을 기본으 로 하되 시장을 보조공간으로 활용, 경제사업에 대한 당적지도 강화, 실력전의 시대 강조 등	급진경제 개혁 경계
2008.6.18. 당, 경제기관 책임일군들과의 담화 ③	"경제사업에서 사회주의원칙을 고수하며 사회주 의 경제의 우월성을 높이 발양시킬데 대하여"	경제개혁 후퇴 선언

건 ③ 2008년 '6.18 담화'는 '경제개혁 조치의 전면적 후퇴'를 선언한 문건이다.

김정일의 '10.3 담화'와 '6.18 담화'를 비교하면 양자의 논리가 상반되게 전개된다. 전자는 개혁 의제 '개방'에, 후자는 '잠금장치' 설치를 의도했다는 점이 명확했다. 김정일은 2001년 '10.3 담화'에서 '사회주의 역사가 짧고, 경제관리 경험의 부족'함을 이유로 '대담하게 고치고, 새롭게 창조할 것'을 주문했다. 이와는 달리 2008년 '6.18 담화'에서는 '사회주의 원칙 고수'를 강조했다. 그는 7년 전에 '사회주의 과도적 성격'을 거론하여 간접적으로 개혁 의제에 대한 사상적 잠금 효과를 노렸으나, '6.18 담화'를 통해서는 '사회주의 원칙 고수 = 정치적 문제'라고 직설법을 써가며 경제개혁 논의 자체를 차단하면서, 내각 간부들이 '사회주의 원칙에서 탈선'하고 '시장경제'로 나가려 한다고 비판하는11) 등 정반대의 의견을 개진했다.

경제개혁의 핵심 개념인 '자율성, 물질적 자극과 실리, 가격' 등에 대한 김정일의 관점도 크게 바뀌었다. 김정일은 '6.18 담화'에서 "내각이 나라의 어려운 경제 형편을 빙자하면서 무엇이나 아래에 밀어 맡기는 식으로 경제사업을 다 풀어 놓았다"고 했고, "경제사업에서 근로자들의 생산 의욕을 높인다면서 물질적 자극 일면에 치우쳐 돈벌이 위주로 나갔다"고 하면서, 내각은 "화폐와 가격 등의 경제적 공간들의 기능을 과대평가하여 경제관리의 기본 수단이 되는 것으로 여긴다"고 비판했다. 결국 실리, 가격, 시장에 대한 김정일의 견해는 다음의 [그림 4-3]처럼 변하여 경제개혁 의제 개방 이전의 논리로 되돌아갔다.

경제개혁 문제에 대한 김정일의 인식은 초기 사회주의 경제관리체계의 한계 인식으로 경제개혁 필요성을 '절감'했다가, 당의 문제 제기로

---

11) 김정일은 '6.18 담화'에서 "시장경제"라는 용어를 9차례나 사용하여 내각을 비판하였다.

'미련'을 갖는 정도로 약해졌으며, 종국에는 '혐오'하는 수준으로 변했다고 볼 수 있다. 이 같은 개혁추진 문제에 대한 김정일의 상반된 인식 변화는 그의 통치 경륜으로 볼 때 당의 문제 제기 혹은 주입에 의한 피동적인 현상으로 단정하기는 어렵다고 본다. 김정일이 초기에는 경제 개혁을 통해 자신의 지배권력을 훼손하지 않으면서 경제 활성화가 가능하다고 보았다가, 나중에는 '국가가 아닌 시장만 돈벌이하면서 지배권력의 손상을 초래한다'고 판단한 것으로 평가된다.

결국 수령절대주의를 고집하는 한 정치 논리와 경제 논리의 조화 추구는 가능하지 못하고, 경제개혁은 끊임없이 선택과 후퇴를 반복하거나 실효성을 제약하는 절충주의적 형태로 나타남을 확인할 수 있었다. 수령은 좀 더 멀리, 넓게 보는 안목을 가질 수가 없었다. 이런 상황이 반복되면서 체제의 하부구조와 상부구조의 탈구(脫臼) 현상이 현저해지고 독재 권력 자체가 손상될 수 있음은 자각하지 못했다. 박봉주 내각도 선배가 그랬듯이 김정일의 '개혁 담론'을 '적당히 옳게' 이용했어야 했는데 '액면 그대로 받아들이는 실수'를 범했다.

【그림 4-3】 김정일의 실리·가격·시장에 대한 입장 변화

	2001년 「10.3 담화」	2008년 「6.18 담화」
대중동원 방식	o 물질적 자극	o 정신적 자극
경제관리의 종자	o 가장 큰 실리	o 사회주의 원칙
가 격	o 화폐·가격 공간 이용	o 계획적 관리의 보조 수단
시 장	o 장려, 경제관리에 이용	o 보조공간으로 이용 → 통제

02 지도자의 '적극적 정책 관여 밖'의 공간

가. 지도자 권위 침투의 한계

앞에서는 경제개혁 조치 결정 과정에서 김정일이 주도적인 역할을 한 공간을 살펴보았다. 여기서는 반대로 '수령의 유일적 영도' 즉, 수령제가 적극적으로 작동하지 않는 공간을 찾아본다. 지도자 영도력의 한계를 검증하는데, '침투성의 위기'까지는 아니더라도 각 조직이 자체의 논리로 행동하는 공간 또는 관료정치가 작동하는 '수령제 밖의 공간'이 존재함을 검증하는데 목표를 둔다.

한 국가의 지도자는 정보·시간·관심사의 제약으로 모든 국사에 관심을 기울이고 일일이 처리하기란 불가능하다. '수령의 유일적 영도'를 강조하는 북한 체제도 마찬가지다. 지도자의 지시가 미치지 않는 영역을 추적하기 위해 특정 정책이 추진되는 상황을 다음 표에서처럼 ① 지도자의 방침·지시가 주어진 경우, ② 하부기관에 권한이 위임된 경우, ③ 방침이나 권한위임이 없는 조건에서 정책이 추진되는 경우로 구분한다.

권한위임 또는 지시 공백의 경우(②와 ③), 실무자들은 국가 목표나 지도자의 의중·이해관계, 또는 과거 지침이나 관례 등을 행동의 준거로 삼을 것이다. 그러나 이를 일탈하여 권한을 남용하거나, 적극적으로 위험을 감수하면서 각자의 이익을 추구하는 공간으로 활용하는 상황도 있게 된다. 지도자의 방침이나 지시가 있는 경우(①)도 반드시 지도자 의도대로 관철되었다고 보기 어려운 경우가 흔하다. 모호한 지도자의 지침을 실무자가 자신에게 유리한 쪽으로 해석하고, 자원의 부족을 이유로 혹은 이전의 상반된 지시를 근거로 나중 지시를 무시하기도 한다. 민주적 통제가 발달하지 못한 독재국가의 경우는 더욱 그렇다.

  '수령제 밖의 공간'은 다음과 같은 방법으로 추적한다. 먼저, 김정일의 방침·지시가 있는 경우 그 시점을 분석하여 발생한 문제상황의 해결과 직접적인 인과관계가 있는지, 아니면 이미 처리가 되고 난 뒤에 '앞으로는 잘하라'라는 의미의 사후 수습 혹은 상황정리 차원의 방침은 아닌지를 검토한다. 그리고 부하가 지도자 방침의 모호성 또는 절충주의적 성격을 활용한 측면은 없는지를 따져 본다. 그다음으로, 부하가 김정일 지시의 중복 또는 모순 공간을 활용하거나, 지시를 무시한 사례는 없는지를 추적한다. 허위 보고는 정책을 왜곡하는 대표적인 사례로 여기에 포함한다.

【그림 4-4】 지도자의 '유일 영도'의 작동 범위

수령제 작동	수령제 밖 공간
지도자의 방침 · 지시가 하달된 사안	
◦ 사전 예방적 지침 ◦ 주도적 · 적극적 지침 ◦ 명확한 지침	◦ 사후조치(앞으로 잘하라) ◦ 절충주의 · 지시 모호성 ◦ 지시 중복 · 모순 ◦ 지시 무시 · 거부
지도자의 권한위임 · 재량권 부여 사안	
◦ 국가 목표 고려 ◦ 지도자 의중 · 관심사 · 선호 ◦ 권한 위임시 지침 · 조건	◦ 지도자 의도 편의 해석 ◦ 권한 확대 활용 ◦ 재량권 남용
지도자의 구체적 방침 · 지시 공백 사안	
◦ 국가목표 · 지도자 이해관계 ◦ 과거 유사 지침 · 관례 ◦ 사후 평가 · 감시 의식	◦ 유사 지침 · 관례 무시 ◦ 조직이익, 사적 이해관계 ※ 허위 보고(모든 공간에서)

나. 지도자의 절충주의와 문제 해결의 지체

1) 내각과 당의 입장 절충과 문제 해결의 지체

김정일 담화가 지도자 개인의 생각만을 담고 있다고 볼 수는 없다. 담화를 준비한 조직의 의견을 담고 있거나, 지도자와 이해관계자의 견해를 절충했을 수도 있다. 앞에서 밝힌 것처럼 경제관리개선과 관련한 김정일의 담화는 2001년 10월 3일, 2005년 1월 9일(내용 부분 확인), 2008년 6월 18일 등 3회 있었다. 그 중 '10.3 담화'는 '6.3 그루빠'가 경제개혁 방안을 연구(2000.10- 2001.6) 한 결과물을 기초로 2001년 10월에 발표된 것으로, 김정일의 생각이 추가되었을 수 있으나 기본적으로는 '6.3 그루빠'의 의견이었다. '1.9 담화'는 경제관리에서의 '사회주의 원칙을 지키고, 국영기업을 기본으로 하되 시장을 보조적으로 이용하라'는 내용으로, 박봉주 내각의 개혁 확대와 당의 속도 조절 입장을 절충했다.

김정일이 당의 입장을 완전히 손들어 준 것은 2008년 '6.18 담화'였다. 그는 '개혁 철회'를 내각이 추진하던 개혁 조치들이 유보(2005년)된 지 3년 만에, 박봉주를 총리에서 퇴진(2007년)시킨 지 1년이 지나서 선언했다. 이는 권력층 내부에 불거진 정책 갈등을 해결해야 하는 지도자의 역할이 지체되고 있음을 보여준다. 그의 명확한 결론이 지연되는 동안에 북한 권력층 내에서는 '내각의 시장경제 지향적 경제관리를 둘러싼 논쟁''[12]이 전개되었고, 경제학자들 사이에서는 '기회주의적

---

12) 증언(2007.5)에 의하면, 2006년 7월경 당 고위간부들이 박봉주를 비판하는 회의가 있었다. 전병호, 최태복 등 10여 명의 당 간부들이 연단에 교대로 올라와 '녀 이새끼 말이다'라고 육두문자를 써가며 그간의 박봉주의 실정을 비판했다. 특히 전병호(군수담당 당비서)는 그 해 상반기 철강 생산량이 줄어든 것은 총리가 철강 산업을 망쳐놓았기 때문이라고 지적했다. 그러나 대외 이미지를 고려하여 총리를 즉시 해임하지는 않았다. 2007년 7월 내각 전원회의(비공개)에서도 박봉주의 자아비판이 있

궤변들의 반동적 본질을 폭로하는 사상투쟁'13)이 전개되었다. 김정일은 박봉주의 개혁 지향점이 '시장경제'임을 알고 있었던 2005년에 자신의 견해를 '담화'로 발표하지 않음으로써 결과적으로 당·정간의 불협화음과 논란의 조기 종식을 게을리했다.14)

정리하자면, '6.18 담화'는 김정일의 '담화'라고 해서 김정일의 고유한 생각을 곧바로 담아냈다기보다, 문제상황의 추이를 지켜보다가 특정 부하의 입장을 자신의 견해로 선택해 '담화' 형식으로 담아냈다고 볼 수 있다. 지도자는 바쁜 일정으로 매번 경제관리 문제만을 객관적 입장에서 분석하고 있을 수는 없는 노릇이었다. 그는 권력층 안팎을 떠도는 여러 쟁점과 아이디어 중에서 어느 하나를 선택해야 하는데, 문제의 불확실성이 사라질 때까지는 견해 표명과 행동을 유보하다가, 사건이 터지고 문제가 불거지면 행동하는 모습을 보여주었다.

없던 것으로 알려졌다.
13) 리기성, "새 세기 우리 식의 사회주의경제리론을 연구하는데서 나서는 중요한 문제," 『경제연구』, 2007년 제2호, pp. 10-13. 이글은 경제이론가들 사이의 논쟁에 종지부 찍는 글로서, 그들 내부에 사상투쟁이 있었음을 시사했다. 리기성은 "현시기 경제관리에서 해결하여야 할 절박한 문제의 하나는 사회주의계획경제를 운영하는데서 가격, 시장, 수익성과 같은 상품화폐적관계와 관련된 경제적 공간들을 어떻게 리용하겠는가 하는것이다. 그것은 계획경제를 기본으로 하면서 상품화폐적관계와 관련된 경제적 공간들을 보조적 공간으로 계획경제의 일시적인 공백을 메꾸는 방향에서 리용하는것이다 … 특히 사회주의원칙이 생명이라는 확고한 립장을 가지고 경제건설과 경제관리실천에 제국주의자들과 혁명의 배신자들이 떠드는 개혁개방의 사소한 요소라도 스며드는것을 철저히 배격할뿐아니라 사회주의 경제발전을 저해하고 자본주의를 되살리는데 복무하는 온갖 부르죠아적 및 기회주의적궤변들의 반동적 본질을 낱낱이 폭로하고 경제리론의 모든분야에서 사회주의원칙을 일관성있게 구현해 나가야 한다"고 했다.
14) 이처럼 김정일의 공식적인 입장정리가 뒤늦은 것은, 경제개혁의 성과여부는 차지하고 그 조치가 이미 상당히 진척되어 되돌리기에 많은 기회비용을 부담해야하고, 2001년 이래 북한 정책 당국자들이 수차 '7.1조치는 되돌릴 수 없는 조치'로 선전해 놓은 것과 모순되며, 김정일의 '개혁에 대한 미련'이 복합적으로 작용한 것으로 보인다.

2) 경제관리 이론의 절충주의

김정일의 경제관리방법 개선과 관련된 단편적 방침과 지시들은 2005년에 '주체의 사회주의경제관리이론'으로 정리된다. '주체의 경제관리이론'은 경제관리 과정에서 "① 령도적정치조직으로서의 당과 국가경제기관의 호상관계, ② 국가와 매개 경제단위의 호상관계, ③ 생산자대중과 생산지휘자의 호상관계, ④ 대중동원에서 정치도덕적요구와 물질적요구의 호상관계라는 4개의 결합관계가 제기된다"고 했다. 김정일은 이 결합 관계에서 "당의 정치적 지도 밑에 국가경제기관이 경제기술적 지도를 실현하며, 국가의 통일적이며 계획적인 지도를 보장하는 기초 우에서 매개 단위의 창발성을 높이며, 민주주의를 보장하는 조건에서 지휘를 유일적으로 하며, 정치도덕적 자극을 위주로 하면서 여기에 물질적 자극을 옳게 결합시키는 것"을 기본원칙이라고 했다.15)

김정일은 경제개혁의 입구와 출구에서는 명확한 견해를 밝혔으나, 그 중간과정에서는 경제관리의 여러 측면을 '옳게 결합'하라고 할 뿐 명확한 지침을 자제했다. '주체의 경제관리이론'도 당의 정치 논리와 내각의 경제 논리, 중앙의 집중적 지도와 하부단위의 자율성, 생산 단위의 지휘권과 근로대중의 이익, 대중동원 방식에서의 정치적 자극과 물질적 자극의 '조화'를 거론할 뿐 상충될 경우 무엇을 선택하라는 것인지 애매모호했다.

지도자의 절충주의 화법은 정치와 경제를 동시에 고려하고, 불확실한 결과로부터 부담을 덜며, 상황에 따라서는 양극단을 왔다 갔다 하며 융통성을 발휘할 공간을 마련해 주는 편리함이 있다. 앞에서 김정일이 '사회주의 원칙' 중시와 '사회주의 과도적 성격' 강조 사이를 왔

---

15) 박선호, "위대한 령도자 김정일동지께서 제시하신 사회주의경제관리개선완성에 관한 독창적리론,"『경제연구』, 2005년 제1호, p. 3.

다 갔다 한 사례에서 보듯이, 확신이 서지 않으면 정책 실무자들에게 알아서 하라고 하고 문제가 발생하면 책임을 씌우면 되는 것이었다.16)

한편 부하들은 김정일의 애매한 입장으로 혼란스러워하나, 애매할 때는 정치 논리나 사상적 자극 등 보수적 선택을 할 때 실수를 줄일 수 있음을 알고 있으며, 때로는 방침의 절충적 성격을 적극 활용하여 자신의 입장에 유리하게 해석하기도 한다. 그 같은 현상은 다음과 같은 '정치적 자극과 물질적 자극'의 조화 문제에서도 나타났다.

3) 정치적 자극과 물질적 자극의 절충

북한의 수령은 공식 담론에서는 '정치·도덕적 자극을 앞세우는 원칙'을 강조하지 않을 수 없다. 지도자로서 '정치적 자극'은 사회주의의 대원칙이자 집단주의의 근본원칙이라는 점에서 무시할 수 없는 입장에 있다. 김정일도 2001년 '10.3 담화'에서, 먼저 '정치·도덕적 자극을 확고히 앞세울 것'을 강조하면서 '돈과 물건으로 사람을 움직이는 것은 자본주의적 방법'이라고 주장했다.

"사회주의사회의 본성과 과도적 성격에 맞게 정치도덕적 자극을 확고히 앞세우면서 물질적 자극을 적절히 배합할데 대하여서는 당문헌에 다 명백히 밝혀져 있습니다. 그런데 최근년간 나라의 경제형편이 어렵게되자

---

16) 노이스타트(R. Neustadt)는 『대통령의 권력』에서 "권력은 여러 기관이 공유한다. 대통령의 권력은 설득하는 권력이다. 대통령은 장관이나 정치인들에게 마차에 오를 것을 권하는 마부와 같은 역할을 할 뿐이다. 공식적으로 대통령의 권한은 최고이나 그 자리가 보장하는 권한은 서기의 권한일 뿐이다"라고 했다. 그러면서, 대통령이 할 일이란 자신의 정치적 자산을 이용하여 다른 이들의 마음속에 한편으로는 탐욕을, 다른 한편으로는 두려움을 불러일으킴으로써 대통령이 원하는 것이 결국은 자신들의 필요와 부합하는 것이라고 믿게 만드는 일이라고 했다. R. E. Neustadt, Presidential Power and the Modern Presidents: The Politics of Leadership from Roosevelt to Reagan, 5th ed. (New York: Free Press, 1990), p. 29.

일부 경제지도일군들과 학자들이 물질적자극에 대하여 많이 말하면서 생산의욕을 높이기 위한 방도를 주로 물질적자극을 강화하는데서 찾으려 하는데 그런 방향으로 나간다면 근본문제를 해결할 수 없을 뿐아니라 심중한 후과를 초래할 수 있습니다. 돈과 물건으로 사람을 움직이는 것은 자본주의적 방법입니다. 사회주의사회에서는 물질적자극을 무시하여도 안되지만 어디까지나 정치도덕적 자극을 기본으로 틀어쥐고 나가야 합니다"(2001.10.3 김정일).

그러나 '정치적 자극 중시'는 공식 담론에서 거론되는 원칙일 뿐이다. 김정일은 이어 '10.3 담화'에서 '사회주의 분배원칙'을 동시에 강조함으로써 우회적으로 '물질적 자극'을 동원할 것을 주문했다. '공산주의 분배원칙'은 능력에 따라 일하고 필요에 따라 분배하는 것이고, '사회주의 분배원칙'은 일한 것만큼, 번 것만큼 분배한다는 것이다. 김정일은 "근로자들의 로동의 질과 량, 로동의 결과를 그날그날로 어김없이 평가하여 (심지어) 공개하는 것을 철저히 제도화할 것"을 주문하면서, 사회주의 분배원칙이 지켜지도록 '평균주의적 임금'을 극복하고 '사회적 공짜'를 철폐하라는 두 가지 원칙을 강조했다.17) 무임 승차자들(free riders)을 없애겠다는 것이다.

김정일은 대중동원 방법에서는 '정치적 자극'을 확고히 앞세우라고 하면서, 분배 방법에서는 '물질적 자극'을 적극적으로 동원하라는 모순된 발언을 했다. 현실에서 경제관리를 하는 간부들은 이 같은 김정일의 절충주의가 조성한 공간을 최대한 활용했다. '물질적 자극과 정치적 자극을 인위적으로 대치'시키는 것은 잘못이라거나 '사회주의 원칙'은 원칙일 따름이고 현실에 맞게 창조적으로 구현해야 한다는 점을 강조하여 개혁정책을 정당화했다.

---

17) 위의 담화.

"지난 시기 우리는 사회주의분배원칙에 대한 인식이 바로 서 있지 못한 데로부터 물질적 평가문제를 정치적 평가문제와 인위적으로 대치시켜 놓고 그것을 사회주의의 본성적요구에 맞게 옳게 구현하지 못하였다. 자기 인민의 힘을 믿고 자기 인민의 힘을 발동하여 경제문제를 풀어 나가자는 것이 그 어떤 개혁개방이나 자본주의적인 방법으로 될수 없다."[18]

"사회주의경제관리의 기본원칙은 어디까지나 구체적인 경제관리에서 견지해야 할 일반적이며 보편적인 원칙인만큼 그것은 변화되는 력사적환경과 구체적인 조건에 맞게 창조적으로 구현해야 한다 … 변화되는 환경과 현실적조건에 맞게 낡은 경제관리방식을 개조하거나 새로운 경제관리방식을 창조해야한다."[19]

북한경제 당국은 물질적 자극을 적용하는 방법으로 ①노동의 결과를 반영한 분배원칙 적용, ②독립채산제 실시, ③가치법칙의 이용을 들고 있다.[20] 내각은 7.1조치를 추진하면서 독립채산제의 확대와 가치법칙 이용에 대한 일부 부정적 인식에 대해 아래와 같이 항변했다.

"돈문제만 놓고 보자. 다 아는바와 같이 번 수입에 의한 독립채산제에서는 돈을 실리기준으로 틀어 쥐고 기업관리를 해나가게 되어 있다. 그런데 지금 적지 않은 일군들은 이에 대해 몹시 경계하고 소심하게 대하고 있다. 원래 경제사업에서 돈은 모든 생산물과 상품의 가치를 표시해 주는 자막대기라고 말할수 있다. 어떤 사업이든지 오직 돈에 의해서만 그 결과를 질량적으로 가장 정확히 계산하고 평가할수 있다. 문제는 누구를 위해 돈을 중시하고 마련하며 쓰는가에 있다. 개인의 향락과 치부를 위해 돈을 긁어 모은것은 나쁘지만 나라의 부강발전과 인민들의 복리증진을 위해 돈을 중시

18) 강연 및 해설담화 자료(2002.7); 군(軍) 강연자료(2002.7).
19) 박선호,"김정일동지께서 제시하신 사회주의경제관리개선완성에 관한 독창적리론," pp. 2-4.
20) 『경제관계법 해설집』(2008), pp. 123-129.

하고 마련하여 쓰는 것은 사회주의원칙에 맞는다. 이것은 나라와 민족의 자주권을 지키는 총대는 정의의 보검으로 되지만 침략과 략탈을 목적으로 하는 총대는 살인흉기로 되는것과 같은 리치이다"(2003.4 간부 강연자료).21)

내각은 국가가 설령 '돈벌이'를 한다 해도 그 목적이 '나라의 부강발전과 인민들의 복리증진'에 있다면 '사회주의 원칙'에 맞는 것이 된다는 덩샤오핑식의 논리를 전개했다.22) 이들은 경제개혁 작업이 김정일의 '세심한 지도 밑에 마련'되었고 '대책안 하나하나 지도자가 보아주신 것'임을 강조했다. 나아가 "어떤 경우에도 이 력사적인 로정에서 물러설 수 없으며, 과거로 되돌아 갈 수는 더욱 없다는 것이 장군님의 확고한 의지이고 결심"이라고 확대해석했다.23) 이처럼 김정일의 '애매한 입장'은 밑으로 전파되면서 '구체적이고 분명한 입장'으로 해석되어 개혁의 정당성과 불가역성 주장에 활용되었다.

내각의 '돈벌이' 정당화는 5년 뒤 김정일의 2008년 '6.18 담화'를 통해서 '물질적 자극 우선'과 함께 비판받는다. 김정일은 "경제사업에서 근로자들의 생산의욕을 높인다고 물질적 자극 일면에 치우치며, 실리를 보장한다면서 돈벌이 위주로 나간다면, 비사회주의의 길로, 시장경제의 길로 떠밀리게 된다"고 했다. 물론 그가 '돈벌이'의 문제점을 지적하면서 '물질적 자극의 적절한 배합'을 거론하지 않은 것은 아니나, 김정일의 다음과 같은 발언의 취지로 볼 때 북한 간부들이 '물질적 자극'을 적극적으로 동원할 가능성은 희박해졌다.

---

21) 간부 강연자료, "새로운 경제적조치의 요구에 맞게 경제관리에서 결정적 전환을 일으키자"(2003.4).
22) 덩샤오핑은 1987년 2월 "계획과 시장은 모두 하나의 방법으로 사회주의를 위해 쓰면 사회주의적인 것이며, 자본주의를 위해 쓰면 자본주의적인 것이다"라고 언급했다.
23) 앞의 강연자료(2003.4).

김정일의 2008년 '6.18 담화' : "사회주의경제관리에서 정치사상사업을 앞세우고 집단주의원칙을 견지해야 합니다. 우리 나라 사회주의의 위력은 정치사상적 위력이며 집단주의의 위력입니다 … 경제사업에서 근로자들의 생산의욕을 높인다고하면서 물질적 자극일면에 치우치며 실리를 보장한다고 하면서 돈벌이 위주로 나간다면 경제문제도 인민생활문제도 해결할 수 없을뿐아니라 우리의 정치사상적위력, 집단주의의 위력을 약화시키고 나라의 경제를 더욱더 비사회주의길로, 시장경제로 떠밀게 됩니다. 경제지도일군들은 당의 일관된 방침대로 경제사업에서 사람들의 사상을 기본으로 틀어쥐고 정치도덕적 자극을 위주로 하면서 여기에 물질적 자극을 적절히 배합해나가야 합니다. 경제지도일군들은 조건이 어려울수록 물질적 자극이 아니라 정치사업을 강화하여 대중의 정신력을 높이 발양시키는데 더욱 큰 힘을 넣어야 합니다."

4) 절충주의적 표현으로 인한 '시장경제 오해' 사건

김정일의 "계획경제를 시장가격에 접근시키라"는 2004년 6월 1일 지시를 해석하는 문제로 2005년 초부터 김정일과 내각 간에 '시장 이용과 시장경제 도입 간의 오해' 문제가 대두되었음을 앞에서 밝힌 바 있다. 김정일은 2005년 1월에 "국영기업을 기본으로 하고 시장을 보조적인 공간으로 이용하여 공백을 메꾸는 방법으로 국영기업과 시장을 옳게 배합해야 한다"고 하여 종전 지시를 시장을 '보조적 공간'으로 이용하라는 취지로 해명했다.[24] 그는 2005년 2월에는 당 간부들에게 아래 인용문처럼 "내가 시장을 이용하라 했더니 일부 (내각)일군들이 시장경제로 전환하는 것으로 이해하고 있는 것 같다"고 언급해 내각이 '오해'한 것으로 몰아갔으며, 2008년 '6.18 담화'에서는 이 점을 다시 거론했다.

---

24) 김정일, "당 중앙위 및 내각책임일군들과의 담화"(2005.1.9).

"경제지도 일군들이 당의 의도를 잘알지 못하고 있는것 같습니다. 일부 일군들은 시장을 나라의 경제를 운영하는 데서 보조적인 공간으로 리용하자는것을 시장경제로 전환한다는 것으로 리해하고 있는것 같습니다. 시장과 시장경제는 성격이 다릅니다. 경제지도 일군들이 시장과 시장경제에 대한 개념을 바로 인식하지 못하고 있는 것을 보면 사상의 빈곤, 지식의 빈곤에 빠져있다는 것을 알수 있습니다"(2005.2 김정일).**25)**

"내가 최근시기 여러 기회에 말했지만 시장에 대한 인식을 바로 가져야 합니다. 우리가 경제관리에서 시장을 일정하게 리용하도록 하였더니 한때 일부 사람들은 사회주의원칙에서 벗어나 나라의 경제를 개혁개방하며 시장경제로 넘어가는것처럼 리해한것 같은데 이것은 아주 잘못된 생각입니다. 경제지도일군들이 시장과 시장경제에 대한 그릇된 인식을 가지는 것은 사상의 빈곤, 지식의 빈곤에 빠져있다는것을 말해줍니다"(2008.6 김정일).

그러나 내각의 입장은 달랐다. 이들은 김정일로부터 2004년 6월 1일 "계획경제를 시장가격에 접근시키라"는 지시를 받은 직후 추가 개혁방안을 연구하는 몇몇 자료에서26) 김정일의 지시를 '계획경제와 시장가격의 결합' 혹은 '가격제정에서 신축성을 보장할데 대한 문제'로 해석했다. 내각은 김정은의 '6.1 지시'를 국정 가격의 탄력성을 높이기 위해 수요와 공급이라는 시장 신호를 반영하라는 의미로 받아들였다. 즉, 개혁을 김정일이 허락해 준 것으로 해석하고, 이를 기초로 '시장경제'에 준하는 추가 개혁방안을 연구했다.

주목되는 점은 김정일이 '6.1 지시'에서는 '시장가격' 용어를 사용했으나, 이후 그의 해명에서는 '가격 공간 이용' 표현이 빠지는 대신 '물리적 공간으로서 시장'을 이용하라는 취지로 후퇴한 점이다. 그러나 내각상무조는 김정일 지시를 일관되게 '가격 공간 이용 문제'로 받아들인

---

25) 김정일, "당 중앙위원회 책임일군들에게 하신 말씀"(2005.2.26).
26) "경제관리방식개혁 연구자료,"『2004.6 내각상무조 개혁안 자료집』(2005).

다.27) 어쨌든 김정일 자신이 "지식의 빈곤"으로 '시장' 개념을 오해했고 이를 나중에 변명한 것이 아니라면, 내각이 김정일 지시의 모호성으로 그 취지를 잘못 받아들이고 "사상의 빈곤"에 빠진 셈이 된다. 결과적으로 김정일의 모호한 언술로 인한 '오해'는 내각이 시장경제를 모색하고, 당은 이를 빌미로 내각을 공격하면서 권력층이 한 차례 요동치는 사건의 발단이 되었다.

다. 지도자의 '말씀' 과잉과 그 무시 현상

북한에는 '수령과 지도자 동지의 말씀'이 온 사회에 넘친다. 북한의 지도자들은 성경 구절처럼 '말씀'으로 북한 주민들을 신자로 만들어 지배한다. '말씀 과잉'은 지도자가 북한 사회를 '수령의 유일적 결론'에 따라 하나 같이 움직이는 유기체 사회로 만드는 방편이기 때문에 '뇌수'로부터 끊임없이 지령이 전파되어야 했다.

경제적으로도 김정일 방침 단위에 자원이 우선 배정되기 때문에 지도자의 방침과 지시가 아닌 사업은 실효성을 보장할 수 없어 모든 경제단위는 '말씀'을 필요로 한다. 모든 단위들이 지도자 방침을 기다리거나, 지도자에 대한 건의를 통해 '친필 지시' 단위로 배정되기를 기대하는 현상은 다시 지도자의 통치행태에 영향을 미쳐 지도자가 지엽적

---

27) 『경제연구』는 총론적으로는 김정일 편을 들면서 '가격 공간'을 쟁점으로 거론한 점이 특징이다. "계획경제와 시장의 결합은 계획경제와 시장경제와의 결합과는 근본적으로 다르다. 시장경제는 생산수단에 대한 사적소유에 기초(한다). … 오늘 우리나라에는 생산수단에 대한 사적소유에 기초(한)… 시장경제가 존재하지(않는다). … 계획경제와 시장을 결합시키는데서 현시기 중요한 문제는 국영기업소의 생산물가격과 시장가격을 결합시키고… 계획가격을 기본으로 시장가격을 결합시켜야 한다." 정명남, "집단주의경제관리의 중요특징과 그 우월성을 높이 발양시키는데서 나서는 기본요구," 『경제연구』, 2006년 제2호, pp. 12-17.

인 문제까지 관여하는 미시적 관리가 불가피하게 만든다.

'말씀' 과잉에 의한 정치는 여러 부작용을 초래한다. 지도자 지시의 즉흥성으로 앞뒤 지시가 맞지 않으면 부하들은 '마지막 지시가 진짜 지시'라는 인식으로 유리한 지시가 내려지기를 기다린다. 지도자 지시의 독단성으로 현실 상황과 조건에 맞지 않아 시행할 수 없는 경우도 생긴다. 그 결과 지도자의 지시라 할지라도 집행조직의 이해관계로 무시되는 사례가 빈발하고, 지도자의 '결론'도 이해관계가 다른 조직의 건의로 무시되거나 대체되기도 한다. 다음은 그 사례이다.

> 내각상무조는 곡물 수매를 원활히 하기 위해서는 당국이 농민들과의 약속을 지키는 것이 중요하다고 했다. 씨 뿌릴 때는 어떻게 한다고 해놓고, 걷을 때는 나라 사정을 거론하며 다 거두어 가면 농민들이 마음을 바쳐 일하지 않는다고 판단했다. 또한 곡물 생산업무와 관리업무가 분리되어 있으면, 책임이 불분명해지고 허위 보고가 생기는 점을 고려하여 수매양정성을 없애고 그 업무를 농업성으로 일원화하는 문제를 검토했다.
>
> 김정일도 2006년 1월에 "국가에서 농민들과 약속한 것을 어겨서는 안된다. 농민들이 논두렁에 콩을 심거나 비경지에 곡식을 심어 거두어드린 것을 그들의 분배 몫에 포함시키는 것은 수탈행위와 같다"고 하면서 "이제는 모든 부침땅(과 관련된 수매업무를) 업무를 농업성에 넘겨야 할 때가 되었다"라고 했다. 이 발언은 내각상무조가 건의한 내용이라는 점에서 '개혁안'을 김정일이 인지하고 있다는 근거가 된다. 그러나 수매양정성은 오랫동안 폐지되지 않았고, 뙈기밭에서 생산된 곡물도 여전히 수매분에 포함되었다.
>
> 김정일이 현지지도 과정에서 지시한 내용은 '직능 참고 자료'로 해당 기관에 전파함에도 이행되지 않는 이유는 농업관리기관으로서는 농민과의 약속 이행보다 국가양곡전매제 실시(2005.10)로 "최대한의 수매량 확보"가 더 중요한 김정일의 지시였기 때문이었다. 책임만 큰 농업성 간부와는 달리 수매양정성 간부들은 농민들로부터는 '지주'라고 불리나 배급제 기관들로부터는 끗발 있는 자리였다. 수매양정성이 이해관계를 같이하는 다른 기관을 동

원하여 자기조직에 대한 '폐지론'을 무마하는 일은 어려운 일이 아니었다.

북한의 양정당국은 2005년 곡물생산량을 처음에는 '알곡 520만톤이 생산된 대풍년'으로 추산하여 중앙에 보고하나, 막상 수매해 보니 과장된 것으로 판명되었다.28) 2005년에 '농업 = 주공전선'으로 설정하고, 어느 때 보다 강도 높게 전 주민을 "농촌지원에 총동원"한 마당에, 지방 당에서 "장군님께 기쁨을 드린다"는 명분으로 과장 보고한 것으로 확인되었다. 김정일은 2006년 1월 간부들에게 "알곡 생산에 대해서는 더하지도 말고 덜지도 말며, 사실 그대로 보고하여야 한다"고 했다.29)

김정일은 2004년 봄에 군부대를 방문할 때마다 군인들의 단백질 공급원으로 콩 농사를 장려했고, 2005년에는 부대별로 '콩 농사 경쟁'을 시켰다. 그해 가을에 김정일이 군부대를 현지지도 할 때 군 고위간부가 사전에 준비해 둔 콩 자루를 비치해 콩 농사가 잘된 것처럼 허위 보고한 사례가 있었다. 현지지도를 앞둔 단위에서의 '물건 옮겨놓기'는 김정일이 '요령주의'라고 지적한 행태였다.30) 지도자가 수시로 사실대로 보고할 것을 주문하고, 심지어 "일부 단위에서 나에게 심려 끼친다며 잘못한 것을 보고하지 않는데 아무리 엄중한 잘못도 보고하라"31)고 했음에도 불구하고 허위 보고는 근절되지 않았다.32)

---

28) 농촌진흥청은 2005년도 북한의 곡물생산량을 454만톤으로 추계하였다.
29) 김정일, "당 및 군대, 국가간부들에게 하신 말씀"(2006.1.28).
30) 김정일은 1996년에 "나는 요령주의를 허용하지 않습니다. 군부대들에 갈 때 치약 같은 것도 절대로 새것을 가져다 놓지 못하게 합니다. 내가 동에 번쩍 서에 번쩍하는 식으로 군부대에 찾아가기 때문에 그들이 새것을 가져 놓으려 해도 그럴 사이가 없습니다"라고 했다. 김정일, "김정일동지께서 당중앙위원회 책임일군들에게 하신 말씀"(김일성종합대학창립 55돌 즈음 담화, 1996.12.7).
31) 김정일, "조선인민군 지휘성원들에게 하신 말씀"(2006.9).
32) "2009년 4월 김정일이 어느 공장을 시찰했을 때 전시된 제품을 보고 '광명성-2호 발사때 보다 기쁘다'고 칭찬했으나, 암시장에서 구입한 제품을 재포장하여 진열한 것으로 확인되었다. 북한 간부는 '생산목표를 달성 못하면 퇴출당하는 분위기라 허위 보고를 하지 않을 수 없다'고 했다." 『産經新聞』, 2009.11.25.

03 경제개혁 결정 과정에서 수령결정론의 한계

경제개혁 과정에서 지도자의 가장 주도적인 역할은 경제개혁 의제를 설정해 준 일이었다. 2000년 초 김정일의 개혁 의제 개방 및 실용주의 거론은 김일성 때보다, 김정일이 후계시절 간헐적으로 거론한 실용주의적 담론보다 대폭적이다. 1990년대 경제 실패에 따른 지도자 자신의 '반성'과 과거 경제개혁 의제의 정치적 성격을 경험해 복지부동하는 부하들을 움직이게 하려는 노력에서 비롯되었다.

다음으로 경제개혁 추진과정에서 지도자가 취한 중요한 역할은 자신의 대리인인 개혁추진 주체의 위상을 높여 주고 그들의 활동을 독려하는 일이었다. 김정일은 박봉주 내각에 인사권·검열권을 부여하는 방식으로 내각의 개혁정책 추진 능력을 신장시켜 주었다. 김정일의 만기친람(萬機親覽)식 통치행태로 볼 때 그 같은 권한위임은 드문 현상으로 개혁과제의 복잡성 때문이기도 하지만 지도자의 개혁 의지도 반영되었다.

2008년의 개혁 후퇴 선언은 당과 지도자의 합작품이었다. 당이 김정일을 설득하는 데 성공했고, 김정일도 경제개혁의 결과가, 특히 시장의 번창으로 정치적 부작용을 수반함을 확인해 당의 논리에 동조했다. 개혁으로 정치적 안정과 경제 활성화라는 두 마리의 토끼를 잡으려는 수령의 의도가 무위로 끝났다. 북한의 수령들은 경제적 번영을 위해 권력 지분의 일부분이나마 내놓을 용의가 전혀 없어 보였다. 정치적 파장 여부는 수령결정론의 첫 번째 고려사항이었다.

정치적 고려 외에 절충주의와 지체 현상도 수령결정론의 특징적 현상이다. 김정일은 개혁 의제를 개방하면서 특수부문의 존재를 훼손하지 않는 범위로 제한했다. 또 허약한 내각의 능력보강도 '6.3 그루빠'를 구성하면서 보강해 주지는 않았고, 개혁 속도를 놓고 당·정 갈등이 고조될 때도 김정일의 조정역할은 지체되었다. 문제상황이 명확히 드러나야 결단을 내렸다. 수령은 대체로 결단에 매우 인색했다.

정책추진과정은 끊임없는 선택과 결정 과정이다. 수령이 결정에 신중하고 인색했기 때문에 많은 결정은 부하들의 선택에 수령의 모자를 씌운 형태로 나타났다. 지도자의 '결론적 언술'이 과연 지도자의 '의중'에 따른 것인지를 검토하기 위해 경제정책과 관련된 지도자의 담론이나 방침·지시의 성격도 따져보았다. 그 결과 지도자의 언술에는 절충과 추상성·모호성, 결론의 지체로 부하들이 재량행위를 하거나 지도자의 의도를 넘어 행동할 공간이 충분했다.

그리고 지도자가 내린 '결론'은 대안 중에서 하나를 선택한 행위이기보다는 이미 주어진 조건에 의해 방향이 결정된 상황에 대한 사후적 추인인 경우가 많았다. 지도자는 또한 전략적 문제보다는 구체적이고도 작은 사업에 대해 '말씀'이 많았다. 그 작은 '말씀'들을 부하들은 열심히 적어 놓으나 항상 '큰 뜻'을 헤아려 실행할 수는 없었다. 부하들은 자신의 이해관계에 맞는 구절만 선택하여 실천하며, 때로는 다른 지시와의 충돌을 명분으로 '말씀'을 무시하기도 했다.

이상이 '수령의 유일적 결론'에 의해 움직이고 있는 북한의 정책추진 모습이라면, 수령결정론 혹은 합리적 결정론은 북한 정책결정체계에서 극히 부분적으로만 작동하고 있음을 보여준다. 수령제 렌즈로는 실질적으로 정책을 규정하는 주체가 누구인지 잘 파악되지 않음이 확인되었다. 앨리슨 주장대로 다른 렌즈로 관찰할 필요가 있었다.

| 제2절 | 조직행태 : 경로 의존성과 본위주의

01 과거 경험에 의존한 개혁의 한계

가. 개혁팀의 동질성, 경험에 의존한 개혁

2000년 무렵 '6.3 그루빠'는 김정일로부터 경제개혁안 작성 과제를 부여받았다. 과제작성 방향은 '경제사업에서 실리를 보장할 것', '내각이 통일적으로 경제를 장악하여 운영할 수 있도록 할 것', '근본적으로 혁신할 것'으로 요약된다. '6.3 그루빠'의 '정책상무조'는 당 경제정책 검열부, 내각, 경제연구기관의 실무 간부급(당 과장, 내각 국장 등)으로 구성되었다.

표 4-3   7.1 조치를 입안한 '6.3 그루빠' 구성원

	당 경제정책검열부 간부	내각 간부들
정책상무조 (1999.6 ~2001.12)	당검열과장,대외정책과장, 양과 당 지도원 각 2명. (경제비서겸 부장 한성룡, 부부장→1부부장 김희택)	재정상, 국가계획위원회 국장, 내각 사무국 국장, 농업성·무역성 등 실무 간부들, 경제학자 등. (총리 홍성남, 국가계획위원장 박남기, 국가계획 위원회 부위원장 김광린)
실무상무조 (2001.12 ~2002.6)	국가계획위원장(박남기), 재정상(문일봉), 노동상(이원일), 중앙통계국장(김창수), 중앙은행총재(김완수), 내각 사무국장(정문산), 무역상(이광근), 농업상(김창식), 경공업상(이주오) 등	

* 정책상무조는 '6.3 그루빠'에 참가한 북한(탈북) 경제간부들의 증언을 토대로 작성, 괄호안은 지휘선상의 간부들을 필자가 추가. 실무상무조는 7.1조치와 연관된 내 각 부처책임자들을 필자가 기입.

이들은 소속 기관은 달랐으나 경제관리기관에서의 근무 경험이 있는 경제 전문가라는 점에서 동질적이며, 문제의식과 해결방식이 대체로 유사했다. 형식상 당 정책검열부에 주관 책임이 부여된 것은 '다른 권력기관의 관여로부터 내각의 자율권을 확대해 주는 문제'가 초기 개혁 과제에 포함되었기 때문이다. 2001년 12월경 '정책상무조'의 개혁안을 넘겨받아 구체적인 시행계획을 짜는 '실무상무조'는 내각 간부들로만 구성되었다. 이로 볼 때 7.1조치는 경험이 동질적인 경제 간부들이 중심이 되어 성안되었다고 볼 수 있다.

이들은 스스로 산출한 개혁 조치를 스스로 '새로운 경제적 조치'라고 했으나 각각의 조치들은 과거의 개혁 경험을 다시 꺼내 놓은 것에 불과했다. 7.1조치가 과거와 다른 점은 일련의 개혁 조치를 묶어 동시에 시행하였다는 점, 각 조치의 개혁 심도가 과거보다 깊다는 점, 지도부의 실행 의지가 강하다는 점이다. 조직은 상황에 따라 응용의 묘를 발휘하고 극적인 사건으로부터 학습하기도 하나, 기왕의 조직 능력과 절차에서 벗어나기 어렵고, 발전경로에 의존한다([표 4-4] 참고).33)

표 4-4 **7.1 조치와 과거 경제개혁 사례**

구 분	7.1 조치	과거 경제개혁 경험
임금 · 물가 · 환율 현실화	임금 18배, 물가 25배, 환율 70배 인상	1992년 3월 임금 43.4%, 곡물 수매가 인상(벼 26.2%, 강냉이 44.8%), 물가 3~4배 인상34)
하부단위 자율권 강화	기업경영 자율권 확대, 영농 분조관리제 실시, 지방 예산제 강화 등	1985년 연합기업소 제도 도입, 1996년 일부 협동농장 분조 인원 절반으로 축소, 1994년 예산수납체계 변경(부문별 → 지역별)

* 자료: 북한의 '과거 경제개혁 경험'은 이정철(2002), 홍익표 외(2004) 논문 참고.

---

33) Allison 외, 『결정의 엣센스』, p. 200.
34) 북한은 1992년에 임금인상(3.1) → 대폭적 물가인상(3.20) → 화폐개혁(7.14)에

북한 당국이 그나마 과거의 개혁 경험을 7.1 조치라는 하나의 묶음으로 내놓을 수 있었던 것은 1990년대 경제 대실패를 경험했기 때문이었다. 변화는 대개 큰일이 터지면 일어난다. 당시 북한의 당과 군 조직이 내각의 개혁추진에 반대하지 않고 동조한 것도, 큰 이해관계 충돌이 없는 데다가 1990년대 국가기능의 실패에 대한 뼈저린 경험을 공유했기 때문이었을 것이다.

나. '시장이 아닌 시장' 구조론

7.1조치가 시행된 지 1년여 기간이 지난 후에 박봉주 내각이 새로 들어섰다. 이들은 전임 내각이 입안한 7.1조치에 대해 매우 혹독하게 평가했다. 이들은 7.1조치로 하부 경제단위에 계획 권한을 확대해 주었다는 전임자들의 주장에 대해, 1990년대 경제위기로 이미 공장·기업소들은 국가계획위원회의 계획과는 무관하게 자체 사정에 맞춰 주관적으로 생산계획을 꾸려 왔으며, 7.1조치는 그것을 합법화해 준 것에 불과하다고 비판했다. 7.1조치에 따른 임금·물가의 현실화에도 불구하고 주민들의 구매력은 변화가 없으며, 7.1조치는 본질상 '가격 재(再)제정'이지 '가격 현실화'가 아니며, 가격조정에 맞게 유통구조가 개선되지 않아 수요와 공급의 부정합 상태가 극심해졌다고도 비판했다.[35]

이들은 7.1조치에 의해 설계된 경제관리구조는 계획구조와 '시장이 아닌 시장' 구조가 엉킨, 경제학적으로 설명할 수 없는 구조라고 규정

이어, 1994년에는 소비재뿐 아니라 생산수단 거래에도 거래수입금을 부과해 가치법칙을 활용하는 방향으로 도매 가격체계를 개편했다. 이정철, 『사회주의 북한의 경제동학과 정치체제: 현물동학과 가격동학의 긴장이 정치체제에 미치는 영향을 중심으로』(서울대 박사학위 논문, 2002), pp. 170-176.

35) 북한 "경제관리방식개혁 연구자료," 『2004.6 내각상무조 개혁안 자료집』.

했다. 이들의 논리를 빌리면 7.1조치는 김일성이 언급한 '범벅식 방법'
이요,36) 김정일이 지적한 '땜 때우기식 방법'과 다름이 없었다. 통상
정책 당국자들은 새로운 상황이 발생해도 완전히 새로운 프로그램을
짜는 일은 거의 없다. 아니 아예 그럴 생각조차 하지 않는다. 미리부터
있는 하위 프로그램을 새로 조합하여 적응할 따름이었다.37) 7.1조치
입안 당국자들은 기왕의 경험을 재구성하여 '새로운 경제관리 개선 조

【그림 4-5】 박봉주 내각의 7.1조치 평가

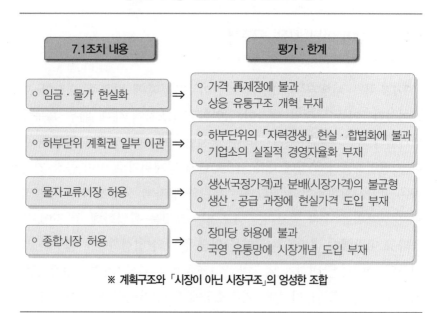

※ 계획구조와 「시장이 아닌 시장구조」의 엉성한 조합

* 자료: 박봉주 내각상무조, "경제관리방식개혁 연구자료."

---

36) 김일성은 "사회주의경제에서는 제국주의자들이 말하는 〈자유화〉가 허용될수 없습니
    다. 사회주의경제는 자기의 고유한 법칙에 따라 발전합니다. 사회주의경제는 자본주
    의적방법으로 관리운영할수 없는 것은 물론이고 사회주의적방법과 자본주의적방법
    을 뒤섞어놓은 범벅식 방법으로 관리 운영할수도 없습니다"라고 주장하였다. 김일
    성,『사회주의경제관리문제에 대하여 제6권』(평양: 조선로동당출판사, 1997), p.
    372.
37) Allison 외,『결정의 엣센스』, p. 196, 204.

치라고 조립한 것에 불과하며, 그들은 1990년대 경제위기로부터 충분히 학습했음에도 자신들의 능력과 경험, 업무처리 절차로부터 자유롭지 않음을 보여주는 조직행태의 전형을 드러냈다.

다. 지도자의 정책 결정 행위의 본질

정책 결정이란 제시된 여러 정책 대안 중에 하나를 선택하는 일이다. 김정일의 '7.1조치 선택'이 어떤 의미의 행동인지를 알아보기 위해 7.1조치 입안 과정을 정리해보면 다음과 같다. 1990년대의 경제 대실패를 경험한 김정일로서는 실효성 있는 경제개혁으로 일대 수술이 가능하도록 개혁 의제를 개방해 주었다. 그러나 내각의 개혁은 기왕의 경험 내에서 짜깁는 방식으로 이루어졌다. 이는 조직의 경로 의존성으로 인해 혁신이나 능력보강에는 오랜 시일이 필요함을 보여준다. 혁신으로 일하는 방법이 바뀐 새로운 조직이 만들어졌어도 그 조직은 당장 쓸 수 있는 게 아니라, 조직 구성원들의 행태가 충분히 바뀌고 난 뒤 미래의 비슷한 상황에나 쓸 수 있을 뿐이다.[38] 이처럼 지도자가 특정 조직의 목표와 표준행동절차를 바꾸는 작업에는 한계가 있다.

지도자의 '결정'이란, 어떤 상황에 대처하기 위해 무슨 조직을 선택하고 무슨 프로그램을 적용할 것인가를 결정하는 행위를 의미한다. 지도자가 특정 시점에서 정책 전환을 도모하기 위한 선택지로는 3가지가 있다. 첫째 기존의 프로그램을 새로운 맥락에 적용하거나, 둘째로 기존의 레퍼토리 속에서 A 프로그램이 아닌 B 프로그램을 선택하거나, 셋째 몇 개의 다른 조직들의 프로그램을 동시에 작동해 경쟁시키는 것이

---

38) 위의 책, p. 218.

다. 그러함에도 위의 모든 경우에 지도자는 조직이 제공하는 정보와 조직 프로그램으로 얻는 평가와 대안 속에서 선택해야 하며, 결과적으로 지도자는 조직에 의존하지 않을 수 없다.39)

김정일은 첫 번째 방법, 즉 '노력 동원에 의한 자력갱생'(A 프로그램)을 공식 권력승계 직후 적용해 보았으나 효과가 없었다. 다른 조직에 의존하는 세 번째 방법을 선택하기에는 전문성이나 '혁명 열의' 면에서 한때 '송장당'으로 취급받은 노동당 조직에는 능력이 없어 보였다.40) 김정일은 불가피하게 내각이 기왕의 개혁 경험 내에서 폭넓게 짜깁기한 경제관리개선(B 프로그램)을 선택할 수밖에 없었다. 그리고 그들이 제공하는 정보와 프로그램에 기초하여 정책 견해('10.3 담화')를 발표했다. 김정일이 조직혁신의 지체 현상과 내각 레퍼토리 자체의 한계를 깨닫는 데는 더 많은 시행착오와 시일이 필요했다. 그는 뒤늦게 박봉주를 총리로 등용하고 재량권을 부여(능력보강)하면서 땜 때우기식이 아닌 혁신을 주문했다.

02 집행과정에서의 정책변형과 본위주의

가. 표준행동절차의 급변과 정책 혼선

조직이 주어진 과제를 안정적으로 수행하기 위해서는 표준행동절차(SOP: Standard Operation Procedure)가 필요하다. 이 절차는 경

---

39) 위의 책, pp. 228-229.
40) 김정은 때는 내각과 당에 개혁 프로그램 마련을 동시에 주문했다.

험법칙(rules of thumb)에서 나온다. 경험법칙은 간단하고 쉽게 익힐 수 있도록 표준적이어야 한다. 그러나 북한 당국이 7.1조치 시행을 위해 하달한 '로동보수규정'이나 '가격제정규정' 등은 기존 표준행동절차와는 내용이 급격히 변화한 데다가, 시행을 서두르면서 불완전하고 복잡하게 작성되었고, 실무 강습도 부족해 집행과정에서 많은 혼선을 초래했다.

내각은 2002년 7월 1일부로 '물가와 생활비 전면 개정' 조치를 시행했다. 이 조치는 당초에 김정일의 방침(2001.10.3)에서 "식량과 소비상품의 문제가 풀리면(충분히 생산되면) … 상품가격과 생활비를 전반적으로 고쳐 정하라"는 것이 방침이었다. 그러나 공급부족 문제가 해결되지 않은 상태에서 예정보다 앞당겨 시행되었다. 그로 인해 개혁 프로그램은 2002년 6월 14일 내각결정 하달 → 6월 28일 노동성 지시 하달 → 각급 기관별 '내부 세칙' 준비 → 7월 중 시행 및 실무 일군 강습 순서로 한 달 안팎의 짧은 기간에 급박하게 추진되었다.

가장 중요한 SOP는 '로동보수규정'과 '가격제정규정'이었다. 업종·직종·작업 내용별로 과거보다 훨씬 복잡하게 생활비 지급기준을 정한 '로동보수규정집'은 시행을 목전에 앞둔 6월 말에 각급 기관에 하달되었고, '가격제정규정집'은 복잡한 가격조정 업무에도 불구하고 국가가격제정국의 인력 부족 등으로 그해 10월이 되어서야 실무 강습회를 소집할 수 있었다. 북한 관료들은 SOP의 급격한 변화로 많은 혼란을 겪었다. '질좋은 활용품을 값싸게 공급하라'는 것이 과거 '수령님의 교시'임에도 불구하고 어린이용 상품가격을 높게 정하는 실수를 범했고,[41] 냉면을 질과 맛을 개선하지도 않은 채 새로 정한 높은 가격으로 팔았으며, 어느 탄광은 힘든 노동자에게 많은 생활비를 주라는 방침에 따라 월 7만원의 생활비를

---

41) 간부 및 군중강연자료, "상품가격과 생활비를 개정한 국가적조치에 맞게 경제관리와 생산에서 혁신을 일으키자"(2002.12).

지불하면서 국가 납부몫을 공제하지 않는 시행착오도 범했다.[42]

특히 7월부터 '일한 것만큼 분배한다'는 원칙을 적용하려면 그 원칙에 따라 7월 임금을 받은 후에 7월 말이나 8월 초에 물가를 인상해야 했는데 7월 초부터 물가를 인상하는, "일군들이 방법론을 잘못 적용하여 인민생활에 불편을 준 사례"도 있었다.[43] 당시 많은 북한 주민들의 불만과 항의, '신소'(申訴) 제기는 새로운 조치의 시행으로 '표준적'이지 않은 상황이 발생하여 집행 당국의 대응이 부적절했기 때문에 나타난 현상이었다. 새로운 정책의 시행은 지도부 차원에서의 '결정'으로 끝나지 않으며, 새 정책의 취지에 맞게 집행조직의 행태에 충분한 변화를 주지 않으면 정책은 본래의 모습으로부터 변형됨을 보여주었다.

나. 유형동상(類型同狀) 현상 : 절충과 타협

김정일은 2003년 3월 "농민시장을 사회주의경제관리와 인민생활에 필요한 시장으로 잘 리용하라"고 지시했다.[44] 그러나 김정일은 평소에 시장에 대해 '적대적인 관념'을 가지고 있었기 때문에 일종의 '시장과의 타협'을 의미하는 이 지시는 김정일 자신의 독자적인 발상으로 보기 어려웠다. 게다가 김정일이 경제개혁 의제를 설정하면서 내각에 책임지고 해결하라고 부여한 과제의 핵심은 경제를 활성화하라는 것이며, 농민 시장이든 암시장이든 '시장의 돈주머니를 빼앗아 국가 돈주머니(재정)에 채우라'는 것이었다.

---

42) 군중강연자료, "가격과 생활비를 개정한 국가적 조치를 잘 알고 더 큰 은이 나게하자"(2002.9).
43) 위의 자료(2002.9).
44) 강연 및 해설 담화자료, "국가적조치의 요구에 맞게 시장관리운영과 리용을 잘해나가자"(2003.7).

7.1조치는 가격정책을 통한 시장청산(market clearing) 전략이었다. 그러나 7.1조치 시행에도 국정 가격과 암시장 가격 간의 격차가 더욱 커지는 현실을 내각은 자체의 능력만으로 해결할 수가 없었다. 내각은 만성적인 부족의 경제로 인해 '시장 편승'이 불가피하다고 판단했다. 그래서 내각은 시장을 '항복'시키는 방법이 아닌 '이용'하는 방법으로 절충했고 그 방안을 지도자에게 건의했다. 내각은 '시장 장려'라는 '국가적 조치'를 주민들에게 설명(2003.7)하면서 "지금 시장 신세를 지지 않는 데가 거의 없다"고 자신의 조치를 정당화했다.45) 그때도 농민시장은 정도의 차이가 있을지언정 '비사회주의 현상'의 온상이기는 마찬가지였다. 그러나 내각으로서는 7.1조치의 성과 부진으로 돌파구를 찾아야만 했고 당의 소관 사항인 '비사회주의' 문제를 크게 고려할 처지가 아니었다.

　모든 조직이 주인의 뜻을 받드는 노예처럼 만들어졌더라도 조직은 주인이 모르는 문제에 적응하여야 하고 주어진 환경에서 생존해야 한다. 조직은 항상 주인의 목적만 반영할 수는 없다. 주인의 목적과 조직의 목적이 충돌하면 눈치껏 조직의 필요를 우선 반영한다. 이렇게 조직을 만든 주인과 그 부하로서의 조직 간에는 타협이 빈번하기 마련이다. 내각은 '국가 목표'를 총체적으로 고려하거나, 김정일의 의도에 100% 충실하기보다는, 자체의 생존을 위해 자신들에게 주어진 임무의 최소한이나마 해결하는 방법을 선택했다. 김정일의 여러 지시들 가운데 일부를 절충하여 '공급부족 문제 해결'에 집중했고, 그 해결 방편으로 '시장 장려'를 선택한 것이다.

　조직의 주인인 지도자와 그 부하인 조직 간에 '타협'은 흔하게 발견된다. 박봉주 총리가 경제개혁 성과의 부진을 극복하기 위해 '시장경제 요소 도입 확대'를 선택할 수밖에 없었던 것도 내각이 생존을 위해 지

45) 위의 자료(2003.7).

도자가 적극적으로 선호하지 않는 정책을 선택하는 절충을 할 수밖에 없었다. 다만 박봉주의 '시장경제' 시도는 내각의 권한 밖인 정치 논리를 차용했다는 점, 본위주의 등 조직문화 자체를 극복하려는 개혁 논리를 도입했다는 점, 김정일을 사이에 두고 당 조직과 한판 대결도 불사했다는 점에서 조직행태를 넘는 관료정치로 타협의 수준이 한 단계 발전했다.

7.1조치 시행 초기에 군부가 군 간부들의 생활비 인상 폭을 확대하기 위해 국가재정 상황은 고려하지 않고 김정일에게 다른 명목으로 생활비 인상을 건의하여 관철한 것이나, 당이 내각의 개혁 확대에 대응하여 김정일에게 개혁 조치의 문제점을 지속 보고함으로써 박봉주를 퇴진시키고 우월적 지위를 공고히 한 것도 자기조직만의 '건강'을 고려한 조직행태 현상이었다.

북한 내부의 작은 거래에서 큰 타협에 이르기까지 조직의 주인과 그 부하들 간에 은밀한 절충과 타협이 빈번히 이루어지는 것은 김정일이 통치 자원을 독점하면서 기관 간의 수평적 타협을 제도적으로 차단한 데에도 원인이 있었다. 이처럼 북한의 각급 조직들은 활동하는 분야와 목표가 다름에도 조직의 필요와 생존을 우선 추구한다는 점에서 행태가 같은 유형동상(類型同狀, isomorphism)이 확인되었다.

다. '분권과 조정의 조화'에 대한 시각차

계획경제 체제에서는 상부기관과 하부기관 간에 계획이 완벽하게 분화되고 조정되어야 목표를 달성할 수 있다. 전체 국가계획을 실현하기 위해 계획의 일원화·세부화 원칙에 따라 목표·수단의 계층제를 만들고, 무수한 하위수준의 계획으로 단순화·전문화하게 된다. 그러나 계획에 의한 완벽한 업무 분화는 이론상으로만 가능하다. 현실적으로는 무수한 요소 분해로 수단이 목표가 되는 기관 본위주의가 발생한다.

또 다른 계획경제의 문제점은 하부조직이 정보를 전달할 때 나름대로 해석하여 요약한 후 결론만을 전달하는 정보왜곡 현상이 발생한다는 사실이다. 불확실성 흡수(absorption of uncertainty) 현상이 발생한다. 중요한 판단과 정보는 조직의 상층부가 아니라 하층부에 집결되어 있어, 길거리 관료(street-level bureaucracy)와 현장학습(field-based learning)에 정보가 있게 마련이다.46) 그러나 하층부의 문제상황이 실상 그대로 상층부에 전달되지 않아, 다시 세우는 계획이 왜곡되는 악순환이 반복된다.

무엇이 효율적인 경제관리 방법인가를 둘러싸고 김정일과 내각의 큰 견해 차이의 하나는 지도자는 '내각의 장악통제'를 강조하나, 내각은 '하부 생산 단위의 자율권'을 강조한다는 점이다. 내각은 김정일의 요구, 즉 '경제의 일원적 장악'과 '시장 요소의 부분적 도입을 통한 경제관리개선'이라는 모순된 요구 속에서도 '경제잉여의 중앙 집중'이라는 김정일의 더 큰 의도를 간파하고, 하부단위에 자율권을 확장해주면서 "국가의 이익을 첫 자리에 놓고 행동할 것"과 "생각은 국가적 입장에서 하고, 실천은 생산자 위치에서 하는 충신이 될 것"을 요구했다.47)

하부단위가 국가적 입장에서 생산하기 위해서는 본위주의 극복이 필요했다. 박봉주 총리가 내각 경제부처와 도 단위에 경제관리 상황을 종합적으로 분석·대처하는 기능을 수행하는 '경제관리분석국(처)'을 신설하고, 성(省) 단위 지시를 통합하여 '공동지시문' 형태로 하달하도록 하였으며, 내각 간부들을 대상으로 '새로운 기업경영론'을 주제로 강연회를 개최하여 경제관리 방법론에 대한 인식의 공유를 도모한 것은 산

---

46) Allison 외, 『결정의 엣센스』, p. 207.
47) 앞의 간부 및 군중강연자료(2002.12).

하 기관들의 할거주의를 극복하고 국가 차원에서의 원활한 조정을 도모하려는 의도였다.

책임 있는 행동을 위해 권한을 분산할 것인가, 아니면 행동의 조정을 위해 중앙의 통제를 강화할 것인가는 모든 구조조정 논쟁의 핵심 사항이다. 어느 조직이나 분권의 필요성과 전반적인 통합·조정의 필요성은 정면으로 충돌한다. 경제개혁 추진 당시 북한의 내각은 우선 분권에 방점을 찍고 나서 전반적인 조정을 부차적인 문제로 간주했다. 조정 문제만 놓고 보면, 7.1조치 초기 내각은 분권화에 따른 조정 기제를 제도화하기보다는 '애국심'의 발동을 주로 강조했다.

산하 생산 단위의 본위주의가 극심해지자 박봉주 내각은 뒤늦게 '애국심'의 발동이 아닌 제도적인 조정의 필요성을 인식했다. 물론 조정 기제의 도입에는 시장화·분권화가 구체적으로 진행되면서, 추가로 개혁을 확대해야 한다는 생각도 반영되었을 것이다. 왜냐하면 권한의 분산은 칼날의 양쪽 같아서, 문제를 분해함으로써 중앙에서 볼 수 없는 세부 측면을 밑에서 잘 관리하는 측면이 있으나, 동시에 밑에서 하는 일을 제대로 조정 통제할 수 없는 일이 늘어나기 때문이다.[48] 이처럼 내각이 경제개혁을 추진하는 과정에서 자체의 관리능력을 보완하는 경로가 지그재그 식이었다는 것은 내각 상층부의 개혁 발상이 과거 그들의 경험이나 관행에서 벗어나기 어렵다는 것을 보여주고, 밑에서는 분권화될수록 본위주의 현상이 증가하고 있음을 말해준다.

현장 정보의 왜곡 보고를 방지하기 위한 장치나 노력은 경제개혁 조치를 추진하기 이전부터 있었고, 북한의 지도자가 줄곧 강조한 사항이었다. 김정일의 빈번한 현지지도, 당 조직의 통보제도와 정보망을 통한 상황 파악, 문제 상황 보고자와 문제 야기자의 의견 교차 검증, 왜곡 보고에 대한 당 검열권 동원 등은 '더하지도 덜지도 말고 있는 그대로

---

48) Allison 외, 『결정의 엣센스』, p. 200, 226.

보고하라'는 김정일의 현장 정보 수집 방법이다. 지도자는 부하들에게 당 조직을 통한 집체적 지도, 행정식 사업방법 혹은 '책상주의자' 경계, 현장에서의 빈번한 '방식상학' 등의 방법으로 현장에 대한 정확한 실태 파악을 요구했다. 박봉주 총리도 김정일이 내준 전용 열차를 타고 현지에 내려가 애로 요인을 타개하고 본위주의를 부리는 간부들을 질책하며, 현지의 실상을 정확히 파악하기 위해 노력했다.

그러나 지도자와 부하 조직 간에는 현격한 견해 차이가 있다. 지도자와 당·군과 같은 권력기관은 분권과 조정은 최소한으로 이루어져야 한다는 입장이고, 내각은 하부의 자율성 신장을 위해 대폭적인 분권과 조정이 필요하다고 주장했다. 현장의 정보를 보는 시각도, 문제 상황을 해석하는 방식도 정치논리와 경제논리는 제각기였다. 정치 논리를 고집하는 측은 경제 논리를 이해하려는 노력이 부족했으며, 지도자 차원에서 부진한 경제개혁 상황을 거시적으로 조정하려는 노력도 부족했다. 따라서 내각은 문제가 불거지기 전까지는 자체의 논리로 개혁을 확대해 갔으며, 일단 떠맡은 과제는 개혁 부진에 대한 책임으로 적당히 멈출 수도 없었다.

라. 상·하부 본위주의 현상의 고착

• 일선 생산 현장의 하부 본위주의 현상

김정일은 2008년 '6.18 담화'에서 '일선 생산 단위의 본위주의가 도를 넘어 비사회주의적 현상으로 진전되었고, 그 책임은 내각이 돈벌이 위주로 경제관리를 한 데서 비롯된다'는 취지의 발언을 했다(아래 인용문 참고). 김정일이 문제시하는 본위주의는 하부 생산 단위의 자기 이익 우선 행태였다. 그는 '하나는 전체를 위하여, 전체는 하나를 위하여'라는 집단주의 원칙의 입장에서, 국가적·전사회적 이익 보다는 기업이익·개인 이익을 우선시하면 안 된다'라고 하여 지도자가 생각하는 경제개혁의 목적 또는 실리의 속내를 내비치면서, 내각의 '돈벌이 조장의 경제관리'를 비판했다.

> 김정일의 2008년 6.18 담화 : "개별적부문이나 공장, 기업소들이 본위주의에 사로잡혀 자기 부문, 자기 단위의 리익만 생각하면서 국가적요구에 어긋나게 기업관리를 하여 그 어떤 리득을 얻는다 하더라도 그것은 실리를 보장하는 것으로 될수 없으며 도리여 국가적, 전사회적리익을 침해하고 나라와 인민에게 손실을 주는 것으로 됩니다. 지금 우리나라 경제생활에서 나타나고 있는 본위주의는 도를 넘어 사회주의경제관리질서를 헝클어뜨리고 사회주의경제제도를 좀먹는 비사회주의적현상으로 되고있으며 나라의 경제건설에 커다란 저해와 손실을 주고있습니다. 물론 이러한 본위주의, 비사회주의는 해당 부문 일군들의 개인주의, 리기주의사상의 표현이지만 경제지도기관과 경제지도일군들이 나라의 경제를 지도관리하는데서 물질적 자극일면에 치우치고 돈벌이 위주로 나가는것과 많이 관련되여있습니다. 우리는 이러한 편향을 반대하여 강한투쟁을 벌리며 철저히 극복하여야 합니다."

2001년 '10.3 담화'에서 김정일은 내각이 "여러 규정으로 아래를 얽어매놓는 것도 많다 … 지방공업을 발전시키는 데서 시, 군의 책임성과 창발성을 높이도록 권한을 주고 풀어줄 것은 풀어주어야 한다 … 공장, 기업소의 책임성과 창발성을 높이는 것은 경제관리의 개선에서 나서는 기본문제이다"라고 하여 하부의 '창발성' 보장에 방점을 찍었다. 그러나 '6.18 담화'에서는 반대로 내각이 '적당히 알아서 창발성 수위를 조절하지 못한 점'을 비판했다.

김정일의 6.18 담화 : "내각을 비롯한 중앙경제지도기관들이 어려운 경제 형편을 빙자하면서 무엇이나 아래에 밀어 맡기고 다 자체로 해결하라고 하는 식으로 경제사업을 지도하며 더욱이 아랫 단위의 창발성을 높이고 독자성과 자립성을 강화한다고 하면서 경제관리, 기업관리를 더욱더 풀어놓는 방향으로 나간다면 경제사업에 대한 국가의 중앙집권적, 통일적지도를 포기하는 것이나 다름없습니다. 경제지도관리를 이렇게 하면 아랫단위들이 국가의 통일적지도에서 벗어나 뿔뿔이 제멋대로 움직이게 되며 나라의 경제적 잠재력을 효과적으로 동원리용할수 없고 오히려 사회적으로 막대한 랑비와 손실을 가져오는 것은 물론 경제분야에서 무질서와 무규률을 조성하고 비사회주의현상을 조장시키게 됩니다."

● 상부 본위주의 현상 : 권력기관의 비대한 관리기구

김정일이 '본위주의를 조장'한 당사자로 지적당한 내각의 입장은 반대였다. 내각은 상부 관리구조의 비대한 기구편제 및 관리비용의 과다, 이로 인한 경제관리상의 책임소재 불명확과 비효율성, 그리고 계획에 의존한 경제관리로 인한 막대한 재정 부담을 지적했다. 한마디로 상부구조에 본위주의가 있다는 인식이었다. 2004년 내각상무조의 '본위주의 현상'에 대한 분석은 아래 인용문처럼 요약된다.

박봉주 내각상무조의 '권력기관 본위주의' 비판(2004.6) : "현재 상급기관들의 본위주의는 도수를 넘었다. 성, 중앙기관들은 몇개 안되는 공장기업소들과 하부기관들을 가지고 있으면서도 자기 틀거리는 다 가지고 있다. 그러다 보니 책임질 사람이 많아 누구에게도 책임지우지 못하고 있다. 책에 밑줄을 다 그으면 안 그은 것이나 같은 것이다. 모두가 주인이라는 뜻은 모두가 주인답게 일하자는 것이지 모든 사람이 다 책임진다는 뜻은 아니다. 권력을 가진 기관들은 가질수 있는 한껏의 기구편제는 다 가지고 있으면서 승벽내기(서로 지지 않으려는 현상)로 만들어 낸다.

기구는 제기하면 승인된다. 제가 벌어서 제가 소비하는 개인기업이 이렇게 하면 정당하다고 주장할수 있을지 몰라도 국가자금으로 운영되는 기구가 이렇게 밀가루 반죽처럼 늘구는 대로 늘어난다면 나라는 언제가도 허리를 펴지 못할것이다. 이것은 국가규정에도 결함이 있다고 본다. 기관의 급수와 일군의 권위가 인원에 따라 유급이며 차 편제며 우대가 만들어지면 누구나 그런 우대를 지향한다. 오히려 적은 인원을 가지고 능률적으로 일하기 위해서 승용차도 필요하고 전문화하기 위해 유급이라는 징표가 필요한 것이다.

우리나라는 기업소의 경영효률성 보다도 경제상부관리구조의 효률성이 대단히 낮다. 경제전체가 생산하는 물질적 부는 일부 세계적 다국적 대기업의 총생산량보다도 적으나, 그가 부담하는 상부구조는 이런 대기업들의 업무지원 로력의 수십배나 된다. 결국 밑에서 축적한 자금의 대다수가 상급기관들을 먹여 살리고 치부해주고 나면 남는것이 없다. 애써서 벌어서 마련한 자기손에 쥐여진 자금이라면 누구도 이런 산물은 만들지 않을 것이다. 이런 사정으로 그 어느 나라 보다도 비생산로력을 줄이고 관리구조를 간편하게 하여야 하나, 정반대로 끊임없이 비생산로력을 증대시켰다.”

박봉주 내각상무조는 중앙 행정경제 관리기구의 간편화를 위한 강력한 국가적 조치와 함께 아래와 같이 평양시 행정기구의 대대적 감축을 주장했다. 이들은 내각 자신들의 조직인 행정기구에 국한하여 조심스럽게 사례를 들고 있으나,49) 효율성·재정 부담(생활비 등)을 고려해 권력 기구의 축소 필요성도 간접적으로 제기했다.

내각상무조의 ‘평양 행정기구 비대’ 비판(2004.6) : “평양시 행정구역은

---

49) ‘내각 상무조’는 당과 군의 조직비대에 대해서는 공식적으로는 “사람과의 사업을 하는 당일군들은 인원수가 곧 일량이기 때문에 인원이 많다는 지적에서 예외”라고 하거나, “우리 앞에는 국가의 안전과 조국통일을 위하여 군사를 중시함에 따라 군인수를 줄일 수 없는 형편”이라고 신중한 접근을 했다.

지도받는 사람보다 지도하는 사람이 더 많다. 평양에서 남을 통제하거나 지도할 의무를 지니지 못한 평범한 사람, 직위도 사회적 책임도 지지 않은 사람이 과연 몇 명이나 되는지 누가 계산이나 해 보았나. 중국 베이징의 어느 구는 면적이나 인구로 볼 때 결코 평양보다 작지 않지만 한 개 구역 역할을 (제대로)한다. 구 정부청사도 우리나라의 구역인민위원회 청사만 하다. 그런데 평양시에는 이런 구역이 20여 개나 된다. 어떤 구역에는 10개도 안 되는 학교를 놓고 필요한 기구는 다 가지고 있다. 2만 5천여명의 인구가 있는 구역에 보안서, 검찰소, 도시경영부, 량정사업부 등 관리기관은 다 있다. 누가 주인인지 알 수 없을 정도이다. 이 기관들이 모두 자기 임무를 착실히 수행하면 아래에서는 아무 일을 하지 않아도 일이 슬슬 풀려야 하는데 모두가 검열만하고 도와주는 것은 없고 하나같이 문서놀음으로 지원만 요청한다. 막대한 건물비, 넘쳐나는 사무원들의 생활비 등 경제적 손실액은 막대하다. 평양시에서는 모두가 일을 시킬 하부 일군들을 찾으니 아래 기관에서는 시중하느라고 자기 일을 관리할 여유도 없는 형편이다."

● 만연된 본위주의 현상의 시사점

내각상무조는 '상부구조의 비대'에서 찾고, 김정일은 '하부단위의 무규률'에서 각각 본위주의 현상을 찾아내 결국 북한 내 제반 조직에는 상층부, 하층부를 가릴 것 없이 본위주의가 제도화된 셈이다. 북한 내 만연된 본위주의 현상은 다음과 같은 점을 시사한다.

첫째, 북한 내 제반 조직은 위아래를 막론하고 각 조직의 이익을 우선한다는 사실이다. 조직행태 모델의 기본 개념은 '조직은 일단 생성되면 조직을 만든 주인의 단순한 대리인이 아니라 그 이상이 되고, 조직은 전체의 목적 보다는 조직 자체의 필요를 우선 충족한다'는 것이다.

둘째, 내각의 상부 본위주의 폐해에 대한 비판은 궁극적으로 권력기관을 향하고 있다는 점이다. 내각상무조의 언술에서 당·군에 대한 공세 의도가 없음을 짐짓 가장하고 있으나, '권력기관의 승벽내기' 등 상부 본위주의 현상에 대한 비판이 무엇인지는 쉽게 알 수 있었다.

셋째, 본위주의에 대해 당의 '사주'를 받은 지도자의 시각과 내각의 인식이 대칭점에 있다는 사실은 권력층에 조직행태에 따른 갈등 이상의 관료정치 토양이 조성되었음을 시사한다. 단순히 조직의 이익을 우선하는 정도가 아니라 조직의 이익과 생존이 심각하게 위협받으면 갈등은 증폭되기 마련이며, 막후 거래와 흥정은 불가피해진다.

03 조직간 이해관계 조정 실패와 개혁 후퇴

가. 국가 목표와 조직이익 간의 괴리

북한의 권력구조는 지도자를 중심으로 당, 국가기구(내각), 군대로 구성된다. 김정일이 '주인'이고, 당·정·군은 '부하'들인 셈이다. 부하들 간에도 서열이 있을 수 있으나, 서열은 지도자와의 관계에서는 중요하지 않다. 부하이기는 마찬가지이기 때문이다. 지도자로서는 자신이 설정한 목표를 부하들에게 분담시키는데, 부하들이 '주인의 입장'에서 각자의 몫을 충직하게 수행해 준다면 더 이상 바랄 게 없을 것이다.

북한의 지도자가 설정한 '국가 목표' 또는 '국가이익'은 다음 [표 4-5]와 같은 개념들로 정리될 수 있다. 체제 내부로부터 김정일의 권력 및 권위에 도전해 올 가능성을 제압하고, 체제 외부의 '위협'으로부터 정권의 안전을 보호하는 과제가 수령제 체제의 최우선 순위일 것이라는 판단에는 이론이 없다고 본다.

표 4-5 수령제의 '국가목표 · 국가이익' 추정

○ 유일 영도체계 공고화, 권력층 내 도전 제압 및 충성유도, 체제결속.
○ 국방력 강화, WMD 능력 증강, 핵보유 국가화, 미국의 '적대 정책' 제압
○ 확고한 주민 통제, 외화벌이, 경제 활성화, 민생 향상
○ 대남 우위 군사력 유지, 남북관계 주도권 확보, '조국 통일.'

　북한은 '수령의 사상과 영도체계에 따라 하나와 같이 움직이는 사회'
임을 강조하고 있다. 전 사회가 '혁명적 수령관'으로 무장된 하나의 유
기체처럼 결속되어 있다고 선전하고 있으며, 체제 구성원들에게는 부
속품이 될 것을 강요한다.50) 주민들은 '단위세포,' 당은 '신경조직,' 내
각은 '인전대,' 군대는 '근육'(주력군)이며, 최고지도자는 이들에게 지
령을 하달하는 '뇌수'에 해당한다. 북한의 공식 선전에 따르거나, 외부
에서 얼핏 보면 북한의 제반 조직들은 '철저히 이념과 이익을 공유하
면서 지도자를 중심으로 뭉쳐져 철통처럼 견고한 모양'을 이며, 지도자
가 설정한 국가 목표에 충직한 것처럼 보인다.
　그러나 조직행태 모델의 렌즈를 통해 보면, 이들은 일체화된 유기체
가 아니라 느슨하게 연결된 여러 조직들의 연합체에 불과하다. 넓은
의미의 가치관과 국가이익의 개념에는 각 조직이 지도자와 생각을 같
이한다 해도 조직의 운영 목표에서는 아래 [표 4-6]에서 보듯 서로 다
른 정도가 아니라 경쟁적이다. 이들은 일의 우선순위와 문제의 성격을
규정하는 방식은 사뭇 다르다.

---

50) "하고 싶어도 하지 말아야 할 일도 있고 힘들어도 반드시 해야 할 일도 있다. 바로
그 기준, 자막대기가 당의 유일사상체계 확립의 제 원칙이다. 아무리 개인의 리해관
계에 맞는다고 해도 이 원칙에 어긋나면 하지 말아야 하고, 비록 자기의 리익에
저촉된다고 해도 이 원칙의 요구에 맞으면 그대로 해야 하였다. 어떤 경우에라도
여기서 탈선하지 말아야 한다." 간부 및 군중강연자료, "당의 유일사상체계를 더욱
철저히 확립하자"(조선로동당출판사, 2004.4).

표 4-6 당·정·군별 주요 임무

당	정권기관	군대
○ 정치·사상 통제(군관민) ○ 정책 노선 수립·지도 ○ 지도자 비자금 확보 ○ 대남사업, 동포 관리	○ 국가경제 관리 ○ 행정관리, 질서유지 ○ 외교·교역·경제협력 ○ 사회·문화·교육·보건 등	○ 수령 결사옹위 ○ 국방관리, 치안 지원 ○ 군수산업 관리(당 협조) ○ 자체 생산활동(때론 지원)

* 자료: 북한 당규약 및 법령, 기관별 실제 기능 발휘 양상 등을 토대로 필자 판단.

지도자는 수시로 각 조직에 각자의 임무를 충실히 수행하지 못한다고 질책한다. 김정일은 당 조직에게 '맥을 추지 못한다'고 했고, 내각에는 '경제사업을 제대로 장악하지 못하고 있다'고 했으며, 군대에는 '싸움 준비를 잘하라'고 했다. 김정일은 한때 "나의 사업을 똑똑히 도와주는 일군들이 없으며, 나는 단신으로 일하고 있다"고 속내를 털어놓기도 했다.51) 조직은 자기일 처리에 바쁘며, 항상 주인 입장에서 일 처리한다고 보기 어렵다. 각 조직은 자기조직의 생존 문제가 최우선이며, 환경에 적응해 살아남으려면 주인이 모르는 문제도 처리해야 했다.

지도자 차원의 국가 목표와 각 조직의 운영목표가 다르다는 점, 현실적으로 각 조직은 자체의 건강과 생존을 우선한다는 점, 지배층 내 사회주의에 대한 이념적 신념이나 혁명 열의가 현저히 약해지고 있다는 점에서 북한 권력구조에서 주인과 부하들의 이해관계는 완전 정합과 완전 분리의 중간인 '부분적 중첩 상황'에 있다고 볼 수 있다([그림 4-6] 참조). 그 중첩 부분도 얼마나 견고한 연합 구조인지 관료정치 여부 맥락에서 다시 검증이 필요하며, 앞으로 중첩 정도가 확대될 가능성보다는 점차 엷어지거나, 조직 간의 전략적 제휴로 다른 변형이 올 수도 있다.

---

51) 김정일, 앞의 담화(1996.12.7).

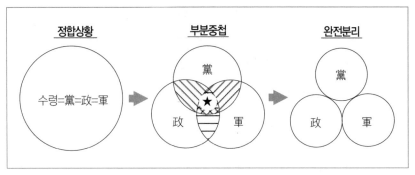

【그림 4-6】북한 지도자와 黨·政·軍의 이해관계 중첩 정도

정합상황　　　　　　　부분중첩　　　　　　　완전분리

수령=黨=政=軍

黨

政　軍

★

黨

政　軍

* 필자의 판단을 그림. 단, 중첩 정도(빗금 친 부분 넓이)는 의미를 부여하지 않음.

나. 당·군의 경제개혁 후퇴 유도 과정

경제개혁 추진 문제에 대한 당과 군의 입장은, 지도자의 개혁정책에 대한 의지, 개혁정책이 자신들의 업무나 이해관계에 미치는 영향에 따라 정해진다. 2000년대 초 북한에서 변화를 주도한 것은 지도자였다. 개혁 초기 당·군 간부들은 북한의 열악한 경제 현실, 지도자의 변화 필요성 제기에다가 김정일과 함께 중·러를 방문하면서 경제관리 방식이 바뀌어야 한다는 데 공감한 듯했다. 7.1조치 내용 자체에도 내각책임제를 강화하면서 '특수부문 축소' 항목이 제외되는 등 자신들의 이해관계에 별로 영향을 주지 않았으며, 개혁의 성공으로 생활이 향상된다면 더 바람직할 게 없어 당과 군은 개혁을 반대할 이유가 없었다.

그러나, 내각의 개혁 작업이 확대되면서 당과 군은 점차 불편해졌다. 지도자가 내각에 재량권을 부여함에 따라 당은 함부로 내각에 간섭할 수가 없었고, 당 이권 사업의 일부가 내각으로 이관되기도 했다. 가장 불만스러운 것은 내각 간부들이 영향력 확대를 기회로 당의 영도를

'무시'하거나 당의 기득권을 위협하는 태도였다. 군(軍)도 일부 경제사업을 내각에 빼앗겼고, 외화벌이 사업체계의 일원화로 불편해졌다. 또한 기대와는 달리 안보 환경이 개선되지 않은 상황에서 주민들의 사상도 이완되었다. 이권 개입 여지가 늘어난 측면도 있으나, 돈벌이 풍조에 따른 신흥세력 대두와 함께 '무질서, 무규율'이 현저해졌고, 이를 통제하는 것은 자신들의 역할이었다.

당은 김정일이 내각의 개혁 건의(2004년 말)에 대해 주저하고 있음을 감지했다. 당은 개혁 부작용과 총리를 비롯한 내각 간부들의 '비리'를 김정일에게 보고했다. 개혁 속도를 조절할 필요가 있음을 건의하고 당적 통제를 점차 강화했다. 마침 돈벌이를 위해 '구호나무' 마저 벌목하는 '최대 비사회주의 사건'이 발생했으며, 이를 계기로 전면적인 개혁 후퇴 선언을 유도해 냈다. 군도 당의 조치를 마다할 이유가 없었다. 군수 조달 문제로 내각과 갈등을 겪거나, 내각이 국방에 '우선 자재를 공급해 주는 원칙'을 잘 지키지 않아 불만도 있었다.[52]

【그림 4-7】 경제개혁 추진과정별 당·군의 입장 변화

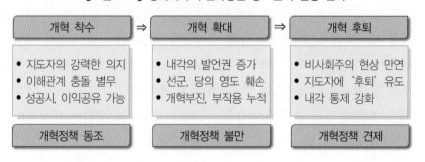

---

52) 2006년 초 박봉주 총리는 군이 무연탄을 수출하여 군복을 수입해 왔던 것을 금지하고, 순천화력발전소에 무연탄을 공급하도록 조정하여 군과 갈등을 빚었다.

04 조직행태 모델을 통해 본 경제개혁 과정

조직행태 모델로 북한의 경제개혁 추진과정을 살펴본 결과 개혁 조치의 구체적인 내용은 '수령의 유일적 지도'에 의해서 결정되기보다는, 정책을 주관하는 내각의 과거 발전경로와 정책 경험에 의한 선택, 조직문화, 표준행동절차 등 '조직적 결정'의 산물임이 밝혀졌다.

7.1조치는 동질적인 내각 간부들로 구성된 '6.3 그루빠'가 과거에 단편적으로 시행된 레파토리에서 몇몇 조치를 한 묶음으로 포장해 내놓은 것이었다. 경제의 대실패를 겪었고, 지도자가 '근본적 혁신'을 주문했어도 내각은 자신들의 발전경로와 능력의 범위를 벗어나지 못했다. 개혁 초기에 내각은 특수부문의 축소나 공급부족의 문제를 해결하기 위한 공세적인 전략을 시도하지 않았다. 자신들의 주어진 역량 범위에 충실하여, 특수부문의 존재나 공급부족 문제는 주어진 조건으로 보고 가격정책을 통한 생산증대를 도모했으나 결국 한계에 봉착했다.

조직은 지도자의 뜻을 받들도록 만들어졌어도 조직 자체의 생존을 위해 주어진 환경에 적응해야 한다. 내각은 정책 실패에 따른 생존위협 가능성을 인식하고 공급부족 문제를 해결하기 위한 한 방편으로 '시장 공인'을 김정일에게 건의했다. 시장은 지도자가 혐오하는 대상이었으나 내각은 임무 수행을 위한 문제 해결을 명분으로 시장 장려를 허락받았다. 일종의 타협을 한 것이다. 김정일도 다른 대안이 없었다. 경제 활성화 과제를 내각에 맡겨놓은 이상 승인할 수밖에 없었다.

'시장 장려'라는 정책 프로그램은 농민시장에 가면 널려 있다. 조직행태 모델에 의하면 정책은 경험법칙에 의해 선택된다고 한다. 7.1조치 당시의 내각은 '시장'을 물리적으로 옆에 갖다가 붙이려고만 했지,

자신들의 경제관리 프로그램에 '화학적'으로 보태는, 시장경제 요소를 받아들이는 발상의 전환은 하지 못했다. 내각은 아직 조직 생존의 위기를 절감하지 않아 여전히 관행적 프로그램에만 의존했다. 혁신적인 정책을 도입하기에는 좀 더 강한 충격과 시간이 필요했다.

경제개혁 추진과정에서 지도자가 할 수 있는 역할은 스스로 대안을 창출하기보다는 조직에 임무를 부여하고, 그 조직이 제시한 프로그램 중에서 어떤 것으로 개혁할 것인지 선택하는 일이다. 김정일은 경제개혁 작업을 내각에 맡겼다. 평소 지론대로 내각의 전문성을 활용해야 한다는 생각에 경제관리의 내각책임제를 강조했다. '세심한 지도'도 마다하지 않았다. 김정일이 했다는 '지도'의 본질은 내각이 제공한 정보와 대안 중에서 선택하는 일이었다. 정책이 입안되고 난 뒤에 김정일은 권력층 간부들을 모아 놓고 '새로운 경제관리 개선 조치가 은(銀)이 나도록 도와줄 것'을 주문했다. 김정일은 이로써 자신의 역할은 다했다고 생각하고 다른 바쁜 일에 열중했다. 여느 지도자와 마찬가지로, 김정일은 7.1조치의 성과와 한계, 즉 '새로운' 정책 프로그램의 성격과 실행 가능성, 효과를 합리적으로 따져보는 일을 소홀히 했다.

내각은 지도자의 재가를 받고 생활비·물가 현실화 등 7.1조치 집행에 착수했다. 노동보수규정·가격제정규정을 개정해 일선 기관에 하달했다. 그러나 시행착오와 혼선, 저항이 불가피했다. SOP는 간단하고 쉽게 익힐 수 있도록 표준화되어야 하나 '번 것만큼, 일한 것만큼 준다'는 원칙으로 새로 준비된 SOP는 더욱 복잡했다. 실무강습도 생략하고 서둘러 지침을 전파해 혼선을 초래했으며, 새로 정한 상품가격도 지역에 따라 들쑥날쑥하여 주민들의 항의가 빗발쳤다. 적당히 일하고 임금을 받는 기존의 관행과는 달리, '번 수입'에 의한 기업 관리도 처음에는 일선 생산 단위로부터 '자본주의 방법'이라는 저항에 부딪혔다.

혼선 와중에 일선 간부들은 국정가격과 시장가격의 틈새를 활용해 돈 버는 방법을 배웠다. 7.1조치를 시행하면서 내각은 '국가가 돈벌이로 인민들 복지를 위해 쓰는데 그것이 자본주의 방법이라고 비판할 수 있는가'라는 논리를 폈다. 일선 기관·기업들도 자기조직의 건강을 위해 '돈벌이'에 열중해 본위주의는 팽배해졌다. 내각이 산출한 '7.1조치'는 정책은 중앙과 일선 생산 단위에 이르는 연속적인 집행 경로를 거치면서 각자의 이해관계에 맞추어 적용되어 새로운 모습으로 변형되었다.

조직행태 모델로 경제개혁 진퇴 과정을 살펴본 결과, 초기 내각이 선택한 7.1조치의 본질, 시장 장려 조치 배경, 정책집행 과정에서의 본위주의로 인한 정책 변질 등이 선명하게 드러났다. 그리고 경제개혁 결정 및 집행에 있어 지도자와 내각의 역할 및 한계, 경제개혁을 둘러싼 당과 군의 입장과 이해관계가 새롭게 해석되었다. 그러나 가장 본질적인 문제는 조직행태 모델로도 여전히 명확하게 해석되지 않았다. 박봉주 내각은 왜 자신의 소관과 능력을 뛰어넘는 시장경제를 선택하는지, 내각이 당과의 갈등을 예견할 수 있었음에도 왜 '무모한' 개혁을 시도하는지, 방관하고 있었던 당은 왜, 어떤 방법으로 내각을 견제하기 시작하는지, 김정일은 내각 총리와 당의 '다툼' 과정에서 조기에 이를 조정하지 않고 뒤늦게 개입하는지가 분명하게 드러나지 않았다.

【그림 4-8】 북한의 경제개혁 추진과정에의 조직행태

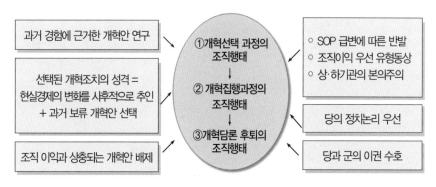

| 제3절 | 관료정치 : 내각의 급진 개혁과 당의 반격

　김정일 시기 경제개혁 진퇴 과정에서 나타난 관료정치 현상은 [그림 4-9]에서처럼 크게 3 범주로 구분할 수 있다. 동심원Ⅰ(場Ⅰ)은 핵심 권력층 내부 관료정치의 장으로 지도자를 중심으로 정책 갈등과 타협이 이뤄지는 공간(場)이다. 핵심 각축장 외곽의 동심원 Ⅱ(場Ⅱ)는 중간 관료들의 이권 결탁 또는 흥정(③)이 이뤄지는 공간으로 동심원Ⅰ의 환경을 구성하며, 이들의 과도한 본위주의와 이해관계 다툼으로 개혁은 발목을 잡히고 결과적으로 당에 개혁 후퇴의 명분을 제공한다.

【그림 4-9】 갈등·타협·흥정, 북한 관료정치의 장

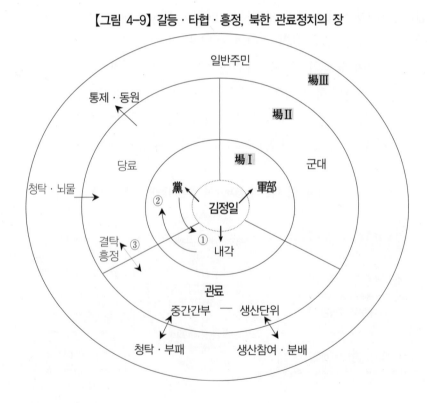

동심원 Ⅲ(場Ⅲ)은 생산활동에 참여하거나 시장에 종사하는 일반 주민들의 활동 공간이다. 이들의 활동을 관료정치 범주에 포함하기에는 무리가 있으나 화폐개혁에 대한 반발에서 보여주듯이 점차 발언권을 높혀가고 있는 시장 세력의 성장에 주목할 필요가 있다.

이글에서는 권력층 핵심부에서 전개되는 관료정치 분석에 국한한다. 김정일 시기 박봉주 내각이 들어서서 경제개혁을 확대함에 따라 관료정치 현상이 두드러지고, 핵심 참여자는 지도자, 내각, 노동당이다. 여기서는 지도자도 관료정치의 한 경기자에 불과하다. 전개 과정은 1단계로 개혁 성공을 위해 내각이 김정일과 제휴하여 당·군을 압박하는 과정(①), 2단계로 당이 김정일을 회유하여 내각을 공격하고 개혁 조치를 후퇴시키는 과정(②)으로 나뉜다. 특징적인 현상은 관료정치의 발현 형태가 조직 간의 직접적인 '흥정과 타협'으로 나타나기보다는 지도자를 매개로 한 건의나 사주의 형태로 나타난다. 이는 '종파' 형성을 세밀히 감시하고 수평적 협조 기제가 발달하지 않은 북한식 현상이다.

01 내각의 '특수부문 축소'를 위한 초기 정치의 실패

가. 내각의 '책임과 권한 불일치' 극복 노력

당과 내각의 관계는 당이 내각을 지도·감독하는 상하관계에 있다. 실제 권한으로 보면, 내각 상(相)일지라도 유관 당 조직 말단 간부에게 굽실거려야 할 정도로 노동당의 권세는 막강했다.[53] 김정일은 권력승

---

53) 황장엽은 "행정적 문제는 (내각의) 행정책임자가 결론을 내리도록 되어 있으나, 실제

계 직후 극심한 경제난을 극복하기 위해 내각에 '경제의 통일적 관리' 책임을 부여하고, '과감한 경제관리방식 개선'을 주문했다. 그러나 김정일은 내각에게 책임에 걸맞은 권한을 부여해주지 않았다. 내각은 주어진 임무(경제개혁 과제)를 제대로 수행하기 위해, 엄밀히는 조직의 생존을 위해 자체적으로 자신의 위상과 능력을 보강해 갔다. 그 방법으로 ① 정책추진 과정에서 적극적인 김정일 권위의 차용, ② 김정일의 신임 획득 이후 당과 군의 경제관리 간섭 축소, ③ 내각의 경제관리 재량권 제도화를 위한 '특수 경제단위' 축소라는 3가지 방법을 동원했다.

그렇다고 해서 내각이 처음부터 정치투쟁의 장과 연결되어있는 개혁·개방을 전략적 목표로 설정해 놓고 위에서와 같은 단계적 접근을 시도했다고 볼 수는 없다. 내각은 문제가 해결되지 않고 한계에 봉착하면 그때 가서 또 다른 정책 수단을 찾곤 했다. '6.3 그루빠'는 김정일에게 '특수부문 축소' 문제를 제기했으나 수용되지 않았다. 박봉주 내각은 경제 활성화가 가능한 경제개혁을 위해서는 당과 군의 특수경제 영역을 축소하고, 시장경제 요소를 확대하는 길 외에는 다른 방법이 없다고 보았다. 이렇게 문제 제기가 확대되었다.

힘없는 내각이 지도자의 권위를 빌리는 행태부터 살펴보자. 개혁 초기 북한 내에서는 7.1조치에 대해서 '자본주의적 방법'이라고 비판하거나 그 성과에 반신반의하는 등의 실효성 논란이 있었다. '번 수입'에 의한 경영평가와 상여금제 등 경쟁 도입에 대한 일선의 소극적인 태도도 있었다. 차별적 물가·임금 인상에 따른 이해관계 당사자의 광범위한 항의도 있었다. 내각은 이런 논란과 저항을 차단하기 위해 7.1조치가 '지도자의 구상이며 지시'라는 점을 강조했다. 다음으로 내각은 '국

로는 해당 당위원회가 간섭하여 정해지는 경우가 흔하다. (과거) 김영남이 외무상으로 외무성에서 사업하면서 외무성에 있는 당 세포비서한테까지 굽실거렸다. 특히 당조직지도부 지도원의 말이라면, 내각의 부총리로부터 사환에 이르기까지 전부 그의 말을 듣게 되어있다"고 했다. 황장엽 증언(1999.10).

가경제의 통일적 장악'을 방해하는 장애물 제거를 시도했다. 그것은 권력기관이 이권을 위해 경제에 간섭하는 현상을 차단하고, 당과 군 등으로 흩어진 내각의 경제 관리권을 회복하는 일이었다.

【그림 4-10】 내각의 '김정일 권위' 차용 사례

〈 7.1조치 초기 논란 〉

○ '자본주의식'이라 비판   ○ 경쟁시스템 도입에 소극적 태도
○ 실효성 논란   ○ 임금 · 물가 인상 폭에 대한 항의

↑

〈 내각의 김정일 권위 차용 〉

○ 7.1조치 = "장군님이 수십 차례 검토한 것"
○ "어떤 경우도 이 력사적 로정에서 후퇴 없음, 이는 장군님의 확고한 의지이며 결심"
○ "최근 장군님께서는 일군들의 소심한 태도를 엄하게 지적함"
○ "국가적 조치에 흥정하지 말아야 함"

+

〈 내각의 특이 해설 사례 〉

○ "사회주의 원칙은 어디까지나 원칙임, 원칙은 변화하는 환경과 구체적 조건에 맞게 적용해야 함"
○ 김정일은, "돈과 물건으로 사람을 움직이는 것은 자본주의 방법"이라 언급(10.3 담화)
  → 내각은 거꾸로 "인민의 힘을 발동하자는 것이 자본주의가 될 수 없다"고 설명
○ "돈벌이 … 개인 치부 목적은 나쁘나, 인민복리 증진을 위한 돈중시는 사회주의 원칙에 맞음"(과거 덩샤오핑이 "계획이든 시장이든 자본주의를 위해 쓰면 자본주의요, 사회주의를 위해 쓰면 사회주의적인 것"이라고 한 논리와 유사)

* 자료: 7.1조치에 대한 북한 강연·해설자료(2002.7, 2002.10 등).

7.1조치가 시행된 지 6개월 지나서 내각은 생활비 인상에 따른 국가재정 부담의 증가를 김정일에게 보고했고, 이에 따라 2003년 4월부터는 '당·정 조직 및 인력 구조조정' 작업이 진행되었다. 이 작업은 종전

처럼 비생산부문 인력을 축소하는 단순한 구조조정 작업이 아니며, 당의 간섭을 줄이려는 내각의 의도가 깔려있었다. 내각의 건의로 김정일은 "지방당의 놀고먹는 인력(유급 당원)을 축소하라"고 지시했다. 그 결과 내각은 부분적으로나마 재정 운용의 여지를 늘리고 당의 '행정 대행'을 줄이는 성과를 거두었다. 김정일은 2004년에 무역사업과 남북경협사업의 내각으로 일원화, 당·군에 분산된 일부 경제사업의 내각 이전도 비준했다. 지도자로서는 자신이 발제한 경제개혁의 지지부진을 극복하기 위해 내각의 입장을 고려해주지 않을 수 없었다.

김정일에 의해 총리로 발탁(2003.9)된 박봉주는 경제실태에 대한 솔직한 보고와 적극적인 개혁 건의로 김정일의 신임을 확보했다. 박봉주는 내각 인사권, 경제 보고서에 대한 총괄적 검토 권한, 경제사업 검열권을 확보하고, 수시로 김정일에 현안 보고 및 현지지도 수행을 통해 내각의 역량을 확대했다. 그 결과 박봉주는 '실세 총리'가 되었고, 임무와 권한이 일치하지 않았던 '내각책임제'는 크게 개선되었으며, 내각은 관료정치의 무대에 오를 만큼 위상이 제고되었다. 덩치가 커진 내각은 3년 전에 시도했다가 보류된 미완의 과제, '특수부문' 축소 문제를 본격적으로 다시 의제화하기 시작했다. 권력기관의 경제 간섭 배제나 분산된 경제관리권 회복이 내각의 일원적 경제관리를 방해하는 넝쿨을 치우는 일이라면, 특수부문 축소는 그 뿌리를 캐는 일이었다.

나. 내각의 '특수부문 축소' 인식 배경과 전략

2001년 '6.3 그루빠'가 김정일에게 개혁안을 보고했을 때 개혁안의 첫째 항목은 "내각책임제 경제를 운영하기 위해 특수부문을 줄이고,

내각이 경제 전반을 직접 통제한다"는 내용이었다. 그러나 김정일은 '특수부문 구조조정'을 비준하지 않았다. 권한과 책임이 유리된 절름발이 구조 속에서 경제관리를 책임지라는 셈이었다. 내각이 제대로 경제를 장악하기 위해서는 경제 전반에 대한 포괄적 관할권이 보장돼야 하나, 당·군의 경제영역을 아우르는 수평적 외연 확대는 배제된 채 내각산하 단위에 대한 수직적 장악통제 권한만을 부여받았다.

당시 김정일의 '특수부문 존치' 입장은 그 이전 김정일의 발언과 어긋났다. 김정일은 "당일꾼들이 경제사업을 대행하는 것은 백해무익한 행동"이라고 비판(1991.1)했고,54) 당경제정책검열부에 "경제문제를 내각책임제, 중심제로 관리할 것이니, 내각이 경제를 통일적으로 장악하는 데 따른 제반 문제점을 파악하라"고 지시했으며(1998년 초반), "규정상 내각을 중심으로 경제를 운영하게 되어 있는데, 왜 이렇게 당과 군이 자체로 운영하는 단위가 많은가"라고 지적(1998.9 추정)도 했다.55) 김정일이 '6.3 그루빠'를 묶어 주면서 당 경제정책검열부를 참여시킨 것도 '특수부문에 대한 전반적인 조정' 작업을 고려한 것이었다. 2001년 6월 막상 경제관리 개선 방안이 구체화되자 김정일은 입장을 바꿔 '특수단위 역할론'까지 거론했다.56)

통상 정책은 시행과정에서 가감, 변질되기 마련이다. 김정일의 입장 변화는 지도자 자신의 경제관57)에 권력기관의 관료정치가 가세해서 나

---

54) 김정일, "당사업을 더욱 강화하며 사회주의건설을 힘있게 다그치자"(당, 정무원 책임일군들 앞에서 한 연설, 1991.1.5), 『김정일선집 11』(평양: 조선로동당출판사, 1997), pp. 3-4.
55) 탈북민 증언, 2007.2.
56) 김정일은 2001년경 "우리가 오늘까지 버틸 수 있었던 것은 특수단위들을 많이 만들어 놓았기 때문이다 … 특수단위를 없애겠다고 제기하는데, 사회주의를 고수하고 안전하게 생활할 수 있는 것은 이들 덕분이다"라고 했다.
57) "김정일은 인민생활에 대해서는 조금도 걱정하지 않았고, 총리를 비롯한 경제전문가들이 경제를 정상적으로 관리하는 것을 오히려 방해했다. 그는 당의 경제와 군대의 경제를 국가경제로부터 분리해 개인소유처럼 관리했을 뿐 아니라, 국가경제도 특수

타난 현상으로 판단된다. 김정일의 뇌리에 고착된 경험과 가치관을 추정해보면, 당 자금 조성을 통한 권력 장악 경험, 이후 선군(先軍) 통치 행태, '국가방위와 국가관리 기능을 갈라야 한다'는 통치관 등을 들 수 있다. 이런 고착된 경험과 생각들로 막상 개혁을 위한 '결단'을 하려니 주저하게 되었으며, 여기에다 당·군의 사주가 작용했을 것이다.

한편, '6.3 그루빠'가 제기한 '특수부문 축소'의 구체적인 내용은 확인되지 않는다. '특수경제' 또는 '특수부문 경제'는 넓은 의미로는 당·군 관할 경제를 의미하나58), 내각이 의도한 축소 대상은 김정일 통치자금 조성사업(당 38호실과 39호실59))과 군수공업(제2경제위원회)을 제외한 국가경제 영역 내에서 당과 군의 생산기지 관리 또는 무역 활동을 지칭하며, 여기에 부가적으로 국가재정에 전적으로 의존하여 활동하는 배급제 또는 예산제 기관들이 포함된다. 당과 군대의 경제사업은 1990년대 경제 붕괴 상황에서 비정상적으로 국가 경제 영역으로 확장되었다. 당과 군은 생산기지 운영과 외화벌이 사업에 대거 참여하였고, 특히 군은 '경제건설 선도'를 명분으로 자신들이 건설한 생산 단위를 직접 관리하는 사례가 빈번했다.60)

권력기관들의 요구를 우선적으로 보장해 주는 방향에서 관리하도록 간섭했다." 황장엽, 『나는 역사의 진리를 보았다』, pp. 287- 289.

58) 북한 당국이 '특수'로 분류하는 대상을 명확히 구분하기란 어렵다. 호위총국 등 특별한 임무를 수행하는 기관을 군사명령 대상으로서의 '특수단위,' 중앙당의 기관 분류의 한 항목으로서 '특수기관'이라는 용어를 사용하며, '특수사업'은 김정일의 통치자금 조성을 위한 외화벌이 사업 또는 김정일의 지침에 의해 특별히 책정된 사업을 의미한다. 내각은 당·군 등 이른바 힘센 기관을 '특수기관' '특수단위' 또는 '권력기관'으로 통칭한다.

59) 북한은 2009년 5월 당 38호실(호텔, 식당, 외화벌이 상점 운영)을 39호실(광산운영, 송이버섯 채취 등을 통한 외화벌이)에 통합하여 김정일 통치자금 조성사업을 39호실 관리로 일원화했다.

60) 북한은 군대가 "사회주의건설의 주공전선을 담당하고 어렵고 힘든 인민경제의 주요 전선에서 돌파구를 열어가는 선도적 역할"을 하는 것으로 선전하였다. 안변청년발전소 건설 등 전력문제, 청년영웅도로 건설, 개천-태성호 물길공사, 토지정리사업 등 기간산업건설은 물론, 닭공장, 양어장, 메기공장, 소목장, 기초식품공장, 광명성제염

당과 군 산하 외화벌이 사업소가 늘어나고 노른자위 공장·기업소들이 특수부문으로 넘어가는 등 이들의 로비에 의한 특수부문의 문어발식 확장을 보아 온 내각 간부들은, 지도자가 특수기관을 '편애'[61]할수록 축소 필요성을 절감했다. 당시 내각상무조의 입장은 특수부문이 과도하게 존치되면, 경제사업에 대한 전반적 통제가 곤란하고, 독립채산제를 실시해도 국가 경제의 상당 부분을 차지하는 특수단위의 독자 경영으로 정책의 실효성이 떨어지며, '국가 돈주머니를 확충해야'(김정일 지시) 할 마당에 배급제 권력기관의 비대와 높은 생활비 책정으로 재정이 감당할 수 없다고 판단했다.

결과적으로, 내각은 경제개혁 입안시 '특수부문의 전반적 구조조정'이라는 총론식 접근 전략이 김정일의 거부로 실패하자, 개혁을 추진하면서 자신들의 영역과 권한을 보강하면서 각론식 우회 전략을 구사해 특수단위를 압박한 셈이었다. 처음에는 다른 권력기관과의 영역 다툼을 자제하면서 '김정일의 권위'를 활용해 부족한 권력을 보강하다가, 김정일의 신임을 확보하면서 점진적으로 특수부문 영역을 줄여나갔다. 그러나 빈번하게 잦은 '전투'로는 개혁에 성공할 수 없을 뿐 아니라, 당과 군의 반격으로부터 상처만 입는다는 사실을 깨달아 내각은 정치논리를 단번에 돌파하는 개혁 드라이브를 추진하기에 이르렀다.

과거 김정일은 박봉주를 총리로 내정(2003.8.28)하면서 "군대가 경

업공장 건설 등 '인민의 행복 창조자'로서 역할을 다하고 있다면서 "장군님께서 군대를 조국보위력량으로만이 아니라 사회주의건설의 주력군으로 내세워 선도적 역할을 하도록 이끌어 주시었다"고 하였다. 강습제강, "위대한 령장의 슬하에서 자란 우리 인민군대는 주체혁명위업의 주력군, 혁명의 기둥이다"(조선로동당출판사, 2003.4).
61) 김정일은 2004년 4월 군 간부들에게 "지금 사회의 기관, 기업소들과 (인민군이 아닌) 다른 무력기관들에서 수산기지와 외화벌이기지를 꾸려놓고 비법적인 장사행위를 하면서 무질서와 혼란을 조성하고 있다고 하는데 인민군대에서 그것을 다 정리하여야 하겠다. 없앨 것은 없애고 넘겨받을 것은 넘겨받아 인민군대에 소속시켜 놓아야 한다"고 했다. 김정일, "조선인민군 지휘성원들에게 하신 말씀"(2004.4).

제사업을 밀어주고 있을수록 내각은 더 높은 헌신성을 발휘하라"고 했다.[62] 당시에 박봉주 총리는 국가경제관리 책임자로서 '수모'를 느꼈을 것이다. 총리로 등용된 이후 박봉주는 내각 경제 간부들과의 경제정책 토론 끝 무렵마다 '특수부문'이라는 장벽에 갇혀있어 어찌해볼 도리가 없음을 확인했다. 박봉주가 급진 개혁 드라이브를 건 배경이다.

02 박봉주의 급진 개혁과 대담한 타협 시도

관료정치 모델에 의하면, 정책은 서로 상이하고 경쟁하는 이익구조를 가진 여러 행위자가 서로 밀고 당기는 치열한 게임의 결과로 규정된다. 정책 결정 과정을 설명하기 위해서는 ①문제가 되는 상황은 무엇인지, 대안은 어떤 성격의 것인지, ②누가 대안의 선택과 집행에 참여하는지, ③경기자들 간에는 어떤 협상 자산을 활용하여 밀고 당기기가 진행되는지를 규명해야 한다.[63]

이 같은 분석 틀을 박봉주의 급진적 개혁과정에 대입하면 다음과 같다. 먼저 문제가 된 상황은 7.1조치와 시장 장려의 한계와 부작용 누적이며, 대안은 이를 극복하고 경제를 활성화하기 위해서는 시장경제 요소 도입 확대가 불가피하다는 것이다. 이 같은 내각의 문제 제기로부터 관료정치의 본 게임이 시작된다. 주전 선수는 내각 간부들을 대표한 박봉주이며, 김정일과 당(黨)이 경기자로 참가한다. 경기는 주로

---

62) 김정일, "당이 제시한 선군시대의 경제건설로선을 철저히 관철하자"(당, 국가, 경제기관 책임일군들과 한 담화, 2003.8.28).
63) Allison 외, 『결정의 엣센스』, p. 317, 329.

박봉주가 김정일의 신임을 협상 자산으로 하여 지도자를 설득하고, 때로는 당과 흥정하거나 '공격'하는 양상으로 전개된다.

'공격'이라는 표현은 내각의 개혁추진 대상이 당의 특수부문 경제사업과 특권적 지위를 표적으로 함에 따라 정치영역 침범으로 연결되었다는 의미에서 사용한 표현이다. 내각의 시장경제 요소 확대 추진을 당은 '시장경제' 추진으로 파악했으며, 시장경제 추진은 정치문제이며 그간 북한 지도부가 정치적 이유로 논의를 금기시한 문제였다.

가. 추가 급진 개혁 의제의 성격 : 시장경제 여부

먼저 박봉주 내각이 시도한 추가 개혁이 후에 당과 김정일이 비판한 대로 과연 '시장경제'를 의미하는지 따져본다. 박봉주는 2004년 초부터 협동농장·기업소 관리, 노무관리 등에 자율권을 보강해 주는 개혁 조치를 시범적·단편적으로 추진했다.

표 4-7 박봉주의 경제개혁 조치와 특징점

가족단위영농(04.1)	기업경영개선(04.1)	기업 부업농(04.1)	노동행정개선(04.8)
2-5 가족단위 농사, 30여 농장 시범 실시, 증산 조작으로 중단	대폭 경영 자율화, 15개 기업 독자회계 관리, 확대 미상	기업: 유휴지 농사, 농장에는 자재 지원, 성과 별무, 흐지부지	노무관리권 하방, 일급·시급제도 거론, 부분적 시행
〈효과 또는 한계〉 : 농민들, '토지＝나의 포전'으로 인식, 증산	책임경영제 도입, 기업 전반에 자율성 확대 필요	자력갱생 효과, 직업별 특화 필요	탄력적 노무 관리의 필요성 인식확산

* 자료: 내각 각급 성 지시 문건. 단, '효과와 한계'는 필자 의견.

[표 4-7]은 2004년에 시행된 개혁 조치들이다. 농장·기업소에 대한

시범 개혁은 성과를 거두었음에도 시범단위의 성공을 위해 유관기관이 '경쟁적으로 지원했고 증산을 조작'했다는 이유로 2005년에 확대 시행이 중단되었고, 노무관리 자율화도 부분적으로만 시행되었다. 그러나 이 조치들은 농민들의 개별 영농 욕구와 기업 전반의 자율 경영 분위기를 확산시키는 계기가 되었다.

내각상무조는 단편적 조치의 한계를 인식하고 2004년 6월부터 경제관리구조 전반에 대한 개혁을 모색했으며, 연구 결과 개혁안은 ① 경제관리구조 개선, ② 유통·가격체계 개선, ③ 금융제도 개선, ④ 농정개선안 등 종합적으로 제기되었다. 이들의 개혁안 중에서 당의 이해관계와 충돌하는 부분과 시장경제 지향 요소들을 정리하면 [표 4-8]과 같다.

내각 안(案)대로 경제관리구조를 개혁하게 되면 당의 경제사업에 대한 관여가 대폭 축소되고, 대부분 국가예산의 지원으로 운영되고 대규모 자산을 보유한 '노른자위' 기업인 당과 군의 특수부문 경제사업(군수제외)은 크게 줄어든다. 게다가 유통·가격체계가 개선되면 결정적으로 권력기관의 이권개입 여지가 줄고, 은행구조의 개선은 당과 군 산하 특수은행들의 특권적 지위를 보장할 수 없는 결과를 초래한다.

내각상무조는 농정 개혁안에서 군량미는 어쩔 수 없다 하더라도, 특수기관들에 대한 쌀 우선 배급을 엄격히 제한하고, 궁극적으로는 간부들에 대한 배급제를 없애자고 했다. 내각상무조는 "쌀 공급과 관련된 특수가 너무 많은데, 전부 없앨 수 없다면 엄격한 기준을 만들고, 여러 권력 기관들에 의해 흐지부지되는 일이 없어야 한다"라고 했다.64)

---

64) "농정개혁 연구자료," 『2004.6 내각상무조 개혁안 자료집』(2005).

표 4-8 내각상무조 개혁안(2004)의 '갈등 제기' 요소

개혁 대상	당(黨)과 충돌 소지	시장경제 요소
경제관리구조	○ 예산제 기업도 채산성 가미 ○ 자산규모에 따라 세금 납부 　→ 특수부문 특권적지위 축소 ○ 당의 기업 검열권 제한	○ 군수 · 전략물자만 국가공급 ○ 모든 기업에 독자성 부여 ○ 생산수단 · 소비재 모두 직거래 ○ 모든 무역회사를 독립회사화
유통 · 가격체계	○ 권력기관의 이권개입 축소 ○ 간부들 배급제 폐지 우려 ○ 부동산 사용료 부담증가 ○ 무현금거래 활용이권 축소	○ 물자교류 · 도매 시장 활성화 ○ 일부 통제가격外 가격자율화 ○ 물가지수체계도입 경제관리 ○ 부동산재평가, 무현금돈표 폐지
은행구조	○ 당 · 군 산하 특수은행들 　– 독점적 지위 축소 　– 결탁, 뒷돈거래 감소 　* 대성은행 등 10여 개 은행	○ 국책 · 상업 · 무역은행 신설 ○ 은행독립화, 행정간섭 지양 ○ 모든 은행 거래 비밀보장 ○ 모든 기업법인화, 계좌관리
농업정책	○ 특수부문 쌀우선공급 통제 ○ 쌀 눅거리 배급인원 축소 ○ 점진적으로 쌀 배급제 폐지 ○ 배급제 · 예산제기관 점차축소	○ 쌀 도매시장 신설 ○ 영농자재 거래시장 신설 ○ 농업은행 · 양곡기금 곡가관리 ○ 시장가격으로 곡물 거래

* 자료: 『내각상무조 개혁안 자료집』(2005).

이상을 종합해 볼 때 박봉주 내각이 추구한 경제개혁 지향점은, 군수와 전략물자를 제외한 생산수단·소비재·노동력 등 거래의 자율화, 일부 통제가격을 제외한 가격의 자유화, 다양한 시장제도 창출, 수요와 공급의 원리에 의한 거래 질서 정착, 은행의 신용 제도 정착 등 사실상 '시장경제 질서' 추진이었다. 결국 이들이 설정한 정책 의제의 본질은 특수부문의 축소와 시장경제 제도의 도입이며, 이는 당과의 일전불사(一戰不辭)를 각오한 것으로 볼 수밖에 없었다.

다만, 박봉주 내각상무조의 '급진개혁안'(책 3장-3절-3-다. 내각 상무조의 급진개혁안 참고)이 2004년 연말에 김정일에게 경제개혁 방향

의 큰 그림으로서 그대로 보고되었는지, 아니면 정치적으로 논란의 여지가 있는 개혁안을 빼고 발췌해서 보고했는지는 확인되지 않는다. 여러 정황을 종합해 볼 때 '시장경제 요소의 대폭적인 도입'을 주장했을 가능성이 크며, 그 사실은 김정일이 2008년 '6.18 담화'에서 '경제지도 일군들의 시장경제에 대한 그릇된 인식'을 반복해서 비판했다는 점에서 확인된다.

나. 정책 게임의 경기자들과 내각의 협상 자산

7.1조치는 말 그대로 '개선'에 불과했고, 박봉주 내각이 제기한 새로운 의제는 '개혁'하자는 것이었다. 박봉주 내각의 돌발적인 개혁 의제 설정으로 이제 경제개혁은 단순한 경제 논리로 접근할 수만은 없는, '국가이익'과 각 조직의 이익, 개별 간부들의 체제 문제에 대한 소신이 중첩되는 정치문제로 변질되었다. 박봉주가 새로운 정책의제 설정으로 '판돈'을 키워놓자 방관하던 경기자들이 모여들었다. 김정일은 바쁜 일정으로 총리에게 경제사업을 맡겨 놓았다가 박봉주가 정작 '대담한 건의'를 하자 무슨 주장을 하는지 의아해했다. 당은 내각이 하는 일을 관심 밖에 두다가 박봉주가 총리로 임명된 이후 '실세 총리'가 하는 일을 경계하면서 관찰하는 중이었다.

박봉주가 가진 협상 자산은 김정일의 신임과 김정일의 개혁에 대한 우호적인 입장, 경제문제에 대한 권한위임, 그리고 박봉주 자신의 지도자에 대한 진솔한 설득력이 전부였다. 가장 큰 자산은 의지와 절박성이었다. 그에게 개혁과제의 수행 여부는 생존의 문제였다. '대담하게 혁신하라, 반드시 경제관리방법을 전환하라'는 김정일의 주문과 그간 지도자의 자신에 대한 전권 위임으로 박봉주는 임무를 완수하지 않으면 자신의 정치적 생명은 끝나는 것이었다. 다른 한편으로, 김정일 주문대로 '땜 때우기식'으로 경제개혁을 하지 않으려면 내각의 '무능'을 고백하고 물러서지 않는 한 '힘센' 당(黨)과의 충돌은 불가피했다.

다. 박봉주의 대담한 승부수 : '시장경제' 건의

총리 취임 초기 박봉주는 일선 생산 현장을 점검하면서 내각 간부들을 독려하고 농업·기업 시범 개혁 등의 조치도 취해 보았으나, 7.1조치는 잘 정착되지 않고 부작용만 늘었으며 경제 활성화는 요원해 보였다. 7.1조치 2년 경과 시점에 내각은 문제상황을 전반적으로 재점검했다. 박봉주는 내각상무조와 숙의한 결과 적극적인 개혁 드라이브를 선택했다. 그들은 현재의 경제관리구조는 "계획구조와 '시장 아닌 시장구조'의 엉성한 결합"이라는 결론을 토대로 "통제나 감독 같은 오그랑수로는 성공이 불가능하다. 철저히 경제 원리에 따라 문제를 해결해야 한다"라고 판단했다.[65] 내각은 뒤늦게나마 그간의 실패를 통해 정치논리와 적당히 타협해서는 경제개혁에 성공할 수 없음을 깨달은 것이다.

마침, 김정일의 개혁에 대한 우호적 입장도 급진 개혁 선택에 긍정적인 요인이 되었다. 김정일은 2004년 6월 1일 '계획경제를 시장가격에 접근시키라'고 지시했고, 내각은 김정일이 국정 가격의 탄력성을 높이기 위해 수요와 공급이라는 시장 신호를 적극 반영하라는 지시를 한 것으로 받아들였다. 김정일이 개혁을 허락해 준 것으로 해석했다. 내각상무조는 김정일이 2004년 8월 11일 노동관리권의 하부 이관을 골자로 하는 '로동행정사업 개선안'을 비준해주자 크게 고무되었다.[66] 김정

---

65) 앞의 『2004.6 내각상무조 개혁안 자료집』(2005).
66) 당시 내각상무조는 "최근 내각에서 받은 8월 11일 방침은 로동행정사업에서 커다란

일의 '6.1 지시'가 '개혁 독려'라는 확신이 늘어났다.

이 같은 상황에서 박봉주는 김정일과 대타협을 시도한다. 김정일이 내각에 부여한 방침은 크게 5가지였다. '경제관리 사업에서 반드시 새로운 전환을 가져올 것', '수시 제기되는 문제들만 땜 때기식으로 할 것이 아니라 대담하게 혁신할 것', '나라의 경제건설에서 혁명적 앙양을 일으킬 것'과 '국가 경제를 통일적으로 장악할 것', '과거 시장이 훔친 국가 돈주머니를 다시 채울 것' 등이었다. 김정일로서는 물가·임금 현실화에 이어 시장까지 장려해 주었는데, 사적 경제는 계속 팽창되는 반면 공식부문의 생산 정상화는 여전히 미흡했고, 시중 자금이 국가재정으로 환수되지 않는 상황에 불만이 있었다.

박봉주와 내각상무조는 김정일의 주문 중에서 절반만 충족시켜 생산 정상화와 재정확충을 도모하되, 대폭적인 시장화와 분권화의 도입을 허락받는 쪽으로 방향을 잡았다. 이전 내각은 공급부족 해결의 한 방법으로 '시장 공인'을 받아내기 위해 김정일과 타협해 시장을 '적당히 이용'하려 했다. 그러나 박봉주 내각은 개혁 성패에 생존의 문제가 걸려있어 시장을 적당히 이용하는 수준에 머물 수가 없었다.

김정일이 대폭적인 시장화와 분권화를 허락한다 해도 내각이 해결해야 할 문제는 또 있었다. 그 하나는 경제 간부들의 개혁의식을 함양하고 개혁에 적극 동참시키는 일로서, 일종의 전의(戰意)를 다지는 일이었다. 또 다른 하나는 일선 생산 단위와 주민들의 당국에 대한 불신을 극복하고, 물가와 시장의 동시 안착을 통해 경제주체 모두가 실리를 확보할 수 있다는 점을 설득하는 일이었다. 그러나 무엇보다도 더 어려운 과제는 권력기관과의 관계였다. 그들을 자극할 필요는 없지만, 개혁의 성공을 위해서는 김정일로부터 부여받은 재량권을 최대한 활용하

전진을 보여준 것으로 많은 일군들과 근로자들 속에서 긍정적으로 평가되고 있습니다"라고 고무되었다.

여 권력기관의 간섭과 특권경제를 축소해야 했다.[67]

박봉주 내각은 김정일의 기대와 그간 경제개혁 추진에 지불한 기회비용으로 볼 때, 과거처럼 '적합성 논리'(logic of appropriateness)는 안 통하며 '결과 논리'(logic of consequence)에 따라야 한다고 판단했다.[68] 그들은 권력기관의 정치적 비판을 제압하고, 내각 자체의 적당주의·본위주의를 혁파하며, 김정일로부터 시장 요소의 대폭 도입을 허락받아 내는 삼중(三重)의 싸움을 해야만 했다. 내각상무조는 경제개혁의 진퇴 양단을 놓고 집단 사고를 하는 과정에서 자신들의 선택이 정치 쟁점화되어 공격받으면 절대 열세에 몰린다는 '불쾌한 감정'도 들었으나 곧 박봉주의 과감한 결단으로 떨쳐버렸다.

그러나 문제는 지도자의 신임을 과신한데 있었다. 김정일은 수개월이 지났는데도 내각상무조의 추가 개혁안에 대해 선뜻 답을 주지 않았다. 이번에는 조직의 주인과 부하 간에 타협이 이루어지지 않았다. 그 틈을 활용하여 당은 내각에 반격을 가하기 시작했다.

【그림 4-11】 내각 상무조의 집단사고 결과: 시장경제 건의

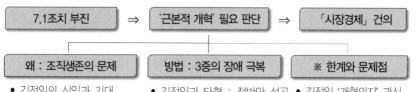

---

67) 박봉주는 김정은 집권 시기에 다시 총리로 등용되어 경제주체들의 조화로운 이익을 추구하는 '사회주의기업책임관리제'를 완성하고(2014.5), 특수 경제단위를 통제하는 문제도 제기하여, 그가 은퇴한 뒤 늦게나마 '특수단위의 통제' 문제에 일정한 성과를 거둔다.
68) Allison 외, 『결정의 엣센스』, p. 197.

03 내각의 정치화에 대한 당의 반격과 개혁 후퇴

가. 관료정치의 정점 : 개혁 확대에서 후퇴로의 전환점

북한의 경제개혁 기조는 2005년부터 정체되었다. 2000년이 경제개혁을 시동 건 출발점이었다면, 2005년은 경제개혁이 후퇴 곡선을 그리기 시작하는 변곡점이었다. 개혁 선택으로의 정책 전환은 내각이 주도했으나, 개혁 후퇴는 당이 중심적인 역할을 했다. 중요한 정책의 전환 시기에는 이해관계 당사자들 간에 갈등이 증폭되어 관료정치가 나타난다. 2004년부터 내각이 경제개혁을 '시장경제'로 확장하면서 정책 주도권의 강화를 도모한 것이 관료정치의 전반전이라면, 2005년부터 당이 내각의 정치화를 차단하기 위해 반격을 가하기 시작한 것은 그 후반전이었다.

후반전은 다음과 같다. 당은 내각의 시장경제 건의에 대해 김정일이 망설이는 상황을 반전의 기회로 삼았다. 당은 한동안 김정일의 신임을 배경으로 '날뛰는' 박봉주의 처사에 못마땅하면서도 경제를 살리겠다는 명분에 어쩔 수 없었다. 그러나 이제 내각의 정치적 의도를 간파함에 따라, 당은 시장의 '비사회주의 실태'를 조사해 김정일에게 보고하면서, 자신들의 선전매체(노동신문)를 통해 '경제개혁과 당의 영도 간의 조화' 문제를 집중적으로 제기했다. 당 원로들을 동원해 "내각의 젊은 친구들이 돈벌이밖에 모른다"는 여론전도 병행했다.

당은 김정일에게 내각의 개혁성과가 부진한 점과 당시(2005년) 핵 정세로 내부 결속이 중요하다는 점을 들어 '사회주의 원칙에 맞는 경제관리'를 건의했다. 그 결과로 박봉주 내각상무조는 해체(2005.5)되었고, 경제정책 주도권은 당으로 넘어갔다. 당은 경제정책 감독으로 박남기를 내세우고 계획재정부를 신설해 그에게 부장(2005.7) 자리를 내주면서, 경제개혁 조치의 '철회'를 주문했다.

한편, 김정일은 그간 박봉주 총리를 신뢰했으나, 당의 집중적인 회유로 총리에 대한 믿음이 흔들리기 시작했다. 당 간부들에게는 일단 "내가 시장을 이용하자고 했지, 시장경제로 넘어가자고 하지는 않았다"고 변명해 놓고(2005.2), 박봉주를 수시로 현지지도에 대동하면서 속마음을 떠보았다. 김정일은 그동안 공들였던 경제개혁에 여전히 미련을 두었고, 경제를 살려보겠다는 박봉주의 충성심에 여전히 믿음이 갔다.

그러나 당면한 '핵 대결전' 정세에서 '주체의 강화'와 '일심단결'이 우선이었다. 당은 김정일의 경제개혁에 대한 미련을 떨쳐버리기 위해 내각 간부들의 비리를 파헤쳐 개혁정책의 정당성을 훼손한 데 이어 박봉주의 '비료 도입 자금 전용'을 사건화해 김정일에게 '농업 주공(主攻) 전선' 방침 위반으로 보고했다. 결국 김정일은 "내각이 사회주의 모자를 쓰고 자본주의 척후병 노릇을 했다"고 당을 지지했다(2006.6). 이후 박봉주 총리는 김정일의 현지지도 수행에서 배제되었고, 당의 본격적 조사(2006.8)에 이어 '경제사령관' 직무 정지 처분을 받았다. 박봉주가 '개혁대행자' 역할을 한 지 3년이 안 된 시점이었다.

나. 당의 반격 : 내각 간부 숙청, 경제정책권 회수

당의 내각에 대한 반격은 2단계로 진행되었다. 내각을 무력화하여 경제주도권을 회수하는 과정, 정책 과오와 비리를 빌미로 박봉주를 비롯한 내각 간부들을 퇴진시키는 과정을 거쳤다. [표 4-9]는 그 1단계를 정리한 것이다. 당이 내각을 압박하는 방식은, 내각이 개혁을 확대하는 방식과 마찬가지로 조직논리(내각은 경제논리, 당은 정치논리)에 대한 충실성을 근거로 김정일을 '회유'했다는 점이 같았다. 그러나 내각은 지도자를 통하여 당을 압박할 수밖에 없었으나 당은 내각에 대한 직접적인 압력을 가할 수 있다는 점이 달랐다. 내각은 2005년 초 일시적으로 당에 저항했으나 4~5월부터 다시 '당의 지도'에 복종했다.

표 4-9 당의 반격 1: 당의 '경제주도권' 탈환과정

내각 무력화	당의 주도권 강화
1. 내각, 추가 개혁안 보고 (04년 말)	2. 당, 내각 개혁안 인지 (04년 말)
4. 추가개혁 및 시범개혁 확대 보류(05.1)	3. 당, 경제개혁 문제점 보고(05.1-2)
5. 당·내각간 경제정책 안건 충돌(05.2)	6. '당의 영도강화' 집중강조(05.3-6)
8. 내각, '당의 영도 중요' 동조(05.5)	7. 당, 간부비리·비사회주의 검열 (05.4-)
10. 내각상무조 해산, 인사권회수(05.5)	9. 당 주도 '경제 상무조' 구성 (05.5)
12. 당 주도 '100일전투'에 내각 동원(05.7)	11. 당, 동원방식의 경제관리 재개(05.6)
14. 양곡전매제(05.8준비 → 05.10시행) → 부동산실사(05.10준비, 06.4-8진행) → 개인 소상공업 통제(05.3, 07.2)	13. 당계획재정부 신설 (박남기, 05.7)
	– 개혁속도 조절: 사경제 활동 통제 및 재정 확충에 유리한 정책선별 시행

* 밑줄 친 부분의 시점은 필자가 추정[69]

2단계로, 당은 총리와 내각 간부들에 대해 '사회주의 원칙에서의 탈선'이라는 정책 과오와 개인적 비리를 조사하는 방식으로 내각 간부들을 압박했다([표 4-10] 참고). 당이 처음부터(2005년) '비료 구입 자금 800만불의 유류 구입 전용'을 박봉주의 개인적 실정으로 걸어서 총리

---

69) 내각상무조는 2004년 6월부터 추가 개혁방안을 연구하여 2004년 말경 김정일에게 보고하고 당은 그 직후 이를 인지한 것으로 추정된다. 당이 김정일에게 경제개혁의 문제점을 보고한 시점은 김정일이 2005년 1월 당과 내각 간부들에게 "사회주의 원칙이 약화되지 않도록 유의"를 언급했고, 2월에는 당간부들에게만 "내각이 시장이용과 시장경제 도입을 오해"를 거론한데 근거한 것이다. 2005년 2월 당과 내각의 의견충돌은 2월 17일 공고된 '3월9일 예정 최고인민회의'가 3월4일 돌연 연기된 점과 박봉주가 '당·정 회의 도중에 보수 원로들의 이견에 불만을 표명'한 사례에 근거했다.

퇴진을 유도하지 않은 것은, 김정일의 박봉주에 대한 높은 신임으로 볼 때 무리하게 서두르면 자칫 김정일과의 '흥정'에 실패할 가능성을 고려한 것으로 보였다. 단번에 퇴진시키기보다는 김정일로부터 멀어지게 하고, 내각 측근들을 압박함으로써 박봉주를 고립시킨 후 퇴진시키는 전술을 구사했다. 한편 박봉주가 2006년 6월부터는 사실상 '경제 사령관'(총리)으로서 직무 정지 상태임에도 해임이 지연된 것은 총리로서의 대외 이미지를 고려한 것이다. 박봉주는 외부 인사 접견과 최고 인민회의 등 공식 행사는 퇴임 전까지 참석했다.

표 4-10 당의 반격 2: 총리와 내각간부들 퇴진유도 과정

① 당 조직지도부, 내각 간부들 정책과오 · 비리 집중검열(06.1–07.3)
② 당, 김정일에게 내각 실정 · 비리 종합 보고(06.5) → 相 7명 퇴진(06년)
③ 김정일, 지방 현지지도시 박봉주 대동 중단(06.6월부터)
④ 내각 전원회의(비공개, 자아비판) 및 중앙당 회의(박봉주 비판)(06.7)
⑤ 당 조직지도부, 박봉주 총리 비리 집중조사(06.8월 말–9월)
⑥ 박봉주 총리 해임(07.4) 및 순천비날론연합기업소 지배인으로 좌천(07.5)

다. 내각과 당 사이에서 김정일의 입장 변화

내각의 '시장경제' 건의에 대한 김정일의 초기 입장은 애매했다. 내각이 의도한 개혁안의 본질과 문제점에 대한 당의 보고에도 불구하고 김정일은 '내각이 시장 이용을 시장경제 도입으로 오해했다'는 수준에서 마무리하려 했고, 내각에 대해서는 '당의 입장을 고려하라'는 정도로 절충을 권유했다. 그러면서 총리를 현지 지도에 빈번히 대동하는 등 박봉주에 대한 신임을 쉽게 끊지 못했다. 그러나 당시 상황을 자세

히 관찰하면, '내각과 당의 틈새에 끼어 개혁에 대한 미련을 점차 포기해 가는 모습'이 김정일의 모습이었다([그림 4-12]).

경제관리방식의 '근본적 혁신'은 애초에 김정일의 요구였다. 내각은 뒤늦게나마 지도자의 주문대로 '대담한 설계도'를 내놓았다. 정치문제를 건드린 데 화근이 있었다. 김정일로서는 시장경제 수용이 어렵다면 당과 군을 설득하여 '특수부문 축소'라는 차선책을 모색할 수도 있었다. 정책조정은 지도자의 몫이다.

그러나 김정일의 '통 큰 정치'는 작동하지 않았다. 김정일은 내각의 개혁 건의를 좀 더 시간을 두고 따져보려고 했다. 지도자는 통상 문제 상황 중에서 특별히 주목되는 부문을 주시하기 마련이다. 그리고 시간이 흘러 불확실성이 사라질 때까지 유연성을 유지하면서 관련된 여러 위험을 평가하는 경향이 있다. 지도자는 또한 서로 다른 부하들의 입장을 감싸 안아야 하므로 가능한 모호한 태도를 보인다.[70]

김정일이 당의 '회유'에도 불구하고 한동안 개혁에 대한 미련을 버리지 못하는 것은 판돈이 큰 게임에서 돈을 잃고 있는 도박사와 같은 심정 때문이었다. 지금 그만두자니 투자한 돈이 아까웠다. 김정일이 더 많이 잃을지도 모르는 위험을 감수하며 그간의 손해를 만회하기 위해 도박을 계속하려 했다면 자신이 직접 나서야 했다.

당은 내각의 힘을 뺀 데서 공세의 고삐를 늦추지 않고, 3단계의 '음모'를 준비했다. 내각의 경제주도권을 회수하고(1단계), 박봉주를 비롯해 내각 간부들을 압박함으로써 개혁 속도를 조절하며 당적 지도를 강화한다(2단계). 최종적으로는 개혁의 전면적 후퇴를 기획한다. 당은 마침 때맞춰 발생한, 어찌 보면 당이 확대 조작한 '최대의 비사회주의 사건'(2007.7 연사군 구호나무 벌목사건 등)을 계기로 김정일의 개혁 미련을 완전히 떨쳐버리게 하는 데 성공했다.

---

70) Allison 외, 『결정의 엣센스』, pp. 377-378.

【그림 4-12】 김정일의 '시장개혁 건의' 처리 과정

```
┌─────────────────────────────────────────────────────┐
│            〈 2005년, 보류-진의파악 〉                 │
├─────────────────────────────────────────────────────┤
│ ○ 내각의 개혁 확대(시장경제) 건의 접수 (2004년 말)    │
│   - 건의 방식의 '진솔함' 불구, 개혁 내용의 '급진성' 고려 주저 │
│ ○ 박봉주와 대화 지속, 진의 탐색 및 파급효과 고민      │
│   - 현지지도시 박봉주 37회 대동 (2004년은 6회)71)     │
│   - 당의 입장(사회주의 원칙, 당적 지도) 전달 및 절충 권유 │
│   * 박봉주는 2005년 들어 '정책'보다는 생산 지도에 주력 │
│ ○ 당의 '문제점 보고'를 고려하여 개혁 확대 추진 보류   │
│   - 당에 "내각이 오해(시장 이용 → 시장 경제)했다'고 양해 권유 │
└─────────────────────────────────────────────────────┘
                         ⇩
┌─────────────────────────────────────────────────────┐
│         〈 2006.1-5, 내각의심/개혁미련 교차 〉         │
├─────────────────────────────────────────────────────┤
│ ○ 내각의 '정책 과오'에 대한 당의 보고 지속 → 의심 증대 │
│   - 박봉주 동행 빈도 감소, 2006.5 평양음대 방문이 최종(총 6회) │
│ ○ 당의 '경제관리 능력' 의심 불구, '경제개혁 지속' 주문 │
│   - 김정일, '主 계획경제 + 從 시장 → 경제 활성화' 요구 │
│   - 당 계획재정부, 기존 내각안 선별수용 → 개혁 속도 조절 │
└─────────────────────────────────────────────────────┘
                         ⇩
┌─────────────────────────────────────────────────────┐
│       〈 2006.6-2007.10, 내각비판/개혁한계 인식 〉      │
├─────────────────────────────────────────────────────┤
│ ○ 김정일, '내각 = 자본주의 척후병' 비판, 박봉주 직무정지 │
│   - 당의 '내각 비리' 종합 보고, 핵 정세하 체제결속 필요 고려 │
│ ○ 김정일, 핵실험 무렵 '경제개혁' 재론 (2006.9 新그루빠 구성설) │
│   - 당, 비사회주의 현상 보고 → 김정일 '개혁 지속은 무리' 판단 │
└─────────────────────────────────────────────────────┘
```

---

71) 김정일이 박봉주를 전적으로 신임한 2004년보다, 당의 문제 제기가 있고 난 2005년에 박봉주를 빈번히 대동하는 것은 '대화의 필요성' 때문으로 추정된다. 2004년에는 총리를 대동하기보다는 열심히 일하도록 내버려 두는 게 김정일이 할 일이었다. 간부들의 김정일 수행 빈도와 김정일의 신임도가 반드시 일치하지 않음을 보여준다.

04 권력층 내 이권 결탁 구조와 분파적 요소

가. '돈벌이의 폐해' 부각 사건들(2007)

2007년에 북한에서는 다음과 같은 사건들로 '돈벌이의 폐해'가 사회적으로 크게 부상했다. ① 중국과의 무역이 '눅거리' 교역으로 북한에 손해만 초래한다고 김정일이 크게 질책하는 사건(2007.1)이 발생했고, ② 외화벌이를 위해 '구호나무'까지 벌목하여 밀매한 사건(2007.7)이 생겼으며, ③ 청진시 수남시장 관리소장이 함북도 간부들과 결탁해 거액의 장세를 횡령한 사건(2007.12)도 드러났다.

눅거리 교역과 구호나무 벌목사건을 계기로 '국가의 입장'을 고려하지 않는 돈벌이는 단속의 대상이 되었으며, 그 불똥은 시장으로 튀었다. 김정일은 2007년 8월 26일 "지금 시장이 돈벌이 장소로 되고 있으며 비사회주의의 서식장으로 된다 … 비사회주의적 현상에 대하여 절대로 소홀히 대하지 말고 그것을 철저히 뿌리 뽑기 위한 집중적인 공세를 들이대야 한다"고 선언했다.72) 그해 10월부터 북한당국은 종합시장에 대한 통제에 들어갔다. 그런 차에 수남시장 관리소장의 횡령 사건마저 불거져 시장과 연계된 간부들의 부패 고리는 더 이상 묵인해 줄 수 없는 상황이 되었다. 극적인 사건은 잠재된 사회문제를 정책 의제로 부상시키는 점화장치(triggering device)가 된다.

한때 내각이 주어진 조건에서 경제개혁을 추진하는 데 한계에 봉착하자 정치문제(시장경제)로 확대하여 문제를 풀려고 했던 것처럼, 이제는 노동당이 '돈벌이 폐해' 사건들을 활용하여 경제문제를 완벽하게 정

---

72) 군중강연자료, "시장에 대한 올바른 인식을 가지고 인민의 리익을 침해하는 비사회주의적인 행위를 하지 말자"(조선로동당 중앙위원회, 2007.10).

치문제로 도치시키는 데 성공한다. [그림 4-13]은 당이 경제개혁을 정치 쟁점화하면서 개혁 후퇴로 몰아가는 과정을 정리한 것이다.

【그림 4-13】'돈벌이 폐해' 부각사건과 경제개혁 후퇴

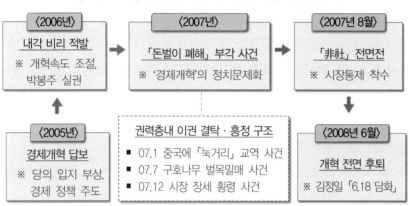

① 중국과의 '눅거리' 교역 사건

2007년 초 김정일은 북한의 원자재가 싼 값(눅거리)으로 중국으로 밀매되는 대신 중국의 '눅거리' 소비품들이 대량으로 북한에 유입되어 비싼 값으로 주민들에게 팔리는 현상을 문제 삼았다. 김정일의 문제 제기로 당·정·군을 망라한 대규모의 이권 결탁 구조의 일면이 드러났으며, 당국자들은 한동안 이를 수습하기 위해 소동을 벌였다.

처음에는 원광석 저가 수출이 문제가 되었다. 광석 수출은 저품위 광석만 수출할 수 있고, 고품위 광석은 북한에서 제련할 수 없으면 가공해서 수출하라는 것이 방침이다. 그 방침이 지켜지지 않은 것이다. 당시 국제적인 자원난으로 중국도 자원 수출을 철저히 통제했는데, '국가이익'은 아랑곳하지 않는 북한 수출업자의 태도가 지도자를 화나게 했다. 원광석 등 원자재를 가공하지 않은 채 수출하는 현상을 통제하라는 김정일의 지시가 내려왔고, 뒤늦게 (사실상 일시적으로) 북한 당

국은 무분별한 광산개발을 통제하고, 원광석을 수출한 단위에 대해서는 채광권을 회수하며, 납·아연의 중국 수출을 금지하는 조치로 소란을 피웠다.[73]

김정일은 수산 당국의 무분별한 어로(漁撈) 승인도 문제 삼았다. 수산 당국이 북한 해역 내에서의 중국어선 어로 작업을 승인하면서 돈벌이에 급급해 어종과 그물망을 제한하지 않거나, 위반해도 벌금을 부과하지 않는 등 철저히 규제하지 않고 "그냥 바다를 내줬다"고 질책했다.

중국 특히 단둥 사람들이 북한에서 싼값으로 광산물과 수산물을 수입해 돈을 벌고 있을 뿐만 아니라, 북한에 생필품이나 가짜상품을 비싼 가격으로 팔아 폭리를 취하는 점도 제기되었다.[74] 김정일은 북한의 자원은 '눅거리'로 빠져나가고, 중국의 '눅거리' 상품을 비싸게 들여오고 있다고 한탄했다. 이러한 일방적인 '눅거리 교역' 문제가 제기되자 북한당국은 '무역일꾼들이 국가이익은 안중에 없고 돈벌이에 눈이 어두운 현상'에 대한 통제를 강화했다. 세관검사를 강화하고, 국영상점망의 수입상품을 무더기로 빼낸 되거래를 단속했다. 가짜상품 등 중국 상품의 유통실태를 조사하는 과정에서 시장이 일시 혼란을 겪고, 수출입 절차가 강화되면서 정상적인 중국과의 교역 활동에 지장을 주었으며, 부패 고리와 연결된 기업소가 원자재 도입이 어려워지자 '눅거리' 교역과 무관한 생산활동도 차질을 빚었다. 이렇게 지도자에게는 '돈벌이가 능사는 아니다'라는 인식이 보강되었다.

---

73) "수출상품을 개선하는데서 중요한 것은 우선 원료를 그대로 팔지말고 될수록 가공하여 파는 것이다 … 눈앞의 뭉텅이돈만을 생각하며 땀흘려 생산한 나라의 귀중한 원료자원을 가공하지 않고 다른나라에 그대로 팔다가는 나라가 독점자본가들의 원료공급지로 될수있다." 김철준, "우리 식으로 대외무역을 확대 발전시킬데 대한 위대한 령도자 김정일 동지의 경제사상," 『경제연구』, 2008년 제1호, pp. 4-5

74) 김정일은 "단둥 사람들을 우리가 먹여 살리고 있다. (북한의) 무역일꾼들은 국가를 속이고 그들에 이용당하고 있다"고 대노했다. 탈북민 증언, 2007.5.

② 연사군의 '구호나무' 벌목 밀매사건

2007년 7월 말 함경북도 연사군에서 원목을 중국에 밀매하면서 '구
호나무'마저 벌목한 사실이 적발되었다. 함북도 외화벌이 책임자(릉라
888 무역회사 함북도 책임자 오문혁)는 공개 총살되었고, 연사군 간부
들(인민위원장, 산림경영소 소장, 삼장세관 세관원, 군당책임비서 등)
수명이 출당·철직되고 무기징역을 선고받았다. 당 조직지도부는 "혁명
전적지의 구호나무까지 마구 잘라 목재로 중국에 팔아넘긴 이 사건을
최대 범죄 사건으로 간주해 현지에서 사상투쟁 회의를 개최하고 사건
연루자들을 공개 처형했다"고 밝혔다.[75]

연사군은 울창한 수림지역으로 임업이 주산업이다. 그곳은 김정일
지시로 1980년 초부터 발굴되기 시작했다는 이른바 '구호나무'를 비롯
하여 김일성·김정숙의 '항일투쟁 사적물'이 많은 지역이었다. 연사군
공개재판 현장에는 내각과 중앙기관 간부들, 각 도·시·군 당책임비서
들, 전국 외화벌이 사업소 간부들뿐 아니라, 군(軍)의 군종·병종 사령
관들과 외화벌이 책임자들 2천여 명이 열차로 집결하여 처형 장면을
참관했다.[76]

이 사건은 금지된 원목 밀매[77] 및 우상물인 '구호나무' 벌목 외에,
외화벌이 사업에 출당·정직된 자, 평양에서 추방된 자, 전과자 등 '사
상적으로 변질된 자들'을 사업에 끌어들여 돈벌이했다는 점도 문제가

---

75) 이 사건이 발각된 배경은 확인되지 않는다. 그해 2007년 초 '원광석 등 원자재
   밀수출 단속' 지시와 연관된 것으로 추정된다.
76) 같은 무렵 원산시 간부 수명이 불법 전자제품을 판매하여 수만 달러를 사취한 혐의로
   공개 총살되었다. 북한당국은 연사군 현장을 참관했던 간부들 중 일부를 원산의
   공개재판 현장에도 참관하게 했다. 『연합뉴스』, 2008.8.10.
77) 김정일의 '원목수출 금지' 지시는 이미 2004년 5월에도 있었다. "중국에 나무를
   수출하는 문제는 심중한 문제이다. 얼마 안 되는 나무마저 팔아버리면 산들은 완전히
   벌거숭이가 된다. 로동신문 종이를 보장하기 위해 나무를 팔아 종이 원료를 들여오고
   있는 것도 올해까지만 하라. 앞으로 나무를 그대로 수출하지 못하게 통제하라." 김정
   일, "조선인민군 지휘성원들에게 하신 말씀"(2004.5).

되어 '최대 비사회주의 범죄 사건'으로 간주되었다.78) 이 사건 직후 중앙당과 각급 당조직이 중심이 되어 "맹아 단계부터 비사회주의 현상을 무자비하게 짓뭉개는 사업"이 시작되었다.79)

③ 청진 수남시장 장세(場稅) 횡령 사건

2007년 12월에 청진시 수남시장 관리소장이 부정축재 혐의로 공개재판을 받고 10년 교화형을 받았다. 함경북도 보안서가 수남시장 관리소장을 긴급체포하고 가택을 조사하자 집안에서 달러와 유로화가 담긴 트렁크가 발견되었다. 관리소장이 수남시장의 하루 장세 수입 약 700만원 중 매일 50만원씩 착복한 사실이 드러났다. 함북도 내 주요 간부들 대다수가 뇌물을 받은 사실도 알려져 시장관리소 인원 전원이 교체되고 함북도당 조직비서, 도인민위원회 간부, 도 보안서 간부들도 해임되었다. 수남시장은 과거에도 청진시 보안서에서 조사받았으나 지역내 다른 고위 간부의 압력으로 흐지부지되었다. 그러나 이번에는 평양에서 검열 요원이 내려와 도 보안서와 공조하여 조사함으로써 꼼짝없이 걸려들게 되었다. 여기에는 시장관리소장과 사이가 나쁜 전 부소장이 연관되어, 그가 중앙에 신소(申訴)한 사실도 알려졌다.

나. 힘센 권력기관의 이권 흥정 요구 유형

북한 내 시장 요소 도입이 확대되자 권력기관을 중심으로 한 이권 결탁의 여지도 늘었다. 대표적인 이권 사업은 '눅은' 국정 가격과 상대

---

78) 『연합뉴스』, 2007.8.10.
79) 앞의 군중강연자료(2007.10).

적으로 높은 시장가격 격차를 활용한 거래였다. 공급은 눅은 공급가격으로 받고 판매는 비싼 시장가격으로 거래함으로써 그 차액만큼 '검은 돈'을 마련하는 공간이 조성된 것이다. 가격 격차를 활용한 이권 사업은 북한의 중간 간부들이 가장 일반적으로 활용하는 수법이었다. 앞에서 살펴본 것처럼 박봉주 내각은 이를 국정 가격의 비탄력성 등 '엉성한 7.1조치'에서 그 원인을 찾으면서 이권 개입 공간을 주로 활용하는 것은 힘센 권력기관이라고 비판했다.

기업소 간 '무현금행표' 관행을 활용해 권력기관이 이권 흥정을 요구하는 사례도 있었다. 계획화에 의한 결재방식은 화폐 기능을 수행하는 무현금행표로 거래된다. 모든 기업소가 무현금행표를 이용하면 문제가 되지 않았으나, 경제개혁에 따라 기업소도 점차 시장거래가 허용되자 무현금행표 거래와 시장거래가 혼재되었고, 그 상황은 '특권기관들이 부정 자금을 만드는 공간으로 리용'되었다.[80]

그 수법을 보면, 특권기관들이 행표를 이용하여 국정 가격으로 물품을 구입해 그 물품을 시장에 되팔고, 그 돈으로 다시 시장가격의 절반 이하에 불과한 다른 물품의 행표를 구입하는 방식이다. 힘센 기관들은 행표로 물자를 구입할 수도, 은행에서 자금으로도 받을 수도 있으나 '힘없는' 기관들은 행표가 있어도 물건을 쉽게 구입할 수도, 실제로 은행에는 해당한 돈이 없어 자금으로 되돌려 받을 수도 없다. 힘없는 내각 산하 기업소들은 어쩔 수 없이 무현금행표를 '눅거리'(30-40% 가격)로 힘센 권력기관에 넘기게 된다.

물자 수출입 과정에서 무역회사가 횡포를 부리는 현상도 나타났다. 북한에서의 무역 권한은 힘 있는 '회사'들만 가지고 있다. 회사들은 터무니없이 높은 가격으로 원자재와 설비 수입 계약을 기업소들과 체결하려 한다. 계약이 성사되더라도 무역일꾼들이 전문성이 없어 질이 담

---

80) 앞의 "경제관리방식개혁 연구자료."

보되지 않는 '눅거리'를 수입해서 질 높은 제품에 해당하는 가격으로 공급하는 경우가 빈발한다.81) 그러나 기업소는 수입 자재를 직접 구입할 수 있는 권한이 없어, 제값에 필요한 물자를 들여오기 위해서는 또 다른 거래비용이 소요된다. 기업소가 생산기지도 없이 거간이나 하는 무역회사들에 '분노'하지 않으려면 암시장을 활용해야 했다. 때로는 암시장에서 원자재를 구입하는 것이 값도 싸고 편리하다는 것을 알게된다. 그러나 대부분 이들은 권력기관의 검열과 조작으로 다시 힘센 기관과 결탁하거나 갈등을 빚을 수밖에 없는 상황에 직면한다.

부정 축재 공간의 증대는 국가재정에 타격을 줄 뿐 아니라, 특권기관에 인재가 모이는 사회적 손실을 초래한다. '힘없는' 기관의 인재들은 아무리 전문성과 기술이 있다고 하여도 곧 자기의 능력이 별로 쓸모가 없음을 알게 된다. 지도자가 강조하는 '실력 제일주의'도 말뿐임을 깨닫게 되고, 내각에서 하는 일에 애착을 잃게 된다. 결국 그 인재는 또 다른 '능력'을 발휘하여 전문성이 요구되는 대열에서 사라지고 힘센 기관에서 다시 나타난다. 능력은 전문성·지식의 정도가 아니라, 다시 어느 기관에 속해 있는가가 척도가 된다.

이러한 부작용으로 내각은 무현금행표를 폐지하는 대신 실질적인 화폐유통으로 거래하자고 했다. 개별 기업소도 무역회사가 아닌 무역성과 합의하여 해외 거래를 할 수 있도록 개혁할 것을 주장했다.82) 그러

---

81) 이를 방지하기 위해 제도상으로 북한당국은 해외 무역대표부에 "질이 낮고 기술적으로 뒤떨어진 물자와 설비를 들여오는 현상을 장악 통제할 것"을 요구하고, 해외 주재원들은 북한내 특정 공장·기업소 또는 지방과 연계를 맺어 공장의 생산정상화를 위한 무역사업 또는 시(市)의 수출기지 조성과 판로개척을 적극 지원하도록 하고 있다. 무역성 지시, "다른 나라에 나가 있는 공화국 무역대표부와 경제실무단의 대외활동규정시행세칙"(시기미상).

82) "장군님께서는 상품을 다른나라에 파는것도 한곬으로 하고 다른 나라에서 사오는것도 한곬으로하는 원칙을 철저히 지켜야 한다고 가르치시였다 … 무역에서 인민경제 여러 부문들과 지방들의 창발성을 발양시킨다고 하면서 매개 단위들에서 제각기 무역활동을 하도록 허용하는 것은 자본주의적 무역방법이다." 김철준, "우리 식으로

나 실현되지 않았다.

시장화 진전에 따라 부패가 구조화되고 '돈벌이 폐해'가 부상하면서 김정일은 '돈벌이'가 아래로부터 '충성 체제'를 와해시킨다고 판단하기에 이른다. 부패구조로 시장통제 지시가 먹혀들지 않을 뿐 아니라, 물질적 보상이 시장으로부터 유래해 자신에 대한 충성심을 약화시켜 체제를 위협하는 요인이 된다는 생각에 이르자, 경제개혁은 점차 뒷전으로 밀리게 된다. '돈벌이 폐해' 문제는 2008년에는 '비사회주의 현상, 사회주의 신념의 동요 요인'으로 규정되어, 결국 개혁의 폐해가 체제 문제로 격상되어 '개혁은 사회주의로부터의 탈선'으로 간주되었다.[83]

다. 경제관리를 둘러싼 분파적 요소

북한 권력층 내에서는 '종파' 형성은 물론이고, 지도자 이외에 특정 인물을 존경하거나 특정 인물이 자기 이름으로 정책을 주도하는 행위를 '소영웅주의' 또는 '소총명주의'로 금기시한다. 그 가능성을 경계하여 지도자에게 순응하는 부하들에게는 출세와 물질적 보상이 주어지고, 동상이몽(同床異夢)·면종복배(面從腹背)하는 부하들에 대해서는 끊임없는 숙청이 이어져 왔다. 지도자의 능력이란 부하들의 마음속에 한편으로는 탐욕을, 다른 한편으로는 공포를 불러일으킴으로써 자신이 원하는 대로 움직이도록 하는 데 있다. 숙청의 공포에도 불구하고 간부들이 여러 가지 연고로 '끼리끼리 모이고, 뭉치는 현상'을 근본적으

대외무역을 확대발전시킬데 대한 위대한 령도자 김정일 동지의 경제사상," 『경제연구』, 2008년 제1호, pp. 4-5.
83) 학습제강(당원 및 근로자), "사회주의에 대한 신념을 확고히 간직할데 대하여"(2008.2).

로 막을 수는 없었다. 때로는 권력 갈등이나 정책 주도권 다툼으로, 개인적인 친소관계로 서로 연대하는 집단이 형성되기 마련이다.

김정일 집권 시기에 정치적 의도는 없다고 해도 이권 야합이나 경제관리의 주도권 다툼으로 권력층 내 분파가 형성된 사례가 있다. 확인된 사례로, ① 종파주의와 권력남용에 따른 장성택 인맥 숙청(2004 – 2005), ② 급진 개혁을 도모한 박봉주 등 내각 간부들 숙청(2006), ③ 남북경협 및 대남업무 주도권 다툼 과정의 숙청(2006, 2009)이 있었다. 장성택 종파 사건은 평양 건설사업 추진 문제로, 내각 간부들 숙청은 경제개혁 문제로, 대남일꾼 숙청은 남북경협 사업을 빌미로 발생해 경제문제가 분파의 명분 또는 계기가 되었음을 보여주었다.

① 장성택 측근의 총리에 대한 항명 사건

2003년 12월 박봉주 총리는 내각회의를 주재하면서 신일남 수도건설위원장에게 '평양시 현대화 사업에 필요한 특정 자재를 우선 공급할 것'을 지시했다. 신일남은 '장성택 조직지도부 1부부장[84]의 승인이 필요하다'며 이를 거부했다. 총리는 수도건설위원회[85]가 내각 산하임에도 신일남이 당의 의견에만 추종하는 사례를 수차례 목격하고, 이번에

---

84) 당시 조직지도부에는 장성택(행정·공안담당), 이제강(중앙당 담당), 이용철(군사담당) 등 3명의 1부부장이 있었다. 수도건설업무(행정)는 간접적으로 장성택의 감독 사항이기도 하지만, 신일남(사회안전부 부상·도로총국장, 인민보안성 부상을 하다가 수도건설위원장에 발탁)은 오랜 기간 장성택의 지휘를 받는 연고로 측근이 되었다.

85) 수도건설위원회(부총리 신일남이 위원장 겸직)는 2003년 9월 김정일이 "평양 시가지를 멋있게 꾸미라"는 지시에 따라, 내각 산하 수도건설총국을 주축으로 중앙당, 평양시당, 무역성 등 여러 기관 실무자들이 파견되어 구성된 '상무조직'으로, 평양시 내 시가지·상가 조성, 주택개량을 추진하였다. 신일남 항명 사건으로 그 조직은 평양시건설총국(2004.3), 평양시건설지도국(2005.5)으로 축소되었다. 장성택의 복권과 더불어 '당 근로단체 및 수도건설부'(2006.1, 1부부장 장성택), '당 행정 및 수도건설부'(2007.10, 부장 장성택)에 부속되었다가, 다시 내각 산하 수도건설부(2008.11) → 수도건설총국(2010.11) → 수도건설위원회로 개칭되었다.

는 김정일에게 이를 보고했다. 김정일이 장성택을 두둔하고 총리는 망신만 당할 것이라는 주변의 예상과는 달리, 김정일은 수도건설위원회와 관련자들을 대상으로 강도 높은 검열을 지시한다.86) 김정일은 "내가 군대사업에 주력하고 있는 동안, 장성택이 내 말을 잘 듣지 않는 파당을 만들어 놓았다"는 취지의 발언을 한 것으로 알려졌다.87)

2004년 2월 신일남은 지방으로 좌천되었고, 장성택은 '종파주의와 권력남용' 혐의로 측근 수십 명과 함께 숙청되었다.88) 장성택 실각과 더불어 그의 이권 사업도 다른 조직으로 이관되었다.89) 장성택은 2년이 지난 2006년 1월 '당 근로단체 및 수도건설부 제1부부장'으로 복권되고,90) 그의 복권을 전후로 신일남이 인민보안성 부상으로 복귀(2005.6)하는 등 측근들 상당수가 다시 보직을 받았다.

장성택을 중심으로 형성된 '종파'는 오랜 기간 이권을 매개로 연고를 맺고, 출세 과정에서 서로 후원해 주는 관계로 형성된 사례이다. '만경대 가계'와의 특별한 연고로 많은 사람이 장성택 주변에 모여든 측면도 있었다. 다음은 김정일이 2004년 4월 군 고위간부들을 모아 놓고 한 말이다. 발언 시점과 "반당·반혁명분자들" 거론으로 볼 때 장성택의 '종파주의 사건'을 염두에 두고 군 간부들의 '동상이몽'을 경계한 발언

---

86) 당시 검열은 이제강이 맡았는데, 장성택의 영향력이 작용하지 못하도록 김정일의 지시로 장성택을 중앙당 병원에 강제 입원시켰다는 증언도 있다.

87) "북한의 권력투쟁 내막-김정일, 2인자 장성택을 가택연금," 『월간조선』, 2004년 7월호.

88) 장성택과 박명철 체육지도위원장, 이광근 무역상 등 그의 측근들이 2004년 2월 당조직지도부 박정순 부부장 자녀의 호화 결혼식에 대거 참석한 것도 '종파' 혐의로 추가되었다. 『조선일보』, 2004.6.16.

89) 예컨대, 가금(家禽)총국은 내각 직속으로 변경되고, 낙원무역총회사의 선원 해외송출 사업은 육해운성으로, 대외보험총국의 평양 시내 식당에 대한 합영사업권은 평양시 인민봉사총국으로 이관되었다.

90) 장성택은 2006년 1월 국방위원회주최 음력설 연회에 김정일과 함께 참석했다. 김정일은 그해 2월 장성택을 빈번히(2.5, 2.17, 2.18 등) 현지지도에 대동했다. 장성택을 달래고, 그의 복권 사실을 알리려는 목적으로 보인다.

이었다. 경제 종파가 정치 종파가 될 수 있음을 보여준 대표적인 사례가 장성택이 이룬 '소왕국'이었다.

김정일의 '동상이몽' 경계(2004.4) : "인민군지휘성원들은 절대로 겉과 속이 다르게 행동해서는 안됩니다. 겉과 속이 다른 사람들은 앞에서는 당의 로선과 정책을 지지하는척 하지만 속으로는 반대하고 있습니다. 그런 것을 동상이몽 한다고 합니다. 그전에 수령님께서는 ≪동상이몽≫이라는 것은 부부가 같은 잠자리에 누워자면서 서로 딴 꿈을 꾼다는 뜻이라고 하시였습니다 … 지난 시기 반당혁명분자들은 다 동상이몽 하는자들이었습니다. 그자들은 겉으로는 당의 로선과 정책을 지지하는척 하지만 속으로는 반대하였습니다. 수령님께서는 당중앙위원회 제4기 제15차 전원회의를 지도하실 때 반당반혁명분자들을 ≪도적고양이≫라고 하시였는데 정말 신통하게 비유하시였습니다. 그때 반당반혁명분자들은 도적고양이처럼 숨어다니면서 뒤에서 쏠라닥질을 하였습니다. 우리는 당의 로선과 정책을 반대하여 뒤에서 쏠라닥질을 하는자들에 대하여는 그가 누구이든 절대로 타협하지 말고 강한투쟁을 벌려 머리를 들지 못하게 만들어야 합니다."[91]

② 경제관리 문제를 둘러싼 보혁 갈등

2006년 10월 전기석탄공업상 주동일은 당 조직지도부의 조사를 받고 숙청되었다. 주동일은 2005년 초 에너지 관련 대책회의에서 "우리나라 전력 사정이 좋지 않은데, 차라리 장군님의 초대소의 전기를 돌

---

[91] 같은 담화에서 김정일은 "선군정치를 하면서 나는 로동계급이 아니라 인민군대를 우리 혁명의 기둥, 주력군으로 내세웠다 … ≪고난의 행군≫시기에 혁명의 주력군이라고 하는 로동계급들은 자기 공장 하나 제대로 지켜내지 못하였다. 황해제철련합기업소 로동자들은 기계설비를 다 뜯어내다 팔아먹었다 … 조국이 가장 어려운 시련을 겪고있는 때에 자기 공장하나 제대로 지켜내지 못하는 로동계급을 어떻게 혁명의 주력군이라고 말할수 있는가"라고 하여, 군대의 '충성심'을 추켜세우면서 '반당, 반혁명' 행위에 말려들지 말 것을 당부하였다. 김정일, "조선인민군 지휘성원들에게 하신 말씀"(2004.4).

려서 사용하면 어떻겠는가"라고 한 것이 뒤늦게 문제가 되었다. 전력난을 일부라도 해소하기 위해 각지에 흩어져있는 김정일 별장에 공급되는 전력을 일반 기업이나 주택에 돌려서 사용하자는 것이었다. 그의 발언은 2006년 초부터 박봉주 총리 압박을 위해 기회를 엿보고 있었던 당 조직지도부에게 내각 간부들을 집중 검열하는 구실을 제공했다.

전기공업상을 비롯 문화상 김진성, 재정상 문일봉, 원유공업상 고정식, 보건상 김수학, 임업상 석군수 등 6명의 내각 상들이 2006년에 경질되었다. 경질 사유는 뇌물수수나 정책적 과오를 문제 삼았으나 본질은 전기석탄공업상의 사례에서 보듯 당의 내각 공격 차원이었다. 특히 재정상은 박봉주와 함께 일하면서 다툼도 많았으나 다시 호흡을 맞춰가면서 개혁을 이끌어 간 인물이었다. '돈벌이 폐해', '비사회주의 현상' 단속의 일환으로 간부 기강 확립 차원의 비리 조사는 2007년 이후에는 중간 간부들을 대상으로 확대되었다. 2007년 중반 이후 무역회사, 자금 취급기관, 지방 행정기관 간부들을 대상으로 한 조사에 이어, 2008년에는 신의주 세관과 무역회사들 및 중국 진출 상사에 대한 검열로 이어졌다.

경제개혁을 시작하고 후퇴하는 정책 전환 시기에 북한 내부적으로 정책 갈등이 노골화되었음은 앞에서 살펴보았다. 특히 2005년 이후 개혁 속도 조절 시기에 김정일의 '입장'이 불확실한 상황에서 시장에 어느 정도 자율권을 허용하며, 배급 곡물 등의 가격은 어느 선에서 결정할 것인지, 기관·기업소의 채산제 전환은 어느 수준까지 추진하며, 농촌개혁 방안은 어느 범위까지 확대할 것인지 경제정책을 둘러싸고 한동안 권력층 내부에서는 박봉주 총리 지지파와 박남기 당부장 지지파로 나뉘었다.

③ 대남사업 주도권 다툼

내각 산하로 민경협이 설치되었다가 다시 폐지되는 과정에도 관료정치가 작동했다. 민경협은 2004년 7월 당 소속 민경련 등 남북 경협 조직을 통합해 내각 산하에 신설된 조직으로 1년 후에는 성급(省級)으로 격상되었다. 김정일은 "아태위 등 당에서는 남북경협 정책은 제시하되 경협 실무 문제는 손을 떼고 내각 총리가 관장할 것"을 지시했다. 남북경협의 활성화에 대비해 총리가 경제의 일원적 관리의 필요성을 건의한 데 따른 것이었다.

개혁 속도 조절과 더불어 당은 남북경협 조직에 대해서도 검열에 착수했다. 2006년 당 조직지도부는 민경련과 그 상부 조직인 민경협을 검열하여, 정운업 민경협 위원장, 허수림 민경련 북경대표, 오광식 단동대표를 금품수수 및 원산지증명 위조 등의 혐의로 조사해 이듬해 처벌했다. 검열 배후에는 당 통일전선부의 불만 제기에 따라 조치한 당 계획재정부장 박남기가 있었다. 박남기는 당 계획재정부장에 임명(2005.7)된 이래 내각 경제 간부들의 인사권을 회수하였고 민경련과 경제협조관리국의 당 산하 이관을 추진해 왔다. 내각의 민경협은 2009년 4월 폐지되었고 민경련은 다시 5년 만에 당 통전부 산하로 원대 복귀되었다.

그러나 2008년에는 통전부에도 숙청의 회오리가 몰아치고 대남업무의 주도권도 군 정찰총국(국방위원회 정책실)으로 넘어갔다. 2008년 3월 주동찬 특구개발지도총국장과 장우영 명승지개발지도총국장이 경질된 데 이어, 실세인 최승철 통전부 부부장과 남북장관회담 북측 대표였던 권호웅 내각 참사가 그해 초 사라졌다. '남조선 정세 판단 실패'에 따른 처형설이 제기되었다.92)

---

92) 북한은 2007.10 2차 남북정상회담이 끝난 직후에 고위 간부들을 대상으로 '10.4 선언' 합의 등 노무현 정부와의 정상회담이 '김정일의 주도로 성공'했다고 선전하면

2004년에 남북경협 업무가 내각에 맡겨졌다가, 2006년 통전부로 회수되었고, 2008년에는 대남공작 업무가 정찰총국 주도로 넘어갔다. 지도자의 권력이 약해지면(2008년 8월 김정일 뇌졸중) 부하들 간에 다툼이 벌어져 힘센 기관이 주도하게 마련이었다. 이후 대남업무에 정찰총국의 영향력이 커져 2008년 11월 현역 군인인 김영철 국방위 정책실장이 총을 차고 개성공단에 나타나 남한 기업인들에게 "나가라"고 협박했고, 2009년 2월에는 당과 군에 흩어진 대남공작부서를 통·폐합해 만든 정찰총국 총국장에 김영철이 취임했다.

숙청은 일정한 분파적 요소의 생성·소멸 주기와 연관되었다. 대체로 분파적 요소는 권력층 내 온건 또는 실용주의 분위기가 조성되었을 때 형성되기 시작해 강·온 정책 전환 시기에 갈등이 구체적으로 표출되며, 강경 기조의 정착과 더불어 제거되는 양상을 보였다. 예컨대 2000년 들어 북한 체제의 경직성이 다소 완화된 분위기에서 장성택 '종파'가 커졌으며, 내각의 개혁 성향 인물들도 이때 운신의 폭을 넓히다가 보수 세력으로부터 공격받았다.

알려진 숙청 명분과는 달리 그 이면에는 기관 간 권력 다툼이 자리잡고 있다. 권력 다툼은 이권 다툼으로 은폐되어 나타난다. 경제개혁을 둘러싼 당과 내각의 대립이 그러했고, 민경협 간부들의 비리 조사도 당이 내각으로부터 그 조직을 넘겨받으려는 계산 아래 시도된 것이며, 지방 간부들에 대한 대대적인 비리 조사도 많은 경우는 이권 지분 확충을 목표로 한 권력기관의 의도적 조치에 의한 경우가 허다했다.

서 '남한에 보수정부가 들어선다 해도 합의사항은 크게 후퇴하지 않을 것'이라는 내용의 강습회를 진행했다. 이 강습회로 최승철과 권호웅은 '지도자의 무오류성'에 손상을 입혔다. 다만 김정일의 신임이 두터운 통전부장 김양건은 살아남았다.

05 관료정치 모델을 통해 본 경제개혁 과정

이상에서 2000년대 북한의 경제개혁 진퇴 과정에서의 관료정치 현상을 살펴보았다. 경제개혁 확대를 추구해 위상 제고를 도모한 내각 간부들, 내각의 역할을 무력화하여 종전처럼 자신의 휘하에 두려는 당 간부들, 각종 이권 사업 선점을 위한 권력기관들의 암투, 부패 고리로 연계된 중간 간부들, 강·온 정책 전환 과정에서 불만을 표출하는 관료들의 대립이 그것이다. 다만, 누가 어떻게 연대를 구성하여 대립하고 흥정하는지 구체적으로 확인되지 않을 뿐이다.

북한의 정책결정 과정에서 관료정치 무대는 다원적 정치체제에 비하면 매우 협소하다. 다양한 정치결사나 이익단체의 부재, 하나와 같이 사고하고 움직일 것을 강요하는 수령제, 기관 간 활발한 업무협의와 토론을 억제하는 수직적 정책결정체계 때문이다. 거기에 본위주의 만연, 정책 건의 기피 등 소극적 행정문화가 작용하여 각 조직이 정책 불만을 피력하면서 흥정과 타협을 도모하기란 매우 어려운 분위기이다.

그러나 폐쇄적인 조건에서도 조직의 사활적인 이익이 걸린 정책이 제기되면 적극적으로 정치력을 발휘한다는 사실이 경제개혁 진퇴 과정에서 확인되었으며, 지도자의 의지와는 무관하게 정책이 가감됨을 살펴보았다. 다만 일반적인 관료정치처럼 정책결정 참여자들 간에 직접적인 흥정이나 타협보다는 중간에 있는 지도자를 움직여 정책에 영향력을 행사하는 방식으로 발현된다는 점이 달랐다. 그 이유는 수령제가 제약조건으로 작용하기 때문이었다.[93]

---

[93] '판돈'이 커서 조직들이 서로 양보할 수 없는 정책의 경우는 김정일을 매개로 흥정되나, 작은 단위의 사업이나 이권에서는 조직 간에 '직접적으로' 무수한 흥정과 타협이 이루어진다.

관료정치 모델로 보면, 김정일이 정책결정권을 독점하지 못했다. 그는 문제상황에서 주목되는 부분만을 볼 수밖에 없고, 결정이 어려운 상황은 불확실성이 사라질 때까지 기다려야 했으며, 때로는 서로 다른 입장을 감싸기 위해 모호한 태도를 취했다. 지도자가 모르는 부분, 결론을 미룬 사안, 애매한 태도를 보인 공간에서 관료정치는 발생했다.

김정일의 개혁의제 개방에 따라 내각은 개혁과제를 수행하나, 과감한 개혁이 아니면 성공할 수 없음을 깨닫고 '시장경제'를 추진했다. 그러나 당은 내각이 하려는 것은 정치문제라고 간주하고 이를 공격했다. 당의 영도를 강조하는 가운데 내각 간부들의 문제점을 조사하고, '돈벌이의 폐해'를 부각하여, 결국은 김정일로 하여금 개혁 후퇴를 선언하게 유도했다. 내각은 경제개혁을 경제논리에서 정치논리로 확대하였고, 당은 경제문제를 정치 문제화하는 등 서로 상황을 도치(倒置)시킨 결과 이해관계가 충돌되고 정책은 굴절되었다([그림 4-14] 참고).

【그림 4-14】 내각의 개혁 논리와 당의 정치 논리의 순환

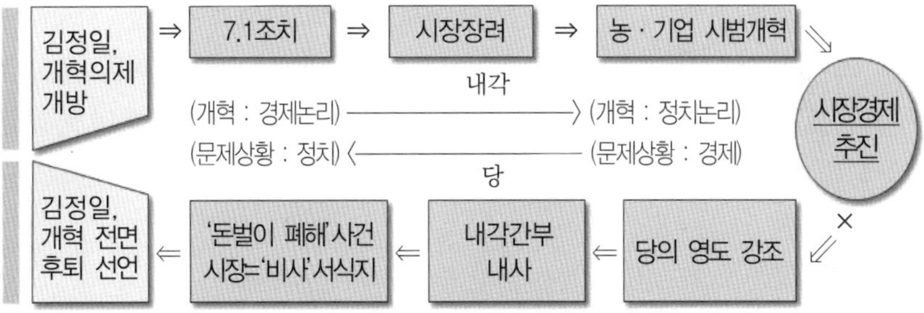

관료정치는 때로는 파벌정치로 발전하기도 한다. 김일성·김정일의 언급을 통해서도 북한 권력층 내 분파적 요소가 잠재해 있다가 "정세가 복잡하고 경제사업이 잘되지 않을 때" 파벌정치로 발전함을 알 수 있다. 아래 인용문처럼 북한의 지도자들이 거론한 "경제 종파의 대두",

"충신과 간신의 대립", "쏠라닥질 하는 현상"들은 파벌정치를 의미한다.

김정일은 1985년 1월 당 간부들과의 담화에서 "지금 우리 당에는 종파도 분파도 없다. 우리 당은 조직적 전일체로서의 모습을 완전무결하게 갖추었다"고 단언했다.94) 3년이 지난 뒤 1988년 10월 사회주의권의 급변 와중에는 "이러한 시기에 (우리)대오 안에서 동요분자, 패배주의자도 나올 수 있고 반당분자, 종파분자도 나올 수 있다. 수령님께서는 정세가 복잡하고 경제사업이 잘되지 않을 때 경제일군들 속에서 종파가 나올 수 있으며, 경제종파가 정치종파가 된다고 하시였다"고 했다.95)

김정일은 또 1990년대 후반의 정세를 "아직은 세상에 널리 알려지지 않았지만 고난의 행군, 강행군시기 … 그때는 정말 누구의 말을 그대로 믿고 누구를 의심할지, 누가 충신이고 누가 간신인지 갈피를 잡을 수 없는 때였다"라고 회고하여 총체적 위기 상황에서 권력층 내 불신과 갈등이 광범위했음을 시사했다.96)

장성택 인맥들을 '종파' 혐의로 숙청한 직후 2004년 4월 김정일은 군 간부들에게 "인민군 지휘성원들은 절대로 겉과 속이 다르게 행동하여서는 안됩니다. 겉과 속이 다른 사람들은 앞에서는 당의 로선과 정책을 지지하는 척 하지만 속으로는 반대하고 있습니다 … 뒤에서 (도적 고양이들처럼) 쏠라닥질을 하는 자들에 대하여는 그가 누구이든 절대로 타협하지 말고 강한 투쟁을 벌려야 합니다"라고 했다.

---

94) 조선로동당출판사, 『백두산의 아들 3권』(평양: 조선로동당출판사, 2005), p. 182.
95) 김정일, "일군들은 혁명성을 발휘하여 일을 책임적으로 하여야 합니다," 1988. 10.10.
96) 강연자료, "경애하는 최고사령관동지는 믿음의 정치로 력사의 온갖 시련을 이겨내고 언제나 승리만을 떨치시는 절세의 위인이시다"(전체 군관, 군인, 종업원, 군인가족들 대상 강연자료, 조선인민군출판사, 2002.9).

• 김정일 시기 수령제, 조직행태, 관료정치 종합

요컨대, 경제개혁 과정에서 지도자가 일관되게 '정력적인 영도'와 '세심한 지도'를 하지 않음이 확인되었다. 처음에 김정일이 큰 폭으로 개혁 의제를 개방해 준 것은 오히려 예외적인 현상이었다. 경제개혁 추진과정에서 김정일의 역할은 의제 설정, 박봉주 내각에 경제관리 권한 확대 부여, 당의 보고를 토대로 한 개혁 후퇴 선언에 국한되었다.

북한의 정책이 항상 '종합적, 합리적'으로 결정되지 않음도 확인되었다. 지도자가 경제 대실패를 경험하고 생존을 위해서는 경제관리 방식의 대수술이 필요하다고 판단했다면, 좀 더 치밀한 구상과 전략으로 경제개혁을 추진했어야 하는데, 김정일은 능력이 제한된 내각에 개혁을 맡겨놓고는 방치했다. 성과가 부진해지자 뒤늦게 총리의 권한을 확대해 주었으나, 내각의 능력이나 권한은 태생적인 한계가 있었다.

북한의 정책결정체계가 '수령의 유일적 결론 아래 하나 같이 움직이는 전일적 결정 체계'가 아님은 조직행태와 관료정치 현상으로 검증되었다. 7.1조치는 내각이 과거 경험에 따라 내놓은 개혁안을 김정일이 선택한 것이고, 시장의 장려는 공급부족 문제를 해결하기 위한 내각의 건의였으며, 집행과정에서는 본위주의로 정책이 변형되었다.

경제개혁 초반에는 '조직행태'가 나타났으며, 중·후반에는 관료정치 현상이 두드러져 크게 세 가지, 박봉주의 개혁 드라이브, 당의 내각에 대한 반격, 그리고 여러 곳에서 확인되는 정책 갈등·이권 결탁·분파적 요소 등 관료정치의 파편들이 그것이다. 관료정치에서 김정일의 역할이란 한 사람의 경기자에 불과했다. 그가 하는 일이란 내각이나 당이 일을 다 저질로 놓고 난 뒤에 상황을 정리하는 것이었다.[97] 이를 종합하면 [그림 4-15]와 같이 정리된다.

---

97) 김정일은 2008년 '6.18 담화'로 뒤늦게 '내각은 사회주의 원칙에서 탈선했으니, 이들에게 특별히 예리한 당적 주목을 돌리라'고 결론을 내렸다.

【그림 4-15】 김정일 시기 경제개혁과 조직행태 및 관료정치

개혁상황	주도적 역할	조직행태 모델	관료정치 모델
【착수】 개혁의제 설정(00) 7.1조치 결정·시행(02) 시장장려(03) 박봉주 내각 출범(03)	김정일 ↓ 내각	과거경험 응용, 개혁 입안 SOP 급변으로 시행착오 내각과 김정일 간 타협으로 시장 공인 **본위주의 심화** 〈김정일 입장〉 개혁 의제 개방 뒤늦게 내각 역량 보강 내각과 당의 입장 절충 뒤늦게 당 입장 두둔	특수부문 축소 실패 내각, 김정일 권위 활용하여 개혁비판 여론 제압 **본위주의 심화** **이권결탁·흥정** 〈내각의 개혁 공세〉 김정일과 박봉주 제휴 -권한위임 vs 개혁확대 당·군의 경제영역 축소 내각, 특수부문 축소 추진 -시장경제 연구, 건의 김정일, '급진개혁' 수용 주저
【확대】 개혁확대(04) 시장경제 모색(04) 당의 영도문제 부상(05)	당		
【조절】 당, 경제정책 주도 및 개혁 속도 조절(05) 박봉주 조사(06) 비사회주의 만연(07)		당의 보수적 경제관리 **비사회주의 만연**	**정책갈등 노정** 〈당의 반격〉 내각의 실정 보고 →개혁 확대 속도 조절 박봉주 실권 유도 돈벌이 폐해 사건 부각 -「비사」문제점 보고 김정일, 개혁 후퇴 선언
【후퇴】 개혁후퇴 선언(08) 시장단속 재개(09)		※ 경제개혁 실험 종료	**개혁세력 숙청**

5

김정은의 경제개혁과 관료정치 (2012~2023)

김정은의 경제개혁과 관료정치
(2012~2023)

| 제1절 | 김정은의 경제개혁 의제 부활

01 김정은의 집권과 12.28 담화(2011.12)

북한은 2011년 12월 19일 '김정일이 12월 17일 사망했다'고 '중대보도'했다. 김정일 사망 사실을 밝힌 지 열흘째 되는 12월 28일에는 영결식이 진행되었다. 김정은은 영결식을 끝낸 당일 당 간부들과 환담하면서 영결 행사와 몇 가지 체제관리 문제에 관한 생각을 밝혔다('12.28 담화').[1] 그는 영결식 행사와 관련해 자신이 직접 "영구차를 호위할 당 정치국 간부들의 위치[2]와 행사의 흐름을 정해주어 영결 행

---

[1] "경애하는 김정은동지께서 주체100(2011)년 12월 28일 당중앙위원회 책임일군들에게 하신 말씀."
[2] 김정일 영구차를 호위한 인물들은 8명으로, 영구차 진행 방향으로 오른쪽에 김정은,

사가 잘 진행되었으며, 평양시민들이 영구차 행렬을 가로막고 목 놓아울 정도로 단결력을 보여 주었다"고 평가했다. 김정일 사망 100일 추모행사 문제, 금수산기념궁전 내 김정일 영생 홀 건립 문제를 언급했고, 이어서 인민생활문제, 경제관리개선 문제, 김일성 생일 100돌 계기 건설사업 문제, 신년 공동사설 학습 기간 단축 문제도 거론했다.3)

김정은은 '12.28 담화'에서 체제관리 문제에 관해서는 경제문제, 특히 경제관리개선 문제를 제일 먼저 꺼내 들었다. 인민생활향상이 가장 시급한 문제이며, 그 문제를 해결하기 위해서는 경제관리개선이 급선무라고 했다. 그는 "경제를 빨리 추켜세우기 위해서는 경제관리를 결정적으로 개선하도록 하여야 하겠습니다. 지금 경제 분야에서 제일 걸린 문제의 하나는 나라의 경제를 어떤 방법으로 관리 운영하는 것이 가장 합리적이고 실리적이겠는가 하는 똑똑한 방법론이 없이 관리 운영하는 것입니다"라고 했다. 그리고 경제관리 개선을 위해서는 경제계산을 엄격히 하여 공짜 놀음을 없애고, 수요와 균형을 맞추기 위해 공급을 늘려야 한다고 했다. 특히 경제관리 방법을 개선하기 위한 연구사업을 진행할 필요가 있음을 강조하면서 "경제관리 방법 문제에 대해 어떤 의견이 나오든 색안경을 끼고 자본주의 방법이라고 시비 걸거나 걸각질4)하지 말라"고도 했다. 아래 인용문은 김정은이 '12.28 담화'에서 경제관리개선 문제에 대해 언급한 내용을 발췌한 것이다.

장성택 국방위원회 부위원장, 김기남 당 선전비서, 최태복 최고인민회의 의장이 뒤따랐고, 영구차 왼쪽에는 리영호 총참모장겸 당중앙군사위 부위원장, 김영춘 인민무력부장, 김정각 군총정치국 제1부국장, 우동측 국가안전보위부 제1부부장이 뒤따랐다.
3) 김정은은 여러 단위에서 20일간 진행되는 공동사설 학습 기간을 줄여달라는 의견을 제기해 왔다면서 "연초에 새해 사업총화 생산 전투로 긴장한 데 일군들이 학습한다고 아랫단위에 내려가 보지도 않고 20일 동안 사무실에 앉아있게 해서는 안된다"며 앞으로 학습 기간을 1주일로 정해 집중학습하라고 지시했다.
4) '걸각질하다'는 "걸고 넘어지다" 혹은 "훼방을 놓다"는 의미의 함경도 방언이다.

김정은의 2011년 '12.28 담화' 요지 : "우리가 경제문제 특히 먹는 문제만 풀면 세상에 부러울 것이 없습니다. 지금 우리나라에 남조선상표가 붙은 쌀 마대가 돌아가고 있는데 인민들은 그 쌀 마대의 쌀을 먹으면서도 로동당 만세를 부르고 있습니다. 우리는 인민들이 남조선상표가 붙은 쌀 마대의 쌀을 먹으면서 로동당 만세를 부르게 할 것이 아니라, 농업생산을 늘이고 식량을 자급자족할 수 있게 하여 우리가 생산한 쌀을 먹으면서 로동당 만세를 부르게 하여야 합니다. 인민들의 식량문제만 풀면 장군님의 강성국가 건설 구상을 얼마든지 빨리 실현할 수 있습니다. …

사회주의 사회가 발전할수록 경제계산을 엄격히, 정확히 할데 대한 요구는 더욱 높아질 것입니다. 그런데 우리 사람들은 구체적인 계산도 없이 경제사업에 필요하다고 하면서 물자를 제 마음대로 가져다 쓰고 공짜로 가져다 먹는 것이 사회주의 사회인 것처럼 잘못 생각하고 있습니다. 어떤 사람들은 계산을 정확히 하자고 하면 자본주의적 방법이라고 시비하고 있습니다. 계산을 바로하지 않고서는 사회주의 분배원칙의 요구도 제대로 지킬 수 없습니다. 그렇게 되면 근로자들의 생산의욕을 높일 수 없는 것은 물론 사회적으로 랑비 현상과 공짜놀음을 근절할 수 없습니다. 경제관리는 철저히 구체적인 계산에 기초하여 과학적으로 해나가야 합니다.

수요와 공급 간의 균형을 맞추지 못하고 있는 것도 문제입니다. 지금 보면 수요와 공급 간의 균형이 심히 파괴되었습니다. 수요에 비해 공급이 따라서지 못하다나니 올해에는 전략예비물자까지 꺼내 쓰지 않으면 안 되게 되었습니다. 화폐교환을 한 다음 우리 돈의 가치가 계속 떨어지고 있는 것도 수요에 비하여 공급이 따라서지 못하고 있는 것과 많이 관련되어 있습니다. 우리는 어떻게 하나 생산을 결정적으로 늘려 수요와 공급 간의 균형을 맞추어 나가야 합니다.

경제관리방법을 우리 식으로 개선해 나가기 위한 연구 사업을 진행하도록 하여야 하겠습니다. 지금 일부 일군들은 해당 부문 일군들이 경제관리방법과 관련하여 무엇을 좀 어떻게 해보자고 의견을 제기하는데 대하여 색안경을 끼고 보면서 그것을 문제시하고 자본주의적 경제관리방법을 끌어들인다고 걸각질을 하고 있습니다. 그렇기 때문에 경제부문 일군들과 경제학자들은 경제관리 방법을 개선할 방법에 대하여 생각하고 있는 것도 말하려고 하지 않고 있습니다. 경제관리를 어떤 방법으로 하면 좋겠는가하는데 대하여 누구나 머리를 쓰고 의견을 하나로 모아야 하겠는데 자꾸 걸각질할 내기를 하다 보니 경제사업에서 아무런 대책도 세워지는 것이 없고 걸린 문제들을 풀지 못하고 있습니다.

우리 식의 사회주의 경제관리방법을 연구 완성할 데 대하여서는 수령님께서 이미 오래전에 교시를 주시였습니다. 장군님께서도 우리 식의 사회주의 경제관리방법을 연구 완성할 데 대하여 늘 말씀하시였습니다. 그런 것만큼 우리는 어떻게 하나 우리 식의 사회주의 경제관리방법을 기어이 연구 완성하여야 합니다. 우리나라에서는 이미 생산수단에 대한 국가적, 협동적 소유를 확고히 실현하였기 때문에 경제 제도는 공고합니다. 우리 당과 군대도 강합니다. 그러므로 우리는 얼마든지 사회주의 원칙을 고수해 나가면서 경제관리방법을 우리 실정에 맞게 우리 식대로 개선해 나갈 수 있습니다.

문제는 주체사상을 구현한 우리 식 경제관리방법을 빨리 찾아내는 것입니다. 그것은 쉬운 일이 아닙니다. 그렇다고 하여 너무 어렵게 생각할 필요는 없습니다. 경제관리에서 주체사상의 요구를 철저히 구현하고 정치 도덕적 자극과 물질적 자극을 잘 배합해 나가자면 어떻게 해야 하며, 생산을 끊임없이 늘여나가도록 하자면 어떻게 하여야 하겠는가, 특히 공장, 기업소 로동자들과 국영농장이나 협동농장 농장원들이 주인다운 립장과 태도로 일하도록 하자면 어떻게 하여야 하겠는가 하는 방법을 찾아내면 됩니다. 공장에서는 로동자들이 생산설비를 자기 기대(機臺)로 여기고, 농장에서는 농장원들이 농장포전을 자기 포전처럼 생각하면서 주인답게 일해 나가도록 하기 위한 방법론을 찾아내면 되는 것입니다.

생산수단에 대한 사회적 소유에 기초한 사회주의 경제제도를 더욱 공고히 하면서 주체사상의 요구대로 생산자 대중이 생산 활동에서 주인으로서의 책임과 역할을 다할 수 있게 하는 방법이 바로 주체사상을 구현한 우리 식 경제관리방법이라고 할 수 있습니다. 우리가 경제 관리에서 주체사상을 철저히 구현하고 우리 식의 독특한 경제관리방법을 창조하여 적용하면 다른 나라들에서 하고 있는 개혁이라는 말 자체를 할 필요가 없습니다. 우리 식의 사회주의경제관리 방법을 실력이 높은 경제 일군들과 경제학자들을 선발하여 연구완성하게 하면 될 것입니다."

김정은은 권력을 물려받은 순간에 민생 향상 문제를 제일 먼저 정책 의제로 꺼낸 셈이다. 27살(1984년생)의 젊은 나이에 권력을 잡으면서 주민 생활 향상에 대한 책임감을 느꼈을 수 있고, 스위스 생활 경험을 통해 구태의연한 사회주의 경제관리 방법으로는 경제 활성화가 요원하다고 생각했을 수도 있다. 김정은이 후계자로 내정(2009.1)된 지 2년 11개월 된 시점이었다. 당 중앙군사위원회 부위원장에 임명(2010.9) 되어 권력세습이 예정된 후계자로서 군권(軍權) 장악과 정치학습이 우선이었고, 경제문제에 관심을 둔 사례나 그럴 시간적 여유도 없어 보였던 김정은은 최고지도자로 등극하는 순간 다른 모습을 보였다. 12.28 담화를 통해 확인된 것은 김정은도 경제문제의 심각성을 인식했다는 사실이다. 그는 '경제문제를 풀 제대로 된 경제관리 방법을 적용하면 개혁이라는 말 자체를 할 필요가 없다'고 반어법을 써가며 경제개혁을 독려했다.

한 달 뒤 2012년 1월 28일에 김정은은 민생 문제를 다시 거론했다. 그는 "공장·기업소들이 제대로 돌지 못하고 인민소비품을 원만히 보장하지 못해 인민들의 생활에 불편을 주고 있다"고 했다. "알곡생산을 늘이지 못하고 국가알곡수매계획을 미달하다 보니 식량 사정이 긴장하며, 머지않아 장군님(김정일) 탄생 70돌을 맞는데 인민들에게 공급할 명절 물자도 제대로 준비되어 있지 못하다"라고도 했다. "빨리 나라의 경제를 추켜세우고 인민생활 문제를 결정적으로 풀어야 한다" 며 조바심도 표출했다.5) 그리고 경제개혁 문제 논의에 대한 북한 권력층 내 "걸각질", "색안경", "자본주의 운운" 등의 딴죽걸기를 재차 비판했다. 새 지도자의 경제문제에 관한 관심 표명은 수개월 동안은 지속되었다. 잘 알려진 대로 김정은의 최초 공개연설인 2012년 4.15 열병식 연설에서는 "우리 인민들이 다시는 허리띠를 조이지 않게 하겠다"라고 장담했다.

김정은의 2012년 1.28 언급 : "지금 우리 일군들은 경제관리방법 문제에 대해서는 거의나 외면하고 있으며 다른 사람들이 그와 관련하여 제기하는 의견에 대하여 시비 걸거나 걸각질만 하고 있습니다. 경제부분 일군들과 경제학자들이 경제관리를 이런 방법으로 하면 어떻겠는가 하는 의견을 제기하면 색안경을 끼고 보면서 자본주의적 경제관리방법을 끌어들이려고 한다고 걸각질을 하기 때문에 그들은 경제관리와 관련한 방법론적 문제에 대하여 생각하고 있으면서도 그에 대하여 말을 하려고 하지 않습니다… 우리는 경제관리방법을 개선하기 위한 사업에서 나타나고 있는 이러한 편향을 바로잡고 우리 식의 주체적인 경제관리방법을 반드시 찾아내야 합니다."

• 김정은의 개혁 의제 개방 배경 및 특징

김정은이 집권 직후 한동안 경제 활성화에 큰 관심을 가진 배경에는 '경제 강국 건설'이 김정일 표방한 미완(未完)의 유훈이었고, 주민 의식주 향상 문제는 곧 다가올 김일성 생일(4.15) 100돌 행사 경축 분위기 조성과 연관되었으며, 후계자 시절 화폐개혁 실패에 따른 민심 이반을 목격한 점이 작용했을 것이다. 집권 이후 김정은의 북한경제에 대한 문제 인식이나 경제 활성화 의지가 일관되게 철저하지 못했다는 점에서 독재자가 등극할 때 으레 하는 수사(修辭)일 수도 있다. 후술하겠지

---

5) "경애하는 김정은동지께서 주체101(2012)년 1월 28일 당중앙위원회 책임일군들에게 하신 말씀."

만, 김정은은 집권 1년도 채 안 되어서 경제개혁 문제로부터 관심이 멀어졌고, 경제문제를 주도한 사례가 드물었으며, 경제문제는 늘 핵미사일 고도화 문제의 후 순위였다.

그러나 '12.28 담화'에서 주목되는 점은 경제 활성화의 방법으로 경제관리개선을 주문한 점이다. 경제관리개선 즉, 경제개혁 문제는 2008년 김정일의 '6.18 담화'로 공식적으로 철회된 의제였다.[6] 김정일 시기 수년간 권력층 내에서 개혁 논란이 있었고, 시장 장려에서 통제로 바뀌는 등 시행착오를 거쳐 개혁 의제에는 견고한 잠금장치가 채워진 상황이었다. 전통적인 계획경제·중앙통제경제가 다시 경제정책으로 고착된 지 3년여 지난 시점에 김정은이 폐기된 개혁 의제를 부활시킨 것이다.

김정은의 개혁 의제 부활 발언은 매우 개방적이면서도 절충식 화법을 구사했다는 점이 특징이다. 김정은은 "세상에 제일 좋은 것이라고 소문난 경제관리 방법들을 다 참고하라"고 개혁 의제를 적극 개방했다. "일부 일꾼들은 경제관리 방법과 관련해 무엇을 좀 어떻게 해보자고 의견이 제기되면 색안경을 끼고 그것을 문제시하고 자본주의적 방법을 끌어들인다며 걸각질한다"고 비판해 '사상해방'에 준하는 발언도 했다. 뒷부분에서는 정치 논리를 가미한 절충식 화법으로 개혁논의의 한계를 그었다. "당의 영도를 보장한", "사회주의 원칙을 확고히 고수한", "주체사상을 구현"한 "우리식 경제관리 방법의 창조"를 주문했다. 경제 가정교사의 지도가 있음을 보여주었으며, 김정일 시기 사상투쟁을 경험한 경제 간부의 신중함이 묻어났다.

---

6) 김정일, "경제사업에서 사회주의원칙을 고수하며 사회주의경제의 우월성을 높이 발양시킬데 대하여"(당, 국가경제기관 책임일군들과 한 담화, 2008.6.18).

02 개혁상무조 구성과 내각책임제 강조

가. 1228호 상무 구성과 개편 시안 연구

김정은이 2011년 12월 28일 영결식을 마치자마자 경제관리의 문제점을 구체적으로 지적하면서 개혁 필요성을 제기했다는 것은 이전에 누군가로부터 북한경제의 문제점을 자문받았음을 의미한다. 후계자 김정은의 경제 부문 과외교사 누군가가 경제개혁 의제의 개방 필요성을 제기했을 것이다. 김정은 권력승계 시점(2012.4)의 북한경제 간부들을 보면, 내각에는 총리 최영림과 국가계획위원장 노두철, 노동당에는 당비서 겸 경제부장 곽범기와 경공업부장 박봉주가 있었다.

김정은에 대한 핵심적인 경제 자문역할은 노두철 국가계획위원장 겸 부총리가 맡은 것으로 알려졌다. 경제계획 전문가인 노두철(1950년생)은 김정일 집권 시기 국가계획위원회 부위원장7)과 자재공급위원장을 역임하다가 박봉주가 총리로 등용되었을 때(2003.9) 부총리로 승진했다. 박봉주가 총리에서 해임되었을 때(2007.4)도 살아남았고, 2009년 4월 부총리 겸 국가계획위원장이 된 이래 10년간 그 자리를 오래 유지해, 2016년 5월 7차 당대회에서 당 정치국원을 겸직했다가 2019년 12월 부총리·국가계획위원장·당 정치국원에서 물러났다.

박봉주(1939년생)는 2013년 4월 내각 총리로 다시 발탁되었다. 화폐개혁 부작용으로 평양시 인민반장들에게 사과(2010.2)한 김영일 총리의 후임으로 2010년 6월 최영림(1930년생)이 총리에 등용되었다가 2013년 4월 물러났다. 박봉주는 김정일 집권 시기 급진 개혁을 추진했

---

7) 김정일 때 국가계획위원장은 박남기(1998.9~2003.9), 김광린(2003.9~2009.4), 노두철(2009.4~2019.12) 순서로 역임했다.

다가 당의 견제로 순천비날론연합기업소 지배인으로 좌천(2007.5)되었으며, 3년만인 2010년 8월 당 경공업부 제1부부장으로 전격 복권되었다. 박봉주의 복권은 김경희 당 경업부장의 추천도 있었으나 박남기 당 계획재정부장의 숙청(2010.5)에 따라 가능했던 것으로 알려졌다.

박봉주는 김정은이 공식 권력승계를 한 2012년 4월 당 대표자회의에서 당 경공업부장으로 승진했고, 2013년 4월에는 다시 총리로 등용되었다. 2016년 5월 7차 당대회에서 당 정치국 상무위원 겸 당 중앙군사위원으로도 중용되었으며, 2019년 4월 총리에서 당 경제 부위원장(비서)으로 전출했다가, 2021년 1월 8차 당대회를 끝으로 은퇴했다. 박봉주는 김정은 집권 초기 경제개혁 문제에 대해 노두철을 후원했거나 내각 총리로서 실제 적용을 총괄했을 것이다. 김정일 시기인 2003년 9월 박봉주가 총리로 등용되었을 때 곽범기, 로두철은 부총리였으며, 7.1조치 이후 개혁 확대 방안을 함께 연구한 전문 기술관료였다. 이들은 2013년 4월 박봉주가 다시 총리로 등용되면서 다시 당·정 경제 간부로 모였다.

당비서 겸 당 계획재정부장은 박남기 후임으로 홍석형이 맡았다가 2011년 6월 해임되었고,[8] 2011년 연말에는 공석이었다. 김정은이 집권하면서 당 계획재정부는 당 경제부로 개칭된 것으로 추정된다.[9] 김정은 집권 초기 경제부문 당비서(혹은 부위원장) 겸 경제부장은 2012

---

8) 김정일의 방중 결과를 듣기 위해 2011년 6월 6일 소집된 당 정치국 확대회의에서 홍석형은 "직무조정"을 이유로 해임된다. '당정책을 비판'해서 혹은 '중국식 발전모델을 건의'해서 숙청되었다는 설이 있다.

9) 당 계획재정부가 경제부로 바뀐 시점이 '2016년 5월 7차 당 대회 직후' 설이 있다. 김정은이 2016년 "7차 당대회에서 내각이 경제부문을 맡도록 힘을 실어주었지만, 내각의 행정지시가 지방경제 부문까지 제대로 먹히지 않자 당 중심의 중앙집권적 관리 형태로 방향을 바꾸"면서 명칭을 경제부로 변경했다는 것이다. 『연합뉴스』, 2017.2.6; 그러나 2013년 8월 '내각상무조' 문건을 보면 "당 중앙위원회 경제부, 경공업부와 합의하였다"라고 되어있어 훨씬 이전인 2012년 4월 김정은 권력승계 직후 변경된 것으로 추정된다.

년 4월 곽범기(1939년생)가 맡았다가,10) 2014년 4월 이후 당비서는 곽범기, 경제부장은 오수용(1947년생)이 각각 맡았다가 나중에 오수용이 겸직했다.11) 전승훈(1951년생)은 2012년 1월 금속공업상에 임명되고 2012년 8월에는 부총리로 승진했다.

【그림 5-1】김정은 집권 초기 주요 당·정 경제 간부들

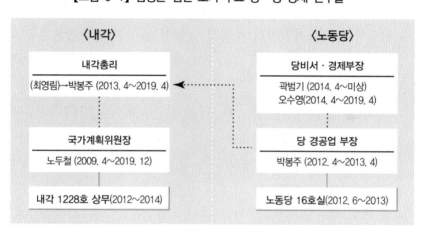

---

10) 곽범기(1939년생)는 희천기계공장 지배인 및 내각 기계공업부장 출신으로 11년을 넘게 부총리를 역임(1998.9~2010.6)했고, 함남도당 책임비서(2010.6~ 2012.4), 당비서 겸 경제부장(2012.4~2014.4), 최고인민회의 예산위원장(2012. 9 ~2014.4), 경제담당 당 부위원장(2016.5)을 거쳤다.

11) 오수용(1947년생)은 전자공업상(1999.12~2009.4) 출신으로, 부총리(2009.4~ 2010.6), 함북도당 책임비서(2010.7~2014.4)를 거쳐, 제2경제위원장(2019.4 ~2021.2)과 3차례 당비서 겸 경제부장을 맡았다. 김정은 시기 당비서 겸 경제부장은 2012.4~2014.4 곽범기, 2014.4~2019.4 오수용(곽범기가 당비서, 오수용이 경제부장을 하다가 오수용이 겸직), 2019.4~2021.1 당 부위원장 겸 당 경제부장 박봉주, 2021.1~2월 당비서 겸 경제부장 김두일, 2021.2~2022.6 오수용, 2022.6~2023.6 전현철, 2023.6 이후 다시 오수용이 맡았다.

• 내각개혁팀 '1228호 상무' 구성과 활동(2012~2014)

2011년 12월 28일 "경제관리를 결정적으로 개선하는 방법을 개발하라"는 김정은 지시에 따라, 내각은 2012년 연초 경제관리 방법 개선을 위한 '1228호 상무'를 구성했다. 책임자는 부총리 겸 국가계획위원장인 노두철이다. '1228호 상무'의 하부기구로 기업·가격·재정·노동·화폐유통·상업유통·통계·농업 등 8개 부문별 '분과'를 두었고, 국가계획위원회·국가가격위원회·재정성·노동성·중앙은행·중앙통계국·농업성·무역성 등의 내각 실무 간부들이 참여하였으며, 경제 연구자들도 동원되었다.

'1228호 상무'가 연구한 1차 '개편 시안(試案)'은 2012년 9월에 완성되었다. 이를 시범 적용하기 위해 각 성(省)과 시안을 적용하는 공장·기업소에 '1228호 집행상무'가 조직되어 시행상의 문제점('편향들')을 파악하여 보완하는 과정을 거쳤다. 2012년 6월경에는 중앙당에도 경제관리 개선 연구 전담부서로 '당 16호실'이 신설되었다. 당 16호실은 내각상무조의 경제관리 개선사업에 대한 당적 지도 업무를 수행하면서, 때로는 김정은의 경제개혁 문제에 대한 '연구·검토' 지시에 부응했다. '1228호 상무'는 부문별 개편 시안(試案) 연구, 당 전문기구(16호실)와의 합의, 김정은에게 '제의서' 형태로 보고, 비준 이후 분야별 강습회 조직 및 내부 홍보[12], '1228호 집행 상무'팀이 보고한 문제점 보완 등의 활동을 전개했다. 이들 내각상무조의 활동기간은 2014년 5월 김정은의 '5.30 담화' 발표 직후까지 2년여 기간인 것으로 추정된다.

---

12) 김정은의 경제개혁은 김정일의 7.1조치보다 대외홍보에 더 소극적이었다. 7.1조치 때는 외무성이 평양주재 외교관들을 대상으로, 김용술이 방일해 일본 기업인들을 대상으로 설명회를 했다. 김정은의 경제개혁에 관해서는 북한 경제연구소 등이 조총련 기업인들에 설명하는 정도였다. 북한은 '개혁·개방'에 대한 부정적 관점으로 예전처럼 대외홍보에 소극적이다.

내각이 2012년 연초에 '1228호 상무'를 편성해 9월에 '개편 시안'을 내놓고 시행에 들어가기까지의 과정은 다음과 같다. 처음 5개월 동안은 개편 시안 초안 마련에 집중했다. 먼저 김정은이 '세상에서 좋은 경제관리방안을 다 참고하라'고 지시한 데 따라 다방면에 걸쳐 아이디어를 수렴했다. 상무조 내부의 자체 토론은 물론 경제지도 일꾼들과 경제학자들의 의견을 수렴했고, 공장·기업소·무역회사·협동농장 등 하부단위에도 아이디어를 제출하도록 하였으며, 외국의 참고자료도 수집했다. 이 과정에서 '김정은이 집권하자마자 개혁개방을 하려고 한다'는 소문이 북한 내부에 돌았다. 내각상무조는 내각 전원회의 확대 회의(1.22)를 통해 방침을 전달하고 토론과 결의도 다지면서도 신중한 접근을 했다.13) 당의 문제 제기 가능성도 의식해 개혁안의 적절성도 검증했다. 수시로 김정은의 방침14)을 접수하는 한편 당과의 합의 과정을 거쳤다. '1228호 상무'는 '내각책임제·중심제 강화방안'을 건의(3월)하는 등 내각 자체의 경제 관리권을 보강하는 데도 신경을 썼다.

2012년 6~9월 사이에는 부문별로 경제관리 개편안에 대한 기초연구가 끝남에 따라 당과의 협의, 김정은 비준을 거쳐 시범 적용에 들어갔다. '1228호 상무'는 부문별로 개혁(개편)안을 마련해 당 16호실과의 협의를 거쳐 김정은에게 보고하고, 다시 '방침'15)을 접수해 시안을

---

13) 내각 전원회의에서는 "경제지도일꾼들이 경제관리에서 사회주의 원칙을 고수하고 실리를 보장하며 경제관리운영을 구체적인 계산에 기초하여 과학적으로 진행하고, 성·중앙기관들과 공장·기업소들에서 계획규률, 재정규률, 로동행정규률을 철저히 확립할데 대하여 토론했다." 『조선중앙통신』, 2012.01.22.

14) 북한 내부 자료에 따르면, 김정은은 2011.12.28, 2012.1.28, 2.25, 5.26 /27, 7.19 등 "수십 차례 경제관리 방법의 연구·완성을 주문"했고, 2012. 6.13, 6.20, 7.18, 8.1 등 "여러 차례 경제관리 방법과 관련한 지시를 주시었다"고 한다. 내각 1228호 상무, "경제관리개편 시안 실무 강습제강." 2012.9.

15) '방침' 사례로 △내각의 "농업부문 경제관리방법을 개선하는데 제기되는 문제와 대책적 의견"(6월) △ "고정불변적인 가격방식으로부터 가변적인 기준가격방식으로 전환하기 위한 사업을 시험적으로 진행해 볼데 대하여"(6월) △"공장, 기업소의 수입분배를 지금의 순소득분배방법으로부터 소득분배방법으로 고쳐 적용하며, 그에 맞게

완성해 나갔다. 9월에 '개편 시안'이 완성되고 그 '강습 제강'이 작성되어 시범 적용에 들어갔다. 시범 단위들은 개편안 적용과정에서 드러난 '편향'(문제점)을 내각 성·중앙기관과 각도 인민위원회에 설치한 '집행 상무'를 통해 바로잡는 체계도 갖추었다. 내각 상무조의 개편 시안 연구·시행 과정에서 나타난 특징은 다양한 의견 수렴과 여러 검증과정을 거쳤음에도 다시 제한적으로 '시범' 적용하는 등 신중한 접근을 한다는 점이다. 김정은이 '걸각질 말라'고 편들어 주었으나 내각은 과거 김정일의 '경제 간부들의 사상 빈곤' 지적에 이은 숙청 사례와 지도자의 변덕 가능성을 의식하지 않을 수 없었다.

나. 김정은의 내각책임제 · 중심제 강조

북한이 이따금 강조하는 경제사업의 '내각책임제·중심제'란 '경제를 책임진 경제사령부로서 내각이 중심이 되어 경제 전반을 통일적으로 장악하고 풀어가라'는 방침을 의미한다. 경제관리가 전문화되면서 당의 '행정 대행' 현상을 극복하고 분절 경제에 따른 기관 본위주의의 폐해를 시정하기 위해 내각 밖의 단위 즉, 당·군·특수 부문 소속 생산 단위들도 경제사업에 관한 한 내각의 통일적인 지휘를 받으라는 것이다. 북한 지도자가 '경제관리 방법 개선' 문제를 거론할 때는 통상 '내각책임제·중심제 이행'을 동시에 강조하는 동전의 양면과 같은 개념이다.

국가납부방법도 판매수입에 따르는 합리적인 국가납부율을 정해주고 판매수입이 이루어질 때마다 국가납부몫을 바치게 하며 공장, 기업소들이 쓸 몫에 대하여서는 자체의 결심에 따라 능동적으로 쓸 수 있게 권한을 줄데 대하여"(6월) △내각의 "소비품들을 국영상업망에 넣어 유통시키는데서 제기되는 문제와 대책적 의견"(7월) △내각의 "화폐를 합리적으로 동원 이용하는데서 당면하게 제기되는 문제와 대책적 의견"(8월)등이 있다. 김정은은 적어도 이 시기에는 경제문제에 신경을 썼다.

북한의 경제정책사를 보면 경제 논리가 우세할 때는 경제관리개선과 내각책임제·중심제를 강조한다. 경제 활성화를 위해서는 경제관리 방법을 개선하고 경제관리 주체의 권한을 보강해 줄 필요가 있기 때문이다. 2002년 김정일이 '7.1조치'를 취하면서 내각책임제·중심제를 강조했듯이 10년이 지난 2012년에 김정은도 3월 내각책임제 강화 '제의서' 비준, 4월 내각책임제 강화 '국방위원회 제1위원장 명령' 하달, 내각책임제 강조 '4.6 담화' 발표 등으로 내각책임제·중심제 이행을 강조했다. 여기엔 누군가가 내각이 주도적 경제관리를 위해서는 걸맞은 권한을 부여할 필요가 있음을 거론한 데 따른 것으로 추정된다. 김정은은 이후 2014년 '5.30 담화', 2016년 5월 7차 당대회 보고, 2018년 4월 당 전원회의 보고, 2021년 1월 8차 당대회 보고 등을 통해 내각책임제를 지속 강조했다.

김정은은 2012년 3월 '경제사업에서 내각책임제, 내각중심제를 강화하는 데서 제기되는 문제들을 협의한 정형과 대책적 의견'을 보고받고 이를 비준했다. 이어 4월 국방위원회 제1위원장에 추대된 직후에는 '국방위원회 제1위원장 명령 제001호《경제사업에서 내각책임제, 내각중심제를 강화하기 위한 혁명적 대책을 세울데 대하여》'를 하달했다. 3월 '비준 문건'과 4월 '명령'의 구체적인 내용은 확인되지 않으나 '권력층 내 외화벌이 사업 분산 실태와 경제 활성화를 위한 내각으로의 이권 사업 이전 필요성'도 담겼다는 증언이 있다. 김정은은 그해 7월 자신의 군권 공고화에 걸림돌인 총참모장 리영호를 숙청했다. 그 숙청 명분의 하나가 위 '명령' 위반이었다. '군대의 무질서한 경제활동'을 통제하는 방침에 리영호가 비판적인 태도를 보인 것이다.

김정은은 그해 4월 제4차 당대표자회 직전에 '4.6 담화'를 발표했다. 여기에 내각책임제·중심제의 논점이 잘 나타나 있다(아래 인용문 참고). 요지는, 당·군 산하 생산 단위를 포함해 모든 경제사업은 내각과 합의해, 내각의 지휘 아래 풀어가는 규율을 확립하라는 것이다.

김정은의 2012년 '4.6 담화' : "인민생활향상과 경제강국건설에서 혁명적 전환을 가져오기 위하여서는 경제사업에서 제기되는 모든 문제들을 내각에 집중시키고 내각의 통일적인 지휘에 따라 풀어가는 규률과 질서를 철저히 세워야 합니다. 내각은 나라의 경제를 책임진 경제사령부로서 경제발전목표와 전략을 과학적으로 현실성있게, 전망성있게 세우며 경제사업 전반을 통일적으로 장악하고 지도관리하기 위한 사업을 주동적으로 밀고 나가야 합니다. 모든 부문, 모든 단위들에서는 경제사업에 관련한 문제들을 철저히 내각과 합의하여 풀어나가며 당의 경제정책관철을 위한 내각의 결정, 지시를 어김없이 집행하여야 합니다. 각급 당위원회들은 내각책임제, 내각중심제를 강화하는데 지장을 주는 현상들과 투쟁을 벌리며 내각과 각급 행정경제기관들이 경제사업의 담당자, 주인으로서 자기의 임무와 역할을 원만히 수행하도록 내세워주고 적극 떠밀어 주어야 합니다."[16]

이처럼 김정은은 집권 첫해에는 경제 활성화를 위해 경제개혁 추진 의지와 내각책임제 시행 의지를 자주 피력했다. 그러나 그해 가을 이후 2013년에 들어서면서부터 경제개혁이나 내각책임제에 대한 김정은의 언술은 거의 확인되지 않는다. '내각책임제 이행을 위한 법적 통제' 강화 동향 정도가 확인될 뿐이다. 북한은 2013년 4월 이후 연말까지 검찰소를 동원해 당·정·군 경제기관과 생산 현장을 광범위하게 검열했다.[17] 검열 배경은 '국방위원회 제1위원장 명령 제001호' 발동 1년 경

---

16) "위대한 김정일동지를 우리 당의 영원한 총비서로 높이 모시고 주체혁명위업을 빛나게 완성해 나가자" 『조선중앙통신』, 2012.04.19.
17) 검열항목은 ①내각 특히 국가계획위원회가 경제사령부로서의 역할을 제대로 수행했는지 ②모든단위들이 내각의 통일적 지휘에 복종하며 ③국가계획(특히 재정, 수매)을 잘 이행하고 자체 계획도 적절히 수립·시행하고 있는지 ④대외경제사업이 일원적으로 관리되고 있는지 ⑤내각이 경제전반을 관장하면서도 군수 등과 관련한 비밀보장 대책이 수립·이행되고 있는지 등 5개 항목이다. "국방위원회 제1위원장 명령 제001

과 시점에 '명령' 이행을 보장하면서, 1년 전부터 불거진 각급 기관들의 간 이권 조정 작업과 연관된 것으로 추정된다. 검열착수 시점이 박봉주 총리 등용 시기와 일치한다는 점에서 박봉주 내각의 장악력 제고를 위한 배려도 작용했다.

다. 김정은 집권 초 경제개혁 추진과정

김정은 집권 초기 경제개혁은 3단계로 추진되었다. 2012년 연초에 내각에 '1228호 상무'가 조직되어 개편 시안 마련(2012년 9월), 확대 시행(2013년 3월, 8월), 경제개혁안 확정(2014년 5월 '5.30 담화')의 3단계를 거쳤다.

1단계로 2012년 9월 기업관리·농업 등 8개 부문별 '개편 시안'을 마련해 강습 활동을 조직했다. 민생과 직결된 상업·농업 부문을 우선 시행했고, 기업·가격 부문 등은 시범 적용한 후 문제점을 보완하는 방식을 택했다.

2단계로 문제점을 보완한 일부 시안을 2013년 3월에 확대 적용하였고, 그해 8월에는 급양·봉사 부문 개혁안을 추가로 시행했다.

3단계로 2013년 8월 '당 16호실'이 농업·기업 개혁에 관한 연구 결과를 내놓음에 따라 내각의 개편안과 종합하여 경제개혁 방향의 큰 틀을 확정 지었다. 김정은은 이를 2014년 5월 "현실발전의 요구에 맞게 우리식경제관리방법을 확립할데 대하여"라는 제목의 담화(5.30 담화)로 발표했다.

[그림 5-2]는 김정은 집권 초기 경제개혁 추진과정을 그린 것이다.

호에 대한 최고검찰소 감시 요강," 2013.4.

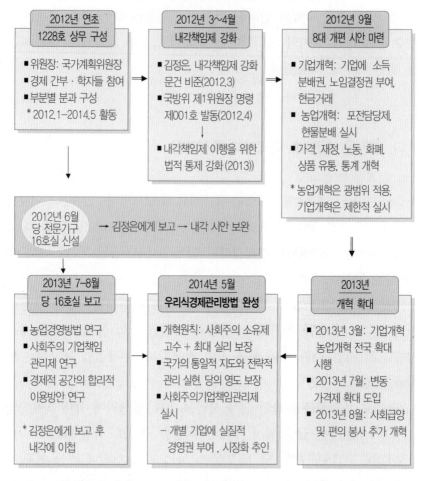

【그림 5-2】 김정은의 경제개혁 추진과정

2012년 연초 1228호 상무 구성	2012년 3~4월 내각책임제 강화	2012년 9월 8대 개편 시안 마련
■ 위원장: 국가계획위원장 ■ 경제 간부 · 학자들 참여 ■ 부분별 분과 구성 * 2012.1~2014.5 활동	■ 김정은, 내각책임제 강화 문건 비준(2012.3) ■ 국방위 제1위원장 명령 제001호 발동(2012.4) ↓ ■ 내각책임제 이행을 위한 법적 통제 강화 (2013))	■ 기업개혁: 기업에 소득 분배권, 노임결정권 부여, 현금거래 ■ 농업개혁: 포전담당제, 현물분배 실시 ■ 가격, 재정, 노동, 화폐, 상품 유통, 통계 개혁 * 농업개혁은 광범위 적용, 기업개혁은 제한적 실시

2012년 6월
당 전문기구
16호실 신설 → 김정은에게 보고 → 내각 시안 보완

2013년 7-8월 당 16호실 보고	2014년 5월 우리식경제관리방법 완성	2013년 개혁 확대
■ 농업경영방법 연구 ■ 사회주의 기업책임 관리제 연구 ■ 경제적 공간의 합리적 이용방안 연구 * 김정은에게 보고 후 내각에 이첩	■ 개혁원칙: 사회주의 소유제 고수 + 최대 실리 보장 ■ 국가의 통일적 지도와 전략적 관리 실현, 당의 영도 보장 ■ 사회주의기업책임관리제 실시 - 개별 기업에 실질적 경영권 부여, 시장화 추인	■ 2013년 3월: 기업개혁 농업개혁 전국 확대 시행 ■ 2013년 7월: 변동· 가격제 확대 도입 ■ 2013년 8월: 사회급양 및 편의 봉사 추가 개혁

● 김정은 경제개혁 담론의 한계 : 2012년 상반기에만 집중

　김정은에게 있어 2012년은 대내적으로 한 가지 목표 즉, 자신의 집권 정당화와 권력 기반 공고화에 집중한 해였다. 2012년 한 해 동안 북한은 줄곧 김정은 '위대성'과 '인민 생활 향상 노력'을 선전했으며, 모든 활동은 김정은 통치의 정당화에 수렴되었다. 그해 지도자의 '인민

생활 향상의 우선적 추구'는 경제개혁을 적극 추진하는 데 동력을 제공했다. 김정일 시기의 군사 중시에서 김정은 시기 경제 중시로 전환하면서 농업·경공업 등 의식주 향상을 추구했고, 경제관리 방식 면에서는 생산관리의 효율성을 높이기 위한 분권화·시장화를 추구했다.

김정은으로서는, 2012년에 가장 의미 있는 행사는 제4차 당대표자회의(4.11)와 최고인민회의 제12기 제5차 회의(4.13)였다. 북한은 이날 당 규약과 헌법을 수정하고 김정은을 '노동당 제1비서'와 '국방위원회 제1위원장'에 추대했다. 김정은은 최고지도자로 추대된 직후 4월 15일 김일성 탄생 100돌 경축 열병식에서 최초로 공개연설을 했다. "세상에서 제일 좋은 우리 인민, 만난 시련을 이겨내며 당을 충직하게 받들어온 우리 인민이 다시는 허리띠를 조이지 않게하며 사회주의 부귀영화를 마음껏 누리게 하자는 것이 우리 당의 확고한 결심입니다"라고 했다.[18] 수령독재체제의 현실을 제대로 파악하지 못한 연설이었다.

북한은 김정은이 제4차 당대표자회를 앞두고 중앙당 책임일꾼들과 한 '4월 6일 담화'를 뒤늦게 4월 19일에 공개했다.[19] 김정은은 '4.6 담화'에서 민생 향상 문제를 중점 거론했다. "인민생활향상과 경제강국 건설에서 결정적 전환을 일으켜야 한다"라고 주장하면서 먹는 문제를 비롯해 인민소비품 문제, 살림집 문제, 먹는 물 문제, 땔감 문제 등 "인민생활에서 제기되는 절실한 문제들을 해결하는데 선차적인 관심을 돌려 인민들이 불편이 없도록 해야 할 것"을 촉구했다.

집권 이래 김정은이 경제문제에 우선적이고도 집중적인 관심을 보인

---

18) "김일성대원수님 탄생 100돐경축 열병식에서 하신 김정은동지의 연설," 『조선중앙통신』, 2012.04.15.
19) "위대한 김정일동지를 우리 당의 영원한 총비서로 높이 모시고 주체혁명위업을 빛나게 완성해 나가자," 『조선중앙통신』, 2012.04.19; 이 '담화'는 1994년 10월 16일 김정일이 김일성 사망 100일에 즈음하여 김일성의 혁명위업 계승·완성을 촉구한 이른바 '김정일의 10.16담화'와 대비되는 글이다. 김정은의 담화 시점은 김정일 사망 100일째 되는 날인 3월 26일보다 늦겨졌고, 발표는 다시 13일 지체되었다.

기간은 2012년 상반기 6개월이 전부였다. 그의 관심사는 집권 햇수를 더할수록 군사·핵 문제로 바뀌었다. 2018년 4월 경제건설총력 노선 선포도 선전적인 측면이 다분했다. 2020년대 경제난이 극심해지면서 생산 정상화를 독려하는 지도자의 '말씀'이 증가했으나 경제문제는 여전히 핵 개발의 후 순위였고, 경제난 해소를 위한 고민은 핵미사일 고도화 해법 강구의 절반 수준에도 못 미쳐 사실상 민생문제를 방치했다. 2012년 상반기에서와 같은 김정은의 언동과 경제리더십이 유지되었다면 10년쯤 지난 시점에 북한은 '핵보유국'이 아니라 개혁·개방 체제에 근접했을 것이다.

리더십 이론에 의하면, 한 나라 지도자의 리더십은 지도자 자신의 역량 또는 자질의 함수일 수도, 지도자가 처한 통치 환경의 함수일 수도 있다. 김정은의 경우, 그가 집권 초기에 보인 경제리더십이 사회주의 체제의 한계에 대한 철저한 문제 인식에 기초한 것인지 의심스럽다. 왜냐하면 그의 리더십이 경제문제에서 이내 공포통치와 핵미사일 질주로 바뀌었기 때문이다. 김정은도 수령 독재의 유지·보호에 최우선 가치를 둘 수밖에 없었을 것이다.

북한 체제는 지도자의 자질보다 수령제 유지라는 구조적 조건이 정책 방향을 크게 제약한다. 따라서 북한의 변화는 지도자의 선의에 기대하기보다 수령제의 구조적 해체가 시작될 때 가능한 문제인 것으로 판단된다. 특히, 김정은 지배체제의 경우는 수령제 유지라는 태생적 조건과 군사적 모험주의라는 김정은의 개인적 성향이 같은 방향으로 작동해 더 위험한 측면이 있다.

03 8대 '경제관리방법 개편 시안' 완성(2012.9)

내각 '1228호 상무'는 기업관리·상업유통·농업 등 부문별로 경제관리 방법 개편안을 마련해 수시로 김정은에게 보고하는 과정을 거쳐 2012년 9월에는 8개 부문으로 종합한 '경제관리방법개편 시안'(이하 '개편 시안')을 완성했다. '시안(試案)'은 시범 적용해 보고 확정 짓는다는 의미이다. 이어 내각은 이 8개 부문 개편 시안에 대한 '강습자료'를 만들어 성·중앙기관의 경제지도일꾼들과 시범 단위 공장·기업소 경제 일꾼들을 대상으로 강습회를 조직했다.[20]

'8대 경제관리개편 시안'은 ① "국가적 조치에 따라 새롭게 달라진 기업소의 권한에 대하여(경제관리)" ② "시범단위 공장·기업소들에서 고정적인 기준가격방식으로부터 가변적인 기준가격방식으로 전환할데 대하여(가격)" ③ "시범단위 공장·기업소의 재정수입분배를 순소득분배 방법에서 소득분배방법으로 전환할데 대하여(재정)" ④ "시범단위 공장·기업소들의 노동보수 계산 및 지불 방법에 대하여(노동)" ⑤ "시범 단위 공장·기업소들에서 현금돈자리와 외화돈자리 개설 및 이용방법에 대하여(화폐유통)" ⑥ "소비품들을 국영상업망들에 넣어 유통시키기 위한 방법에 대하여(상업유통)" ⑦ "시범단위 공장·기업소들의 계획실행 평가방법에 대하여(통계)" ⑧ "새로운 농업부문 경제관리방법을 정확히 구현할데 대하여(농업)"이다.

---

20) '8대 시안' 내용은 내각 '1228호 상무'가 작성한 "경제관리방법개편 시안 실무 강습 제강"(2012.9) 문건을 참고했다.

가. 기업관리 · 가격 · 재정 및 노동 부문

① (기업관리)수입분배권·임금결정권·현금계좌개설 및 현금거래 허용 등 기업소 권한 확대: 첫째, 기업소에 수입(번 돈) 분배권을 부여한다. 종래 국가가 수입 분배 내역을 세부적으로 정해주는 방식(순소득분배방식)에서, 기업소의 판매 수입에서 원가와 국가납부금을 제외한 나머지를 종업원 생활비 혹은 기업 자체 충당금에 활용할 수 있도록 기업에 재량권을 부여한다(소득분배방식). 둘째, 기업소에 노동보수(임금) 결정권을 부여한다. 과거에는 국가가 노동보수 지불 기준을 구체적으로 정해주었으나, 이제는 기업에 수입 범위 내에서 노동보수 인상 지급 권한을 부여함으로써 일한 것만큼 분배할 수 있도록 한다.

셋째, 기업의 현금 '돈 자리(계좌)' 개설을 합법화한다. 기업이 필요한 원료·자재를 보장받지 못하는 현실에서 종래 국가계획에 맞물려 기업들은 불가피하게 시장을 통해 현금(내화, 외화)을 거래해 왔다. 앞으로 기업이 은행에 현금돈자리와 외화돈자리를 개설할 수 있도록 허용함으로써 독자적인 금융 거래를 양성화한다. 넷째, 기업소가 생산한 소비품의 현금거래를 허용한다. 종래 기업 간 국정 가격에 따른 무현금 결제 원칙을 완화하여 시장가격을 적용한 현금결제를 부분적으로 허용함으로써 상품 유통 활성화를 도모한다.

② (가격) 결정 방식 '고정기준가격 → 변동기준가격'으로 전환(시범단위): 가격결정의 변동 기준가격 방식은 생산물과 봉사가격을 오랫동안 고정하지 않고 생산요소의 시세 변동을 고려해 필요한 시기에 자동으로 조절하여 경제계산에 적용하는 방식이다. 이 방식은 김정은이 2012년 6월 13일 "고정 불변적인 가격방식에서 가변적인 기준가격방식으로 전환하기 위한 사업을 시범적으로 진행해 보라"는 지시에 따른 것으로, 가격결정 방식의 전환은 기업 생산품에 대해 시장가격 수준의

이익을 보장함으로써 생산 정상화를 도모하려는 것이다. 고정가격 제도로는 현실과 괴리된 저가의 국정 가격 유지로 생산요소의 시장 유출이 극심해진다. 다만, 변동가격제의 적용은 통화팽창에 따른 물가상승을 우려해 우선 은파광산의 아연정광, 평양자동화기구공장의 배전반 등 10개 미만의 생산수단 생산기업들에 시범 적용한다.

③ (재정) 국가납부금 책정 기준을 소득(이윤)에서 판매 수입(매출액)으로 변경(시범 단위): 국가 납부 몫 계산 방법을 지난 시기의 '순소득 분배방법, 번 수입 분배방법'처럼 소득의 일정 비율로 정하지 않고, 판매 수입의 일정 비율로 변경하고(소득분배방법), 납부 방식도 각 항목을 통합한 방식으로 일괄 납부한다(국가납부금 = 거래수입금 + 기업이 익금 + 지방유지금 + 사회보험료). 이로써 '소득' 기준 국가납부금을 책정할 때 사전에 원가·소득 등 세부 계획을 예측해야 하는 불합리한 점과 기업이 원가를 부풀려 국가납부금을 축소하는 행태를 방지할 수 있다. 기업의 국가납부금 책정 기준이 되는 수입 총액에 상품 판매 수입과 기타 경제활동 수입은 물론 계획 외 생산으로 번 현금·외화 수입도 합산함으로써 재정수입 확대도 도모한다.

④ (노동) 기업에 이윤 범위 내에서 근로자의 임금 결정 권한을 부여(시범 단위): 지금까지는 공장·기업소에서의 노동보수 계산은 생산물 판매 수입 실적에 따라 계산된 원가·생활비 몫에서 노동실적에 해당한 기본생활비·기타생활비·가급금을 계산하고 초과 이윤이 있는 경우에만 장려금을 계산했다. 앞으로는 기업소가 노동보수 원천을 자체로 조성하고, 근로자의 생활비는 국가가 정한 지급 기준을 기초로 하면서도 어렵고 힘든 부문의 근로자를 우대하고 상금·장려금도 기업소 실정에 맞게 정한 세칙에 따라 지급할 수 있다. 기업에 근로자의 업무 난이도·성과에 따라 임금을 차등 지급하는 권한을 부여해 인센티브제 확대를 도모했다.

나. 화폐유통 · 상업유통·통계 및 농업 부문

⑤ (화폐유통) 기업에 기본돈자리 외 내화현금 및 외화 돈자리 개설 허용(시범 단위): 지금까지 공장·기업소들은 경영활동과 관련한 수지계산과 재정결산에 이용하는 기본돈자리를 하나만 개설할 수 있고, 기본돈자리 외의 수입·지출을 계산하려면 중앙은행의 승인하에 보조돈자리를 개설할 수 있었다. 그런데 현실은 적지 않은 기업들이 현금을 조성하고 외화를 보유하고 있음에도 위법행위로 되어 경영활동에 반영하지 못하는 불안한 상태에 처하게 되었다.

이에 생산·경영활동에서 이뤄지는 내화 현금과 외화를 거래 은행에 입금하고 이용할 수 있는 보조적 돈자리로서 현금돈자리와 외화돈자리를 개설할 수 있게 했다. 외화돈자리에서는 기업 요구에 따라 환치 결재하거나 협동 환율에 따라 외화를 내화 현금으로 교환할 수 있도록 한다(외화인출은 금지). 다만 1개 도(道)에서 먼저 시범으로 하고, 방법론이 완성되면 전역에 확대한다. 기대효과는 그간 관행화된 내·외화 현금거래를 은행을 통한 계좌거래로 전환하며 기업의 자금 사용 융통성을 제고하는 한편 통화량 흡수와 기업에 대한 재정통제 강화가 기대된다. 또한 외화계좌개설과 은행을 통한 외화 유통을 허용함으로써 만연한 외화 현금 사용을 억제하고 시중 유통외화 환수도 예상된다.[21]

'강습제강'(2012.9)은 현금·외화계좌 개설 효과에 대해 "최근 시장가격이 급격히 높아지고 무현금가치가 떨어져 생산된 제품과 수입상품이 대부분 시장으로 흘러들고 있으며, 국가자금으로 운영되던 상업, 급양, 편의 봉사 단위들이 대부분 개인 자금을 투자해 시장으로 변화되었다. 그러나 현금과

---

21) "2012.8 공장·기업소 재정회계일꾼 회의에서 행표(무현금) 결제제도를 폐지하고 현금결제제도를 도입했으며, 2013.9에는 공장·기업소·단체에 외화계좌 보유를 허용했다"고 한다. 탈북민 증언, 2017.12.

외화돈자리를 개설·이용하여 생산단위와 봉사단위에 주고받는 물자와 상품 대금에 대한 화폐의 현물 담보성이 확고히 보장되면 점차 생산되는 물자와 상품을 기업소 자금, 국가자금으로 사들여 국영 봉사망을 통한 판매, 봉사 활동이 활발해질 수 있다"고 했다.

통화팽창 배경에 대해서는 "현재 경제관리 특히 은행 사업에서 제일 걸리는 문제는 우리 돈과 외화가 은행 밖에서 무질서하게 유통되면서 이미 내보낸 현금이 되돌아오지 않아 기관, 기업소의 현금지출 수요를 보장하지 못하고 새로운 화폐를 계속 남발해 통화가 팽창되는 것"이라면서 "주민들이 가지고 있는 외화가 제한되어 있고 외화를 중앙은행이 발행할 수 없는 조건에서 앞으로 주민들 속에서 무질서하게 유통되던 외화가 점차 은행들의 외화 돈자리를 통해 입금되면 주민들 속에서 외화 유통이 줄어들게 된다"고 했다.

⑥ (상업유통) 국영상점에 상품 조달 및 가격결정권 부여: 모든 소비품들을 도매 상업기업소를 통해서만 공급받던 것을 소매 상업기업소(소매소 = 국영상점)들도 생산 단위로부터 직접 구입할 수 있게 한다.22) 국영상점망은 일부 소비품을 현금으로 거래할 수 있으며 그 소비품의 가격을 능동적으로 조절할 수 있게 한다. 종래 개인들이 기관 명의를 이용하여 국영상점을 운영하는 현상이 확산된 현실을 인정하여 개인들의 국영상점 투자를 양성화한다. 상업성에 '도매상업중심(센터)'을 설치해 수입 상품의 국영상점 공급을 관리한다. 당국은 상업 유통 개선을 통해 국영 유통망의 활성화와 함께 주민들의 시장 이용 억제를 도모하며, 그간 관행화된 국영 유통망에 대한 개인 투자를 허용함으로써 국영상점의 투재 재원 확대를 도모했다. 그러나 당국의 물자공급 능력이 확충되지 않으면 국영상점이 시장과 유사해지는 '국영상점의

---

22) 국영유통망 물자공급은 중앙도매소, 도·지구 도매소, 각 시군 상업관리소, 소매소를 통해 이루어진다.

시장화'도 우려되었다.

⑦ (통계) 기업 계획실행 평가 기준 액상지표에서 '현물지표 + 액상지표'로 변경(시범 단위): 기업의 계획실행 평가 기준을 다음과 같이 변경한다. 첫째, 기업의 계획실행 여부를 지방 통계국의 관리·통제 하에 둔다. 기업은 상부로부터 받은 경제계획과 자체 현물지표들의 생산계획·예산납부계획을 해당 통계기관에 등록하고, 매달 실행통계를 정해진 날짜 안에 통계기관에 내고 평가받아야 한다. 둘째, 계획실행 평가 기준은 기존 액상지표(생산액)에서 현물지표(생산량)를 더한 방식으로 변경한다. 이는 금액지표(국정가격)로만 평가해 생산품을 시장에 판매함으로써 계획 달성으로 평가되는 것을 방지하고 실제로 계획에 따른 실물 생산을 유도하는데 목표를 두었다. 셋째, 기업 자체 소비 몫 생산, 중점산업 이외의 물자공급, 국영망을 통하지 않는 상품 유통은 계획실행 평가에서 제외해 비공식부문에 대한 자원 유출 및 시장 활성화를 차단하려 했다.

⑧ (농업) 현물분배, 포전담당제, 수매방법 개선 등 새로운 농업 관리방법 시행: 첫째, 종래의 현금분배를 현물분배 방식으로 변경한다. 둘째, 현물로 분배된 곡물을 당국이 추가로 회수해 가지 않으나, 분배된 곡물의 시장 판매는 금지한다. 셋째, 분조관리제를 유지하면서도 영농공정에 따라 도급제·포전담당제·유상유벌제를 적절히 실시한다. 넷째, 공장·기업소에 저수확지 경작을 위탁해 종업원들의 자체 식량조달을 도모한다. 다섯째, 농장원들의 역우(役牛, 부림소) 사용을 허용한다. 여섯째, 공업부문처럼 농업부문에서도 농장원들의 기능 급수를 제정해 농민들의 기술·기능 수준을 높인다.

분배 방법과 함께 수매 방법도 개선한다. 지금까지는 생산 실적에 무관하게 연초에 시달된 국가알곡생산계획에 따라 수매하던 방식에서, 국가로부터 받아 쓴 것만큼(토지, 관개사용료, 국가지원 영농물자)의 알곡과 농장의 공동기금 조성 몫에 해당한 알곡을 의무 수매하는 방식으로 변경했다. 북한 당국은 이로써 "농민들 사이에 영농물자 보장 정도와 무관하게 국가에 알곡을 바친다는 관점을 완전히 없애게 되었다"고 선전했다. 농업개혁안은 다음에서 좀 더 살펴본다.

다. 개편 시안의 특징

북한이 2012년 9월에 내놓은 '경제관리방법 개편 시안'의 특징을 평가하면 첫째, 경제 활성화에 목표를 두었다. 기업·상업·농업 등 각 부문의 경영자율권과 인센티브를 부여해 생산성 증대를 도모했다. 내각은 '개편 시안' 강습회 첫머리에서 "우리는 어떻게 해서나 생산을 결정적으로 늘려 수요와 공급 간의 균형을 맞추어 나가야 한다"는 김정은의 '12.28 담화'를 인용했다.

둘째, 개선 조치의 상당수가 이미 반합법적으로 시행되고 있는 사항들이거나, 시장화 진전에 따라 변화된 경제 현실을 수용한 조치였다. '개편 시안'에는 변동기준 가격 도입, 기업 현금계좌 운용 허용, 포전담당제 확대, 개인 투자 허용 등 상당히 진전된 내용이 포함되었다. 그런데 이런 개혁 조치들은 현실과의 괴리 극복을 위해 불가피하게 도입한 측면도 있다. 예컨대, '강습 제강'은 변동가격제 도입 배경으로 "고정 가격하에서는 현실과 괴리된 저가의 국정가격 유지로 생산요소의 시장 유출이 극심해진다"는 점을 들고 있다.

셋째, 시장 확산 저지를 겨냥한 시장통제 조치가 혼재되었다. 이미 현실로 된 일부 시장경제 요소를 불가피하게 공식적인 경제관리에 도입하면서도 국가 경제와 시장경제를 대치 관계로 파악하면서 시장억제 조치도 취하고 있다. 예컨대, 국영 유통망 활성화, 외화거래 규제, 농민분배 식량의 시장 유통 통제 등이 그 사례다. 김정일 집권 시기에 '7.1조치로 시장의 돈주머니만 부풀려 주었다'라는 비판과 같은 맥락의 인식에서 시장 규제도 도모하는 절충주의적 해법을 추구했다.

넷째로, 절차적으로 극히 신중한 접근을 한다는 점도 특징이다. 김정은의 경제개혁 의제 개방에도 불구하고 내각은 의견 수렴과 동시에 다양한 검증과정을 거치면서, 그 적용도 시범적·제한적 시행으로 책임 부담을 최소화하고 있다. 내각은 또한 당·군 특수단위의 기득권 축소에 대해서는 아직은 강한 의견을 내놓지 않고 있어 권력기관의 견제를 받지 않도록 유의하고 있음을 보여주었다.

04 농업개혁 및 기업 자율성 확대(2012~2013)

가. 김정은의 '6.13 방침'과 농업개혁 적용(2012.10)

김정은의 6월 13일 농업관리방식에 대한 개혁 방침은 현물 위주 분배, 수매 방법 개선, 포전담당제 실시가 핵심 내용이다. 우선 농민들에 대한 분배 방법을 현금분배에서 알곡 현물 분배 방법으로 변경했다. 현금분배 방법은 농장원들에게 일한 가동 일수와 번 노력 일에 따라 분배 몫을 현금으로 지불했다. 돈 가치가 떨어지고 농촌상품이 보장되지 못하는 상황에서 현금분배로는 농민들의 생활이 어려웠다.

현물분배방법23)은 협동농장의 매 분조 단위로 "알곡 생산에 투하되

---

23) 앞의 '강습제강'은 "북한이 농업협동조합이 조직된 첫 시기부터 1971년까지 현물분

는 지출(국가지원 영농물자)과 토지사용료, 관개사용료, 알곡부문에서 조성할 공동 기금 몫을 현물로 계산하여 국가에 의무적으로 수매하고 나머지 몫을 농장원들의 가동 일수와 번 로력 일에 따라 현금이 아니라 알곡 현물로 계산하여 분배"한다는 것이다. 북한 당국자는 현물분배 방법을 적용하면 "국가에 의무적으로 내놓아야 할 알곡을 수매한 조건에서는 현물 수량과 관계없이 일한 것만큼, 번 것만큼 알곡현물로 분배받게 되어 있다"면서 분배 방법 전환 배경을 "농민들의 생활 보장"에 있다고 설명했다. 그밖에 남새, 공예, 축산, 과수 분조 등에서의 농산물 수매는 현금분배를 결합했다.

수매 방법도 '일한 만큼' 수매하는 방법으로 개선했다. 그동안은 생산 실적과 무관하게 연초에 시달된 국가알곡생산계획에 따라 수매하던 방식에서, 국가로부터 받아 쓴 것만큼(토지, 관개사용료, 국가지원 영농물자)의 알곡과 농장의 공동기금 조성 몫에 해당한 알곡을 의무 수매하는 방식으로 변경했다. 당국은 이로써 '농민들 사이에 영농물자 보장 정도와 무관하게 국가에 알곡을 바친다는 관점을 완전히 없앨 수 있게 되었다'고 선전했다.

한편 농업당국자는 7월 실무강습에서 국가 수매량와 관련해 이번 조치 이후 "농장원들에게 일단 현물로 분배한 다음에는 '2호 검열(전시예비물자 검열)'을 비롯한 각종 명목의 량곡 검열을 통해 농장원들이 분배받은 알곡을 회수하는 현상이 절대로 없다는 점을 명백히 한다"고 장담했다. 또한 "분조에서 생산한 알곡은 누구도 이래라저래라 내리먹이지 말고 국가 규정과 농장원 총회 결정에 따라 분조에서 식량을 타 먹는 엄한 제도와 질서를 세워 분조원들 속에서 분조 농사는 나의

배를 기본 분배방법으로 적용하다가, 1972년부터 협동농장원들도 국영경리의 로동자, 사무원들과 같이 농민인구 1인당 연간 260kg 기준에 따라 필수식량을 공급받고 나머지는 로동보수에 해당한 현금분배를 받았다"다면서. 이번에 다시 김정은 방침에 따라 현물분배를 적용하게 되었다고 한다.

농사라는 자각과 책임을 높여야 한다"면서 "농사를 잘한 분조에서는 밥을 배불리 먹고 농사를 잘하지 못한 분조에서는 죽을 먹도록 해야한다"며 알곡 증산 경쟁을 부추겼다.

협동농장 관리 운영 방법도 분조관리제 안에서 포전담당제 실시로 개선했다. 포전별로 수매계획을 정확히 주고 연말에 현물로 분배하는 방법을 새롭게 규정했다. 협동농장 관리위원회는 3~5개의 작업반으로, 각 작업반은 4~5개의 분조(농민 10~25명)로 구성된다. 이번에는 농업 작업 인원을 분조에서 더 축소한 포전담당제(3~5명)를 실시해 집단영농제를 완화함으로써 영농의욕 고취를 도모했다. 이전에 사적소유가 금지되었던 생산수단인 부림소(牛)도 농민이 기를 수 있게 허용해 주었다.

김정은의 2012년 6.13 방침 : "현실발전의 요구와 농장원들의 리해관계에 맞게 분배방법과 수매방법을 비롯한 농업부문 경제관리방법을 개선함으로써 분조관리제를 강화하고 농민들의 생산의욕을 높여 나라의 알곡을 최대로 높일 수 있게 한 방침"으로… "농장원들의 주인다운 자각과 생산열의를 최대로 높일수 있도록 분조의 형태와 규모를 해당 지역과 농장의 특성에 맞게 합리적으로 정하며, 분조관리제 안에서 영농공정에 따라 여러 가지 형태의 도급제와 포전담당제, 유상유벌제를 실시하고 분조별, 포전별로 수매계획을 정확히 주며, 연말에는 투자실적에 해당한 알곡을 의무 수매하고 종자, 집짐승먹이 등 공동 이용몫을 제외한 나머지는 농장원들에게 현물로 분배하도록 했다."

2012.7 농업 실무 강습제강 : "지금까지 협동농장들에서는 수매계획이 높아 그것을 수행하고 나면 농장원들에게 필수식량으로 분배할 식량원천이 조성되지 못하게 되어있다. 농장원들이 1년 동안 애써 일하여 알곡생산계획을 수행해도 시장을 통해 생활에 필요한 상품을 구입하기 때문에 분배받은 돈을 가지고서는 생활을 유지하기 힘들었다. 지금 국가수매가격은 쌀 1kg 당 40원, 벼는 29원, 강냉이는 20원이다. 결국 벼 1톤을 수매하여도 2

만 9천원 밖에 안되며, 농장원들이 1년 동안 농사를 하고도 차례지는 분배 몫은 보통 2~3만 원 정도 밖에 안된다. 이것은 농촌상품이 보장되지 못하는 조건에서 농장원들이 알곡을 국가수매가격으로 수매하고 현금분배를 받았댔자 그 돈을 가지고는 도저히 생활을 유지할 수 없다는 것을 보여준다."

농업개혁은 김정은의 2012년 '6.13 방침' 하달, 7월 각급 농업지도기관과 협동농장 실무 책임자들을 대상으로 '새로운 농업 부문 경제관리 방식'을 소개하는 실무강습 진행,[24] 그해 10월경 일부 협동농장들에 적용하는 순서로 진행되었다. 기업·상업 등 다른 부문의 '개편 시안'에 대해서는 9월에 강습회를 개최한 것과는 달리 농업개편안에 대해서는 7월에 서둘러 강습회가 개최되었다. 이는 김정은의 식량문제 해결 강조와 농사의 계절적 성격을 고려한 것이다.

나. 농업개혁 성과 선전 및 한계

북한은 농업개혁 조치 중에 '포전담당제'를 한때 '김정은 시대 농업시책의 성공'으로 선전했다. 포전담당제 도입 이후 전반적으로 농업생산량이 증대되어 '로동당 만세' 소리가 울려 퍼지고 있다고 했다. 포전담당제의 장점으로 현지 실정에 맞게 영농계획을 수립할 수 있는 점, '내 포전'이라는 주인의식으로 농민들의 생산 열의가 높아진 점, 각자가 맡은 포전의 실태를 잘 파악할 수 있어 과학영농 도입·이모작 등 농장관리가 효율적이라는 점을 들었다. 포전담당제 도입 이후 농민들의 높아진 생산 열의로 노력 가동률이 증대되었고, 모내기 등 영농작업

---

24) "각급 농업지도기관 일군들과 농장초급일군들을 위한 실무강습제강: 새로운 농업부분 경제관리방법을 정확히 구현할데 대하여"(2012.7).

시간이 단축되었으며, 농민 각자의 분배 몫이 증대되었다고 선전했다.

　"2012년 11월에는 각지의 농장 분조에서 '시범적인 분배방식 상학'에 진행되었는데 황해남도 안악군 오국협동농장의 어느 분조에서는 분조관리제를 옳게 실시하여 국가의무수매계획과 자체 조성곡, 비생산부문 식량, 비로력자 식량, 생산 정상화 몫을 다 제외하고도 분조 로력자 모두에게 1인당 평균 2.4톤, 최고 5톤 118kg의 식량이 차례졌다. 남포시 강서구역 청산협동농장을 비롯한 많은 농장들의 분조에서 분배가 진행되었는데 어디서나 로동당 만세소리가 높이 울려나오고 있으며 자기들의 1년분 식량만 내놓고 많은 량을 애국미로 나라에 바치겠다고 청원했다"(2012.11, 간부 교육자료).
　"2014년에는 모내기·낟알 털기 등 농사 일정을 예정보다 빨리 끝냈다. 생산량과 수매계획을 적절히 세운 것은 포전담당제를 확대한 결과이다. 우리 식의 경영관리방법인 포전담당 책임제는 모두가 땅의 주인, 생산의 주인이라는 자각을 더욱 높이도록 하는 것이다. 합리적인 포전 배분으로 농민의 생산 열기가 높아졌다. 또 과학영농이 확대 적용돼 생산에서 '비약'을 이뤘다. 무(無) 바이러스 감자 종자 확보, 기상관측장의 협동농장 배치 사례도 있다. 옥수수·감자의 다모작 확대 노력도 늘었다"(2014.12.27. 노동신문).
　"평북 용천군 양서협동농장의 2014년 곡물 수확량이 2013년보다 정보당 평균 1t 이상 늘었다. 양서협동농장 분조 규모는 평균 4~5명이며 분조의 규모를 이렇게 정하니 농업 근로자들이 자기가 담당한 포전의 실태를 더 잘 알게 됐다. 포전담당제야말로 땅의 주인, 알곡 생산의 주인이라는 자각을 높여주는 우리식 경영관리방법이다"(2015.2.6. 노동신문).

　김정은의 '6.13 방침'에 따른 농업개혁은 분조의 세분화(포전담당제)와 책임과 권한의 강화, 현물분배를 통한 영농의욕 고취, 유휴지 이용 제고 등을 통해 농업생산량 증대를 도모함이 특징이다. 전반적으로 볼 때 포전담당제 실시로 농민들에게 '땅의 주인, 생산의 주인'이라는 자각을 심어주고 국가 납부 몫을 제외한 알곡 현물분배로 증산 의욕을 고취해 원칙대로 시행되면 식량 증산에 일정한 기여가 기대되었다.

● 농업개혁의 문제점과 한계

그러나 북한의 농업개혁은 다음과 같은 문제점과 한계를 안고 있다. 우선, 국가 납부 몫을 제외한 전량 농민 현물분배 약속이 제대로 지켜지지 않는 데 문제가 있다. 농민들은 과거에도 당국의 주장이 '씨 뿌릴 때와 거둘 때가 다르다'거나 '농사를 지도하는 농업성과 곡물을 거두어 드리는 수매양정성의 입장이 다르다'며 강제 수매를 반복하는 양정 당국을 불신했다. 이번에 "농장원들에게 일단 현물로 분배한 다음에는 2호(군량미) 검열을 비롯한 각종 명목의 량곡 검열을 통하여 농장원들이 분배받은 알곡을 회수하는 현상은 절대 없다"고 했으나 그런 주장은 과거에도 있었다. 농민들의 잉여 양곡 강탈은 군량미·정치행사 혹은 자연재해 지원을 위한 사회적 과제 명목으로 반복되었다.

둘째, 농민이 자가 소비하고 남을 정도의 식량을 분배받았더라도 잉여 알곡에 대한 처분권을 제한했다는 점이다. 강습 제강을 보면, 협동농장 관리위원회의 임무로 "농장원들에게 분배된 현물 분배몫 등 소비기준을 초과하는 여유 알곡을 관리위원회가 책임지고 국가가 농민들의 의사와 리해관계에 맞게 따로 정한 가격으로 량정기관에 수매하거나 상업기관에 상품과 교환 수매하도록 조직하여 주어 시장이나 개인들에게 빠져나가지 않도록 하여야 한다"고 하여 농민들의 개별적인 시장에 곡물 판매를 통제했다. 북한의 한 경제학자는 "국가가 아직 곡물이 부족하므로 농촌에 상품을 많이 공급하여 농민들이 받은 여유 생산 몫을 국가 상품하고 바꾸도록 하고 있다"고 설명했다.

셋째, 국가가 비료·비닐 등 영농물자 가격을 현실화하여 인상하면 의무수매량이 대폭 증가해 영농의욕을 반감시킬 수도 있다. 내각의

2012년 농업개혁의 여러 문제점과 한계를 극복하기 위해 '당 16호실'은 2013년에 추가적인 농업개혁 보완책(후술)을 내놓는다. 거기서 '당 16호실'은 농민들의 국가납부 몫을 제한하기 위해 "토지, 관개수로 용수, 전력 이용에 해당하는 국가알곡수매몫을 바로 정하고 일정 기간 고착시킨다"고 했으나,25) 다른 영농물자인 비료·연료·농기계 부품 가격이 현실화되면 농민들의 부담은 다시 증가한다.

전반적으로 김정은 집권 초기 식량 사정은 다소 개선되었다. 곡물생산량이 2015년을 제외하고 매년 470만톤 수준으로 직전의 김정일 시대보다 수십만 톤 증가했다. 곡물생산량의 견인은 주로 가뭄 극복을 위한 대규모 인력투입, 비료 등 영농자재 투입 증가에 기인하며 포전담당제 등 농업개혁 조치도 일정하게 이바지한 것으로 평가되었다.

다. 기업 자율성 확대: 이익분배 · 보수 · 가격 결정권(2013)

'1228호 상무'는 2012년 시범 적용한 8대 개편 시안(2012.9) 중에 첫 번째 시안인 '기업소 권한 확대' 안을 김정은의 비준을 받아 2013년 3월 초 전국에 확대 시행했다. 확대되는 기업소 권한은 △공장·기업소의 수입 분배를 소득분배방법(매출액 기준)으로 전환 △기업소에 현금 및 외화돈자리 개설 허용 △기업소에 노동보수 결정 권한 부여 등 3개이다. 확대 시행안들은 시범 적용과정에서 나타난 문제점들을 관련기관의 의견을 수렴해 보완한 것이다. 내각은 김정은 비준 즉시 전국의 공장·기업소에 확대 시행안을 하달하고, 강습회를 거쳐 시행에 들어갔다. 기업소에 확대 부여한 3개 권한의 요지는 다음과 같다.

---

25) 당 16호실, "농업경영방법 연구"(2013.07).

첫째, 기업소에 수입(번 돈) 분배권을 부여했다. 종래 국가가 수입 분배 내역을 세부적으로 정해주는 방식(순소득분배방식)에서, 기업소의 판매수입 중 원가와 국가납부금을 제외한 나머지를 종업원 생활비 혹은 기업 자체 충당금에 활용할 수 있도록 기업에 재량권을 부여했다(소득분배방식). 둘째, 기업소에 노동보수 결정권을 부여했다. 과거에는 국가가 노동보수의 지불 기준을 구체적으로 정해주었으나, 이제는 기업에 수입 범위 내에서 노동보수 인상 지급 권한을 부여함으로써 일한 만큼의 분배가 가능하도록 했다. 셋째, 기업소의 현금돈자리 개설을 합법화했다. 기업이 필요한 원료·자재를 보장받지 못하는 현실에서 종래 국가계획에 맞물려 기업들은 불가피하게 시장을 통해 현금(내화, 외화)을 거래해 왔었다. 기업이 은행에 현금 '돈자리'와 외화 '돈자리'를 개설할 수 있도록 허용함으로써 독자적인 금융 거래를 양성화했다.

2012년 9월 '시안' 가운데 ① 계획화 방법으로 각 공장·기업소가 실정에 맞게 새로운 업종과 지표를 개발하여 생산하는 문제와 추가적인 수요에 대해서는 지표 분담에 무관하게 계약을 맺고 집행하는 문제, ② 새로운 가격제정 방법 적용 문제 등 2개 안은 유보되었다. 내각상무조는 계획 및 가격체계라는 계획경제의 근간을 훼손하는 개혁안의 확대 적용에는 신중히 접근해 혹시 있을 수 있는 부작용을 예방하거나 당의 비판을 모면하려 했다. ②는 2013년 8월 시행되었고, ①은 당의 검토를 거쳐 2014년 5월 김정은의 '5.30 담화'에 의해 수용되었다.

● 생산 현장에 가격제정권 부여 : 변동가격제 도입(2013.8)

내각은 2013년 7월 국가가격위원회 지시 "김정은 동지께서 공장, 기업소들에 가격제정 권한을 줄데 대하여 주신 지시를 철저히 관철할데 대하여"(8.1부 시행)를 하달했다. 2012년 6월 김정은은 2012년 6

월 "고정 불변적인 가격방식에서 가변적인 기준가격방식으로 전환하기 위한 사업을 시범적으로 진행해 보라"는 지시와 관련된 조치였다. 변동 기준가격은 생산물과 봉사가격을 고정하지 않고 생산요소의 시세 변동을 고려하여 필요한 시기에 자동으로 조절하고 경제계산에 적용하는 것이다. 변동가격제로의 전환은 기업 생산품에 대해 시장가격 수준의 이익을 보장함으로써 생산 정상화를 도모하는 효과가 있으나 통화 팽창에 따른 물가상승이 우려되는 조치였다. 북한 가격 당국은 2012년 9월 '개편 시안'을 시행하면서도 변동가격제도는 10개 미만의 극히 적은 생산 현장에만 시범 적용했으며, 2013년 3월 확대 시행에서도 제외하는 등 신중히 접근했다. 그러다가 그해 7월 국가가격위원회의 "공장·기업소에 가격제정권 부여" 방침 하달로 8월 1일부로 변동가격제가 적용되었다.

변동가격제의 내용은 다음과 같다. 공장·기업소가 자체로 혹은 수요자와 합의하여 가격을 정할 수 있는 지표(대상 상품)는 ①교류 몫 ②국가가 보장해 주지 못해 공장·기업소가 자체로 원료·원천을 찾아 생산한 상품 ③주문과 계약에 따르는 임가공제품 ④생필품 ⑤인민생활조수입상품을 비롯하여 협동화폐소 환율로 역 교환하게 되어있는 지표 ⑥일부 기호품을 대상으로 했다. 이를 제외한 국가계획위원회 계획화 지표들은 국가유일도매가격을 적용하며, 국가계획으로 공급된 자재·화공품·귀금속 등 국가통제품도 합의 가격으로 정할 수 없도록 했다. 공장·기업소가 제정한 가격은 국가가격기관에 등록하고 적용하는데, 가격은 "원가를 보상하고 확대재생산을 실현할 수 있게 하면서도 수요와 공급 관계를 고려하여 시장보다 낮게 정하는 것을 원칙으로 한다"고 하여 국영 생산 단위의 경영 정상화를 도모하면서도 시장 편입 가능성을 경계했다.[26]

---

26) 국가가격위원회 지시, "김정은동지께서 공장, 기업소들에 가격제정권한을 줄데 대하

● 급양·편의 봉사부문 개혁(2013.8)

다음은 사회급양·편의봉사 부문의 개선이다. 내각상무조는 식당 등 사회급양 부문과 목욕탕·이발·수리·가공 등 편의·봉사 부문의 문제점을 검토했다. 그 결과 국가가 필요한 물자들을 보장해 주지 못하고, 지역마다 봉사 조건이나 수요가 다른데 봉사가격을 일률적으로 정해준 점이 문제라면서, 자체로 봉사활동을 하도록 권장하고 국가가 관여하지 말자고 한다. 내각상무조는 알곡·고기·땔감 등의 원자재와 화장비누·땔감·천 등 편의 봉사용 자재들을 자체로 확보하게 하고, 가격도 편의봉사 부문 기업소들이 자체로 제정하여 가격기관에 등록하고 적용하도록 했다. 다만 다중을 대상으로 하는 대중 이발·미용·목욕은 지방 인민위원회가 땔감·연유를 보장해 주는 조건으로 국정 가격으로 봉사하도록 하자고 건의한다. 2013년 8월 내각은 김정은의 비준을 획득한 "사회급양, 편의봉사 부문의 관리 운영 방법을 개선하는 데서 제기되는 문제와 대책적 의견"을 하달해 시행에 들어갔다.

여 주신 지시를 철저히 관철할데 대하여"(주체 102(2013)년 7월).

| 제2절 | 김정은의 경제개혁 결론 : '우리식경제관리방법'

01 당 16호실의 경제개혁 연구(2013.8)

중앙당에 경제관리개선 문제를 연구하기 위해 조직된 '당 16호실'은 2013년 7~8월에 3건의 연구 과제 즉, '농업경영방법 연구'(2013.7), '사회주의기업책임관리제 연구'(2013.8), '경제적 공간의 합리적 이용 방안 연구'(2013.8)를 잇달아 완성해 김정은에게 보고했다. 김정은이 미상 시기에 위 3가지 주제들을 '근본 문제'라며 당의 대책안 마련을 지시한 데 따른 것이다. 김정은의 문제 제기가 구체적이라는 점에서 서기실 내 경제전문가의 도움을 받은 것으로 보이며, 발제 시점은 2012년 6월 경제개혁 연구를 위한 '당 16호실' 설치 시점에 과제를 준 것으로 추정된다. 당 16호실이 연구한 과제는 사전에 내각 전문가 들과의 협의 과정을 거친 것으로 보이며, 김정은이 2014년 5월에 발 표하는 경제개혁안의 핵심적인 내용을 구성한다. 다음은 그 3개 연구 를 정리한 것이다.

가. 농업경영방법 연구

'농업경영방법 연구'는 "1. 분조관리제안에서 농장원들에게 포전담 당제를 실시하는 문제", "2. 농업부문에서 농장책임관리제를 실시하는 문제", "3. 농촌경리에 대한 지도관리방법을 개선할데 대한 문제", "4.

실무적으로 제기되는 문제"의 4항목에 대해 '대책적 의견'을 제시하는 형태로 구성되었다.[27)

먼저, 포전담당제 실시 문제이다. 첫째, 포전을 개별 농장원이나 작업조에게 일정한 기간 고정 분담시켜 책임지고 관리하게 한다. 둘째, 각 포전의 책임 한계를 명확히 하여 연초에 농업생산과제를 국가에 바칠 몫, 농장에 바칠 몫, 개별 농장원의 분배 몫으로 갈라 정확히 규정해주고 영농공정수행에서도 포전이 분담해야 할 작업을 정확히 규정해 당국의 보장에만 의존하려는 현상을 없앤다. 셋째, 생산물 분배·처리와 관련해 '국가에 바칠 몫'을 우선 보장한 나머지는 전량을 농장원에게 현물을 기본으로 분배하고, 농장원의 여유 알곡은 그들의 의사에 따라 합의 가격으로 국가가 수매하거나 생활용품과 교환한다. 넷째, 국가가 포전담당제 실시 방법에 간섭하지 말고, 분조가 책임지고 사정에 맞춰 포전을 분담·조직하도록 한다.

농장책임관리제 실시이다. 첫째, 개별 농장들에 농업생산 계획권과 생산조직권을 주어 자체 실정에 맞게 관리하도록 한다. 중앙지표로 시달된 농업생산계획을 수행하는 조건에서 농장지표는 자체로 작물을 선택하고 부업생산 단위도 조직할 수 있도록 한다. 둘째, 개별 농장이 영농물자를 자체로 사드릴 수 있도록 국가 납부 몫을 제외한 농산물을 기관·기업소와 교류하거나 판매할 수 있도록 한다. 셋째, 농장에 관리기구와 노력 조절권을 주어 관리기구를 대폭 줄이거나 비생산부문 노력을 조절할 수 있도록 한다. 넷째, 개별 농장이 자율적으로 자금을 관리할 수 있도록 군협동농장경영위원회의 종합 '돈자리'를 없애고 개별 농장에 '돈자리'를 개설해주며, 주민들의 여유자금도 동원할 수 있도록 한다. 농장에서 농장지표로 생산한 농산물은 자체로 가격을 정해 판매하도록 한다.

27) 당 16호실, "농업경영방법 연구"(2013.7).

농업지도관리방법 개선 문제이다. 첫째, 농업성이 농토를 가진 모든 단위들의 농업생산 계획·국가알곡 의무수매계획·영농물자 공급계획 등 농업생산 관리를 하나의 기준과 규정에 따라 규율할 수 있게 한다. 둘째, 농장의 창발성이 발양되도록 농업지도기관들의 사업체계를 개선하여 군협농경영위원회는 농장의 영농사업지도를, 도농촌경리위원회는 종자생산과 자재공급·기술 지도를, 농업성은 농업발전 전망, 전국적인 농사작전, 자재보장, 과학기술도입, 기술양성사업을 맡아보는 체계를 세우고 농업 지도기관이 농촌에 층층이 내려와 농사 지도를 일률적으로 하는 현상을 없앤다. 셋째, 영농물자공급체계를 개선해 비료·연료·농기계 부속품 등 영농물자들을 국가적인 계획공급과 함께 농장들의 주문에 따라 계획화하고 판매하는 방법도 도입한다. 넷째, 토지·관개수로 용수·전력 이용에 해당한 알곡 수매 몫을 똑바로 정하고 일정 기간 고착시킨다. 다섯째, 국가의 영농물자공급 책임과 농장의 알곡의무수매 책임을 명백히 밝히어 국가가 계획된 영농물자를 제대로 보장하지 못하면 그에 해당하는 알곡 수매를 조절하고, 농장이 알곡의무수매계획에 미달하였을 때는 다음 해로 이월시켜 이행하도록 한다.

당 16호실은 포전담당책임제와 농장관리책임제를 실시하기 위해 국가가 해결해야 할 과제로 ① 국가알곡수매몫을 지난 기간 알곡생산실적의 30% 정도로 규정하고 5년간 고착시키는 문제, ② 영농물자와 알곡과의 교환 비율을 똑바로 정하는 문제, ③ 자연재해에 따른 피해 상황을 국가가 확증해주고 의무수매계획을 조절해 주는 문제, ④ 농사에 부족한 노력을 기관·기업소들과 계약의 방법으로 보장받는 체계를 세우는 문제, ⑤ 농장의 농산물을 양정기관에 수매하거나 판매할 때 자금을 즉시 결제하는 체계를 세우는 문제, ⑥ 국가적으로 식량문제가 해결될 때까지 당분간 비(非) 알곡 재배 면적을 줄이는 문제 등을 제기하면서, 내각에 해당한 대책을 주문했다.

나. 사회주의기업책임관리제 연구

'사회주의기업책임관리제 연구'는 김정은이 "사회주의기업책임관리제와 관련한 몇 가지 근본문제를 연구 보고할 것"을 지시한 데 따른 것이다. '사회주의기업책임관리제'란 "공장·기업소·협동단체들이 생산수단에 대한 사회주의 소유에 기초하여 실제적인 경영권을 행사하면서 당과 국가 앞에 지닌 자기의 사명과 임무에 맞게 경영활동을 완전히 책임지고 독자적, 주동적으로 하며, 근로자들이 생산과 관리에서 주인으로서 책임과 역할을 다하게 하는 기업관리 방법"이라고 했다.28)

김정은은 각 생산 단위들이 '실제적인 경영권'을 행사할 수 있도록 사회주의기업책임관리제를 실시하는 데서 나서는 '근본 문제'들을 8개 항목으로 나누어 제기했다. 그 8개 항목은 기업소가 ① "계획 및 생산 조직권을 확대하여 생산을 주동적으로 늘이는 문제", ② "관리기구와 노력조절권을 행사하여 노력관리를 개선하는 문제", ③ "제품개발 및 품질관리권, 인재관리권을 가지고 지식경제시대의 요구에 맞게 경쟁력을 높이는 문제", ④ "무역 및 합영, 합작권을 가지고 대외경제 활동을 능동적으로 벌리는 문제", ⑤ "재정관리권을 행사하여 자금의 조성과 분배이용을 주동적으로 실현하는 문제", ⑥ "생산물의 가격제정 및 판매권을 가지고 생산물 유통을 원활히 보장하는 문제", ⑦ "근로자들속에 있는 자금, 기술, 지식을 비롯한 생산자원을 적극 동원하는 문제", ⑧ "직장, 작업반, 분조안에서 근로자들의 담당책임제를 실시하는 문제"이다. 각 문제에 대한 당 16호실의 연구 결과는 다음과 같다.29)

---

28) 당 16호실, "사회주의기업책임관리제를 실시하는데서 나서는 근본문제들에 대한 연구"(2013.8).
29) 위 "사회주의기업책임관리제 연구"(2013.8).

① 생산 단위에 계획 및 생산조직권 확대 부여 : 국가가 수천 개의 지표를 중앙지표로 직접 계획화하면서 기업소는 소소한 지표만 계획화하게 할 뿐 아니라, 가능성도 고려하지 않고 세부 지표를 내리 먹이니 계획이 제대로 집행되지 않음은 물론 그 책임을 기업소도 국가도 지지 않는 결과를 초래한다. 공장·기업소·협동단체들은 국가계획 내에서 생산할 뿐 자체로 생산을 조직할 권한이 없어 생산능력이 있고 예비와 가능성이 있어도 실정에 맞게 생산조직을 할 수 없다는 것이다.

대안은 기업소 지표를 대폭 늘리면서 기업소들이 주문과 계약에 기초하여 자체로 계획을 세우고 생산을 조직하게 하자는 것이다. 인민경제계획화에서 기업소 지표를 대폭 늘리며, 중앙지표도 국가가 생산조건을 보장해 주지 못하는 경우 기업소 지표와 함께 계획권을 넘겨준다. 기업소들은 기업소 지표와 넘겨받은 중앙지표에 대한 계획을 기업 간 주문과 계약의 방법으로 세워 수행한다. 기업체들이 생산능력 상 여유가 있고 국가가 시달한 지표를 수행한 조건에서는 수요가 있는 지표들을 제한 없이 생산할 수 있게 한다. 기업체들은 지식경제시대의 요구에 맞게 과학기술과 생산을 밀착시켜 다양한 생산조직 형태와 방법을 적극 받아들이게 하자는 것이다.

② 생산단위에 관리기구 및 노력 조절권 부여 : 공장·기업소·협동단체들이 관리기구와 노동력 조절권을 실질적으로 행사하는 것은 생산성을 높이는 데서 중요한 문제다. 그러나 지난 시기 국가가 생산 단위에 수십 건이나 되는 노력관리규정·지도서를 하달하여 노력관리사업을 지나치게 얽어매어 놓았다. 따라서 국가가 기업소의 급수에 따른 표준관리기구 및 표준노동정량을 규정해주되, 기업체들이 실정에 맞게 세부 관리기구나 노동 정량을 정할 수 있도록 한다. 또한 생산 단위에서 노동력을 입직 또는 퇴직시킬 수 있는 권한을 부여하며, 여러 형태의 겸직제·도급제·책임제를 도입할 수 있도록 한다.

③ **제품개발 및 품질관리권, 인재관리권 부여** : 다른 나라에서는 새 기술, 새 제품을 개발하고 인재 관리를 중시하는 것을 기업 발전의 관건적인 고리로 보고 있으나, 북한의 기업소들은 품종 확대와 제품의 질 제고 사업을 홀시하고 인재 관리도 제대로 할 수 없게 되어있다. 과거 수령의 과업을 받은 단위를 제외하고는 수십 년간 새 제품을 연구 개발한 기업체가 별로 없으며, 규격·가격·생산 허가 등에 대한 수속 절차와 제한조건이 많아 제품개발에 지장을 초래하고, 근본적으로 품질 감독 및 인재 후비 양성 사업은 국가사업체계로 되어 기업에서 관심을 두지 않는다.

따라서 국가의 품질감독 기능을 강화하면서 기업체들의 신제품 개발 및 품질개선 노력도 강화되도록 품질관리체계를 정립한다. 국가의 규정 제정 원칙 및 등록 사업에 융통성을 부여하고, 기업들이 인재 후비들을 기술대학에 위탁 학업제를 실시하도록 하며, 상설 또는 비상설 과학기술 자문·봉사 기구를 운용해 기업들의 제품개발을 지원한다.

④ **무역 및 합영·합작권 부여** : 북한의 기업소는 대외경제 활동 권한이 없어 부족한 원료·자재를 자체로 구입하지 못해 설비 현대화에 지장을 받고 있다. 왜냐하면 북한의 기본 무역 단위가 성·중앙기관 및 지방정권 기관의 무역회사이기 때문에 이들은 외화벌이에만 치중할 뿐 현장의 생산 활동을 정상화하고 국제 경쟁력을 제고하는 데 별반 도움을 주지 못한다. 또한 합영·합작 사업이 중공업 부문에는 거의 없고 봉사 부문이나 소비품 생산 부문에 치우쳐 있다.

이에 대한 당 16호실의 의견은 '북한 내부에 대한 적대 세력들의 침습을 철저히 경계하면서' 기업체들이 다른 나라 기업들과 직접 경제교류를 할 수 있도록 해주자는 것이다. 당 전문기구의 입장은 구체적으로 다음과 같다. 당국이 정한 원칙과 방법론에 기초하여 생산 단위들에 무역 및 합영·합작권을 부여하며 독자적인 대외경제 활동이 어려운 기업체들은 해당 상급 단위를 통하여 할 수 있게 한다. 국가적으로는 기업체들이 대외경제 활동을 할 수 있도록 수출입 계약체결, 대표단 파견, 국제 통신 이용, 대외결제 등의 환경을 마련해 주며 수출입 제품가격 승인 등과 관련한 절차도 간소화한다. 또한 국가적으로 기업경쟁력을 높이고 무역의 다각화·다양화가 가능하도록 수출입 무역의 국내 독점지표를 전반적으로 검토해 점차 없애는 대신 대외적으로 경쟁력이 있는 기업들에 국가적으로 우대 조치한다.

⑤ **주동적인 재정관리권 부여** : 지금 당국이 기업소의 경영 수입 분배와 자체의 자금조성 및 이용에 대해 세부 규정으로 얽어놓아 기업체들은 자금관리에서 제 발로 걷지 못하게 하고 있다. 국가적으로 기업의 이익만을 추구하는 경향성을 극복하면서 기업체들에게 독자적인 재정관리권을 부여해야 한다. 그 방법론으로는 기업체들이 국가자금에만 의존하지 않고 유동자금을 비롯한 경영자금을 조성할 수 있도록 재정 금융제도를 수립하고, 기업체들의 국가납부계획 수행 후 잉여자금에 대한 활용권을 부여한다.

⑥ **생산 단위에 가격제정 및 판매권 부여** : 생산 원가를 보상하고 확대재생산을 보장하는 문제는 중요한 문제이나, 지금 기업소들은 지령에 따라 판매함으로써 확대재생산은 고사하고 경영 손실까지 보고있다. 따라서 국가적으로 가격 자유화를 철저히 배격하면서도 다른 나라 기업들처럼 시장수요를 자체로 조사하여 가격을 정하고 판매하는 방법을 북한 실정에 맞게 받아들여야 한다.

구체적으로는 첫째, 국가적으로 당의 인민적 시책을 실현하고 원가를 보상하는 원칙에서 모든 생산물과 봉사에 대한 기준가격을 정해 경제계산과 가격제정의 기초로 이용한다. 둘째, 기업체들이 주문과 계약으로 생산한 지표들에 대해서는 자체로 또는 수요자와 합의해 가격을 정하도록 한다. 셋째, 기업이 자체로 정한 가격으로 생산자와 수요자 사이에 계약을 맺고 거래할 수 있도록 상사 및 도매기관과 소매기관, 시장, 직매점 등 생산물 유통체계를 개선하는 방안을 마련한다.

⑦ **근로자들의 개인적 자금·기술·지식 동원 허용** : 지금 생산 단위에서 개별 주민들의 자금을 직접 동원·이용하는 것은 불법이나, 적지 않은 협동농장들이 부족한 영농자금을 개인 자금으로 보충하여 영농물자를 구입하고 가을에 알곡으로 물어주고 있으며, 일부 공장·기업소들에서도 개인과 이익분배에 대한 비법적인 계약을 맺고 그들의 자금을 융통하고 있다. 변화된 환경과 조건에 맞게 개인들의 유휴 자금과 기술·지식 등 생산잠재력을 동원하는 것은 개인 이기주의 조장을 경계해서 한다면 생산 활성화에 도움이 된다. 따라서 각 생산 단위가 공증기관이 인정하거나 은행이 정한 절차에 따라 주민들의 유휴 자금을 이용하거나, 연로 보장자와 사회 보장자 등 집에서 놀고 있는 사람들의 기술과 지식을 활용하는 노동계약을 체결할 수 있도록 허용한다.

⑧ **직장·작업반·분조 내에서 담당책임제 실시** : '담당책임제'란 "기계설비와 토지시설물 등 국가 또는 협동적 소유의 재산을 개별 근로자에게 고정적으로 담당시켜 책임지고 관리하게 하는 제도"이다. 지금 일부 단위에서 기대나 설비, 시설물, 나무 등을 담당시켜 관리하고는 있으나 그것을 기업관리 전반에 일반화하지 못하고 그 관리 상황을 장악·평가하는 제도도 없다. 김정은이 "모든 근로자들이 자기 포전과 자기가 사는 지역을 ㎡당으로 책임지고 주인답게 관리할데 대하여" 지시한 것처럼 공업 부문에서는 기대 및 작업장 담당 책임제, 농업 부문에서는 포전담당제, 국토 부문 혹은 도시경영 부문에서는 구획 담당제를 실시한다. 국가적으로는 담당 책임제의 조직·운영과 관련한 원칙을 규정하고, 기업소에서는 자체 실정에 맞게 구체적으로 담당 책임제를 집행하게 한다.

다. 경제적 공간의 합리적 이용방안 연구

'경제적 공간의 합리적 이용방안 연구'는 2013년 3월 김정은이 경제관리에서 경제법칙의 요구에 맞게 경제적 공간을 중시하고 합리적으로 이용하는 데서 나서는 '근본 문제'들을 설정해 준데 따른 연구이다. 김정은은 '근본 문제'로 ① "인민경제의 계획적 균형적 발전법칙의 요구에 맞게 계획 공간을 이용하는 문제", ② "노동에 의한 분배법칙의 요구에 맞게 노동보수 공간을 옳게 이용하는 문제", ③ "가치법칙과 관련된 경제적 공간을 합리적으로 이용하는 문제"를 제시했다.[30] 이에 대한 당 16호실의 '대책적 의견'은 다음과 같다.

첫째, 계획화 사업과 관련해 최대한 경제적 실리를 보장하는 계획화 사업으로 확고히 전환한다. 계획수행에서 국가나 기업들이 인적·물적 자원 이용의 경제적 효과성을 중시하는 계획화 방법론을 완성하고, 특히 계획지표 분담을 전반적으로 검토하되 주문과 계약에 의한 계획화 사업을 실시할 수 있게 한다. 기업체들의 계획수행 평가는 중앙지표의 현물지표별 계획수행 정형·국가 납부 계획수행 정형·실리 보장 정형을 기본으로 엄격히 평가할 수 있도록 한다.

둘째, 일한 것만큼, 번 것만큼 보수를 받을 수 있게 노동보수 공간을 이용해 기업체들이 노동보수 원천을 마련한다면 제한 없이 보수를 지불할 수 있게 한다. 국가는 모든 생활비 수준을 정해주는 현재의 방법에서 부문별로 최저 생활비 기준만을 정해주고, 공장·기업소들이 보수를 자체로 정하도록 한다. 생산 단위들이 생산과 수출을 적극 늘리고 다양한 방법으로 내화와 외화 현금 등의 수입을 늘려 노동보수 원천을 마련할 수 있게 하고, 보수를 현물 혹은 신용카드로도 지불할 수 있게

---

30) 당 16호실, "경제관리에서 경제적 공간을 중시하고 합리적으로 이용하는데서 나서는 근본문제들에 대한 연구"(2013.8).

한다. 국가는 선행부문·기초공업 부문의 생활비가 다른 부문보다 떨어지지 않고, 과학자·기술자들에게 추가보수가 지불되도록 한다.

셋째, 원가와 가격, 이윤과 수익성, 화폐와 신용 등 가치법칙과 관련된 경제적 공간을 옳게 이용하여 실리를 보장하고 확대재생산을 실현한다. 구체적으로는 각 기업체들은 국가가 정한 원가 항목에 기초하여 생산을 관리하고, 가격은 가치와 수요 공급 관계에 기초하여 제정하도록 한다. 공장·기업소·협동단체들에서 이윤과 수익성을 경제적 실리보장과 경영활동 평가의 주요 지표로 이용한다. 국가적으로 상품유통량을 늘려 화폐의 회전속도를 높이는 방법으로 북한 돈의 구매력을 높이고 통화안정을 보장할 수 있게 화폐 공간을 능동적으로 이용한다. 특히 유휴 화폐자금을 적극 동원하기 위해 다양한 형태의 예금과 전자결제 카드의 이용을 장려하며, 은행신용 회복과 화폐 이용의 편리성을 보장할 수 있는 금융 방법들을 받아들인다.[31]

02 김정은의 '우리식경제관리방법' 발표(2014.5.30 담화)

가. 경제개혁 원칙 및 기본 요구

김정은은 2014년 5월 30일 당·국가·경제기관 책임일꾼들과의 담화 형태로 "현실발전의 요구에 맞게 우리식 경제관리 방법을 확립할데 대

---

31) 당 16호실은 보고 말미에 "내각을 비롯한 해당 단위에 보내주어 집행대책을 세우도록 하려고 합니다"라고 했다. 당 16호실, "경제관리에서 경제적 공간을 중시하고 합리적으로 이용하는데서 나서는 근본문제들에 대한 연구"(2013.8).

하여"를 발표했다. 김정은의 '우리식경제관리방법'으로 지칭되는 '5.30 담화'는 ① 모두(冒頭)의 "사회주의 소유 고수"와 "최대한 실리 보장"이라는 원칙과 기본 요구 ② 본론의 첫 부분인 경제에 대한 국가의 통일적 지도와 전략적 관리 ③ 본론의 둘째 부분에 해당하는 사회주의기업 책임관리제 실시 ④ '경제 사업에 대한 당의 영도 보장'으로 구성되었다. '5.30 담화'는 김정일의 2001년 '10.3 담화' "강성대국건설의 요구에 맞게 사회주의경제관리를 개선 강화할 데 대하여"와 비교되는 문건이며, 김정은이 2011년 12월 '경제관리방법 개선 연구'를 지시한 지 2년 5개월 만에 나온 경제개혁 문제에 대한 결론적 문건이다.

이 담화가 나오기까지의 과정은 다음과 같다. 2011년 '12.28 담화'로 김정은이 "우리식 경제관리 방법을 빨리 찾아낼 것"을 지시한다. 2012년 연초에 내각 '1228호 상무'가, 그해 6월에는 '당 16호실'이 조직되어 개편안 마련에 착수한다. 그 결과 2012년 9월 농업·기업 등 부문별 '개편 시안'을, 2013년 3월에는 '확대 시안'을 마련하고, 그해 8월에는 내각의 추가 개선안 시행 및 당 전문기구의 '농업·기업책임 관리제 연구' 보고를 거쳐 2014년 5월 '5.30 담화'가 발표된다. 이어 7월에는 '5.30 담화' 관철을 위한 '내각결정'이 하달된다.[32]

'5.30 담화' 발표까지 소요된 2년 5개월은 과거 김정일이 경제개혁을 지시하여 '7.1 조치(2002년)'가 발표되기까지의 기간과 비슷했다. 경제개혁 입안은 김정은이 재촉한 과제이고, 경제 간부들이 과거 시행착오를 통해 방법론을 익히 아는 문제임에도 불구하고 비교적 긴 시간이 소요되었다.

'5.30 담화'는 모두(冒頭)에서 "현실발전의 요구에 맞는 우리식 경제

---

32) 북한 내각결정 제43호, "경애하는 김정은동지의 고전적로작 '현실발전의 요구에 맞는 우리 식 경제관리방법을 확립할데 대하여'에 제시된 강령적과업을 철저히 관철할데 대하여"(p. 22), 2014.07.10. 이하 이 글의 '5.30 담화' 내용 분석은 '내각결정 제43호'를 토대로 이루어졌다.

관리방법 확립"에서 나서는 원칙과 기본 요구를 밝혔다. '우리 식 고수'를 위해서 "사회주의 본성에 어긋나는 방법을 끌어들여서는 안 된다", "주체사상의 원리에 맞아야 한다", "사회주의적 소유를 고수하고 집단주의 원칙을 구현해야 한다"는 주장을 폈다. 반면에 '현실발전의 요구'와 관련해서는 경제관리가 "객관적 경제법칙과 과학적 이치에 맞아야 한다", "기술 집합형 기업으로 전환해야 한다", "최대한 실리를 보장해야 한다"고 주장했다.

김정은도 과거 김정일처럼 '우리 식'과 '변화하는 현실' 사이에 절충주의적 화법을 구사하고 있으나, 기본 요구의 핵심은 '사회주의 소유제를 건드리지 않는 범위 내에서 최대한 실리를 보장할 수 있는 경제관리 방법을 구현하라'는 것으로 해석된다. 즉, 국·공유제는 유지하면서 계획경제는 탄력적으로 운용하라는 주장이다. '사회주의 소유 고수 + 최대 실리 보장'이라는 원칙은 본론에 가서 공장·기업소·협동단체들에 '생산수단의 국·공유제는 유지하되 실제적인 경영권을 주겠다. 그 대신 생산 정상화를 책임지라'는 요구로 구체화해 과거보다 개혁범위를 확대한 진일보한 사고였다.

나. 경제에 대한 국가의 통일적 지도와 전략적 관리

'5.30 담화'는 본론에 들어가서, 경제 전반에 대한 "국가의 통일적 지도와 전략적 관리 실현"을 강조했다. 그 방법론으로 ① 중앙집권제 원칙에 따른 경제 전반의 통일적 지휘체계 수립 ② 경제발전에서 국방공업 부문과의 연계 강화 ③ 내각책임제·중심제 강화를 제시했다.

① 경제 전반의 통일적 관리 문제와 관련, '내각결정'(2014.7.10)은

'5.30 담화' 관철을 위해 국가계획위원회 등이 "현재 진행 중에 있는 국가경제발전전략 작성 사업을 당창건 70돌까지 끝내고 이와 병행해 단계별 발전계획을 세울 것"이라고 했고, "나라의 인적, 물적 자원을 통일적으로 장악하고 동원 리용"하기 위해 "사회주의재산총실사위원회를 조직하고 2014년 12월 31일 시점으로 사회주의재산총실사와 공장·기업소들을 대상으로 한 생산능력평가사업[33]을 진행할 것"이라고 했다. ② 국방공업부문과의 연계 강화와 관련, 내각은 국방공업발전에 필요한 설비·자재·자금·전력과 로력을 최우선 보장하여 국방공업이 첨단과학기술분야를 개척하는데 선도하도록 하고, 국방공업과 민수공업의 경제·기술적 연계가 이루어지도록 해야 한다고도 했다.

• 내각의 특수단위 통제 방침 3개항(2014.7, 내각결정)

③ '내각 책임제·중심제 강화'에서는 '특수단위 통제' 문제를 비중을 두고 강조했다. '내각결정'(2014.7)은 "나라의 전반적 경제 부문과 단위들은 내각의 통일적인 작전과 지휘에 따라 움직이는 체계와 질서를 엄격히 세울 것"이라면서, 내각 외 당·군 특수단위들에 "내각의 결정과 지시는 곧 당의 방침을 관철하기 위한 행정적 조치라는 인식을 가질 것"을 주문하면서 그 이행상황에 대한 "법적 감시와 감독·통제를 강화할 것"이라고 주장했다. '내각결정'은 또한 내각의 책임 이행을 위해 김정은 방침(2012.4 등)을 빌어 당·군 특수경제 단위에 다음과 같은 세 가지의 구체적인 요구를 했다.

첫째, "모든 부문, 단위들은 계획·재정·통계·화폐류통·로동보수·가격·수출입사업·합영·합작기업·해외기술협조단 조직 및 운영·투자유치

---

33) '내각결정'(2014.7.10)은 "해마다 기업체들의 경영활동정형을 종합 평가하여 3년간 련속 기업손실을 내거나 계획을 미달하는 경우 급수를 낮추거나 정리하는 제도와 질서를 세울 것"이라고 했다.

활동 등 경제사업과 관련하여 제기되는 문제들을 '국방위원회 제1위원장 명령 제001호'[34]에 지적된 대로 집행(내각 해당 부처에 통보·자료 제출 혹은 승인)하며 명령과 어긋나게 집행하는 현상들에 대하여서는 책임있는 일군들을 엄하게 처벌하도록 할 것"이라고 강조한다.

둘째, "경제사업 과정에서 제기되는 문제들은 내각을 통하여 당에 보고드리거나 내각과 반드시 문건으로 합의하여 보고드리는 규률과 질서를 철저히 지킬 것"을 요구하면서 특히 "전력과 연유·강재·시멘트 등 중요자재, 식량, 자금(외화포함) 보장, 로력보충, 생활비 기준, 가격제정과 관련한 문제들을 당에 보고드릴 때는 사전에 국가계획위원회, 재정성, 중앙은행, 무역은행, 로동성, 국가가격위원회와 토의한 다음 내각 합의에 제기하도록 할 것"을 주문했다.

셋째, "'특수' 간판 아래 제각기 기업소들을 만들어 놓고 제각다리로 생산과 경영활동을 벌려 나가는 현상을 철저히 없애며 국가의 법과 규정 벗어난 '특수'화된 단위들을 정리하고 앞으로 더 내오지 않도록 할 것이다"라고 내각의 능력 밖에 있는 '강경한' 주문도 내놓았다.

• '경제 전반에 대한 국가의 통일적 지도' 부분의 특징

우선, 경제사업에 대한 국가의 통일적 관리와 함께 '당적 지도'도 동시에 강조되고 있다는 점을 들 수 있다. '경제의 통일적 지도와 전략적 관리'를 위해 내각책임제·중심제 강조에 머물지 않고 당의 경제 전반 통일적 지휘, 군의 국방공업 역할 제고를 병렬적으로 강조했다.[35] '당적 지도'는 결론 부분에서 특히 강조되고 있다. 내각이 경제관리에 '노

---

34) 2012년 4월 30일 "경제사업에서 내각책임제, 내각중심제를 강화하기위한 혁명적 대책을 세울데 대하여."
35) 각 항목의 구체적 과제들로 내각과 관련된 과제들만 열거하고 있는데 이는 '내각결정'이라는 문건의 성격상 당이나 군의 구제적인 과제를 포함하지 않은 것으로 추정된다.

동당의 지도'라는 모자를 의도적으로 씌운 것으로 보인다.

다음으로, 생산 단위의 자율성 제고와 당국의 경제장악력 간의 조화를 도모하고 있다. 각론적으로는 '사회주의기업관리책임제'에서 개별 공장·기업소들의 자율성을 확대하고 있으나 총론적으로는 당국의 경제장악력 제고를 주문했다. △국가경제발전전략 작성 △사회주의재산 총실사 △생산능력평가사업의 실시는 개별 경제단위에 대한 '실질적인 경영권과 실리 보장'의 목적이 궁극적으로는 당국의 경제장악력 제고에 있음을 시사했다. 이 부분은 '사회주의기업책임제' 실시가 향후 '5개년(2016~2020) 전략' 추진을 위한 사전 조치의 성격도 있음을 의미한다.

끝으로, 특수단위의 경제활동에 대한 구체적 통제 방법을 제시하고 있다는 점이다. 당·군 관할 생산 단위라 할지라도 인민경제계획 수립과 집행에 지장을 초래하지 않도록 내각 부처에 규정된 협조의무(통보·자료 제출 혹은 승인)를 이행할 것을 주문했다. 특히 내각 경제활동과 관련된 '중요사안'과 관련해 특수기관이 김정은에게 보고해 비준받을 때는 사전에 내각과의 합의를 거치도록 했다. 중요사안으로는 "전력과 연유·강재·시멘트 등 중요 자재, 식량, 자금(외화포함) 보장, 로력 보충, 생활비 기준, 가격제정과 관련한 문제들"을 열거했다.

내각은 당·군 특수단위의 협조의무를 '국방위원회 제1위원장 명령 001호(2012.4.30)'를 근거로 요구하고 있다는 점에서 특수단위도 다소 규제를 받을 것이나 실효성은 극히 제한적이다. 앞에서 언급했지만, '특수단위들의 내각에 대한 협조의무'는 39호실·제2경제위원회 등의 활동은 정치적·보안상의 이유로 예외 조항이 허다하고, 특수기관들은 어떤 구실을 대고서라도 지도자의 비준을 받아내는 것이 통례였으며, 권력구조 상 내각이 특수기관의 의무 불이행을 규제할 능력이 없다.

다만 부족의 경제 상황이 극심해지자 2021년 이후 '단위 특수화 현상과의 투쟁'이라는 이례적인 조치를 내놓게 되며, 김정은의 강력한 지시로 당·군의 특권경제도 일정한 통제를 수용하게 된다(5장-4절-4-라. 단위 특수화 현상과의 투쟁 참조).

다. 사회주의기업관리책임제 실시

'사회주의기업책임관리제'는 김정은의 '5.30 담화'의 핵심 내용으로 "공장·기업소·협동단체들이 사회주의적 소유는 유지하면서 실제적인 경영권을 갖고 기업활동을 창발적으로 수행하며 근로자들이 생산과 관리에서 주인으로서의 책임과 역할을 다하게 하는 기업관리방법"이라고 규정된다.[36]

공장·기업소·협동단체들의 경영권을 보장하여 기업을 책임지고 관리할 수 있도록 각 생산 단위에 ① 계획권과 ② 생산조직권을 확대하면서, ③ 관리기구와 노력 조절권, ④ 제품개발권, ⑤ 품질관리권, ⑥ 인재관리권, ⑦ 무역·합영·합작권, ⑧ 재정관리권, ⑨ 가격제정 및 판매권 등 9대 경영권을 부여했다.[37] 그리고 개인적 자금·기술·지식 동원 허용하면서, 농업의 포전담당제처럼 공업에서 기대(機臺·기계설비) 담당 책임제를 시행한다는 것이다. 이러한 조치는 앞에서 기술한 당 16호실의 "사회주의기업책임관리제 연구"(2013.8)를 수용한 것으로, 구체적인 경영권의 내용은 앞에서 기술한 내용으로 대체한다([표 5-1] 참고).

---

36) 위의 '내각결정'(2014.7.10).
37) '9대 경영권'이란 표현은 북한 기업소법 "제4장 기업소의 경영"편에 "○○○권"으로 명기한 권한이 9개라서 필자가 붙인 표현이다. 『북한법령집 상』(국가정보원, 2022.10), pp. 616~618.

표 5-1 북한 개별 기업에 부여한 9대 경영권(2015, 기업소법)

경영권	주요 권한	경영권	주요 권한
계획권 (31조)	자체 조건에 맞게 계획수립. 기업소지표는 수요기관·기업과 주문 계약에 따라 자체로 계획	인재권리권 (36조)	일하면서 배우는 교육체계, 재교육체계 도입. 과학기술 보급실 운영, 인재선발·적재적소 배치
생신조직권 (32조)	자체 생산조직 및 생산공정관리. 원료·자재를 보장받고 생산계획 미달하면 기업소가 책임짐	무역합영·합작권 (37조)	능동적 대외경제활동으로 원료, 자재 자체 해결. 실정에 맞춰 수출품 생산
관리기구·로력조절권 (33조)	자체로 관리부서·관리직 인원수 조정 가능. 노동력 증감 조절 및 다른 기업과의 교류도 가능	재정관리권 (38조)	경영자금 주동적 마련 및 효과적 이용. 은행대부 및 주민유휴자금 리용 가능
제품개발권 (34조)	새 기술, 새 제품 개발조직 운영, 제품개발에 필요한 설비·자재·자금 수요 보장.	가격제정권판매권 (39조)	주문계약 및 기업소지표로 생산한 상품은 자체로 가격을 정해 판매 가능
품질관리권 (35조)	선질 후량 원칙에서 품질관리 노력 해야. 품질인증제도에 맞게 제품관리 사업 짜고 들어야.		

'내각결정'(2014.7)은 '사회주의기업책임관리제' 시행을 위해 당의 방침보다 더 구체적인 경영권 보장 방안을 하달한다. 생산 단위의 계획권·생산조직권 확대와 관련 "국가계획기관이 지표 분담에 따라 기업체들에 전력과 원료, 자재보장 가능성을 고려하지 않고 생산계획을 시달하였거나 제때에 계획화하지 못하여 (기업체가) 계획을 미달하면 국가계획기관이 책임진다"고 했다. 다만 "기업체가 원료·자재를 보장받고도 로력관리·설비관리·기술관리를 제대로 못해 생산 계획을 미달하면 업체가 책임지게 하는 엄격한 제도를 세울 것"이라고 하여 기업체의 생산 정상화 책임을 동시에 강조했다. 공장·기업소들의 생산 책임은 2015년 1월부터 시행되는 '생산능력평가'사업에 의해 검증할 것임

을 시사했다. 내각은 김정은의 '5.30 담화'(2014.5)와 이를 위한 '내각 결정'을 하달(2014.7)한 직후 8월에는 '사회주의기업책임관리제실시를 위한 독립채산제 규정', '기업체관리운영표준세칙'을 하달했다.

【그림 5-3】 '우리식경제관리방법'(5.30 담화) 완성 과정, 구성 체계, 특징

[완성 및 시행 과정]

○ 내각 '1228호 상무' : 2012년 경제관리 '개편 시안' 및 2013년 '확대 시안' 시행

→ 당 16호실 : 2013년 8월 '농업경영방법' '사회주의기업책임관리제' 등 연구

→ 김정은, 2014년 5.30 담화 '우리식경제관리방법' 발표

→ 2014.7 '내각결정' : 시행방안 하달

→ 2014.8 독립채산제 규정, 기업체관리운영 표준세칙 하달 → 2015 경제법령 정비

[5.30 담화 구성 체계]

○ 모두(冒頭), 경제관리방법 원칙과 기본요구 :
  '우리 식'과 '변화하는 현실' 절충 = 사회주의 소유제 고수 + 최대한 실리 보장

○ 본론 1, 경제에 대한 '국가의 통일적 지도와 전략적 관리 실현' :
  - 사회주의 재산총실사 및 공장·기업 생산능력 평가 사업 → 국가경제발전전략 추진
  - 경제발전과 국방공업 발전 연계, 내각책임제·중심제 강화 및 특수 경제단위 통제

○ 본론 2, 사회주의기업책임관리제 실시 :
  - 개별 기업에 계획권·생산조직권 등 9대 경영권 부여, 당국과 기업 간 책임 분담

○ 결론, '경제 사업에 대한 당의 영도 보장' 및 경제관리개선 사업 지속 심화·발전

[특징과 한계]

○ 계획화 체계 개편 : 중앙지표 축소, 기업소 지표 증가

○ 시장을 계획화 체계에 편입 : 생산 현장의 시장거래 합법화

○ 개별 생산 단위의 자율성·인센티브 확대

○ 한계 : 시장청산전략 관점 유지 - 시장가격 통제, 농민의 곡물 시장거래 규제 등

'5.30 담화'의 끝부분은 "경제사업에 대한 당의 령도 보장"과 경제관리개선 사업의 심화·발전 문제이다. 당의 영도 보장을 위해 경제사업에 제기되는 중요 문제들은 당에 보고하고 그 결론에 따를 것, 각 부문·단위의 경제관리는 해당 당위원회의 집체적 지도에 의하되 개별 일꾼의 독단을 허용하지 말 것을 주문했다. 또한 내각은 앞으로도 기업운영 합리화에 실무적으로 제기되는 문제들을 바로 잡아 나갈 것이라고 했다. 이를 위해 경제관리방법 연구 사업을 지속하며, 보다 더 효율적인 연구를 위해 각급 기관 산하 경제관리방법 연구 단위들을 내각 연구소에 2중으로 소속시킨다고 했다. 내각 연구소는 각급 연구 단위들에 과제를 주고 집행상황을 평가하며, 추가로 연구한 대책안들은 내각 상무회의의 심의로 완성한 다음 당에 보고해 비준받은 데 따라 집행하는 체계를 세울 것임을 밝혔다.

03 '우리식경제관리방법' 평가 및 후속 동향(2015)

가. '우리식경제관리방법' 평가

'우리식경제관리방법'의 특징과 성격은 다음과 같다.[38] 첫째, 계획화 체계를 개편해 중앙과 기업의 역할을 조정했다. 인민경제계획법에 계획지표를 '중앙지표, 지방지표, 기업소지표로 분담'하였고, 기업소법으로 '기업소에 자체 계획권을 부여'했다. '농장지표'(농장법)라는 개념을

---

38) 이 부분은 양문수, "김정은 집권 이후 개정 법령을 통해 본 '우리식경제관리방법'," 『통일정책연구』, 제26권 2호(2017), pp. 99~100을 참고했다.

도입하고, 전략지표 혹은 중앙지표 외에는 개별 무역 거래 당사자가 수출입 금액상으로 자체 계획화가 가능하거나(무역법) 개별 경제단위가 자체로 자재공급계획을 작성(자재관리법)하도록 개정했다. 이는 개별 생산·무역 단위에 대한 지령성 계획화 즉, 의무적으로 달성해야 하는 현물 과제의 축소를 의미한다. 요컨대 사회주의기업책임관리제 실시로 중앙의 계획지표가 축소되는 대신 기업소지표가 증가했다.

둘째, 시장을 계획화 체계에 편입하여 시장의 제도화 수준을 제고했다. 과거 7.1조치 때는 기업의 실적을 평가하는 지표로서 '번 수입 지표'를 신규 도입했고, 이를 기업에 대해 '계획 외 생산'과 '계획 외 유통'이라는 명목으로 사실상의 시장경제 활동을 인정했다. 이번에는 시장에 대해 '기업소지표'와 '농장지표'라는 이름으로 시장을 국가계획 체계 내부로 편입시켜 시장화의 제도화 수준이 종전보다 높아졌다. 기관·기업소 간 주문계약 체결권(인민경제계획법), 기업소에 가격제정권과 판매권 부여(기업소법), 농장에 수매량 납부 이후 남은 물량에 대한 판매 권한 부여(농장법, 곡물 제외), 국가적 전략지표 외 기타 지표의 무역가격은 무역 거래 당사자가 결정한다는 규정(무역법)도 시장을 활용한 기업·농장의 폭넓은 경영활동을 합법화해 준 것으로 평가된다.[39]

셋째, 개별 생산 단위의 자율성과 인센티브가 확대되었다. 기업에 계획권·노동력 조절권·가격제정권 및 판매권 등 다양한 권한을 부여하여 실질적인 경영권 행사가 가능하게 했다. 농장의 경우 국가 수매의 존재로 기업 경영권만큼은 미치지 않으나 자율성이 확대되어, 영농시기와 방법, 부업생산 단위 조직, 농장지표에 의해 생산된 농산물의 가격 결정 및 판매, 국가 수매 이후 잉여 농산물에 대한 분배·처분방식에 대해 농장의 권한이 확대되었다. 기업·농장의 인센티브도 확대되었다. 기업의 경우 국가납부금을 '순소득'에서 '순소득 및 소득' 기준으로 납부

---

39) 양문수, 위의 글, pp. 100~101.

하도록 했다. 그 경우 소득(판매 수입) 기준으로 국가납부금을 정하면 원가를 절감해 기업이 처분할 수 있는 기업 소득이 늘어난다. 국가납부금 이후 기업 소득, 즉 가처분 소득의 배분 비율에 대해 종래 국가의 간섭을 줄이고 기업이 자율적으로 처분할 수 있도록 했다. 농장의 경우 현금분배에서 현물분배 방식으로 전환함에 따라 농장원들이 인센티브가 증대되었다.[40]

한편 이번 제도 개편의 성격은 현실변화를 사후적으로 추인한 것으로, 종전에 공식제도 밖에서 진행되고 있는 경제주체들의 활동을 상당 부분 제도권 내로 편입시켰다는데도 의미가 있다. 즉 과거 경제 단위들의 시장을 활용한 광범위한 불법적 혹은 반합법적 경제활동의 상당부분을 합법화시켜주었다. 제도 개편의 기본방향은 정부·기업·가계의 이해관계 절충을 통해 3자의 역할과 권한을 조정하고 국민경제 전체의 생산 확대를 통해 정부의 경제적 목표를 달성하는데 두었다.[41]

전체적으로 볼 때 제도적으로는 개혁의 수준, 심도, 범위 면에서 2002년 7.1조치는 물론 2003~2004년 박봉주의 개혁 조치보다 진전된 것으로 평가되며, 특히 기업소법에서 기업의 경영권이라는 새로운 개념을 등장시켜 국영기업에 '실제적인 경영권'을 부여함으로써 생산성 향상을 도모했다.

• '우리식경제관리방법'의 한계

사회주의 소유제 고수라는 '우리식' 혹은 '사회주의식' 전제에 따른 한계는 앞에서 거론했고, 기업·농장책임관리제 자체에 내재한 한계, 실제 운용상의 한계를 중심으로 살펴본다. 가장 두드러진 한계는 북한당

---

40) 양문수, 위의 글, pp. 101~103.
41) 양문수, 위의 글, pp. 105~106.

국이 시장청산 전략을 포기하지 않았다는 점이다. 국가 경제와 시장경제를 대치 관계로 보는 인식에는 변함이 없으며 국영 생산 단위가 시장을 활용하면서도 시장에 편입될 가능성을 경계하고 있다. 개정 경제 법령에 시장 또는 시장가격이란 표현은 전혀 나오지 않아 과거 김정일이 지적한 '시장경제 = 사상의 빈곤'을 의식하고 있는 듯하다. 특히 가격체계에서 '시장' 수용에 대한 부정적인 관점은 법령 하위의 내각 규정, 국가계획당국 지시, 실무 강습제강 등을 통해 확인되는데, 법령상 공장·기업소·농장에 자체 가격결정권을 부여했다고 규정했으나 시행령 등에서는 당국의 기준가격 혹은 합의 가격을 기초로 할 것을 규정함으로써 시장가격의 적용을 배제했다.

2012년 9월 '8대 경제관리개편 시안'의 하나인 상품가격 결정 방식의 전환(고정 기준가격 → 변동 기준가격)을 보면, 북한당국은 기업소가 생산한 상품의 저가(국정가격) 유지로 시장 유출이 극심해지자 시장가격이 아닌 변동가격[42]을 도입하면서도 통화팽창에 따른 물가상승을 우려하여 10개 미만의 기업소들에만 시범 도입하는 신중함을 보였다. 변동가격제는 2013년 8월 국가가격위원회 지시로 여타 공장·기업소들에 확대 시행되나, 변동가격은 시장가격이 아님을 명확히 밝히면서 국가 가격기관에 등록을 의무화했다. 국가가격위원회는 '변동가격'은 기업소 자체 제정가격 혹은 수요자와의 합의 가격으로 "원가를 보상하고 확대 재생산을 실현할 수 있도록 하면서도 수요·공급 관계를 고려하여 시장보다 낮게 정하는 것을 원칙으로 한다"고[43] 하여 국영 생산 단위의 생산 정상화와 함께 독자적인 위상 확보를 도모했다.

'사회주의기업책임관리제' 도입(2014.5)으로 기업소에 생산물 가격

---

42) 변동가격은 시장가격을 의미하지 않으며 시세변동을 고려해 필요한 시기에 주기적으로 조정한 가격이다.
43) 국가가격위원회 지시, "김정은동지께서 공장, 기업소들에 가격제정권한을 줄데 대하여 주신 지시를 철저히 관철할데 대하여"(주체 102(2013)년 7월).

제정권과 판매권이 부여되어 기업은 수요자와 주문 계약을 통해 생산한 제품, 기업소 지표 제품에 대해서는 가격을 자체적으로 정하고 판매할 수 있는 권한을 부여받았다(개정 기업소법 제39조). 그러나 기업이 자체로 정한 가격이나 주문계약에 의해 수요자와 합의한 가격도 '기준가격'에 의해 규제를 받았다. 당 16호실의 '사회주의기업책임관리제 연구'(2013.8)와 '우리식경제관리방법 관철을 위한 내각결정(2014.7)'은 "가격 자유화를 철저히 배격하면서, 당의 인민적 시책 실현과 원가 보상 원칙에서, 시장수요를 자체로 조사하여 모든 생산물과 봉사에 대한 기준가격을 정하여 가격제정의 기초로 이용한다"고 했다.

곡물 가격결정 및 판매에 대해서는 규제는 더 심했다. 2012년 7월 포전담당제와 현물분배를 도입한 농업개혁을 추진하면서도 양정 당국은 농민이 분배받은 여유 알곡은 "농장관리위원회가 책임지고 국가가 농민들의 이해관계에 맞게 따로 정한 가격(합의가격)으로 수매하거나 상업기관 상품과 교환 수매하도록 조직해 시장으로 빠져나가지 않도록 해야 한다"고 했다.[44] 농장법 개정(2014, 2015)을 통해서도 중앙지표로 생산된 농산물의 경우 국가 수매 이후 농민에게 분배된 여유 알곡이라 하더라도 여전히 '국가가 농민들의 이해관계에 맞게 따로 정한 가격'으로 기관·기업에 판매할 수 있을 뿐 시장 판매는 규제받았다. 농장이 자체로 생산한 부업생산물(농장지표)에 대해서는 농장 자체에 가격결정과 판매권을 부여했으나 농장지표 생산은 중앙지표 달성을 전제로 허용하고 있음에 유의해야 한다. 또한 만성적인 식량부족으로 국가수매 비율에 대한 당국의 약속이 이행되지 않은 상황에서 농장지표에 의한 생산물에 대해 임의 처분 허용은 큰 의미가 없다.

---

44) "각급 농업지도기관 일군들과 농장초급일군들을 위한 실무강습제강: 새로운 농업부분 경제관리방법을 정확히 구현할데 대하여"(2012.7).

【그림 5-4】 '사회주의기업책임관리제'의 특징과 한계

사회주의기업책임관리제(2014.5.30)

배경	특징	한계
○ **현실경제 변화 사후 추인** – 국영 생산 단위의 시장 활용 합법화 ○ **당국·기업/농장·개인 경제주체들의 이익 절충** – 생산성 향상 및 재정 확충 도모	**계획화 축소, 분권화·시장화 확대** ○ 기업에 대한 지령형 계획화 축소 – 중앙지표 축소, 기업소지표 설정 ○ 생산 단위 자율성·인센티브 확대 – 기업·농장의 경영 책임 강화 ○ 시장을 계획화 체계에 편입 – 기업소지표, 농장지표 추가, – 주문 계약에 의한 생산 가능	○ **개혁 불충분** – 특권경제 방치, 소유제 부개혁 – 시장청산 전략 유지, 일부 불이행 ○ **경제난에 따른 실행 제약** – 원자재난, 에너지난, 외화난 ○ **정치·군사 우선에 따른 굴절** – 정치 논리 우선, 동원체제 심화, 준조세 증가, 경제 잉여 전용

　그러나 공식제도의 변화가 곧바로 현실에서 경제 운영 방식의 변화를 가져온다는 보장은 없다. 또 개혁 조치가 실제로 적용된다 해도 극심한 에너지·원자재·자금 부족 상태에서는 쉽게 생산성 향상을 기대하기 어려워 좀 더 세밀하고 참을성 있는 경제관리가 요구된다. 그러나 제재를 자초하여 경제가 위축되자 개혁제도 자체가 쓸모없어졌으며, 당국은 어려운 상황에서도 시장화·분권화의 이점을 살리기보다이내 계획화·집권화로 후퇴하는 개혁 의지의 박약함도 드러났다.

나. 경제법령 정비

　북한은 '5.30 담화' 이후 경제법령을 일제히 정비했다.[45] 2014년

---

45) 양문수, "김정은 집권 이후 개정 법령을 통해 본 '우리식경제관리방법'," 『통일정책연구』, 제26권 2호(2017), pp. 84~98.

12월과 2015년 6월 '농장법'을 개정해 포전담당책임제 및 현물분배 실시를 규정했고, 2014년 11월과 2015년 5월에는 '기업소법'을 개정해 개별 기업의 확대된 권한을 반영했다. 2015년 12월에는 '무역법'을 개정해 무역회사가 아닌 기관·기업도 허가받으면 직접 교역하거나 '와크'46)를 대여할 수 있게 했다. 2015년 6월에는 '인민경제계획법'을 개정하여 중앙지표, 지방지표, 기업소지표로 계획지표의 분담을 명확히 했으며, 2015년 9월에는 '자재관리법'을 개정해 중앙지표에 대한 자재공급계획 작성은 국가계획기관이 수행하나 기타 지표에 대한 자재공급계획 작성은 개별 단위가 작성하는 것으로 바꾸었다.47)

2015년 4월 개정 '재정법'에서는 중앙과 지방 예산 수입의 원천을 종전 '순소득'에서 '순소득 또는 소득(원가를 제하기 이전의 판매 수입)' 기준으로 국가납부금 납부 방법을 변경했고, 2015년 7월에는 '중앙은행법'을 개정하여 중앙은행의 임무로 종전 '기준이자율 제정'에서 '기준 환율 제정과 기준이자율 조정' 임무를 추가하면서 인플레이션 억제 기능을 강화했다. 같은 시기 '상업은행법'을 개정해 상업은행의 신규업무로 은행카드 업무를 도입했다.

---

46) '와크'란 "무역거래 당사자가 무역을 할 수 있는 권한(licence)과 특정 품목의 수출입 수량(quata)를 합한 개념이다. 예컨대 A라는 무역거래 당사자(기관, 기업소)가 B라는 품목을 연간 몇 톤 수출할 수 있는 권리를 말한다. 북한에서는 무역거래 당사자가 허가 범위 내에서만, 사전에 허가를 받은 품목과 수량에 한해서만 수출입을 할 수 있다. 무역거래 당사자가 무역계획을 기반으로 '무역품반출입신고서'를 작성하고, 이 문서에 '합의단위'의 승인을 받고, 이 문서를 세관에 제출하면 제품을 통관시킬 수 있는 권리를 부여 받는다. 이 문서이자 권리를 비공식 용어로 '와크'라고 불린다"고 한다. 양문수, 위의 글, p. 90.

47) 자재공급방식 다양화에 따라 '국가자재공급위원회'가 내각 부처에서 폐지되었다. 한기범, "내각 경제기구의 기능과 구조," 박영자 외『김정은 시대 북한의 국가기구와 국가성』(서울: 통일연구원, 2018), p. 130.

표 5-2 김정은 집권 초기 주요 경제법령 개정

농장법 개정 (2012~2015.6등)	기업소법 개정 (2014.11/2015.5)	무역법 개정 (2012.4/2015.12)	자재관리법 개정 (2015.9)	중앙은행법 개정 (2015.7)
- 농장책임관리제 - 분조관리제 內 포전담당제와 유상유벌제 실시 - 농장지표신설;중앙 지표 달성 전제하 에 자체 계획 가능 - 부업생산단위 자체 조직 가능 - 농장지표로 획득한 자금과 농민자금을 동원,재정활용가능 - 결산: 현물분배를 기본으로 하면서 현금분배 결합 - 국가수매하고 남은 물량,자율처분가능 단, 시장판매제외. - 농장지표와 부업생 산물은 농장 자체 가격으로 처분가능	- '기업소경영권' 개념 도입, 기업 에 다음과 같은 권한을 부여함 - 자체 계획권한 부여(기업소지표) - 생산조직권 부여 - 관리기구·노력 조 절권 부여 - 제품개발·품질관 리 및 인재관리권 부여 - 무역 및 합영·합 작권 부여 - 재정관리권 부여 - 가격제정권·판매 권 부여(기업소지 표 제품에 국한)	- 무역거래 주체; 무 역회사→허가 받은 기관·기업소 - 무역 허가 간소화 - 무역가격 결정; 중앙→중앙지표 외 물자는 거래당사자 가 결정 - 무역계획: 국가적 전략지표·제한지표 는 중앙. 기타지표 는 당사자가 금액 상 계획. - 영업허가 철회: 1년→3년 수출 실적 없는 경우	- 자재공급방식; 계획→계획 및 사 회 주의물자교류 시장, 주문과 계약 - 자재공급계획 작 성주체; 중앙지표 외 자재는 해당 단위가 작성 - 계획 외 추가적 자재수요는 기관 기업소 간 계약체 결로 가능 - 자재대금결제; '무 현금행표로 한다' 규정 삭제	- 중앙은행이사회를 '은행이사회'로 대 체 - 중앙은행의 화폐 발행에 앞선 화폐 발행계획작성 의 무화 - 중앙은행의 '화폐 가치 안정' 위한 금융기관과 화폐 거래 추가 - 기준 환율 제정과 기준이자율 조정 임무 추가

		인민경제계획법 (2015.6개정)	재정법 개정 (2015.4)	상업은행법 개정 (2015.7)
	- 임금에 대한 기업 의 책임 규정 - 기업 유휴 부동산 과 설비 임대가능	- 계획지표 분담; 중앙지표, 지방지표, 기업소지표 - 인민경제계획은 기 업소지표와 맞물리 되 주문계약방법도 가능 - 기관·기업소간 계 약체결, 계획과 무 관해도 가능	- 예산, 기본투자와 인민경제사업에 우선 지출 - 예산수입은 순소 득과 '소득'을 원 천으로 함 - 기본건설자금과 대보수자금원천; 예산外 기업자체 예금 충당 가능	- 상업은행 신규 업 무로 은행카드 업 무 도입 - 거래자는 한 은행 에 다수계좌 개설 가능 - 부당계좌 개설시 벌금 부과

* 출처: 양문수, "김정은 집권 이후 개정 법령을 통해 본 '우리식경제관리방법'"(2017).

다. 후속 경제관리

- '사회주의기업책임관리제' 정착보다 거시 경제관리에 주력

'우리식경제관리방법'을 발표한 이후 경제관리개선 방향에서의 두드

러진 특징은 개별 기업에 부여된 경영권이 제대로 발휘되도록 세밀한 관리를 하기보다는 '국가장악력 강화'를 통한 실적 증대를 도모하는 경향을 보였다. '5개년 전략'을 추진하면서 속도전 운동을 빈번히 전개했고, 경제관리 부문별 열성자대회를 일제히 개최하면서 당·정·군 연석회의를 소집해 경제 과업 관철 문제를 논의하는 동향이 빈번해졌다. 경제관리에 정치 논리의 개입이 늘기 시작했다.

북한은 2015년 들어 전 기관·기업체를 대상으로 고정·유동 재산 조사 및 생산능력에 대한 조사를 진행했다. 2016년 5월 제7차 당대회에서 발표된 '국가경제발전 5개년 전략'은 이를 기초자료로 작성했다. 기업경영평가 결과와 관련하여 "계획에서 보장한 물자가 80%만 공급되었을 경우, 계획을 80%만 수행해도 100% 수행한 것으로 인정"[48]하는 등 가능한 기업의 경영 자율성을 강화해 주는 방향으로 개선해 나갔다. 2014년 '5.30 담화'를 통해 개선된 경제관리 방법은 경제제재의 파급 영향이 미치기 이전 즉, 2015~2016년 개혁 조치 시행 초기 상황에 국한해서 볼 때 농민들에게 약속한 현물분배 몫 부여, 특수기관에 대한 내각의 통제 강화, 3년 연속 계획미달 기업에 대한 구조조정을 제외하고는 대부분 시행되었다.

2015~2016년에는 내각 경제 부문별로 결의대회가 있었다. '국가의 경제장악력 제고'를 위한 결의대회로 상업·재정·계획 부문 열성자대회를 소집해 국영 유통 활성화, 국가재정 확충, 인민경제계획 관철을 결의했다. 구체적으로 보면, 2015년 5월 '전국상업부문일꾼회의'는 국영망을 통한 '대주민 소비품의 원활한 공급'을 결의했고,[49] 2015년 12월 '제3차 전국 재정은행 일꾼 대회'는 당·정·군 간부들이 참석한 가운데 "방위력에 필요한 자금 수요 보장"을 결의했으며, 김정

---

48) '사회주의기업책임관리제' 시행 관련 내부 학습자료(2015).
49) 『조선중앙통신』, 2015.05.07.

은은 '서한'을 통해 "믿음직한 재정 원천의 마련"을 주문했다.50)

계획기능의 복원을 결의한 2016년 9월 '전국 계획일꾼열성자회의'에 김정은은 "계획의 과학성과 현실성 부족"을 지적하고 "계획의 현실성을 보장한다고 하여 계획을 소극적으로 세워서는 안된다"고 주장하면서 "계속 혁신, 전진하는 시대에 목표를 높이 세우고 적극 투쟁할 것"을 주문했다. 또 "인민경제계획수행을 수행하지 못한 단위의 당 조직은 살아있는 당조직이라고 할 수 없다"고 주장했다.51)

계획수행 규율 확립을 위한 2017년 북한의 강습 제강(2017년)은 '계획수행에서 당 조직의 전투력 발휘' 등 김정은 서한을 해설하면서 "적지 않은 부문과 단위들에서는 당적 요구와는 거리가 멀게 사회적 과제 수행에 대해서는 엄격히 총화하고 아래 일군들의 능력과 자격 문제까지 논하면서 강한 대책을 세우고 있지만 인민경제계획 미달에 대해서는 나라의 경제 사정에 빙자하면서 어떤 책임추궁도 하지 않아, 아래 일군들이 생산계획수행을 위한 조직사업에는 낯을 적게 돌리고 사회적 과제 수행에 더 큰 관심을 돌리고 있다"고 비판했다.

● 경제개혁 시행 초기 성과와 문제점

다음은 경제개혁 조치의 성과를 개략적으로 살펴본다. 농업 부문에서는 포전담당제 실시로 일부 증산 효과가 나타났다. 경작 단위를 과거 분조단위(15~20명)에서 3-5명으로 구성된 포전담당제로 바꿈에

---

50) 『노동신문』, 2015.12.14. 동 대회에는 박봉주 총리, 박영식 인민무력부장, 오수용 노동당 비서, 로두철·리무영·리철만 내각 부총리, 기광호 재정상, 김천균 중앙은행 총재, 김성의 무역은행 총재 등이 참석했다. 로두철 부총리 겸 국가계획위원장은 "1990년에 비해 국가의 예산수입이 3배로 늘고, 방위력과 경제발전에 필요한 자금 수요를 보장하고 있다"고 보고했다.

51) 김정은 서한, "계획화사업을 개선강화하는 것은 사회주의경제강국건설의 절박한 요구이다," 2016.9.3.

따라 영농의욕이 고취되고 작업 효율성이 증대되었다.[52]

그러나 일부 회의적인 시각도 표출되고 문제점도 드러났다. 경작 단위가 포전 단위로 바뀌면서 독립채산제 적용이 군(郡) 단위에서 농장별 책임 관리제로 축소되어 농장 관리기구 일꾼들의 이권이 줄어들자 이들의 소극적인 태도로 포전담당제의 정착에 지장을 초래하는 등 협동농장 실무 책임자들의 소극적 저항이 있었다. 더 큰 문제점은 국가 수매와 관련한 농정당국의 거짓말에서 나타났다. 국가 수매몫과 농민 분배몫 비율이 최초의 구상 3:7에서 후퇴해[53] 7:3의 비율로 나누었지만 "단 한 번도 약속은 지켜지지 않았다"는 주장도 있으며,[54] 당국이 농민 분배몫 식량의 일부를 다시 군량미로 회수하자 농민들의 절망감이 확산되기도 했다.[55]

공업 부문에서는, 공장·기업소의 실질적인 경영권 행사를 명분으로 다양한 권한이 이관됨에 따라 정상적인 생산이 가능한 일부 기업에서는 증산 효과가 나타났다. 개별 기업소들이 계획물량을 납부한 후 잔여 상품에 대한 시장 판매를 통해 높은 이윤을 창출하고, 이를 근로자 임금에 반영한 결과였다. 제한적이지만 시장거래 상품의 증대로 물가를 억제하는 부수적 효과도 나타났다. 그러나 근로자 임금인상은 임가공·광산 등 일부 양호한 기업에 국한된 효과였다.

---

52) 다만 김정은이 시행 초기에 "포전을 가족 단위로 구성하지는 말라"는 지시(2013.3)에 따라 가족 단위 경작은 장려되지 않는 것으로 알려졌다.
53) 당 16호실의 '농업경영방법 연구'(2013.7)에서는 국가 수매몫으로 "지난 기간 알곡 생산실적의 30% 정도로 규정하고 5년간 고착시키는 문제의 검토"를 제기했다. 검토 과정에서 수용하지 못한 것으로 보인다.
54) 『자유아시아방송』, 2014.09.12; 2014.10.06.
55) 2018년 9월초 황남 재령의 협동농장 분조장이 식량 40%을 군량미로 바치라는 당국의 지시에 불복해 자살하는 사건이 발생하였다. 『조선일보』, 2018.10.01. 참고로 군량미 확보 과정은, 농업성이 매년 8월 예상 알곡 수확량을 인민무력성 후방총국 양식국에 통보 → 국가계획위원회 군수보장부는 최고사령관의 결제를 득한 군수물자 보장계획을 지방 군수보장과와 인민무력성 후방총국에 통보 → 9월 각급 당정군 기관에서 군량미 할당량을 무조건 수행하기 위한 조직사업 분담의 절차로 진행된다.

그러나 대부분의 공장·기업소들은 에너지·원자재·자금 부족으로 경영권 구사 자체가 어려웠다. 생산 여건이 나쁜 조건에서 무역 권한이 부여됨에 따라 개별 생산 단위는 시설투자나 생산 정상화보다 무역을 통한 외화벌이에 주력하는 현상도 나타났다. 결과적으로 일부 수요가 높은 상품 생산에서 경쟁이 과열되고, 소비품 수입에만 치중해 내수 생산과의 연계 효과가 미약했으며, 근로자들 간 소득 격차도 늘어났다.

국영 유통·서비스업은 개인 투자를 허용함에 따라 시장경제 형태로 비교적 활성화되는 모습을 보였다. 국영상점에 상품 수입 및 가격책정 권한을 부여하고, 주민들의 국영상점에 대한 자금 투자 및 운영을 합법화함에 따라 평양을 중심으로 상업·서비스업·건설업이 활발해졌다. 대형마트·고급식당이 들어서고 아파트 건설 붐이 일었다.

라. 시장화 진전과 특구 개방 추진

● 김정은 집권 시기 한때 시장화 진전

북한은 화폐개혁에 대한 주민들의 반발로 2010년 2월 화폐개혁, 종합시장 통제, 외화 사용 규제 등 3대 규제 조치를 철회했다. 새로 집권한 김정은은 시장에 대해 비교적 관용적이었으며, 2014년 사회주의기업책임관리제로 기업의 시장 활용도 공식 허용했다. 북한이 이데올로기적으로 시장을 수용하는 적극적인 선언은 없었으나,[56] 이제 시장은 계획화 체제에 편입되는 수준으로 제도화된 것으로 평가되었다.[57]

---

56) 1980년대 후반 중국은 '시장이라는 새를 계획이라는 새장에 가두어 놓고 활용한다' 고 비유하는 등 시장이 사회주의 시장경제를 구성하는 정당한 요소임을 공개적으로 선포했다.
57) 양문수, "북한 시장화에 대한 경제사 및 정책사적 접근," 홍민 외, 『북한 변화 실태

그 결과 종합시장은 양적으로 팽창했다. 2007년 300여 개이던 종합시장은 2008년 이후 규제로 2010년 초에는 200여 개로 축소되었다. 이후 다시 증가해 2016년 400여 개(통일연구원, 404개 평가)로 2010년대 들어 2배가 늘었다. 개별 종합시장의 규모도 팽창해 시장 1개소당 평균 매대 수는 2천여 개에 이르렀고, 2016년 현재 시장 종사자 수는 매대 상인 109만 명, 시장관리소 인력 6천여 명 등 총 110만 명으로 북한 전체인구의 4.5%에 해당하는 것으로 조사되었다.58)

종합시장에서 장사하는 주민보다 비공식 장마당에서 장사하는 주민이 훨씬 많을 것으로 추정된다. 당의 통제도 강화되었다. 국영상점과 장마당 사이에 생필품 판매를 둘러싸고 경쟁하자, 당국은 장마당 유통을 억제했다. 종합시장 관리원의 횡포가 심해지자 상인들은 골목시장으로 장사를 옮겼으나,59) 골목시장이 번창하자 당국은 다시 이를 단속하는 현상도 나타났다. 김정은도 시장에 대해 혼란스러운 입장을 취했다. 한때 '외국 관광객에 망신스러우니 골목시장을 없애라'고 지시해 2016년 6~12월 메뚜기 시장을 단속했다. 그해 연말에는 초급당 간부들에게 "권력으로 인민들을 억누르면 혁명을 망치고 나중에는 당이 존재를 유지할 수 없게 된다"고 했다.60)

2015년 연말쯤 주민들이 생계유지를 위해 각자 만들어 판매하는 당과류에 대해 당국이 제조·유통을 금지시켰다. 이에 주민들은 "국가가 운영하는

　연구: 시장화 종합 분석』(서울: 통일연구원, 2018), p. 92.
58) 홍민, 『북한 변화실태 연구: 시장화 종합 분석』(서울: 통일연구원, 2018) 참고.
59) 2016년 7월 함북 소식통은 시장 질서를 유지하기 위해 배치된 "시장관리원들은 구역 인민위원회에서 선발하는 데 대체로 힘 있는 간부의 아내들"이라며 "남편의 권세로 장마당 통제권까지 얻은 이들의 위세와 횡포를 견디다 못한 상인들이 골목시장으로 몰린다"라고 덧붙였다. 『연합뉴스』, 2016.07.06.
60) 김정은, "초급당을 강화할데 대하여"(2016.12.25 초급 당대회에서 김정은이 내린 '결론'), 『조선중앙통신』, 2016.12.26.

식품공장에서 나온 당과류 판매에 힘을 실어주겠다는 속내가 엿보인다"면서 "문제는 국영 식료공장에서 생산되는 당과류의 공급량이 모자라 값도 비싸고 쉽게 구할 수도 없다는 점에 있다"고 했다. 또 "장마당에서 유통되고 있는 당과류는 국영공장 제품보다 개인의 제조·판매가 훨씬 많다"면서 "이번 조치는 인민들의 생활형편과 시장현실을 감안하지 않는 강압정책"이라고 했다.61)

'외국 관광객이 보면 망신스러우니 골목 장을 없애라'는 김정은 지시로 당국은 2016년 6~12월 전국의 '메뚜기' 시장을 집중적으로 단속했다. 소식통들은 "이들은 제일 취약한 계층으로 하루 벌어 생계를 유지하는데 장마당 자리를 구할 수 없고 장세를 낼 형편도 되지 않는다. 생계를 이어갈 한 가닥 줄마저 잃게 되자 저항이 심해졌다"고 한다. 2017년 1월 평양의 한 소식통은 "요즘엔 장마당에서 보안원이나 단속원에게 삿대질하며 대드는 아낙네들 모습을 자주 본다. 그럴 때 주변사람들도 합세하여 단속원들을 몰아붙인다. 이런 모습은 몇 년전만해도 보기 어려웠던 광경"이라고 했다.62)

질적으로도 시장은 발전했다. 김정은 시기의 시장화는 기관·기업소 등 공식부문의 시장 활용 외에 세수(稅收) 확장을 위한 당국의 종합시장 확충, 주택시장·금융시장 등 비공식 시장의 발달, 이동전화 등 당국 독점시장의 등장 등으로 촉진되었다. 전국 종합시장 간(도매-소매) 유통망도 형성되고, 기능별 특성화에 따른 분화도 이루어졌다. 평양의 경우 공업품 취급 도매시장인 선교시장, 고가 수입품 취급하는 통일거리 시장, 농산물 도매시장인 사동시장의 형태로 분화되었다.

그러나 2017년 이후 시장화의 진전에 장애가 조성되기 시작했다. 2017년 제재로 외화벌이가 축소되어 시장 물자 유통이 줄어들더니, 2020년 코로나 방역을 위한 국경봉쇄로 물자 수입 자체가 차단되었

61) 『자유아시아방송』, 2016.01.13.
62) 『자유아시아방송』, 2017.01.24, 01.27.

다. 2021년부터는 당국의 장마당 규제가 강화되었고, 2022년 북한 내부 코로나 확산을 계기로 불법시장 단속이 더욱 강화되었다. 장마당 통제에 관해서는 후술한다(5장-4절-1- 나. 사(私)경제 통제 참고).

● 김정은 집권 이후 경제개발구 20여 개 증설, 그러나 성과 한계

김정은 집권 이전에는 북한에 5개의 경제특구가 추진되었다. 1991년 12월에 나진·선봉무역지대가 설정된 후 10년 만에 2002년 9월 신의주특별행정구, 10월 금강산관광지구, 11월 개성공업지구 설치가 추진되었다. 신의주특별행정구는 양빈을 중국이 탈세 혐의로 구속(2002.10)함에 따라 중단되고, 금강산관광은 2008년 8월 북한의 관광객 총격 사건으로, 개성공단 운영은 북한의 핵 개발로 2016년 2월 중단되었다. 2010년에는 황금평·위화도 경제지대가 추진되었다가 2013년 12월 장성택 숙청으로 한동안 중단되었다.

김정은은 경제개발구 지정에 적극적이었다. 2012년 공식 권력승계 무렵 "관광과 개성공단식의 폐쇄형 '특구'가 외화벌이에 유용하다"고 언급했고,[63] 2013년 3월 당 전원회의에서 병진노선을 선포하면서 경제건설 과제의 하나로 "각 도 실정에 맞는 경제개발구를 내오고 특색 있게 발전시킬 것"을 주문했으며, 그해 5월에는 '경제개발구법'을 제정했다. 북한은 2014년 7월 '내각 결정 제43호'[64]에서 대외경제성은

---

63) 김정은은 집권초기 "조선이 발전하려면 외국투자를 받아야 하는데 지금 미국이 제재를 가하는 상황에서 방법이 많지 않다. 현재 외화를 벌수 있는 쉬운 방법은 관광이다. 관광객을 대폭적으로 늘려 관광을 발전시켜야 한다"고 했고, "개성공단이 조선체제에 장기적으로 위협이 되지 않겠느냐고 많은 사람들이 걱정했다. 하지만 얻은 것이 더 많다. 우선 우리에게 절대적으로 필요한 돈을 벌었다. 둘째, 개성 시민들에 대한 자연스러운 통제와 관리가 용이해졌다. 다른 지역은 장마당 때문에 주민통제가 얼마나 힘들어졌나. 개성 시민 5만 명이 매일 한 곳에 모여 일하고 퇴근하는데 따로 무슨 관리가 필요한가. 이런 경제특구를 내륙으로 확대해야 한다. 개성공단 같은 곳을 14개 더 만들라"고 했다는 것이다. 태영호,『3층 서기실의 암호』, p. 289.

"각 도에 경제개발구들과 관광지구들을 특색있게 꾸리고 활성화하기 위한 사업"을 지시했고. 2016년 5월의 '5개년 전략'에서도 '경제개발구에 대한 투자유치'를 강조했다.65)

북한은 2018년 기준 27개의 경제개발구를 운영 중인 것으로 알려졌다.66) 중앙급 경제개발구로는 원산-금강산국제관광지대, 라선경제무역지대, 황금평·위화도경제지대, 금강산관광특구, 신의주국제경제지대, 강령국제녹색시범구, 은정첨단기술개발구, 진도수출가공구 등 총 8개를, 도·시급 경제개발구로는 청진경제개발구, 혜산경제개발구, 압록강경제개발구, 흥남공업개발구, 송림수출가공구 등 19개를 지역별 비교우위를 고려해 특화했다.

북한의 '경제개발구법' 제정과 20여 개의 경제개발구 지정은 김정은의 언급을 간부들이 무 비판적으로 수용한 측면이 있다. 대외 개방이라기보다 내부 부족의 문제 해결을 위한 수단으로 취한 조치였다. 제재 국면에다가 지속적인 핵미사일 발사, 열악한 인프라와 물류체계, 그리고 '모기장을 친 개방'으로 성과를 거두기는 어려웠다.67)

---

64) 내각결정 제43호(2014.7.10), "경애하는 김정은동지의 고전적로작 ≪현실발전의 요구에 맞게 우리 식 경제관리방법을 확립할데 대하여≫에서 제시된 강령적과업을 철저히 관철할데 대하여."
65) '5개년 전략'에는 "경제개발구에 대한 투자촉진활동을 적극 벌려 원산-금강산국제관광지대, 임도개발구, 청수관광개발구, 무봉국제관광특구, 경원경제개발구를 비롯한 개발구개발에 필요한 투자를 끌어들인다"는 내용이 포함되었다.
66) '조선민주주의인민공화국 주요경제지대' 참고, 연합뉴스, 2018.12.23 재인용.
67) 북한은 '경제개발구 개발 규정'의 개발계획 승인 및 토지 임대 관련 내용을 개정 (2019.10.3 조선중앙통신)하는 등 제재 국면임에도 특구 관련 규정을 보완했다. 향후 제재 완화에 대비한 포석이거나 중국기업 유치를 위한 조치로 보였다.

| 제3절 | 김정은의 경제개혁과 정치적 절충 : 경제정책 조정

 정책은 한번 결정으로 끝나지 않는다. 끊임없는 변형과 우여곡절을 겪는다. 앞에서는 김정은 시기의 경제개혁이 개혁 의제 부활→개혁 재시동 → 8대 시범개혁안 발표 → 농업개혁과 기업개혁 확대→ '우리식 경제개혁' 발표 등 단계적으로, 순조롭게 추진된 것처럼 기술했다. 그러나 그 과정에서 숱한 우여곡절이 있다. 개혁 논란 확산에 대한 지도자의 제동, 정치·군사 분야에서 다른 중요한 정책과제의 대두 등 급박한 정세변화로 경제정책 목표와 우선순위는 조정되었다.

 이 절(節)에서는 김정은 시기 경제정책 조정 내용을 분석한다. 경제정책 조정에 따라 경제개혁 조치의 정체와 후퇴가 뒤따랐기 때문이다. 신년사, 노동당 전원회의 보고, 당대회 사업총화 보고 등으로 발표된 김정은의 경제 담론을 분석해 경제정책의 변화를 분석한다. 먼저 지난 10여 년 김정은의 경제 담론 변화와 북한의 경제 사정 변화를 개관하고 △집권 초반, △7차 당대회 이후, △2020년 이후로 구분해 경제정책 목표, 우선순위, 실행전략의 변화를 살펴본다.

01 김정은의 경제담론과 경제사정 변화

가. 경제정책 담론 변화

 북한의 경제정책 변화 과정은 최고지도자의 담론 분석을 통해 파악할 수 있다. 매해 김정은 신년사, 2019년 말 이후에는 당 전원회의 결과 보도를 분석해 보면 알 수 있다. 신년사나 당 전원회의 결과 보도문을 통해 북한이 지난해 경제정책 성과에 대해서는 어떻게 평가하는지, 당면 경제정책의 목표를 어디에 설정했는지, 중공업과 농업·경공업 간의 우선순위는 어떻게 매겼는지, 경제 활성화를 위한 실행전략은 무엇인지, 경제관리방식에는 특별한 변화를 추구하고 있지는 않은지를 개략적으로 파악할 수 있다.

이 단원에서는 집권 이후 김정은의 경제정책 담론을 분석했다. 2012년부터 2023년까지 김정은의 신년사, 당 전원회의 보고, 최고인민회의 시정연설, 7차 및 8차 당대회 사업총화 보고 등 김정은의 경제정책과 관련한 공개 담론을 중점 조사했다. 김정은의 공개 담론은 현실을 미화하고 추상적이라서 실상 파악에 한계가 있으나, 경제난이 가중되면서 정책 부진과 오류를 시정하기 위해 솔직하게, 구체적으로 문제점을 지적하는 경향이 늘어남에 따라 정책변화의 윤곽을 파악하는데 어느 정도 유용하다.

북한경제를 추적하는 데 유의할 점은 정책과 현실 간의 괴리가 크다는 사실이다. 북한 당국자들의 '경제계획은 빈말 공부에 불과하다'라는 자조적인 표현대로 북한의 경제정책은 '말뿐인 정책'이기 십상이다. 또 계획의 무정부성이 작용해 계획 당국의 결정은 집행과정에서 끊임없는 변용이 뒤따르기 때문에 집행과정 추적과 유리된 정책분석은 현실을 제대로 반영하지 못할 수 있다. 이러한 한계에도 불구하고 김정은의 담론 추적은 북한경제의 문제점 파악과 북한 지도부의 고민을 읽는 데 유용하며, 북한경제 분석의 일차적인 출발점이라는 점에서 필요하다.

'은둔의 지도자' 김정일과는 달리 김정은은 대중 친화적 이미지를 과시하면서 공개연설로 정책 방향을 밝히는 경우가 잦았다. 정책관리도 김정일은 측근들을 움직여 간접적으로 관리하는 데 비해 김정은은 대체로 자신이 정책을 주도하는 모습을 보였다(다만, 2019년 이후에는 경제문제에 거의 손을 뗀 듯한 태도를 보였다). 그러나 정치·군사 부문에 비해 경제정책은 김정일·김정은 모두 주도하기보다 회피적 태도를 보이는 가운데 부하들의 의견을 자신의 '말씀'으로 포장하는 경우가 다반사였고, 중요 사안에 대해서는 절충주의적 언술로 결론을 유보했다.

김정은의 경제 담론의 특징을 보면 우선, 김정일보다 '말씀' 빈도가 잦았고 해가 갈수록 볼륨이 커졌다. 집권 초기에는 생산 현장으로 들어가 구체적인 경제사업을 지시하는 경우가 많았으나, 경제난이 극심해지면서 2019년 이후에는 거의 생산 현장을 찾지 않았으며, 당 전원회의를 통해 경제문제를 논의하는 경향을 보였다. 김정은의 경제 현지도 활동은 2012~2015년과 2018년 상반기에 빈번했으나, 이후에는 과시성 대규모 건축공사 현장 방문 외에는 거의 중단되었고, 대신 '경제 과업 관철'을 독려하는 회의 소집이 잦았다. 또 다른 특징은 집권 초기의 경제 논리가 점차 정치 논리에 의해 퇴색된다는 점이다. 김정은 집권 이후 경제정책의 정치적 절충은 다음과 같은 과정을 거쳤다.

2012년 9월 김정은은 경제개혁 의제 개방을 철회해 북한 관료사회 내 개혁 욕구 확산을 차단한다. 2013년 4월에는 병진 노선을 통해 민생 향상 문제는 핵 개발 후 순위임을 공표한다. 2015년과 2016년에 김정은은 당 창건 70돌 행사와 7차 당대회를 계기로 동원체제 특성이 강화된다. 2016~2017년에는 핵·미사일 개발 몰두로 고강도 경제제재를 자초해 경제정책 추진 여건은 더욱 악화된다. 2018년에는 핵 협상과 함께 '경제건설 총력 노선'을 선포하나 '비핵화'와 '경제집중' 주장은 수사(修辭)에 불과했음이 드러난다. 2019년 12월 경제정면 돌파전을 선언하면서 경제정책은 수세적·보수적 기조로 전환된다. 국가의 장악력 강화를 위한 경제질서 재편을 추구하면서, 경제개혁도 후퇴해 시장화·분권화는 계획경제 복원·재 집권화로 회귀한다.

[그림 5-5]는 김정은이 경제정책을 정치 논리로 절충하다가 결국은 '경제개혁 후퇴'를 선언하기까지의 과정을 그린 것이다. 김정은은 뒤늦게 정치적 민감성을 깨닫고 개혁과제를 뒷전으로 미룬데다가, 경제정책 자체가 병진 노선 선포, 장성택 숙청, 당 정치행사, 핵 개발 집중 등의 정치·군사적 요인에 의해 굴절된다. 이 단원에서는 이런 김정은의 경제정책 절충 모습을 기술한다.

【그림 5-5】김정은 집권 이후 경제정책의 정치적 절충 과정

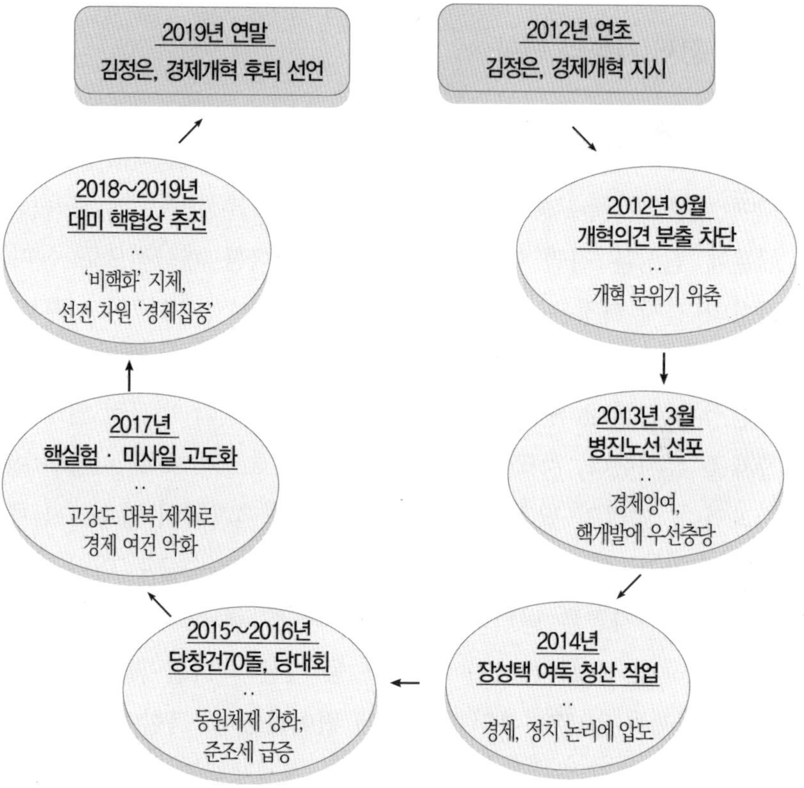

김정은 집권 시기 경제정책의 변화를 4년 단위로 묶어 ①김정은 집권 초반(2012~2015), ②7차 당대회 이후(2016~2019), ③'경제정면

돌파전' 선언 이후(2020~2023)로 구분해 살펴본다. 단계 구분은 2016년 김정은 권력 공고화에 따른 7차 당대회 소집과 '경제발전 5개년 전략'의 추진, 2019년 대미협상 결렬 직후 '경제정면돌파' 선언과 경제 질서 재편 추진이 큰 계기가 되었다. 이 두 시점은 북한경제가 두 단계 크게 추락한 요인이 된 외부 조건 즉, 고강도 대북 제재의 자초(2017)와 코로나 방역을 위한 국경통제 착수(2020) 시기와 일치한다.

나. 경제 사정의 변화

이 글은 북한의 경제 사정 분석을 목표로 하지 않으나, 현실경제 실태에 대한 이해는 경제정책 배경 및 의도를 분석하는 데 도움을 주기 때문에 김정은 집권 이후 경제 사정의 변화를 개략적으로 살펴본다. 북한의 경제 사정은 김정은 집권 초반의 안정기, 2017년 이후의 침체기, 2020년 이후의 추락기로 변화했다.

김정은 집권 초 5년(2012~2016)은 북한경제가 비교적 안정적인 성장세를 유지했다. 중국에 대한 석탄 수출 호조와 내부 시장화 용인의 결과였다. 김정일 집권 말기에 광산물의 국제가격이 상승하자 중국의 대북 투자가 증가했고, 김정일 사망 이후 석탄 수출로 이어지면서 김정은의 통치자금은 넉넉해졌다. 한때 국제가격 하락으로 광산물 수출이 감소하자 김정은은 노동력 수출 등 다른 외화벌이를 개발했다.

북한경제는 2017년부터 침체기에 접어들었다. 북한이 핵·미사일 개발에 집중해 국제사회로부터 가중된 경제제재를 자초한 결과였다. 2011~2016년 기간에 연평균 60~70억 달러에 이르던 무역 규모가 2017년에 55억 달러, 2018~2019년에는 30억 달러 내외로 급감했다. 석탄 등 광산물 수출금지로 수출이 90% 가깝게 감소했다. 제재 대상인 기계류·전자기기·철강재 등 자본재 수입도 급감했다. 그러나 중간재 및 소비재 수입은 비교적 정상적으로 이루어져 2019년까지는 심각한 경제위축을 막을 수 있었다.[68]

【그림 5-6】 북한의 무역규모 변화(KOTRA, 단위 억불)

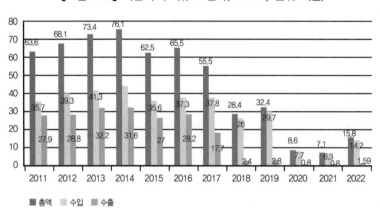

2020년 들어 북한경제는 다시 큰 타격을 받았다. 코로나 유입 차단을 위한 국경봉쇄로 30억 달러 내외를 유지하던 수입이 10억 달러 미만으로 급감했다. 중간재 및 소비재 수입 급감은 내부 생산 및 소비활동의 위축을 초래했다. 2020년 이후 북한경제는 제재 장기화와 코로나 사태로 인한 국경 및 내부 도시 봉쇄라는 이중적 충격으로 거시경제 변수들이 모두 일시에 악화되었다. 대중무역이 대폭 감소했고, 산업활동이 크게 침체되었다. 그나마 주민들이 생활을 영위할 수 있게 해주던 시장마저 마비되었고, 당국의 재정 능력도 취약해졌다.

이러한 현상이 2017년 이후 지속된 대북 제재의 영향으로 북한경제 내부에서 꾸준히 진행되었다는 점에서 김정은 시대 경제관리체계의 일

---

68) 홍제환 외, "김정은 시대의 북한: 10년 평가와 2022년 전망", KINU Insight, 2022 No.1, p. 22.

시적 마비가 아니라 구조적인 해체라는 평가도 있다.[69] 한국은행은 2017~2021년간 북한경제가 경제제재와 코로나 팬데믹으로 두 번에 걸쳐 계단식으로 하강했다고 분석했다. 북한의 실질 GDP는 이 기간에 연평균 2.4% 축소되어 5년간 총 11.4% 줄었다. 2020년 이후에는 북한의 시장화를 대표하던 경공업과 민간 서비스업마저 크게 악화했고, 2021년 교역규모 7.1억 달러는 실질 기준 1955년 이후 최저로 북한경제가 국제사회로부터 완벽히 고립된 모습을 보였다고 평가했다.[70]

표 5-3 북한의 2012~2022년 경제성장률   (단위 %. 자료: 한국은행)

연도별	2012	2013	2014	2015	2016	2017	2018	2019	2020	2021	2022
성장률	1.3	1.1	1.0	-1.1	3.9	-3.5	4.1	0.4	-4.5	-0.1	-0.2

2년간의 국경봉쇄에 따른 물자 부족으로 다급해진 북한은 2022년 1월 신의주·단둥 간 화물열차 운행을 재개했으나, 그해 5월 북한 내부에 코로나 감염자 발생으로 4개월 만에 중단하였다. 북한 내 코로나 확산은 북한경제를 세 번째로 강타했다. 내부 봉쇄로 경제활동은 동결되고 자력갱생마저 어려워졌다. 이에 북한당국은 3개월 만인 8월 10일 비상방역총화회의를 열어 서둘러 코로나 종식을 선언했고, 9월에는 북·중 화물열차 운행을 재개하는 등 초조감을 보였다.[71] 그 결과

69) 이석, "북한의 경제위기, 어디까지 진행될까?: 2020년 북한거시경제동향 분석과 2021년 전망", 『KDI 북한경제리뷰』, 2021년 1월호, pp. 3~36.; 이석, "북한의 중장기 경제 추세와 2022~23년 북한경제 평가," 『KDI 북한경제리뷰』, 2023년 1월호, pp. 3~37.
70) 조태형·김민정·이종민, "최근 5년(2017~2021)의 북한경제 및 향후 전망," 한국은행 BOK 이슈노트, 제 2022-31호, 2022.9.5.
71) 북한은 코로나19가 확산되자 2020년 1월 국경을 봉쇄하고 북중 간 인적왕래를 전면 중단했다가, 2023년 8월부터 인적 왕래를 재개했다. 8월 16일 북한 태권도 선수단 60~70명이 버스를 타고 단둥으로 갔고, 8월 28일부터는 중국에 머물던

2022년 북·중 교역규모는 수출이 1억 3천만 달러, 수입이 13억 9천만 달러로 전년 대비 2배 이상 증가했으나 코로나 이전 수준으로 회복하지 못했고, 북한경제 회생에 의미 있는 규모로 보기는 어려웠다.

02 김정은 집권 초반(2012~2015) 경제정책

가. 집권 초기 경제정책 기조

북한의 경제정책 기조는 김일성 이후 자립적 민족경제 건설, 중공업 우선 정책, 군산(軍産) 병진이라는 3대 기조로 일관했다. 북한은 사회주의 물질·기술적 토대 구축을 위해 사회주의 공업화를 추구했으며, 이를 위해 중공업의 우선적 성장을 보장하면서 경공업·농업 동시 발전을 추구하는 전략을 채택했다. 경제위기가 극심했던 1990년대 경공업·농업·무역 제일주의를 채택하는 등 일시적인 노선 수정도 있었으나 대체로 중공업 우선 정책의 기본노선은 유지되었다.[72] 김정은 집권 이후 경제정책 기조도 자립경제, 중공업과 농업·경공업 동시 발전, 병진노선 등 선대의 정책 기조를 이어갔다.

집권 초기 4년(2012~2015)에 김정은 담론으로 표현된 경제정책 목표를 보면 '경제 강국 건설', '민생 향상', '병진노선 관철(국방력 우선 강화)'로 요약된다. 김정은은 2012년 4월 공식 추대 직후 가진 열병식에서 "경제 강국 건설"과 "민생 향상"을 표방하면서, 세상 물정을 모르

북한 인력이 300여 명 단위로 귀국하기 시작했다.
72) 조용기, 『정치가 지배하는 북한경제』 (서울: 한반도선진화재단, 2020), pp. 61~68.

는 지도자답게 "더는 인민들의 허리띠를 조르지 않게 하겠다"라며 과
욕을 부렸다. 2013년 3월 당 전원회의에서 병진노선을 선포한 이후
2014, 2015년 신년사에서 연이어 '병진노선 관철'을 강조했다.

이 시기 경제정책 목표는 대체로 김정일 집권 말기의 정책 기조를
이어갔다. 김정일은 집권 말기에 '경제 강국 건설'을 비전으로 제시하
면서, 화폐개혁(2009.12)의 후유증을 수습하기 위해 민생 향상을 강조
했다. 김정은의 병진노선도 김정일의 선군경제건설 노선(2002.9)을 이
은 것이다. 다만, 김정은은 권력승계 1년 만에 서둘러, 그리고 공개적
으로 병진노선을 표방한 점이 김정일과 달랐다.

'경제 강국'이나 '민생 향상'을 추구하는 방법도 김정은은 김정일 시
기의 전략 기조를 계승했다. 전력·석탄·금속·철도 운수 등 선행공업
부문의 발전을 추구하면서, 경공업·농업을 주공(主攻) 전선으로 설정하
였고, 농산·축산·수산을 3대 축으로 먹는 문제 해결을 주문했다. 달라
진 점은 마식령 스키장, 과학자 거리·주택 건설 등 과시성 건설사업이
늘었다는 점, 대외무역 다각화와 경제개발구 사업을 한동안 강조한 점
이다. 무역 다각화와 경제개발구 사업은 핵 개발 노선과 충돌한다는
점에서 자립경제건설 노선의 수정과는 무관하며, 내부 부족 문제를 해
결하는 수단으로 거론된 것으로 평가된다.

김정은 집권 초기 경제정책 목표와 산업 부문별 우선순위에서는 김
정일 시기와 크게 다르지 않았다. 그러나 경제관리방식에 대해서는 김
정은이 한동안 김정일 시기와 다른 변화를 요구했다. 김정일 집권 말
기 북한 권력층 내 시장화·분권화에 대한 부정적인 인식의 확산에도
불구하고 김정은은 집권하자마자 '12.28 담화'로 '좋은 경제관리개선
방법을 찾아내라'며 경제개혁 의제를 부활시켰고, 그 결과물로 2014년
'우리식경제관리방법'을 발표했다. 시장화에 대해서도 관용적인 태도를
보였고, 석탄, 노동력 수출 등 다양한 외화벌이 사업을 전개한 점도 선

대 말기와 다른 모습이었다.

2012~2015년 시기 경제정책 추진에서 특기할 만한 사항으로 경제 개혁 의제 개방에 이어 과도한 개혁 논란 확산 차단(2012.9), 병진 노선 표방(2013.3), 장성택 숙청(2013.12)의 경제적 파장, 당 창건 70돌 (2015.10) 계기 동원체제 강화를 들 수 있다. 개혁 의제 개방은 앞에서 살펴보았다. 그 외 동향들은 경제 외적 논리를 중시한 점이 공통점으로, 경제 논리가 정치 논리에 의해 절충되고 있음을 보여주었다.

표 5-4 2012~2015년 김정은 경제정책 담론의 키워드

연도	계기	목표 혹은 비전	우선순위, 실행전략	경제관리방식 개선
2012	신년 공동사설	강성부흥전략	- 경공업/농업이 주공전선 - 전력 문제의 선차적 해결	- 2011년 '1228 담화에서 "경제관리개선" 독려
	4월 열병식 4.6 담화	경제강국 건설 인민생활 향상	- "인민들 허리띠를 더는 조이지 않겠다"고 연설	- 내각책임제, 중심제 강조 - 내각책임제확행 명령발령
2013	신년사	선행공업 활성화 인민생활 향상	- 농업·경공업 주공 전선 * 3월 경공업 대회 개최	- 경제관리 방법 개선 강조 *4.1 총리에 박봉주 재등용
	3월 당 전원회의	병진노선 선포	- 선행부문 생산력 증대 - 농업·경공업 역량 강화	- 우리식경제관리방법 연구 - 기업경영의 독자성 보장
2014	신년사	"국방력 강화는 국사 중의 국사"	- 농업생산 결정적 전환 - 선행부문, 기초공업 혁신	- "경제사업 지도와 관리를 결정적으로 개선할 것"
2015	신년사	병진노선 관철	- 인민생활 향상에 전변 - 전력 문제 해결이 중요	- 수입병 없애고 국산화 - 당이 경제관리개선 지원
	2월정치국 회의(2회)	먹는 문제 해결 경공업 발전	- 당창건 70돌 건설사업 - 식량해결 위한 총공격	- 내각의 "민생향상 중도 반단 현상" 집중 비판

나. 개혁 논란 확산 차단(2012.9)

2012년 하반기 들어 김정은의 경제개혁에 대한 관점이 부정적으로 바뀌었다. 김정은은 그해 연초에 경제개혁 문제에 대해 어떤 의견이라도 제기하라고 한 것과는 달리 경제개혁 문제에 대한 다양한 의견이 계속 개진되자 '당의 경제정책을 시비하지 말라'고 제동을 걸었다. 과감한 경제개혁 주장에 대해 "중국식으로 가야한다고 허파에 바람이 가득 찬 사람도 있다"거나 "이렇게도 해보고 저렇게도 해보고 소경 문고리 잡는 식으로 하자고 한다"고 비판했다. 당의 노선은 이미 선대에 다 정해졌다며 김일성과 김정일의 권위에 시비를 거는 자들을 "벌초할 것이 아니라 씨까지 파내어 제거해버려야 한다"며 개혁 주장자들에 대해 매우 강경해졌다. 그의 태도 변화는 그해 9~10월에 북한 간부들에게 전달된 아래와 같은 '방침'을 통해 확인되었다.

김정은의 '개혁 논란 비판' 발언(2012.9~10월) : "우리 당의 정책은 김일성과 김정일이 이미 다 세워주었다. 그런데 일부 사람들 속에서 당의 경제정책 자체를 시비하는 현상들이 나타나고 있다. 우리 경제는 김일성과 김정일이 밝혀 준 대로 우리의 구미에 맞게 조금씩 변경시키면서 발전시켜 나가면 되겠는데 허파에 바람이 가득 찬 일부 젊은 사람들은 중국식으로 나가야 한다고 허튼소리를 하면서 당의 경제정책을 시비하고 있다. 일군들 중에는 설익은 사람들이 적지 않다. 젊은 사람들이 문제다. 말이 몹시 거칠고 우리 당의 정책에 대한 불평불만도 표출하고 있다. 당의 정책을 시비하는 것은 김일성과 김정일이 내놓은 노선과 정책을 뒤집어엎자는 것이며 결국 김일성과 김정일의 권위를 시비하는 것이다. 당의 노선과 정책을 시비하는 자들은 벌초할 것이 아니라 씨까지 파내어 제거해버려야 한다. 그런 현상들을 절대로 내버려 둬서는 안 된다. 사공이 많으면 배가 산으로 올라간다는 말이 있다."[73]

"김일성과 김정일은 지난 시기 나라의 경제문제를 풀기 위해 경제관리사상과 이론을 전면적으로 뚜렷하게 밝혀주었다. 새로운 경제관리운영방법을 받아들이는 사업은 나라의 권위와도 관련된 것인 만큼 우리의 실정에 맞아야 한다. 새로운 경제관리방법을 받아들이는 사업을 이렇게도 해보고 저렇게도 해보면서 소경 문고리 잡는 식으로 하여서는 안 된다. 경제관리운영방법을 개선하기 위해 당에서 제시한 방침들이 벌써 은(성과)을 내고 있다고 한다."[74]

2012년 11월에는 당 주관으로 경제개혁 문제와 관련해서 간부들 대상 '총화'가 진행되었다. '총화' 배경은 아래 인용문에서처럼 "경제관리를 개선하기 위한 사업이 진행되자 불순한 자들이 머리를 쳐들고 잡소리를 쮀쳐대기 때문"이라고 했다. 그러면서 더 이상 '중국식' 혹은 '자본주의식' 경제개혁 운운하지 말라고 제동을 걸면서, '잡소리'를 계속하면 '사상적 변질이나 배신'으로 간주하겠다고 경고했다. 당시 북한 내부 상황에 대한 증언도 "당장이라도 개혁개방을 할 것 같았던 김정은의 입장이 2012년 하반기들어 갑자기 바뀌었다"고 했다. 김정은이 '산수갑산에서 바늘 떨어지는 소리도 당 중앙이 다 들을 수 있는 보고체계를 세우라'는 등 내부규율과 경제간부들에 대한 통제를 강화했다.

북한 내부 간부 교육자료, 2012.11 : "최근 일군들 속에서 당정책에 대해 의문시하는 도저히 묵과할 수 없는 유해로운 경향이 나타나고 있다. 이것은 당과 수령의 명령, 지시에 대한 흥정이고 정면 도전이며 사상적으로 변질되고 도덕적 의리도 없는 배은망덕한 짓이다. 당과 동상이몽하고 양봉음위한다는 것이 별다른 것이 아니다. 당정책을 흥정하면서 이러쿵저러쿵하는 요소가 자라나면 딴마음을 먹게 되고 나중에는 배신과 변절의 길로 떨어진다.

---

73) 김정은, "당중앙위원회 책임일군들에게 언급한 내용," 2012.09.29.
74) 김정은, "당중앙위원회 책임일군들에게 언급한 내용," 2012.10.28.

이것은 력사가 보여주는 진리이다. 일군들은 이제부터라도 정신을 똑똑히 차려 잡도리를 든든히 해야 한다 ⋯ 그런데 최근 발전하는 현실에 맞게 경제관리를 개선하기 위한 사업이 진행되자 불순한 자들이 머리를 쳐들고 잡소리를 줴쳐대고 있다. 우리 일군들 속에서도 신념이 없는 떨떨한 소리들이 흘러나오고 있다 ⋯ 최근에 당에서 분조관리제를 철저히 실시하며 농장원들에 대한 분배를 현물로 할데 대한 조치를 취했는데 벌써부터 그 생활력이 나타나고 있다 ⋯ 그런데 지금 일부 일군들이 원칙도 없고 신념도 없이 허파에 바람이 들어 어느 나라 식이요, 무슨 식이요 하면서 남의 것을 덮어 놓고 미화하고 무턱대고 받아들이려 하고 있다. 우리가 발전하는 현실에 맞게 완성하고자 하는 경제관리 방법은 주체사상을 구현한 경제관리방법이다. 결코 자본주의 경제관리 방법을 받아들이자는 것이 아니다."

태영호 전 영국주재 북한대사관 공사 증언 : "북한의 상류계급은 김정은의 등장에 기대를 품었다. 김정일이 체제 유지를 위해 차마 단행하지 못한 개혁개방을 전향적으로 받아들일 수도 있을 것이란 기대가 있었다. 김정은이 유학파다운 열린 마음으로 북한을 현대화시킬 수 있지 않을까. 이런 기대가 처음에는 들어맞는 듯했다. 매주 토요일 오전에 열리는 '방침 전달 시간'이면 김정은이 한 말을 전달받는다. '조선의 현 경제시스템으로는 힘들다. 다른 나라들의 경제 시스템을 모두 연구해 보자. 좋다는 경제이론도 다 가져다가 공부해 보자. 우리도 한 번 해보자.' 그 무렵 김정은이 한 말을 보면 당장 개혁개방으로 나가지 않을까 하는 생각이 들 정도였다.⋯ (그러나) 2012년 하반기 들어 김정은은 당의 내부 규율과 간부들에 대한 통제를 강화했다. 김정은은 '산수갑산에서 바늘 떨어지는 소리도 당 중앙이 다 들을 수 있는 보고체계를 세우라'고 했다.⋯ 김정은이 개혁개방을 하려는 듯한 태도에서 강경하게 돌아선 것은 이 무렵이다."[75]

김정은은 경제개혁 의제를 개방한 지 10개월도 채 안 되는 시점에 제동을 걸었다. 처음에는 자본주의 방법이라고 '걸각질(걸고 넘어지다)

---

75) 태영호, 『3층 서기실의 암호』, pp. 298~299, pp. 308~309, p. 311.

하지 마라', '색안경 끼고 보지 마라'고 했다가 본인 스스로가 경제개혁 문제를 걸고 들었다. 경제개혁과 관련된 "당의 정책은 김일성·김정일 때 다 정해졌다"라고 하면서 정해진 경제관리방식에 "시비질"하는 자들에 대해서 "벌초"하라고 경고했다.

【그림 5-7】 김정은의 경제개혁 의제 개방 철회(2012.9) 과정

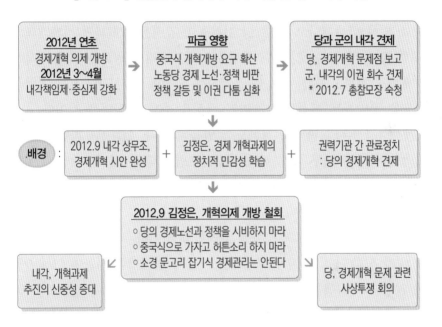

김정은은 개혁 문제에 대해 과감하게 발제했다가 전격적으로 회수하는 변덕을 부렸다. 김정일은 개혁 모색에 극히 신중했으며, 개혁 후퇴 과정에서도 쉽게 후퇴 결단을 내리지 못하고 도박사와 같이 개혁에 미련을 두었다. 김정은은 손바닥 뒤집듯이 쉽게 개혁 기조를 바꾸어 사회주의 경제체제의 한계와 모순에 대한 철저한 문제의식이 내면화되어 있지 않았음을 드러냈다. 김정은의 경제 리더십의 한계는 별도로 하고 김정은의 태도 변화 배경을 찾는다면 다음과 같다.

첫째, 사회적으로 '과도한' 개혁·개방 욕구의 분출이 있었을 것이다. 지도자가 경제개혁 문제에 대한 광범위한 의견을 수렴한다고 하니 젊은 사람들을 중심으로 중국식 개혁·개방 필요성이 제기되고, 그 과정에서 당의 노선과 정책에 대한 비판이 증대되었으며, 보·혁 간, 노·장·청 세대 간 개혁·개방을 둘러싼 논란이 확대되었을 것이다.

둘째, 당의 사주가 있었고, 김정은이 뒤늦게 '경제개혁 문제의 정치적 성격'을 학습했다고 본다. 당 간부들이 김정은에게 과거 경제개혁의 '폐해'를 일러주었을 것이며, 김정은도 경제관리 일원화를 위해 내각책임제를 강화하고 이권 사업을 조정하는 과정에서 과도한 정책 전환은 갈등을 유발하는 복잡한 문제라는 사실을 깨닫게 되었을 것이다.

셋째, 김정은의 관심사 전환도 있었을 것이다. 2012년 하반기 이후 그의 관심사는 전투 대비 태세 강화, 포병술 훈련 및 핵 개발 문제로 전환되었고, '주체의 강화'(유일영도, 내부 결속)를 강조하면서 공포통치를 발동하기 시작했다.

넷째, 경제개혁의 진척 상황을 고려했을 것이다. 경제개혁 연구를 위한 내각 상무 조직이 이미 구성되었고, 1차 경제개혁 시안이 그해 9월에 완성되어 시행을 앞두고 있어 더 이상의 논란 확산은 필요하지 않다는 판단이 작용했을 수도 있다. 이런 판단은 개혁 조치를 주도한 경제 간부들이 김정은에게 건의했을 수도 있다.

북한의 경제개혁사는 숙청사와 궤를 같이함을 익히 잘 알고 있는 간부들은 지도자가 개혁을 선도하면서 사상해방을 해주더라도 지도자의 변덕이나 노동당의 감시 덫에 걸리지 않도록 늘 신중해야 했다.

다. 병진노선과 민생 유예(2013.3)

김정은은 집권 이듬해인 2013년 3월 노동당 전원회의에서 '병진노선'을 발표해 핵 개발이 최우선 정책 목표임을 공개 선언했다. 이 노선은 김일성의 병진노선과 김정일의 선군경제건설로선을 계승한 것이지만 김일성·김정일의 주장과는 다음과 같은 점에서 차이가 있다.[76]

첫째, 과거 노선은 군수공업 전반의 발전을 도모했으나, 김정은 노선은 핵·미사일 등 비대칭전력 강화에 집중하겠다는 것이다. 둘째, 군수경제와 민수경제의 관계 설정을 달리해 과거에는 군수 경제가 민수 부문을 추동한다는 논리가 제시되었으나, 김정은의 병진노선은 군수 부문의 지출이 경제에 부담이 된다는 점을 인정하면서, 핵 개발 완성을 통해 군사비를 절감시켜 경제에 도움을 줄 수 있다는 논리를 폈다.

셋째, 경제발전을 위해서는 핵 개발이 선행되어야 한다는 논리를 내세운 점이다. 김정은은 "경제를 발전시키고 인민 생활을 높이기 위한 투쟁은 강력한 군사력, 핵무력에 의해 담보되어야 성과적으로 진행될 수"있으며 "핵 억제력만 든든하면 … 마음 놓고 경제건설에 집중할 수" 있음을 강조했다.[77] 끝으로, 김정은이 자신의 노선의 '장점'을 내부에 적극적으로 선전한 점도 과거와 달라진 모습이었다.[78]

---

76) 홍제환, 『김정은 정권 5년의 북한경제: 경제정책을 중심으로』(서울, 통일연구원, 2017). pp. 38~40.
77) "조선로동당 중앙위원회 2013년 3월 전원회의에 관한 보도," 『노동신문』, 2013.04.01.
78) RFA는 북한 소식통을 인용하여 "노동당 강연에서도 지난 3월말 당 전원회의에서 병진노선이 나온 것은 과거처럼 비용이 많이 드는 군수공업을 다 같이 발전시킨다는 소리가 아니라 핵 무력만을 특별히 발전시킨다는 의미라면서 앞으로 인민생활이 좋아질 거라고 안심시켰다"고 했다. RFA는 또한 김정은이 현대전에 걸맞게 불필요한 전시예비물자를 대폭 줄이라고 지시했다면서, 봄철인데도 평양시민을 비롯해 군수공장 노동자들과 탄광지구에 2호미(군량미)인 쌀이 공급되었다고 한다. 『자유아시아방송』, 2013.05.03.

병진 노선은 핵 개발에 주력하여 억제력을 확보하고 난 뒤에 경제 건설에 집중하겠다는 '선핵(先核) 후경(後經)'의 논리이다. 김정은이 "경제 건설과 핵 무력 건설의 병진노선"이라고 표현했으나 사실상 '핵 개발 우선 노선'임을 인정했으며, 민생 향상의 '유예'를 선언한 것이었다. 지도자가 '경제 문제는 나중 문제다'라고 선언함으로써 '경제개혁 논의 확산 차단'(2012.9)에 이어 경제개혁 추진 분위기는 냉각되었다.

병진노선은 확대재생산 구조와 주민들의 생활 향상에 대한 기대를 약화시켰다. 병진선언 이후 김정은은 '국방력 강화'와 '첨단무기 개발'을 연일 강조하면서 핵 무력 건설에 경제잉여의 우선 투자를 독려했고, 그 같은 상황이 오래 지속되면서 자원배분의 왜곡으로 경제난은 가중되고, 민생의 장기적인 방기(放棄)는 사회적 불만의 누적으로 지도자의 권력을 위협하는 요인으로 성장할 수도 있었다.

라. 장성택 숙청(2013.12)의 파급영향

2013년 12월 장성택 숙청사건에 이은 공포통치로 북한 내 개혁추진 분위기는 다시 냉각되었다. 김정은이 단결과 영도의 중심에 있음을 강조하는 정치 논리가 급부상하고, 2014년 내내 장성택 추종자 색출과 '종파 여독 제거'를 위한 추가 조사로 공포 분위기가 북한 관료사회를 지배했다. 장성택 숙청은 김정은이 자신이 최고지도자임을 보여준 사건이었다(숙청 배경은 5장-4절-3-다 이권 다툼 참조). 김정은 지배의 절대성이 강조되고 정책 전반이 경직되어 경제활동을 위축시키고 개혁 분위기를 냉각시켰다.

북한당국이 장성택의 '죄행'으로 '돈벌이 장려'와 '부정부패, 부화방탕한 생활'을 들춰내자 한동안 돈주나 신흥부유층들이 몸조심하고 외화벌이 식당과 편의 시설이 한산해졌다. 북·중 경제협력을 주도한 장성택의 죄목으로 "나라의 자원을 헐값으로 팔아버린 매국 행위"가 거론되어 한때 북·중 경제협력이 중단되었다. 황금평 개발사업이 중단되고 지하자원 개발 투자유치, 밀무역과 관광사업도 위축되었다.

그러나 장성택 숙청은 개혁 속도를 지체시켰을 뿐, 기왕에 시작된 개혁프로그램에 큰 영향을 미치지 않았다. 장성택이 사업 목적으로 '개혁 없는 특구 개방'을 추진했을 뿐 개혁론자로 보기 어렵고, 장성택 숙청사건은 노선 갈등과는 거리가 먼 이권 다툼 내지 권력 다툼 성격이기 때문이다. 오히려 장성택의 "중요 경제 부문을 장악해 내각을 무력화시킨 죄"가 거론되어,[79] 제한적이나마 권력기관의 이권 개입이 약해지고 내각책임제·중심제를 존중하는 분위기에 보탬이 되었다.[80]

마. 당 행사(2015~2016) 계기 동원체제 강화

2015년 들어 북한은 장성택 숙청사건으로 침체한 체제 분위기를 전환하고 충성심을 조작하기 위해 군중 동원을 강화했다. 노동당 창건 70돌 행사, 연이은 수해(水害) 복구 활동, 7차 당대회 경축 분위기 조성을 위해 최대 동원기구인 노동당 조직은 더욱 활성화되었고, 70일 전투 및 200일 전투, 만리마 운동 등의 속도전 운동이 빈번히 전개되었으며, 사회적 과제 부과와 충성자금 강제가 늘었다.

---

79) "천하의 만고역적 장성택에 대한 조선민주주의인민공화국 국가안전보위부 특별군사재판 진행," 『노동신문』, 2013.12.13.
80) 조선신보는 張 숙청이후 주민반응을 소개하면서 "나라의 경제발전과 인민생활 향상에서 주요한 몫을 담당한 부문들에서는 내각중심제, 내각책임제 원칙을 위반하면서 현장에 혼란을 조성하던 종파 일당이 숙청돼 경제사업이 본궤도에 들어서게 되었다는 안도감이 번지고 있다"고 했다. 『조선신보』, 2013.12.09.

2015년 2월 10일 당 정치국 회의에서는 당 창건과 해방 70돌을 '대경사'로 맞이하기 위해 평양국제비행장 2청사, 과학기술전당, 미래과학자거리 등의 건설사업을 독려했다. 이에 따라 사회적 과제 부과도 증가했다. 그해 7~8월 북한의 기관·기업소들은 각종 건설사업 자금과 물자를 당에 전달했고, 주민들은 열병식 행사를 준비하는 군대와 수해 지역 주민들에게 현금이나 된장·간장 등의 물자를 지원해야 했으며, 군인·청년·학생들은 건설 돌격대에 차출되어 댐·철길 등의 건설에 동원되었다.

김정은은 당 창건 70돌 행사라는 큰 행사를 치른 이듬해 다시 7차 당대회라는 큰 행사를 소집했다. 이를 계기로 노력(勞力) 동원 극대화를 위한 속도전 운동도 잇달았다. 2016년 봄 '70일 전투'(5월 초까지), 당대회 직후 '만리마 속도전' 거론,[81] 6월 1일부터 김정일 사망일 (12.17) 전날까지 다시 '200일 전투'를 전개했다.

그해 여름 함경북도가 태풍으로 피해를 보자 노동당은 "200일 전투의 주 타격 방향을 북부피해 복구전투로 전환하는 중대 결단"(9.11 중앙통신)을 내려 다시 함북에 대규모로 군인과 주민들을 동원했다. 이 밖에 원산갈마해양관광지구 건설에 20만 명, 삼지연군 현대화사업[82]에 10만 명, 단천발전소 건설 현장에 20만 명 등 군인들과 청년 돌격대원들, 현지 주민들을 대거 동원했다.

---

81) 북한은 당 대회 직후에 "만리마 속도 창조의 불길 높이 사회주의 완전승리를 향하여 총공격 앞으로" 제하 전체 장병·청년·인민들에게 보내는 당대회 호소문을 발표했다. 『노동신문』, 2016.05.10. 2018년 4월 27일 남북정상회담 환담 시간에 김정은은 "김여정이 '만리마 속도'를 제안했다"라고 소개했다.
82) 북한은 2016년 삼지연군 개발을 선언하면서 김정은의 고향을 삼지연이라고 주장했다. 이듬해 삼지연군 건설을 위한 '2.16사단'을 편성하면서 대외적으로도 이를 사실화했다(2017.1.18 '우리민족끼리').

● 노력 동원, 사회적 과제, 충성자금 부과 문제

북한이 군인들과 젊은이들을 건설장에 대거 투입하는 까닭은 노력 (勞力) 동원을 통해 국가적 건설과제를 손쉽게 해결할 수 있다는 이점 외에 후방 공급이 어려운 병사들과 체제 불만이 있을 수 있는 젊은이들을 집단생활로 효율적으로 통제할 수 있다는 정치적 효과가 있기 때문이었다. 북한 주민들에게 자주 부과되는 노력 동원은 군중 운동 차원에서 당이 주관하며, 증산 투쟁과 더불어 사상투쟁을 병행한다. 노력 동원은 물질적 동기나 경제적 요인보다 정치사업을 우선한다.

김정일은 2001년 '10.3 담화'를 통해 사회경제적 손실을 이유로 "노력 동원을 망탕(되는대로 마구) 조직하지 말라"고 했다. 당시 박봉주 내각은 "앞으로 당의 사회적 로력 동원을 없앤다"다면서 그 대신 노동성 주관으로 "남는 로력으로 독립채산제 기업소를 조직하여 이용하는 개선대책"을 마련해 김정일의 비준(2004.8) 받아내기도 했다.[83] 다만 제대로 시행되었다는 소식은 확인되지 않았다.

김정은도 무분별한 노력 동원, 특히 농촌인력을 빼가는 현상을 규제했다. 그는 2014년 2월 "농촌지원 강화와 함께 협동농장들의 노력과 영농설비들을 농사와 무관한 일에 동원하는 현상을 없애라"라고 했다.[84] 2014년 5월의 '사회주의기업책임관리제'에서도 "공장·기업·단체들이 노동력 조절권을 실질적으로 행사"하도록 규정되었다. 초기의 제도적 조치와는 달리 2015년 들어 대중동원이 빈발했다. 2021년 3월(3.15, 내각 지시 4호)에는 노력 동원 남발을 규제하기 위해 '노력 파견장과 노력 동원장 발급을 로동행정기관으로 일원화'했다.

공장·기업들을 대상으로 하는 사회적 과제 부과와 외화벌이 종사자

---

83) "로동행정사업 개선 대책안(2004.08.11)."
84) "사회주의 농촌테제의 기치를 높이 들고 농업생산에서 혁신을 일으키자," 김정은이 '전국농업부문 분조장 대회' 참가자들에게 보낸 서한, 2014.02.06.

들에 대한 충성자금 등 준조세도 늘어났다. '사회적 과제'란 마식령 스키장 건설, 세포등판축산기지 조성 등과 같은 대규모 건설, 그리고 지방 차원의 각종 건설을 위해 상부의 지시에 따라 기업, 농장들에 부정기적으로 부과되는 자금을 의미한다. 통상 공장·기업들은 본연의 임무인 생산계획보다 '사회적 과제' 수행에 더 열성이다. 전자는 내각이 관리하고 후자는 당이 관리하기 때문이다. 앞에서도 밝혔지만, 김정은은 "사회적 과제는 엄격히 총화하면서 경제계획 미달에 대해선 책임을 추궁하지 않아 일꾼들이 사회적 과제에 더 낯을 돌린다"고 지적했다.[85]

충성자금은 혁명자금으로도 불리며, 각급 기관·기업 소속의 무역회사들이 계획과제와는 별도로 충성의 표시로서 최고지도자에게 상납하는 외화자금이다. 국가계획과는 별도인 계획 외 과제로서, 외화벌이를 통해 확보한 외화자금을 상납한다. 김정은이 집권 초반, 경제제재 이전에 비교적 풍족한 통치자금 확보는 39호실 등 궁정 경제 자체 외화벌이와 여타 기관의 충성자금 상납으로 가능했다.

김정은은 초기에 사상 및 계급관념이 철저하지 않아 김정일에 비해 상대적으로 시장이나 부유한 계층들에 대해 거부감이 적고 고위 간부들의 이권 개입, 외화벌이 종사, 은밀한 축재에 관대한 것으로 알려졌다. 그러나 장성택의 자금관리 보좌 역할이 사라진 상황에서 치적사업은 늘고 재정 사정이 열악해지면서 자금 강요가 늘었다.[86] 권력 기관

---

85) 김정은 서한, "계획화사업을 개신강화하는 것은 사회주의 경제강국건설의 절박한 요구이다."(2016. 9. 3)

86) 증언에 의하면 "김정일은 주민들은 쥐어짰지만 간부들은 심하게 다루지 않고 국가가 보장 못하는 것을 뇌물로 챙기는 것을 어느 정도 용인했다. 그러나 김정은은 간부들도 뇌물로 벌어들인 것을 토해내라고 독촉했다. 간부들에게 과도한 국가적 과제를 주어 어쩔 수 없이 돈을 국가에 바치도록 한다. 예를 들면 기관별로 아파트 건설에 필요한 자재와 자금을 할당한다. 각급 기관은 이를 밑에 조직에 내리 먹인다. 그래도 바치도록 한 돈을 마련하지 못하면 기관 운영자금이라도 줄여 보태야 한다. 할당 과제를 완수하지 못하면 배겨나지 못하니까 죽기 살기로 할 수밖에 없다"라고 했다. 탈북민 증언, 2015.09.

들의 충성자금 상납 경쟁과 충성자금 마련을 위한 외화벌이 사업소 대상 자금 강요는 많은 부작용을 초래했다.

첫째, 충성자금 상납 규모가 늘면서 부패 확산으로 이어졌다. 경제제재 이전인 2015년 무렵 상납금액이 김정일 때보다 두 배로 늘었고, 과거 예외였던 보위부도 바쳐야 하는 등 돈으로 충성심을 사고파는 세상이 되었다. 둘째, 외화벌이 사업과 무역 질서가 문란해졌다. 힘 있는 무역회사들은 돈주들에게 와크(무역 허가증)를 빌려주고 앉아서 달러를 벌고, 연말이 되면 더 많은 와크를 확보하기 위해 무역회사 간에 충성자금 바치기 경쟁을 벌였다.[87]

셋째, 빈번한 상납금 인출과 경제제재로 점차 경영 자금원 자체가 타격을 받았다. 상납금은 건설·봉제 등 해외 인력송출 수입이 가장 큰 비중을 차지했고, 해외 진출 회사·상사원의 중개무역 혹은 자금 운용 수입, 식당 영업 등 각종 근로활동 수입, 기타 외교관의 불법행위 등으로 조성되었다. 그중 해외 인력송출과 식당 수입은 경제제재로 타격을 받았다. 중개무역은 제재 이전에 건설 및 영농자금 상납 요구로 무역 자금 원천이 빠져나가 사업 자체가 부실해졌다.

넷째, 해외 파견 북한 간부들의 체제이탈이 급증했다. 당 창건 70돌을 앞두고 북한 당국의 상납금 요구가 빈번해지면서 이를 충족시키지 못한 해외 파견 상사원들은 조기 귀국 명령받았으나 징계가 두려워 이탈하는 경우가 잦았다. 장성택 숙청사건으로 평양에서의 생활이 암울한 미래를 예고하고 있는 데다가 상납금 납부 강요가 이어지자 북한 체제를 이탈하는 중간 간부들의 규모가 늘어났다.

---

87) 『데일리NK』, 2015.12.08; 제7차 당대회를 앞두고 김정은을 '애민 지도자'로 치켜세우기 위해 각 도마다 애육원·육아원을 건설하는데, 여기에 드는 자금 조달을 위해 도당이 외화벌이 수출 원천이 보잘것없는 도 인민위원회 무역국마저 흡수했다는 소식도 있다. 『자유아시아방송』, 2015.12.07.

03 7차 당대회 이후(2016~2019) 정책조정

가. 7차 당대회(2016.5) 이후 경제정책 기조

7차 당대회 이후 4년(2016~2019) 기간 북한의 경제정책 기본목표는 7차 당대회에서 내세운 데로 다시 '경제 강국 건설'로 격상되었다. 실질적인 목표는 '5개년 전략 수행'을 내세웠다가 경제제재의 파급영향이 심해지면서 '자립경제'로 후퇴했다. 산업별 우선순위는 선행 부문 혹은 기초공업 부문 정상화와 농업·경공업 정상화를 동시에 추구했다. 특히 '전력 생산의 절박성'이 강조되었다. 실행전략은 자력갱생, 동력·연료·원료의 자급자족과 국산화, 절약 투쟁을 강조했다.

이 시기의 경제정책 기조는 생산 정상화, 자력갱생 혹은 국산화와 절약 투쟁 주장 등 수세적 기조로 전환된 점이다. 경제관리 방법도 개혁 기조와 통제 기조가 혼재하는 모습이었다. 사회주의기업책임관리제 확립을 주문하면서도 내각의 경제작전 개선과 통일적 지휘 등 국가의 장악력 강화를 강조했다. 물론 사회주의기업책임관리제 시행(2014.5) 당시에도 '국가의 장악력'이 거론되었으나 그때는 기업경영 자율화에 방점을 찍었고, 점차 실제로 국가장악력을 강화하는 방향으로 옮겨갔으며, 2019년에는 다시 계획화 사업 중시로까지 보수 회귀했다.

정리하면, 2016~2019년 북한의 경제정책은 제재의 파급영향으로 경제가 침체하면서, 정책과 현실 간의 괴리가 커지고, 경제관리 방식도 분권화·시장화와 집권화·계획화가 혼재하는 과도기적 모습을 보였다. 이 시간의 특기할 만한 경제정책 혹은 경제에 영향을 미친 정세로는 UN 안보리의 대북 제재 강화, 2016년 7차 당대회에서 '경제발전 5개년 전략' 제시, 2018년 '경제건설 총력집중 노선' 선언을 들 수 있다.

표 5-5 2016~2019년 김정은 경제정책 담론 키워드

계기	목표 혹은 비전	우선순위, 실행전략	경제관리방식 개선
2016년 신년사	경제강국 건설	– 선행부문 총진격 – 농산 · 축산 · 수산 혁신	– 내각의 경제작전 개선 – 우리식경제관리방법 확립
2016.5 7차 당대회	경제강국 건설 자강력 제일주의 5개년 전략	– 병진노선 – 전력 문제 해결에 집중 – 선행부문,기초공업 정상화 – 농업,경공업 생산 증대	– 70일 전투/200일 전투 – 우리식경제관리방법 확립 – 내각책임제, 중심제 실현 – 사회주의기업책임관리제
2017년 신년사	5개년전략 수행	– 전력,금속,화학 발전 – 농업 · 경공업 병행발전	– 원료 · 연료 · 설비 국산화
2017.10 당전원회의	경제강국 건설	– 자력자강 동력, 과학기술	– 경제 자립성, 주체성 강화
2018년 신년사	자립경제 강화	– 탄소하나화학 창설 – 인민생활 향상	– 사회주의기업책임관리제
2018.4 당전원회의	생산 정상화	– 경제건설총력 집중 노선	– 내각의 통일적 경제지휘
2019년 신년사	5개년전략 수행	– 전력 생산 절박 – 금속 · 화학, 인민 생활	– 사회주의경제법칙에 맞게 계획화 · 재정금융 개선
2019.4 당전원회의	자력갱생 강조	– 절약 투쟁 강화	– 국가의 통일적 지도
4월 최고 인민회의	경제 주체화, 경제자립	– 동력연료원료 자급자족 – 먹는 문제 소비품 시급	– 제재돌풍을 자력열풍으로 – 국가이익우선, 계획화개선

나. 경제제재의 파급 영향

UN 안보리의 대북 제재와 파급영향이다. 2016~2017년에는 김정은의 핵·미사일 질주가 있었다. 2016년 두 차례 핵 실험(1.6, 9.9)과 잇

단 IRBM·ICBM 엔진 시험, 2017년 6차 핵실험(9.11) 및 ICBM 시험 발사(7.4, 11.29)와 그해 여름 괌 포위위협 사격 등의 벼랑 끝 전술도 있었다. 이에 대응해 UN 안보리는 5차례 강화된 대북 제재 결의안을 채택했다. 안보리는 전면적인 무기 금수(禁輸), 모든 북한 출입 화물검색 의무화, 특히 북한의 무역 활동 규제를 크게 강화해 북한의 자금줄을 차단해 핵미사일 개발을 중단시키겠다는 의지를 밝혔다.

표 5-6 2016~2017년 UN안보리 대북 제재 결의안 요지

결의시기(배경)	특징적 내용과 효과
2270호 2016.03.02 (1.6 북한 4차 핵실험)	- 전면적 대북 무기 금수 조치 - 북한 출입 모든 UN회원국 화물검색 의무화 - 민생목적 외 북한산 광물 수출입 차단 등
2321호 2016.11.30 (9.9 북한 5차 핵실험)	- 북한의 석탄 수출 상한 설정 : 연간 4억불 혹은 750만톤 - 모든 UN회원국 금융기관의 북한 내 활동 금지 - 대북 선박·항공기의 대여·등록·보험 서비스 제공 금지 - 북한 노동자의 외화벌이 착취에 대한 우려 제기 등
2371호 2017.08.05 (7.4 북한 ICBM 발사)	- 북한산 석탄·철·철광석 수출 전면 차단 - 북한산 수산물 수출 금지 - 북한 해외노동자 신규 채용 금지 등 ※ 북한 현금수입 10억불(광물8억+수산물2억) 차단 효과
2375호 2017.09.11 (9.3 북한 6차 핵실험)	- 북한산 섬유제품 수출 전면 차단 - 대북 원유 수출 동결(현 60만톤=400만 배럴 수준) - 대북 정유 제품 수출규제 강화(450→200만 배럴) - 북한 노동자 고용시 안보리의 인가 의무화 ※ 추가 돈줄죄기(섬유 8억불 + 인력송출 수입), 유류 30% 감축
2397호 2017.12.22 (11.29 ICBM 발사)	- 대북 유류 공급 제한 강화(정유 제품 연 50만 배럴) - 북한의 해외 근로자들 24개월 내 송환 - 북한의 기계류, 전자기기, 철강재 등 수입 차단

제재가 강화되자 섬유제품·석탄 등의 수출통제에 따른 외화 수입 급감, 전략물자 수입 규제에 따른 생산 활동 차질, 국가재정 및 시장의 위축 등으로 북한경제는 연쇄적으로 피폐해졌다.[88]

다. 5개년(2016~2020) 전략 추진

북한은 7차 당대회에서 '경제발전 5개년(2016~2020) 전략' 착수를 선언했다. 김정은은 자신의 권력이 공고화되어가자 경제도 높은 성장을 이룩하겠다는 야심 찬 계획을 내세웠다. 7차 당대회에서 제시된 경제정책 방향의 특징은 절충적이면서도 다소 모순적이었다. '경제 강국 건설'을 목표로 내세우면서도 '5개년 전략' 수행의 방법으로 '경제의 자립성·주체성 강화' 혹은 '자강력 제일주의'를 동시에 강조해 자립적 민족경제 노선에 따라, 자기 완결형 생산순환구조로 경제발전을 추진하겠다고 절충했다. 일선 생산 현장의 분권화·시장화를 유지하면서 중앙 차원의 집권화·계획화를 도모하는 절충도 추구했다. 경제의 자립화·주체화와 현대화·과학화를 동시에 추구한 점도 모순적이었다.

북한이 '경제발전 5개년 전략'은 '계획'이 아닌 '전략'이라고 했으나 20여 년 만에 제시한 사실상의 중기 계획이었다. '5개년 전략'은 추진 여건, 직전 개혁 조치와의 관계, 성장 목표 등에서 여러 문제를 제기했다. 핵 개발 추진으로 고강도 경제제재가 우려되는 상황이라는 정책추진 여건과의 부적합성, '사회주의기업책임관리제' 시행 1년 차에 착근도 안된 시점에 중앙의 계획 기제를 강화하는 경제관리의 모순성, 과도한 성장을 추구한 목표의 비현실성을 내포했다.

---

88) 경제제재의 경제적 파장은 이 책 '5장-4절-1-나, 사경제 통제: 외화 사용 규제' 참고.

먼저 경제 여건과의 부적합성이다. 북한이 '5개년 전략'을 발표한 시기는 핵미사일 고도화를 위한 '국방공업 5개년 계획(2013~2017)'이 진행 중인 때라서, 김정은 등 당 지도부가 고강도 제재가 예상되는 상황임에도 정책 여건을 종합적으로 판단하지 못하고 핵 개발과 경제발전을 동시에 추구하는 사실상의 '병진'을 추구하는 무리수를 두었다. 내각으로서는 2014~2015년 중에 '5개년 전략' 초안을 작성[89]하면서 구체적인 핵미사일 개발계획을 알 수가 없었을 수도 있다. 그러나 당대회 직전 심의과정에서는 이미 북한이 2016년 연초 4차 핵실험으로 3월 초 UN 안보리 결의에 따라 '민생목적 외 광물 수출 차단' 조치를 당했기 때문에 '5개년 전략'의 궤도 수정이 가능했으나 그러지 않았다.

- **'5개년 전략'과 '사회주의기업책임관리제'의 관계**

'5개년 전략'은 2014년 5월 사회주의기업책임관리제 실시, 2014년 12월 31일 기준 사회주의재산총실사 및 공장·기업소 생산능력평가사업 이후에 완성되었다. 북한이 이런 일련의 조치를 사전에 예정했다는 것은 사회주의기업책임관리제를 '5개년 전략' 추진을 위한 사전 조치로도 고려했음을 의미한다. 물론 경제개혁 입안 초기부터 중기 계획을 상정하면서 개혁 조치를 구상했다고 보기는 어렵지만, 2014년 7월 '내각결정'의 표현으로 볼 때 적어도 '우리식경제관리방법' 초안이 완성된 2014년 시점에는 '5개년 전략'도 입안 중이었다. '계획'이 아닌 '전략'이라고 한 것은 사회주의기업책임관리제에 따라 기업에 계획권을 부여한 것과 충돌하지 않도록 중기 계획에 신축성을 부여한 것으로 '5개년 전략'이 내세운 높은 증산 목표도 반드시 달성하기보다는 하부 단위들을 적극적으로 동원하려는 유도 계획인 것으로 평가된다.[90]

---

89) 북한의 '내각결정'(2014.7.10.)은 국가계획위원회 등이 "현재 진행 중에 있는 국가경제발전전략 작성 사업을 당창건 70돐까지 끝낼 것"이라고 했다.

그러나 내각의 의도와는 달리 김정은과 노동당은 성과에 대한 조급성으로 '5개년 전략'을 유도 계획이 아닌 의무 실행계획으로 간주하면서 생산 현장에 기업경영의 자율성이 정착되기 전에 계획 기제를 도입하는 성급한 정책을 구사했다. 내각과 당 사이에서 '5개년 전략'의 성격을 둘러싼 충돌은 2020년 8월 당 전원회의, 11월 당 정치국 회의, 그리고 2021년 1월 8차 당대회에서 반복되었다. 이는 후술한다.

- • '5개년 전략'의 과도한 목표 설정 문제

'5개년 전략'은 "경제 전반 활성화와 경제 부문 사이의 균형을 보장해 국내총생산액을 연평균 8% 증가시켜 2020년에는 2014년에 비해 1.6배로 장성시킨다"는 목표를 설정했다. 연평균 8% 성장은 북한당국이 2002~2014년 연평균 사회총생산액 증가율로 발표한 5.7%보다 훨씬 높은 수치이다. 북한은 2020년에 달성할 중요 현물지표별 목표로 "전력 500만kw, 석탄 3,800만t, 강철 120만t, 질소비료 120만t, 시멘트 500만t, 철도화물수송량 5,500만t, 알곡 800만t, 고기 25만t, 수산물 150만t, 일반 천 1억8천m 생산"을 제시했다.[91]

석탄, 강철, 전력 및 알곡을 중심으로 목표 달성 가능성을 보면, 수출에서 핵심을 차지했던 석탄의 경우, '5년 전략' 기간 동안 2배로 생산량을 높일 것을 제시하고 있다. 5년간 2배 증산을 위해서는 매년 20% 성장을 해야 하는데 이는 비현실적이다.

---

90) '5개년 전략' 문건을 보면 '국가의무계획과 기업체 계획'이라는 이원화된 계획제도를 확인해주었고, 국가가격사업도 "가격제정 위주 방식으로부터 가격관리 방식으로 전환한다"고 가격제도에 신축성을 부여했다. 이 점도 사회주의기업책임관리제와 '5개년 전략'의 조화를 모색한 요소이다. Ward Peter/한기범, "북한의 '국가경제발전 5개년(2016~20) 전략' 평가: 수립 배경, 달성목표 및 실패요인 분석을 중심으로," *Jounal of North Korea Studies* vol. 7, No. 1, 2021, pp. 101-127.

91) 북한의 '국가경제발전 5개년(2016~20) 전략' 문건.

표 5-7 '국가경제발전 5개년(2016~2020) 전략'의 10대 전망 목표

구분 단위	전력 kW	석탄 t	강철 t	질소 비료 t	시멘트 t	철도 화물량 t	알곡 t	고기 t	수산물 t	일반천 m
목표	500만	3800만	120만	120만	500만	5,500만	800만	25만	150만	1억8천
2014년 생산량	227만	1649만	17만	/	245만	/	614만	20만	68만	7242 만
2014년 생산능력	518만	1793만	117만		266만					
年성장률	21.7	23.2	78.9		19.5		6.8	5.2	21.5	25.6

* 출처: 북한 '5개년 전략' 문건. 연간목표 성장률은 Peter Ward 산출.

다만, 계획 당국이 '당국의 통제에서 벗어난 석탄생산 단위가 많다'라고 한 점에 유의해 증산이 아닌 '통계 밖 생산 단위 장악'의 방법으로 생산량을 확충할 수도 있다. 북한당국은 다음과 같이 실제 석탄 생산량을 중앙통계국에서 집계한 수치보다 높다고 판단했다.

'5개년 전략' : "적지 않은 단위들이 국가통계기관 밖에서 광물 생산을 진행하는 것으로 하여 지하자원을 전망성 있게, 효과적으로 개발 리용하기 위한 사업에 지장을 준다. … 국가자원개발성에서 장악하고있는 전국적인 석탄생산단위는 3,500여개, 금속, 비금속광물의 개발 및 생산단위는 3,170여개이지만, 중앙통계국에서는 석탄 생산단위 400여개(11%), 금속, 비금속광물의 개발 및 생산단위 700여개(22%) 정도 밖에 장악하지 못하고 있다."

강철의 경우, 생산 목표치는 2014년 기준 현존 생산능력과 거의 비슷하게 설정되었다. 이것은 현존 생산능력이 과도하게 사장되었음을 의미하며, '5년 전략' 기간의 목표치를 달성하기 위한 연간 성장률을

거의 80%로 설정했다. 전력 생산 목표 역시, 강철과 유사하게 현존 생산능력보다 낮게 설정되어 전력 생산 단위들이 유휴 현존 생산능력을 활용해 증산할 수 있을 것으로 판단한 것으로 보였다.

연간 20% 이상의 폭발적인 증산을 내건 공업 지표와 달리 농업 지표인 알곡과 고기 생산의 목표치는 사회총생산액 성장 목표보다 낮게 설정되었다. 이는 북한 계획 당국이 '농정의 허풍'을 고려해 스스로 농업 부문의 생산잠재력을 비교적 낮게 평가한 것으로 여겨진다. '5개년 전략' 문건에 따르면, 알곡 생산은 1979년에 657만톤으로 최고치에 도달했고, 2014년에는 614만톤으로 낮아졌다. 인구 1인당 알곡 생산량은 "1979년 404㎏에서 2014년에는 301㎏ 수준으로 낮아졌다"면서 그 주요 원인을 부침 땅 감소에서 찾고 있다.[92]

라. 경제건설총력 노선(2018.4)

2018년 4월 당 전원회의에서는 북한이 '항구 노선'이라던 병진 노선의 '종결'을 선언하면서 '경제건설 총력집중'을 새로운 노선으로 발표하는 이례적인 상황이 발생했다. 북한당국은 공개적으로는 '경제건설에 최우선'을 독려하면서 군과 당도 적극적으로 경제건설에 참여하는 모양새를 보였다. '새 전략노선' 관철을 위한 당·국가·경제·무력기관 간부 연석회의(4.30)를 개최했고, 군 총정치국장은 "군인 건설자들이 '조국 보위도 사회주의건설도 우리가 다 맡자'는 구호를 높이 들고

---

92) "1980년부터 2014년까지 간석지를 개간하여 부침땅으로 등록한 면적 1만 5,289정보, 새 땅을 찾은 면적 21만 7,916정보 모두 23만 3,205정보의 부침땅이 늘어났으나 큰물피해 등으로 26만 3,205정보가 줄어들어 2014년현재 부침땅 면적은 177만 정보로 되였다." 『국가경제발전 5개년전략』.

건설의 돌파구를 열어 제끼자"고 했으며(6.4), 원산에서는 "내년 4월 15일까지 원산갈마해안관광지구 건설을 완공하라"는 김정은 지시 관철을 위한 군민 궐기대회(6.4)가 개최되었다. 평양시 당 간부는 "당 사상사업의 성과는 경제사업에서의 성과에 달려있다"고 주장(11.3)했다.

김정은은 2018년 6월 싱가포르 회담 이후 경제 행보를 늘렸다. 6월 말부터 7월 중순 사이 평북 신도·신의주 일대, 삼지연, 함북 일대의 경제 현장을 시찰했다. 그의 연이은 경제 행보는 9.9절 70돌을 앞두고 경제에 관심이 있음을 과시하는 차원에서 현장에서 질책의 목소리를 높여 민생 향상을 위해 열중하는 모습을 보였다.

신의주화학섬유공장에서 "공장이 마구간 같다. 공장 책임일꾼들이 주인 구실을 못 한다. 내각 화학공업성 책임일꾼들과 도당위원회가 공장을 제대로 지도 통제하지 못한다"라고 질책했다(7.2 중앙통신). 함북 어랑천 발전소 건설 현장에서는 건설 부진에 "격노"하면서 "내각과 성·중앙기관들의 … 무책임한 사업 태도를 엄한 시선으로 주시하고 있고 당 경제부와 조직지도부 해당과도 문제가 있다"면서 생산 현장과 상급기관, 내각과 당의 연대책임을 추궁했다(7.17 노동신문).

김정은의 '핵 질주'에서 '경제 총력'으로의 전환 선언은 가중되는 제재·압박으로부터 숨 고르기 할 시간을 확보하려는 위장인 것으로 드러났다. 대미협상이 결렬된 이후 '협상 시기에도 핵미사일 고도화를 위한 노력은 중단되지 않았다'고 주장했다.[93] '경제건설집중'노선은 말 그대

---

93) 8차 당대회에서 북한은 "당 중앙은 2017년 11월 대사변 이후에도 핵무력 고도화를 위한 투쟁을 멈춤 없이 영도해 새로운 승리를 쟁취"했고 "더 위력한 핵탄두와 탄두조정능력이 향상된 전지구권타격로케트 개발을 결심"했다고 했다. 『노동신문』, 2021.1.9.; 김정은은 또 2019년 12월 당 전원회의에서 "지난 몇 개월 동안 … 국방력 강화에서 거대한 성과들을 끊임없이 비축"했다거나 "국방과학연구·군수공업 부문에 이미 시달된 단계별 목표를 점령하기 위한 지원"도 있었다고 했다. 『노동신문』, 2020.1.1.

로 경제건설에 대한 양적 동원을 늘렸을 뿐 정책의 질적 변화는 없었다. 대미협상 추진과정에서 핵 포기 없는 제재 해제가 쉽지 않음을 간파한 북한은 2019년 이후 자력갱생의 경제정책 기조를 강화했다.

04 핵 협상 결렬 이후(2020~2023) 정책변화

가. 핵 협상 결렬 이후 경제정책 기조

핵 협상 결렬 이후 김정은 담론에 나타난 경제정책 목표는 '경제 정면 돌파', '경제토대 재정비' 혹은 '5개년(2021~2025) 계획 관철', '인민 생활 안정', '식량·소비품 해결' 등으로 표현되었다. 경제 상황과 여건이 한계에 도달해 정면 돌파해야 하고, 무너진 토대를 시급히 복구해야 하는 절박성을 드러냈다. '5개년 계획' 관철을 지속 강조하면서도 2021년 이후 줄곧 식량·소비품 해결의 시급성을 제기했다. 이때는 제재에 이어 2020년 2월 코로나 차단을 위한 국경봉쇄, 2022년 5월 북한 내부 코로나 발생에 따른 이동통제로 경제난이 극심해진 때였다.

산업 부문별 우선순위는 8차 당대회 직후 금속·화학 부문의 우선 정상화가 강조되다가 2021년 이후 식량문제가 급부상했다. 식량난의 악화는 열악한 농업 인프라와 기상의존 농사로 곡물생산량이 부진한 데 원인이 있으나, 방역을 빌미로 한 이동통제로 곡물 유통이 어려웠고, 그나마도 2021년부터 곡물을 국가양곡판매소로 거래를 단일화하는 등 당국의 곡물 유통 독점도 한 원인이 되었다.

북한은 '5개년 계획' 실행전략으로 '정비보강 전략'을 내세웠다. 산업 부문 간 연계를 강화해 무너진 경제토대를 재정비·보강하겠다는 것이다. 자력갱생, 자급자족도 강조되었으나 종래 각자도생에서 '국가 우선 자력갱생'으로 의미가 바뀌었다. '국가 차원의 생산력 재배치'와 '생산물에 대한 국가의 통일적 관리'를 강조했다. 국가가 먼저 살아야 공장·기업소와 일반주민들의 자력갱생도 도모할 수 있다는 논리였다. 경제관리 개선 방향도 계획화와 집권화를 다시 강조했다. 경제난이 극심해지면서 북한의 정책 아젠다에서 경제문제의 비중이 커지지 않을 수 없었다. 당면한 경제난 극복방안을 논의하고 '5개년 계획 결사 관철'을 독려하는 회의 소집이 잦아졌고, 회의에서는 생산 부진에 따른 '심중한 편향과 과오들'에 대한 비판이 늘었다.

북한이 2019년 12월 이후 강조한 경제문제를 보면 다음과 같다. 그해 12월 당 전원회의에서는 '경제 정면 돌파전'을 선언했고, 2020년 8월 당 전원회의에서는 '5개년 전략 실패'와 관련 내각 경제 간부들을 비판했다. 2021년 1월 8차 당대회에서는 '5개년 계획'을 제시했고, 2021년 2월 당 전원회의에서는 '5개년 계획' 첫해 생산 목표를 상향 조정했다. 2021년 12월 당 전원회의에서는 '중장기 농촌발전 전략'을 제시했고, 2022년 6월 당 전원회의에서는 국정 부문별 부진실태에 대한 집중적인 비판이 있었으며, 2022년 9월 최고인민회의 시정연설에서는 '5개년 계획' 관철을 독려했다. 2022년 12월 당 전원회의에서는 김정은이 경제 간부들의 '패배주의'를 비판했고, 2023년 2월 당 전원회의에서는 식량과 소비품 문제 해결을 독려했다. 2023년 6월 당 전원회의에서는 "정비보강 대상들의 완공"과 건설과제를 거론했다.

2020년 이후 북한의 경제사정은 침체를 넘어 거의 추락하는 수준이었다. 북한 경제체제 자체의 모순에다가, 2017년 이후 경제제재의 파급 영향 누적, 2020년 이후 코로나 차단을 위한 국경봉쇄,

표 5-8 2019.12~2023.6 김정은 경제정책 담론 키워드

연도	계기	비전, 목표	우선순위 혹은 실행전략	경제관리방식 개선
2019	12월 당 전원회의	경제정면돌파 경제질서재편	– 경제토대재정비,생산잠재력 총발동으로 인민 생활 보장 – 10대목표 지표별 계획수립	– 경제질서재편:계획화 개선, 국가상업체계 복원 강조 – "과도적사업 불필요" 거론
2020	8월 전원회의	5년전략 분석	* 8차 당대회 소집	– 경제간부들 주관주의 비판
2021	8차 당대회	5년계획 제시 경제 활성화 –금속, 화학 식의주 돌파	– 정비보강, 부문간 연계 강조 – 자력갱생, 자급자족 – 국가의 생산물 통일적관리 – 5년내 식의주 돌파구 마련	– 국가의 통일적 지도 강조 – 일원적 통계체계 확립 – 국가차원 생산력 재배치 – 계획화, 재정금융 개선
2021	2월 전원회의	5년과업 관철	– 5년계획 첫해목표 상향조정	– 경제간부 패배주의 비판
2021	6월 전원회의	농사 총집중	– 농사 총집중 문제 논의	– 군량미 주민공급 명령
2021	12월 전원회의	인민생활안정	– 중장기 농촌발전전략 제시	– 계획규율 확립, 사상개조
2022	6월 전원회의	농사,소비품	– 농사와 소비품 생산 시급	– 경제에 당적 지도 강조
2022	9월 시정연설	5년계획 관철	– 식량, 소비품 증산 문제	– 경제 사회주의 성격 복원
2022	12월 전원회의	5년계획 관철	– 정비보강전략 수행	– 경제간부들 패배주의 비판
2023	2월 전원회의	농업 증산	– 알곡고지 점령	– 경제계획 수행규율 확립
2023	6월 전원회의	정비대상완공	– 생산에서의 편파성 극복	– 계획수행 규율 확립

2022년 봄 북한 내부 코로나 확산에 따는 통제 강화로 북한경제는 세 단계로 크게 위축되었다. 좀처럼 정책 실패를 인정하지 않던 북한도 2019년 12월 이후 '경제 여건의 악화'와 '경제정책 실패'를 인정하기 시작했다([표 5-9] 참고).

2019년 12월 당 전원회의에서 김정은은 공개적으로 "경제사업에서의 타성, 침체, 부진"을 거론했으며, 2020년 8월 당 전원회의에는 "국가 경제의 장성 목표들이 심히 미진되고 인민 생활이 향

상되지 못하는 결과를 빚었다"며 경제정책의 실패를 인정했다. 이후 "이 행성에서 가장 엄청난 도전과 난관에 직면"(2020.10), "최악 중의 최악의 난관"(2021.1), "고난의 행군을 (다시) 할 것을 결심"(2021.4) 등으로 경제 사정의 악화를 거론했다. 경제난의 원인으로는 제재, 자연재해, 비상 방역 상황 등 객관적 조건의 악화와 경제 간부들의 패배주의와 보신주의를 탓했다.

표 5-9 2019.12~2021.6 김정은의 '경제 여건 악화' 거론 사례

계기	거론 내용
2019.12 당 전원회의	김정은은 경제사업에서 "타성, 침체, 부진"을 지적하고 "땜때기식, 하루살이식 투자는 밑 빠진 독에 물 붓기"라며 부문별로 "산적된 폐단과 부진 상태를 분석하고 대책들을 일일이 제시"했다
2020.8.19 당 전원회의	"혹독한 대내외정세가 지속되고 예상치 않았던 도전들이 겹쳐드는데 맞게 경제사업을 개선하지 못하여 계획되었던 국가경제의 장성목표들이 심히 미진되고 인민생활이 향상되지 못하는 결과도 빚어졌음"
2020.10.10 당창건 75돌 열병식 연설	"올해는 정초부터 엄청난 도전으로 간고하고 힘겨웠음", "인민의 삶을 위협하는 불안정한 요소가 많아 … 두려움도 컸음." "이 행성에서 제재, 방역, 재해 등으로 엄청난 도전과 난관에 직면한 나라는 우리뿐임."
2021.1.5~12 8차 당대회	지난 5년을 "일찍이 있어 본 적 없는 최악중의 최악으로 계속된 난국", "어려웠던 지난 한 해", "겹쌓인 곤란"으로 묘사. "외부 환경은 의연 준엄하고 첨예", "최악의 조건과 시련 속" 등으로 표현
2021.4.6~8 당 세포비서 대회	"유례없이 많은 도전들을 헤쳐야 하는 극난한 형편", "어느 부문이나 조건은 대단히 어렵고, 부족한 것도 많다." "인민들의 고생을 덜기 위해 당 조직들, 당세포비서들이 간고한 '고난의 행군'을 할 것을 결심함."
2021.6.15~18 당 전원회의	6.15 개회사: "지난해 태풍피해로 알곡 생산계획이 미달, 현재 인민들의 식량 형편이 긴장해져 해결을 위한 적극적인 대책을 내놓아야 함" "비상방역상황의 장기성에 철저히 대비할 데 대한 문제"도 논의.
2021.6.29 당 정치국 회의	"책임간부들이… 국가와 인민의 안전에 위기를 조성하는 중대사건 발생." 간부들의 "무능과 무책임" "패배주의·보신주의와 소극성"을 비판하면서 "경제문제를 풀기 전에 간부혁명부터 일으켜야 한다"고 주장.

나. 경제정면돌파 선언(2019.12)

북한은 2019년 12월 28일부터 31일까지 4일간 당 중앙위원회 제7기 5차 전원회의를 소집해 '대내외 형세 하에서의 당면한 투쟁 방향, 조직 문제, 당구호집 수정, 당 창건 75돌 기념 문제'를 논의했다. 이 전원회의는 이례적으로 4일간 진행되었고, 지방 당 간부들을 망라한 대규모 인원(1,000여 명 추산)이 참가했다. 당 전원회의에서 김정은의 '보고' 요지를 1월 1일 신년사 대신 보도했으며, 이후 관행이 되었다.

2019년 12월 당 전원회의는 여러 면에서 북한의 정책 전환점이 된 회의였다. 1년여 기간의 대미협상이 실패로 끝나고 경제난은 가중되었으나, 정치면에서는 김정은을 '핵 개발 대업을 완수'하고 강대국 지도자들과 상대한 '세계적 지도자'로서 떠받들었다. 그 결과 김정은의 강성 권위구조와 호전성이 다시 두드러졌다. 김정은을 '수령' 반열로 등극시키고 '유일영도'를 강조하는 등 김정은 유일영도 체제가 강화되었다. 대외적으로는 김정은이 '대미 장기 대결전 돌입'을 주장하면서 다시 노골적인 핵미사일 고도화에 착수한 시점이었다. 내부적으로는 자력갱생에 기초한 '경제 정면돌파전'을 선언하면서, '반사회주의·비사회주의 투쟁'으로 사회통제를 강화했다.

김정은은 12월 당 전원회의에서 "나라의 형편이 눈에 띄게 좋아지지 못하고 있다"며 경제난을 자인하면서 그 책임을 "전대미문의 난관"을 조성한 미국의 제재 탓으로 돌리고 "제재 압박을 무력화하는 정면 돌파전"을 주장했다. "정면 돌파전의 기본전선은 경제 전선"이라며 "경제토대 재정비, 생산잠재력 총발동으로 인민 생활의 수요 보장"을 주장했다.[94] 자력갱생, 경제토대 재정비를 위한 경제 질서 재편을 당면 과

---

94) "주체혁명위업 승리의 활로를 밝힌 불멸의 대강 '우리의 전진을 저애하는 모든 난관을 정면돌파전으로 뚫고 나가자' 조선로동당 중앙위원회 제7기 제5차 전원회의에

업으로 제시하면서 이를 통해 '경제난을 정면 돌파하겠다'고 선언했다.

그러나 자력갱생은 종래와 같은 단순한 자립경제 추구가 아니었다. 수년간의 경제제재 여파로 대외경제협력 여지가 철저히 차단되고 경제 토대가 상당 부분 손상된 상황에서 어떻게 생존하느냐의 문제였다. 경제가 크게 위축된 상황에서 경제토대 재정비는 쉽지 않은 과제였다. 북한은 생산 활성화에 한계를 보이자 경제토대의 정비 방향을 분배·유통체계 개선에 초점을 맞추면서, 노력 동원 극대화와 생산잠재력 총발동을 추구했다. 농업을 주 활성화 방향으로 설정하면서, 계획화 사업 개선과 국가상업 복원 등 복고적 경제 질서 재편에 나섰다(경제질서 재편 방향은 제4절- 1- 가 참고). 다만 12월 당 전원회의에서 거론된 정책조정은 2020년이 아닌 2021년부터 구체화 되는 모습을 보였다. 코로나 사태와 새로운 중기 계획 수립 문제 때문으로 추정된다.

2019년 연말 이후 북한의 경제정책은 폐쇄적, 수세적, 복고적 특성을 드러냈다. 외부 세계와의 단절이 더욱 심해졌고, 경제 규모가 줄어들고 생산 정상화가 어려워지자 경제정책을 생산보다 분배관리에 초점을 맞춰 수세적으로 운용했다. '국가 자력갱생 우선'을 주장한 점도, '경제 정면 돌파' 주장이나 '정비보강 전략' 추진도, 산업 전반 활성화에서 먹는 문제 우선 해결로 정책 중점을 좁힌 것도 수세적이었다. 특히 경제관리 방식은 국가의 장악력 강화와 계획화 사업 개선에 초점을 맞춰 복고적 특성이 두드러졌다.

관한 보도", 『로동신문』, 2020.1.1.

다. 5개년(2021~2025) 계획 제시

• 2020년 8월 당 전원회의 '5개년 전략' 결산

2020년 8월 당 전원회의에서는 '5개년(2016~2020) 전략의 결함'을 분석했다. 김정은은 "경제 목표들이 심히 미진했다"면서 부진 원인으로 제재·코로나·재해 등 객관적 조건과 함께 경제 간부들의 '주관주의'를 비판했다. 내각 간부들이 "실현 가능성을 구체적으로 타산해 작성하지 않고 주관적 욕망에 사로잡혀 '5개년 전략'을 작성했다"는 것이다. 그러면서도 앞으로 세울 '5개년 계획'을 "땅 짚고 헤엄치는 식으로 낮게 세우라는 것이 아니다. 눈코 뜰 새 없이 돌아가야 수행할 수 있는 높은 목표를 세우라"고 했다. 김정은의 모순된 화법은 경제 간부들을 헷갈리게 했다.

2020년 8월 당 전원회의에서 김정은 언급 : "우리에게는 현실을 무시한 목표나 계획이 필요 없음. 혁명과 건설을 달이나 화성에 가서 하는 것이 아니라 이 땅에서 하는 것만큼 우리가 처한 주·객관적 조건을 구체적으로 반영하여 목표도 설정하고 계획도 세워야 함. 우리는 국가경제발전 5개년전략을 수립하는데서 범한 오류에서 심각한 교훈을 찾고 당 제8차대회에서 제시할 5개년계획을 철저히 현실성과 가능성에 입각하여 과학적으로 타산하고 작성하여야 함. 그렇다고 투쟁목표와 계획을 땅 짚고 헤엄치는 식으로 해도 수행할 수 있으리만큼 낮게 세우라는 것이 아님. 눈코 뜰 새 없이 돌아가야 수행할 수 있는 아주 높은 목표와 계획을 세우되 과학적이며 현실성 있는, 실현가능한 목표와 계획을 세우라는 것임."

"이번 당 제8차대회에서 제시할 새로운 5개년계획은 실속있는 동원적인 계획, 전투적인 계획으로 작성되어야 함. 말하자면 지난 시기처럼 뜬소리, 빈말공부가 될 수 있는 것이 아니라 결산기간에 실지 할 수 있는 것은 어떤 것이고 전당적, 전사회적으로 달라붙어 해야 할 것은 무엇인가, 당사업과 당 활동은 어디에 힘을 집중하여 해야 하겠는가 하는 것을 똑똑히 타산해보고 작성해야 한다는 것임… 실현가능성이나 아무런 담보성도 없이 생색이나 내려고 지지부레한 것들까지 반영하여 당대회 결정을 유명무실하게 만드는 일이 절대로 없도록 해야 함."

2020년 8월 당 전원회의 이후 내각과 노동당 사이에 중기 계획의 성격 해석과 생산 목표 설정을 둘러싸고 이견이 두 번 표출되었다. 한 번은 '5개년 전략'을 결산하는 과정에서, 다른 한 번은 '5개년 계획 생산 목표'를 설정하는 과정에서 드러났다. 내각은 '5개년 전략'을 결산하면서 '전략'의 성격을 '유도 계획'인양 변명했으나 당은 '의무계획'으로 해석했다. '5개년 전략' 수립 시점 만해도 경제정책은 내각이 주도적으로 관리했으나 '5개년 전략'을 결산할 때는 주도권이 당으로 넘어가 의견 충돌을 초래했다. 이어서 '5개년 계획' 목표를 설정하면서 내각은 '실현 가능성'이 착안 사항이었으나, 당은 '눈코 뜰 새 없이 바쁜 전투적 계획' 여부가 판단 기준이었다. 경제정책 주도권은 당의 수중에 있었다.

북한경제가 급격히 추락해 당국의 동원과 장악력 강화가 필요해지면서 당의 개입이 잦아졌다. 이 같은 배경으로 2019년 12월 전원회의에서 경제질서 재편 방향이 반(反)개혁 기조로 전환되었고, 통제를 강화하기 위한 별도의 대책기구가 필요해졌다. 2020년 8월 5개년 전략 실패 원인 검증을 위해 '비상설 중앙검열위원회'가 구성되었고, 2021년 3월 '5개년 계획' 수행의 걸림돌 제거 및 당국의 경제장악력 강화를 위해 '비상설경제발전위원회'가 설치되었다. 이들 '비상설' 기구들의 위상은 불명확하나 '힘센 특수기관'들도 다루기 위한 기구인 만큼 당이 지휘하는 기구임에는 틀림이 없었다. 물자·재원의 부족 현상이 극심해지고 정권의 모든 문제가 경제난에서 파생됨에 따라 중앙당, 특히 당 조직지도부를 중심으로 한 총력대응이 불가피해졌다.

• 2021년 1월 8차 당대회 '5개년 계획' 제시

북한은 2021년 1월 5~12일(8일간) 8차 당대회를 소집해 새로운 '국가 경제발전 5개년 계획(2021~2025)'을 제시했다. '5개년 계획'의 목표는 '정비·보강 전략'으로 경제 부문들 사이의 유기적 연계를 강화해 자립적 토대를 강화하는 것이었다. 자력갱생을 '기본 종자'로 정하면서 '국가 자력갱생'을 중시했고, '5개년 계획의 총적 방향'으로 금속·화학공업을 중심 고리로 경제 전반을 활성화하면서 농업·경공업 등 인민소비품 증산을 추구했다.

5개년 계획의 성장 목표로는 2020년 대비 2025년 말에 국내총생산 1.4배 이상 성장, 인민소비품 생산은 1.3배 이상 성장, 평양 5만 세대 살림집 건설, 매년 시멘트 800만 톤 생산을 제시했다. 추진전략으로는 내각의 역할 강화, 국가 경제의 명맥과 전일성 강화, 경제관리 개선과 과학기술화로 생산 정상화, 개건 현대화, 원료·자재의 국산화, 대외경제활동과 자립경제 토대 보강의 연계를 내세웠다. 국가 경제의 자립적 구조 완비, 수입 의존도 감축 및 인민 생활 안정화 지향도 강조했다.

경제관리개선 과제로 '국가의 경제장악력 강화'가 핵심 목표였다. 당대회는 경제를 "자립경제, 계획경제, 인민을 위해 복무하는 경제"로 규정하면서 "국가의 경제조직자적 기능"과 "생산물에 대한 통일적 관리"를 강조해 당국의 생산과 분배에 대한 일원적 관리를 추구했다. 경제에 대한 국가의 통일적 지도를 실현하는 방법으로 내각 중심의 일원적 지휘체계 확립, 국가적 일원화 통계체계 강화, 국가 경제의 명맥을 추켜세우는 사업 전개, 인민 경제 차원에서 경제 효율화를 위한 생산력의 합리적 재배치, 부문별 균형적 발전 추구, 계획화 사업 개선을 강조했다. 재정과 금융·가격 등 경제적 공간들 옳게 이용하는 문제와 공장·기업들의 경영활동 조건 개선, 원가 저하와 질 제고도 거론했다.

표 5-10 2021.1 제8차 당대회 제시 경제정책

구분	주요 내용
5년 계획 수행 방향	○ 투쟁전략: 정비·보강, 부문 간 유기적 연계 강화로 자립토대 강화 ○ 총적 방향: 금속, 화학공업을 중심 고리로 경제 전반 활성화 ○ 추진전략: 내각 역할 강화, 국가 경제의 명맥성·전일성 강화, 경제관리 개선과 과학기술화로 생산 정상화와 개건 현대화, 원료·자재의 국산화, 대외경제활동을 자립경제 토대 보강과 연계, 경제의 자립구조 완비, 수입 의존도 감축, 인민 생활 안정화 지향 ○기본 종자 : 자력갱생, 특히 국가 자력갱생 우선
5년 계획 성장 목표	○ 당대회에서는 건설 관련 현물지표 일부만 공개됨 : 평양에 5만 세대 살림집 건설(매년 1만 세대), 검덕지구 2만5천 세대 건설, 매년 시멘트 800만t 생산, "5년 내 식의주 돌파구 마련, 인민들이 폐부로 느끼는 변화" 거론 ○ 당대회 이후 확인된 목표(2022.9 김정은 시정연설) : 2020년 대비 2025년 말에 국내총생산액 1.4배 이상, 인민소비품 생산은 1.3배 이상 장성 * 전력, 석탄, 곡물 등 10대 전망 목표는 미공개
경제관리 개선 방향	○ 경제의 성격을 "자립경제, 계획경제, 인민에 복무하는 경제" 규정 　– "국가의 경제조직자적 기능과 생산물에 대한 통일적 관리" 강조 ○ 경제에 대한 국가의 통일적 지도 실현을 위한 기강 확립 강조 　– 단일 국가통계체계, 국가경제의 명맥을 추켜세우는 사업 전개, 전인민 경제 차원 효율화를 위한 생산력 재배치, 부문 간 균형발전, 계획화 사업 개선, 재정과 금융·가격 등 경제적 공간들 옳게 이용하는 문제, 공장·기업소들의 경영활동 조건 개선, 원가 저하와 질 제고 등

• '5개년 계획' 평가

'5개년 계획'의 기조는 2019년 4월 최고인민회의, 2019년 12월 당 전원회의를 거치면서 구체화되었다. 김정은은 2019년 4월 시정연설에서 "경제사업을 국가의 통일적 장악과 전략적 작전하에 진행"하고,

"사회주의경제의 본성적 요구에 맞게 계획화 사업을 개선하고, 가격·재정·금융 문제를 현실적 의의가 있게 해결"하며, "경제사업을 과학적 타산에 기초해 최량화·최적화하기 위한 대책"을 주문했다.[95]

2019년 12월 당 전원회의에서 김정은은 산업 부문별로 "산적된 폐단과 부진 상태를 분석하고 대책들을 제시할 것"을 주장했다. 그는 "땜 때기식 투자, 하루살이 식 투자는 밑 빠진 독에 물 붓기"라면서 "10대 전망 목표의 지표별 계획을 세우고 전망목표가 확정되면 인민적 생산·창조 투쟁을 전개할 것"(2020.1.1 노동신문)을 지시해 5년 전략 결산과 함께 새로운 중기 계획을 준비하고 있음을 시사했다.

'5개년 계획'은 대외환경 변화와 무관하게 성장을 추구한 점, 여전히 높은 성장 목표를 설정한 점, 물자·재원의 고갈 상황에 대한 고려 없이 동원체제 성격의 경제운용을 추구한 점, '국방공업 우선 투자'를 강조함으로써 사실상 병진노선으로 회귀한 점이 특징이자 한계였다.

'5개년 계획'은 대외경제 환경 악화에 관계없이 경제를 계획적으로, 안정적으로 관리해 나가겠다는 의욕을 보였다. 제재 장기화를 고려해 자력갱생, 자체 역량의 정비·보강에 주력하면서, 국가계획·중앙통제 기능을 중시했다. '5개년 계획' 기간에 산업별 발전 방향은 '자립경제 건설의 명줄'인 금속·화학 공업의 선행 발전, '자립경제의 기본동력'인 전력과 '자립 경제발전의 전초기지'인 석탄공업의 우선 발전을 추구했다. '주체철 생산체계 완성', '주체의 화학공업 창설', '국산 원료를 사용하는 주체공업으로의 전환' 등 자력갱생·자립경제의 물질·기술적 토대를 다지는 주안을 두었다.

---

95) 같은 시점인 2019년 4월 북한은 당 경제정책실장 전현철을 내각 부총리 겸 국가계획 위원장으로 발탁했다. '5개년 계획'은 전현철이 중심이 되어 작성되었을 가능성이 있다.

【그림 5-8】 북한의 '5개년 전략'과 '5개년 계획' 성장 목표 비교

	5개년 전략 : 2016~2020	5개년 계획 : 2021~2025
성장목표	2020년에 2014년 대비 국내 총 생산액 1.6배 성장 (연평균 8% 성장)	2025년 말에 2020년 대비 국내 총생산액 1.4배 성장 (연평균 7.7% 성장)
10대 전망 목표	2020년 목표 : 전력 500만 Kw, 석탄 3,800만t, 강철 120만t (2014년 대비 2배 증산)	※10대 전망 목표 발표하지 않음

의식주
문제
	10대 전망 폭표로 연간 알곡 800만t,
	시멘트 500만t 생산을 목표로 제시
		○ 인민소비품 1.3배 이상 성장
		  – 김정은, "5년내 식의주 돌파구 마련" 주장
		○ 평양 5만 세대 살림집 건설(매년 1만 세대)
		  – 매년 시멘트 800만t 생산

결 과	김정은 "심히 부진" 실패 인정	살림집 건설 외 전반적으로 부진 예상

    그러나 여전히 높은 성장 목표를 설정해 '2020년 대비 2025년 말에 국내총생산액 1.4배 이상 장성'을 내세웠다. 이를 달성하기 위해서는 연평균 7.7%의 성장을 이뤄야 했다. 이 시기 경제 여건은 이미 제재에 이어 코로나 팬데믹으로 물자난이 극심해진 때였으나 7차 당대회에서 내세운 '5개년 전략' 기간의 연평균 8% 성장에서 크게 낮춰 잡지 않았다. 북한은 8차 당대회에서 "김정은이 5년 계획기간에 인민들의 식의주 문제 해결에 돌파구를 열어 인민들이 폐부로 느끼는 실제적인 변화를 이룩하겠다는 확고한 결심을 천명"했다고 보도했다.

    5개년 계획의 기본 수행전략인 '정비·보강 전략'은 경제사업체계와 부문들 사이의 유기적 연계를 복구·정비해 자립적 토대들 강화하겠다는 것이다. 일종의 자기 완결적인 내부 경제순환의 활성화를 도모하겠다는 것이다. 이를 위해서는 원료·동력·자재가 기본적으로 충족된 상황에서 부문 간 세밀한 연계계획과 엄격한 자재공급 질서 유지가 요구

되었다. 그러나 북한경제의 현실은 극심한 자재난으로 유기적 연계가 어려웠으며, 결과적으로 본위주의와 계획의 무정부성을 초래했다.

생산 단위·부문 간의 자율성이 줄어들고 중앙에서 생산력과 생산물을 장악·통제하면서 사업의 우선순위, 선택과 집중을 결정하고 주기적으로 실적을 점검(결산)하는 '동원적·전투적 경제계획'을 운용함에 따라 전반적인 생산 부진으로 이어지는 악순환을 초래했다. 월말에 계획 수행을 위해 몰아치기 생산(복닥소동)을 하거나 당의 '조치'가 있기를 기다리는 현상이 늘어 연관 부문에 지장을 초래하고, 계획수행의 양적 지표에만 치중하고 질은 무시하는 폐단이 보편화되었다.

김정은은 8차 당대회에서 "적대 세력들의 위협과 공갈이라는 말 자체가 종식될 때까지" 핵미사일 능력 확충이 필요하다고 주장했다. 전술 핵탄두 대량생산과 함께 고체연료 ICBM, 수중발사 핵무기 등 전략무기 개발을 예고하면서 선제타격 능력 고도화를 추진하겠다며 사실상 병진노선의 부활을 선언했다. 김정은의 '핵 개발 우선 투자'는 가뜩이나 위축된 경제관리를 더욱 왜곡시켰다.

라. 5개년 계획 '결사 관철' 독려(2021)

• 2021년 2월 당 전원회의 : 생산 목표 상향조정

북한은 8차 당대회(1.5~12, 8일간)가 끝난 지 한 달도 채 안 된 2021년 2월 8~11일 당 전원회의를 다시 소집했다. 당대회 직후 내각이 보고한 그해 경제계획 목표가 중앙당의 의도보다 낮게 설정됨에 따라 이를 바로잡기 위해 서둘러 소집한 것으로 확인되었다.96) 당 전원

---

96) 내각은 2021년 1월 17일 최고인민회의에서 '5개년 계획' 법령화와 동시에 '2021년

회의에서 김정은의 발언은 물론 조용원 당비서의 토론, 내각 총리 김덕훈의 자아비판성 발언 등 회의 내용이 모두 '내각의 잘못된 올해 경제계획 목표 설정'에 집중되었다. 당대회에서 경제계획 5개년 전망 목표를 제시한 데 맞추어 내각이 '발전 지향성'이 있는, 높은 생산 목표를 제시하지 않고 경제 여건을 고려해 낮은 목표를 설정하는 '요령주의·패배주의'를 드러냈다는 것이다. 회의에서 김정은이 책상을 치고 화를 내거나 특정 간부를 가리키고 질책하는 모습도 보였다.97)

김정은은 내각 간부들의 낮은 생산 목표 설정을 "조건과 환경을 걸고 숨 고르기를 하면서 흉내나 내는 보신과 패배주의"라고 신랄히 비판했다. "내각에서 작성한 올해 경제계획이 그전보다 달라진 게 없다"거나 "올해 계획에 당대회의 사상과 방침이 반영되지 않았다"면서 경제계획 작성에서 "내각이 주도적인 역할을 하지 않았으며 성(省)들에서 기안한 숫자들을 기계적으로 종합하다 보니 … 능히 할 수 있고 반드시 하여야 할 계획을 낮추는 폐단들이 나타났다"고 비판했다.98)

조용원 당 조직비서는 "경공업 부문에서 조건타발을 하며 소비품 생산계획을 낮춘 문제, 건설 부문에서 당 중앙이 수도 시민들과 약속한 1만 세대 살림집 건설 목표를 감히 낮춘 문제, 전력공업 부문에서 인민 생활의 요구를 외면하고 생산계획을 인위적으로 낮춘 문제"를 지적

인민경제계획'을 제시했다. 그때 제시된 목표치는 '철저히 실현 가능성을 감안'해 낮춰 잡은 것으로 추정된다.

97) 당 전원회의에서 내각에 대한 감독 소홀 책임을 물어 당 경제비서 겸 경제부장 김두일을 한 달 만에 해임했다. 대신 당대회 때 제2경제위원장으로 옮긴 오수용을 다시 비서 겸 경제부장으로 복귀시켰다.

98) 2월 전원회의에서 생산 목표를 잘못 설정한 것으로 비판받은 부문은 농업, 경공업, 건설, 전력, 수산 부문이다. 다만 농업 부문만 과도한 목표 설정(허풍)을 지적했고, 나머지는 생산 목표를 낮춘 것을 문제 삼았다. 김정은은 "농사 조건이 불리하고 영농자재를 원만히 보장하기 어려운 현 상태를 고려함이 없이 5개년계획의 첫해부터 알곡 생산 목표를 주관적으로 높이 세워놓아 지난 시기처럼 계획단계부터 관료주의와 허풍을 피할 수 없게 하였다"라고 주장했다.

하면서 "일꾼들이 극도의 소극성과 보신주의에 사로잡혀 당대회 결정도 서슴없이 저버리는데 절대 묵과할 수 없는 총비서의 의도를 반대하는 반당행위"라고 추궁했다.

총리 김덕훈은 "올해 전투 목표를 당의 의도에 맞게 설정하지 못하고 발전 지향성이 결여된 계획 수자를 제출"한 점을 반성했고, 부총리 양승호는 "경제일꾼들이 보신주의, 패배주의를 뿌리 빼지 못하고 아직도 조건과 환경의 포로가 되어있다"며 분발하겠다고 했다. 내각 간부들은 다시 확정된 "큼직큼직한 일감들"을 부여받았고, "자신의 수준과 능력, 잠재력의 한계를 초월한 분투"를 요구받았다고 했다.

● 3월 비상설경제발전위원회, '당국의 장악력 강화' 제도화

2021년 2월 당 전원회의에서 김정은은 "비상설경제발전위원회의 역할을 높여 경제발전을 저해하는 걸림돌을 제거하고 나라의 경제가 원활하게 운영되도록 하는 것이 중요하다"고 했다.[99] 이에 따라 '국가의 통일적 지도, 전략적 관리 실현과 공장·기업소의 생산 활성화를 추동할 수 있는 제도적·법률적 담보를 마련하는 비상설경제발전위원회'가 설치되었고, 당 전원회의의 결정에 따라 신설된 '비상설경제발전위원회'는 그해 3월에 첫 회의를 소집해 '국가의 통일적 지도'를 위해 다음과 같은 조치를 결정했다.

'비상설경제발전위원회'는 3월 회의에서 모든 생산 단위에 세금부과, 경제통계자료 제출 의무화, 노동력 관리 일원화, 국영 상업 활성화를 결정했다. 곧이어 내각은 2021년 3월 각급 기관 및 생산·봉사 단위에 다음과 같은 조치를 하달했다.[100] 첫째, 북한 내 모든 생산 및 봉사

---

99) "조선로동당 중앙위원회 제8기 제2차 전원회의에 관한 보도," 『노동신문』, 2021. 2.12; 한편 2016년 5월 '5개년 전략'에 착수하면서는 '비상설국가경제발전전략중앙위원회'를 조직했다.

단위들은 수입금의 일정한 몫을 세금으로 내는 국가 예산 납부 체계를 강화했다. 기관·기업가 운영하는 소규모 부업기지 혹은 매대도 등록을 의무화하고 직접 세금을 내도록 했으며, 특수단위들에 소속된 단위들도 지방예산수입금 계좌에 납부하도록 했다. 둘째, 모든 단위의 중앙통계국에 경제통계 제출을 의무화했으며, 위반시 법적 통제도 부과했다. 셋째, 특정 부문·단위에서도 가능했던 노력(勞力) 파견장과 노력 동원장 발급을 노동성과 노동행정기관으로 일원화했다. 넷째, 국영상업을 활성화하는 대신 '비법적인 상(商)행위'에 대한 통제를 강화했다.

내각 지시 4호(2021.3.15) : "1. 공화국 영토 안에 있는 모든 생산 및 봉사단위들이(에 대한) 국가예산납부체계를 철저히 세울 것이다. 공화국령토 안에 전개한 무역 및 원천동원단위, 봉사기지, 기관기업소 산하 부업생산기지, 기업소 밖에 전개된 매대 등 생산 및 봉사단위들을 소속에 관계없이 거주지 재정기관에 등록할 것. 2. 국가적으로 통계지표를 환원복구하고 사회경제실태를 빠짐없이 장악하기 위한 규률과 질서를 엄격히 세울 것이다. 3. 로동행정사업체계와 질서를 정비하여 나라의 로력자원을 합리적으로 동원리용할 것이다. 4. 국가적인 품질관리 및 감독체계를 철저히 세울 것이다. 5. 국가상업체계를 복원하기 위한 사업을 시급히 전개할 것이다. 국영상업을 활성화하고 기관·기업소 봉사망을 제한하는 원칙에서 상업 및 급양편의봉사망을 정리할 것. 3월말까지 모든 상업봉사 단위들을 빠짐없이 등록하고 영업허가증 없이 운영하거나 정확한 계산체계가 없이 경영활동을 하는 등 사회주의상업 본태를 흐리게 하는 봉사단위들을 4월말까지 정리할 것. 6. 사회주의물자교류시장의 운영방법을 개선할 것이다. 사회주의원칙을 철저히 지키며 국가가 정한 질서와 방법대로 물자들을 유통토록 해 물자교류시장이 사회주의 계획경제의 보호적 공간으로 운영되도록 할

---

100) "경제사업에 대한 국가의 통일적지도를 실현하기 위한 사업체계와 질서를 세울데 대하여", (북한) 내각 지시 제4호(2021.3.15).

것. 7. 국가계획위원회·재정성 등 관련기관은 이 지시를 이행하기 위한 실무적 대책을 수립. 8. 집행과정에서 제기되는 문제들은 비상설경제발전위원회에 제기할 것."

• 2021년 상반기 '5개년 계획 첫해 과업 관철' 독려

김정은과 조용원 등 북한 지도부는 2021년 상반기 내내 '5개년 계획 첫해 목표의 결사적 관철'을 독려했다. 7차 당대회 때 군중 노력 동원을 위한 속도전 운동을 전개한 것과는 달리 각종 회의체를 소집해 간부들을 집중적으로 닦달해 증산을 독려했다. 각종 당 회의 및 근로단체 대회가 일제히 소집되었을 뿐 아니라 당 세포비서, 시군당 책임비서, 중앙 및 도당 간부들 대상 강습회·협의회를 개최해 '결사 관철'을 주문했다. 중앙당이 시군별로 정책집행 결과를 서열화하거나 집행과정에 대한 법적 통제를 강화해 간부들이 움직이지 않을 수 없도록 강제했고, 김정은이 소극적인 간부들을 비판하면서 '간부 혁명화'의 필요성을 제기하기도 했다.

그러나 2022년 들어 공개적인 증산 독려 활동은 현저히 약해졌다. 2021년에는 5개년 계획 첫해라는 점에서, 2022년에는 코로나가 확산한 점에서 경제선동의 강도에 차이가 있을 수 있다. 그러나 경제 정상화 독려 논조도 현저히 감소했다는 점에서 북한 지도부가 공개적인 증산 독려를 지속하면 경제정책 실패만 주민들에게 알려 지도부의 리더십에 문제가 있음을 자인하는 꼴이 된다고 판단한 것으로 추정된다. 2022년 이후 증산 독려방식은 종래의 솔직한 현실 인식, 직설적인 비판 방식에서 다소 완곡한 표현 방식으로 바뀌었다. 김정은이 공개적으로 '정세 악화'를 거론하는 사례나, 정책 부진 간부들에 대한 분노 표출 사례도 줄어드는 추세이며, 과거와 달리 경제 사정을 비교적 낙관적으로 평가하는 경향을 보였다. 다만 비공개로 하는 생산 부진 비판은 여전히 치열했을 것으로 추정된다.

마. 식량난과 정책 이견(2022~2023)

● 2021년 6월 이후 '긴장한 식량 사정' 중점 논의

민생 향상 혹은 의식주 해결 문제는 북한이 정책회의를 열 때마다 자주 거론하는 정책과제이다. 그러나 2021~2023년 기간에서처럼 북한이 3년간이나 연이어 '긴장한 식량 사정'을 집중적으로 논의한 전례는 찾아보기 어렵다.

2021년 6월 당 전원회의에서 김정은은 "인민들의 식량 형편이 긴장해졌다"면서 주민들에게 '군(軍) 비축미 공급'을 명령해 식량난이 심각해졌음을 인정했다. 그해 12월 당 전원회의에서는 "민생안정에 총집중"을 주문하면서 '농촌발전전략'을 발표해 식량 사정 악화를 시사했다. 2022년 6월 당 전원회의에서는 다시 "인민들의 식량 고생이 이만저만이 아니다"라고 실토한 데 이어, 9월 최고인민회의 시정연설에서는 "농사와 소비품 생산이 급선무"라고 하여 식량과 생필품 부족에 따른 불평불만이 고조되고 있음을 시사했다.

2023년 2월 말에는 두 달 만에 당 전원회의를 다시 소집해 '알곡 고지 점령'을 독려했고, 전원회의 직후 노동신문(3.3)에는 농사를 책임진 간부들의 '반성문'이 게재되었다. 2023년 6월 당 전원회의에서는 "식량 자급자족 실현을 관건적인 문제로 내세우고 알곡 고지를 점령할 수 있는 조치를 각방으로 취했다"고 주장했다.

표 5-11 2021~2023년 북한 정책회의에서 농업 및 농촌문제 논의 사례

회의	식량 문제 거론 요지
2021. 6.15~18 당 전원회의	o 의제: '올해 농사에 힘을 총집중할데 대한 문제' – 김정은, "지난해 태풍피해로 인민들의 식량형편 긴장…대책 필요" o 의제: '인민생활을 안정·향상 시기키 위해 선차적으로 해결할 문제' – 김정은 '민생안정을 위한 특별명령(대주민 軍비축미 공급)' 발령 * 6.29 당 정치국 회의, 이병철 상무위원 등 '지시 태공죄'로 징계
2021. 12.27~31 당 전원회의	o 의제: '2021년 정책집행 총화와 2022년 사업계획' – "생산 활성화, 정비보강으로 인민생활 안정에 총집중" 강조 o 의제: '농촌문제 올바른 해결을 위한 당면 과업' – 김정은, 농촌발전전략 제시하면서 "10년 내 식량문제 완전 해결" 주장
2022. 6.8~10 당 전원회의	o 의제 : '2022년 정책집행 정형 중간 총화' – 김정은, "농사와 소비품 생산이 급선무" * "몇 달째 식량 보장 못해 인민들의 식량 고생 심각" 인정
2022.9.7~8 최고인민회의	o '사회주의 농촌발전법' 채택(내용 미공개), * 핵무력 정책법령은 소개 o 9.8 김정은 시정연설: "식량문제, 소비품 문제를 가까운 연간 해결"
2022.12.26~31 당 전원회의	o 12개 중요고지(1.알곡, 2.전력, 3.석탄 등) 점령을 새해 목표로 제시 * 1.17 총리 "지난해(2022) 인민생활 향상 투쟁에서 뚜렷한 성과 이룩"
2023.2.26~31 당 전원회의	o 의제: '새시대 농촌혁명강령 실현 위한 첫해 투쟁 정형과 중요과업' – 김정은, "농촌문제 반드시 풀어야", "저해 요인 해소 절실" 주장
2023.6.16~18 당 전원회의	o 의제 : '올해 주요정책집행 정형 중간 총화' – "식량 자급자족 실현을 관건적 문제로 내세우고 영농물자를 보장함"

북한의 곡물 가격은 2021년 6, 7월과 2022년 6, 7월에 폭등한 것으로 알려졌다. 폭등 이유는 생산부족도 문제지만 분배과정이 원활하지 못했고 당국의 유통체계 변경도 주요 요인으로 작용했다. 2020년 코로나 사태 이후 곡물 수입이 차단되고 시장이 통제되었으며, 2021년부터 국가양곡판매소로 곡물 거래 단일화를 추진했으나 양곡판매소도 충분한 물량을 확보하지 못해 수급 조절에 실패했다. 2022년 6, 7

월의 곡물 가격 폭등에는 5월 이후 북한 내부 코로나 확산에 따른 통제가 추가로 작용했다.

북한도 곡물 유통과정에 문제가 있음을 인정했으나, 곡물가격 폭등에 대한 그들의 해법은 시장 유통 활성화에 있지 않았고, 거꾸로 당국의 양곡수매사업과 식량취급질서 관리 미흡을 지적했다. 북한당국은 "(농민들의) 여유 양곡을 최대한 거두어들일 수 있게 하고, 식량 접수와 공급·판매에서 이러저러한 빈공간과 비법적 처리, 부정축재 현상이 나타나지 않도록 식량취급질서를 확립할 것"을 강조했다.

● 2021년 12월 '중장기 농촌발전 전략' 제시

김정은은 식량난 해결의 방법으로 2021년 12월 당 전원회의에서 '중장기 농촌발전 전략'을 제시했다. 전원회의에서는 '농촌문제의 올바른 해결을 위한 당면과업'을 별도 의제로 정하고 "우리식 사회주의 농촌발전의 위대한 새시대를 열어나가자" 제하 김정은의 보고가 있었다. 농촌 혹은 농업 문제를 분야별 과제로 토론하지 않고 단일의제로 정한 것은 식량난의 심각성을 말해준다. 농촌발전 전략 제시로 농민들의 상대적 박탈감을 완화하면서 식량 증산 의지를 고무하려는 것이다.[101]

김정은은 "농촌을 현대적 기술과 문명을 겸비한 부유하고 문화적인 사회주의 농촌으로 전변"시키는 '농촌발전전략'을 제시했다. 농민들에게 자신이 "농촌혁명의 주인"이라는 의식을 자각시키고 개별 농(農)의 이익을 우선하는 낡은 사상을 극복하기 위한 집단주의 의식 고취"를 강조했다. 그리고 "10년 내 식량문제 완전 해결"을 목표로 과학 농사 실현, 알곡 생산구조를 벼와 밀 생산 위주로 변화, 군 협동농장경영위

---

101) 북한은 당 전원회의 결과 발표를 2022년 벽두에 예고하면서 김정은이 '중대 조치'를 취했다고 선전했다. 일각에서는 가족농 등 특단의 개혁을 예상하기도 했으나 결과는 '협동농장의 미상환 국가 대부 자금 면제 조치'로 확인되었다.

원회 중심의 농업지도, 농업 부문에 대한 투자 확대, 농촌에 시멘트 우선 공급 등 협동농장의 경제적 토대 보강을 내세웠다([표 5-12] 참조).

표 5-12 2021.12 김정은 제시 중장기 농촌발전 전략

발전 목표	실행 방안
관건 요인 '농민=농촌혁명의 주인화'	농민의 사상개조, 정치의식 제고에 최우선
농촌발전의 기본과업 : 식량문제 해결	10년간 알곡·축산물 등의 단계적 생산목표 제시
전국 농촌 마을들을 새롭게 변모	국가의 힘 있는 지원과 시군의 역할 제고
농촌에서 사상·기술·문화 3대혁명	사상혁명 우선: 낡은 사상 일소, 집단주의 고취
과학 농사 제일주의	종자혁명, 재해성 이상기후 대처 능력 제고
알곡 생산구조를 벼·밀 농사 위주로	특히 밀 재배 면적 확보 및 밀 가공 능력 확충, 콩 농사, 감자농사 열풍도 다시 한번 고조
농업생산의 과학화, 정보화, 집약화	농업연구기관 역할 제고, 농업기술인재 양성 등
농업생산 전반에 대한 통일적인 지도	군 협동농장경영위원회 중심의 지도 활동, 실무수준 제고로 농업부문의 고질적 허풍 제거
농업 부문에 대한 국가적 투자 확대	농촌경리의 수리화, 기계화, 전기화 실현
관계 체계의 전반적 정비·보강	새 땅 찾기, 간석지 개간, 부침 땅 면적 확대
황해남도를 농업도로서 집중 육성	5년계획 기간 내에 황해남도에 국가적 힘 집중
협동농장의 경제적 토대 보강	미상환 국가대부금 면제, 농촌에 시멘트 우선공급

농촌전략은 농촌에 대한 당국의 '투자 증대'를 예고했으나 물자와 재원이 부족한 상황이고, 물질적 동기 유인보다 사상적 개조를 우선하면서, 중장기 조치라는 점에서 증산 의욕 고취에는 한계가 있었다.

● '농촌발전 전략' 추진의 조직행태 특성

농촌발전전략의 추진과정은 내각이 제시한 정책 아이디어를 지도자

가 어떻게 활용하는지를 보여주었다. 즉, 조직행태의 전형이 발현된 사례다. 2021년 12월에 발표된 농촌발전전략은 2021년 1월 당대회와 3월 당 강습회에서 거론된 내용들을 종합해 발표되었고, 2022년 9월 김정은의 최고인민회의 시정연설에서 다시 강조되었다. 2023년 2월 당 전원회의에서는 추진 1년 상황을 평가하였다.

북한은 8차 당대회에서는 '알곡 고지' 점령을 위한 농정방향으로 종자혁명, 과학농사, 저수확지 증산, 새 땅 찾기와 간석지 개간, 농산·축산·과수 발전, 농촌경리 수리화·기계화, 농민의 생산적 열의 제고, 농촌에 대한 국가적 지원 강화를 제시했다. 2021년 3월 시군당 책임비서 강습회에서 김정은은 "시군 협동농장 경영위원회의 권위를 세워주어 농사를 실질적으로 지도할 수 있게 해야 한다"라고 언급함으로써 농민들의 협동농장 경영 책임자에 대한 불신이 대단함이 확인되었다.

농촌전략은 이듬해 9월 최고인민회의 시정연설에서 활용되어 김정은이 "농업생산을 비약적으로 발전시켜 가까운 앞날에 식량문제를 완전히 해소하겠다"는 결심을 피력하면서 벼농사와 밀·보리농사로 전환, 농업 부문에서 허풍 뿌리 뽑기 투쟁, 농산물 수매 방법 보완, 농업 부문에 국가적 지원 강화, 내년부터 국가에서 시군에 시멘트 무조건 보장을 거론했다. 2022년 12월 당 전원회의에서는 '알곡 고지 점령'을 최우선 독려 과제로 내세웠고, 2023년 2월에는 북한 내 아사자 속출 소문이 무성한 가운데 '농촌문제 해결'을 위한 당 전원회의가 다시 소집되어 '농촌발전전략' 추진상황을 점검하면서 농업생산량 증대 방안을 논의했다.

북한은 김정은이 제시한 농촌강령을 "인민의 세기적 숙망 실현에 중대한 변혁적 의의를 지니는 기념비적 문헌"이라고 치켜세웠다(2021. 1.2 노동신문). 그러나 '변혁적 의의'는 찾기 어렵고 과거 내각이 추진한 농정을 종합한 것이었다. 근본적인 농정 혁신 없이 종래의 진흥책을 나열했으며, 오히려 집단주의 영농과 사상혁명을 강조했다.

● 8차 당대회 이후 경제난에 따른 불만 및 정책 갈등

8차 당대회 이후 당 전원회의를 종합해 보면 북한 내부에 선핵후경(先核後經) 노선 장기화에 따른 사회적 불만과 정책 갈등이 표출되고 있음을 시사했다. 첫째, 경제문제를 논의하기 위한 전원회의가 자주 소집되고 회의 주제가 '5년 계획 관철' 독려에서 '식량·소비품 증산' 독려로 바뀌었으며, 민생 향상이 아닌 '안정'을 거론하면서 식량 혹은 농촌문제를 단일의제로 상정하는 경우가 늘어 주민들의 기본 생활도 어려울 정도로 경제난이 극심해지고 있음을 보여주었다.

둘째, 2022년 이후 증산을 독려하면서도 종래의 부진상황 '비판'에서 '성과'와 '비전'을 제시하는 긍정 표현으로 바뀐 것도 '비판'의 화살과 부진 책임이 당국으로 돌려지고 있다는 인식에서 비롯된 것일 수 있다. 다시 말해 경제난이 극심해진 이유가 핵 개발 일변도 노선 때문이라는 주민들의 생각을 의식한 조치일 수 있다. "인민들의 식량 고생이 계속되면 당이 민심을 잃게 된다"라는 김정은의 발언은 주민들이 식량 고생의 원인을 '정책'탓으로 돌리고 있음을 의미하며, 그 정책에는 농정(農政), 방역정책과 함께 핵 정책도 포함된 것으로 판단된다. 2022년 9월 시정연설에서 김정은이 "핵 포기는 없다"면서 주민들이 핵 정책을 "지지·성원한다"고 강변한 것도 민생부진에 따른 주민 불만 확산을 의식한 발언일 수 있다.102)

---

102) 김정은은 2022년 9월 최고인민회의 시정연설에서 '핵무력 정책' 법령화의 필요성을 거론하면서 "절대로 핵 포기란 없다"고 단언했다. 그리고 "인민들의 불만을 유발해서 당이 스스로 핵을 내려놓게 하며, 궁극적으로는 북한을 붕괴시키려 한다"는 미국의 대북 '비핵화 유도전략'을 설명한 데 이어, 북한 주민들이 핵 정책을 "지지·성원한다", "적들이 오판했다"는 점을 강조해 내부에 이상기류가 흐르고 있음을 시사했다. 한기범, "북한의 리더십과 경제 및 핵 정책관리: 2020년 이후의 동향을

셋째, 김정은이 권력층 내에 경제정책을 둘러싼 '이견'이 있음을 인정했다는 사실이다. 김정은은 2022년 12월 당 전원회의에서 "정비보강전략을 기본적으로 (서둘러) 끝내자"라고 하면서 경제 간부들의 '자립경제 노선에 대한 패배주의와 기술 신비주의'를 공개적으로 비판했다(아래 인용문 참고). '자립 사상에 대한 패배주의와 기술 신비주의'는 자체의 역량과 기술로는 한계가 있으니 외부 세계와의 적극적인 경제협력과 선진기술 도입으로 발전을 도모해야 한다는 관점을 의미한다. 김정은이 경제 간부들 사이에 이런 "낡은 사상이 잠재해 있다"라고 비판했다는 사실은 자력갱생과 폐쇄 노선을 불가피하게 하는 핵미사일 고도화 노선의 장기화를 둘러싸고 북한 권력층 내부에 이견이 있음을 인정한 것이다.

> 2022년 12월 당 전원회의 보도 : 김정은이 "그동안 김일성이 제시한 자립 사상을 구현하며 패배주의와 기술 신비주의를 청산하기 위해 강하게 투쟁해왔음에도 불구하고 낡은 사상 경향이 아직도 교묘한 외피를 쓰고 일부 경제 일군들 속에 고질병, 토착병처럼 잠복해 있는데 대하여 엄책했다"면서 "아직도 남의 기술에 대한 의존을 털어버리지 않고 자력의 원칙을 흥정하는 낡은 사상에 심대한 타격을 주었으며, 객관적 환경에 빙자하면서 우리 사업을 방해하는 그릇된 사상 잔재를 청산하기 위한 투쟁을 계속 전개해야 한다"고 했다.

넷째, 북한은 2023년 6월 당 전원회의에서 "당 정치국은 당과 정부의 정책집행을 보위사업적·법적으로 철저히 담보해야 할 보위·안전기관들의 사명의 중대함을 강조하고 해당 부문들에서 일심단결을 견결히 수호하기 위한 사업을 보다 공세적·책략적으로 강력하게 전개할데 대

중심으로," 『KDI 북한경제리뷰』, 2022.9, 제24권 제9호, pp. 75~77.

해 강조하였다"고 했다.103) 구체적인 내용은 밝히지 않았으나 공안기관을 동원할 정도로 정책 부진과 소극성이 일반화되고 '일심단결'을 거론할 정도로 정책 불만과 이견이 대두되고 있음을 인정한 셈이다.

| 제4절 | 김정은의 경제개혁 후퇴 : 조직행태와 관료정치

01 경제개혁 후퇴(2019.12~) 과정

가. 경제질서 재편

• 2019.12 '국가의 장악력 강화'를 위한 경제질서 재편 주장

북한이 2019년 12월 전원회의에서 '자력갱생 투쟁'과 '경제질서 재편'을 통한 '경제정면돌파전'을 선언했음은 앞에서 살펴보았다. 북한은 당면한 경제난을 극복하기 위해 '전 사회적 자력갱생 투쟁을 통한 생산잠재력의 총발동과 경제질서 재편을 통한 국가의 경제장악력 강화'를 추구했다. 여기서는 자력갱생보다 '경제질서 재편'에 논의를 집중해서 북한은 왜 개혁 후퇴 내지는 경제질서 재편을 선언했는지, 어떻게 재편하겠다는 것인지, 실제 어떤 재편 과정을 거쳤는지를 살펴본다.

---

103) "조선로동당 중앙위원회 제8기 제8차 전원회의 확대회의에 관한 보도," 『로동신문』, 2023.6.19.

김정은은 12월 당 전원회의에서 '경제 사업체계와 질서 정돈'의 방향을 경제사령부로서의 '내각책임제·중심제' 강화 즉, '국가의 경제장악력' 강화로 잡았다. 경제 규모의 위축과 자원·자재의 부족이 현저해지자 시장화·분권화에서 후퇴해 경제계획·생산조절·자원배분의 전 과정에서 국가의 개입을 늘리겠다는 것이다. 북한은 2014년 '우리식경제관리방법'을 발표하면서도 '사회주의기업책임관리제' 실시에 따른 개별기업의 경영권 보장과 '국가의 통일적 지휘'를 동시에 강조했다. 2014년에는 개별 기업의 경영권 보장에 방점을 찍었으나 2019년에는 '국가의 통일적 지휘'에 방점을 찍었다. '국가의 장악력 강화'는 2019년 이후 북한이 경제관리방법론에서 가장 강조한 개념이다.

김정은은 '국가의 장악력'을 강화해야 하는 이유로 "국가의 집행력과 통제력이 미약"해 "경제 전반의 활성화에 심중한 문제들이 발행"하고 있기 때문이라고 했다. "(경제 각 부문이) 자력갱생의 구호만 외칠 뿐 실제로 경제토대를 보강하지 않는 폐단"이 있다면서 당국이 경제 전반을 틀어쥐고, 경제 각 부문 간의 유기적 연계로 경제를 정상화하겠다는 것이다. 김정은은 또 '공장·기업소가 제 살기에만 바빠서 국가는 안중에도 없'기 때문에 모든 생산력과 생산물을 국가 수중이 집중시켜 일원적으로 관리할 필요가 있다고 했다.

북한은 2019년 12월 전원회의에서 구체적인 경제질서 재편 방향으로 '현실적 요구에 맞게 계획사업을 개선해 인민경제계획의 신뢰도를 제고'하는 데 설정했다. 그리고 전반적인 경제기구체계 정비, 경제관리개선 사업 강화, 불필요한 규제 및 비효율 요소 개선, 국가상업체계 및 사회주의 상업 복원, 현실성 있게 사회주의기업책임관리제 실시를 제시했다.[104] 그러나 실제로 경제질서 재편은 동향은 2020년 코로나

104) "주체혁명위업 승리의 활로를 밝힌 불멸의 대강 '우리의 전진을 저애하는 모든 난관을 정면돌파전으로 뚫고 나가자' 조선로동당 중앙위원회 제7기 제5차 전원회

방역 문제와 새로운 중기 계획 수립 문제 때문에 1년여 지체되었다.

• 2021.2 국가의 장악력 강화를 위한 '4대 투쟁' 방향 제시

'국가의 장악력'을 강화하기 위한 경제질서 재편 활동은 2021년 1월 8차 당대회에서 '5개년 계획' 시행과 더불어 재론되어 그해 봄부터 본격적으로 추진되었다. 2021년 2월 당 전원회의에서 '국가장악력 강화를 위한 투쟁 방향'을 제시했고, 3월 '국가장악력' 강화 대책기구를 신설했으며, 이어 장마당 통제 등 실제 당국의 장악력 강화를 위한 활동 전개의 순서로 진행되었다.

북한은 2월 당 전원회의에서 국가의 경제장악력 강화를 위한 '4대 투쟁'(필자가 붙인 개념) 방향을 제시했다. ① 국가 우선 자력갱생 추구, ② 생산 현장의 본위주의 배격 투쟁, ③ 단위 특수화 현상(당·군의 특권경제 행세)과의 투쟁, ④ 개인 상행위 등 전 사회적 비사회주의 현상과의 투쟁이 그것이다. '4대 투쟁'은 내각 산하 생산 단위들, 당·군 산하 공장·기업들, 시장 등 국가를 제외한 여타 생산 주체들의 '본위주의적' 행태를 규제하겠다는 것이다. 2014년 5월 '사회주의기업책임관리제' 실시로 생산 현장에 자율권을 대폭 부여해 경제 3주체(당국·생산단위·개인)의 이익을 조화롭게 추구한다는 입장에서 후퇴해 국가이익을 우선 하겠다는 것이다. '국가 수탈 경제관리체계'로의 후퇴를 의미했다.

첫째, '국가자력갱생론'을 제기했다. 북한은 "국가적, 중앙집권적, 과학기술적 자력갱생"이라는 새 개념을 제시하면서 "각자가 제가끔 살아가는 자력갱생이 만연되면 무질서가 조장된다"며 각자도생(各自圖生)을 경계했다. 둘째, 생산 현장의 본위주의를 배격했다. "공장·기업소들이

의에 관한 보도", 『로동신문』, 2020.1.1.

국가이익은 안중에도 없고 자기 이익만 추구한다"고 비판하면서 집단주의 정신을 강조했다.

셋째, '단위 특수화 현상과의 전쟁'을 선포했다. '단위 특수화'란 내각의 지도 감독에서 제외되는 당·군 산하 공장·기업들의 특권적 지위를 일컫는다. 특권 단위도 규제해야 할 정도로 경제 사정이 나빠졌음을 의미했다. 넷째, 전 사회적인 비사회주의 투쟁을 예고했다. 비사회주의 투쟁은 통상 '자본주의 사조, 남한풍·날라리풍 배격'을 의미 하나 여기선 경제적 의미의 개인주의 즉, 돈벌이에 급급한 행태를 단속하겠다는 것이다.

• 2021.3 '국가장악력 강화' 제도화, '국가장악력' 재강조

앞에서 거론했듯이 '비상설경제발전위원회'는 국가의 장악력 강화를 위한 경제질서 재편 '투쟁'을 제도화하기 위해 2021년 3월에 설치된 기구이다. 비상설경제발전위원회는 '국가의 통일적 지도, 전략적 관리 실현과 공장·기업소의 생산 활성화를 추동할 수 있는 제도적·법률적 담보 마련'을 임무로 하며, 그해 3월 첫 회의에서 모든 생산 단위에 세금부과, 경제통계자료 제출 의무화, 노력 관리 일원화, 국영 상업 활성화를 위한 조치를 결정했다.

김정은은 2021년 12월 당 전원회의에서 지난해 경제운용 결과 "경제 간부들의 사업 기풍이 개선"되고 "경제관리 개선 노력이 적극화"된 점을 거론하며 "국가사업의 전반적인 분야에서 긍정적 변화들이 일어난 것은 고무적인 일"이라고 주장했다(2022.1.1. 노동신문). 경제사업에 대한 내각의 장악력이 강화되고 '본위주의, 단위 특수화 현상이 줄어들고 있는 듯'한 표현이었다. 그러나 이듬해 당전원회의에서 "적지 않은 부문들이 본위주의, 특수화에 빠져"있다면서 "단위 특수화 현상의 뿌리가 완전히 뽑힐 때까지 당의 권위를 걸고 투쟁의 도수를 극대화할 것"이라고 한 것으로 알려져 특권 경제단위에 대한 통제가 쉬운 일이 아님이 드러났다.

이어 2022년 9월 최고인민회의 시정연설에서 김정은은 "경제사업을 비롯한 국가사업 전반에 대한 통일적 지휘가 더욱 심화되고 사회주의적 성격이 복원되었다"고 했다. 그리고 "경제사업을 내각에 집중시키는 체계와 질서가 점점 강하게 세워지는 데 맞게 (내각은) 생산 경제활동 전반을 단단히 걸어쥐고 경제 부문들 사이의 유기적 연계와 협동을 잘 지어줄 것"을 주문했다(2022.9.9 노동신문). 김정은이 시정연설에서 "경제사업에 대한 통일적 지휘 심화", "사회주의 성격 복원", "경제사업의 내각 집중 체계 강화"라고 언급한 점도 과장된 발언일 수 있다. 그러나 그동안 최고지도자가 반복해서 강도 높게 주문했다는 점에서 경제질서 재편 추진 2년여 만에 내각의 경제장악력과 생산 단위들의 계획규율 준수 행태가 종전보다 개선되었을 가능성도 있어 보였다.

나. 사(私)경제 통제

북한은 2021년 봄부터 실제 일선 현장을 대상으로 국가의 장악력을 강화하기 위한 경제질서 재편 활동을 본격적으로 전개했다. 구체적으로는 장마당 통제와 국영 상업 활성화, 농민들의 소토지 경작 규제, 곡물 수매 강제와 시장에서의 곡물거래 규제, 외화 사용 통제 및 '중앙은행 돈표' 발행 조치가 시행되었다. 그러나 대외무역의 실종, 산업 활동의 정체, 시장의 마비 등 경제 여건 전반이 열악한 상황에서 일선 공장·기업소의 소극적인 행태와 시장 주민들의 반발로 '국가장악력 강화'를 위한 경제질서 재편은 순조롭지만은 않았다.

● 장마당 통제와 국영 상업 활성화

김정은은 2021년 1월 8차 당대회에서 "국영 상업을 발전시키고 급양·편의 봉사의 사회주의적 성격을 살리는 것은 현시기 매우 긴절한 문제"라거나 "현시기 우리 상업이 반드시 해결해야 할 중요 과제는 상업·봉사 활동 전반에서 국가의 주도적 역할, 조절 통제력을 회복하는 것"이라고 했다(2021.1.9 노동신문). 그해 2월 당 전원회의에서는 '경제관리 문제 해결의 한 방편으로서 반사회주의·비사회주의 투쟁'을 강조해 '반사·비사 투쟁 = 사경제 통제'임을 숨기지 않았다. 김정은은 2월 당 전원회의에서 "반사회주의·비사회주의 현상은 악성종양"이라며 "연합지휘부를 조직해 무자비하게 억제·소멸할 것"을 독려하면서 "경제관리 문제 해결은 사회주의적 성격을 고수하고 반사·비사 현상을 근절하기 위한 중요 과업"이라고 주장했다. 이로써 '국영 상업 활성화'는 '사경제 규제' 즉, 장마당 통제를 전제로 한 조치임이 확인되었다.

북한은 2021년 3월 초부터 '중앙비사회주의집중소탕연합지휘부'를 구성해 전국적으로 비사회주의 현상 통제 활동의 하나로 비공식 경제 활동에 대한 강력한 단속에 나섰다. 불법 상행위를 단속하면서, 곡물의 사적 거래도 통제했다. 음식점·이발소 등 급양·편의 시설을 국영 상업 관리로 전환하려는 시도도 있었고, 궁극적으로는 '종합시장 자체를 국가관리로 이관한다는 것이 국가 방침'이라는 소문도 돌았다.105) 시장 거래 중에서 우선 공공성을 띤 거래부터 관여하기 시작하여 점차 수익성 거래까지 국가가 장악할 것이라는 소문이 돌았다.

장마당 규제는 2020년 10월 '시장관리운영 규정'을 개정해 '시장에 대한 당적 통제'의 근거를 마련했고,106) 2021년 3월부터 불법 상행위

---

105) "북 장마당 금지", 『조선일보』, 2021.3.4.
106) 북한은 2020년 10월 19일 내각 전원회의에서 '시장에 대한 당적 통제'를 가능케 한 새 시장관리운영규정을 마련한 것으로 알려졌다. "새로운 시장관리운영 규정

를 간헐적으로 단속하다가 2022년 5월 무렵부터는 종합시장 운영도 규제했다. 장마당 규제는 주민 생활난 악화와 반발로 통제와 완화가 반복되는 양상을 보였다.

2021년 3월 초의 장마당 통제는 몇 주 뒤에 일단 후퇴했으나, 4월 중순 다시 통제에 들어갔다는 보도가 이어졌다(4.26 아시아프레스). 종합시장 주변 노상에서 물건을 판매하는 메뚜기상을 단속했고, 빵과 국수를 노천에서 팔거나 개인 집에서 식당을 운영하는 행위를 규제했다. 당국이 허가하지 않은 장사는 근절하겠다는 것이다. 공설시장인 종합시장에서도 매대 운영을 50세 이상의 여성으로 제한하면서, 등록 외 상품 판매를 규제하는 비사회주의 단속 규찰대의 활동이 강화되었다.

2022년은 5월 북한 내 코로나 확산은 당국으로서 장마당 통제의 호기였다. 평양 내 종합시장들은 5월 한 달 내내 폐쇄되거나 이틀에 한 번씩 개장하는 방식으로 축소 운영되었다. 코로나 확산세가 다소 누그러진 6월부터는 종합시장 운영시간을 종래 오전 10시~오후 6시에서 하루 2~3시간만 개장하는 쪽으로 통제되었다. 시장 개장이 축소되면서 세금 징수가 줄어들자 당국이 장세(시장사용료)를 인상했다는 소식도 들렸다.[107]

● 곡물의 사적 거래 금지

장마당 통제의 핵심적 조치는 곡물의 사적 거래 규제였다. 북한은 2021년 3월 양정법을 개정해 곡물을 '국가양정체계안에서만 유통을 허용'하면서 그해 봄부터 장마당에서의 곡물의 사적 거래를 규제하고 '국가양곡판매소'를 통한 거래로 단일화했다. 그러나 양곡판매소를 통

내려와…'당이 시장경제 장악·통제'", 『Daily NK』, 2020.11.3.
107) 이영종, "북한 경제의 산호호흡기 장마당." 『북한』, 2023년 5월호, p. 80.

한 거래 단일화는 충분한 물량을 확보하지 못해 수급 조절에 실패하면서 곡물 가격이 다시 폭등해 식량난을 가중하는 부작용을 초래했다.

그러자 북한당국은 2022년 하반기에 '최대한의 양곡수매사업 실시와 식량취급질서 확립'을 독려하면서 다시 양곡판매소를 통한 거래 단일화를 추진했다. 과거 2005년 당 창건 60돌을 앞두고도 북한은 곡물 유통의 국가 독점을 '국가양곡전매제'로 추진했다가 실패한 전례가 있다. 이를 다시 반복한 것은 김정은이 8차 당대회에서 '사회주의 공급망 회복'을 지시한 데 따른 것으로, 사실상 식량 배급을 통한 정권의 '사회주의 자존심' 회복과 주민 통제 강화 차원이었다.

곡물의 사적 거래 통제과정을 구체적으로 살펴보면 다음과 같다. 북한은 2020년 9월과 2021년 3월에 양정법을 개정해 농민의 국가의무수매를 확대하면서 시장에서의 곡물 유통을 규제했다. 협동농장은 국가의무수매와 계약에 의한 수매에 응한 후 남은 곡물을 당국의 승인을 득해 소비할 수 있으며(14조), 수매 후 남은 곡물은 물론 텃밭에서 생산된 곡물도 영농물자교류소(국가양곡판매소)를 통해서만 거래하도록 강제했다(11조). 그리고 "량곡을 국가량정체계 안에서 류통시키지 않았을 경우 책임 있는 자를 처벌한다"(56조)라고 규정했다.[108]

그러나 처음부터 양정법의 철저한 적용은 불가능했다. 북한은 2020년 코로나 팬데믹으로 곡물 수입이 중단되면서 시장에서 거래되는 곡물 가격이 폭등하자 북한은 시장 거래 곡물에 대해 한도가격을 설정하거나 양곡판매소에 곡물을 풀어 곡물 가격의 안정을 도모했다. 2021년 봄부터 각지에 '국가양곡판매소'를 설치했으며, 양곡판매소에서 거래되는 쌀과 옥수수 가격은 시장가격보다 다소 저렴한 것으로 나타났다. 그러나 이따금 곡물을 내놓으며 명맥을 유지했을 뿐 양곡판

---

108) "조선민주주의인민공화국 량정법," 국가정보원, 『북한법령집 하』(2022.10), pp. 79~101.

매소는 충분한 물량을 확보하지 못해 곡물 가격을 안정시키는 데 한계가 있었다.

북한의 곡물 가격은 2021년 6, 7월에 폭등했고(쌀값 4,000원 → 6,000원/kg, 옥수수 2,000원 → 3,900원/kg), 북한에 코로나 확진자가 발생한 직후인 2022년 6, 7월에 다시 폭등했다(쌀 5,300 → 6,300원/kg, 옥수수 3,100~3,400원/kg). 주요 도시의 쌀값이 6,000원대를 넘어선 것은 2017년 이후 처음이며, 2020년 1월 국경봉쇄 이전 만해도 저소득층의 주식인 옥수수 가격은 쌀값의 1/4수준이었으나, 코로나 사태 이후 소득이 줄어 옥수수를 찾는 주민들이 늘면서 쌀값의 1/2수준으로 인상되었다.[109]

북한 당국도 곡물 유통이 원활하지 않은데 문제가 있음을 인정했으나 그들의 해법은 원활한 시장 유통에 있지 않았고, 당국의 양곡수매 사업과 식량취급질서 관리가 철저하지 못했다는 데서 원인을 찾았다. 북한은 "(농민들의) 여유 양곡을 최대한 거두어들일 수 있게 하고, 식량 접수와 공급·판매에서 이러저러한 빈공간과 비법적 처리, 부정 축재 현상이 나타나지 않도록 식량취급질서를 확립할 것"을 강조했다.

2023년 6월에 확인된 인민보안성 문건을 보면 북한은 '량곡판매에서 나서는 법적요구를 철저히 지킬데 대하여' 문건을 각지에 배포·교육한 것으로 알려졌다.[110] 문건은 "국가는 량정을 틀어쥐고 량곡에 대한 중앙집권적인 관리제를 철저히 실현한다", "량곡은 량곡판매소 또는 량곡을 팔도록 국가의 승인을 받은 식량공급소에서만 판매할 수 있다"고 했다. 문건은 "여유 량곡 원천을 빠짐없이 동원해야 한다"라고 하면서 "양정사업소 밖의 기관·기업소·단체 등이 판매를 목적으로 양곡을 구입·보관·수송·판매하거나, 양곡판매소에서 판매 대상이 아닌

---

109) 『Daily NK』, 2022.7.28.
110) "'북 곡물통제' 문건 입수…김정은 체제 붕괴 신호," 『아시아경제』, 2023.6.2.

기관·기업소·단체에 양곡을 판매하거나, 양곡 판매로 조성된 자금을 망탕하는 등의 경우에는 형사적 책임을 묻겠다"고 했다.

"량곡판매에서 나서는 법적요구를 철저히 지킬데 대하여" : "위대한 령도자 김정일동지께서는 다음과 같이 교시하시였다. '나라의 모든 량곡원천을 국가가 빠짐없이 장악하고 국가적인 량정체계에 따라 분배, 소비하는 강한 규률과 질서를 세우며 식량을 랑비하는 현상이 절대로 나타나지 않도록 하여야 합니다.' 일반적으로 량곡은 사람의 식량과 공업의 원료로서 나라의 귀중한 물질적 재부이며 그것을 옳게 관리하는 것은 국가의 중요한 정책적 문제로 나선다. 량정은 국가의 식량정책을 집행하기 위한 인민경제의 한 부문이다. 량정사업에서 제도와 질서를 철저히 세워야 인민생활향상과 경제강국건설을 다그쳐나갈수 있다. 이로부터 국가는 량정을 틀어쥐고 량곡에 대한 중앙집권적인 관리제를 철저히 실현해나간다. 량곡은 량곡판매소 또는 량곡을 팔도록 국가의 승인을 받은 식량공급소에서만 판매할 수 있다. 그러나 지금 일부 시, 군상업봉사망들에서는 자기 단위 리익만을 추구하면서 국가의 법은 안중에도 없이 량곡을 비법적으로 구입하여 망탕 판매하고 있다. 이러한 현상들은 크든 작든 국가의 량정 규률을 문란시키고 경제강국건설을 저애하는 위법행위이다."

● 개인 소(小) 토지(뙈기밭) 경작 규제

북한은 2021년 봄 '개별 주민의 소(小) 토지 경작'을 금지했다. 북한 주민들이 사적으로 경작하는 토지에는 집 주변의 텃밭과 야산의 뙈기밭 경작이 있다. 그중 뙈기밭 경작을 규제한 것이다. 당국은 "개인 농(農)은 비사회주의다"라며 "경사 45도 이상 뙈기밭은 경작을 금지하고 식목한다. 그 이하의 개인이 경작하는 밭은 협동농장으로 이관한다"라는 지시를 전파했다(2021.5.11, 아시아프레스).

그 직후 산림보호를 명분으로 산 입구에서 산림감독대가 단속 활동을 전개했으며, 실제 목적은 사적 뙈기밭 경작 통제에 있었다. 북한은 한두 해 전에 개인이 농사짓는 소 토지 면적을 '검지'(檢地, 측량)해 협동농장에 일부를 귀속시키기도 했으나 대부분은 그대로 개인 경작을 허용했으며, 대신 사용료를 협동농장에 내도록 했다. 그러다가 2021년부터 개인의 뙈기밭 경작을 통제하기 시작한 것이다. 북한은 식량난의 원인 중의 하나로 경작지 면적의 축소를 들고 있다.

오랫동안 텃밭과 함께 산등성이 경사면에 뙈기밭을 일궈 생계를 이어온 농민들의 반발은 거셌다. 그러나 단속 일꾼들도 물러서지 않고 '소 토지를 일굴 테면 일궈라, 가을 수확 때 몰수하겠다'며 맞섰다. 당시 간부들의 '보신주의'에 대한 비판이 강화되어 지방 간부(일꾼)들은 중앙의 지시를 이행하지 않으면 가차 없이 처벌받는 분위기라서 강경해졌다. 뙈기밭 단속의 문제점은 농민들의 생계에 지장을 초래하는 점도 문제지만 협동농장으로 뙈기밭을 이관하면 농장의 생산목표(노르마)가 늘어나는 반면 생산성은 떨어지는데 더 큰 문제가 있었다. 그런 이유로 일부 협동농장 간부들은 뙈기밭 규제에 회의적이었다.

● 협동농장 곡물의 강제 수매 확대

북한 농촌에서는 가을걷이가 끝날 무렵이면 으레 당국과 농민 간에 곡물 수매량을 놓고 줄다리기한다. 당국과 농민 간의 약속이 지켜지지 않기 때문이다. 곡물 수매의 원칙은 2012년 가을부터 시행된 농업개혁 조치에 따라 생산량에 따른 비율로 수매하기로 정해졌다. 농민들은 협동농장이 생산한 알곡에서 국가납부몫(비료·전력비용 등 알곡 생산에 투하한 비용, 토지 및 관개 사용료)과 협동농장 공동기금 몫을 제외한 나머지를 일한 만큼 현물로 분배받도록 했다. 다만 당국이 여전히 많은 양의 배급용 곡물이 필요하므로 농민들은 당국에 합의 가격으로 자체 소비 몫에서 남는 곡물을 추가로 수매하기로 양해되었다.

그러나 곡물생산량이 줄어들면 봄철에 정한 농민분배 몫과 가을철에 실제 분배 몫이 달라지는 경우가 잦았고, 당국의 약속 불이행에 농민들은 분노했다. 당국이 농민의 잉여 곡물을 수매하면서 '합의 가격'이라면서 시장가격보다 훨씬 낮게 책정해 주는 것도 불만이었다. 이런 이유로 농민들이 가을걷이 직후 곡물을 숨기는 현상이 반복되었다.

김정은은 2021년 3월 소집된 시군당 책임비서 강습회에서 "시군 협동농장 경영위원회의 권위를 세워주어 농사를 실질적으로 지도할 수 있도록 하라"고 주문한 적이 있다. 김정은도 협동농장 간부들에 대한 농민들의 불신이 대단함을 알고 있었다. 그러나 시정조치는 농민들의 불만을 해소해 주는 것이 아니라 '집단주의 정신'을 강조하면서 협동농장 경영위원회의 손을 들어 주었다. 2021년 12월 당 전원회의에서 김정은은 '농촌발전 전략'을 제시하면서 "농민들에게 자신이 농촌혁명의 주인이라는 의식을 자각시켜 개별 농(農)의 이익을 우선하는 낡은 사상을 극복하고 집단주의 의식을 고취하는 사상개조를 우선할 것"을 강조했다. 김정은의 방침은 '새로운 량곡수매방법'으로 구체화되었다.

북한은 2020년 9월과 2021년 3월에 양정법을 개정했다. 협동농장은 국가 의무 수매와 계약에 의한 수매에 응한 후 남은 곡물을 당국의 승인을 득해 소비할 수 있으며(14조), 수매 후 남은 곡물은 물론 텃밭에서 생산된 곡물도 영농물자교류소(국가양곡판매소)를 통해서만 거래하도록 강제(11조)했다. 농민이 생산한 곡물의 국가 수매 몫을 확대하면서, 곡물을 양곡판매소 외에 시장에 판매할 수 없도록 해 농민의 잉여 곡물 처분권을 박탈했다. 이로써 김정은 집권 초기 포전담당제와 현물분배에 따른 증산 인센티브는 없어졌다.

• 재정 악화에 대응 '돈표' 발행

북한 당국은 2021년에 재정난을 완화하기 위해 '중앙은행 돈표'를 발행하고 주민들의 외화 사용을 통제해 금융질서의 혼란을 초래했다. 당국은 경제난이 재정난으로 이어지자 화폐 추가 발행을 통한 자금 유통 확대를 추진했다. 그러나 코로나 방역을 위한 국경봉쇄로 화폐 용지 및 인쇄 잉크 수입이 어려워지자 2021년 8~9월 사이에 일시적인 조치로 액면가 5,000원에 해당하는 '중앙은행 돈표'를 발행해 유통시켰다. 국가기관과 국영기업의 자금 사정이 나빠져 비용 지불이나 급여 지급이 어려워지고 은행에서도 현금을 지급하지 못하는 사태에 이르자 돈표를 발행한 것이다.

그러나 돈표 유통과정에서 불신이 조성되고 혼란이 발생했다. 주민들 사이에 "돈표의 질이 실제 돈보다 못하다"라거나 "나중에 바꾸어주지 않을 수 있다"며 유통을 꺼리고 액면가보다 할인해 거래하는 현상이 나타났다. 또 돈표를 발행한 배경에 대해 "생활비 인상을 위해" 혹은 "화폐교환을 위해 발행"했다는 유언비어가 퍼졌다. 중앙당은 2021년 10월 초 '돈표 발행에 대한 올바른 인식과 유통과정의 편향 극복'을 위한 군중 교양과 인민반 회의를 통한 계도 활동을 전개했으며, '돈표 류통정상화 련합지휘부'을 조직해 '혼란 조성 행위'를 단속했다.

• 북한 주민들의 외화 사용 규제

북한에서는 화폐개혁 직후인 2010년 무렵 극심한 인플레이션의 경험으로 북한화(貨) 대신 달러나 위안화로 자산을 보유하거나 물품을 거래하는 현상이 점차 일반화되었다. 거래나 축재에 자국 통화보다 외화를 선호해 달러로 대체되는 현상을 달러라이제이션(dollarization)이라고 한다. 달러화나 위안화가 사실상 기본 통화로 사용되는 '달러화된 경제(dollarized economy)'는 김정은 시대 북한 경제체계의 특징 중의 하나로 한동안 자리 잡았다. 그러나 이 같은 현상이 깨져 2020~2021년에 탈(脫) 달러라이제이션으로 나타났다.111)

2016년 이후 UN 안보리의 고강도 대북 제재는 북한경제에 다음과 같은 일련의 충격을 주었다. 우선 2017~2018년 수출급감과 생산침체에 이어 소득하락 현상이 발생했고, 2019년 들어 소득의 하락은 통화량 감소와 시장 물가 하락 그리고 시장거래 전반의 침체로 이어졌다. 2020~2021년에는 코로나 팬데믹 현상과 겹치면서 탈(脫) 달러라이제이션과 식량 위기로 이어졌다. 특히 2020년 9~10월을 기점으로 북한의 외화 환율이 급락하는 등 달러라이제이션 와해 현상이 관찰되었다. 2021년 하반기에 북한 당국이 공식적으로 외화 사용을 금지했으며112), 이에 따른 추가적인 외화 환율 급락과 쌀을 비롯한 식량 가격의 급등으로 탈(脫) 달러라이제이션 현상은 더욱 명확해졌다.113)

당시에 북한 당국이 주민들이 보유한 '장롱 속 외화'를 동원하는 방법을 궁리했고,114) 일시적(2020.9~10)으로 외화 사용을 금지하면서

---

111) 북한의 탈 달러라이제이션 현상에 대해서는 이석, "북한의 중장기 경제 추세와 2022~23년 북한경제 평가," 『KDI 북한경제리뷰』, 2023년 1월호를 참고.

112) 북한 내각은 2021년 9월 김정은 비준에 따라 "외화현금을 취급하는 은행과 봉사단위에서는 … 2009년 이전에 발행한 100US$짜리 화폐를 비롯한 류통이 가능한 (외화)화폐는 무조건 접수하는 강한 질서를 세우라"는 지시를 각급 기관에 하달했다.

113) 이석은 탈(脫) 달러라이제이션의 근거로 북한 원화 환율의 급락, 외화체계 이탈, 옥수수 가격 급등을 들었다. 그중 환율 급락만 보면, 종래 1달러당 8,000원, 1위안당 1,200원 하던 원화 환율이 2020년 9~10월 기점으로 추락하기 시작해 2020년 말에는 1달러당 7,000원을 밑도는 수준으로, 2021년 상반기에는 4,000~5,000원대로 급락했고, 위안화는 하락 폭이 더 커서 2020년 말 1위안당 1,000원을 밑돌더니 2021년 중반에는 500~600원대까지 하락했다. 이석, 위의 글, pp. 13~18.

114) 북한 '경제연구'(2020년 4호, 10월 출간)에 게재된 리용일의 '외화예금 및 대부계획의 본질적 내용' 제하 글은 '장롱 속 외화'를 끌어내기 위한 '국가의 작전안'을 소개했다. 리용일은 "국내의 기업체들과 주민들에게 남아있는 '유휴외화자금'은 일정한 기간 생산과 건설, 소비적 목적에 이용되지 않고 일시적으로 놀고 있는 자금"이라며 "이런 자금을 최대한 동원·이용하면 경제건설에 유리한 조건을 마련

환전상을 처형했다는 보도로 볼 때,115) 2020년 9~10월의 탈(脫) 달러라이제이션도 자생적이 아닌 인위적인 현상일 수도 있다. 어쨌든 탈(脫) 달러라이제이션은 당국 입장에서 볼 때 유리한 시장환율 조성으로 물가를 안정시킬 수 있는 긍정적인 측면이 있는 반면에, 그간 북한경제를 움직여 왔던 외화에 의한 시장거래 및 경제활동을 일거에 부정하는 효과가 발생해 추가적인 시장의 침체와 경제활동의 위축으로 나타날 수 있었다.116)

다. 경제규제 입법

북한은 2015~2016년에는 경제개혁 입법이, 2020~2021년에는 경제규제 입법이 활발했다. 2014년 5월 '사회주의기업책임관리제'를 시행한 이듬해 이를 제도화하기 위한 입법 활동으로 인민경제계획법 개정(2015.6, 계획지표 분권화), 기업소법 개정(2014.11, 2015.5, 기업소지표 신설, 기업에 경영 자율권 부여), 농장법 개정(2012~2015.6, 4회, 포전담당제, 농장지표, 현물분배 시행), 무역법 개정(2015.12, 무역 분권화)이 있었다. 개정 방향은 경제관리체계 개선에 따라 생산 단위에 자율성을 확대해 '사회주의기업책임관리제'의 정착을 뒷받침하는

할수 있다"고 주장했다. 그는 "국내의 기업체들은 정상적인 경영활동 과정에 일시적으로 외화가 모자라는 경우가 있게 된다"며 기업에 외화를 보장해 주는 사업은 "국내의 '유휴외화자금'을 동원·이용하는 사업을 통하여 진행할수 있다"며 장롱속의 외화 흡수를 대안으로 제시했다.

115) 2020.11.27. 국정원의 국회정보위원회 보고에 의하면, 북한은 경제제재로 외화 보유액이 급감하자 2020년 가을 주민들의 외화 사용을 통제했다. 이 과정에서 시장에서 외화를 바꿔준 평양의 한 거물 환전상을 시범적으로 처형한 것으로 알려졌다.

116) 이석, "북한의 중장기 경제 추세와 2022~23년 북한경제 평가," pp. 21~22.

데 주안을 두었다.

북한의 입법 활동의 시차 때문에 규정이 현실과 동떨어진 경우가 잦으나,117) 2021년 무렵에도 비교적 많은 경제입법이 있었다. 이때의 활발한 입법 활동은 그해 2021년 2월 당 전원회의에서 김정은이 "경제계획 집행 독려를 위한 법적 통제 강화"를 지시했고,118) 같은 해 3월에 설치된 '비상설경제발전위원회'의 입법 독려가 있었기 때문으로 판단된다. 2015년과는 달리 2021년의 경제입법은 경제 사업에 대한 중앙의 통제 강화, 생산·분배의 일원적 관리를 추구한 점이 특징이다.

● 인민경제계획법, 재정법, 무역법 개정

2021년 9월 최고인민회의에서 개정된 인민경제계획법은 검찰기관을 감독 통제기관으로 추가하는 등 계획수행을 강제하는 데 초점을 맞추었다. 개정법은 "인민경제계획화 사업에 대한 감독통제는 검찰기관과 해당 감독통제기관이 한다. 검찰기관과 해당 감독통제기관은 인민경제계획 작성 및 시달정형과 계획수행에 필요한 로력, 설비, 자재, 자금보장 정형, 계획 및 계약규율준수정형, 계획수행 총화 및 실적보고정형 등에 대한 법적감시와 통제를 강화하여야 한다"(56조)고 규정했다. 개정 '인민경제계획법'은 또 "인민경제계획에 맞물린 로력, 설비, 자

---

117) 북한의 입법 활동의 특징은 현실과 법규범과의 괴리가 있다는 점이다. 북한은 2019년 헌법개정을 통해 기존의 '대안의 사업체계'를 삭제하고 '사회주의기업책임관리제 실시'(33조)를 뒤늦게 명시했다. 2015년 기업소법 개정을 통해 개별 기업에 부여한 '9대 경영권'을 2020년 기업소법을 개정하면서도 그대로 두었는데 경제관리의 재 집권화에도 불구하고 그대로 존치해 사실상 장식용 규정으로 기능할 뿐이다.

118) 김정은은 2021년 2월 당 전원회의에서 "검찰기관의 역할을 높여 경제계획을 바로 시달하고 정확히 집행하도록 하겠다 … 경제활동에서 나타나는 온갖 위법행위들과의 법적 투쟁을 강력히 전개해 나갈 것이다"라고 했다. 이 회의에서 토론에 나선 중앙검찰소장 우상혁은 "모든 부문, 기업체들이 경제정책을 철저히 집행하도록 법적대책을 세울 것이다"라고 했다. "조선로동당 중앙위원회 제8기 제2차전원회의에 관한 보도," 『노동신문』, 2021.2.12.

재, 자금으로 계획에 없는 제품을 생산하거나 건설, 봉사를 한 경우에는 인민경제계획 실적으로 평가하지 않는다"(50조)고 하면서 "인민경제계획에 없는 제품생산과 건설, 봉사를 하는 행위" 등을 '하지 말아야 할 사항'(57조)이라고 규정하고, "불가피한 사정으로 계획을 변경시켜 실행하려는 기관은 그것을 비준한 기관의 승인을 받아야 한다"는 기존 법의 단서 조항을 없애 중앙지표 생산에 집중할 것을 강제했다.[119]

2021년 8월 개정된 재정법은 예산 수입 징수에서 국가 통제를 강화하는 한편, 계획 정상화를 위해 물적 계획과 재정계획의 연계를 확대하는 데 중점을 두었다. 구체적으로는, 예산 수입의 원천 및 과세 대상의 조정과 국가기업이득금의 도입, 국가예산납부금 초과분의 자체 사용 제한, 중앙예산의 부문예산제 실시, 재정통제 강화 등을 규정해 재정 규율통제를 강화하고, 세원 범위를 확대하면서, 재정과 계획수행과의 연계성을 강화했다.[120]

2021년 3월에 개정된 북한의 무역법은 제20조 '가격승인 신청서 제출 및 관련 승인'과 제21조 '반·출입 물품에 대한 승인신청서 제출과 승인' 규정을 중앙무역지도기관의 승인을 받도록 수정해 반·출입 물품에 대한 국가의 통제를 강화했다. 여기에는 국제기구 원조품도 해당한다고 명시했다. 2022년 1월 28일 최고인민회의 상임위원회 전원회의에서는 무역법을 수정해 "무역사업에 대한 중앙집권적, 통일적 지도와 통제를 더욱 강화하기 위한 조항들이 보충됐다"고 밝혔다. 여기에는 코로나 방역과 외화 유출을 우려한 교역 통제 의도도 있는 것으로 보인다. 한편 2022년 2월 6~7일 최고인민회의에서 내각 총리가 "국가의 유일무역제도를 환원 복구하기 위한 사업을 계속 추진하겠다"고 주

---

119) "조선민주주의인민공화국 인민경제계획법," 국가정보원, 『북한법령집 상』(2022. 10), pp. 692~693.
120) 최지영 외, 『김정은 집권 이후 북한의 재정금융 제도 변화』(서울, 통일연구원, 2022), pp. 164~181, p. 272.

장해 무역에 대한 당국의 통제 강화를 예고했다.[121]

● 기업소법·사회주의상업법 개정, '기지'에 대한 통제

2020년 11월 4일 최고인민회의 상임위원회 전원회의는 기업소법을 개정해 기업소를 에너지·원가 절약형으로 전환하고, 기업체를 새로 조직하거나 바꿀 때 준수해야 하는 사항과 함께 국가의 지도하에 생산·경영활동을 사회주의 원칙에 맞춰 진행할 것을 규정했다. 기업소법 53조는 "내각과 해당 기관은 사회주의 원칙을 확고히 견지하면서 우리식 경제관리방법의 요구에 맞게 기업소 사업을 엄격히 장악, 지도하여야 한다"고 했다.[122] 2015년 5월 기업소법 개정에서는 기업에 경영자율권을 부여한 것과는 달리 '사회주의 원칙 견지'를 강조했다.

한편 각 기업소 산하 '기지'의 소속을 국가관할로 이관한다는 것이 개정 골자라는 보도가 있는데, '기지'라는 단어 자체가 '기업소법'에 등장하지 않는다.[123] 다만 북한 내각 지시 제4호(2021.3.15.)에 의하면 내각이 산하기관에 "공화국 영역 안에 전개한 무역 및 원천 동원 단위, 식료·피복 가공기지, 수산물 양식기지, 상점, 식당을 비롯한 봉사기지,

---

121) "'김정은표 무역자율화→중앙통제' 유턴…자력갱생 국가주도로," 『연합뉴스』, 2022.2.8.

122) "조선민주주의인민공화국 기업소법," 국가정보원, 『북한법령집 상』(2022.10), p. 620.

123) 데일리NK는 '기지'의 소속을 국가관할로 이관한다는 내용이 기업소법 개정의 골자라고 전했다. "사실상 기지장이 없어지고 모든 기지가 기업소 소속이 되도록 정해서 당과 내각의 관리가 강해질 것"이라고 했다. '기지'란 명목상 무역회사에 소속을 두고, 7명가량 소규모로 움직이는 개인 사업 조직을 말한다. 종래 기지들은 기관에 적을 걸어 놓긴 했으나, 실질적으로 국가의 세무 검열이나 총화를 받지 않기 때문에 소속 기관에 외화나 현물을 과제로 내면서도 실제로 어느 정도의 수입을 내고 있는지 집계되지 않았다. 개정 기업소법은 기지 규모가 7명 이상이라 할지라도 독자 단위로 인정하지 않고, 행정상 기관에 소속되어야 한다고 규정해 기관의 당적 지도에 따라 검열 및 총화에도 참가해야 한다는 것이다. "북 기업소법 개정, 통제 강화에 방점…당이 재정 검열," 『데일리NK』, 2020.11.20.

기관기업체 산하 부업생산기지, 기업소 밖에 전개된 매대 등 생산 및 봉사 단위들을 소속에 무관하게 거주지역 재정기관에 2021년 3월 31일까지 등록"하고 "모든 단위들이 웃 기관을 통해 진행하던 지방예산 납부체계를 없애고 수입금의 해당한 몫을 거주지역은행지점에 개설된 중앙 및 지방예산수입금 돈자리 직접 납부시킬 것"을 지시하는 등 모든 '기지'에 대한 당국의 직접적인 통제를 강화했다.[124]

2020년 7월 개정 사회주의상업법은 "국가는 봉사혁명을 힘있게 벌리고"(5조), "통일적인 상업관리체계를 바로 세워 … 사회주의 상업의 본태를 살려나가"(6조)며, "사회주의상업발전의 요구에 맞게 상품류통 체계를 바로세워 생산, 수입한 상품이 … 국영상업망을 통하여 류통되도록 한다"(7조)고 규정했다. 김정은이 강조한 '사회주의 상업의 본태 확립'과 '국영상업망의 활성화'를 입법화한 것이다. 북한은 사회주의 상업의 범주에 "상품공급 및 판매, 사회급양, 편의봉사, 수매 같은 것"(2조)을 포괄하고 있다. 또 개정 상업법은 "사회급양은 근로자들의 식생활을 개선하며 녀성들의 가정적부담을 덜어주기 위한 중요한 봉사사업"(38조)이라면서 급양사업의 영리성이 아닌 공공성을 강조했고, "영업허가를 받지 않고 영업활동을 하였을 경우" 벌금에 처벌하고 (92조) "비법적으로 상품을 거래하였거나 봉사를 하였을 경우에는 위법행위에 리용된 돈과 물품을 몰수"(94조)하는 등 사(私)경제 활동을 규제했다.[125]

---

124) "경제사업에 대한 국가의 통일적지도를 실현하기 위한 사업체계와 질서를 세울데 대하여," 북한 내각지시 제4호 주체 110(2021)년 3월 15일.
125) "조선민주주의인민공화국 사회주의상업법," 국가정보원, 『북한법령집 하』(2022. 10), pp. 88~89. pp. 93~100.

5장 김정은의 경제개혁과 관료정치(2012~2023) _ **495**

● 농장법 및 량정법 개정, 허풍방지법 제정

2021년 3월에 개정된 농장법은 '국가알곡의무수매계획' 규정을 강화했다. "농장과 작업반은 농업지도기관과 농장으로부터 받은 농업생산계획과 수매계획을 변경시켜 작업반과 분조에 시달하는 행위를 할수 없다"(28조), "농업지도기관은 국가로부터 시달받은 수매계획을 변경시켜 아래단위와 농장에 시달하는 행위를 할 수 없다"(55조), "농장, 작업반은 … 국가알곡수매계획을 수행하지 않고 영농물자구입과 사회적과제 수행 등의 명목으로 농업생산물을 비법처리하는 행위를 할수 없다"(56조)고 규정해 곡물 수매 확대에 초점을 맞췄다.[126]

표 5-13 2020~2021년 북한의 경제관리 규제 입법

법령	개정 요지
인민경제계획법 2021.9 개정	- 계획 외 생산·건설·봉사를 인민경제계획 실적으로 평가하지 않음 - 인민경제계획 감독·통제권을 국가계획위원회 외 검찰기관에도 부여
재정법 2021.8 개정	- 예산 수입 원천 확대(순소득 → 사회순소득) - 부문예산제 실시 - 재정 총화를 인민경제계획 수행 총화와 결부
무역법 개정 2021.3, 2022.1	- 모든 반·출입물품 수출입 신고서를 중앙무역지도기관이 승인 - 무역에 대한 중앙 통제 강화, 국가 유일무역제도로 환원 추진
기업소법 2020.11 개정	- 기업체를 새로 조직하거나 바꿀 때 준수해야 하는 사항 규정 - "국가 지도하 생산·경영활동을 사회주의 원칙에 맞춰 진행"
사회주의상업법 2020.7 개정	- 국영상업망 중심 상품유통 체계 수립 - 사회급양의 공공성 강조 - 비법 상품거래와 영업활동 규제
농장법, 량정법 2021.3 개정	- 국가알곡의무수매계획 이행 강제 - 곡물 유통에 대한 국가적 통제 강화

---

126) "조선민주주의인민공화국 농장법," 국가정보원, 『북한법령집 상』(2022.10), pp. 1081, 1085.

양정법 개정을 통해서는 곡물 유통에 대한 국가적 통제를 강화했다. 2020년 9월과 2021년 3월에 개정된 량정법을 보면, 협동농장은 국가 의무 수매와 계약에 의한 수매에 응한 후 남은 곡물을 당국의 승인을 득해 소비할 수 있으며(14조), 수매 후 남은 곡물은 물론 텃밭에서 생산된 곡물도 영농물자교류소(국가양곡판매소)를 통해서만 거래하도록 강제했으며(11조), "량곡을 국가량정체계안에서 류통시키지 않았을 경우" 처벌한다(56조)고 규정해 시장에서의 곡물 유통을 통제했다.[127]

한편 2022년 5월에는 허풍방지법을 제정해 '농작물예상수확고판정에서의 허풍방지'(16조)와 '농업생산물수매계획 수행에서의 허풍방지'(18조)를 규정했다.[128]

02 김정은 시기 수령제 작동

이제 다시 김정은 시기 경제정책 결정 양상을 살펴본다. 단원 2, 3, 4에서는 김정은 집권 시기의 경제개혁 정책 결정 과정에 앨리슨 모델을 적용하여 합리적 행위자 모델로서의 수령제 작동, 조직행태 현상, 관료정치가 발현된 구체적인 모습을 기술한다([표 5-14] 참고).

먼저 전형적인 수령제의 작동은 최고지도자의 정책의 입구와 출구 관리, 빈번한 절충주의 언술, '민생 향상' 주장의 후퇴 발언에서 찾을 수 있다. 수령제 하 북한에서 정치적으로 민감한 문제인 경제개혁 의

---

127) "조선민주주의인민공화국 량정법," 국가정보원, 『북한법령집 하』(2022.10), pp. 79~101.
128) "조선민주주의인민공화국 허풍방지법," 국가정보원, 『북한법령집 상』(2022. 10), p. 1243.

제를 상정하고, 수위를 조절하거나 철회할 수 있는 권한은 수령만이 갖고 있다. 그중 김정은의 개혁 의제 개방과 개혁 욕구 통제에 대해서는 앞에서 살펴보았기 때문에, 여기서는 '개혁 후퇴 선언'을 분석하고 수령의 특징적인 행태인 절충주의 언술과 주민 생활 향상 식언(食言) 사례를 추가로 알아본다.

문제 상황이 명확히 드러나지 않았을 때 최고정책결정권자는 통상 이도 저도 아닌 절충주의 화법을 구사해 정책 결정을 미룬다. 김정은도 경제관리 방식에 특별한 선택이 요구되는 상황에서 결정을 유보하고 애매모호한 화법으로 상황을 봉합한다. 그리고 '민생 향상' 문제에 대한 김정은의 언급은 집권 초 '더는 인민들의 허리띠를 졸라매지 않겠다'에서 2019년 12월 '허리띠를 졸라대더라도 제국주의 타도를 위한 핵 개발이 우선'이라는 주장으로 후퇴했다. 민생 향상으로부터의 끊임없는 '후퇴' 변명은 절대 권력자만이 가능한 자기 합리화였다.

표 5-14 김정은 시기 경제개혁 결정의 앨리슨 모델 적용

수령제 모델	조직행태	관료정치
o 정책의 입구와 출구 관리 　- 2012 경제개혁 의제 개방 　- 2012.9 개혁 욕구 통제 o 2019.12 개혁 후퇴 선언 　- 절충주의, 민생 식언	o 내각 개혁안의 특징 　- 과거 경험에 따른 선택 o 집행과정의 정책변형 o 이권 갈등과 경제 종파 o 경제난에 따른 본위주의	o 개혁 결정에서의 절충 o 내각책임제의 의미 변화 o 경제관리의 당·정관계 변화 o 단위 특수화와의 투쟁

김정은 시기 경제개혁 결정 과정에서의 조직행태 현상으로는 4개 항목을 분석한다. 내각의 개혁 입안 과정에서 과거 경로 의존성이 전형적인 조직행태이고, 정책집행 과정에서 각 조직의 이익을 우선하는 본위주의 현상에 따른 정책변형, 치열한 이권 다툼에 따른 정책의 변화 혹은 경제 종파 생성의 예고, 경제난에 따른 극심한 본위주의 현상도

대표적인 조직행태이다. 관료정치 현상으로는 개혁 진퇴 과정에서의 관료정치, 내각책임제·중심제의 의미 변화, 경제관리에서 당·정 관계의 변화, 단위 특수화 현상과의 투쟁을 분석한다.

가. 경제개혁 후퇴 선언(2019.12)

김정은 시기 경제개혁 결정 과정에서 지도자가 한 주도적인 역할은 크게 세 가지이다. 집권 즉시 선대의 개혁 후퇴 선언을 뒤집어 개혁 의제를 부활시킨 것이 결정적인 역할이었다. 개혁 재시동 이후 추진상황에도 관심을 보였으나 그 부분은 지도자가 주도했다고 보기 어렵다.[129] 개혁 의제 부활 이후 9개월 시점에 개혁 논란의 확산에 제동을 건 것이나, 8년쯤 지난 시점에 개혁 후퇴를 선언한 것은 지도자의 결정에 의한 정책 전환이었다.

김정일 때와 마찬가지로 정책의 입구와 출구, 중요한 정책 전환점에는 수령의 결단이 필요했다. 김정은의 개혁 논란 확대 차단이나 개혁 후퇴 선언에는 당의 건의가 작용했을 것이나, 최종 결단은 지도자 몫이라는 점에서 수령제 모델과 관료정치 모델이 복합적으로 작동한 것으로 평가된다. 개혁 후퇴 선언 국면을 자세히 살펴보면 다음과 같다.

김정은은 2019년 12월 당 전원회의에서 "국가의 집행력, 통제력 미약"이 경제 활성화 부진 사유임을 지적하고 "선차적으로 풀어야 할 문제는 경제사업체계와 질서를 합리적으로 정돈하는 것"이고 했다. 그리

---

129) 경제개혁 재시동 이후 김정은의 역할은 경제개혁 연구 방법 독려(2012.1-7, "수십 차례"), '6.13 농업개혁 방침' 등 '1228호 상무조'의 중간 보고에 대한 방침 하달(2012.6-8, 수건 확인), 당 16호실 설치 및 과제 부여(2012.6) 등 2012년 1~8월 사이에 개혁 추진상황을 점검했다.

고 "오늘에 와서까지 지난 시기의 과도적이며 임시적인 사업방식을 답습할 필요는 없다"라고도 했다. '과도적, 임시적 사업방식'이란 사회주의사회의 과도기적 성격을 반영한 경제관리방식으로 기업의 독자적 경영활동 존중, 노동에 대한 물질적 자극 활용, 상품화폐 관계와 가치법칙의 이용을 의미한다. 생산 현장의 자율성, 물질적 자극, 실리와 가격이 과도적 경제관리 방법의 핵심 개념이다.

● 김정일과 김정은의 '경제개혁 후퇴' 비교

김정일과 김정은의 개혁 후퇴 논리와 배경이 다르기는 하나, 경제가 활성화되었을 때나 경제난이 극심해졌을 때나 여타 경제주체의 극성으로 '국가의 돈주머니'가 채워지지 않기는 마찬가지였다. 김정일 때는 시장이 범람해 극성스러웠고, 김정은 때는 일선 생산 단위와 특수단위가 극성을 부렸다. 그 반작용으로 당국은 두 시기 모두 반(反)개혁, 재(再) 집권화를 지향했다([그림 5-9] 참고).

【그림 5-9】 김정일과 김정은의 '경제개혁 후퇴' 선언 비교

	김정일 (2008년 6.18담화)	김정은 (2019년 12월 당 전원회의)
개혁후퇴 선언요지	○"시장은 비사회주의의 온상, 시장경제에 대한 환상은 사상의 빈곤" 주장 → 시장통제, 반(反) 시장경제 조치 주문	○"지난 시기의 과도적·임시적 사업방식(*) 답습 불필요" 주장 * 과도적 사업방식: 생산현장의 자율성 확대 물질적 자극·실리와 가격 존중 → 국가의 장악력 강화, 재 집권화 주문
개혁후퇴 배경	○시장의 범람, 급진 개혁 ○"경제활성화 불구 국가 돈주머니가 시장으로 유출"	○경제규모 위축 → 본위주의 현상 극심 ○"경제가 어려워진 조건에서 개별 경제주체가 국가이익에는 안중에도 없다"

김정일은 2001년 '10.3 담화'에서 '사회주의의 과도적 성격'과 '실리·실용'을 강조해 간부들의 사상적 잠금장치를 푸는 방식으로 경제개

혁 의제를 개방해 주었다. 2008년 6.18 담화에서는 '사회주의 원칙'을 강조해 개혁 후퇴를 선언했다. 김정은이 개혁 의제를 개방하면서 '사회주의 과도기론'을 제기하거나 '실리·실용'을 강조했는지는 확인되지 않는다. 그러나 김정은의 개혁 후퇴 선언은 명확했다. 그의 "과도적, 임시적 방식 불필요" 주장은 '경제사업체계와 질서를 합리적으로 정돈'하는 차원에서 거론되었기 때문에 '경제개혁 후퇴' 선언을 의미한다. '개혁 후퇴' 선언 이후 북한의 경제관리에서 보·혁 기조가 혼재한 혼란 상황이 정리되기 시작했고, 경제질서 재편 방향은 일제히 반(反) 분권화·시장화, 사상적 자극 강조로 흘러갔다.

김정은이 2019년 말에 '과도적 경제관리 방식 불필요'를 선언한 것이나, 8년 전 '12.28 담화'로 '경제개혁 의제 개방'을 선언한 것은 유일지배 체제에서 정치적 민감성을 띤 개혁정책의 입구와 출구는 수령만이 관리가 가능함을 확실히 보여주었다. 김정일은 2001년 '10.3 담화'에서 보수적 경제관리방법에 대해 "그때는 옳고 좋은 것이었다 하더라도 오늘에서는 맞지 않을 수 있다"고 했다. 김정은은 그 논리를 정반대로 빌려와 개혁적 경제관리방법에 대해 "오늘에 와서까지 답습할 필요는 없다"라고 주장했다.

나. 수령의 절충주의 언술

개혁 선택과 후퇴 사이의 중간과정 즉, 개혁추진 상황에서는 김정은도 김정일처럼 대체로 절충주의 행태를 보였다. 다만, 김정은의 화법은 구체적으로 무엇을 하라는 것인지가 비교적 명확하게 드러나는 편이라서 애매모호한 점은 다소 줄어들었으나, 경제가 급격히 악화되면서 김정은으로서도 상황을 관망할 수밖에 없었을 것이다.

대표적인 절충주의 표현 사례로 '5개년 전략 부진 사유' 평가를 들수 있다(2020.8 당 전원회의). 지도자의 절충주의 화법은 부하들에게 모순된 상황 해결을 강요하고 정책 부진 책임을 전가하는 묘술이었다. 여기서는 수령의 애매모호한 화법의 사례로 김정은이 2011년 12.28 담화, 2014년 5.30 담화, 2020년 8월 당 전원회의 보고를 살펴본다.

김정은은 2011년 12월 경제개혁 의제 개방 담론에서 개혁정책에 "사회주의 원칙", "주체사상 구현"이라는 이념적 모자를 씌우면서 "세상에서 제일 좋은 방법론 개발"을 주문하는 절충적인 언술을 구사했다. 다만 전후 맥락을 통해 방점은 방법론 개발에 찍었음을 알 수 있었다. 물론 이런 담론은, 앞에서 기술했듯이 노두철 국가계획위원장 등 경제 가정교사의 코치에 따른 것으로, 정치적 공세를 회피하려는 내각의 숨은 의도가 작용했을 것이다.

김정은은 2014년 5.30 담화로 "우리식 경제관리 방법"을 발표하면서도 "우리 식 고수"와 "현실발전의 요구 구현"을 절충했다. "우리 식 고수"로는 "사회주의 본성에 어긋나는 방법을 끌어들여서는 안 된다"거나 "주체사상의 원리에 맞아야 한다"고 했다. 반면에 "현실발전의 요구"와 관련해서는 경제관리가 "객관적 경제법칙과 과학적 이치에 맞아야 한다", "기술 집합형 기업으로 전환해야 한다", "최대한 실리를 보장해야한다"고 했다. 이처럼 김정은은 '우리 식'과 '변화하는 현실' 사이에 절충주의 도모했으나 핵심은 실리 보장에 있었다.

그는 '5.30 담화'에서 '경제의 통일적 지도와 전략적 관리'를 위한 내각의 역할 강조에 머물지 않고, 당의 경제 전반에 대한 통일적 지휘, 군의 국방공업 역할 제고를 병렬적으로 강조함으로써 내각·당·군의 역할을 아우르는 절충주의를 취했다. 그러나 결론에서는 "경제사업에 제기되는 중요 문제들은 당에 보고하고 그 결론에 따를 것, 각 부문·단위의 경제관리는 해당 당 위원회의 집체적 지도에 의하되 개별 일꾼의 독단을 허용하지 말 것"을 주문해 '당적 지도'를 중시하는 경향을 보였다.

김정은은 국가와 개별 생산 단위의 관계에서도 국가의 장악력과 개별 생산 단위의 자율성 간의 조화를 추구하는 형식을 취했다. '사회주의기업관리책임제'의 각론에서는 개별 공장·기업소들의 자율성 확대를 거론하고 있으나, 총론적으로는 당국의 경제장악력 제고를 주문했다. '5.30 담화' 이후 국가경제발전전략 작성, 사회주의재산 총실사, 생산능력평가사업 실시는 개별 경제단위에 대한 경영권 보장의 목적이 궁극적으로는 당국의 경제장악력 제고에 있음을 시사했다.

김정은의 가장 전형적인 절충주의 화법은 2020년 8월 당 전원회의에서 나타났다. 그는 '5개년 전략'의 '결함'을 분석하면서 내각 간부들이 '5년 전략'의 "실현 가능성을 구체적으로 타산해 작성하지 않고 주관적 욕망에 사로잡혀 작성했다"고 비판했다. 그러면서도 앞으로 세울 '5개년 계획'은 "땅 짚고 헤엄치는 식으로 낮게 세우라는 것이 아니다. 눈코 뜰 새 없이 돌아가야 수행할 수 있는 높은 목표를 세우라"고 주문했다. 김정은의 모순된 화법은 내각 경제 간부들을 혼란스럽게 했으며, 2021년 연초에 '5개년 계획' 첫해 과업 목표를 낮춰 잡았다가 2월 당 전원회의에서 다시 높게 설정하는 시행착오를 유발했다.

김정은의 경제개혁 담론이 여전히 절충주의 수준에 머물고 있음에도 애매모호한 점이 줄어든 것은 선대 경제개혁의 시행착오와 우여곡절을 거치면서 무엇이 바람직한 방법인지 드러났기 때문이다. 그러나 경제 사정이 악화되면서 절충주의는 다시 증대되고 경제관리방식 문제뿐 아니라 경제정책 전반으로 확산되었다. 김정은 시기 경제정책의 문제점은 경제관리개선 논리의 절충에 국한되지 않았다. 잘 알려진 대로 경제정책에 핵 개발 우선 투자 논리에 의한 절충으로 경제 정상화와 민생 향상은 지속 유예되었다.

다. '민생 향상' 담론의 후퇴

집권 초기 김정은에 대한 상징조작은 세습 정당화를 위해 다음 3가지 방식으로 진행되었다. '백두혈통'을 보유한 '유일 영도자'라는 점, '탁월한 담력과 영군술'을 겸비한 총사령관이라는 점, 애육원·보육원을 방문하는 등 '민생 향상'을 위해 애쓰는 '애민 지도자'라는 점을 선전하는 데 초점이 맞추어졌다. 물론 후에 핵 고도화와 대미협상을 추진하면서 '핵 전략가'이며 '국제적 지도자'라는 점이 추가되었다. 여기서는 '애민 지도자'상(像) 선전을 중심으로 살펴본다.

김정은은 '인민대중제일주의'를 표방했다. 2011년 '12.28 담화'로 경제개혁을 촉구하며 "먹는 문제 해결로 노동당 만세 소리를 듣고 싶다"고 했다. 2012년 4월 최초의 공개연설에서는 "우리 인민이 다시는 허리띠를 조이지 않게 하겠다"라고도 했다. 두 번째 공개 대중연설인 2015년 10월 당 창건 70돌 열병식 연설에서는 "인민은 하늘이자 스승이다. 전체 당원들은 인민을 위해 멸사 복무해야 한다"고 주장했다.

김정은은 '국경절'을 앞두고는 생산 현장을 방문해 주민들의 생활 향상에 관심이 많음을 과시하곤 했다. 2012년 4월 김일성 생일 100돌 및 공식 권력승계 행사 전후, 2015년 당 창건 70돌(10.10) 행사 이전 수개월, 2018년 미·북 정상회담(6.12) 이후 정권 창건 70돌(9.9)을 앞둔 6~8월에 생산 현장 시찰이 빈번했다. 다만, 경제난이 심화된 2020년 이후 지도자의 민생현장 행보는 거의 중단되었고, 극히 이따금 살림집 준공식장이나 수해 피해 현장에 등장하면서, 대부분의 현지지도는 열병식이나 미사일 발사 현장 참관으로 대체되었다.

김정은의 민생행보 사례로 당 창건 70돌 행사를 앞둔 2015년 2~6월 동향을 살펴본다. 김정은은 2015년 2월 18일 당 정치국 회의를 소집하여 '지난 3년간 김정일 유훈사업 총화'를 하면서 "인민들에게 유족한 생활 마련이 유훈 중의 유훈"이라면서 "식량문제 해결을 위한 총공격전"을 독려했다. 그리고 "내각이 민생향상 노력을 '중도반단'(중간에 흐지부지함)한다"고 비판했다.130) 김정은은 그 무렵부터 내각 경제 간부들의 사업 부진을 빈번히 질책해 민생 부진 책임을 전가하기 시작했다. 그해 2~6월에는 식료공장, 신발·구두공장, 버섯공장 등 경공업 시설들을 방문하면서 생산 정상화를 매우 구체적으로 지시했다.

김정은은 2015년 2월 평양화장품 공장을 찾아서는 "하품 한 번에 너구리 눈"이 되는 마스카라의 조악한 품질을 지적했다(2.3). 5월 대동강자라공장 방문 때에는 새끼 자라가 죽어있는 것을 보고 공장 지배인에게 격노했다(5.19). 6월에는 "당 정책을 흥정하는 현상, 이런저런 구실을 대며 시급히 집행에 착수하지 않거나 '중도반단'하는 현상, 위에 밀고 아래에 밀면서 책임을 회피하는 현상"은 있을 수 없다며, "전기 문제, 물 문제, 설비 문제요 뭐요 하면서 생산을 정상화하지 못하고 있다는 넋두리는 추호도 허용될 수 없다. 앉아서 조건타발이나, 우는 소리나 하는 패배주의 한숨 소리에 종지부를 찍으라"고 비판했다(2015.6.10).

그러나 이듬해부터 김정은이 적극적인 '친(親) 인민시책 독려'는 찾아보기 어렵고, '민생부진 양해' 언술로 바뀌었다. 핵개발에 몰두한 결과였다. 2017년 1월 신년사에서 김정은은 "인민들을 어떻게 더 높이 떠받들 수 있겠는가 하는 근심으로 마음이 무겁다"면서 "언제나 늘 마음뿐이고 능력이 따라서지 못하는 안타까움과 자책 속에 지난 한 해를 보냈는데 올해에는 더욱 분발하고 전심전력 하겠다"라고 했다. 2020

---

130) 2015년 3월 긴급히 소집된 내각 전원회의에서는 당정치국 회의(2.18)에서의 '결론'에 대한 집행방안을 토의했다. 박봉주 총리는 "지난 3년 동안 주민생활향상에서 진전도 있었지만 끝장을 볼 때까지 일관성 있게 내밀지 못하고 중도반단한 문제도 있었다"고 자아 비판함으로써 2월 정치국 회의에서 '내각의 민생향상 중도반단'에 대한 지적이 있었음을 시사했다. 『조선중앙통신』, 2015.03.14.

표 5-15 김정은의 민생(民生) 담론 변화

〈'친(親) 인민 시책' 추진 발언〉

- 2012.4.15 열병식 연설: "세상에서 제일 좋은 우리 인민, 만난 시련을 이겨내며 당을 충직하게 받들어온 우리 인민이 다시는 허리띠를 조이지 않게 하며 사회주의 부귀영화를 마음껏 누리게 하자는 것이 우리 당의 확고한 결심입니다."
- 2015.10.10 당 창건 70돌 열병식 연설: "인민은 하늘이자 스승이다. 전체 당원들은 인민을 위해 멸사복무해야 한다." * '인민'이라는 단어를 수십 차례 강조
- 2016.5 제7차 당대회 보고: 당 사업에서는 '인민대중제일주의 구현'을 주문하면서 "인민을 존중하고 인민들의 운명을 지켜주며 인민들의 리익과 편의를 최우선, 절대시하는 것을 원칙으로 삼아야 한다."
  * 2019.4.12 최고인민회의 시정연설, 2021.1 당 대회에서도 '인민대중제일주의' 거론
- 2021.1 제8차 당대회 보고 : "5년 계획기간에 인민들의 식의주문제 해결에 돌파구를 열고, 인민들이 폐부로 느끼는 실제적인 변화를 이룩하겠다는 확고한 결심을 한다."
- 8차 당대회 폐막일(1.12): "우리 인민을 내 운명의 하늘로 여기고 참된 인민의 충복답게 위민헌신의 길에 결사 분투할 것임을 엄숙히 선서합니다" … "이민위천, 일심단결, 자력갱생 이 3가지 이념을 8차 당대회 구호로 대신하자는 것을 제기한다."

〈'민생부진 양해' 혹은 '민생 향상 유예' 시사 발언〉

- 2013.3 병진노선 선언: "인민생활을 높이기 위한 투쟁은 핵 무력에 의해 담보되어야 성과적으로 진행될 수 있다."
- 2017.1 신년사 : 말미에서 "인민들을 어떻게 더 높이 떠받들 수 있겠는가 하는 근심으로 마음이 무겁다"면서 "언제나 늘 마음 뿐이였고 능력이 따라서지 못하는 안타까움과 자책 속에 지난 한 해를 보냈는데 올해에는 더욱 분발하고 전심전력하겠다."
- 2019.12 당 전원회의 : "우리 인민은 장기적인 가혹한 환경 속에서 자체의 힘으로 살아가는 법을 배웠다 … 허리띠를 졸라매더라도 기어이 자력부강하여 나라의 존엄을 지키고 제국주의를 타승하겠다는 것이 억센 혁명의 신념이다."
- 2020.10.10 당창건 75돌 열병식 연설: "우리 인민들에게 터놓고 싶은 마음속의 진정은 '고맙습니다' 이 한마디뿐입니다 … 국가가 당하는 어려운 상황을 깊이 리해해주고 자기 집 일처럼 떠맡는 고마운 인민도 이세상에 우리 인민밖에 없습니다."
- 2022.9.8 김정은의 최고인민회의 시정연설 : "핵무력 건설에는 … 우리 인민들과 아이들이 허리띠를 더 조이고 배를 더 곯아야 하였고 모든 가정들에 엄청난 생활난이 초래되지 않으면 안되었음… 모질고 지속적인 고생을 다 감내해내면서도 굴하지 않고 승리를 굳게 믿어준 우리 인민이 아니였다면 핵보유의 길을 끝까지 걸을 수 없었을 것임… 나는 당과 정부를 대표하여 온 나라 인민들에게 감사의 인사를 드림." 그러면서도 "국가방위력 건설이 제1혁명과업, 이를 최우선·최중대시 해야한다" 주장

년 10월 당 창건 75돌 열병식 연설에서는 주민들에게 "국가가 당하는 어려운 상황을 깊이 리해해 주어 고맙다"라고 했으며, 2022년 9월 시정연설에서는 핵 개발로 "인민들과 아이들이 허리띠를 더 조이고 배를 더 곯아야 했다 … 모진 고생을 감내한 인민이 아니었으면 핵 보유의 길을 끝까지 갈 수 없었을 것이다"라고 양해를 구했다.

김정은의 '인민들 허리띠 걱정'은 3단계로 바뀌었다. 집권 초기 '더이상 졸라매지 않게 하겠다(2012.4)'에서, 중반에는 '마음뿐이고 능력이 따라서지 못했으나 분발하겠다'(2017.1)거나 '미안하다'는 취지로, 이제는 다시 주민들에게 '어려운 상황을 이해해줘서'(2020.10) 혹은 '모진 고생을 감내해줘서 고맙다'(2022.9)는 표현으로 바뀌었다. 결국 '허리띠를 졸라매더라도 국방력 강화가 최우선(2019.12)'이라면서 민생 유예를 당연시했다. 절대 권력자만이 가능한 자기 합리화였다.

03 김정은 시기 조직행태 현상

가. 조직행태에 따른 개혁 입안

정책 결정이란 대안의 선택과정이다. 그 대안은 해당 조직이 마련한다. 김정은 시기 경제개혁안은 내각과 당 경제 간부들의 협력으로 입안되었다. 이들은 김정일 집권 시기에 내각의 경제 관료를 역임했다는 점에서 출신배경이 동질적이다. 이들이 마련한 개혁 조치들은 과거 김정일 집권 시기에 거론된 안들을 다시 꺼내 정책화한 것이며, 내각의 조직이익 손상을 우려해 정치적으로 민감한 개혁프로그램은 내놓지 않았다. 결국 김정은 집권 초기 경제개혁 입안 과정은 개혁 입안자들의 동질성, 과거 개혁 경험을 종합했다는 점, 공격의 소지가 있는 개혁안은 배제했다는 점에서 전형적인 조직행태의 발현이라고 볼 수 있다.

첫째, 김정은 집권 시기 경제 간부들은 김정일 시기 경제 간부들보다 출신배경이 더 동질적이다. 김정은의 '1228호 상무'는 김정일 때의 '6.3 그루빠'와 마찬가지로 내각 경제 간부들과 경제학자들로 구성되었다. 2012년 4월 무렵 당 경공업부장은 박봉주가, 당 경제부장은 오수용이 맡았다. 이들은 당시에 당 조직에 소속되었으나 과거 내각 간부 출신인데다가 김정일 때 함께 경제개혁을 추진했던 인물들이었다. 김정일 시기에는 김정은 시기와는 달리 당 경제 간부는 당 조직에서, 내각 경제 간부들은 내각에서 근무한 간부들로 충원했다. 과거의 개혁 성향 경제 간부들이 김정은 집권 초기에 다시 당·정 경제라인에 포진할 수 있었던 것은 박남기 등 보수적 경제 간부들이 화폐개혁 문제로 숙청되었기 때문이다.

둘째, 김정은 시기에 도입한 경제개혁 조치의 성격을 보면 2004년 박봉주 내각의 개혁 아이디어를 주로 채택했다는 점에서 과거 경험에 기초한 것이다. 새로운 혁신 프로그램의 도입도 있으나, 오랜 시일이 지나면서 시장화 진전에 따라 기업이 시장을 활용하는 현실을 수용한 조치도 있고, 과거에 확대 시행을 미룬 개선안을 종합한 것도 있다. 앞에서 살펴본 대로 기업에 대한 각종 경영권 보장, 가격관리에 탄력성 부여, 금융체계 개혁안 등은 2004년 박봉주 내각의 경제개혁안에 포함되었던 조치들로, 당시 북한 지도부에 의해 '시장경제 추진'이라고 비판받고 보류되었던 것들이다.

셋째, 내각의 조직이익을 해치거나 정치적으로 민감한 급진개혁안은 배제해 권력기관으로부터 공격의 여지를 제거했다는 점도 조직행태의 일면을 보여준다. 2004년 내각의 개혁안 중에서 쌀 도매시장 신설 등

유통구조 확립 방안, 시장가격 인정 등 시장 활성화 조치, 배급제 적용 대상 기관의 축소 등 양정 개혁안, 상업성 폐지와 세무부 신설 등의 기구 설·폐 안은 김정은 시기 개혁 조치에 포함된 것으로 확인되지 않았다. '1228호 상무'는 지나친 사회주의 원칙 훼손 혹은 시장 경제적 요소 도입이라고 지적받을 소지가 있는 개혁안들은 도입하지 않았다.

다만 특수경제 단위의 통제와 일시적이나마 수매양정성 폐지 등 특권기관의 이해관계와 충돌하는 개혁 조치가 뒤늦게나마 실현된 점이 특이한데, 전자는 농민들의 원성이 커져서, 후자는 경제 규모가 급격히 위축되어 가능했다. 후자는 관료정치 단원에서 살펴보기로 하고, 수매양정성의 폐지 및 부활 과정을 살펴보면 다음과 같다.

● 수매양정성 통합(→농업위원회)과 부활의 우여곡절

북한은 2019년 10월 내각 정령으로 수매양정성을 농업성의 한 부서로 통합된 것으로 알려졌다. 농업성은 2022년 1월 21일 최고인민회의 상임위원회 정령을 통해 '농업위원회'로 격상되었다. 농사를 지도하는 농업성과 곡물을 수매하고 배급하는 수매양정성이 각기 별개 기관으로 존재함에 따라 '봄에 농사를 지을 때와 가을에 곡식을 거두어들일 때 당국의 말이 다르다'며 농민들의 원성이 컸다. 농업성은 농민들의 증산 의욕 고취에 초점을 두고, 수매양정성은 최대한 많은 곡물 확보를 목표로 하는 조직으로, 이 두 조직의 통합은 농정(農政)과 양정(糧政)의 조화를 추구하자는 것이다.

과거 김정일 시기 박봉주 개혁안에도 폐지 대상이었던 수매양정성이 뒤늦게 농업위원회에 통합되어 양정 기관의 독단적인 횡포와 부정부패의 근절이 기대되었다. 그러나 통합취지와는 달리 2021년 봄부터 장마당에서의 사적 곡물 거래가 금지되고 곡물 강제 수매가 강화됨에 따라 농민들의 증산 인센티브는 줄어들었고, 양정 당국에 고착된 식량 유통과정에서의 부정적 행태는 좀처럼 개선되지 않았다. 형식적 조직 통합 이면의 제도개선이 이뤄지지 않은 결과였다.

그러던 중 수매양정성의 활동이 2023년 7월부터 북한 보도 매체에 다시 등장했고, 그해 9월 최고인민회의에서는 수매양정상으로 김광진을 임명해 수매양정성의 부활을 공식화했다. 국가가 곡물 거래를 독점적으로 관리하는 '신양곡정책'의 이행을 위해서였다. 특권과 특혜를 사수하려는 양정 당국의 끈질긴 조직행태와 북한당국의 개혁 조치의 취약성과 변덕스러움이 읽혔다.

나. 정책집행 과정의 조직행태

정책은 한 번의 결정으로 완성되지 않는다. 집행과정에서 끊임없이 변용된다. 모든 조직이 주인의 뜻을 받드는 노예처럼 만들어졌어도 조직은 주인이 모르는 문제에 적응해야 하고 주어진 환경에서 생존해야 한다. 조직행태를 잘 설명해주는 논리라서 여러 차례 밝혔으나 이 단원에 더욱 적합한 표현이다.

경제개혁 정책집행 과정에서의 대표적인 조직행태는 다음과 같다. 개혁과제 집행 미흡 현상으로 표준행동절차(SOP)가 복잡해 일선에서 제대로 시행되지 못하는 현상, 각급 조직들이 자신의 필요와 이익을 우선 반영해 정책이 변형되는 현상이 있다. 일선 경제단위의 책임 있는 행동을 위해 권한을 분산시켰으나 일선의 본위주의가 극심해 중앙의 조정 기제를 강화하는 조치가 반복되는 현상, 개별 경제단위는 자신의 돈벌이에만 급급하고 중앙조직은 갈수록 관리기구가 비대해져 과도한 관리비용이 발생하는 상하 기관 본위주의 현상이 그것이다. 이런 조직행태는 김정일 때나 김정은 때나 늘 반복되는 유형동상이다.

심각한 조직행태는 조직의 건강 도모를 넘어 개혁 조치의 시행을 방해한다. 그 대표적인 사례로 당국의 양곡 수매 개선안으로 농사지을 때 농민에 대한 약속이 이행되지 않아 농정의 난맥상을 초래했음은 앞에서 살펴보았다. 사회주의기업책임관리제의 시행에 따라 기업에 여러 경영권을 부여했으나 시키는 일에만 익숙한 개별 기업이 주어진 자율성을 얼마나 활용할지는 의문이었다. 개혁 조치가 시행되기도 전에 경제 여건의 악화로 경영권 부여가 무의미해진 사례도 상당했다. 중앙에서는 개혁 조치를 서둘러 시달했으나 실제 적용할 구체적인 SOP가 마련되지 않아 혼란을 겪기도 했다.

김정은 시기 정책 집행과정에서의 혼란은 개혁조치를 시행하는 과정에서 내부의 본위주의보다, 경제난 심화에 따라 급격히 정책을 변경하는 과정에서 조정·통제의 부실로 더 현저하게 드러났다. 일례로 2021년 농업성은 국가양곡단일거래제를 시행하고 양곡수매방법을 강화하면서 그 부작용을 고려하지 않아 식량 가격 폭등을 초래했다. 2022년에는 국가가격위원회가 조급성으로 내각의 승인을 받지 않고 기준가격을 내려보내 혼란을 초래한 사례, 재정성이 부문예산제를 채택하면서 연관된 다른 지시를 수정하지 않아 혼란을 초래한 사례가 있다.

여러 사례를 종합하면, 북한의 경제관리에서 두드러진 문제점은 정책 혹은 부문 간 연계와 조정의 미흡, 미래 예측 및 대비 미흡, 내각의 장악·추진력 미흡으로 요약된다. 경제관리 재 집권화를 도모하면서 역 개혁 조치들 사이의 연계와 조정 미흡으로 혼란을 초래했고, 생산 활동에서 예상되는 문제점들에 미리 대비하지 못하고 그날그날 복닥복닥 소동하는 현상이 다반사였다. 당이 정책자원을 독점하면서 집행관리 책임을 내각에 미룬 점도 문제였다. 중앙당은 내각 부처들이 산하기관들을 장악하지 못하면서 당에 의존하려 한다고 불만스러워했다. 이런

문제 제기는 당의 견해이고, 계획의 무정부성을 초래한 모든 문제의
실제적인 근원은 물자·재원의 부족과 무리한 재 집권화에 있었다.

다. 이권 갈등과 경제 종파의 맹아

파벌은 권력 지분의 확장을 목표로 이해관계를 같이하는 정치세력이
조직화된 형태이다. 북한 체제에서는 유일지배체제 구축에 집중한 결
과 겉으로 정치적 파벌이 드러나지는 않았으나, 권력 기관들이 자기
조직의 이익을 극대화하기 위한 이권 투쟁은 일상적이다. 권력층 내에
서의 이권 다툼은 경제 종파 형성으로 이어지며, 경제 종파는 정치 종
파로 발전해 권력 다툼을 초래한다.

제재와 경제난의 장기화로 이권 확보는 조직생존의 문제이기 때문에
'국가 우선 자력갱생' 방침에도 불구하고 각급 기관들 사이의 이권 다
툼은 치열했다. 지도자의 교체에 따른 이권 사업 재조정 과정에서, 특
히 김정은의 통치자금 조달을 총괄했던 장성택의 이권 사업이 확장되
는 과정에서 권력기관 간의 다툼으로 이권 개혁 문제는 여러 개혁 조
치 가운데 가장 예민한 문제였다. 가장 큰 이권 경쟁은 외화벌이 사업,
무역 권한 다툼이다.

전통적인 계획경제 시절 북한의 무역은 '국가 유일 무역체계'에 의해
수행되었다. 국가의 감독 아래 국영 무역회사가 담당했다. 국가유일무
역 체계는 경제난 발생 직후인 1991년부터 큰 변화를 겪었다. 경제난
에 따른 자력갱생 방침으로 각급 기관·기업들은 자체의 힘으로 수출
원천을 찾아 외화를 벌고, 이를 통해 원부자재를 수입해 생산을 정상
화하여 종사자들의 먹는 문제를 해결해야 했다. 이때 북한당국은 '새로
운 무역체계'라는 이름으로 무역 분권화 조치를 단행했다. 무역부처 외

에 생산을 관장하는 내각 부처와 지방 행정단위에도 무역회사 설치와 무역 권한을 허용했다. 특히 내각뿐 아니라 당·군 특권경제 단위가 이권을 확장하기 위해 무역회사를 빠르게 늘려나갔다. 이로써 무역회사가 난립하면서 혼란과 경쟁이 가중됐다.[131]

1990년대 경제난 이후 무역의 분권화가 진전되고 무역 단위에 여러 자율성을 확대했음에도 불구하고 여전히 많은 규제가 존재했다. 따라서 규제를 초월할 수 있는 권력기관의 무역회사는 확대되고 내각 무역회사는 위축되었다. 지도자의 결정이 중요한 나라에서 특권기관 산하 무역회사는 무역 허가 및 와크 획득 단계부터 유리한 위치에 있다. 내각 산하 무역회사는 수출입 인·허가를 위해 여러 기관을 돌아다녀야 하나 특권기관 산하 무역회사는 무역 주무 부처에 가서 통계만 잡아주면 되었다. 특히, 수출 원천기지를 확보하는 데서 특권기관이 절대적으로 유리했다. 다음은 탈북민들의 증언으로 김정일 시대의 사례이다.[132]

> 탈북민 증언(2017) : (권력기관의) 가장 큰 특권은 수출기지를 확보하는 데 절대 유리하다는 점이다. 탄광, 광산 가운데 높은 수익성을 보장하는 소위 노른자위 기지를 권력기관이 약탈하는 경우는 비일비재하다. 원래 내각 경제가 가진 수출 원천이었는데 특수단위 쪽으로 넘어간 것들이 부지기수다. 특수단위들이 사업이 잘되는 기지를 자기 쪽으로 돌리니 내각이나 힘없는 단위들 소속의 수출 원천들은 점점 힘 있는 단위들 쪽으로 빠져나간다.
> 함경북도의 어느 탄광들이 중국과 밀수를 하고 있었다. 내각 산하 탄광일 때 시작한 일이다. 판매 루트를 개척하고 중국 측 파트너를 만들어 놓고 조금씩 팔았는데 이것이 돈을 꽤 벌어준다는 소문이 났다. 군부가 김정일에게 가서 우리가 석탄을 캐고 판매해 필요한 군수물자 사오겠으니 허가해

---

131) 임수호 외, 『북한 외화획득사업 운영 메카니즘 분석: 광물부문(무연탄·석탄)을 중심으로』(서울: 대외경제정책연구원, 2017), pp. 25~26.
132) 임수호 외, 위 보고서, pp. 42~45.

달라고 했다. 그 탄광은 내각에서 군부로 넘어갔다.

어떨 때는 지도자에게 '우리가 이런 것을 팔아서 군인들의 양말, 군복, 자재를 해결하는 데 쓰려고 합니다. 그러니 지금 내각 산하 00광산을 넘겨받아서 할 수 있도록 배려해주시기 바랍니다'라고 제의서를 올린다. 지도자가 "내각에서 군으로 옮기라"라고 하면 넘어간다. 지도자는 대체로 승인해주는데, 안 해주는 경우도 가끔 있다. 어떨 때는 "왜 남의 것 가져가려고 하나, 너희가 자체로 개발하라"고 한다. 이렇게 되면 부결되는 것이다. 그래서 지도자 눈치를 봐가며 기분이 좋을 때 싹 말씀드리거나 문건을 올린다.

위 증언들은 전체 무역계획 총량은 불변인데 기관 간 무역계획이 이전되는 사례를 거론하고 있다. 보통은 이권이 내각에서 당, 군 등 특권기관으로 이전된다. 권력기관에서 '제의서'를 올리고 이를 지도자가 승인해주면 국가계획위원회에서는 계획을 바로 수정해 준다. 내각의 계획은 삭제되고 이를 탈취한 기관에 계획이 추가된다. 지도자에게 전적인 권한이 있어 해당 기관은 승인받기 위해 내부 수요 증가 등 적당한 이유를 만든다. 수출계획을 가져오려면 생산기지 이전이 필요하다.

김정일 시기에는 선군정치를 명분으로 군부가 많은 이권 사업을 차지했다. 2003년 경제개혁을 추진하면서 내각의 권한을 보강할 목적으로, 2008년 김정일 와병 이후 장성택의 권한 강화에 따라 간헐적인 이권 조정이 있었다. 김정은도 집권 초기 부분적인 이권 조정에 착수했다. 김정은은 2012년 4월 '국방위원회 제1위원장 명령 제001호'을 발동해 '내각책임제 시행을 명분으로 군부의 무연탄 수출 권한을 축소했다. 그해 5월에는 외화벌이를 위한 '지하자원의 경쟁적 수출'도 통제했다.133) 2012년 7월 리영호 총참모장 숙청은 군(軍) 산하 탄광의 내각

---

133) "지금 몇 푼의 외화를 벌겠다고 나라의 귀중한 지하자원을 망탕 개발하여 수출하려고 하고 있는데 이것은 멀리 앞을 내다보지 않고 눈앞의 것만 보는 근시안적 태도이며 애국심도 없는 표현입니다 … 나라의 지하자원 개발을 국가자원개발성과 비상

이전 등 '군부의 무질서한 경제활동을 정리하라'는 김정은 지시에 대한 리영호의 반발 때문이었고, 장성택의 숙청도 이권 다툼이 발단이었다.

● 장성택 당 행정부장 수청 사건의 발단 : 이권 갈등

2013년 12월 장성택 숙청은 당 행정부와 인민무력부 간의 이권 다툼이 김정은 권위에 대한 도전으로 비화된 사건이다. 장성택의 당 행정부는 김정일 사망 전부터 평양 건설 등 각종 치적사업의 재원 조달을 떠맡아 다른 기관들의 이권을 흡수함에 따라 잠재적 불만의 대상이었다. 예컨대, 2010년경 군부 산하 석탄·해산물 수출 무역회사인 54부를 흡수했고,[134] 2013년경에는 보위부 산하 세관총국을 흡수했다.

2013년 들어 군부와 당 행정부 간에 석탄수출·어로·염전 사업을 둘러싼 이권 다툼이 첨예화되었다. 군부도 나름대로 식량·부식·군복 등의 군수물자를 자체 해결할 수 있는 외화벌이 원천기지가 필요했기 때문이다. 2013년 11월경 김정은이 군 총참모부의 건의를 받아들여 '부대 인근 54부 소속 양식장의 군(軍) 이관'을 비준했으나 장수길 54부 부장(당 행정부 부부장)이 '장성택의 동의가 없음'을 이유로 협조하지 않았다. 당 행정부 사건은 외양상 장성택의 김정은 무시가 전부인 것으로 보이나 권력기관 간 첨예한 이권 다툼이 발단이었다.

설지하자원개발위원회에서 검토 승인하는 체계를 엄격히 세워 지하자원을 망탕 개발하거나 지하자원 개발에 무질서를 조성하는 일이 없도록 해야 합니다." 김정은, "사회주의 강성국가건설의 요구에 맞게 국토관리사업에서 혁명적 전환을 가져올데 대하여," 『조선중앙통신』, 2012.05.

134) 54부는 1980년 출범한 군 산하 외화벌이 기구 매봉무역총회사의 무역기관들 중 (51,52,53,54부) 하나다. 매봉무역회사의 사업중에 석탄 등 광물수출 사업 중심의 외화벌이 기구인 54부가 성과를 내자, 54부는 1990년대 후반경 강성무역총회사로 독립했다. 54부는 2010년 6월 장성택이 국방위원회 부위원장이 되면서 국방위원회 산하로, 다시 당 행정부 산하로 옮겨졌다. 장성택 숙청 이듬해 54부는 해체되고 산하 무역 기관들은 군과 내각으로 분산되었다.

- 당·정·군 이권 배분 관행, 제재 이후 와해

UN의 제재(2016년·2017년)로 수출이 금지되기 이전에 광물은 북한의 핵심 수출품이었다. 광물 중 핵심 수출 품목은 무연탄, 철광석, 금이다. 북한은 2012~2016년 5년간 연평균 무연탄 12.2억불, 철 및 철광석 3.2억불을 수출했다. 금은 매년 4~5억불 가량 수출한 것으로 추정된다. 이 3가지 품목 수출액 합계는 연간 약 20억 달러로 공식 통계상 북한 전체 수출액의 2/3에 해당된다. 무연탄은 내수용 탄광과 수출용 탄광이 별도로 운영되는데 무연탄 수출은 사실상 군부가 독점한다. 철광석 수출은 내각이 전담하는데, 외화벌이 목적이 아니라 거의 전적으로 제철에 필요한 코크스 수입 비용을 충당하기 위해 이루어진다. 금 수출은 김정은의 비자금을 조달하는 당 39호실이 독식한다.[135]

【그림 5-10】 북한 권력기관들의 이권 갈등

이권다툼 배경	1990년대 경제난 심화	각급기관별 자력갱생 방침	무역체계 분권화, 권력기관에 특혜		무역권한 편중 이권 갈등 → 조정
광물수출 권한 배분 사례	무연탄 수출 (연 12.2억불) 군부(군수물자 수입 자금)		금수출 (연 4-5억불) 당 39호실(비자금)		철·철광석 (3.2억불) 내각(코크스 수입자금)
	무연탄·금·철광석 연간 약 20억불 수출 (2016·2017년 UN제재 이전)				
이권조정 배경	2003년 내각책임제	2008년 장성택 권한강화	2012년 내각책임제	이권다툼 사례	2012. 7 리영호 숙청
					2013.12 장성택 숙청

* 출처: 임수호 외 책자, 이권조정 및 다툼 사례는 필자가 보완.

2016년 이후 대북 경제제재로 북한의 무역 규모는 급락했다. 특히 석탄 등 광물 수출은 직격탄을 맞았다. 2016년 60억 달러에 육박하던

135) 임수호의 위 보고서, p. 6. p. 16, p. 44. pp. 103~104.

북·중 무역액은 2017년 50억 달러 미만으로 축소되었고, 이후 지속 줄어들어 2020년부터는 연간 10억 달러를 밑도는 수준으로 주저앉았다. 외화벌이 기지인 석탄·철광석 등 광물의 수출길이 막힘에 따라 당·정·군 간의 이권 배분 관행은 무의미해졌다. 흥청거리던 탄광은 갱목과 레일 구입 자금을 조달하지 못할 정도로 피폐해졌다. 그러나 이권 다툼은 끝나지 않았고, 이권 조정은 더욱 어려운 문제가 되었다. 부족의 경제는 이권 다툼을 더욱 은밀하게, 치열하게 만들었다.

제재 이후 북한이 경제난을 극복하기 위해 꺼낸 카드는 자력갱생이었다. 그러나 오랫동안 자구적인 경제 시스템을 구축해 온 북한일지라도 필수 소비재, 중간재 및 자본재 등 북한 내부에서 생산되지 않는 품목을 획득하기 위해 대외무역은 여전히 중요한 역할을 한다. 북한이 말하는 자력갱생은 최대한 국산화하고, 재자원화하되, 이것이 불가능한 품목은 하는 수 없이 외부로부터 들여오는 것을 의미했다.[136]

● 2021년 이후 국가유일무역제도로의 환원

북한은 국가의 경제장악력 강화 차원에서 2021년 들어 국가유일무역제도로의 환원을 추진했다. 2021년 3월 무역법을 개정해 모든 반·출입 물품에 대해 중앙무역지도기관의 승인을 받도록 해 중앙의 교역 통제를 강화했고, 2022년 2월 최고인민회의에서 내각 총리는 "국가의 유일무역제도로의 환원·복구 사업을 추진하겠다"고 보고했다. 2021년 3월 '수입물자소독법'을 채택해 국경을 통과하는 물자에 대한 검사검역을 강화하면서, 이를 무역통제 강화에도 활용했다.

2022년에는 난립한 무역회사들을 통폐합하는 조치도 있었다. 그해

---

136) 김규철, "북한의 무력은 코로나19 충격을 극복할 것인가?: 2022년 북한의 대외무역 평과와 전망," 『KDI 북한경제리뷰』, 2023년 1월호, p. 49.

1월 대외경제성은 '한 곬으로 수출입 활동하는 원칙'에서 당국에 도움이 안 되고 개별 단위에만 이익을 주거나 제구실을 못 하는 무역 및 외화벌이 단위들을 정리하라고 했고, 2월 중순부터 각지에 무역회사들을 통폐합하라는 지시가 하달되었다.137) 3월에는 일부 무역회사의 와크를 회수하는 과정에서 과도한 채무를 진 것으로 확인된 무역일꾼들을 체포하는 사례도 확인되었다. 5월 무렵에는 정리 대상 무역회사의 채무부담 문제, 그나마 부족한 물자를 수입해 조달해준 무역회사들의 기능 대체 문제로 무역회사 정리사업이 한 때 난관에 봉착하기도 했다.

당국의 강력한 수입 억제 조치는 무역 일원화가 외화 유출 규제에 있음을 보여주었다. 사회주의기업책임관리제에 의해 개별 기업에 부여했던 무역권은 회수되었고 국가 자력갱생을 위한 중앙통제로 유턴했다. 그러나 통폐합 대상에서 살아남고 중앙 무역기관의 승인을 받기 위한 치열한 이권 암투는 계속되었고, 여차하면 경제 종파의 잉태가 예고되었다.

라. 경제난에 따른 본위주의

김정일과 김정은 때 '본위주의' 현상의 차이점은 김정일 때는 다소 과장하면 '풍요 속의 본위주의' 현상이 나타나면서 주민들의 '돈벌이 폐해' 등 하부 본위주의 현상과의 투쟁에 주력했고, 김정은 때는 '빈곤 속의 본위주의'로 생산 현장·특수단위 등 중·상부 기관 본위주의가 투쟁의 대상이 된 점이 달랐다. 김정은 시기에는 과거의 상·하부 본위주의 현상이 더욱 치열한 형태로 나타났는데, 과거의 누가 이득을 더 보느

---

137) 『데일리NK』, 2022.3.15.

냐의 문제에서 이제는 누가 살아남느냐의 문제로 바뀌었기 때문이다.

김정일 시기의 본위주의 현상을 보면, 2008년 '6.18 담화'에서 '일선 생산단위의 본위주의가 도를 넘어 비사회주의적 현상으로 진전되었다'라고 지적한 것은 일선 생산단위들이 국가는 안중에 없고 자신들의 돈벌이에만 급급하다고 비판한 것이다. 또한 당시 내각은 '상급기관의 본위주의는 도수를 넘었다'며 하부 생산단위가 아닌 상부 관리구조의 비대, '권력기관의 승벽내기(잇속 챙기기)'를 지적했다. 그러나 하부나 상부나 이익의 독식을 추구했다는 점에서는 같았다.

김정은 시기에는 상부 본위주의와 하부 본위주의를 대상으로 '전쟁'을 선포할 정도였다. 김정은은 2021년 2월 당 전원회의에서 "단위특수화와 본위주의를 세도와 관료주의, 부정부패 행위와 다름없는 혁명의 원쑤, 국가의 적으로 엄중시하고 전면적인 전쟁을 벌리기로 한 당 중앙위원회의 결심이 표명되었다"라고 했다.[138] '단위 특수화'는 권력기관의 이권 추구라는 상부 본위주의 현상을, 본위주의는 일선 생산현장의 이익 추구를 일컫는다.

김정은 집권 초기에는 시장화에 대한 관용적 태도와 외화벌이 사업의 활성화로 생산 단위마다 돈벌이에 열중하였다. 사회주의기업책임관리제는 국가·생산현장·시장이라는 경제 주체들 간의 이익 추구에서 조화를 도모하겠다는 취지였다. 그러나 제재 등으로 경제가 급격히 위축되면서 경제주체들 간 생존경쟁은 더욱 치열해졌다. 당국은 각자가 제 살길을 찾는 각자도생은 무질서를 초래하고 모두가 죽는 길이라며 '국가 자력갱생론'을 주장해 국가부터 '본위주의'를 추구했다.

당국의 '본위주의 배격 투쟁'은 처음에는 '전사회적 반사회주의, 비사회주의와의 투쟁'을 표방하면서 개인의 사경제 활동 통제에 역점을

---

138) "조선로동당 중앙위원회 제8기 제2차 전원회의에 관한 보도," 2021.2.12. 『로동신문』.

두었으나, 점차 개별 공장·기업의 본위주의 통제로, 나아가 당·군 소속 기관의 특권적 사업행태 통제로 발전했다. 시장 → 생산 현장 → 특권 경제로의 투쟁 대상 확대는 경제 사정이 악화일로에 있음을 말해준다.

'본위주의와의 전쟁'을 선포한 지 1년이 지났으나 "각자가 울타리를 치고 자기 단위의 잇속만 차리는 현상"이 지속되자 김정은은 2022년에 "당의 권위를 걸고 본위주의와 단위특수화 현상과의 투쟁의 도수를 극대화하겠다"라고 선언했다. 이로써 조직행태로서의 '본위주의'는 관료정치의 장(場)으로 넘겨졌다.

04 김정은 시기 관료정치 현상

앨리슨(G. Allison)의 관료정치 모델에 의하면 정책이란 '경쟁하는 이익구조를 가진 많은 행위자의 치열한 협상 게임의 결과'로 정의되며, 정책 결정 과정에는 타협과 흥정이 이루어지고 정치가 난무한다. 관료정치 현상은 권력이 분산되거나 정책 급변으로 경쟁하는 이익구조가 충돌하는 경우 더욱 집중적으로 발현된다.

김정은 체제에서 관료정치 현상은 김정은 집권 초기와 경제난이 극심해진 2020년 이후에 두드러졌다. 권력이 이전되는 과도기에 권력층 내 새로운 줄서기가 시도되고 이권 및 정책 조정 가능성이 제기되자 관료정치가 발현되었다. 핵미사일 고도화와 대미 핵 협상을 추진하는 과정에서 정책이 급변하면서 정책 갈등이 드러나기도 했으며, 경제제재·코로나 방역 통제 등으로 경제난이 극심해지고 통제가 강화되는 와중에도 관료정치 현상은 나타났다.

김정은 집권 시기 경제정책과 관련된 관료정치 현상은 크게 세 가지 형태로 나타났다. 첫째, 개혁 의제 개방 및 철회 과정에서 나타났다. 지도자가 주도한 것으로 보였던 정책의 입구와 출구 관리 문제도 다시 관료정치의 렌즈를 끼고 관찰하니 정치가 난무했다. 둘째, 경제관리의 주도권을 둘러싸고 당·정간 타협과 흥정이 있었으며, 그에 따라 내각 책임제·중심제의 의미가 변질되었다. 셋째, 경제난이 극심해지면서 지도자·당·내각은 경제 안정화를 위한 정책에 부분적으로 타협하지 않을 수 없었다. 그 결과 만연된 생산 현장의 본위주의 현상과 특수단위의 특권적 행태에 대한 공동 대응이 가능해졌다. 이권 사업을 둘러싼 조정과 타협도 부분적으로는 관료정치 현상이나, 이 문제는 이권 갈등과 다툼에 초점을 맞춰 조직행태 차원에서 앞에서 살펴보았다.

가. 개혁 진퇴 과정에서의 관료정치

경제개혁 의제를 둘러싼 관료정치 게임의 참여자는 지도자·내각·노동당이다. 전반전은 내각이 주도하다가 후반전은 당이 주도했다. 관료정치 렌즈로 관찰하니 지도자의 역할은 경기 시작과 종료 호각을 부는 데 국한되었다. 통치 경륜이 짧고 관심사가 편향적인 김정은은 경제에 대한 문제의식이 희박하고 집중도가 낮다는 점에서 김정일 때보다 관료정치에 휘둘릴 여지가 더 커 보였다. 김정은 집권 초기 경제개혁 의제의 상정과 조정과정을 관료정치 시각에서 재해석하면 다음과 같다.

● 2012년 경제개혁 입안 과정에서의 관료정치

김정은이 권력을 물려받자마자 '경제개혁'을 촉구한 데 대해 내각 간부와 당 간부의 입장은 달랐다. 경제 간부들과 대외부문 간부들은 김정은이 젊고 해외 생활 경험이 있어 개혁·개방 문제에 우호적일 수도 있다고 기대했다. 그러나 당 간부들은 새로 등극한 젊은 지도자의 '순진한' 언동에 긴장하지 않을 수 없었다. 경제개혁 문제는 이미 수년 전에 당의 건의로 김정일이 '개혁철회'로 결론을 내린 문제였다. 그러나 새 지도자가 개혁 문제를 다시 제기하면서 '자본주의 방법이라고 색안경을 끼고 보지 말라'며 당의 견제 가능성을 미리 차단하는 발언을 했기 때문에 당은 처음에는 어떤 대응도 할 수가 없었다.

2012년 상반기에 공식 권력승계를 하면서 김정은은 "인민들의 허리띠를 졸라매지 않도록 하겠다"며 민생 향상에 우선순위를 부여하고, 내각책임제·중심제를 강조하면서 내각에 이권 사업을 확대해 주는 등 내각의 개혁추진을 지원했다. 권력승계 전후 김정은에게 개혁 필요성을 고취하고 이론적 기반을 제공한 것은 노두철 부총리 겸 국가계획위원장을 중심으로 한 내각 경제 간부들로 추정된다. 이들은 김정일 집권 말기 당의 개혁 제동으로 지방으로 숙청되는 등 한때 입지가 취약했다. 그러나 화폐개혁의 실패와 책임자 처형으로 보수 세력이 위축되면서 개혁 성향의 경제 간부들은 다시 운신의 여지가 생겼고, 지도자마저 바뀌면서 경제개혁 문제를 제기하자 자신들의 활로를 타개하는 기회로 활용했다. 노두철 등은 김정은이 경제개혁에 우호적인 신호를 보내오자 과감하게 개혁 필요성을 제기한 것으로 추정된다.

당시 내각 간부들의 개혁구상은 특권경제를 축소하고 시장경제 요소 도입을 주장한 과거 박봉주 내각의 '시장경제 개혁안(2004.6)'과 같은 맥락이었다. 2012년 주요 경제 간부들이 2004년 때의 개혁론자들로 충원된 점, 2012년 이후 일련의 개혁 조치들이 2004년 개혁안과 다수 일치한다는 점, 김정은이 '12. 28 담화'에서 개혁연구에 대해 '자본주의'라고 비판하지 말라는 취지의 발언을 한 점이 그 추정 근거이다.

그러나 실제로 드러난 내각 간부들의 개혁구상은 신중했다. 지도자의 변덕 가능성과 과거 숙청의 경험이 작용했다. 첫째, 내각은 정치적으로 비판받지 않기 위해 형식 면에서 당 16호실의 지도·협조 아래 경제개혁안을 마련하면서 시안(試案) 적용을 통해 점진적으로 확대하는 형식을 취했다. 둘째, 내용 면에서는 큰 폭의 분권화와 시장 활용 방안을 도입하면서도 외피는 "사회주의 원칙 고수", "주체사상 구현", "우리 식" 경제개혁 추진으로 포장해 사상적 비판 소지를 최소화했다. 셋째, 시장가격 혹은 자율가격 인정 문제나 특수부문 축소 문제 등 급진 개혁안은 개혁 조치에서 배제해 과거 김정일 때의 급진 개혁구상에서 후퇴함으로써 당의 공격 여지를 없앴다. 이 같은 내각의 신중한 개혁 추진은 조직생존을 추구한다는 측면에서 보면 조직행태이고, 당과의 절충·타협 측면에서 보면 관료정치였다.

● 개혁 논란 차단(2012.9) 및 개혁 후퇴 선언(2019.12)의 관료정치

당이 경제개혁 문제에 제동을 걸기 시작한 것은 2012년 하반기부터였다. 당은 경제 해결을 위해 무엇인가 해보려는 지도자를 한동안 지켜보다가, 선대의 사례를 들어가며 경제개혁의 문제점을 지도자에게 주입하기 시작한 것으로 추정된다. 그러던 차에 당·정·군 간 이권 재조정이 있었고 총참모장 리영호 숙청 사건(2012.7)이 발생했다. 군의 '무질서한 경제활동'을 통제하려는 김정은의 방침에 리영호가 비판적 의견을 표출했고, 그가 사석에서 "장군님(김정일)은 개혁개방을 하면 잘살 수 있다는 것을 몰라서 안 했겠느냐"라고 발언한 사실이 적발되었다.139) 김정은은 뒤늦게 경제개혁 문제의 민감성을 파악했고, 당은 이 사건을 계기로 내각의 개혁추진에 대응하기 시작했다. 2012년 9월

---

139) 태영호, 『3층 서기실의 암호』, pp. 298~299, pp. 308~309, p. 311.

김정은은 개혁확산 분위기에 제동을 걸었다.

2013년 병진노선 선언 이후 2019년 미·북 협상 결렬 시기까지는 핵 개발, 경제제재 대응, 핵 협상 등으로 경제개혁 문제가 정책 의제에 오를 경황이 없어 보였다. 2019년 들어 다시 경제문제가 부상하기 시작했다. 김정은은 2019년 12월 당 전원회의에서 "오늘에 와서까지 지난 시기의 과도적이며 임시적인 (경제) 사업방식을 답습할 필요가 없다"며 개혁 후퇴를 선언했음을 앞에서 살펴보았다.

김정은의 '후퇴 선언' 배경에는 두 가지 요인이 작용했다. 하나는, 제재 국면으로 접어들고 경제 규모가 줄어들면서 김정은 집권 초기에 내놓은 개혁안들의 실효성이 의심스러워졌다. 수년간 지속된 개혁 조치와 통제 조치가 뒤섞인 혼란 상황을 정리하고 정책 방향을 명확히 할 필요가 생겼다. 다른 하나는 경제정책 주도 세력의 변화가 작용했다. 북한은 2019년 4월 박봉주를 내각 총리에서 당 부위원장(비서)로 전출시키고, 조용원을 당 조직지도부 1부부장에 등용했다. 그 직후 12월에 김정은이 경제개혁 후퇴를 선언했다. 박봉주는 2021년 1월 8차 당대회를 끝으로 은퇴했고, 조용원은 당 조직비서로 승진했다.

당시 내각 간부들은 암담한 경제정책 추진 환경에 무력감을 느꼈을 것이다. 김정은의 핵미사일 고도화 우선주의, 가중되는 경제정책 추진 악재, 고지식하고 물정을 모르는 당 지도부의 독주로 내각 간부들의 '순응과 패배주의'는 불가피해 보였다. 김정은이 2023년 8월 평남 남포의 안석간석지 수해 피해 현장을 현지지도 하면서 "김덕훈 내각의 행정경제규률이 극심하게 문란해졌고 건달뱅이들이 무책임한 일본새(일하는 태도)로 국가경제사업을 다 말아 먹었다"고 비판했다(8.22 노동신문). 오랜만에 민생현장을 시찰에 나선 김정은이 증산과 수해 방지 독려를 위해 정신없이 뛰어다닌 내각 총리를 희생양으로 삼았다.

8차 당대회 이후 북한의 경제정책은 매년 2~3회 소집되는 당 전원회의를 통해 사실상 조용원 조직비서가 주도하는 모양새이다. 정책 방향 설정은 물론 집행 독려와 평가까지도 당 조직을 중심으로 이뤄지고 있다. 경제난이 극심해져 자원이 부족한 상황에서 당 중심으로 동원방식의 경제운용이 불가피한 것이 아니냐는 해석도 가능하다. 그러나 경제는 위기일수록 전문가에 의해 관리되어야 하나 행정 대행 방식으로 관리되었으며, 그 과정에서 계획경제의 모순과 한계를 보완하기 위해 도입된 많은 실용적인 조치들이 무시되는 현상이 나타났다. 나중에 당 조직이 '소총명'을 부렸다고 비판받을 소지는 충분했다.

【그림 5-11】 은퇴(2021.1)하며 김정은에 귓속말하는 박봉주

나. 내각책임제의 의미 변화

● 김정은 집권 초기 내각책임제 강조와 한계

북한의 '내각책임제·중심제'란 내각이 중심이 되어 경제관리를 책임지라는 것으로, 원래는 경제관리에서 당의 행정 대행을 차단하고 내각

의 전문성을 존중하라는 취지였다. 북한의 지도자들은 경제개혁을 주문할 때면 내각책임제·중심제를 동시에 강조했다. 경제관리에 당의 정치 논리 개입을 최소화해 경제 실리를 극대화하겠다는 것이 핵심이다. 김정일의 선군정치 시기에는 당의 권한이 비교적 위축되어 내각책임제는 대체로 원래 취지대로 존중되었다. 다만, 한때 박봉주 내각이 김정일의 신임을 믿고 시장경제 요소 도입을 확대하는 급진적인 경제개혁을 추진하자 당이 내각의 독주를 견제해 2005년 이후 한동안 당정 간에 경제개혁을 둘러싼 갈등이 표출된 사례가 있었다.

김정은도 집권 이래 내각책임제·중심제를 지속 강조했다. 심지어는 [표 5-16]처럼 개혁 후퇴 상황에도 강조했다. 앞에서 살펴보았지만, 김

표 5-16 김정은의 내각책임제 · 중심제 강조 사례

계기	주장 요지
2012.4 김정은 4.6 담화	"모든 부문, 단위들은 경제사업에 관련한 문제들을 내각과 합의해 풀어나가며 내각의 결정 · 지시를 어김없이 집행해야 함"
2021.4.30 국방위 제1위원장 명령 1호	제목: "경제사업에서 내각책임제, 중심제를 강화하기 위한 혁명적 대책을 세울데 대하여"
2014.5 김정은의 5.30 담화	"내각책임제, 내각중심제를 강화하여 전반적 경제사업을 내각에 집중시키고 내각이 주관하여 풀어나가는 규률을 철저히 세울 것"
2016.5 7차 당대회 김정은 보고	"내각책임제, 중심제 요구대로 전반적 경제사업을 내각에 집중시키고 내각의 통일적 작전과 지휘에 따라 움직이는 규률을 세울 것"
2018.4 및 2019.12 당전원회의 김정은보고	2018.4 : "모든 부문은 내각의 통일적 지휘에 무조건 복종해야 함" 2019.12: "내각책임제 · 중심제 강화로 통일적 지휘를 보장"
2021.1 8차 당대회 김정은 보고	"5개년 계획기간에 내각이 경제사령부로서 경제사업에 대한 내각 책임제, 내각 중심제를 제대로 감당해야 함"
2022.6 당 전원회의 김정은 보고	"국가경제의 판세를 바로잡자면 내각책임제를 견지해야. 경제를 어지럽히는 부정적 폐단은 중앙집권적 지도가 미약한 데서 출발함"

정은은 집권 초기에는 내각의 경제관리에 대한 '전문성 존중'에 대한 고려로 내각책임제를 강조했다. 그러나 당시에도 북한 권력구조의 특성상 법적 통제의 한계에다가 내각 총리에 대한 실질적인 통제 권한을 부여하지 않아 실효성은 제한적이었다.

첫째 법적 통제의 제한성이다. 내각 중심의 경제관리를 위해 당·군 산하 경제단위에 대한 법적 통제 강화는 2013년 4월 김정은이 수차 강조해 일정한 효과를 발휘했을 수도 있다. 그러나 그 '법적 통제'는 북한 권력구조 상 내각의 위상, 법적 감시 자체의 허다한 예외 조항으로 실효성은 제한적이다. 당 39호실 등은 정치적 이유로, 제2경제위원회 등은 비밀보장 의무로 내각의 관리 밖에 위치한다. 그리고 여러 단위가 개별적으로 지도자의 허가를 받은 '특수' 간판을 내걸고 규정 밖에 있어 내각이 이들을 실효적으로 장악하기란 거의 불가능에 가까웠다. 그리고 법적 통제 상위에 당적 통제가 있어 내각이 당·군 경제 단위들의 협조의무를 강제하는 방법도 제한적이다.

둘째, 총리에 경제 장악권이 부여되지 않은 점이다. 10년 전 김정일이 박봉주를 총리로 등용(2003.9)했을 때는 당내 경제부서를 없애고 박봉주에게 경제 간부 인사권과 경제사업 검열권을 부여하면서, 당·군도 경제문제에 관해서는 총리에게 보고하고 지휘받도록 조치해 주었다. 김정은은 박봉주를 총리로 기용(2013.4)하면서 '내각책임제'를 강조하면서 '현지 요해' 권한을 부여했고, 나중에 정치국 상무위원으로 중용했다. 그러나 김정은은 김정일 때 박봉주 내각의 '과도한 행태'를 알아챘는지, 당의 사주가 있었는지 인사권 및 검열권을 주지 않았다. 숙청을 경험한 박봉주도 정치를 할 줄 알게 되어 경제 논리에만 매몰되지는 않았으며 적당히 타협했다. 박봉주의 모나지 않는 행태를 두고 북한 관료사회에서는 '돼지는 살찌는 것을 두려워하고 사람은 이름이 나는 것을 두려워한다'라고 비유했다.

셋째, 김정은의 당 중심 국정 관리도 내각책임제의 실효성을 약화시켰다. 그는 생산 현장을 시찰하면서 주로 당 간부들을 대동했고, 당 경제부서의 '내각 지도'를 강조했다.[140] 그리고 2015년부터 내각의 사업 성과가 부진해지자 내각의 능력을 보완해주기보다 힘센 당 조직에 의존하는 경향이 증대되었다.

● 김정은 시기 내각책임제 · 중심제의 의미 변화

김정은 시기 내각책임제 성격은 두 가지 점에서 김정일 시기와 달랐다. 우선 내각책임제의 의미가 김정일 때에는 내각의 전문성을 중시하는 데 방점을 찍었으나 김정은 집권 시기에는, 특히 개혁 정체 및 후퇴 과정에서는 내각의 증산책임을 독려하는 의미가 강했다. 다음으로 경제관리에서 내각과 당의 역학관계에 대한 관점이 달랐다. 김정일 때는 전문성 존중과 같은 맥락에서 내각의 독자적인 경제관리 즉, 당의 간섭을 배제했다. 그러나 김정은 집권 이후에는 경제관리에서 '국가(내각)의 통일적 지휘'와 '당의 영도' 간의 조화가 강조되었다. 앞에서 밝혔듯이, 내각책임제를 추진하면서 '당의 영도'라는 외피를 씌운 것은 김정은 집권 이후 당의 역할이 중시된 데다가 김정일 집권 말기 경제 개혁을 둘러싼 당정 갈등을 경험한 데서 교훈을 찾은 측면도 있다.

2015년 무렵부터는 경제관리에서 경제 논리와 정치 논리가 역전되는 현상이 나타나기 시작했다. 당 창건 70돌 및 7차 당대회 계기 속도전 운동이 빈번히 전개되고, 핵·미사일 개발에 집중하면서 경제 논리는 뒷전으로 밀렸다. 이 무렵부터 경제문제에 대한 당의 간섭이 확대되었고, 내각의 경제 간부들을 당 간부로 충원하는 직위 중복 현상도

---

140) 김정은은 2018년 7월 어랑천 발전소 건설 현장을 방문해서 "내각을 비롯한 경제지도기관 책임일꾼들도 덜 돼 먹었지만 당 중앙위원회 경제부와 조직지도부의 해당과들도 문제가 있다"고 질책했다. 『노동신문』, 2018.07.17.

늘었다. 경제관리에서 정치 논리를 적극적으로 반영하라는 당의 포섭이었다. 경제가 급격히 추락하면서 사실상 당이 경제정책 집행 관리도 주도했고, 급기야 2023년 1월 최고인민회의에서는 내각 총리가 "당에서 하라는 대로만 하면 반드시 이긴다는 철리(哲理)를 확신했다"며 내각의 무능과 무기력을 자인했다.

김정은 집권 이후 내각의 전문 기술관료들이 당 간부로 등용(혹은 직위 중복)되는 경우가 잦았다. 내각 관료들의 당직 진출 혹은 겸직 효과로 권력층 내 내각의 입장에 대한 이해가 증진될 수가 있다. 그러나 정치가 경제를 압도하는 북한 권력층 기류로 볼 때, 경제 간부들에게 '당의 입장에 더욱 충실하라'는 주문을 한 것이라는 해석이 적절하다. 경제정책 지도와 경제관리 책임이라는 당·정간의 엄격한 직능분리와 함께 책임자들의 인적 분리가 제도적으로 보장될 때 내각의 전문성과 자율성이 확보된다. 당·정 간에 직능 및 인적 분리가 정착되지 않으면 힘이 있는 당의 입장에 충실할 가능성이 커짐은 당연하다.141)

다. 경제관리에서 당 · 정관계 변화

김정은 집권 시기 경제정책의 주도권은 내각 주도 → 당정 협력 → 당 주도로 변했다. 경제개혁 추진기에는 내각이 주도하다가, 경제침체 혹은 개혁정체기에 접어들면서 정치 논리가 개재되어 당정 협력 방식으로 경제가 관리되었다. 개혁 후퇴기에 접어들면서 경제난 심화로 내

---

141) 중국의 경제개혁 초기 호요방과 조자양 등은 개혁에 소극적인 당 정치국의 정책결정권을 분산시키고 정부의 전문적인 경제관리를 보장하기 위해, 당이 정부에 대해 영향력을 확대하고 행정업무에 관여하는 통로로 작동한 당 사무기구를 축소하였다. 김재철, 『중국의 정치개혁: 지도부, 당의 지도력 그리고 정치체제』(서울: 한울, 2002), pp. 204-205.

각의 역할에 한계가 있자 당이 주도하는 형태로 전환되었다.

그러나 김정일 시기와 다른 점은 한쪽의 주도가 다른 쪽의 완전한 배척을 의미하지 않으며, 당정 간 협력관계 혹은 지휘·복종 관계가 대체로 일관되게 유지되었다는 점이다. 김정일 시기의 갈등 경험과 김정은 시기의 경제위기가 당·정간 절충과 타협, 순응과 협력의 경제관리를 가능하게 했다. 개혁추진기, 정체기, 후퇴기로 나누어 당·정간 정책협력 양상을 살펴보면 다음과 같다.

표 5-17 김정은 시기 경제관리에서 당 · 정 협력관계

개혁추진기 (2012~15): 내각 주도	o 개혁 입안: 내각 1228호 상무 + 당 16호실의 협업 o 개혁 내용: 기업에 경영권 부여 + 국공유제, 우리식 개혁 o 경제관리: 내각의 통일적 지휘 + 당 영도의 조화 o 총리 권한: 현지 요해권 부여 + 인사권 · 검열권 미(未) 부여
개혁정체기 (2016~19): 당정 협력	o 경제정책: 5개년 전략, 속도전 운동 등 정치 논리 가미 o 경제관리: 미시 자율화 + 거시 집권화로 절충, 보혁 혼재 o 경제 간부: 내각 간부들의 당 정치국 직위 중복 확대
개혁 후퇴기 (2020~23): 당 주도	o 경제관리: 국가장악력 강화, 계획경제 · 통제경제 추진 o 당의 역할: 경제정책 조정, 집행, 평가 전반에 적극 관여 o 내각 임무: 경제 집행, 경제난으로 역할 한계, 당의 지시에 순응

• **김정은 집권 초기(개혁추진 시기) 당·정관계**

2012년 초 경제개혁 입안 과정에는, 내각에서는 노두철 국가계획위원장을 책임자로 하는 '1228호 상무'가 주도한다. 당에서는 그해 6월 경에 신설된, 경제정책 및 경제관리 방법 연구기구로 추정되는 '당 16호실'이 개혁 방향을 협조(지도)하는 방식으로 당·정간 협력관계가 구축되었다. 2013년 4월에는 박봉주가 다시 총리로 등용되어 경제정책 집행은 물론 경제관리개선 조치 전반을 책임져 개혁은 탄력을 받았고,

2014년 5월 '사회주의기업책임관리제'를 골자로 하는 '우리식경제관리방법'이 완성되었다.

박봉주의 경력 : 박봉주(1939년생)는 2007년 4월 총리에서 해임된 후 3년간 순천비날론연합기업소 지배인으로 물러났다. 2010년 8월 김경희의 추천으로 당 경공업부 제1부부장을 맡아 다시 중앙으로 올라왔고, 2013년 4월에 다시 내각 총리로 등용되었다. 박봉주 총리는 2016년 5월 7차 당대회에서 당 정치국 상무위원과 당 중앙군사위원회 위원을, 6월에는 국무위원회 부위원장을 겸직했다. 박봉주는 2019년 4월 내각 총리에서 당 경제 담당 부위원장으로 옮긴 후 2021년 8차 당대회를 끝으로 은퇴했다. 그는 김정일 때 3년 7개월(2003.9~2007.4), 김정은 때 6년간(2013.4~2019.4) 총리를 맡았다. 당 경제 부위원장(비서) 재직 1년 9개월(2019.4~2021.1)을 더하면 거의 8년간 김정은 정권의 경제정책 관리를 책임진 셈이다. 은퇴 이후 이따금 열병식 등 행사에 '원로'로 공개석상에 등장했다.

김정은 집권 초 경제관리개선을 주도한 인물은 박봉주, 노두철 등 김정일 시기 경제개혁을 추진한 인물들과 대부분 중복된다. 그런데 박봉주 내각의 개혁추진 방식은 김정일 때와 김정은 때가 달랐다. 김정일 때는 당과의 대립을 감수하면서 경제관리의 효율화에 초점을 두어 대폭적인 시장경제 요소 도입을 추진하다가 당의 반격을 받았다. 그러나 김정은 때는 개혁 방향 설정 과정에서 당과 공조하였고, 개혁의 틀에 '우리 식'과 '당의 영도 보장'이라는 외피를 입혔으며, 개혁 방향도 생산 현장의 자율성 확대와 함께 증산책임을 부과해 국가재정 확충을 도모하는 절충을 추구했다.

김정은은 초기에 개혁추진 주체로서 내각이 제구실을 다 하도록 지원했다. 개혁정책 입안 기구인 '1228호 상무' 구성과 역할 독려, 내각책임제·중심제 강조, 내각에 개혁 성향의 전문관료 배치 등을 조치했다. 그러나 김정일이 경제 개혁과제에서 당을 거의 배제한 것과는 달리 김정은은 내각의 중심적 역할과 당적 지도를 동시에 중시했다. 오히려 내각이 성과를 못 내자 '당의 관여'를 독려하면서 생산 현장 지도에 주로 당료들을 대동하는 모습을 보였다. 개혁 입안 과정에서 '당 16호실'의 자문도 활용했고, 박봉주를 다시 총리로 등용하면서 큰 권한위임은 하지 않았다.

● 김정일 · 김정은의 총리 활용방식과 박봉주의 행태 변화

탈북민 증언(2017) : "김정일은 2002년 '이런 우리 식으로는 안되겠다. 뭔가 확 뜯어서 고쳐야겠다'라고 생각해서 7.1조치를 하고 김경희 때문에 당경공업부 하나 남겨두고 중앙당 경제부서들을 다 없앴다. 박봉주 총리한테 행정권, 인사권, 검열권을 다 주었다. 박봉주는 지금까지 사회주의 경제 관리에서 볼 수 없었던 권한을 다 받게 되었다. 국가검열위원회도 다 총리 손으로 만들어 놓았다. 그래서 박봉주가 확 뜨고, 결국은 오버하게 되었다. 그렇게 해 놓고 보니까 당 조직 선을 통해 김정일에게 보고가 올라오는데 '뭐 사람들이 자본주의화 된다. 돈 밖에 모른다. 그간의 사상사업체계가 하루아침에 무너진다'는 거다. 계속 이렇게 올라오니까 김정일도 불안해졌다. 이러다간 잘못되겠다 싶어 박남기를 계획재정부장에 앉혀놓고 '야 네가 바로 잡아라'고 했다. 결국은 김정일이 해 놓고 총대는 박남기에게 메라고 한 셈이다. 박남기는 예전의 조치로 되돌려 놓고 화폐개혁을 하니까 사람들이 그를 욕하기 시작했다. 김정일이 박남기를 죽인 셈이다.

지금(김정은 시기) 박봉주가 다시 총리가 되었으나 인사권이나 검열권 등 실권은 주지 않았다. '현지 료해'를 하게 하고 정치국 상무위원으로 올려줬지만, 예전처럼 당 경제부서를 없애고 권한을 줘야 하는데 그게 없으니 총리가 힘을 쓸 수가 없다. 지난번 여명거리 준공할 때 박봉주가 김정은한테 노는 거 보라. 저 사람, 정말 대가 있고 괜찮았는데 그날 보니까 완전히 김정은한테 어쩔 줄 몰라서 막 달려가고, '야, 박봉주도 다 됐구나'하는 생각이 들더라. 물론 박봉주가 과거 지배인으로 떨어지면서 기가 죽었을 테지만, 박봉주에게 '현지 료해'라는 걸 준 것은 총리가 뭘 알아서 사업 조직하려면 힘이 없는데 TV에 나오는 걸로 그 사람의 위상을 높여 말 듣게 한거다.

　김정은이 박봉주 총리를 당 상무위원과 군사위원으로 왜 올려놓았나. 총리가 당의 정책을 모르고 어떻게 경제정책을 하겠는가. 그러니까 너는 당 정책을 무조건 알아야 돼, 당에서 '아'하면 너도 내각에 가서 '아'해야 한다는 거다. 당 군사위원으로 만들어 놓은 것은 군인들이 먹을 쌀이 없어, 기름이 없어 하면 내각에서 나오는 거로 우선 책임지라는 거다. 북한에서는 정책은 당의 정책뿐이다. 당은 김정은을 의미한다. '당의 지도를 철저히 받아라. 경제관리도 당의 지도를 받을 때 올바로 집행될 수 있다'고 한다. 당의 의도와 어긋나는 것은 용서하지 않겠다는 거다."[142]

　김정은은 경제관리 문제에서 당과 내각의 역할을 동시에 고려해 '당은 키잡이, 내각은 노 젓는 이'라는 전통적인 당·정관계를 중시했다. 물론 경제난 심화로 개혁 속도 조절이 있기 이전에 국한할 때 그렇다. 그 배경을 보면 김정일 때 선군정치로 당이 약해진 것과는 달리 김정은 집권 이후에는 당의 기능이 정상화된 점이 작용했다. 특히 막 권력을 세습한 김정은으로서는 당의 정치기능이 무엇보다도 중요했다.

　다음으로 지도자나 부하나 모두 상대방이 '오버'하지 않도록 하겠다는 의도가 작용했다. 위 증언처럼 김정은과 당 지도부는 과거 박봉주 내각이 '오버'한 것을 고려해 박봉주를 총리로 다시 등용하면서 인사권·검열권을 부여하지 않았을 뿐 아니라 개혁 입안 및 시행과정에서도 당정 협조를 강조했다. 거꾸로 해석하면, 개혁을 추진한 경제 간부들이

---

142) "박봉주 총리 위상 및 행태 변화" 탈북민 증언(2017.5~6월), 박영자, 『김정은 시대 조선노동당의 조직과 기능: 정권 안정화 전략을 중심으로』(서울: 통일연구원, 2017), pp. 56-58에서 재인용.

김정일 때처럼 당을 무시했다는 비판을 회피하고 개혁과제를 안정적으로 추진하기 위해 개혁 조치에 미리 '당의 영도'라는 외피를 입혔을 가능성도 있다. 김정은 시기 내각과 당의 경제 간부가 동질적이라는 점에서, 사회주의기업책임관리제를 통해 기업에 경영자율권을 대폭 확대했다는 점에서 후자의 가능성이 커 보인다. 박봉주 내각이 직면한 개혁과제 관리의 복병은 김정일 시기처럼 당이 아니라 핵 개발을 위해 민생 향상을 자꾸 미루는 지도자였다.143)

● 경제난 심화 이후 당정관계

2016년 7차 당대회 무렵부터 북한의 경제정책 추진 방식은 개혁 지향 방식에서 전통적인 동원체제 방식으로 회귀했다. 앞에서 언급했듯이, 김정은이 자주 내각에 '성과'를 독려하고, 속도전 운동이 빈번했으며, 20여 년 만에 중기 계획('5개년 전략')을 내세웠다. 김정은은 체제전반을 정상화하기 위해 경제 활성화에 대한 조급증으로 경제관리에 정치 논리를 전개했다. 제재로 인한 경제침체도 정치 논리를 중시하는 요인으로 작용했다. 정치 논리에 따른 당의 간섭에 대해 내각은 협조적이었다. 박봉주 내각은 경제 운영 여건이 달라진 데 맞추어 개혁 속도를 조절했다. 여기에는 과거 경제 간부들의 숙청 경험도 작용했다.

2019년 12월 당 전원회의에서 '경제개혁 후퇴' 선언과 함께 '자력갱생 투쟁과 생산잠재력 총발동'을 독려하면서부터 경제정책 관리도 사실상 당의 손으로 넘어갔다. 2020년 8월 당 전원회의에서 김정은은 '5개년 전략'의 실패를 경제 간부들의 '무능, 무책임' 탓으로 돌리면서

---

143) 그러면서도 박봉주 총리의 경제사업은 자주 김정은의 질책 대상이 되었다. 김정은은 신의주 방직·섬유 공장의 현대화 지연(2018.7), 어랑천 발전소 건설 지연(2018.7), 평양종합병원의 '마구잡이식 공사'(2020.7, 당시에는 경제 비서)로 격노했다. 8차 당대회 직전에는 '경제발전 5개년 전략(2016~2020)' 실패 원인 규명을 위해 내각이 4개월간 중앙당의 집중적인 검열을 받았다.

이를 검증하기 위해 당 간부들로 '비상설 중앙검열위원회'를 구성했다. 2021년 2월 당 전원회의에서는 내각이 '5개년 계획' 첫해 목표를 낮춰 잡은 것을 성토하고 성장 목표를 다시 높게 책정했으며, 2021년 3월에는 내각의 경제 장악의 한계를 보완하기 위해 '비상설경제발전위원회'를 설치했다. 내각은 점차 단순 기능직으로 전락하는 모습이었다.

정책조정·제도 정비를 넘어 집행과정에도 당이 관여했다. 시군당 책임비서 강습회(2021.3)에서 '당정책 집행에 대한 시군별 실적순위'를 발표하고, 당 전원회의에서의 결산(총화)에 앞서 당 간부들로 구성된 '실무지도 소조'를 각도에 파견해 실적을 사전 점검했다(2022.5). 경제가 급격히 추락하면서 내각은 어찌해볼 도리가 없어 보였다. 김정일이 '고난의 행군' 시기 노동당을 '노쇠당' 또는 '송장당'으로 비판하였듯이, 경제정책 관리와 자원 동원의 주도권이 없는 내각을 김정은이 '건달뱅이들'로 비판하는 것은 예견된 일이었다.

북한은 경제 규모가 급격히 위축되자 2019년 말 이후 계획경제, 통제경제로의 복원을 추진했다. 내각 산하 공장·기업소는 물론 당·군 산하 기업마저 중앙에서 집중적으로 관리할 정도로 부족의 경제 늪에 빠졌다. 생산잠재력 총동원은 당이 주도했고 그 중심적인 역할을 조용원 조직비서가 맡았다. 김정은으로부터 '경제정면돌파전 총사령관'으로 임명된 셈이다. 그러나 조용원 등 당 지도부는 과거 북한경제가 경험했던 시행착오, 계획경제의 무정부성을 다시 불러오는 우(愚)를 범했다.

라. 단위 특수화 현상과의 투쟁

● 북한경제의 분절적 특성과 특권경제의 형성

북한의 내각이 김정은에게 끈질기게 요구해 성과를 거둔 개혁 조치가 하나 있다. 당·군 산하 특수 생산 단위에 대한 내각의 통일적 지휘가 관철되기 시작한 것이다. 이런 사실은 김정은이 2022년 9월 최고인민회의 시정연설에서 "나라의 경제사업을 내각에 집중시키는 체계와 질서가 점점 강하게 세워지고 있다"라고 발언한 점에서 확인되었다. 엄밀히 말하자면 내각이 관철했다기보다는 경제난이 극심해지자 북한 지도부가 강제한 것이다.

경제 규모가 급격히 위축되면서 북한 지도부는 '경제 전반의 생산력과 생산물에 대한 내각의 일원적 관리'를 주문하였고, 그 결과 특수 생산 단위들도 내각에 생산통계 제출, 중요 생산활동을 변경할 경우 내각과의 협의 의무 등 내각에 대한 협조 사항을 이행하기 시작한 것이다. 특수단위는 주로 외화벌이 사업에 몰려있으나 탄광 등 무역 원천 단위 외에 식료·피복 가공, 수산물 양식, 상점·식당, 부업생산 기지 등 내각의 통제 밖에 허다하게 존재했다. 제한적이나마 이들 특수단위에 대한 통제가 시작된 것이다.

북한에서는 당·군·공안기관 등 특권기관 산하 공장·기업들이 내각의 통제 밖에서 생산활동을 전개하는 현상을 '단위 특수화'라고 표현한다. 여기서 거론된 '생산활동'은 군부대가 관리하는 탄광에서의 석탄생산이나 특정 당 조직 산하 기업의 벌목 혹은 염전 관리와 같은 일반적인 생산활동을 의미한다. 제2경제위원회의 군수품 생산이나 김정은 비자금으로 활용되는 당 39호실의 생산활동에 대해서는 여전히 엄격한 보안이 유지되면서 내각의 관여 밖에 있다. '특수단위'라고도 하는데 북한경제의 분절(마디) 경제 특성으로 내각의 통제 밖에 있는 당·군·공안기관 산하 생산·봉사, 외화벌이 기지를 일컫는다.

북한경제는 시장(장마당)경제를 포함한 '인민 경제'(국가 경제), 군(軍) 경제(제2경제), 당 경제로 마디처럼 나뉜 분절 경제의 특성을 띤다. 당 경제는 1970년대 김정일이 후계자로 내정되면서 측근 선물,

연회 자금 등을 조달하기 위해 송이버섯 채취, 금광채굴 같은 이권 사업에 개입하면서 조성되었다. 군 경제는 1979년 제2경제위원회가 내각으로부터 군수공업 관리기능을 이관받아 형성되었다. 당초에 당 정치자금과 군수공업 자금 조달 목적으로 조성된 당 경제와 군 경제는 1990년대 경제난 시기에 구성원들의 '자력갱생'도 지원하도록 확장되었다. 특수단위는 권력기관 상호 간의 영향력의 변화, 지도자와의 친소관계 변화 혹은 정책적 필요에 따라 변경되었고, 그 사업은 이권 투쟁의 대상이 되어왔으나, 내각의 통제 밖에 있기는 마찬가지였다.

• 당·군 소속 특수단위가 이권 사업을 독점

전체 북한경제에서 당·군 경제가 차지하는 비중이 얼마인지는 파악이 어렵다. 다만 김정은 집권 이후 선군정치의 퇴조 과정에서 군부의 이권 사업 일부 회수가 있었고, 이 과정에서 군 총참모장 리영호 숙청 사건(2012.7)이 발생했으며, 이듬해에는 당 행정부장 장성택이 '소왕국'을 꾸리고 관장했던 많은 이권 사업에 대한 회수 조치가 있었다. 김정은이 핵미사일 고도화를 추진함으로써 군수 경제의 비중은 더욱 증가한 것으로 추정된다. 과거 광산물 수출이 호조를 보였을 때 북한 당국은 광물별로 외화벌이 사업권을 각 조직에 할당한 적이 있었다. 예컨대, 금 수출은 당 자금으로, 석탄 수출은 군부대의 군복 구입 자금으로, 철광석 수출은 내각의 코크스 도입 자금으로 돌렸다. 이런 관행으로 군부대가 장악한 탄광의 비중이 작지 않았다.

그런데 내각의 통제 밖에 있는 탄광이 어느 규모인지를 짐작할 수 있는 통계치가 일부 확인되었다. 2016년 5월에 채택한 '경제발전 5개년 전략' 문건을 보면 북한은 석탄 증산 목표를 2014년 1,649만톤 생산에서 2020년 3,800만톤 생산으로 2배 넘게 늘려 잡았다. 여기서 주목되는 점은 내각 자원개발성이 파악한 석탄생산 단위가 전국적으로 3,500여 개인 데 비해, 중앙통계국이 장악한 석탄생산 단위는 400여 개로서 11%에 불과하다는 사실이다. 폐광 등 여타 사유도 있겠으나 특수단위 탄광이 최대 80%에 육박하고 있다는 것을 의미한다. 북한에서는 통계기관에 등록된 단위가 경제계획의 기초가 된다.

> '5개년 전략'(2016) : "적지 않은 단위들이 국가통계기관 밖에서 광물 생산을 진행하여 지하자원을 전망성 있게, 효과적으로 개발 리용하기 위한 사업에 지장을 준다… 국가자원개발성에서 장악하고 있는 전국적인 석탄 생산단위는 3,500여개, 금속, 비금속광물의 개발 및 생산 단위는 3,170여개이지만, 중앙통계국에서는 석탄 생산 단위 400여개(11%), 금속, 비금속광물의 개발 및 생산 단위 700여개(22%)정도 밖에 장악하지 못하고 있다."

2017년 북한의 한 강습제강도 북한 내 금속, 비금속광물을 개발·생산하는 단위가 수천여 개(3170여 개)나 되지만 그중에 '내각에 소속된 단위는 32%, 내각 밖의 기관들에 소속된 단위는 68%'라고 했다. 광산·탄광을 모두 합쳐 내각 산하가 1/3도 안 되고, 내각 통제 밖에 이는 단위들이 2/3 이상을 차지하고 있다고 밝혔다. 그 때문에 종합적인 탐사 활동을 어렵게 하며 자원의 낭비를 초래하며 심지어는 광산물 관리에 분쟁을 초래하는 등의 부작용이 있다고 지적했다.

● 김정일 때 내각은 '특수단위 통제'에 실패

김정일 때도 내각은 특수단위 통제 및 축소를 시도했으나 실패했다. 2000년경 김정일 지시에 따라 경제개혁 방안을 연구한 내각은 이듬해 연말 김정일에게 개혁안을 보고했다. 개혁안에는 '내각책임제 구현을 위해서는 특수부문을 줄여야 한다'는 내용도 포함되었다. 그러나 김정일은 "고난의 행군 시기에 특수단위가 일정한 역할을 했다"며 특수단위 통제를 수용하지 않았다. 2004년 6월에 다시 개혁 건의가 있었다. 당시 박봉주 총리 내각은 개혁 확대를 추진하면서 개혁에 지장을 초래하는 장애물의 정점에 특수단위가 존재한다는 인식을 드러냈다. 예컨대 "쌀 공급과 관련된 특수가 너무 많다. 전부 없앨 수 없다면 내각과 합의하여 엄격한 기준을 만들어야 한다"라고 하면서 김정일에게 개혁을 건의했으나 역시 받아들여지지 않았다. 지도자로서는 경제적 실리 확보보다 지배연합의 충성 확보가 더 중요했기 때문이었다.

김정은 집권 시기 박봉주 내각은 다시 특수단위 통제를 시도했다. 2014년 7월 내각은 산하기관에 당·군 소속 특수단위들에 대해 내각의 일원적 경제관리를 위해 다음과 같은 세 가지를 협조 요청했다. 첫째, 생산활동 과정에서의 제반 통계자료를 제출하라고 할 것, 둘째, 중요 자재 수급·가격결정 등 생산활동 전반에 영향을 미치는 중요 경영활동에 대해서는 내각과 협의하도록 요청할 것. 셋째, 더 이상의 특수단위 확장은 인정하지 말 것을 지시했다. 내각이 이런 지시를 내린 것은 그

표 5-18 내각의 '특수단위 통제' 협조 요청(내각결정 43호, 2014.7.10)

협조 사항	규제 경제활동	실효성 평가
내각에 통보 또는 자료 제출	계획 · 재정 · 통계 · 화폐유통 · 로동보수 · 가격 · 수출입사업 · 합영 · 합작기업 · 해외기술협조단 조직 및 운영 · 투자유치 활동 등과 관련하여 제기되는 문제들	이행 가능성 있음 * 당시 필자의 판단
내각 주무부처와 협의 의무	전력과 연유 · 강재 · 시멘트 등 중요 자재, 식량, 자금(외화포함) 보장, 로력 보충, 생활비 기준, 가격제정과 관련한 문제들	이행 가능성 낮음
향후 특수단위 추가 규제	'특수' 간판아래 제각기 기업소들을 만들어 놓고 제각다리로 생산과 경영활동을 벌리는 현상, 국가의 법과 규정에 벗어난 ≪특수≫ 단위들	가능성 거의 없음

해 5월 김정은이 '우리식경제관리방법'을 발표하면서 경제 전반에 대한 '국가의 통일적 지도를 실현하라'라는 주문을 실행하기 위해서였다. 아래 [표 5-18]은 당시 내각의 요청사항을 정리한 것이다. 당시 필자의 판단은 특수단위들이 통계 제출 의무나 형식적으로 이행할까 다른 요청사항은 권력관계로 볼 때 이행할 가능성이 없다고 판단했다.

이후에도 내각은 특수단위에 대한 통제를 건의했을 것으로 추정된다. 왜냐하면 제재로 경제 규모가 크게 위축되면서 내각이 '통일적 경제관리'를 위해서는 특수단위 통제가 불가피했기 때문이다. 그러나 통계 제출 의무조차도 제대로 이행되지 않았다. 그 사실은 김정은이 2019년 12월 당 전원회의에서 경제관리개선 사업의 일환으로 '모든 단위에 경제통계 제출 의무' 이행을 지시했다는 점에서 확인되었다.

● 김정은, 2021년에 '단위 특수화와의 전쟁' 선포

그러나 2021년 들어 상황이 바뀌었다. 김정은이 '단위 특수화와의 전쟁'을 선포했기 때문이다. 김정은은 2021년 당대회에서 "앞으로 특수성 운운하며 국가의 통일적 지도를 저해하면 어느 단위를 불문하고 강한 제재를 취한다"고 경고했고, 같은 해 2월 당 전원회의에서는 "당의 지시집행을 태공(태만)하는 단위 특수화와 본위주의 현상을 당권·법권·군권을 발동하여 단호히 쳐 갈겨야 한다"면서 "단위 특수화와 본위주의를 세도와 관료주의, 부정부패 행위와 다를 바 없는 혁명의 원쑤, 국가의 적으로 엄중히 하고 전면적인 전쟁을 벌일 결심"을 표명했다.

2021년 2월 당 전원회의에서 토론에 나선 중앙검찰소장은 "내각의 주도적 역할에 제동 거는 일체 행위들을 철저히 제압하겠다"라고 하거나 "특수의 울타리를 쳐 놓고 법의 통제 밖에서 사회주의 경제관리 질서를 난폭하게 위반하는 단위들에 대한 법적 감시를 공격적으로, 연속적으로 진행할 것"이라고 했다. 2021년 7월에는 '단위 특수화, 본위주의 반대법'도 제정해 '단위 특수화'와 '본위주의'를 "특수행세를 하면서 국가관리체계와 법의 통제 밖에서 안하 무인격으로 놀아대는 노골적인 치외법권적 행위이며 자기 부문, 자기 단위의 리익만을 내세우면서 나라의 경제발전에 지장을 주고 국가와 인민의 리익을 침해하는 반국가적, 반인민적 행위"라고 규정(2조)하였고 "형법의 해당 조문에 규제된 법정형의 범위 안에서 무겁게 처벌"(4조)한다고 했다.

특권기관에 이권을 배정해서 특혜를 누리도록 배려하는 조치는 독재정치에서 지도자가 지배 연합의 지지와 협조를 확보하는 전형적인 방법이다. 그런데 '고난의 행군' 직후에도 존치했던 특수단위들의 특혜를 줄이는 것은 정권에 대한 위협이 부하들의 불충(不忠)보다 경제난에서 오고 있음을 의미한다. 김정은이 특수단위를 "혁명의 원쑤"나 "국가의 적"으로 규정한 것은 독재자 자신이 사용할 통치자금도 고갈되고 있음을 시사했다. 특권·특혜의 축소가 지속되면 10년 전 장성택을 숙청한 명분이었던 '양봉음위'와 '면종복배' 현상이 간부사회에서 다시 확산될 수 있음에도 불구하고 김정은은 '단위 특수화와의 전쟁'을 선언했다.

• 특수단위, '유훈'을 명분으로 통제 방어

김정은 지배체제의 특징 중 하나가 공포통치와 감시·통제 기제의 치밀한 분포이다. 장성택 숙청(2013.12) 이후 김정은의 권위에 대한 사소한 도전에도 공포통치의 철퇴가 내려졌음은 잘 알려진 사실이다. 북한은 2021년 8차 당대회 무렵 김정은의 권위가 '수령' 수준으로 공고화된 이후에도 간부들에 대한 감시를 늦추지 않았다. '독수리 발톱'과 같은 부서인 당 조직지도부가 있음에도 당 규율조사부를 신설하는 등 감시조직을 늘리면서, 지도자의 지시를 '태공(태만)하는 행위'에 대해 공개적으로 처벌(2021.6)하였고, 수시로 '간부들의 비당적·비혁명적 행위와의 투쟁'을 주장해 간부사회에 긴장을 주입했다.

김정은이 '단위 특수화 현상과의 전쟁'을 선포했으나 내각의 조정·통제에 순응하지 않는 특수 생산 단위에 대한 통제는 쉽지 않아 보였다. 권력층이 김정은의 공포통치를 경험했음에도 불구하고 '단위 특수화' 현상이 쉽사리 근절되지 않는 까닭은 특권기관 자체도 심각한 물자·재원난에 처해 있기 때문이었다. 내각에 협조해 '양보'한다는 것은 이익을 덜 보는 문제가 아니라 조직의 생존과 직결된 문제였다. 또한 특권사업 자체가 김정일이나 김정은이 당·군에 배정해 준 '유훈'사업이자 '혁명'수행 사업이라서 버틸 명분이 있었고, 당권·군권·법권을 동원해 단속한다고 하지만 같은 특권기관들끼리 통제하는 데는 한계가 있고 '일시적 엄포'라고 판단했을 수도 있다.

● 2022.9 김정은 '내각의 통일적 지휘 심화' 평가

그런데, 2022년 9월 최고인민회의 시정연설에서 "경제사업을 비롯한 국가사업 전반에 대한 통일적인 지휘와 관리가 심화되고 사회주의적 성격이 복원되고 있다"고 했다. 그리고 "경제사업을 내각에 집중시키는 체계와 질서가 강하게 세워졌다"고 평가했다. 이 같은 김정은의 발언은 잇단 '단위 특수화와의 전쟁' 선포로 특수단위들이 굴복해 이제는 내각에 경제활동 상황을 통보하고, 중요한 경제활동 변경에 대해서는 내각과 협의하며, 때로는 특혜의 일부를 양보하는 '성과'를 거둔 것으로 해석할 수 있다.

이런 '성과'가 사실이라면 거기에는 다음과 같은 3가지 요인이 작용한 것으로 평가된다. 우선, 경제가 크게 위축되어 특권경제도 발붙일 공간이 줄어든 점이 작용했을 것이다. 특수단위가 자체로 운영해 보았자 수익이 크지 않다고 판단했을 수 있다.

다음으로, 경제의 일원적 관리 실패로 연이은 비판에 직면한 내각이 특수단위와의 맞대결도 마다하지 않고 문제를 제기했기 때문에 가능했을 것이다. 경제관리를 책임진 내각으로서는 특수단위의 협조가 없으면 경제관리가 불가능해졌고 그것은 곧 내각 조직생존의 문제이기 때문에 필사적으로 요구했을 것이다.

특히 지도자의 개입이 절대적이다. 김정은이 직접 '전쟁'을 선포하면서 당적·법적 통제를 동원함으로써 오랜 기간 관행이었던 특권도 흔들릴 수 있음을 보여주었다. 여기에는 당 조직비서 조용원의 '판단'이 개재되었을 가능성이 있다. 북한 지도부가 특권경제의 '근절'을 실제로 추구하고 있다면 북한경제는 매우 심각한 상황임을 자인한 것이나 마찬가지다.

그러나 특권경제의 '근절' 가능성은 더 지켜볼 문제이다. 김정은의 '특수단위도 협조' 시사 발언은 수사에 불과할 가능성도 있다. 2022년 이후 공개적으로는 북한경제가 '미미하나 성장추세에 있다'고 밝히고 있는 것과 같은 맥락으로 과장한 것일 수 있다. 특수단위가 생산통계를 통보하는 정도의 협조에 그치고 있음에도 자칫 북한 지도부의 리더십에 대한 불신으로 이어지지 않도록 적극적인 협조가 이뤄진 양 현실을 은폐하고 있을 수도 있다. 독재정권으로서는 경제적 퇴락보다 지지세력의 이반(離叛)이 치명적이기 때문이다.

설사 '단위 특수화' 현상 통제에 성공했다 하더라도 언제까지 유지될지 미지수이다. 독재정치의 통치 전략상 장차 북한경제가 활성화되면 다시 특권경제가 부활하리라는 것은 불문가지이다. 그렇지만 여기서 주목해야 할 점은 김정일 때 난공불락의 요새인 '특권경제'도 김정은 때 위기가 닥치니 적폐로 간주된다는 사실이다. 확대해석하면 북한 체제의 발전을 저해하는 가장 큰 장애물은 핵 개발 고집과 개혁·개방에 대한 완고성인데, 그 장애물도 체제 위기가 심각해지면 내부로부터 비판 및 제거의 대상이 될 수 있음을 시사한다.

| 제5절 | 김정은의 경제개혁 과정 평가

01 김정은 시기 경제정책의 특징

● 김정은 집권 이후 경제정책의 변화

김정은 집권 이후 10여 년간 북한의 경제 사정은 안정에서 침체, 다시 추락으로 급변했다. 경제정책 목표는 비전 차원에서 '경제 강국 건설'을 내세웠다가 '경제 정면 돌파'로 후퇴하면서도 '5개년 계획'을 추진하는 과욕을 부렸다. 실질적인 경제정책 목표도 '생산력 향상 → 정상화 → 안정' 순으로 후퇴했으며, 결국은 손상된 경제토대 복구가 북한의 당면 목표가 되었다. 경제정책의 실행 전략은 자력갱생과 정비보강을 추진하다가 부족의 경제가 심화하자 '국가장악력 강화'를 주장하며 당국이 생산력과 생산물을 모두 거머쥐고 일원적으로 통제하려는 전략을 추진했다([표 5-19] 참조).

북한의 경제관리 방식은 대략 4년을 주기로 개혁추진 → 개혁 정체(속도 조절) → 후퇴(역 개혁)로 변화했다. 김정은 집권 초에는 시장에 관용적인 태도를 보이면서 개별 기업에 대폭적인 경영권을 부여하는 사회주의기업책임관리제 완성(2014.5)과 적용을 추진했다. 2016년 이후에는 한편에서는 개혁 조치의 제도화를 추진하면서도 다른 한편으로는 경제관리의 재(再) 집권화 필요성이 증대되는 모순된 상황이 발생했다. 경제제재를 자초하면서도 성급한 '5개년 전략'의 추진은 개혁 조치의 정착을 어렵게 했다. 2020년 들어 제재·코로나 등으로 경제 규모가 크게 위축되자 북한은 역 개혁으로 전환했다. 생산보다 분배관리에 치중하는 경제질서 재편을 추진하면서 계획·통제경제를 강화했다. 과거 김정일 집권 시기의 경제개혁 진퇴 사이클은 김정은 집권 10여 년 기간에 다시 되풀이되었다. 차이점은 갈수록 진동 폭이 커지고, 우여곡절이 많아졌다는 점이다.

표 5-19 김정은 시기 경제정책 목표 및 경제관리 방식의 변화

구분		2012~2015	2016~2019	2020~2023
경제 사정		안정 – 광물수출, 시장용인	침체(경제제재) – 수출급감, 생산위축	추락(코로나19 방역) – 수입 급감, 시장 마비
정책 목표	비전	경제 강국 건설	경제 강국, 5년 전략	경제 정면돌파, 5년 계획
	실제	생산력·민생 향상	자립경제, 생산 정상화	경제안정, 경제토대 복구
	전략	외화벌이, 시장용인	자력갱생, 선택과 집중	정비보강, 국가장악력 강화
경제관리 방식		개혁추진 – 분권화, 시장화 – 기업책임관리제	개혁 정체·조절 – 정책과 현실 괴리 – 거시 통제, 미시 자율	개혁 후퇴 – 생산보다 분배관리 치중 – 계획 복원, 생산물 장악

● 김정은 집권 시기 경제정책 평가

김정은 집권 이후 경제 사정의 추락만큼이나 경제정책 목표 및 경제관리 방식에서 변화의 기복이 컸다. 2000년 이후 김정일 집권 시기와 비교해 볼 때 2020년을 전후로 더 큰 폭의 경제 추락이 있었고, 더 큰 폭의 경제개혁 전진과 후퇴가 있었다. 김정은 집권 시기 경제 사정의 급락에는 직접적으로는 경제외적인 변수가 큰 영향을 미쳤다. 그러나

그 외생변수는 김정은 정권이 자초한 것이다. 정치·군사 면에 치중해 온전한 경제관리를 어렵게 했다. 제재·코로나·자연재해 등의 외생변수는 과도한 핵 개발이나 국경밀봉, 하늘에 의존하는 전 근대적인 농정(農政)으로 상황 악화를 자초했다.

김정일 시기에 이어 김정은 시기에도 경제개혁의 선택과 후퇴 과정이 반복된 것은 경제체제의 모순 극복을 시도하면서도 결국은 정치 논리의 한계를 뛰어넘지 못하는 시행착오가 반복된 결과였다. 독재정치는 속성상 민생 향상보다 시장의 세력화 방지를 더 중시한다. 시장이 독재 권력에 도전하지 못하도록 하는 데 우선순위를 부여해, 시장화를 방치하면 괴물이 되어 정권을 공격할 것이라는 피해 의식에 젖어있다. 수령제 세습 정권은 국가와 시장을 대치 관계로 파악할 뿐이며 '시장이라는 새를 계획이라는 새장에 가두어 놓고' 시장경제의 탄력성을 활용하는 발상의 전환은 기대하기 어려웠다. 김정은 정권이 2016년 이후 핵 고도화 과정을 멈추고 시장화·분권화에 개방화를 추가해 경제개혁을 충실히 다져나갔다면 북한의 경제 상황은 달라졌을 것이다.

김정은 시기 경제정책이 요동친 배경을 독재정치의 속성이나 핵 고도화의 파급영향 차원을 떠나 경제관리 면에 국한해 살펴보면 다음 3가지 요인을 들 수 있다. 우선, 지도자가 일관되게 경제정책의 중심을 잡아주지 못했고, 그 결과 내각과 당의 경제 논리와 정치 논리의 절충과 타협이 빈번했으며, 그 과정에서 경제난이 극심해지자 시장이 아닌 '국가 제일주의 기조'가 더욱 득세해 개혁은 후퇴했다. 결국 김정은 시기 경제개혁 진퇴 과정에는 김정은 수령제의 공고화와 핵미사일 개발의 절대화가 큰 틀의 제약조건이었으며, 경제난에 대응하는 방식을 둘러싼 당과 내각의 적당한 타협 즉, 당의 관료정치 성공이 개혁 후퇴와 시행착오를 초래한 직접적인 요인이었다.

김정은의 경제리더십이 문제였다. 한마디로 김정은은 경제를 주도하지 못하고 부하들에 끌려다녔다. 그가 중심을 잡아주지 못하니 경제정책은 요동을 쳤다. 애초부터 김정은에게는 사회주의 경제체제의 모순에 대한 뼈저린 경험을 기대할 수 없었다. 지도자의 경험 부족과 몰이해로 과거 계획경제의 시행착오를 다시 불러오는 양상도 나타났다. 어렸을 때 자본주의를 경험하고 후계자 시절에 화폐개혁에 따른 북한경제의 난맥상을 지켜보면서 집권 초 경제개혁을 주문했으나 그것은 깊은 문제의식에 성찰에 바탕을 둔 주장이 아니었다. 게다가 권력 공고화가 선결과제였고 핵미사일 개발에 대한 편향성이 경제를 왜곡했음은 두말할 필요가 없다.

김정일도 경제정책을 주도하지 못하고 끌려다녔다. 김정일은 국방위원장 직책으로 공식 권력승계를 하면서 '경제문제는 자신의 소관이 아니다'라며 경제정책 주도를 회피했다. 그러나 김정일은 오랜 통치 경륜이 있어 이를 통해 문제를 파악하고 정책의 맥락을 잡아갔으며, 적어도 한번은 제대로 개혁해 보려고 했다. 2000년 새 밀레니엄 시작과 함께 신(新)사고를 주장하면서 경제개혁을 추진했으나 기득권층으로부터 설득당해 포기했다. 그러면서 김정일은 경제개혁에 대해 도박사와 같은 미련을 한동안 버리지 못했다. 반면에 김정은은 사회주의 경제체제의 한계에 대한 문제의식 희박했다. 북한이 오랜 기간 경계해 온 행정대행 방식의 경제관리 위험성을 제대로 파악하지 못했다. 김정은의 개혁 의지는 일시적이고, 단편적이며, 정책 균형감각이 부족했다.

둘째, 당과 내각의 관료정치이다. 북한은 사회주의기업책임관리제 실시(2014.5)에 이어 '경제발전 5개년(2016~2020) 전략'을 입안했다. '5개년 전략'은 당 창건 70돌(2015.10)까지 완성을 목표로 2014년 하반기부터 입안에 착수했다. 북한은 개혁 조치의 안착을 기다리지 못하고 서둘러 중기 계획을 내 걸었다. 이는 내각이 당의 정치 논리를 수용한 결과였다. 당 창건 70돌 및 7차 당대회를 계기로 빈번하게 속도전 운동을 전개하는 등 동원 체제를 강화하며 조급한 성장을 추구한 점도 마찬가지다. 김정은 집권 초기의 시장화·분권화 추세를 살려 사회주의 기업책임제가 '은(銀)이 나도록' 기다리고 정착시켰다면 큰 폭의 추락을 방지할 수 있었을 것이다. 북한이 2016년 이후 침체기에 접어들면서 신속하게 현실 적응 정책으로 전환하지 않고 '5개년 전략' 추진 등 과욕을 보인 점도 외생변수와 함께 경제 추락의 한 원인이 되었다.

초기의 경제개혁 기조에 계획 기재를 추가하고 동원 체제적 경제운용을 강화하는 등 보수적 기조가 혼합된 배경에는 지도자의 조급증과 당과 내각의 타협이 작용했다. 김정은은 2015년 들어 '내각의 민생 향상 중도반단'을 비판했다. 이듬해에는 '경제계획 수행에서 당의 전투력 발휘'를 주문했다. 내각 경제 간부들은 김정일 시기만큼 고지식하지 않았으며, 당도 주요 경제 간부들에 당직을 부여하는 직위 중복 방식으로 내각을 포섭해 경제정책의 절충은 쉽게 이루어졌다.

당의 보수지향 관료정치가 아닌 내각의 급진 개혁 추구 관료정치가 성공했다면 북한 상황은 크게 달라졌을 것이다. 김정일 집권 말기를 비추어 볼 때 북한에서 급진 개혁이 성공하기 위해서는 네 가지 조건이 충족되어야 한다. 우선 내각의 시장경제 지향성이 흔들림이 없어야 하고, 지도자의 개혁 의지가 확고하면서 실질적으로 개혁을 뒷받침해 주어야 한다. 그리고 당군 등 보수 세력은 지도자와 내각의 개혁 연합에 도전하지 못할 정도로 분열되어 있어야 한다. 물론 사회 저변으로부터 개혁·개방 열망이 분출하면 더욱 바람직할 것이다. 이런 상황은 북한이 더 큰 내부 위기에 직면했을 때만이 가능해 보인다.

셋째, 경제난 심화에 따른 국가 우선 자력갱생론이 경제정책의 급격한 보수회귀를 초래했다. 제재 등으로 경제가 급격히 위축되고 '국방력 강화 최우선'이 요구되는 상황에서 내각은 어찌해볼 도리가 없었고, 당 조직이 중심이 된 동원체제 방식이 아니면 경제관리는 불가능해 보였다. 생산물이 급격히 줄어들면서 경제주체 간에 이를 서로 차지하기 위한 각축전이 전개되었다. 김정은도 '국가의 장악력 강화'를 위한 경제질서 재편을 추진했으며, 핵미사일 고도화에 따른 '우리 국가제일주의' 선전은 경제 재 집권화를 통한 '국가이익 우선'의 명분이 되었다.

02 김정은 시기 경제개혁 추진과정

앞에서 김정은 집권 이후 북한의 경제 사정이 안정기(2012~2015), 침체기(2016~2019)를 거쳐 급격히 추락(2020~2023)한 데 상응하게 경제정책의 목표도 조정과정을 거쳤음을 살펴보았다. 현실경제, 경제정책 목표의 변화와 상응해서 경제관리방식도 개혁추진, 개혁 정체 혹은 조정, 개혁 후퇴 양상으로 변모했다.

이 단원에서는 결론 차원에서 김정은 시기 경제개혁 진퇴 과정을 요약·정리한다. 개혁추진·정체·후퇴 과정에서의 핵심적인 조치를 김정은의 관련된 담론과 연계해 종합하고, 주요 변화 배경을 평가해 김정은 시기 경제개혁 진퇴 과정에 대한 전반적인 이해를 도모한다.

가. 개혁 추진기(2012~2015)

먼저 개혁추진기(2012~2015)이다. 김정일은 말년에 '시장 = 자본주의 서식장' 혹은 '시장경제 요소 도입 = 사상의 빈곤 징표'라며 경제개혁의 후퇴를 선언했다. 그런데 김정은이 집권하자마자 이를 뒤집어 경제개혁 의제를 부활시킴에 따라 북한에서는 시장화·분권화가 다시 장려된다. 다만 김정은의 관심사가 이내 정치·군사 문제로 전환되어 경제개혁의 동력이 떨어지긴 했으나 기왕에 시작한 개혁연구는 계속되어 생산 현장에 경영권이 대폭 위임되고 공장·기업도 공식적으로 시장을 이용할 수 있게 제도화되었다. 개혁안은 농업·기업 등 분야별·단계별로 입안되다가 경제 3주체(국가, 생산 단위, 개인)의 조화로운 이익 추구를 도모하는 '사회주의기업책임관리제(2014.5)'로 종합되고, 이후 개혁 조치 법제화와 함께 생산 현장에 개혁 조치의 정착을 도모했다.

경제개혁 추진 시기에 주목되는 김정은의 경제개혁 담론은 경제개혁 의제를 부활시킨 2011년 '12.28 담화,' 김정은이 '우리식경제관리방법'과 '사회주의기업책임관리제'를 발표한 2014년 '5.30 담화,' 김정은이 경제관리의 내각책임제·중심제에서 노동당의 역할 강화를 시사한 2015년 2월 18일 당 정치국 회의 발언을 들 수 있다.

김정일 영결식을 끝낸 당일 2011년 12월 28일 김정은은 당 간부들과의 담화에서 민생 향상이 시급하다면서 이를 위해서는 "경제관리개선이 급선무"라면서 경제 간부가 "어떤 의견을 내든 색안경을 끼고 자본주의 방법이라고 시비 걸지 말라"고 했다. 김정은이 집권하자마자 경제개혁 문제를 최우선 정책과제로 상정함에 따라 내각에 부총리 겸 국가계획위원장 노두철을 책임자로 하는 '1228호 상무'가 구성되어 경제관리개선 방안에 관한 연구가 다시 시작되었다. 2012년 6월에는 경제개혁 연구를 지원하는 '당 16호실'이 구성되었다. 그해 9월에는 김정은이 경제개혁 문제의 정치적 성격을 간파해 과도한 개혁 논란 확산에 제동 거는 우여곡절도 있었으나(9.29 담화), 이듬해 4월에는 개혁파 박봉주를 총리에 재등용해 개혁 기조를 이어갔다.

김정은은 2014년 5월 30일 당·국가·경제기관 책임일꾼들과의 담화 형태로 "현실발전의 요구에 맞게 우리식경제관리방법을 확립할데 대하

표 5-20 2012~2016년 김정은의 경제개혁 담론

연도	계기	김정은 언급 요지
2011	12.28 담화	"민생향상을 위해서는 경제관리개선이 급선무, 어떤 의견이 나오든 자본주의 방법이라고 시비 마라"고 언급 → 내각 '1228호 상무'를 구성해 개혁연구 착수
2012	4.6 담화	"내각책임제, 중심제 강화" 강조 → 4월 국방위원회 제1위원장 명령 001호를 발령함
	9.29 담화	"경제정책을 시비 말라, 선대에 이미 다 세워주었다"며 개혁 논란 확산에 제동
2013	신년사	"우리식사회주의 고수 하 경제관리방법 개선" 거론
	3월 당 전원회의	"현실발전의 요구에 맞게 우리식 경제관리방법 연구" 및 "생산수단의 사회주의 소유 고수, 기업경영활동의 독자성·창발성 보장" 주문
2014	신년사	"경제사업 지도·관리 결정적 개선" 및 "당의 영도 밑에 국가의 통일적 지도를 강화하고 기업의 책임성과 창발성을 제고 주문
	5.30 담화	김정은 "우리식경제관리방법" 발표: 경제관리에서 "당의 영도, 국가 통일적 지도" 강조와 함께 '사회주의기업책임관리제' 실시 발표
2015	신년사	"현실적 요구에 맞는 우리식 경제관리방법 확립", "기업활동을 주동적, 창발적으로 전개", "당이 경제관리개선 적극 지원" 거론
	2월 당 정치국 회의	"내각이 민생 향상 노력을 중도반단(중간에 흐지부지) 한다"고 비판 * 이후 김정은, 경제 간부들의 '조건타발, 패배주의'를 빈번히 지적
2016	신년사	"주체사상을 구현한 우리 식 경제관리방법 전면적 확립" 촉구, "내각은 경제작전을 개선, 빠른 속도로 발전시키고, 중심고리에 집중"

여"를 발표했다. 김정은의 '5.30 담화'는 그간의 농업·기업 등 단편적 개선 조치를 종합해 개혁착수 2년 5개월 만에 나온 경제개혁 연구의 결론에 해당한다. '우리식경제관리방법'은 "우리식", "사회주의적 소유

고수", "주체사상 구현" 등의 조건과 "경제에 대한 국가의 통일적 지도"
와 "경제사업에 대한 당의 영도 보장"을 전제로 달고는 있으나, 개별
기업에 경영권을 전면적으로 확대해 주는 '사회주의기업책임관리제'를
실시하겠다는 것이 골자이다. 이 제도는 중앙의 계획지표를 축소하는
대신 기업이 자체로 생산관리하는 기업소 지표를 늘리고, 기업에 계획·
노력 조절·가격결정권 등을 부여해 경영의 자율성을 확대하면서 생산
물에 대한 시장 판매도 허용하는 등 최대한 실리를 확보하도록 했다.

집권 초기에 김정은은 '국방위원회 제1위원장 명령 001호'로 경제사
업에 대한 내각책임제가 이행되도록 각급기관이 협조할 것을 지시하는
등 내각이 주도적으로 경제관리를 할 수 있도록 지원했다. 2014년 '우
리식경제관리방법'을 발표하면서 '국가(내각)의 통일적 지도'와 '당의
영도'를 동시에 강조한 것은 개혁 조치의 실효성 확보 의도로 평가되
지만, 2015년 이후부터 김정은은 내각에 대한 부정적 인식을 드러내
기 시작했다. 그해 신년사에서 "당이 경제관리 개선을 지원하라"고 주
문했고, 2월 18일 당 정치국 회의에서는 "내각이 민생 향상 노력을 중
도반단한다(중도에서 멈춘다)"고 비판해 내각의 추진력에 회의감과 경
제 성과에 대한 조급증을 표출했다.

나. 개혁 조정기(2016~2019)

개혁 조정기(2016~19)에 김정은의 경제관리개선에 관한 언술은 혼
란스러웠다. '우리식경제관리방법 확립'(2016년)이나 '사회주의기업책
임관리제'(2016년, 2018년)에 대한 강조가 현저히 줄었다. 이따금 경
제관리방법 개선을 거론하면서도 개선 방향은 기업경영에 독자성을 부
여하라고 했다가는 내각에 성과를 내라고 독려했으며, 결국에는 중앙

의 계획화 사업을 강조하는 쪽으로 돌아섰다. [표 5-21]에서 보듯이
"기업활동에 대한 주동성·창발성 보장"(2016)을 주장하다가, "뚜렷한
목표", "경제발전", "현실성 있는 대책"등 성과 독려(2017, 2018)로
바뀌었으며, 최종적으로는 "계획화 사업 개선"(2019)을 강조했다.

2016년 7차 당대회에서는 20여 년 만에 중기 계획인 '5개년 전략'

표 5-21 2016~2019년 김정은의 경제개혁 담론

계기	김정은 언급 요지
2016년 5월 7차 당대회	o "국가 경제조직자기능 강화, 우리식사회주의경제관리방법 전면적 확립" – "경제에 대한 국가의 통일적 지도와 전략적 관리를 책임적으로 해야" – "경제사령부인 내각은 요령주의, 형식주의, 패배주의와 단호히 결별" – "내각책임, 중심제 요구대로 전반적 경제사업을 내각에 집중시키고 모든 부문이 내각의 통일적 지휘에 따라 움직이는 규율을 엄격히 확립" – "사회주의기업책임관리제를 올바로 실시: 기업활동을 주동적, 창발적으로 하여 생산을 정상화하고 국가는 기업 경영권을 충분히 보장"
2017년 신년사	o "경제지도와 기업관리를 뚜렷한 목표를 가지고… 경제를 발전시켜야"
2017년 10월 당 전원회의	o "제재에도 경제구조가 자립적으로 완비됨", "경제의 자립성·주체성 강화"
2018년 신년사	o "내각은 올해 인민경제계획 수행위한 작전 안을 현실성있게 세워야" o "사회주의기업책임관리제가 실지 은을 낼수 있도록 적극 대책을 세워야"
3월 중국 방문	o "(북한도) 등소평의 개혁·개방의 길을 빨리 따라 걸었어야 했는데…"
4월 당 전원회의	o "내각은 경제사업의 주인으로 경제발전 작전을 치밀하게 짜고 들어야" o "모든 부문, 단위들은 내각의 통일적 지휘에 무조건 복종해야"
2019년 신년사	o "국가의 통일적 지도", "사회주의경제법칙에 맞게 계획화, 가격사업, 재정금융 관리 개선", "경제효율화, 기업 원활화, 기구 사업체계 정비"
4월 당전원회의	o "국가의 통일적지도 강화, 실리보장, 효율 제고 방향에서 경제 조직"
2019년 4월 최고인민회의 시정연설	o "경제사업 관련 국가의 제도적, 법률적 조건과 환경 개선" o "기관·기업이 국가이익과 인민복리를 우선하도록 규율을 세워야" o "사회주의 경제의 본성적 요구에 맞게 계획화 사업을 개선하고 가격, 재정, 금융 문제를 현실적 의의가 있게 해결"

을 제시했다. 이로써 '사회주의기업책임관리제' 등 일련의 개혁 조치들은 '5개년 전략'을 추진하기 위한 사전 조치의 성격도 있음이 드러났다. 7차 당대회 이후의 경제관리 방향은 중앙 및 거시 관리는 통제 위주, 생산 현장 및 미시관리는 자율성 확대로 이원화되었다. 개혁 조치의 제도화와 제재로 경제 규모가 위축되고 경제 여건이 악화한 데 따른 복고적 조치가 혼재하는 양상도 보였다. 그러나 경제난이 가중될수록 "현실성 있는 경제계획을 수립"(2018)하라거나 "기관·기업소들이 국가이익을 우선하도록 계획규율을 확립할 것"(2019)을 강조하는 등 계획경제·통제경제 강화로 바뀌어 갔다.

'내각책임제, 중심제'의 강조점도 바뀌었다. 2015년처럼 내각의 전문성보다 '경제 정상화' 혹은 '증산책임'을 의미하는 개념으로 사용되기는 마찬가지였다. 달라진 점은 '경제사업 전반에 대한 내각의 통일적 지휘' 다시 말하자면 '내각 밖 경제단위의 복종의무'가 강조되었다. 7차 당대회에서 "전반적 경제사업을 내각에 집중시키고 모든 부문·단위가 내각의 통일적 지휘에 따라 움직이는 규율을 엄격히 확립할 것"을 강조했다. 2018년, 2019년 등 이후에도 "내각의 통일적 지휘에 대한 모든 부문, 단위들의 무조건 복종"을 강조했다. 북한경제의 일원적 관리 필요성 대두, 분절 경제의 특성 완화 필요성은 북한이 생산한 전체적인 파이가 줄어들자 특권경제마저 타파해야 하는 절실함을 시사했다. 그러나 오랜 특권경제의 관행은 쉽게 허물어지지 않았다.

2016~2019년은 '5개년 전략' 추진으로 경제정책 목표를 상향 조정하였으나 고강도 제재로 현실경제의 침체가 시작되어, 경제관리 면에서는 모순과 혼란에 직면하면서 개혁이 정체되고 속도 조절이 불가피한 시기였다. 북한은 2016년 7차 당대회에서 '5개년 전략'으로 높은 성장 목표를 제시하여 '거시 계획, 미시 자율'이라는 이원적 경제관리 의도를 드러내면서 내각과 생산 현장에 '빠른 실적'을 재촉했다. 개혁 조치의

정착을 어렵게 하는 더 큰 요인은 제재로 인한 전반적인 생산 활동의 침체에서 있었다. 당국은 체제 전반에 물적 토대가 취약해지자 경제주체별 자율성보다 중앙통제를 강화하기 시작했다. 그 결과 개혁 조치의 법제화와 현실 경제관리의 보수화 현상이 혼재하는 현상이 나타났다. 예컨대, 2019년 4월 헌법을 개정하면서 '사회주의기업책임관리제'를 명문화했으나 이미 현실 경제관리는 규제로 돌아서 개별 기업에 경영권 보장은 말뿐이었다. 개혁 조치 제도화와 현실 간에는 괴리가 있었으며, 좋은 기계를 만들었으나 기름이 없어 써먹지 못하는 현상이 나타났다.

이 시기에 김정은은 '내각책임제·중심제'를 여전히 강조했으나 방점은 '전문성 존중'에서 '증산책임 독려'로 옮겨갔으며, '내각의 역할 독려를 위한 당의 영도'를 수시로 강조했다. 앞에서도 언급했지만, 당 창건 70돌 행사와 핵 개발 질주를 앞둔 2015년부터 김정은의 경제정책 성과 부진에 대한 내각 비판이 부쩍 늘었고 생산 현장 지도에도 내각이 아닌 당 간부들을 대동했다.

김정은의 내각책임제에 대한 인식변화와 그 배경을 살펴보면 다음과 같다. 젊은 지도자 김정은은 집권하면서 '민생 향상'이 절실했고, 자본주의 생활 경험으로 사회주의 경제는 구태의연해 보여 경제개혁을 주문했다. 김정은 집권 초에 다시 내각 총리로 등용된 박봉주는, 김정일 때와 같은 당의 공격을 반복하지 않기 위해, 처음부터 김정은식 경제개혁 방향을 '우리식 경제관리방법'에 두어 국가소유제를 전제로 한 시장경제 요소 도입과 '당의 영도'를 전제한 '국가(내각)의 통일적 지휘'를 표방해 '사회주의제도와 노동당의 모자'를 쓰고 개혁을 도모했다.

그러나 김정일 때와는 달리 김정은은 내각 총리에게 경제관리의 전권을 부여하지 않으면서 당과 내각에 공동책임을 부여하는 방식을 취했다. 그 결과 경제개혁은 철저하지 못했고, 그나마 창출된 경제잉여는 핵 개발에 돌려져 부족의 경제가 반복되는 악순환으로 이어졌다. 김정은은 내각에 경제 부진 책임을 전가했다. 사회주의 경제체제의 한계에 대한 인식 부족, 경제보다 정치·군사 문제에 집중하는 편향성 등 지도자의 경제 리더십에 한계가 있는 조건에서 내각은 철저한 개혁보다 절충으로 조직생존을 추구했고, 경제 사정의 악화는 개혁 후퇴를 재촉했다.

다. 개혁 후퇴기(2020~2023)

개혁 후퇴기(2020~23)에 김정은의 '경제관리개선' 담론은 다시 증가해, 집권 초기보다 늘었다([표 5-22] 참고). 정책 전환점에 이르면 '말씀'이 많아지기 마련이다. 그러나 '개선'의 의미와 방향은 과거와 명확히 달라져 역(逆) 분권화·시장화를 지향했다. "경제에 대한 국가의 장악력 강화"와 "계획규율 강화"를 촉구했고, "국가 상업체계·사회주의 상업 복원"을 주장했는데 이는 장마당 통제의 다른 표현이었다.

김정은은 2019년 12월 당 전원회의에서 당이 "선차적으로 해결해야 할 과제는 경제사업 체계와 질서의 합리적 정돈"이라면서 "지난 시기의 과도적, 임시적인 사업방식을 답습할 필요는 없다"며 매우 의미 있는 주장을 했다. '사회주의 경제관리의 과도적, 임시적 사업방식'이란 인센티브제 도입 확대, 시장화·분권화를 의미한다. 이는 '개혁 후퇴'의 공식 선언이나 다름이 없다.

이 시기 김정은의 담론은 북한경제가 '계획경제'임을 분명히 하면서 "국가 경제의 명맥을 추켜세우는 사업을 강화하라"는 등 계획규율 확립에 대한 주문이 부쩍 늘었다. 김정은은 "현실적 요구에 맞게 계획사업을 개선해 인민경제계획의 신뢰도를 높일 것"(2019.12), "지난 시기처럼 뜬 소리, 빈말 공부나 하는, 지지 부레 한 계획을 세우지 말 것"(2020.8)을 주문했다. 8차 당대회에서 '5개년 계획'을 제시하면서

"계획화 사업 개선"과 "일원적 국가통계체계 강화"(2021.1)를 강조했으며, "계획규율 확립"을 촉구(2021.12)하고 "인민경제계획은 누구도 흥정할 권한이 없다"(2023.2)고 했다.

김정은은 사(私)경제 통제도 주문했다. 북한은 2019년 12월 당 전원회의에서 '비사회주의, 반사회주의와의 투쟁'을 별도의 단일의제로 정해 토론하면서 김정일 말기 때처럼 '개인 장사 = 비사회주의 행위'로 다시 규정해 사경제에 대한 공격을 예고했다. 그 대신 '국가 상업체계와 사회주의 상업 복원'을 시급한 과제로 제시했고, 곡물 거래도 시장 거래를 금지하는 대신 양곡거래소를 통한 거래로 단일화했다.

표 5-22 2019.12 이후 김정은의 경제개혁 담론

계기	김정은 언급 요지
2019.12 당 전원회의	o "선차적 해결과제는 경제사업체계 · 질서의 합리적 정돈"이라며 – "지난 시기의 과도적, 임시적 사업방식을 답습할 필요는 없다"고 언급 o 그 해결 방도로, '내각책임제 · 중심제' 강화로 내각의 통일적지휘 보장과 현실적 요구에 맞게 계획사업을 개선해 인민경제계획의 신뢰도 제고' – 경제기구체계 전반 정비, 경제관리개선사업 강화, 규제 · 비효율 개선 – 국가상업체계 · 사회주의상업 복원, 전문건설역량 확대, 건설장비 현대화 – 현실성 있게 사회주의기업책임관리제 실시 등 제시
2020.8 당 전원회의	o "5개년 계획은 아주 높은 목표를 세우되 실현가능한 계획을 세울것" – "지난 시기처럼 뜬소리, 빈말공부하거나 … 생색이나 내려고 지지부레한 것이나 반영하지 말고… 땅 짚고 헤엄차는 식으로 낮게 세우지 말고"
2020.11 당 정치국 회의	o 8월 당전원회의 때처럼 경제간부들의 주관주의, 형식주의 비판
(2021.3.10 비상설 경제발전위원회 제1차 회의)	o "경제사업에 대한 통일적 지도를 실현하기 위한 사업체계와 질서를 세울데 대하여" 토의 : ①모든 생산 · 봉사단위들 국가예산납부 의무화 ②국가 통계체계 확립 ③노동행정사업체계와 질서 정비 ④국가적 품질 관리 강화 ⑤국가상업체계 복원 ⑥사회주의물자교류시장 운영방법 개선

계기	김정은 언급 요지
2021.6 당 전원회의	○ "지난해 태풍피해로 알곡생산계획 미달해 식량형편이 긴장", "인민생활 보장과 애로 해결이 당과 국가가 최고 중대사"라며 군량미 방출 지시
2021.12 당 전원회의	○ 경제관리개선의 성과 거론 : "계획규율이 확립되고, 경제지도 일꾼들의 사업 기풍이 현저히 개선됨", "사회주의를 지향하는 인민의 사상의식이 강렬해져 집단주의 위력이 발휘됨", "내각의 통일적 경제지도가 강화되 고 경제관리방법 개선 시도들이 적극화됨" ○ 과제로 "내각의 역할강화, 계획화 방법 개선사업 심화" "개별농의 이익 우선하는 낡은사상 극복, 집단주의 의식을 고취 시키는 사상개조 우선"
(2022.2 최고인민회의 내각 총리보고)	○ 경제사업에 대한 국가의 통일적 지도와 통제를 강화, 내각책임제 강화 ○ 내각사업이자 당중앙위 사업이라는 믿음으로 내각이 경제사령부 역할을 해 나가겠음. 경제지도일꾼이 책임을 다하지 못한 부분도 있음 ○ 모든 단위 인민경제계획 무조건 수행 규율 확립 ○ 허풍을 뿌리뽑고 수속 절차와 승인제도를 합리적으로 바로 잡겠음
2022.6 당 전원회의	○ "경제지도관리에서 새로운 변침점을 마련하여야 할 긴요성을 밝힘 "
2022.9 최고인민회의 김정은 시정연설	○ "경제를 비롯 국가사업 전반에 대한 통일적 지휘가 심화되고 사회주의적 성격이 복원됨" "지난 1년 8개월 정비보강 전략에 따라 경제 전일성이 강화되고, 경제관리에서 불합리한 문제들이 적지 않게 바로 잡힘" ○ "경제사업을 내각에 집중시키는 체계와 질서가 점점 강하게 세워지는 데 맞게 경제 부문들 사이의 유기적 련계와 협동을 잘 지어줄 것"
2022.12 당 전원회의	○ "그동안 자립 사상을 구현하며 패배주의와 기술 신비주의를 청산하기 위 해 투쟁해왔음에도 불구하고 이러한 낡은 사상 경향이 아직도 교묘한 외 피를 쓰고 일부 경제 일군들 속에 고질병, 토착병처럼 잠복해 있음"
(2023.1 최고인민회의 내각총리 보고)	○ 지난해 비상설경제발전위원회를 정상 운영해 경제전반에 대한 내각의 통일적관리 사업체계를 세우고 경제사업과 관련 각종 절차를 간소화함 ○ "당에서 하라는 대로만 하면 반드시 이긴다는 철리를 확신함" ○ "올해는 국가경제의 통일적 관리 실현, 현실적 요구와 과학적 이치에 맞 는 최량화, 최적화된 경제관리방법들을 도출 · 완성하겠음"
2023.2 당 전원회의	○ "세워진 인민경제계획에 대해서는 그 누구도 흥정할 권리가 없음" ○ "당조직들이 경제사령부인 내각의 조직력과 집행력을 약화시키는 행위 들과의 투쟁을 벌리며 당사업을 당정책집행에로 철저히 지향시켜야 함"

계기	김정은 언급 요지
2023.6 당 전원회의	o '연초 경제 여러 부문에서 나타난 불안정한 파동성' 거론 o 인민경제계획 수행 규율 강조, 경제 자립적 토대 구축 미흡
2923.9 최고인민회의 김정은 연설	o 헌법에 '핵무기 발전 고도화' 규정 정당성 강변 o 5개년 계획 완수 투쟁, 인민경제발전 12개 고지 점령 강조 o 내각 행정일꾼들의 무책임성·무관심성 지적

2019년 12월 이후 북한 당국이 가장 강조한 것은 '국가(내각)의 통일적인 경제 장악'이었다. 종래 내각의 통일적 경제 '지휘'에서 통일적 경제 '장악'으로 표현이 바뀐 것은 '내각의 통일적 지휘'에 대해 특수 경제 단위들이 제대로 순응하지 않은 측면도 있지만 근본적으로는 원료·자재가 급격히 줄어들어 통합 관리 필요성이 더욱 증대되었기 때문이었다. 김정은은 "내각책임제·중심제 강화로 내각의 통일적 지휘 보장"(2019.12), "국가의 경제조직자적 기능과 생산물에 대한 통일적 관리", "경제에 대한 국가의 통일적 지도 실현을 위한 기강 확립"(2021.1, 2022, 2023) 등 기회가 있을 때마다 '국가의 통일적 경제 장악'을 강조했다.

김정은의 '내각책임제·중심제' 거론은 여전했으나 그 의미는 '개혁정체기' 때와 마찬가지로 내각의 증산책임을 강조하는 데 방점을 찍으면서, 내각의 "무능·무책임", "보신·패배주의", "낡은 사상" 등으로 내각 간부들에 대한 비판 강도를 높였다. 김정은은 내각의 능력에 대한 한계 인식으로 '내각의 통일적 지휘'가 가능하도록 당과 법 기관을 동원해 경제정책 집행 관리를 지원토록 했다. 그 결과 경제정책 집행 관리도 사실상 당이 총괄하게 되었으며, 급기야 내각 총리가 '당이 하라는 대로 하면 반드시 이긴다는 철리를 확신했다'(2023.1)라고 공개적으로 발언할 지경에 이르렀다.

경제개혁의 후퇴란 경제관리의 분권화·시장화에서 계획강화와 사경제 통제로의 전환을 의미한다. 경제 3주체(국가·생산 단위·시장) 조화로운 경제활동과 이익 추구에서 국가의 장악력 강화와 국가이익 우선 추구로의 역(逆) 개혁 조치를 의미하기도 한다. 김정은 시기 경제개혁 후퇴는 2019년 12월 당 전원회의에서 김정은이 "지난 시기의 과도적, 임시적 사업방식을 답습할 필요 없다"라고 선언하면서 경제 질서 재편을 추진함에 따라 역 개혁 국면으로 전환되었다. 이후 분권화 회수, 장마당 통제와 중앙 계획·통제 강화 등 김정일 시대 말기와 유사한 역 개혁 조치들이 재연되었다.

개혁 후퇴의 명분은 김정일 시기와 마찬가지로 사경제 범람에 따른 비사회주의 현상과 '국가는 안중에 없이 개인 돈주머니만 채우는 폐해' 확산에 있었다. 김정일 시기와 마찬가지로 자본주의 사조 확산 차단, 수령제와 권력층의 기득권 유지, 개혁 조치 자체에 내재한 한계 등이 개혁 후퇴의 배경 요인으로 작용했다. 김정일 때는 정치 논리가 크게 작용했으나 김정은 때의 개혁 후퇴에는 경제난 심화 상황이 크게 작용했다. 김정은의 개혁 후퇴를 선언한 시기는 자력갱생과 경제 질서 재편을 양 수단으로 '경제정면돌파전'을 주장한 시기이다. 또 실제로 개혁 후퇴 조치를 추진한 시기는 코로나 팬데믹으로 국경봉쇄를 단행해 북한경제가 또다시 한 단계 추락한 직후였다.

북한 지도부가 복고적 경제관리가 불가피하다고 판단한 논리적 배경은 다음과 같이 정리할 수 있다. 제재와 코로나 사태 등 외부적 조건이 악화되어 경제가 급격히 위축되었고 앞으로 짧은 기간 안에 회복될 가능성은 요원했다. 경제가 그런대로 돌아갈 때를 상정한 경제관리 방식을 유지하다가는 경제주체들마다 치열한 생존 투쟁으로 무너진 토대 복구가 어려울 뿐만 아니라 혼란이 가중되고 국가재정은 더욱 취약해질 것이다. 가뜩이나 핵미사일 고도화를 위해 더 많은 투자가 요구되는 상황이라 생산력과 생산물에 대한 국가의 장악력 강화가 불가피하다. 어차피 증산에는 한계가 있으니 생산보다는 분배관리에 신경을 써 국가 우선 자력갱생을 추구할 수밖에 없다. 따라서 시장과의 반사·비사회주의, 공장·기업소의 본위주의, 단위 특수화 현상과의 투쟁으로 국가의 장악력 강화를 위한 전방위적 투쟁을 전개해 나간다. 북한 지도부는 경제문제를 경제관리의 문제가 아니라 정치투쟁의 문제로 간주하고 있는 셈이다.

03 정책 결정 모델의 적용

가. 김정은과 김정일의 정책 결정 과정 비교

경제개혁 정책 결정 양상에서 김정은과 김정일을 비교하면, 경제개혁 의제의 설정과 최종적인 개혁 방향 선택, 경제개혁 철회 선언, 그리고 개혁 선택과 후퇴의 중간과정에서의 중요 조치들은 최고지도자에 의해 결정된다는 점에서 같다. 경제개혁 의제의 정치적 민감성 때문이었다. 구체적인 개혁정책 입안은 내각이 과거 경험과 조직 이익에 기초하여 마련되고(조직행태), 개혁 심화 혹은 조정과정에는 관련 집단의 이해관계에 따라 갈등이 표출되거나 흥정과 타협에 의한 절충이 이루어진다는 점(관료정치)도 같다.

그러나 구체적으로 김정은과 김정일 시기의 개혁 조치 결정 과정을 살펴보면 다른 점이 많았다. 우선 개혁 의제 개방의 배경부터가 달랐다. 김정일은 '고난의 행군' 직후 사회주의 경제체제의 한계를 절감하고 경제재건 방법 강구 차원에서 경제개혁 연구를 지시했다. 반면에 김정은은 권력세습 직후 정당성 확보 차원에서 '민생 향상'과 '경제개혁'을 주문했다. 김정일은 사회주의 경제체제에 대한 한계 인식에서 개혁을 모색했다고도 해석할 수 있으나, 김정은으로부터는 철저한 문제 의식 여부를 확인하기 어려웠다. 문제 인식의 내면화 수준의 차이는 개혁 집중도에서도 차이를 나타냈다. 김정일은 몇 년 후 당의 사주로 개혁에서 후퇴하면서도 경제개혁에 대해 도박사와 같은 미련을 두었으나, 김정은은 집권하자마자 경제개혁 의제를 꺼내 들면서 개혁·개방을 할듯하다 이내 시들은 모습을 보였다 ([표 5-23] 참조).

표 5-23 김정일과 김정은의 경제개혁 결정 양상 비교

구분	김정일	김정은
개혁추진 배경	o 사회주의 경제체제의 한계 인식 – 개혁착수 및 후퇴에도 신중	o 민생 향상 : 권력세습의 정당화 – 개혁 필요성 절감 부족
경제정책 주도 여부	o 은둔 정치: 측근 활용, 간접 지시 o 그러나 간접적으로 정책 주도	o 외형상 정책 주도, 담론 과잉 o 내각 혹은 당의 논리에 끌려다님
개혁 조치 입안	o 내각 주도(6.3 그루빠 → 박봉주) o 내각책임제 강조 : 전문성 존중	o 내각 주도(1228호상무), 당 지원 o 내각책임제 강조 : 전문성→책임성
개혁성과 부진 대책	o 박봉주 총리 등용, 전권 위임 – '과감한 개혁' 주문	o '내각 무능' 비판, 전권 미 부여 – 당의 개입, 역할 강화 독려
개혁 속도 조절 배경	o 급진 개혁에 대한 당의 반발 – '시장범람, 비사회주의 만연' 논리	o 경제난 심화 : 개혁 적용여지 상실 – '국가장악력 강화, 자력갱생' 논리
개혁 후퇴 논리	o "경제사업 사회주의 원칙 고수" – "시장요소 도입=사상의 빈곤" 비판	o "과도기적 사업방식 불필요" – 국가장악력 강화 : 역 개혁 조치
逆개혁 조치 및 부작용	o 분권화 회수, 시장통제, 화폐개혁 o 물가급등, 공권력 도전→再시장화	o 사경제 통제, 계획경제 복원 o 노선 갈등, 사회적 불만 점증

경제관리개선 방안은 내각이 주도해서 마련했다는 점에서는 같으나 김정일 때와는 달리 김정은 때는 입안 과정에 당(16호실)의 참여가 있

었다는 점에서 차이가 있다. 개혁 조치 시행 1~2년 지난 시점에 북한의 지도자들 모두 '성과 부진'을 지적한 점은 같으나, 해결책으로 김정일은 박봉주를 내각 총리로 등용해 추가로 '과감한 개혁'을 주문하면서 총리에 힘을 실어 준 반면에 김정은은 내각의 생산 부진을 비판하면서 당의 개입을 독려한 점이 달랐다. 김정은 시기에는 또 개혁(사회주의기업책임관리제)이 뿌리 내리기도 전에 중기 계획(2016.5, 5개년 전략)을 추진하는 조급성을 보였다.

경제개혁의 속도 조절 현상은 3년간의 개혁 추진(7.1 조치, 우리식 경제관리방법) 이후 수년간 정체된 점도 유사했다. 김정일 집권 때는 2005~2007년에, 김정은 때는 2017~2019년 무렵에 개혁 정체가 있었다. 그러나 그 배경 요인은 달랐다. 김정일 때는 내각의 급진 개혁에 대해 당이 '비사회주의 현상의 서식지인 시장의 범람'을 이유로 개혁 확대에 제동을 걸면서 시장에 대한 통제를 강화했고, 김정은 때는 경제난이 심해지면서 개혁 조치의 적용 여지가 줄어든 대신 위축된 국가재정 확충이 급선무로 대두되어 개혁이 정체되었다. 김정일 시기의 개혁 속도 조절은 정치 논리에 따랐으나, 김정은 시기의 속도 조절엔 정치 논리뿐만 아니라 경제 논리가 크게 작용한 점이 달랐다.

김정일의 개혁 후퇴 공식 선언은 2008년 '6.18 담화'에 의해, 김정은은 2019년 12월 당 전원회의 보고를 통해 개혁 후퇴를 결정했다. 김정일은 "경제사업에서 사회주의 원칙 고수"를 선언했고, 김정은도 '사회주의 원칙 고수'를 의미하는 "과도기적 사업방식 불필요" 발언을 했다는 점에서 같다. 그러나 '사회주의 원칙'을 고수해야 하는 배경으로 김정일은 "시장 요소 도입은 사상의 빈곤"을 의미한다며 정치 논리를 전개했으나 김정은은 "국가장악력 강화"라는 경제 논리를 거론한 점도 달랐다.

개혁 후퇴에 따른 역 개혁 조치의 내용은 분권화 철회, 계획경제 복원, 장마당 및 외화 사용 통제 등에서 같았다. 그러나 김정일 때는 화폐개혁으로까지 통제가 진행되었으나, 김정은 때는 단위 특수화 현상 통제로 나간 점이 달랐다. 국가재정 확충을 위해 김정일 때는 시장의 돈주머니를 털려고 했으나, 김정은 때는 특권경제를 공략한 점에서 차이가 있다. 역 개혁의 후유증으로 김정일 때는 주민들의 반발을 초래해 통제 완화가 불가피했다. 김정은 때는 아직 재집권화가 진행 중이나 마찬가지로 시대조류는 거스를 수 없어 주민들의 반발을 유발하고 있으며, 언젠가는 다시 개혁이 재개될 수밖에 없을 것으로 전망된다.

한편 개혁 조치 결정 모습과는 다른 차원의 일반적인 정책 추진 양상을 비교하면, 정책의 공개성 면에서 '은둔의 지도자' 김정일과는 달리 김정은은 대중 친화적 이미지를 과시하면서 공개연설로 정책 방향을 밝히는 경우가 잦았다. 정책을 주도하는 형태와 관련하여 김정일은 대체로 측근들을 움직여 간접적으로 정책을 관리하는 데 비해, 김정은은 외관상 직접 주도한다는 모습을 보였지만 경제정책에서 실질적인 주도성은 김정은보다 김정일이 크다고 본다.

그러나 정치·군사 문제에 비해 경제문제에 대해서는 김정일이나 김정은 모두 소극적·회피적 태도를 보이는 가운데 부하들의 의견을 자신의 '말씀'으로 포장하는 경우가 대부분이었으며, 중요 정책 사안에 대해서는 이도 저도 아닌 절충주의적 언술로 결론을 유보하며 관망 혹은 책임 회피적 태도를 보였다.

나. 앨리슨 모델을 통해 본 김정은 시기 개혁 진퇴 과정

다음으로 김정은 시기 경제개혁 진퇴 과정을 수령제 모델, 조직행태 모델, 관료정치 모델에 비추어 살펴본다. 서론에서 밝혔듯이 앨리슨의 합리적 결정 모델을 여기서는 수령제 모델로 대체했으며, 이 분석과정의 중요성은 앨리슨이 밝혔듯이 세 가지 각기 다른 프리즘으로 관찰할 때 정책 결정 과정의 본질을 좀 더 정확히 파악할 수 있다는 데 있다. 개혁 진퇴 과정을 개혁 입안 단계, 경제난 등에 따른 개혁 정체 단계, 개혁 후퇴 단계로 나누어 3개의 프리즘으로 살펴본 결과는 다음과 같다.

경제개혁 입안 과정에서 가장 주목되는 점은 무엇보다도 요원해 보였던 경제개혁 의제가 부활했다는 점이며, 이는 지도자의 교체가 없었다면 불가능한 전형적인 수령 결정 사례이다. 국방위원회 제1위원장 명령 001호로 내각책임제 이행을 지시한 점도 경제개혁을 추진하고자 한 김정은의 비교적 강한 의지가 확인된다. 적어도 최고지도자로 등극하는 순간에는 민생 향상에 대한 강한 부담감을 느꼈음을 의미한다. 다만 그 부담감이 지도자의 깊은 문제의식과 개인적인 선호 또는 관심사와 결합하지 못해 적극적인 변화 동력으로 작동하는 데는 실패했다.

통상 지도자가 정책 의제를 상정하면 정책 입안 단계에는 조직행태가 나타나고, 정책 심화 단계에는 갈등과 타협의 관료정치가 발현된다. 김정은 집권 초 내각의 경제 간부들이 과거 김정일 때 개혁을 추진했던 인물들로 채워져 과거 경험을 기초로 개혁을 추진한 점은 전형적인 조직행태의 모습이었다. 이권 조정과정에서 군부와의 대립으로 군 총참모장 리영호를 숙청(2012.7)한 사건, 당의 사주로 추정되는 김정은의 과도한 사회적 개혁 욕구 분출 통제(2012.9) 조치도 당·정·군이 각자 자기조직의 이익을 지키기 위한 치열한 조직행태의 발현이었다.

그러나 개혁 입안 과정에서 내각 '1228호 상무'와 '당 16호실'의 협력 방식으로 개혁안이 마련된 점은 관료정치의 산물이었다. 확정된 개혁 조치의 성격과 관련하여, 개혁 방향이 '우리식경제관리방법'으로 확정된 데에도 관료정치가 발현되었다. 내각은 확정된 개혁안에서 '우리

표 5-24 김정은 시기 경제개혁과정과 앨리슨 모델의 관계

단계	모델별	구체적 양상
개혁 입안 과정	수령제	o 김정은의 경제개혁 의제 개방(2011.12.28 담화) o 김정은 집권 초기 내각책임제의 실질적 구현 추구
	조직행태	o 내각: 개혁 상무 구성의 동질성, 개혁안 강구의 과거 경로 의존성 o 내각책임제 강화를 위한 이권 조정과정에서 숙청 사건(2012.7)
	관료정치	o 개혁안 입안 과정에서 당정 절충·협력으로 충돌 예방 o 사회적 개혁 욕구 분출에 따른 개혁 논란 통제(2012.9)
개혁 조치 성격	수령제	o '우리식경제관리방법' : 김정은의 결론(2014.5.30 담화)으로 포장
	조직행태	o 개혁 조치의 성격: 과거(2004.6) 내각개혁안 선별 + 현실변화 추인
	관료정치	o 개혁 조치에 정치적 외피(우리식, 당의 지도)로 당의 공격 배제
개혁 정체	수령제	o 경제난 관망 : 생산 현장 不 방문, 증산 독려 담론만 증가 o 민생부진에 '늘 마음뿐, 능력이 따라주지 않는다' 변명(2017)
	조직행태	o 경제난 심화로 생산 현장의 본위주의, 단위 특수화 현상도 심화 o 농업개혁 과정에서 당국과 농민들 간의 갈등 고조 o 2015년 이후 '생산 부진 책임'을 둘러싼 당·정간 공방 빈번
	관료정치	o 개혁조치의 시행(경제논리)과 속도전 운동(정치논리)이 혼재 o 개혁조치를 중기 경제계획(5개년 전략) 시행과 연계 * '5년 전략'의 성격을 둘러싼 당정 공방 → '5년 계획'으로 발표
개혁 후퇴	수령제	o "과도기적 사업방식 불필요"라며 개혁 후퇴 선언(2019.12) o "본위주의 및 단위특수화 현상과의 전쟁" 선포(2021,2022) o "경제간부들의 자립 사상 빈약, 기술 신비주의" 비판(2022.12)
	조직행태	o 물자난으로 김정은 지시 불이행(태공죄) 사례 발생 o 특권경제 단위 "유훈 수행을 빌미로 기득권 방어행태" 시현 o '농촌발전전략' 성격 : 과거 개선안의 종합선물 세트 격, 혁신 부재
	관료정치	o 경제정책이 "사회주의적 성격 심화, 국가의 장악력 강화"로 진전 o 내각 총리 "당이 시키는 대로 하면 반드시 이긴다는 게 철리" 언급 o 본위주의·단위 특수화 현상 부분적 통제, 그러나 노선 갈등 조짐

식' 또는 '주체사상에 입각한' 개혁이라는 점을 부각하고 경제관리에서 '내각의 통일적 지휘'와 '당의 지도'를 동시에 강조하는 모양새를 취했다. 개혁 입안·완성 과정에서 내각이 당과 협조하고 정치 논리의 절충을 도모한 것은 김정일 시기 개혁추진 과정에서 당으로부터 공격받은 경험에 따른 반작용이었다.

경제난 심화 상황, 개혁 정체 단계에서는 조직행태가 현저해졌다. 우선 지도자 김정은은 경제정책에 대한 책임 회피적 행태를 보였다. 경제 현장 지도 활동을 거의 중단하고 부하들에게 생산 부진 책임을 전가하면서 인민들에게는 '허리띠를 계속 조이게 만들어 미안하다'는 취지로 발언했다. 경제난 심화에 따라 각자의 이익 수호를 위한 본위주의, 특수단위들의 기득권 보호 행태도 증가했다. 식량 사정이 악화되자 조직행태가 현저하게 드러나 곡물 수매를 둘러싸고 분배 몫을 지키려는 농민과 약속을 어기고 더 많은 곡물을 확보하려는 당국 간의 충돌이 빈발했다.

개혁 정체 단계에는 생산 부진에 따른 책임 공방이 가열되면서 경제 논리에 정치 논리를 가미하는 타협의 정치, 관료정치 현상이 현저해졌다. 대체로 타협은 내각이 당의 방침을 따르는 형태로 이루어졌다. 2015년 2월 "내각이 민생 향상 노력을 중도에 반단한다"는 김정은의 비판이 있고 나서 경제정책에 대한 당의 간섭이 늘어 속도전 운동이 빈번히 전개되었고, 분권화 지향의 개혁 조치에서 집권화 지향의 '5개년 전략'을 추진함으로써 '미시 자율, 거시 통제'의 절충적 경제관리 행태를 보였다. 내각과 당 간에 '5개년 전략'의 성격을 둘러싼 공방(유도 계획 : 의무계획)을 거쳐 8차 당대회에서 '전략'이 아닌 '5개년 계획'으로 내세운 것도 당의 의지를 반영한 타협의 산물로 평가되었다.

2020년 들어 북한경제가 추락하자 정책 결정의 무대도 수령제, 조직행태, 관료정치가 난무하며 크게 요동치기 시작했다. 우선 경제가 수

렁으로 빠지면서 최고지도자의 결단이 불가피해 수령제의 작동이 빈번해졌다. 김정은이 "임시적, 과도기적 사업방식은 필요 없다"라며 개혁 후퇴를 선언했고(2019.12), 김정은이 직접 "본위주의 및 단위 특수화 현상과의 전쟁"을 여러 차례 선포했으며, 급기야 "경제 간부들의 자립사상에 대한 패배주의와 기술 신비주의가 고질병처럼 잠복해 있다"고 비판하기에 이르렀다(2022.12). 통상적인 지도자의 정책 결정 행태가 그러하듯이 사태의 추이를 관망하다가 봉합할 수 없는 상황에 이르자 막판에 결정을 내린 것이다.

물자 부족 사태가 심각해지자 조직행태도 현저해져 각급기관은 생존을 위한 이익 수호 활동에 필사적이었다. 군부 2인자(당 중앙군사위 부위원장 이병철)조차 군량미 확보 정도를 점검하면서 "주민들에 군 비축미를 풀라"는 김정은 지시를 냉큼 이행하지 않아 '당의 중대 정책 결정 태공죄(태만죄)'로 처벌받는 사태(2021.6)마저 발생했다.

위기 상황이 도래하자 극적인 타협이 이루어졌다. 한번은 경제관리 권한을 보유한 내각이 자기의 권한을 방기(放棄)하는 형태로, 다른 한 번은 특권을 보유한 당과 군이 양보하는 형태로 타협했다. 경제난이 극심해지자 경제정책은 복고적 방향으로 유턴했고, 난공불락처럼 보였던 단위 특수화 현상도 점차 통제되는 모습을 보였다.

그러나 문제는 경제정책의 난맥상에 따른 사회적 불만과 권력층 내 정책 이견 조짐이 현저해진 데 있다. 관료정치 무대에서 발언권을 행사하지 않고 자제하던 권력 엘리트들이 목소리를 내거나, 정치무대에 오를 수 없는 제3의 시장 세력들이 반발하기 시작했다. 북한의 경제개혁은 여전히 현재 진행형이다.

다. 전망 및 정책 시사점

● 북한 경제정책 추진의 난맥상

북한은 2021년 1월 8차 당대회에서 '국가 경제발전 5개년 계획 (2021~2025)'을 제시했다. '5개년 계획'의 목표는 '정비·보강 전략'으로 경제 부문들 사이의 유기적 연계를 강화해 자립적 토대를 강화하자는 것이었다. 김정은이 당대회에서 "5년 계획기간에 인민들의 식의주 문제 해결에 돌파구를 열어 인민들이 폐부로 느끼는 실제적인 변화를 이룩하겠다"라고 했으나 5개년 계획 중간 시점에서 보면 김정은은 북한 주민들이 폐부로 느끼는 변화를 거꾸로 보여주었다. 평양사람들의 주거 문제는 개선되었는지 모르겠으나 가장 중요한 과제인 전체 북한 주민들의 먹는 문제는 더욱 심각해졌다.

식량·물자·외화난이 심각해지고 경제 활성화는 요원해 보이자 북한은 2021년 이후 당국의 장악력을 강화하는 방향으로 경제질서를 재편했다. 장마당 거래, 개인의 뙈기밭 경작 등 사경제 활동을 통제하면서 곡물 유통을 당국이 독점하는 등 경제관리의 재 집권화를 통해 '국가부터 살겠다'는 자력갱생 정책을 구사했다. 경제정책 기조가 종래의 시장에 대한 관용적 태도, 개별 기업에 대한 경영권 보장 추진, 경제 3주체(당국·기업·시장)의 조화로운 이익 추구에서 시장통제, 재 집권화, '국가'이익 우선 등 판이해졌다.

이에 따라 경제정책의 여러 난맥상이 드러났다. 우선 경제난이 극심해지면서 북한 경제주체들 사이에 급격히 줄어든 파이를 서로 차지하려는 생존 투쟁이 노골화되어 사실상 만인에 대한 만인의 투쟁 양상을 보였다. 당국이 '국가양곡판매소'를 통한 거래로 곡물 유통을 독점하고 시장 거래를 규제하자 국가 유통체계의 부정부패 공간이 확장되었고,

시장에서는 돈이 있어도 식량을 구할 수 없게 되었으며, 곡물 강제 수매를 둘러싼 당국과 농민의 숨바꼭질은 다시 시작되었다. 경제관리의 재 집권화, 중앙 계획·통제를 강화했으나 중앙에서 생산 보장 대책도 없이 목표를 내리 먹이거나, 동력·원료·자재 설비 공급의 부진 혹은 병목 현상으로 월말에 몰아 수행하는 복닥복닥 소동을 벌이거나, 질적 지표는 무시하면서 숫자 맞추기에 급급한 계획의 무정부성 현상이 재연되었다.

계획의 무정부성과 같은 현상은 경제관리방법 '개선'에서의 연계성 부족에서도 무정부성이 나타났다. 경제관리 개선사업이 개별적으로 이루어질 뿐 한 선에서 통일적으로, 조화롭게 추진되지 않았다. 그동안 '경제사업의 통일적 지휘'를 강조해 중앙에서 생산 단위 전반을 일제히 장악하는 문제가 제기되었으나 이번에는 지휘자들 간의 통일성 문제가 불거졌다. 반(反)개혁으로 회귀하는 과정에서 계획화는 계획화대로, 가격조정은 가격대로 따로 노는 현상이 발생해 불협화음과 혼란을 초래했다. 경제관리를 개선한다는 것이 오히려 생산활동을 더 어렵게 한다는 불만도 초래했다.

● 북한 체제 전망 및 정책 시사점

북한은 향후 단기적으로는 8차 당대회에서 내세운 핵미사일 고도화, 경제 정비·보강 전략을 유지할 것이다. 주민들의 기본생활 해결 수준으로 경제문제를 봉합하면서 핵미사일 고도화를 지속할 것이다. 대미·대남 벼랑 끝 전술을 빈번히 구사해 '핵보유국' 지위를 굳히는 데 주력하면서 위기 조성을 통해 내부 불만의 전환을 도모할 것이다. 김정은의 장기적인 생존전략은 추가 핵 고도화를 실현한 후 대미 핵 군축 협상을 통해 제재 해제 등 경제 활로를 타개하겠다는 것이다. 그러나 '선핵후경'(先核後經) 노선은 정권에 많은 부작용과 부담을 초래하고 효용성과 정당성이 감소해 마냥 고집하기는 어려울 것이다.

2030년대 북한의 미래, 김정은 집권 20년(2032년)을 전후한 시점의 북한 모습은 체제 활력 개선, 그럭저럭 버티기, 정권 위기 심화라는 3개 시나리오 중의 한 모습일 것이다. 김정은의 생존전략 성공으로 핵보유국을 인정받고 체제 활력이 개선되는 것은 한·미동맹을 기초로 한 우리의 대북정책이 차단해야 할 최대의 과제이다. 북한이 미·중 전략경쟁에 편승하여 북·중·러 연대를 강화함으로써 그럭저럭 버텨나갈 수도 있다. 그러나 김정은 정권이 직면한 내외환경과 정세 추세로 볼 때 체제모순의 누적으로 인한 3대 세습 정권의 위기 구조와 균열 현상은 더욱 확대될 수밖에 없을 것이다.

정치 상부구조와 경제 하부구조 사이가 어긋나는 탈구(脫臼) 현상, 역(逆) 개혁으로 현실경제와 경제관리구조 간의 괴리, 제재 장기화의 파급영향과 폐쇄경제·자력갱생 노선의 한계, 국가 대 시장의 긴장 관계와 시장의 반격 가능성, 민생 유예(핵 개발 우선) 장기화에 대한 사회적 불만 및 권력층 내 이견 표출, 수령제 이면의 관료정치 활성화와 파벌정치로의 성장 가능성, 김정은 리더십의 한계 등 북한 체제의 여러 불안정 지표가 활성화되고 있다는 점이 그 근거이다.

특히 북한의 지그재그식 장기 경제개혁 추세 사이클로 볼 때 위기 구조가 심할수록 그 반작용에 따른 경제개혁도 심화·확대된다는 점에 주목할 필요가 있다. 북한도 언젠가는 체제 전환이나 개혁·개방을 지향할 것이고, 세습 정권의 속성으로부터도 탈피해 이완된 독재정권이 들어서는 등 정권의 진화(Regime Evolution)는 불가피할 것이다. 북한 체제가 수령제의 경직성에서 벗어나 개혁·개방 체제로 발전하면 핵문제의 해결도 가능할 수 있다고 본다.

따라서 북핵 문제에 대한 직접적인 대응 또는 해결 노력과 함께 북한 체제변화 유도로 간접적으로 문제를 풀어가는 노력을 병행할 필요가 있으며, 북한 체제변화를 위해서는 한국의 대북정책이 지도자에 집중된 정책자산 투입보다는 권력 엘리트의 의식변화, 시장 세력 성장, 주민 인권 신장으로 다원화시킬 필요가 있다. 북한의 세습 정권은 그간 남한이 햇볕정책을 구사하면 단물만 빨아먹고, 강압 정책을 구사하면 빗장을 걸어 잠그는 회피전략(Exit Strategy)으로 대응했기 때문에, 어떻게 하든 북한 내부에 자체 변화 동력 조성이 관건이다.

6

결 론

6장

결 론

01 북한의 개혁·개방에 대한 완고성

중국이 개혁·개방을 하고, 구소련·동유럽 사회주의 체제가 종언을 고한지 반세기가 지났다. 그러나 북한은 정권 수립 75돌(2023년)이 지나도록 전 세계에서 가장 완고한 사회주의 체제를 고집하고 있다. 수령 독재는 견고해 보이고, 시장화·분권화를 추진하다가도 다시 사회주의 원칙을 강조해 퇴행하는 현상이 반복되고 있다. 폐쇄체제와 적대적 세계관도 변하지 않았다.

북한의 3대 세습 정권은 개혁·개방을 거부했다. 개혁이란 공산당 지배 공식 이데올로기·국공유제와 계획경제 등 사회주의 체제 속성 중에서 1개 요소 이상의 급격하고도 불가역적인 변화를 의미한다. 개방이란 체제 내 일정 지역에서 물자와 자금, 사람과 문화의 자유로운 교류의 허용을 의미한다. 북한 정권은 사회주의 체제 속성의 본질적이고 구조적인 변화를 거부하고 있다. '개혁 개편 놀음은 환상이며 서방의 평화적 이행전략'이라는 부정적 관념으로, 개방은 북한지역의 '종심이 좁다'는 이유로 중국이나 베트남식의 개혁·개방을 거부해 왔다. 북한 정권이 개혁·개방에 완고성을 보이는 이유는 유일 지배체제를 유지하기 위해서이다.

중국과 북한의 개혁·개방 초기조건을 비교하면 중국은 집단지도체제 및 정권교체를 경험하였으나, 북한은 1인 독재에다가 세습 정권이 유지되고 있다. 산업구조 면에서 중국은 농업 위주(농민 80%)이고 북한은 공업 위주(노동자 50%)이며, 중국은 지방단위 자급자족 경제 구조이나 북한은 고도의 중앙집권적 경제라서 중국이 개혁에 유리하다. 넓은 땅을 보유한 중국은 일부 해안 도시를 개방해도 외부경제로부터의 충격이 낮은 반면에 북한은 종심이 좁아 상대적으로 높은 대외 개방 충격이 초래될 수 있다. 개혁개방 당시 중국의 우호적 대외환경과는 달리 북한은 한반도 분단 상황과 남북국력 격차 등으로 비우호적인 환경에 놓여 있다. 세습 독재체제의 유지, 남한과의 체제대결이 주된 북한의 개혁개방 거부 이유이다.

정권이 아닌 사회 차원에서 보면 북한의 변화에 대한 완고성은 달라진다. 많은 북한 주민들이 국가의 배급이 아닌 시장에 의존해 의식주를 해결하고, 사회 저변에서는 시장을 중심으로 한 생활정보 소통이 활발하다. 시장이라는 물리적 공간은 정보 소통 공간을 겸하여 지속적으로 확대되고 있다. 북한 주민들은 당국이 먹고사는 문제를 해결해주지 못함에 따라 노동당이 아닌 장마당에 충성하고 있다. 물리적 강제력 때문에 겉으로는 정권에 순응하나 사회 전반에 사회주의 체제에 대한 이반 심리가 늘고 있다.

북한 체제의 가장 부실한 분야는 경제이다. 북한은 1990년대 경제 위기에서 벗어나 한동안 성장세를 보였으나 침체의 늪에 빠져 2020년대 초 다시 위기 상황으로 추락했다. 경제 회복의 동력이 시장화와 개방이나 자본주의와 자유 사조의 확산을 우려해 둘 다 신중하고 소극적이었다. 핵·미사일 개발에 따른 국제사회의 제재를 자초해 경제는 다시 침체되기 시작했고 코로나19 유입·확산을 차단하기 위한 과도한 봉쇄 및 통제로 경제는 걷잡을 수 없이 추락했다. 북한의 경제난은 정권이 자초한 국가 실패의 결과였다. 수령 독재를 유지하기 위해 통제와 폐쇄체제를 견지해 왔고, 수령의 피(被) 포위 의식으로 정책은 군사 모험주의와 핵 고도화에 편향되었으며, 왜곡된 정권의 능력은 보건 위기에도 전근대적인 방식으로 대응할 수밖에 없었다.

정권의 의도와는 달리 북한의 현실경제는 나름대로 상당한 변화 모습을 보였다. 계획경제와 폐쇄체제의 모순이 누적되고 자원 동원 능력이 취약해짐에 따라 정권이 의도하지 않은 변화를 받아들인 결과였다. 사회주의 경제체제의 변화 과정을 집권화 → 분권화 → 시장화 → 사유화로 구분하면 북한경제는 '시장화' 단계에, 명령 경제체제 → 부분 개혁체제 → 사회주의 상품경제체제 → 사회주의 시장경제 체제로 구분한다면 '사회주의 상품경제' 단계에 머물고 있다([표 6-1]).

북한 당국이 시장을 인정하고 한때 개별 생산 단위에 경영권을 확대해 주었으나, 수요·공급의 원리와 사유 재산제에 기초한 시장경제와 기업 민영화의 수용에는 이르지 못했고, 김정일이 말년에 '시장경제'를 비판했다는 점에서 세습 정권이 지속되는 한 사회주의 시장경제의 문턱에 이르기까지는 여전히 요원해 보였다.

김정은은 집권 이후 일선 현장에 여러 경영권을 부여하는 사회주의 기업책임관리제를 실시하면서도 '시장경제' 수용에는 여전히 완고했다. 국가 중심주의적 사고는 불변하여 정권의 계획·분배 권한의 명맥성을 고수하면서 시장경제 원리 수용에 극히 신중했다. 예컨대, 변동가격제도를 도입하면서도 가격변동에 시장가격 수준의 탄력성을 부여하지 않았고, 시장과 국영 유통망이 경쟁하는 경우 시장을 통제하여 국영 망이 시장에 흡수되지 않도록 하였으며, 농민들에게 분배된 식량의 시장 유통을 허용하지 않아 곡물 가격은 여전히 당국의 통제하에 두었다. 북한 내 개혁 성향의 경제 간부들은 분권화와 시장화가 불완전하게 얽힌 이런 북한 경제관리 구조를 계획과 '시장이 아닌 시장'이 얽힌, 경제학적으로 설명할 수 없는 '어수룩한 경제관리구조'라고 비판했다.

표 6-1 사회주의 경제체제 변화 단계

구분	명령경제체제 (집권화)	부분개혁체제 (분권화)	사회주의 상품경제 (시장화)	사회주의 시장경제 (사유화)
특징	세부계획하달. 국가가 모든 경제관리. 50년대 공산권	기업 자율성 확대 연합기업소 설치 채산성(이윤) 중시 80년대 초 중국, 베트남	시장인정, 시장사회주의 국가-기업 간 경영분리 계획기제·국유기업 존속 80년대 중반 중국, 베트남	시장제도 성숙 기업 민영화 국가가 거시경제관리 92년 이후 중국, 베트남

　북한 경제체제의 변화는 경제개혁의 진전과 후퇴를 반복하면서, 때로는 2보 전진했다가 1보 후퇴하는 모습을 보이면서 매우 느리게, 그야말로 지그재그식으로 진행되었다. 경제개혁의 진전은 당국이 계획경제와 현실경제의 모순을 시정하기 위해 간헐적이나마 경제관리 개선 조치를 추구한 결과였다. 북한 당국은 자유 시장의 범람에 따른 '돈벌이의 폐해'를 우려해 시장화보다 분권화에 초점을 맞춰 경제개선 조치를 취했다. 김정일의 7.1조치나 김정은의 사회주의기업책임관리제의 취지는 경제관리 권한 일부를 일선 생산 단위에 이관해 경영권을 행사할 수 있도록 하는 대신 생산 정상화 책임을 부과하여 부족의 경제문제를 해결하겠다는 의도였다.

　북한이 분권화에 시장화를 추가하는 경우는 공급부족 문제를 해결하지 못함에 따라 마지못해 취한 선택이었다. 시장공인·물자교류시장 조성·국영 생산 단위의 시장 활용 허용 등 당국의 단계적 시장 편승은 분권화의 실효성 확보를 위해 마지못해 선택한 조치였다. 노동당은 시장의 존재를 인정해 주면서도 시장이 번창하면 시장이 '자본주의 현상'의 서식지가 되고 '국가 돈주머니'를 빼앗아 간다고 인식했다. 그 결과 개혁 후퇴 과정은 분권화보다 시장화 철회에서 먼저 나타났다. 시장이 과도하게 범람하면 '비사회주의 현상'을 단속하기 위해서, 국가재정이 취약해지면 시장 돈주머니를 흡수하기 위해 시장을 공격했다. 그런 시행착오를 거쳐 시장 편승 혹은 시장 활용이 불가피한 선택이 되곤 했으나 북한의 지배 연합은 국가 대 시장의 대결적 관념이, 시장 청산적(market clearing) 관념이 지배해 시장을 계륵과 같은 존재로 간주했다.

북한의 시장은 2003년 주민들의 사경제 공간으로 공식 허용된 이래 지난 20년 기간에 범람 → 통제 → 허용 → 확대 → 통제의 우여곡절을 겪었다. 시장허용 이후 시장이 크게 범람하자 2008~2009년 규제받다가 화폐개혁 실패로 2010년 다시 규제가 철폐되었다. 2014년 사회주의 기업책임제에 따라 개별 생산 단위에 경영자율권이 확대되고, 기업소 지표 개념이 설정되어 개별 기업들이 계획물량을 납부하고 잔여 상품에 대한 시장 판매가 허용됨으로써 시장은 계획체제에 편입되는 수준으로 제도화되었다. 그러나 2017년의 경제제재, 2020년의 방역을 위한 국경봉쇄로 경제가 크게 추락하면서 시장은 다시 위축되었으며, 2021년 이후에는 국영상업 활성화를 추구하면서 시장에 대한 통제는 되풀이되었다.

북한 정권의 개혁·개방에 대한 완고성은 시장화의 파급영향에 대한 우려, 시장에 대한 적대적인 관념에서 비롯되었다. 경제 논리보다 정치 논리가 지배하는 체제라서 개혁 선택과 후퇴 사이를 오갔다. 당국·기업·시장의 이해관계를 절충하고 변화된 현실경제를 수용하는 방식으로 분권화와 시장화가 진전되다가도 이내 사회주의 자존심 회복을 명분으로 한 국가이익 우선 추구로 역(逆) 개혁 조치가 취해지곤 했다. 이 과정에서 정권 대(對) 시장, 정치와 경제의 긴장 관계가 증대되었다. 북한 체제는 경제토대 즉, 하부구조가 무너지면서 하부구조와 정치라는 상부구조와 어긋나는 탈구(脫臼) 현상이 심화되어 정권의 버팀목이 취약해지고 있다. 공산주의 역사관에 의하면 하부 토대구조의 변화에 따라 역사는 진보한다고 주장한다.

02 북한의 경제개혁 의제 설정의 특징

북한의 경제 정책사에서 경제개혁 의제는 대체로 10년 주기로 상정되었다. 김일성 시대에 개혁·개방의 조류는 크게 볼 때 4차례 밀려왔다. 1950~1960년대 탈(脫) 스탈린 조류에 따른 북한 소련파·연안파의 경공업 우선 주장과 갑산파의 가(假) 화폐 사용 주장, 1970년대 말 중국의 개혁·개방에 따른 북한 합영법 제정과 연합기업소 제도의 도입, 1980년대 후반 구소련·동유럽 사회주의 체제변화에 따른 북한의 나선특구 설정 및 무역 중시 정책의 선택이 그것이다. 김정일 시대와 김정은 시대의 경제개혁 의제 상정은, 1990년대 사회주의 경제체제의 모순이 완전히 드러난 뒤에 자구적인 체제 보완책으로 시도되었다.

김일성 시대 경제개혁 의제 설정의 공통적 특징은 3가지로 요약된다. 첫째, 의제 설정 초기에 개혁 의제가 정치 논리에 종속되었다는 점이다. 외부로부터 변화의 파도가 밀려오면 일단 경제개혁 문제는 지도자의 '선(先) 통일·단결 및 독자성 고수' 강조라는 '주체의 강화전략'에 갇히게 된다(잠금 효과). 둘째, 시일이 흘러 정치적 파장이 크지 않다는 판단이 들면 뒤늦게나마 개혁과제를 받아들인다(지각 효과). 셋째,

그러나 때늦게 뒷구멍으로 받아들인 개혁과제 선택은 정치 논리와 경제 논리가 뒤섞이고 철저하지 못한 양상으로 나타난다(절충주의). 이러한 특징은 김일성 시대 경제개혁 계기마다 유사한 양상으로 나타났는데, 이점은 이후 개혁 의제 상정 시에도 같은 논리를 답습하는 일종의 관행화된 제도 수준으로 정착된다. 특히 북한의 정책 결정 체계에 결정적으로 각인된 경험은 개혁과제의 정치적 민감성에 의한 잠금 효과였다. 초기의 경제개혁 의제가 집권 세력이 아닌 반대파에 의해 상정되었고, 결국은 개혁 주장을 이유로 숙청되었다. 첫 단추가 잘못 끼워진 셈이며 이후 경제개혁 거론은 극히 예민한 문제일 수밖에 없었다.

김정일 시대에는 한 차례 비교적 장기적인 개혁의제 설정이 있었다. 김정일의 경제개혁 실험(2000~2010)의 개략적인 과정은 다음과 같다. 1990년대 중반 북한경제가 반 토막 나 '고난의 행군'을 하는 과정에서 김정일은 정치적 파급영향을 최소화하기 위해 체제단속에 집중한다. 2000년대의 시작과 더불어 모색된 경제개혁은 2002년 7.1조치와 2003년 5월 시장장려 조치로 분권화와 시장화가 추진된다. 2003년 9월 들어선 박봉주 내각은 김정일의 '철저한 개혁' 주문에 따라 준(準)시장경제 개혁을 모색하나, 2005년 당의 간섭으로 제동이 걸린다. 이후 경제개혁은 정체되다가 다시 후퇴한다. 노동당의 연이은 문제 제기로 '시장은 비사회주의 서식장'으로 규정(2007.8)되고, 지도자가 경제개혁의 '전면 철회'를 선언(2008.6)하기에 이르며, 2009년 시장통제와 화폐개혁 단행으로 김정일의 개혁도 종결된다.

김정일의 경제개혁도 김일성 시대 개혁 의제 설정 사례와 마찬가지로 '주체의 강화(정치적 통일·단결)'에 주력하다가 뒤늦게 '경제개혁 의제 개방'으로 절충하나, 다시 '주체의 강화'로 전환하는 순환과정을 되풀이한다. 정치 논리를 강조하다가 뒤늦게 경제 논리를 보강하나 다시 정치 논리에 의해 경제 논리가 봉쇄되는 개혁 의제의 지체 및 잠금 현상이 반복된다. 이 과정에서 개혁론자들은 숙청되고, 북한 간부사회에서는 그들을 빗대어 '호박을 뒤집어쓰고 돼지우리에 들어가는 격이다'라고 자조하는 등 북한 권력층 내 개혁과제에 대한 기피 현상은 더욱 증대된다.

그러나 김정은의 등장으로 예상 밖의 전기를 맞는다. 김정일 집권 말기의 개혁 퇴조 분위기에 의해 잠금 효과가 오래 지속될 것 같았던 경제개혁 의제가 2011년 12월 북한의 지도자 교체로 부활한다. 김정은은 권력세습 직후 "세상에서 제일 좋다고 소문난 경제개혁 방법을 연구하라"고 지시한다. 심지어 "뭔가 해보려는 일꾼들에 대해 색안경을 끼고 보거나, 자본주의 방법이라고 걸각질(다리 걸기)하지 마라"고 준(準) 사상해방 발언으로 개혁 분위기를 조성해 준다. 그 결과 2012년 연초 다시 개혁상무조가 구성되어 같은 해 9월 기업·농업 시범개혁안이 마련되고, 이듬해 확대된 데 이어 2014년 5월에는 개별 생산 단위에 경영권을 부여하는 '사회주의기업책임관리제'가 발표된다.

김정은 시기의 경제개혁도 여러 우여곡절을 겪는다. 김정은의 뒤늦은 개혁과제의 민감성 자각, 정치·군사적 정책 편향성 심화, 제재·코로나 등에 따른 급격한 경제규모 위축이 계기로 작용했으며, 새 계기가 등장할 때마다 그 파장은 더 커진다. 김정은은 2012년 9월 개혁 의제의 정치적 민감성을 깨닫고는 "허파에 바람이 가득 찬 사람들이 중국식으로 가자고 허튼소리 한다"고 변덕을 부린다. 이어 정치·군사 문제가 압도해 병진노선(2013.3), 장성택 숙청(2013.12)과 공포통치(2014), 대규모 당 행사(2015.10 당창건 70돌, 2016.5 7차 당대회), 핵·미사일 고도화(2016-2017)로 경제문제는 후 순위로 밀리고 개혁은 정체된다. 2017년 이후 고강도 대북 제재, 2020년 이후 국경봉쇄, 2022년 코로나 확산으로 경제가 3계단 추락하면서 무너진 경제구조를 보수하는 일이 급선무로 대두되고 개혁은 후퇴한다.

김정은 시기 경제개혁 추진과정도 김정일 시기 개혁 진퇴 과정처럼 대략 10년을 주기로 하나의 사이클을 그렸다. 그러나 개혁 진퇴 사이클의 출발점이 달랐다. 김정일 시기 경제개혁은 모색, 착수, 심화, 정체, 후퇴라는 오르락내리락 과정을 거쳤으나, 김정은 시기에서는 개혁 착수·완성에 이어 정체·후퇴 과정으로 언덕에서 미끄러져 내려가는 형국이었다. 김일성·김정일 시기에는 '주체의 강화'를 우선하면서 부정적 파장을 점검하는 과정을 거쳐 개혁을 추진했으나, 김정은은 집권하자마자 경제개혁을 추진해 체제 내 경제적 모순이 심각하게 누적되어 있음을 시사했다. 그러나 이내 개혁 욕구 분출을 통제하는 절충주의를 보인 데 이어 공포통치와 동원체제를 강화하는 '주체의 강화'를 추진하였으며, 경제난이 극심해지자 개혁 의제에 대한 잠금 조치를 뛰어넘어 역(逆) 개혁을 추진하기에 이르렀다.

이상에서 김일성 시대 개혁 의제 설정 경험, 김정일 시대 한 차례의 길고 큰 폭의 개혁추진 경험(7.1조치, 박봉주 내각의 급진 개혁 시도, 2002-2004), 다시 김정은 집권 초기에 집중적으로 추진된 큰 폭의 개혁추진 경험(포전담당제, 사회주의기업책임관리제, 2012-2014)을 살펴보았다. 북한 경제정책사에서 경제개혁 의제는 [그림 6-1]에서처럼 1990년대 '고난의 행군' 시기를 제외하고 10년 주기로 대두되었다. 1950~60년대 탈(脫) 스탈린 조류에 따른 갑산파의 가(假) 화폐 사용 주장, 1970년 후반 중국의 개혁개방에 따른 합영법 채택, 1980년대 후반 구소련·동구 사회주의 체제 전환에 따른 나진·선봉 개방이 있었다. 김정일·김정은 시기에는 지구촌에서 계획경제가 퇴장한 이후 북한은 여전히 계획경제를 고수하면서 그 모순을 부분적으로 시정하기 위해 2002년 7.1조치와 2003년 시장 장려, 2014년 사회주의기업책임관리제의 실시가 있었다. [그림 6-1]의 사이클에서 상부 변곡점은 경제개혁 추진을 의미하며, 하부 변곡점은 경제개혁을 단속하면서 체제

결속을 강조하는 '주체의 강화' 정책을 의미한다. 갈수록 사이클의 주기가 짧아지면서 진폭이 커지고 있음은 북한 경제관리체계의 불안정성을 보여준다.

역대 북한 세습 정권에서 개혁 의제 설정상의 공통적인 특징은 다음과 같이 요약된다. 첫째, '주체의 강화'라는 정치 논리와 경제개혁 논리가 순환한다. 둘째, 개혁과제는 '초기 유보 → 지체 후 절충 수용'되는 불완전성을 보인다. 셋째, 어리숙한 개혁 조치로 경제 성과가 부진해지자 경제 간부들에게 책임을 묻는 현상이 반복적으로 식별된다. 이런 개혁·개방에 대한 정치적 속박은 3대 세습 정권을 관통하는 구조화된 특성이며, 북한의 개혁·개방에 대한 완고성은 수령 독재의 특성에서 유래함이 확인되었다. 넷째, 세습 정권의 의도와는 무관하게 개혁 진퇴 사이클은 계속해서 요동친다는 사실에 주목할 필요가 있다.

【그림 6-1】 '경제개혁과 주체강화' 상호관계 변화

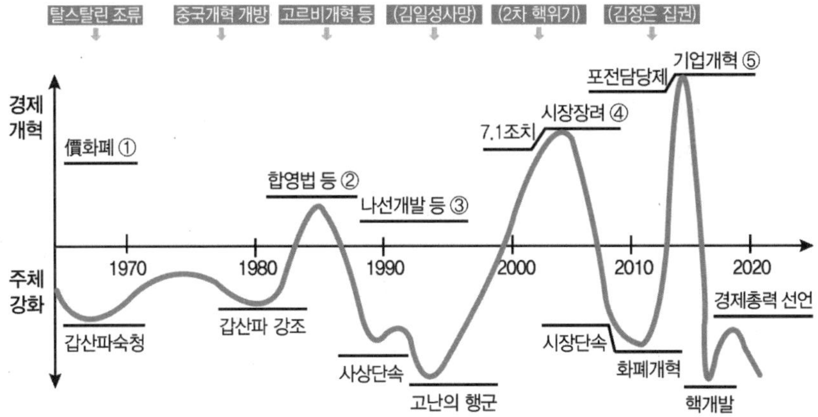

* 북한 당국의 '경제개혁'과 '주체의 강화' 간의 강조점 변화를 필자가 그림.

03 세습 정권별 경제개혁 진퇴 요인의 변화

북한의 3대 세습체제는 권력 유지의 필요성으로 개혁·개방에 대한 완고성을 크게 완화하지 못해왔다. 그러나 지도자의 입장과는 달리 체제모순 시정 및 변화된 현실 반영의 불가피성으로 분권화와 시장화를 수용했다가 권력에 미치는 부작용을 우려하여 다시 후퇴하는 현상이 반복되면서 갈지(之)자 형태로 느린 변화 모습을 보였다. 여기서 주목되는 지도자가 바뀔수록, 시간이 흐를수록 개혁 진퇴의 진폭이 확대되고 주기가 단축되고 있다는 점이다.

다시 말하자면 북한 당국은 '정치적 잠금 → 경제개혁 지체 → 정치와 경제의 절충' 방식으로 개혁 속도를 조절하고 개혁내용을 절충하나 그 지체와 미진(未盡)으로 공식제도 이면에서는 시장을 활용한 불법 혹은 반합법적 경제활동이 활발해지고, 결국 당국은 의도하지 않은 시장화 혹은 비공식적 경제활동을 추인해 주는 형태로 경제개혁이 이루어지며, 점점 그 추인의 폭이 확대되고 주기가 빨라지고 있다는 것이다. 이는 시장화 진전에 따른 현실경제의 변화가 정치적 잠금 효과를 능가하는 수준에서 개혁 의제를 규정하고 있음을 의미한다.

북한 체제에는 세습 정권의 개혁·개방에 대해 완고한 세습 정권과 당 지도부, 개혁·개방을 희구하는 시장 세력이 공존하고 있다. 먼저, 역대 정권의 개혁 의제 설정에 대한 완고성은 다음과 같은 정치적 특징에 기인한다. 첫째, 북한 정권사에서 경제개혁 주장은 김일성 반대파에 의해 제기되어 처음부터 민감한 의제로 자리매김했다. 김일성은 개혁과제의 정치적 민감성을 "정세가 복잡하고 경제사업이 잘되지 않을 때 경제 일군들 속에서 종파가 나오고, 경제 종파가 정치 종파가 된다"라고 규정해 물려주었다. 둘째, 유일 지배체제의 세습으로 정책의 유연성을 발휘할 구조적 공간 확보가 어려웠다. 중국은 집단지도체제에다 권력 교체를 경험해 개혁·개방이 가능했다. 북한은 수령 독재 구축 이후 변화를 수용하기보다는 차단과 단절이 관행이었고, 정책변동의 충격을 흡수할 완충장치가 결여했다. 셋째, 개혁 의제를 관리하는 경제 간부들의 조직행태가 작용했다. 그들은 과거 경험 범위 내에서 개혁 의제를 다루면서 지도자의 개혁 요구가 일시적인 변덕임을 익히 알고 있어 혁신을 주저하며 '변덕' 이후의 상황에 대비한다. 이 같은 과정이 반복되면서 경제개혁에 대한 완고성은 구조화되었다.

다음으로 경제개혁 불가피성 요인을 살펴보자. 김일성 시기와는 달리 김정일·김정은 시기의 경제개혁 발단은 내부요인에 의해 비롯되었고, 개혁과제의 성격도 내부의 변화를 제도화하는 모습이었다. 김일성 시기에는 여타 사회주의권의 경제개혁 혹은 사회주의 시장의 붕괴와 같은 외부의 변화 물결이 경제개혁 추진의 계기였다. 반면 김정일 집권 이후의 경제개혁은 새로 권력을 잡은 지도자가 경제관리 모순의 심각성을 인식한 데 따른 개혁 시도였다. 또한 개혁과제의 내용이 김일성 때는 여타 사회주의권의 개혁 조치 수용 혹은 미시관리 변화 여부가 쟁점이었으나, 김정일·김정은 시기에는 현실경제의 시장화 추세를 제도화할 것인지 혹은 거시 분권화 여부가 쟁점이었다.

김정은 시기 경제개혁 진퇴 과정을 김정일 시기와 비교하면 첫째, 개혁 의제 설정이 집권 초기에 집중적으로 설정된 점, 둘째로 개혁 조치의 내용은 변화된 현실을 대폭 수용한 제도화 조치가 이루어진 점, 셋째로 개혁 조치의 실제 적용 여건이 경제난의 심화와 정치·군사적 요인에 의한 굴절로 과거보다 적용 여건이 나빠진 점을 들 수 있다. 먼저 개혁 의제 설정 기간을 보면 김정일은 신중한 모색 과정을 거쳤고 개혁 속도 조절을 하면서도 미련을 두었으나 김정은은 집권 이후 2014년 '5.30 담화' 기간에만 경제개혁에 관심을 보였다. 김정일의 경

제개혁 실험은 과거 중국 마오쩌둥 때의 경험처럼 좌 5년, 우 5년 거
의 10년 주기를 거쳤으나 김정은의 개혁추진은 3년여 기간에 그쳤으
며 이후 경제 논리와 정치 논리의 교차가 가파르게 이루어졌다.

표 6-2 김일성 · 김정일 · 김정은 시기 경제개혁 의제 설정의 특징

경제개혁 의제 설정 사례	3대 세습 정권의 공통적 특징
① 1960년대 탈(脫)스탈린 조류에 따라 북한 갑산파가 가(假)화폐 사용 주장 ② 1970년대 말 중국의 개혁 · 개방 추진으로 북 합영법 제정 및 연합기업소 제도 도입 ③ 1980년대 동구사회주의 체제전환에 따라 북한 나선특구 설정 및 무역 중시 정책 ④ 2002~04년 7.1조치, 시장공인, 분권화 ⑤ 2012~2014년 포전담당제 실시, 사회주의기업책임관리제 실시	○ 경제개혁 의제 설정 과정의 패턴화 　- 先 주체 강화(잠금효과) 　- 後 개혁 의제 상정(지체 효과) 　- 정치 논리가 개혁 논리 제약(절충주의) ○ 개혁 의제에 대한 완고성도 세습 　- 반대파에 의해 최초 경제개혁 제기: 　　개혁 의제에 정치적 민감성 각인 　- 김일성, "경제종파가 정치종파된다" 　- 경제 관료들, 숙청 경험으로 혁신 주저
김일성 시기의 특징	김정일 · 김정은 시기의 특징
○ 외부 개혁 조류 영향으로 개혁 의제 설정 ○ 외부의 개혁 조치 수용 여부가 쟁점 　- 거시경제보다 미시 경제관리가 대상	○ 정권교체 이후 내부 경제관리 방식 모순의 심각성 인식에 따른 개혁 의제 상정 ○ 시장화 추인, 거시 분권화가 개혁 대상
김정일 시기의 특징	김정은 시기의 특징
○ 오르락내리락 개혁 진퇴 사이클 모습 ○ 점진적 개혁조치 채택 → 찬반논란(특히 시장범람 문제로) → 단계적 개혁 후퇴 ○ 개혁추진 과정에는 김정일이 적극 지원	○ 짧은 개혁 의제 설정, 이후 후퇴로 내리막 ○ 대폭적 개혁 조치 수용, 개혁 논란 별무 ○ 개혁 조치 실행 여건(경제난)이 크게 악화 ○ 김정은의 개혁 의지의 한계가 드러남

　　반면 김정은 시기 개혁 조치의 수용 정도는 대폭적이었다. 기업·농
업·무역·가격·재정 등 광범위한 범위에서 상부의 지령을 축소하는 대
신 일선 단위의 자율성을 확대했다. 선대(先代)에 금기시되었던 조치들

이 큰 논란 없이 받아들여졌으며, 당과 내각의 이견도 크게 드러나지 않았다. 비교적 짧은 기간에 많은 조치를 수용한 것은 문제 상황이 충분히 숙성되었고, 모순을 치유하기 위한 불가피한 선택이 필요했기 때문이었다. 그러나 개혁 조치 적용 여건은 김정일 시기보다 나빠졌다. 핵 고도화에 따른 제재 가중, 코로나 사태로 인한 폐쇄 조치로 경제 규모는 크게 위축되었다. 김정은은 기왕에 취한 시장화·분권화 조치를 정착시키면서 그 이점을 살려 경제난을 해결하기보다 계획경제·통제경제 강화로 선회하였다. 국가 대 시장의 대립 관념이 여전한 상황에서 부족의 경제가 심화되자 '국가의 장악력 강화'를 당면 목표로 설정했다.

04 북한 경제개혁 결정 과정에서의 관료정치

외관상 드러난 북한의 경제개혁 결정 과정은 최고지도자가 개혁 필요성이 제기되면 정치적 안정을 우선 도모한 후에 경제개혁을 추진하다가, 다시 정치적 원인으로 개혁 동력이 떨어져 후퇴하거나 굴절되는 것으로 나타났다. 그러나 경제개혁 진퇴 과정은 지도자의 의도 분석만으로는 충분한 이해가 불가능하고 전모를 파악하기가 어려워 실질적으로 진퇴를 주도하는 세력과 그 배경을 확인하는 작업이 필요하며, 그것은 북한 개혁·개방의 지체 혹은 장애요인 판단의 선행 작업이 된다. 최종 권한을 보유한 지도자의 결정이 전부가 아니라면 누가 일련의 개혁 혹은 반(反)개혁 조치를 주도하는가, 정책 결정 혹은 집행과정에 관여하는 자는 어떤 방식으로 어떤 배경 요인에 의해 정책에 영향력 행사를 추구하는가.

단일한 렌즈로 정책 결정 과정을 관찰하면 전모가 드러나지 않아 앨리슨이 미국의 쿠바 미사일 위기 대응 과정을 분석하는 데 적용한 3개의 모델을 차용했다(Allison, "Essence of Decision," 1962). 앨리슨은 각 모델은 상호보완적이라서 서로 다른 렌즈를 통해서 찾아낸 요소들을 종합할 때 설명력이 높아진다면서 다음과 같은 적용순서를 제시했다. 먼저 제1모델의 핵심 논리에서 출발해 분석의 큰 틀을 그리고, 제2모델에서 문제 해결의 대안을 선택하는 특정 조직의 논리와 절차를 그리며, 제3모델은 의사결정 구조 속에 있는 서로 다른 입장을 찾아내고 이들이 최종적으로 종합·선택되는 과정을 묘사한다.

앨리슨의 제1모델인 '합리적 행위자 모델'에 의하면 정책은 '단일한 행위자의 이익 극대화를 위한 선택'으로 규정된다. 이 책에서는 이 모델의 북한 적용을 '수령제 모델'이라고 부르기로 하였으며 '수령결정론의 한계' 검증을 중요한 연구목적의 하나로 설정해 놓고 있다. 왜냐하면 필자의 경험에 의하면 분석가 대부분은 북한의 정책 결정을 최고지도자의 합리적 선택으로 파악하는 경향이 있고, 북한도 수령의 말씀으로만 정책 과정을 묘사하고 있으나 그것이 전부는 아니기 때문이다. 제2 모델인 '조직행태 모델'에 따르면 정책이란 '어느 한 조직이 자체의 목적과 관행에 의해 산출한 결과물'로 규정된다. 이 모델을 장기에 비유하면 졸은 졸이 움직이는 규칙에 따르고, 차는 차가 갈 수 있는 길로만 간다는 것이다. 제3모델은 '관료정치 모델'로 정책이란 '경쟁하는 이익구조를 가진 많은 행위자의 치열한 협상 게임의 결과'로 정의되며, 정책 결정 과정에는 타협과 흥정이 이루어지고 정치가 난무한다.

북한의 경제개혁 결정 과정과 앨리슨이 분석한 미국의 쿠바 미사일 사태 대응 과정을 비교해 볼 때, 전자는 경제정책이면서 장기간의 결정 과정이 소요되나, 후자는 외교정책이면서 한 달도 채 되지 않는 급박한 결정 과정을 거쳤다는 점에서 차이가 있어 앨리슨 모델 적용의 적실성에 의문이 제기될 수도 있다. 그러나 둘 다 위기관리를 위한 선택이라는 점, 소수의 참여자에 의한 결정이라는 점, 정책 결정 참여자가 고유한 조직적 이해관계를 보유했다는 점에서 결정 조건이 동질적이며, 따라서 '결정의 에센스'도 같을 것이라고 가정할 수 있다. 분석의 순서는 앨리슨이 제시한 요령에 따라 3개 모델을 단계적으로 적용했다. 북한 정책 결정의 입구와 출구, 그리고 결정적인 전환점은 수령제 모델이 작동한다고 가정하여 경제개혁 결정 과정의 큰 그림을 그리고, 경제 정책대안 제시 및 집행과정에는 내각의 조직행태 모델의 작동 가능성을 탐색하며, 개혁정책이 심화·확대되면서 판돈이 커지고 참여자가 늘어나 북한의 당·정·군이 갈등·대립하고 흥정·타협하는 관료정치 모델이 작동한다고 가정한다.

먼저, 수령제가 작동한 부분이다. 북한의 경제개혁 진퇴 과정에서 지도자의 역할이 결정적으로 작용했다고 볼 수 있는 조치들로는 다음과 같은 것들이 있다. 김정일의 경우 1990년대 경제침체 상황을 극복하기 위해 '과감한 경제개혁'을 주문한 일, 개혁성과가 부진해지자 뒤늦게나마 내각 총리에게 경제관리 권한을 확대해 준 일, 시장경제 요소 도입 확대 문제로 내각과 당이 갈등을 빚자 처음에는 애매모호한 태도를 보이다가 결국은 당의 손을 들어준 일이 그가 주도한 역할이었다.

김정은의 역할은 집권 즉시 '12.28 담화'를 통해 경제개혁 의제를 부활시킨 일, 그것도 경제 간부들의 트라우마를 의식하여 준(準) 사상해방 방식을 취한 일이 결정적인 역할이었고, 이후 10개월 경과 시점에 개혁과제의 정치적 민감성을 파악하여 개혁 논란 확산을 통제한 일, 2019년 '국가의 장악력'을 강조하며 개혁 후퇴를 선언한 일도 김정은의 역할이었다. 그 외의 경제개혁 사안에 대해서 김정은은 한동안 적극적인 관심도 그렇다고 비판적 자세도 보이지 않았다가, 2015년 2

월 당 정치국 회의를 계기로 경제 성과에 대한 조급성을 보이면서 당의 역할을 독려하였다. 김정은도 경제가 침체되자 절충주의 화법이 늘었으며, 특히 끊임없는 민생 후퇴 담론으로 현실을 합리화하였다. 대략 김정일은 주로 개혁을 독려하는 편이었고, 김정은의 역할은 개혁 후퇴 과정에 비중을 둔 모습이었다. 결국 지도자의 역할은 정책의 입구와 출구, 그 중간의 중요한 전환점을 관리할 뿐 시간·정보·관심사의 제약으로 정책 전반을 주도하지 못한다는 점이 확인되었다.

조직행태 모델에 따르면, 지도자의 정책 결정이란 특정 상황에 대처하기 위해서 어느 조직의 어떤 프로그램을 선택할 것인가를 결정하는 것에 불과하다. 북한의 경제개혁은 주무 기관인 내각의 프로그램에 의존할 수밖에 없으며, 구체적인 내용은 내각의 조직이익, 과거 발전경로와 정책 경험, 조직문화와 표준행동 절차에 따른 '조직 결정'의 산출물로 확정된다. 그리고 확정된 정책은 중앙에서 일선에 이르는 연속적인 집행 경로를 거치면서 그들의 이해관계에 맞추어 적용되어 다시 새로운 모습으로 변형된다. 과거 개혁 경험을 짜깁기하고, 집행하는 과정에서 SOP의 급조로 혼란을 초래하며, 점증하는 일선의 본위주의를 효율적으로 통제하지 못하기는 김정일 때나 김정은 때나 마찬가지였다. 북한의 행정문화가 정책 사안별로 소관 기관이 명확하고, 소관 분야 외에 업무 간섭을 금기시하며, 정책 입안 과정에서 창의성 발휘를 통한 성공보다 실수를 피하는데 주안을 두는 점은 변함이 없었다.

예컨대, 김정일 시기 내각 '6.3 그루빠'의 7.1조치(2002년)는 과거 개혁 경험을 모은 종합선물 세트에 불과했고, 계획 권한을 하부에 이관했다고 하지만 하부기관의 자력갱생을 '이관'으로 포장했을 뿐이며, 내각이 김정일로부터 종합시장을 공인받은 것도 과거 장마당을 유통공간으로 추가했을 뿐 경제학적 '시장'을 창출하는 발상의 전환에는 이르지 못했다. 집행과정에서 표준행동 절차의 급격한 조정에 따른 산하기관의 불만이 표출되고, '국가이익은 안중에 없이 각자 돈벌이에 급급'한 본위주의 현상이 만연되면서 정책은 다시 굴절된다. 김정은 시기의 내각도 주인에게만 충실할 수가 없었다. 자기 조직의 이익과 건강을 챙겨야 했고, 권력기관의 눈치를 보아야 했다. 내각은 후계자에게 경제개혁의 필요성을 주입하는 데 성공했으나 그들이 마련한 개혁프로그램은 시장에서 이미 현실화된 불법 혹은 반합법적 거래 관행을 추인하는 수준에 그쳤다. 그것도 전면 도입이 아닌 '시범 도입'하는 신중함을 보이면서 '우리식'이라는 외피를 입히는 등 정치적 방어기제 마련에 큰 비중을 두었으며, 박봉주가 총리로 재 등용되었음에도 개혁 수준은 준'시장경제'를 다시 추진하지 않는 범위에서 절충되었다. 김정은 집권 초기 권력기관 간의 이권 갈등이 현저했으며, 경제난이 심화되자 본위주의 현상이 극심해지는 등 다른 요인에 의한 조직행태도 있었다.

다음은 관료정치 현상이다. 경제개혁 결정 과정에서 가장 본질적인 문제는 조직행태 모델로도 여전히 해석되지 않는다. 김정일 시기 박봉주 내각은 왜 자신의 소관과 능력을 뛰어넘는 급진 개혁을 모색하였고 당과의 갈등이 예견되었음에도 왜 무리수를 두었는지, 당은 왜 내각을 견제하기 시작했고 지도자는 내각과 당의 갈등을 조기에 조정하지 않고 왜 상당 기간 방치했는지가 해석되지 않았다. 김정은 시기의 경우에도 다음과 같은 문제에 추가적인 해석 필요성이 대두되었다. 김정은은 권력을 물려받자마자 왜 경제개혁을 촉구했고, 왜 10개월도 안 되어 자신이 한 말을 거두어들였는지, 김정은 시기 개혁안은 왜 과거와 달리 내각과 당의 협조 방식으로 성안되었는지, 그리고 완성된 '우리식 경제관리방법'에서 내각의 지휘와 당의 지도를 동시에 강조하게 된 배경은 무엇인지, 김정은이 개혁 후퇴를 선언한 배경과 단위 특수화 현상에 대한 통제가 일정 수준 가능해진 배경에는 어떤 요인이 작용했는지에 대해 추가적인 해석이 필요했다.

관료정치 모델에 따르면 정책은 조직 간 갈등과 대립, 흥정과 타협을 통해 결정된다. 예컨대 2004년 박봉주 내각의 시장경제 요소 도입 확대를 둘러싼 지도자와 당·정간의 막후 정치를 살펴보자. 박봉주의 '시장경제' 모색은 자신을 등용하면서 주인(김정일)이 내린 경제 활성화 지시가 불가능해지자 취한 선택이었다. 경제 활성화가 실패하면 자신의 정치생명은 끝장이며 근본적 개혁 외에는 다른 길이 없음을 깨달은 데 따른 선택이었다. 그러나 시장경제로의 개혁은 정치문제였다. 당은 '당적 지도'를 무기로 내각의 영역 침범을 문제 삼는다. 하지만 지도자는 당의 문제 제기에도 불구하고 그간 경제개혁에 투자한 기회비용이 아까워 머뭇거린다. 그러자 당은 지도자의 도박사와 같은 개혁 미련을 떨쳐버리기 위해 '돈벌이의 폐해'를 부각한다. 생존경쟁의 원리가 지배하는 관료정치의 장(場)에서는 지도자도 한 사람의 경기자에 불과했다. 이로써 내각은 특권경제 축소를 위해, 당은 내각의 정치화를 차단하기 위해 치열한 관료정치가 전개된다.

김정은 시기 경제개혁 문제를 둘러싼 관료정치는 크게 세 부류로서, 개혁 진퇴, 경제관리방식 조정, 이권 조정과정에서 나타났다. 첫째, 개혁안 성안 및 개혁 논란 확산 통제 그리고 개혁 후퇴 과정에서 비교적 원활한 내각과 당의 타협이 이루어졌다. 개혁추진 과정에서의 당정 협조 양상은 김정일 시기 갈등 경험의 반작용이었다. 둘째, 경제관리 방식이 내각책임제에서 당 주도로 변화하는 과정에서 경제계획 목표를 둘러싼 갈등이 있었으나 대체로 내각은 당의 주도에 순응하는 모습이었다. 셋째, 김정은 시기 관료정치는 지도자의 교체와 경제난 심화에 따른 정책 급변으로 경쟁하는 이익구조가 빈번히 충돌하는 과정에서도 집중적으로 발현되었다. 이권 조정과정에서 김정은 집권 초기 당·정·군 간의 암투와는 달리 경제난이 심화되자 단위 특수화 현상 통제 등에서 당·정간 협력이 이루어졌다.

북한의 중앙 정치무대에서 관료정치는 당·정·군 간 이해관계가 상충하는 정책이 상정되고 이해관계가 충돌하는 조직들의 위상이 비슷할 때 노골적으로 드러난다. 상하관계에 있는 조직들 사이에는 특정 정책이 하부 조직의 사활적 이익과 연관되었을 때 나타난다. 이런 관점에서 볼 때 김정은 집권 초기 권력 상층부의 관료정치 현상보다 제재 이후 부족의 경제가 극심해지면서 상하 혹은 하부단위 간 자원·물자·동력 선점을 위한 생존 투쟁도 극심해졌다. 상층부 관료정치는 공포통치로 이내 잠복하는 모습을 보였으나, 극심한 자원난에 따른 생산 현장의 하층부 생존 투쟁은 더욱 가열되어 계획의 무정부성을 초래했다.

표 6-3 북한 경제개혁 결정 과정에서의 앨리슨 모델 적용

	수령제 모델	조직행태 모델	관료정치 모델
김정일 시기	△ 수령이 주도한 역할 ○ 개혁 의제 개방 – 과감한 개혁 주문 – 개혁 대행자에게 권한 위임 ○ 급진 개혁 문제가 제기되고 그로 인해 당정 갈등 빚자 처음에는 유보적 태도 ○ 결국은 경제개혁 후퇴 선언	○ 내각책임제의 한계 ○ 내각의 7.1조치 선택 과정의 경로 의존성 ○ 7.1조치 집행과정 – SOP갱신에 따른 저항 – 조직이익 우선에 따른 정책내용 변형과 굴절 ○ 분권과 통제의 조화 ○ 상하 본위주의 만연	○ 내각의 권한 강화 추진 – 특수부문 축소전략 ○ 박봉주의 개혁 확대 – 김정일 신임확보 과정 – 개혁구상 및 건의 과정 – 개혁의 급진적 성격 ○ 당의 내각 반격 과정 – 김정일 포섭 과정 ○ 이권 결탁, 분파구조
김정은 시기	○ 경제개혁 의제 개방 – 집권하자마자 개혁후퇴를 뒤집어 개혁연구 독려 ○ 과도한 개혁 욕구분출 통제 ○ 경제가 침체되자 절충주의 담론 및 민생 식언 ○ 경제개혁 후퇴 선언 – '국가 경제장악력' 강조	○ 경제개혁 내용의 한계 – 개혁상무 구성의 동질성 – 과거경험 의존 개혁선택 ○ 집행과정에서 정책변형 ○ 정권교체에 따른, 경제난에 따른 이권 갈등 ○ 경제난에 따른 본위주의 현상 증대	○ 개혁 진퇴 과정에서의 관료정치 ○ 내각책임제, 경제관리에서 당정 관계 변화 ○ 단위 특수화 현상과의 투쟁에서 당정 협조 ○ 정책 급변, 경제난 심화에 따른 관료정치 현상

지금까지 논의된 경제개혁정책을 중심으로 한 북한의 정책 결정 양상을 요약하면 다음과 같다. 일반적으로 정책의 입구와 출구, 그리고 중요한 정책 전환점에서는 수령결정론이 작동하고, 정책 입안 및 집행 과정에서는 조직행태가 발현되며, 그 정책의 심화·확대 과정에서 관료정치 현상이 나타난다. 그러나 김정은 집권 이후 정책 급변과 경제 사정 악화로 조직행태 못지않게 관료정치 현상이 현저해지면서 점차 수령결정론은 설 자리를 잃어가는 형국이다. 경제문제와 관련 당 전원회의 등에서 최고지도자의 '말씀'은 늘었으나 '정책 결사 관철'을 독려할 뿐 현실을 타개해 나갈 정책이 없으며 부하들에게 정책 부진 책임을 미루는 모습이었다.

김정은이 집권 10년 차를 넘기도록 핵 개발 노선에 대한 편향성을 시정하지 않고 민생 향상을 방기(放棄)하면서, 경제관리 방식이 다시 반(反)개혁의 극단으로 흐르자 북한 내부에서는 경제정책의 모순과 난맥상은 물론 이에 대한 사회적 불만과 정책 갈등도 표출되기 시작했다. 앞으로 경제난에 따른 하층부 관료정치 현상이 상부 권력층의 정책 노선 갈등으로 확대될 것이며, 김일성이 우려한 '경제 종파가 정치 정파로 발전'할 수도 있다.

북한의 정책 결정 체계에서 수령결정론의 한계는 명확히 드러났다. 지도자가 수령제 유지 관점에서 전체를 합리적으로 계산한 데 근거하여 정책을 수립한다는 수령결정론은 제한적으로만 타당성이 있을 뿐이며, 조직행태와 관료정치 모델을 추가해서 분석할 정책 결정 과정의 전모를 파악할 수 있다. 유일 지배체제의 외관에 현혹되지 말고 수령 절대주의 이면에 파편화된, 그러나 점차 자생력을 확보해 가는 시장 세력, 중간 관료들, 소외된 권력 엘리트 등 하부구조에 주목할 필요가 있다. 북한 수령제에서도 수령에 대한 충실성이나 정권 이익 같은 명목상의 목표를 벗겨버리면 각자가 추구하는 이익은 다른 정도가 아니라 경쟁적인 관계에 있다. 조직생존을 위한 타협과 절충이 우선이며 정책의 합리성은 그다음 순서일 수밖에 없는 구조이다. 북한 정치에서 수령결정론 이면의 관료정치를 과소평가하면 과거 한 때 중국의 모든 정책 결정은 최고지도자가 내린다고 파악한 마오쩌둥 총사론(毛澤東 總司論)과 같은 오류를 반복하게 된다.

05 북한의 개혁 · 개방 결정요인

남북이 분단된 지 100년이 다가온다. 역사적으로 볼 때 분단된 한 반도는 다시 통일되었다. 천하대세(天下大勢) 분구필합(分久必合)이다. 통일은 남과 북의 체제 수렴을 의미하며, 적어도 북한의 개혁·개방이 실현되었을 때 가능성이 커진다. 남북관계를 남녀관계에 비유하면 통일은 결혼에 해당한다. 행복한 결혼 생활은 결혼 조건이 비슷하고 진정한 사랑이 있어야 가능하듯이 통일은 남북의 체제가 수렴하고 상호 의존성이 증대돼야 가능해진다. 이런 의미에서 북한 체제의 개혁·개방은 북한의 발전은 물론 남북통일을 위한 필수 불가결의 조건에 해당한다.

흔히 북한이 개혁·개방을 하는 데 가장 큰 장애요인으로 유일 지배체제 유지라는 대내 요인과 적대적 남북관계라는 대외 요인이 거론된다. 한때 한국 정부는 북한 정권이 흡수통일의 우려로부터 탈피해 개혁·개방을 도모할 수 있도록 변화 여건을 조성하자는 취지에서 햇볕정책을 구사했다. 이때부터 북한에 대해 본격적으로 구애(求愛)하며 자주 만나고 아낌없이 베풀었다. 그러나 북한 정권의 속성은 변하지 않았다.

그다음에는 북한 정권과는 거리를 두면서 변하지 않으면 협력과 지원이 무의미하다며 연계와 압박을 강화하면서 북한 주민의 인권 증진에 관심을 기울였다. 그러자 북한 정권은 고슴도치처럼 웅크렸다. 한국 정부가 어떤 대북정책을 구사하던 북한 정권은 개혁·개방을 회피해 가는 전략(exit strategy)에는 변함이 없었다.

북한 세습 정권은 남북관계 개선보다 수령 독재체제 유지·관리가 우선이다. 따라서 개혁·개방을 선택하지 못하는 이유는 내부 지배구조의 특성 때문이다. '모기장론'이 말해주듯이 주민들의 의식변화로 1인 지배체제의 동요를 우려하는 정치 논리가 가장 큰 장애요인이다. 세습 정권이 대물림되면서 지배 연합 구조도 큰 변함이 없어 기득권을 유지하기 위한 개혁개방 거부 논리가 여전히 정책 환경을 압도하고 있다.

그런데, 김정은 시기 개혁 진퇴 과정에서 세 가지 중요한 사실이 확인되었다. 첫째, 북한 내부에 변화 희구(希求) 세력이 광범위하다는 사실이다. 김정은이 집권 초 개혁 의제를 개방하자 북한 내부에서 '중국식으로 가야 한다'는 등 개혁·개방 의견이 분출했다. 뒤늦게 개혁 의제의 민감성을 자각한 김정은이 선대 수령들의 권위를 내세우며 서둘러 봉합을 해야 할 정도였다. 반동사상문화배격법(2020), 평양문화어보호법(2023)을 채택하고, 비사회주의·반사회주의 현상을 집중적으로 단속하는 점도 사회 저변에서 변화 욕구가 확산하고 있음을 말해준다.

둘째, 경륜이 부족한 권력일수록 그 후유증과 부작용을 무시하고 정책을 자의적으로 돌변시킬 수 있다는 점이다. 김정은 집권 초기의 나름대로 진전된 분권화·시장화가 10년도 안 돼서 계획·통제경제로 회귀했으며, 그 어느 때보다도 생산력과 생산물에 대한 정권의 장악력 강화를 추구했다. 역대 정권이 체제모순을 완화하기 위해 시행착오를 거쳐 쌓아 놓은 제도적 조치가 일시에 물거품이 되는 모습이었다. 정책을 주도한 북한 지도부에 사회주의 경제 시스템의 한계에 대한 뼈저린 인식이 부재한 듯했다. 그 중심에서는 김정은과 조용원 등 중앙당의 극단주의 세력이 정책을 좌우하고 있다. 일부 개혁·개방에 우호적인 세력들도 선배들이 숙청의 위험을 감수하며 축적해 놓은 개혁제도를 보호하는데 역부족이었다. 결국 북한의 개혁·개방 지체는 김정은이 초기에 지적한 대로 내부 정책 결정 체계에서 '뭔가 변화를 추구하면 끌어내리는 세력'이 압도하기 때문이었다.

셋째, 시장이 체제변화에 동력을 제공하고 있다는 점이다. 김정은 집권 이후 경제개혁 중 일부는 시장화 진전에 따른 현실의 변화를 수용하는 방향에서 이루어졌다. 주민들이 일군 시장을 정권이 빌려 쓰는 형국이다. 이는 곧 북한에서 경제관리 방식을 규정하는 시장의 영향력이 증대되고 있음을 의미한다. 경제난 심화와 지도부의 무모한 선택으로 반(反)개혁, 재 집권화로 경제관리 방식이 회귀하는 등 정권과 시장 간의 공방이 반복되면서 정권이 주도권을 쥐고 있으나, 무모한 반(反)개혁이 초래한 부작용은 시장이 다시 성장할 수 있는 토양을 제공해 언제인가 다시 시장의 정권에 대한 반격이 시작될 것이다.

과거 서구학계는 사회주의 체제에 대한 오랜 추적과 연구에도 불구하고 구소련과 동유럽 사회주의 체제의 혁명적인 전환을 예상하지 못했다. 후에 이를 설명하는 이론으로 이중구조론이 등장했다. 사회주의 체제에는 공식구조로는 확인되지 않는 이중구조가 존재한다는 것이다. 이중구조는 사회주의 체제의 구조적 위기의 산물로서 평소에는 억압적 국가기구의 통제로 잠재되어 있다가 특정한 상황에서 사회혁명의 요인으로 발현된다고 한다. 북한 정치체제에도 이중구조론을 적용할 수 있다. 외관상 드러난 수령의 유일적 영도에 따르는 정치가 제1정치라면 수령통치의 이면에서 부하들이 자기 조직의 이익과 생존을 위한 투쟁과 타협 즉, 관료정치는 제2정치인 셈이다. 김정은 시대의 대표적인 숙청 명분인 면종복배(面從腹背)와 양봉음위(陽奉陰僞)는 북한 정치체제의 이중구조가 존재함을 대변해주는 개념이다.

김정은의 리더십은 외관상 강성 권위주의 모습이나 핵 개발에 편향되어 여러 체제 문제를 양산하면서 리더십의 정당성에 의구심을 불러일으키고 있다. 권력 엘리트들은 공포통치에 순응하면서 각자 살아남기 위한 투쟁을 치열하게 전개하고 있으나 이면에서는 정책의 난맥상과 체제의 한계를 절감하고 있음이 '보신주의·패배주의'로 드러나고 있다. 주민들도 겉으로는 '노동당 만세'를 외치며 선호위장(選好僞裝)을 하고 있으나, 생존을 위해 시장에 충실할 뿐이며 정권의 무능에 대한 분노와 변화 욕구를 '비사회주의·반사회주의'로 표출하고 있다. 북한 체제의 취약성이 점차 누적되면서 사회 저변에서 중간계층으로, 다시 권력층 내부로 정권의 무능, 수령 독재와 사회주의 체제의 한계에 대한 인식이 확산되고 있다.

북한 체제의 진화를 위해서는 개혁개방과 함께 다원화·민주화의 진전이 필요하다. 북한 체제 내에는 지도자·일반 주민·권력 엘리트라는 3부류의 행위자가 있다. 수령의 개혁·개방에 대한 완고성은 3대 세습체제가 진행되도록 변함이 없다. 북한의 정책변화는 세습체제가 종식될 때 가능성이 커진다. 일반주민들은 시장 세력을 형성하여 정권에 대항하면서 변화의 동인을 제공하고 있으나 시민사회의 미숙으로 대중정치의 활성화는 요원해 보인다. 북한 주민들에 대한 끊임없는 인권의식 고양이 필요하다. 권력층 내 관료정치가 발현되고는 있으나 북한 간부사회는 여전히 신민(臣民) 사회에서 머물러 있다. 그러나 북한 체제의 변화는 주민들의 변화 욕구를 결집하여 엘리트 계층이 주도할 수밖에 없다. 세습 정권의 반복된 실정으로 정권 장악력이 떨어지면 관료정치는 파벌정치로 발전할 것이며 그 경우 개혁·개방 문제와 핵 개발 문제를 둘러싼 노선투쟁이 불가피할 것이다. 북한 엘리트들의 의식화·개방화·친한화가 북한 체제 진화의 핵심 조건이다. 여기에 북한 정책결정체계의 표면적 현상인 수령제에 관심을 두기보다는 그 이면에서 전개되는 관료정치 현상에 주목해야 하는 이유가 있다.

참고문헌

```
 1. 북한 문헌
```

가. 사전, 정기 간행물

『경제사전 1』 (평양: 사회과학출판사, 1970).
『경제연구』 (평양: 과학백과사전출판사, 1996~2006).
『로동신문』.
『우리민족끼리』.
『정치사전』 (평양: 사회과학출판사, 1973).
『조선말대사전』 (평양: 사회과학출판사, 1992).
『조선신보』.
『조선중앙통신』.
『철학사전』 (평양: 사회과학출판사, 1985).

나. 단행본

고정웅 편, 『조선로동당의 반수정주의 투쟁경험』 (평양: 로동당출판사, 1995).
권정웅, 『불멸의 향도: 전환』 (평양: 문학예술종합출판사, 1999).
김일성, 『김일성저작집』, 제1~47권 (평양: 조선로동당출판사, 1979~1997).
김정일, 『김정일선집』, 제1~15권 (평양: 조선로동당출판사, 1992~2007).
김창하, 『불멸의 주체사상』 (평양: 사회과학출판사, 1983).
『당경제정책 해설』 (평양: 조선로동당출판사, 1981).
조선로동당 중앙위원회 당역사연구소 편, 『김정일동지 전기 2권』 (평양: 조선로동
　　　당출판사, 2003).
조선로동당출판사, 『백두산의 아들 3권』 (평양: 조선로동당출판사, 2005).
조선로동당출판사, 『위대한 수령 김일성동지의 불멸의 혁명업적 15권 : 사회주의
　　　경제관리문제의 빛나는 해결』 (평양: 조선로동당출판사, 1999).
사회과학원 력사연구소, 『조선전사』, 제28권 (평양: 과학백과사전출판사, 1981).
사회과학원 사회주의 경제관리연구소, 『재정금융사전』 (평양: 사회과학출판사,
　　　1995).

이제강, 『혁명대오의 순결성을 강화해 나가시는 나날에』 (평양: 조선로동당출판
      사, 2011).

조선로동당, 『조선로동당경제정책 해설』 (평양: 조선로동당출판사, 1981).

조선로동당 중앙위원회 당력사연구소 편, 『조선로동당역사』 (평양: 조선로동당출
      판사, 2004).

최고인민회의 상임위원회 법무부, 사회과학원 법률연구소, 경제연구소, 사회과학
      출판사 공동편찬, 『조선민주주의인민공화국 경제관계법해설』 (평양: 법률출
      판사, 2008).

다. 논문

강일천, "최근 우리나라에서 실시된 경제적 조치에 대한 잠정적 해석(1)," 『KDI
      북한경제리뷰』, 2002년 10월호.

곽범기, "내각책임제, 내각중심제를 강화하는 것은 강성대국 건설의 필수적 요
      구," 『근로자』, 2000년 2호.

길춘호, "선군시대 사회주의경제발전의 원동력," 『경제연구』, 2003년 4호.

김경일, "국가의 중앙집권적, 통일적지도는 사회주의경제관리의 생명선," 『경제연
      구』, 2005년 4호.

김원국, "선군시대 경제건설로선을 철저히 관철하는 것은 인민생활향상의 확고한
      담보," 『경제연구』, 2005년 3호.

김재서, "선군원칙을 구현한 사회주의경제관리," 『경제연구』, 2004년 1호.

김철준, "우리 식으로 대외무역을 확대발전시킬데 대한 위대한 령도자 김정일 동
      지의 경제사상," 『경제연구』, 2008년 1호.

김형석, "위대한 령도자 김정일동지께서 밝혀주신 선군시대 경제건설로선의 독창
      성," 『경제연구』, 2004년 4호.

리기성, "새 세기 우리 식의 사회주의경제리론을 연구하는데서 나서는 중요한 문
      제," 『경제연구』, 2007년 2호.

_____, "사회주의경제강국건설목표와 전략적원칙," 『경제연구』, 2005년 1호.

_____, "위대한 령도자 김정일동지께서 새롭게 정립하신 선군시대 사회주의경제
      건설로선," 『경제연구』, 2003년 2호.

리동구, "부동산가격과 사용료를 바로 제정·적용하는 것은 부동산의 효과적리용을
      보장하기 위한 중요한 요구," 『경제연구』, 2006년 4호.

리민철, "위대한 당의 부름에 따라 사회주의 경제건설에서 새로운 진격로를 열어
      나가는 실적있는 일군이 되자," 『경제연구』, 1998년 2호.

박명혁, "사회주의기본경제법칙과 선군시대경제건설에서의 구현,"『경제연구』, 2003년 3호.

박선호, "위대한 령도자 김정일동지께서 제시하신 사회주의경제관리개선완성에 관한 독창적 리론,"『경제연구』, 2005년 제4호.

박홍규, "선군시대 경제건설로선의 정당성,"『경제연구』, 2004년 1호.

심은심, "선군시대 재생산의 몇가지 리론문제,"『경제연구』, 2004년 2호.

정명남, "집단주의경제관리의 중요특징과 그 우월성을 높이 발양시키는데서 나서는 기본요구,"『경제연구』, 2006년 2호.

조웅주, "선군시대 경제건설로선을 철저히 관철하는 것은 우리 식 사회주의를 고수하기 위한 확고한 담보,"『경제연구』, 2005년 1호.

한성기, "위대한 령도자 김정일동지께서 밝혀주신 우리 식 경제구조와 그 위대한 생활력,"『경제연구』, 2005년 1호.

한흥성, "비사회주의현상을 없애는 것은 우리 혁명의 정치사상진지를 튼튼히 다지기 위한 중요한 요구,"『근로자』, 2005년 3호.

라. 김일성 · 김정일 · 김정은 연설 · 담화 · 서한

김일성, "현실을 반영하는 문학예술 작품을 많이 창작하자"(1956.12.25),『김일성저작집 10』.

_____, "중심군당위원회의 과업에 대하여"(1963.4.27),『김일성저작집 17』.

_____, "인민경제 계획의 일원화, 세부화의 위대한 생활력을 남김없이 발휘하기 위하여"(1965.9.23),『김일성저작집 19』.

_____, "당사업을 강화하며 나라의 살림살이를 알뜰하게 꾸릴데 대하여"(1965.11.15-17),『김일성 저작집 20』.

_____, "전국기계공업부문일군회의에서 하신 결론"(1967.1.20),『김일성저작집 21』.

_____, "농촌에 여러 가지 상품을 더 많이 보내주기 위하여"(1967.1.11),『김일성저작집 21』.

_____, "로동행정사업에 대한 몇가지 문제"(1968.11.16),『김일성저작집 23』.

_____, "사회주의 경제의 몇가지 리론적 문제에 대하여"(1969.3.1),『김일성저작집 23』.

_____, "사회주의 경제관리를 개선하기 위한 몇가지 문제에 대하여"(1973.2.1),『김일성저작집 28』.

_____, "조국의 사회주의 건설에 대하여"(1975.9.26),『김일성저작집 30』.

_____, "인민정권을 더욱 강화하자"(1977.12.15), 『김일성저작집 32』.

_____, "주체의 경제관리 체계와 방법을 철저히 관철하자"(1984.12.5), 『김일성 저작집 38』.

_____, "연합기업소를 조직하며 정무원의 사업체계와 방법을 개선할데 대하여"(1985.11.19), 『사회주의 경제관리문제에 대하여 7』 (평양: 조선로동당출판사, 1997).

_____, "자력갱생의 혁명정신을 높이 발양하여 사회주의 경제건설을 다그치자"(1987.1.3), 『김일성 저작집 40』.

_____, "인민생활을 높이기 위한 경제과업들을 관철할데 대하여"(1989.5.11./13), 『사회주의 경제관리문제에 대하여 7』.

_____, "사회주의경제의 본성에 맞게 경제관리를 잘할데 대하여"(1990.4.4), 『사회주의 경제관리문제에 대하여 7』.

김정일, "정치도덕적 자극과 물질적 자극에 대한 올바른 리해를 가질데 대하여"(1967.6.13), 『김정일선집 1』.

_____, "반당반혁명분자들의 사상여독을 뿌리빼고 당의 유일사상체계를 세울데 대하여"(1967.6.15), 『김정일선집 1』.

_____, "온 사회를 김일성주의화하기 위한 당 사상사업의 당면한 몇가지 문제에 대하여"(전국 당 선전일군 강습회에서의 연설, 1974.2.19), 『김정일선집 4』.

_____, "전당과 온 사회에 유일사상체계를 더욱 튼튼히 세우자"(중앙당, 국가, 경제기관, 근로단체, 인민무력, 사회안전, 과학, 교육, 문화예술, 출판보도 부문 일군들 앞에서 한 연설, 1974.4.14).

_____, "전당과 온 사회에 유일사상체계를 더욱 튼튼히 세우자"(1974.4.14).

_____, "당의 전투력을 높여 사회주의 건설에서 새로운 전환을 일으키자"(1978.12.25), 『김정일선집 6』.

_____, "조선로동당은 영광스러운 'ㅌㄷ'의 전통을 계승한 주체형의 혁명적 당이다"(1982.10.17), 『김정일선집 7』.

_____, "일심단결의 기치를 높이들고 나가자"(1985.1.26), 『김정일선집 8』.

_____, "주체사상교양에서 제기되는 몇 가지 문제에 대하여"(1986.7.15), 『김정일선집 8』.

_____, "반제투쟁의 기치를 더욱 높이 들고 사회주의, 공산주의 길로 힘차게 나아가자"(1987.9.25), 『김정일선집 9』.

_____, 『주체혁명위업의 완성을 위하여 3』 (평양: 조선로동당출판사, 1987).

_____, "모두 다 영웅적으로 살며 투쟁하자"(1988.5.15), 『김정일선집 9』.

_____, "일군들은 혁명성을 발휘하여 일을 책임적으로 하여야 합니다"(1988. 10.10), 『김정일선집 9』.

_____, "우리나라 사회주의는 주체사상을 구현한 우리식 사회주의이다"(1990. 12.27), 『김정일선집 10』.

_____, "당사업을 더욱 강화하며 사회주의건설을 힘있게 다그치자"(1991.1.5), 『김정일선집 11』.

_____, "당, 국가, 경제사업에서 나서는 몇가지 문제에 대하여"(1992.11.12), 『김정일선집 13』.

_____, "우리식 사회주의를 견결히 옹호보위하는 참다운 사회안전일군들을 키워내자"(1992.11.20), 『김정일선집 13』.

_____, "친애하는 지도자 김정일동지께서 당중앙위원회 책임일군들에게 하신 말씀"(김일성종합대학창립 55돌 즈음 담화, 1996.12.7), 『월간조선』, 1997년 4월호.

_____, "사회주의강성대국건설에서 결정적 전진을 이룩할데 대하여"(2000.1.1).

_____, "황남 과일군 현지지도 담화"(2001.5.13).

_____, "강성대국건설의 요구에 맞게 사회주의경제관리를 개선강화할데 대하여"(2001.10.3).

_____, "당 책임일군들에게 하신 말씀"(2001.12.3).

_____, "당이 제시한 선군시대의 경제건설로선을 철저히 관철하자,"(당, 국가, 경제기관책임일군들과 한 담화, 2003.8.23).

_____, "알곡생산을 결정적으로 늘여 토지정리의 위대한 생활력을 높이 발양시키자,"(평안남도 토지정리사업을 현지지도하면서 일군들과 하신 담화, 2004.3.16).

_____, "조선인민군 지휘성원들에게 하신 말씀"(2004.4).

_____, "당 중앙위 및 내각책임일군에게 하신 말씀"(2005.1.9).

_____, "당 중앙위원회 책임일군들에게 하신 말씀"(2005.2.26).

_____, "당 및 군대, 국가간부들에게 하신 말씀"(2006.1.28).

_____, "당 중앙위원회 책임일군들에게 하신 말씀"(2006.10.31).

_____, "경제사업에서 사회주의원칙을 고수하며 사회주의경제의 우월성을 높이 발양시킬데 대하여"(당, 국가경제기관 책임일군들과 한 담화, 2008.6.18).

김정은, "경애하는 김정은동지께서 주체100(2011)년 12월 28일 당중앙위원회 책임일군들에게 하신 말씀"(2011.12.28).

_____, "경애하는 김정은동지께서 주체101(2012)년 1월 28일 당중앙위원회 책

임일군들에게 하신 말씀"(2012.1.28).

_____, "위대한 김정일동지를 우리 당의 영원한 총비서로 높이 모시고 주체혁명위업을 빛나게 완성해 나가자"(2012.4.6 담화).

_____, "김일성대원수님 탄생 100돐경축 열병식에서 하신 김정은동지의 연설"(2012.4.15).

_____, "국방위원회 제1위원장 명령 제001호 '경제사업에서 내각책임제, 내각중심제를 강화하기위한 혁명적 대책을 세울데 대하여'"(2012.4.30).

_____, "사회주의 강성국가건설의 요구에 맞게 국토관리사업에서 혁명적 전환을 가져올데 대하여"(2012.05).

_____, "사회주의 농촌테제의 기치를 높이 들고 농업생산에서 혁신을 일으키자,"('전국농업부문 분조장 대회' 참가자들에게 보낸 서한, 2014.2.6).

_____, "당중앙위원회 책임일군들에게 언급한 내용"(2012.9.29).

_____, "당중앙위원회 책임일군들에게 언급한 내용"(2012.10.28).

_____, "경애하는 김정은동지의 로작《현실발전의 요구에 맞게 우리식경제관리방법을 확립할데 대하여》"(당, 국가, 군대기관 책임일군들과 한 담화, 2014.5.30).

_____, "조선로동당 제7차대회에서 한 당중앙위원회 사업총화보고"(『노동신문』, 2016.5.8).

_____, 서한 "계획화사업을 개선강화하는 것은 사회주의경제강국건설의 절박한 요구이다"(2016.9.3).

_____, "초급당을 강화할데 대하여"(2016.12.25 초급 당대회에서 김정은이 내린 "결론").

_____, 2018년도 신년사. 노동당 중앙위원회 전원회의 김정은 보고, 최고인민회의 시정연설.

_____, "조선로동당 제8차대회에서 하신 김정은동지의 보고에 대하여"(『노동신문』, 2021.1.9).

마. 내부 지시 · 문건 및 강연자료

국가가격위원회 지시, "경애하는 김정은동지께서 공장, 기업소들에 가격제정권한을 줄데 대하여 주신 지시를 철저히 관철할데 대하여"(주체 102(2013)년 7월).

국가가격제정국 지시, (2004.4.1).

국가가격제정국 지시, "량곡수매와 공급에서 국가가격規율을 엄격히 지킬데 대하여"(2005.5.28).

국가가격제정국 지시, "위대한 령도자 김정일동지께서 2005년 4월 20일 무역회
사들이 수입상품을 모두 국영상점에 넣고 국가가격기관에서 정한 가격으로
팔아줄데 대하여 주신 지시를 철저히 관철할데 대하여"(2005.7.30).

국가경제발전 5개년 전략(2016.5).

내각결정 제12호, "사회적로동을 합리적으로 조정하고 근로자들속에서 사회주의
로동생활기풍을 확립할데 대하여"(2002.2.18).

내각결정 제43호, "경애하는 김정은동지의 고전적로작 ≪현실발전의 요구에 맞는
우리 식 경제관리방법을 확립할데 대하여≫에 제시된 강령적과업을 철저히
관철할데 대하여"(2014.7.10).

내각지시 제4호, "경제사업에 대한 국가의 통일적지도를 실현하기 위한 사업체계
와 질서를 세울데 대하여"(2021.3.15).

내각 1228호 상무, "경제관리방법개편 시안 실무 강습제강"(2012.9).

내각상무조, "경제관리방식개혁 연구자료,"『2004.6 내각상무조 개혁안 자료집』
(2005).

내각상무조, "농정개혁 연구자료 자료,"『2004.6 내각상무조 개혁안 자료집』
(2005).

로동성 지시, "새로운 계획지표분담체계에 맞게 로동정량등록승인체계를 바로 세
울데 대하여"(2002.2).

로동성 지시 제9호, "근로자들의 로동보수를 정확히 계산지불할데 대하
여"(2002.2.20).

로동성 지시 제11호, "≪로력배치규정세칙≫의 일부 내용을 고침에 대하
여"(2002.2.22).

로동성 지시 제15호, "올해 고등중학교 졸업생 배치사업에 대하여"(2002.3.1).

무역성 지시 제6호, "다른 나라에 나가있는 공화국 무역대표부와 경제실무대표단
의 대외경제활동규정시행세칙"(2007.7.2).

상업·국가가격제정국 등 공동지시, "시장관리운영규정세칙"(2004.8.12).

상업성 지시, "위대한 령도자 김정일동지께서 시장상품가격을 안정시키기 위한
대책을 세울데 대하여 주신 방침(2004.1.7)을 철저히 관철할데 대한 내각지
시(2004.2.2)를 정확히 집행할데 대하여"(2004.2.12).

상업성 지시, "수매상점관리운영규정을 내려 보냄에 대하여"(2004.3.16).

인민보안성, "량곡판매에서 나서는 법적요구를 철저히 지킬데 대하여"(2023.6.2
아시아 경제).

재정성 지시 제45호, "국가사회보험 및 사회보장에 관한 세칙"(2002.6.23).

재정성 지시 제7호, "일부 농업부문 기업소들을 독립채산제로 관리 운영할데 대하여,"(2004.1.14).

재정성 승인 제165호, "2004년도 상반년도 독립채산제 사업방향을 보냄에 대하여"(2004.1.28).

재정성 지시 제20호, "주체93(2004)년 국가예산을 정확히 집행할데 대하여"(2004.4.4).

재정성 승인 제1398호, "내각비준에 따라 기업관리운영을 시범적으로 실시하는 단위들의 기업관리 실태월보를 낼데 대하여"(2004.5.27).

재정성 지시, "량곡전매제 실시에서 제기되는 재정문제를 바로 잡을데 대하여"(2005.10.2).

조선로동당 중앙군사위원회 지시 002호, "전시사업세칙"(2004.4.7).

조선로동당 16호실, "농업경영방법 연구"(2013.7).

_____, "사회주의기업책임관리제를 실시하는데서 나서는 근본문제들에 대한 연구"(2013.8).

_____, "경제관리에서 경제적 공간을 중시하고 합리적으로 이용하는데서 나서는 근본문제들에 대한 연구"(2013.8).

최고검찰소, "국방위원회 제1위원장 명령 제001호에 대한 최고검찰소 감시 요강"(2013.4).

〈강습, 강연, 학습 제강〉

간부 강연자료, "새로운 경제적조치의 요구에 맞게 경제관리에서 결정적 전환을 일으키자"(2003.4).

간부 및 군중강연자료, "상품가격과 생활비를 개정한 국가적조치에 맞게 경제관리와 생산에서 혁신을 일으키자"(2002.12).

간부 및 군중강연자료, "당의 유일사상체계를 더욱 철저히 확립하자"(조선로동당출판사, 2004.4).

간부 및 군중강연자료, "우리 나라에서의 핵시험성공은 반만년민족사와 세계 정치사에 특기할 사변이다"(2006.10).

간부용 학습제강, "위대한 장군님식대로 일해 나갈데 대하여"(조선로동당출판사, 2000).

간부 학습제강, "현대판종파사건에서 심각한 교훈을 찾고 당의 유일적령도체계를 더욱 철저히 세워나갈데 대하여," 조선로동당출판사 주체103(2014.8).

간부 교육자료(2012.11).

강연 및 해설담화자료, "가격과 생활비를 전반적으로 개정한 국가적조치를 잘알고 강성대국건설을 힘있게 다그치자"(2002.7).

강연 및 해설담화자료 "전반적 가격과 생활비를 새로 제정한 국가적조치에 대한 옳은 인식을 가지고 그에 맞게 일하며 생활할데 대하여"(2002.10).

강연 및 해설담화자료, "국가적조치의 요구에 맞게 시장관리운영과 리용을 잘해 나가자"(2003.7).

강습제강, "위대한 령장의 슬하에서 자란 우리 인민군대는 주체혁명위업의 주력군, 혁명의 기둥이다"(조선로동당출판사, 2003.4).

강습제강, "경애하는 김정일동지는 조국의 부강번영과 인민의 행복을 위해 끝없이 헌신하시는 위대한 령도자이시다"(2007.11).

강습제강(간부, 당원 및 근로자), "경애하는 김정일동지는 독창적인 선군정치로 공화국의 존엄과 위력을 온 세상에 높이 떨쳐주신 위대한 령도자이시다"(2008.3).

강습제강(간부, 당원 및 근로자), "위대한 령도자 김정일동지의 불후의 고전적로작 ≪조선민주주의인민공화국은 불패의 위력을 지닌 주체의 사회주의국가이다≫의 기본내용에 대하여"(2008.11).

강습제강, "각급 농업지도기관 일군들과 농장초급일군들을 위한 실무강습제강 : 새로운 농업부분 경제관리방법을 정확히 구현할데 대하여"(2012.7).

군(軍) 강연자료, "가격과 생활비를 전반적으로 다시 제정한 국가적조치에 대한 리해를 바로 가질데 대하여"(2002.7).

군관·군인·군인가족 강연자료, "경애하는 최고사령관동지는 믿음의 정치로 력사의 온갖 시련을 이겨내고 언제나 승리만을 떨치시는 절세의 위인이시다"(조선인민군출판사, 2002.9).

군중강연자료, "가격과 생활비를 개정한 국가적 조치를 잘 알고 더 큰 은이 나게 하자"(2002.9).

군중강연자료, "시장에 대한 올바른 인식을 가지고 인민의 리익을 침해하는 비사회주의적인 행위를 하지 말자"(2007.10).

당내 학습제강(간부용), "위대한 장군님식대로 일해 나갈데 대하여"(2000).

당원 강연자료, "≪당의 유일사상체계확립의 10대원칙≫의 요구대로 살며 일해나가자"(2002.9).

로동당 정치국 결정서, "로동당 창건 일흔 돌과 조국해방 일흔 돌을 위대한 당의 영도 따라 강성 번영하는 선군조선의 혁명적 대경사로 맞이할 데 대하여"(2015.2.10).

로동성 종합강의 자료, "사회주의로동생활기풍을 확립하는데서 제기되는 몇가지 문제에 대하여"(2002.2).

학습자료, '사회주의기업책임관리제' 시행 관련 내부 학습자료(2015).

학습제강(당원 및 근로자), "나라의 경제사정에 대한 인식을 바로 가지고 부닥치는 애로와 난관을 자체의 힘으로 뚫고 나갈데 대하여"(2000.6).

학습제강(당원 및 근로자), "사회주의에 대한 신념을 확고히 간직할데 대하여"(2008.2).

학습제강, "위대한 령도자 김정일동지의 로작 ≪경제사업에서 사회주의원칙을 고수하며 사회주의경제의 우월성을 높이 발양시킬데 대하여≫의 기본내용에 대하여"(2008.6).

2. 국내 문헌

가. 단행본

경남대학교 북한대학원 엮음, 『북한 현대사1』 (서울: 한울, 2004).

고려대학교 기초학문연구팀, 『7.1조치와 북한』 (서울: 높이깊이, 2005).

국가정보원, 『북한법령집 상, 하』 (2022.10).

김영윤, 『북한 경제개혁의 실태와 전망에 관한 연구– 개혁의 부작용을 통해 본 북한 체제전환의 성공과제』 (서울: 통일연구원, 2006).

김재철, 『중국의 정치개혁: 지도부, 당의 지도력 그리고 정치체제』 (서울: 한울, 2002).

김흥규, 『중국의 정책결정과 중앙-지방관계』 (서울: 폴리테이아, 2007).

박석삼, 『북한경제의 구조와 변화』 (서울: 한국은행 금융경제연구원, 2004).

박영자, 『김정은 시대 조선노동당의 조직과 기능: 정권 안정화 전략을 중심으로』 (서울: 통일연구원, 2017).

박형중, 『북한의 정치와 권력』 (서울: 백산자료원, 2002).

_____, 『북한의 개혁·개방과 체제변화: 비교사회주의를 통해 본 북한의 현재와 미래』 (서울: 해남, 2004).

_____외, 『통일대비를 위한 북한변화 전략: 향후 5년(2012-2016)간의 정세를 중심으로』 (서울: 통일연구원, 2011).

_____ 외, 『통일대비를 위한 대북통일정책 모색』(서울: 통일연구원, 2012).

_____ 외, 『독재정권의 성격과 정치변동: 북한 관련 시사점』(서울: 통일연구원, 2012).

서대숙, 『현대 북한의 지도자: 김일성과 김정일』(서울: 을유문화사, 2000).

서동만, 『북조선 사회주의체제 성립사』(서울: 선인, 2005).

서재진, 『또 하나의 북한사회』(서울: 나남, 1994).

_____, 『북한 사회의 계급갈등 연구』(서울: 민족통일연구원, 1996).

서진영, 『현대중국정치론: 변화와 개혁의 중국정치』(서울: 나남, 1997).

성채기 외, 『북한경제위기 10년과 군비증강 능력』(서울: 한국국방연구원, 2003).

최지영 외, 『김정은 집권 이후 북한의 재정금융 제도 변화』(서울, 통일연구원, 2022).

태영호, 『태영호 증언; 3층 서기실의 암호』(서울, 기파랑, 2018).

통일연구원, 『북한의 경제개혁 동향』(서울: 통일연구원, 2005.3).

허문영, 『북한외교정책의 결정구조와 과정: 김정일 시대와 김일성 시대의 비교』(서울: 통일연구원, 1998).

현성일, 『북한의 국가전략과 파워엘리트: 간부정책을 중심으로』(서울: 선인, 2007).

홍민 외, 『북한 변화 실태 연구: 시장화 종합 분석』(서울: 통일연구원, 2018).

홍익표, 동용승, 이정철, 『최근 북한의 가격·유통체제 변화 및 향후 개혁과제』(서울: 대외경제정책연구원, 2004).

홍제환, 『김정은 정권5년의 북한경제: 경제정책을 중심으로』(서울, 통일연구원, 2017).

황의각·함택영 외, 『북한사회주의경제의 침체와 대응』(서울: 경남대학교극동문제연구소, 1995).

황장엽, 『나는 역사의 진리를 보았다』(서울: 한울, 1999).

Graham Allison and Philip Zelikow 저, 김태현 역, 『결정의 엣센스: 쿠바 미사일 사태와 세계핵전쟁의 위기』(서울: 모음북스, 2005)

Susan Shirk 저, 최완규 역, 『중국경제개혁의 정치적 논리』(The Political Logic of Economic Reform in China) (마산: 경남대학교출판부, 1993).

나. 논문

곽승지, "북한체제 연구의 쟁점," 현대북한연구회 엮음, 『현대북한연구의 쟁점 2』(서울: 한울아카데미, 2007).

국가전략연구원, "김정은 집권 5년 실정백서" (2016.12).

권영경, "북한의 최근 경제개혁 진행동향에 대한 분석," 『북한경제』, 2005년 겨울호.

_____, "7.1조치 이후 북한정권의 경제개혁·개방전략과 향후 전망," 『북한연구학회보』, 제12권 1호(2008).

김광용, 『북한 수령제 정치체제의 구조와 특성에 관한 연구』 (한양대 박사학위논문, 1995).

김규철, "북한의 무력은 코로나19 충격을 극복할 것인가?: 2022년 북한의 대외무역 평가와 전망," 『KDI 북한경제리뷰』, 2023년 1월호.

김근식, 『북한 발전전략의 형성과 변화에 관한 연구: 1950년대와 1990년대를 중심으로』 (서울대 박사학위 논문, 1999).

_____, "김정일시대 북한 당·정·군 관계변화: 수령제 변화의 함의를 중심으로," 북한연구학회 편, 『북한의 정치 2』 (서울: 경인문화사, 2006).

김기정, "한국의 대북정책과 관료정치," 『국가전략』, 제4권 1호(1998).

김성보, "1950년대 북한의 사회주의 이행논의의 귀결 -경제학계를 중심으로," 역사문제연구소 편, 『1950년대 남북한의 선택과 굴절』 (서울: 역사비평사, 1998).

김연철, 『북한의 산업화과정과 공장관리의 정치, 1953-1970』 (성균관대 박사학위 논문, 1996).

_____, "북한 산업화 과정의 정치경제," 북한연구학회 편, 『북한경제』 (서울: 경인문화사, 2006).

김용호, "남북기본합의서 채택과정과 북한의 정책결정구조," 『사회과학과 정책연구』, 제15권 2호(1993).

김용현, "북한 군사국가화의 기원에 관한 연구," 『한국정치학보』 제37집 제1호(2003).

김진호, 『북한 핵 외교정책 결정과정 연구: 엘리슨의 외교정책 이론을 중심으로』 (중앙대 박사학위 논문, 2006).

류길재, "'예외국가'의 제도화 : 군사국가화 경향과 군의 역할 확대," 최완규 편, 『북한의 국가성격 변용에 관한 연구』 (서울: 한울, 2001).

박형중, "'선군시대' 북한의 경제정책: 2002년 7월 조치이후 9월의 '중공업 우선발전론'의 대두," 『아세아연구』 제46권 2호(2003).

_____, "2006년 이래 북한의 보수적 대대정책과 장성택: 2009년의 북한을 바라보며," Online Series co. 08-72 (www.kinu.or.kr, 2008.12.23.) .

배종철, 『북한행정체제의 정책결정에 관한 연구』 (경남대 박사학위 논문, 1992).

서동만, "1950년대 북한의 정치 갈등과 이데올로기 상황," 역사문제연구소 편, 『1950년대 남북한의 선택과 굴절』 (서울: 역사비평사, 1998).

성채기, "북한군사력의 경제적기초: 군사경제 실체에 대한 역사적·실체적 분석," 경남대 북한대학원 편, 『북한군사문제의 재조명』 (서울: 한울, 2006).

_____, "군비증강 능력측면에서 본 북한 경제위기 10년," 『국방정책연구』, 2003년 가을.

안택원, "소련 경제의 문제점과 개혁운동," 『중소연구』, 제9권 2호(1985).

양문수, "2000년대 북한경제의 구조적 변화," 『KDI 북한경제리뷰』, 2007년 5월호.

_____, "소유제 변화 없는 시장화 정책: 계획과 시장의 관계," 윤대규 편, 『북한 체제전환의 전개과정과 발전조건』 (파주: 한울, 2008).

_____, "김정은 집권 이후 개정 법령을 통해 본 '우리식경제관리방법'," 『통일정책연구』, 제26권 2호(2017).

_____, "북한 시장화에 대한 경제사 및 정책사적 접근," 홍민 외, 『북한 변화실태 연구: 시장화 종합 분석』 (서울: 통일연구원, 2018).

오병훈, 『북한의 대외개방정책에 관한 연구: 위기상황에서 정책변화의 역동성』 (숙명여대 박사학위 논문, 1998).

오승렬, 『중국경제의 개혁·개방과 경제구조: 북한경제 변화에 대한 함의』 (서울: 통일연구원, 2001).

이대근, "조선로동당의 조직체계," 2005년도 한국국제정치학회 통일·북한분과위원회 기획학술회의, 『북한의 당·국가기구·군대: 지속성과 변화』 (2005.5.27.).

이석, "북한의 경제위기, 어디까지 진행될까?: 2020년 북한거시경제동향 분석과 2021년 전망", 『KDI 북한경제리뷰』, 2021년 1월호.

____, "북한의 중장기 경제 추세와 2022~23년 북한경제 평가," 『KDI 북한경제리뷰』, 2023년 1월호.

이영종, "북한 경제의 산호호흡기 장마당." 『북한』, 2023년 5월호

이영훈, "경제발전 전략," 세종연구소 북한연구센터 엮음, 『북한의 국가전략』 (서울: 한울, 2003).

_____, "북한의 하이퍼인플레이션과 개혁개방 전망," 『북한연구학회보』 제16권 제2호(2012).

이우정, 『노동당 제5차 대회이후의 북한권력구조에 관한 연구: 정치엘리트 변화를 중심으로』 (동국대 박사학위 논문, 1986).

이정철, 『사회주의 북한의 경제동학과 정치체제 : 현물동학과 가격동학의 긴장이 정치체제에 미치는 영향을 중심으로』(서울대 박사학위 논문, 2002).

이태섭, 『북한의 집단주의적 발전 전략과 수령체계의 확립』(서울대 박사학위 논문, 2001).

_____, "1990년대 북한의 경제위기와 군사체제로의 전환에 관한 연구," 『통일부 신진학자 연구논문 모음집』(서울: 통일연구원, 2002).

이홍영, "북한의 정책결정 과정 속의 지방과 중앙의 역할," 『사회과학과 정책연구』, 제15권 제2호(1993.6).

임강택, "경제적 관점에서 본 북한의 화폐개혁, 배경과 파급효과," (통일연구원 Online Series CO 09-47, 2009.12.04).

임수호, 『북한의 경제개혁과 당국가체제의 쇠퇴: 1980년대 이후 시기를 중심으로』(서울대 석사학위논문, 2001).

_____, "김정일 정권 10년의 대내 경제정책 평가: '선군(先軍) 경제노선'을 중심으로," 『수은 북한경제』, 2009년 여름호.

_____, 『실존적 억지와 협상을 통한 확산』(서울대 박사학위 논문, 2007).

장달중, "북한의 정책결정구조와 과정," 『사회과학과 정책연구』, 제15권 제2호(1993.6).

장성욱, 『북한의 '공격우위 신화'와 선군정치: 탈냉전기 군비태세와 군사전략에 관한 이론적 연구』(고려대 박사학위 논문, 2009.6).

장용석, 『북한의 국가계급 균열과 갈등구조: 1990년대 이후 변화를 중심으로』(성균관대 박사학위 논문, 2008).

전성훈, "김정은 정권의 경제·핵무력 병진노선과 '4.1 핵보유 법령'", (통일연구원, Online Series CO 13-11, 2013.4.8.).

전인영, "외교정책 결정구조와 과정 및 개방의 문제: 특정사례 연구," 『사회과학과 정책연구』, 제15권 제2호(1993.6).

전현준, "최근 북한의 권력동향과 정치 변화," 경남대학교 극동문제연구소, 『최근 북한의 정치동향과 향후 권력체계 전망』, 통일전략포럼 보고서 No.42(2009.4).

전홍택, "북한 제2경제의 성격과 기능," 『월간 통일경제』(1997.2).

정영철, 『김정일 체제 형성의 정치사회적 기원 1967-1982』(서울대 박사학위 논문, 2001).

_____, "북한에서 시장의 활용과 통제: 계륵의 시장," 『현대북한연구』 12권 2호.

정우곤, "북한 사회주의 건설과 수령제의 형성에 관한 연구, 1948-1972" (경희대 박사학위 논문, 1997).

정은미, 『북한의 국가중심적 집단농업과 농민 사경제의 관계에 관한 연구』 (서울대 박사학위 논문, 2006).

조태형·김민정·이종민, "최근 5년(2017~2021)의 북한경제 및 향후 전망," 한국은행 BOK 이슈노트, 제2022-31호, (2022.9.5.).

차문석, "선군시대 경제노선의 형성과 좌표," 『국방정책연구』, 2007년 여름호.

_____, "북한경제의 동학과 잉여의 동선: 특권경제를 중심으로," 『통일문제연구』, 제21권 1호(2009).

차성덕, 『북한 외교정책의 결정요인에 관한 연구: 탈냉전기 대미핵정책변화를 중심으로』 (서울대 박사학위 논문, 1998).

최성, 『수령체계의 형성과정과 구조적 작동 메카니즘에 관한 연구』 (고려대 박사학위 논문, 1993).

최완규, "북한 국가성격의 이론과 쟁점: 비교사회주의적 관점," 『북한의 국가성격 변용에 관한 연구: '예외국가'의 공고화』 (서울: 한울아카데미, 2001).

한기범, 『사회주의 체제변화에 대한 북한의 인식 및 대응방식 연구』 (고려대 석사학위 논문, 1994).

_____, "북한 정책결정과정의 조직행태와 관료정치: 경제개혁 확대 및 후퇴를 중심으로 (2000-09)" (경남대학교 대학원 박사학위 논문, 2009)

_____, " 최고지도자의 경제 및 시장화 인식과 대응," 홍민 외, 『북한 변화실태 연구: 시장화 종합분석』 (서울: 통일연구원, 2018).

_____, "내각 경제기구의 기능과 구조," 박영자 외 『김정은 시대 북한의 국가기구와 국가성』 (서울: 통일연구원, 2018).

_____, "북한의 리더십과 경제 및 핵 정책 관리: 2020년 이후의 동향을 중심으로," 『KDI 북한경제리뷰』, 제24권 제9호(2022).

홍승원, "북한의 정부관료제에 관한 연구: 정무원의 조직, 엘리트, 정책을 중심으로" (경남대 박사학위 논문, 1992).

홍제환 외, "김정은 시대의 북한: 10년 평가와 2022년 전망", KINU Insight, No.1, 2022

Ward Peter/한기범, "북한의 '국가경제발전 5개년(2016~20) 전략' 평가: 수립 배경, 달성목표 및 실패요인 분석을 중심으로," Jounal of North Korea Studies vol. 7, No.1, 2021.

다. 기타

국내 북한이탈주민 증언
『동아일보』
『북한』
『신동아』
『연합뉴스』
『오늘의 북한소식』
『월간조선』
『월간중앙』
『자유아시아방송』
『조선신보』
『조선일보』
『중앙일보』
『Daily NK』
『KDI 북한경제리뷰』

3. 외국 문헌

Alexander L. George and Juliette L. George, *Presidential Personality and Performance* (Boulder, Colo.: Westview Press, 1998).

Andrei Lankov, "Pyongyang Strike Back: North Korean Policies of 2002-08 and Attempts to Reverse 'De-Stalinization from Below'," *Asia Policy*, No. 8. (July 2009).

David Easton, "Categories for the Systems Analysis of Politics," in D. Easton(ed.), *Varieties of Political Theory* (Englewood Cliffs: Prentice Hall, 1966).

George Konrad et al., *The Intellectuals on the Road to Class Power* (New York: The Harvester Press Limited, 1979).

Graham Allison and Philip Zelikow, *Essence of Decision: Explaining the Cuban Missile Crisis*, 2nd ed. (New York: Longman, 1999).

Jan Triska, ed., Communist Party-State: *Comparative and Internatianal*

Studies (Indeanapolis: Bobbs-Merrill, 1969).

Janos Kornai, *The Socialist System: the Political Economy of Communism* (Princeton: Princeton University Press, 1992).

Jerry F. Hough, *The Soviet Union and Social Science Theory* (Cambridge: Harvard University Press, 1977).

John W. Kingdom, *Agendas, Alternatives and Public Policies* (Boston: Little, Brown and Company, 1984).

Kenneth Lieberthal and Michel Oksenberg, *Policy Making in China Leaders, Structures, and Processes* (Princeton: Princeton University Press, 1988).

Kenneth Lieberthal and David Lampton, Bureaucracy, *Politics, and Decision Making in Post-Mao China* (Oxford: University of California Press, 1992).

Lucian W. Pye, *The Dynamics of Chinese Politics* (Cambrige, Mass., 1981).

Richard E. Neustadt, *Presidential Power and the Mordern Presidents: The Politics of Leadership from Roosevelt to Reagan*, 5th ed. (New York: Free Press, 1990).

Ronald Wintrobe, *The Political Economy of Dictatorship* (Cambridge: Cambridge University Press, 1998).